智元微库
OPEN MIND

成长也是一种美好

Career Development
Interventions

Six Edition

生涯发展
辅导

从校园到职场

▸ 原书第 6 版 ◂

[美]斯宾塞·G. 奈尔斯(Spencer G. Niles)　[美]乔安·哈里斯–鲍尔斯贝(JoAnn Harris-Bowlsbey)　著

顾雪英　李小平　姜飞月　胡湜　等译

人民邮电出版社

北京

图书在版编目（CIP）数据

生涯发展辅导：从校园到职场：原书第 6 版 /（美）
斯宾塞·G. 奈尔斯（Spencer G. Niles），（美）乔安·
哈里斯-鲍尔斯贝（JoAnn Harris-Bowlsbey）著；顾雪
英等译. -- 北京：人民邮电出版社，2024. -- ISBN
978-7-115-64827-3

Ⅰ. C913.2

中国国家版本馆 CIP 数据核字第 2024US1079 号

版权声明

- ◆　著　　［美］斯宾塞·G. 奈尔斯（Spencer G. Niles）
　　　　　　［美］乔安·哈里斯-鲍尔斯贝（JoAnn Harris-Bowlsbey）
　　译　　顾雪英　李小平　姜飞月　胡湜　等
　　责任编辑　林飞翔
　　责任印制　周昇亮
- ◆　人民邮电出版社出版发行　　北京市丰台区成寿寺路 11 号
　　邮编 100164　　电子邮件 315@ptpress.com.cn
　　网址 https://www.ptpress.com.cn
　　天津千鹤文化传播有限公司印刷
- ◆　开本：787×1092　1/16
　　印张：32.25　　　　　　　　　　2024 年 10 月第 1 版
　　字数：630 千字　　　　　　　　2024 年 10 月天津第 1 次印刷
　　著作权合同登记号　图字：01-2022-5853 号

定　价：158.00 元
读者服务热线：（010）67630125　印装质量热线：（010）81055316
反盗版热线：（010）81055315
广告经营许可证：京东市监广登字 20170147 号

序言

党的二十大报告明确指出，"人才是第一资源""实施就业优先战略""促进高质量充分就业"。高校毕业生是国家宝贵的人才资源，是促进就业的重要群体。大学生职业生涯发展教育是立足于当代中国大学生全面发展、终身发展的价值定位，以职业生涯规划、职业素质拓展、核心素养提升、成长成才引导为主线的全程化综合性教育活动；是高校就业创业工作、人才培养工作的重要工作载体；是服务就业育人、促进高校毕业生高质量充分就业的基本方略，具有重大的现实意义。

职业指导理论最初于20世纪初传入中国，时任清华大学校长的周诒春先生和当时处在创办初期面临内忧外患的中华职业教育社开始向国内介绍西方职业指导理论，并结合我国国情开展了一系列理论研究和实践探索。20世纪三四十年代，因民生凋敝，我国职业指导的研究和实践被迫中断。新中国成立后，我国实行计划经济体制，大中专院校毕业生的就业方式为"统包统分"，职业指导继续处于中断状态。20世纪90年代中后期，以职业生涯规划、生涯辅导为主要内容的西方职业生涯发展教育理论与方法再度传入我国，近年来越来越受到高校和社会的重视，大学生职业生涯发展教育更是方兴未艾。多年来，我国大学生职业生涯发展教育取得了一定的成效，但也存在着一些突出的困难和问题。产生这些困难和问题的原因是多方面的，其中系统消化吸收西方最新职业生涯发展教育理论不足、结合中国实际的本土化创新理论供给不足、职业生涯教育学科建设薄弱等是其中深层次的原因。

就系统消化吸收西方最新职业生涯发展教育理论不足而言，主要表现是，在理论指导上还停留在对西方早期经典理论的移植借鉴阶段，即以职业指导为核心的静态人职匹配阶段。高校现有的职业发展与就业指导课程、咨询辅导体系的逻辑前提依然是静态、稳定的个人特质和职业环境，主线是如何适应现有职业的要求与标准，目标是顺利择业、就业。但是，世界范围内职业生涯发展理论已有了很多变化，主要包括：由科学主义向人本主义转变、由指导者中心向当事人中心转变、由以职业为中心向以人为中心转变、由静态的职业指导向动态的生涯辅导转变、由单纯的职业选择向人的自我实现转变等。这些新的发展趋势和研究成果，还有待于我国大学生职业生涯发展教育更好地吸收和借鉴。

他山之石，可以攻玉。面向新时代，构建具有中国特色的生涯教育创新理论，稳步推进职业生涯发展教育学科建设，就要求我们既要有本土特色又要有全球视野，既要立足现实更要面向未来。为此，经过认真研究和评估，我们特别策划了"职业生涯发展教育译丛"，计划组织翻译21世纪以来尤其是近年来国外职业生涯发展教育经典著作，旨在为我国职业生涯发展教育工作者和大学生提供有益的参考和借鉴。

本书是"职业生涯发展教育译丛"的第2册，其显著特色是以生涯发展辅导理论为基础，从文化差异、辅导策略、信息资源以及技术支持等角度，为读者提供了一套可供借鉴的生涯发展辅导策略，帮助读者在人生规划和发展中获得持续动力。本书的翻译由南京师范大学教育科学学院教授、博导顾雪英主导。顾雪英教授在职业生涯发展教育领域有着丰富的研究、教学与实践经验，曾在美国得克萨斯州农工大学（Texas A&M University）、澳大利亚昆士兰大学（The University of Queensland）做访问学者，兼任中国教育战略发展学会生涯教育专业委员会副理事长、高校毕业生就业协会生涯发展教育工作委员会副理事长，江苏省社会心理学学会副理事长兼生涯教育专业委员会主任委员。顾雪英教授对本书的内容和风格有着深刻的理解和把握，在译文的准确性、流畅性和可读性方面都做了精心的处理，应该说最大程度上保持了原书的品质和特色。

职业生涯发展是每个人都要面对的重要人生课题。它不只是一次性的选择，而是一个持续的过程，需要不断地调整和优化；它不只是为了找到一份工作，满足自己的职业需求，发挥自己的职业潜能，而且还要建构自己的人生理想，实现人的全面发展；它不只是个人的责任，也是社会的责任，需要家庭、学校、企业、政府等多方的合作和支持。因此，职业生涯发展教育的工作实践是无止境的，相关的理论研究也是无止境的。在此，我们衷心地希望，本书能成为读者朋友们职业生涯发展的良师益友，能为大学生未来的职业生涯开启一扇新的窗户，增添一抹新的色彩，带来一份新的力量。由于时间与条件有限，组织翻译过程不妥之处在所难免，敬请各位读者批评指正。

是为序。

教育部学生服务与素质发展中心

2024年4月

译者序

《生涯发展辅导：从校园到职场（原书第 6 版）》一书的翻译是一项充满挑战且极具现实意义的任务。原著作者斯宾塞·G. 奈尔斯和乔安·哈里斯 - 鲍尔斯贝在生涯发展研究与辅导领域内享有盛誉，均为美国生涯发展协会董事会的前任主席。本书英文版已是经过多次修订后的第 6 版，融合了作者们丰富的理论研究成果与实践应用经验。教育部学生服务与素质发展中心将此书视为首批有组织翻译的生涯发展教育领域的重要作品，足见其学术价值与实践意义。

近年来，国内对生涯发展辅导领域的重视程度日益提高，学界和一线教育工作者已进行了许多有益的探索，但仍需强化对个体生涯发展各阶段的一体化设计及精细化操作。我们期待并相信，本书的翻译能为理解与促进个体终身生涯发展提供有益的参考和指导。

原作者将本书定位为生涯发展辅导教材，本书已被广泛应用于 20 多个国家和地区的高校课堂。书中特别关注以下几个方面：

1. 关照阅读者的自主成长需求，每章都列出了学习目标、研究文献以及相关资源。

2. 重视对生涯发展辅导理论的透彻解读及应用分析，不仅有对经典理论的全面介绍，还有对新兴理论的深度阐释。

3. 强调生涯发展辅导的落地实施，从文化差异、辅导策略、信息资源以及技术支持等方面进行了系统介绍。

4. 关注辅导措施的一体化设计，书中对象涉及小学、初中、高中、大学及社区，阐释了个体在人生不同阶段、不同场域的发展内涵、任务及目标。

本书为读者提供了全面而多维的视角，可以帮助读者了解美国的生涯发展辅导理论和实践，同时为读者提供了一套可资借鉴的生涯发展辅导系统框架。

受教育部学生服务与素质发展中心的委托，我负责主理本书的翻译工作。鉴于原著内容丰富，因此特别邀请了国内生涯教育和心理发展领域的知名学者组成翻译主团队。在翻译过程中，我们力求保持原著的学术严谨性，同时尽可能使语言贴近中文读者的阅读习惯。经与出版社沟通，形成了六轮译审的互动机制，以确保翻译的效率和质量。

首轮阶段，是译者对本书进行初步翻译。除了会议讨论外，每位译者都会提交局部试译稿，由我和出版社编辑进行评审，并与译者沟通。在团队风格统一后，译者们独立完成剩余的翻译工作。翻译分工如下：前言、目录以及第2章及第3章由南京师范大学教育科学学院胡湜副教授翻译；第1章及第6章由南京师范大学心理学院李小平教授翻译；第4章及第5章由新精英生涯（北京）教育科技有限公司的李春雨翻译；第7章由北京大学学生心理健康教育与咨询中心庄明科副教授、北京大学心理与认知科学学院硕士研究生张忆南翻译；第8章由北京大学学生心理健康教育与咨询中心庄明科副教授、清华大学附属中学生涯教师张琬婷翻译；第9章及第13章由南京航空航天大学生涯发展教育中心沈雪萍教授翻译；第10章、第11章及第12章由南京邮电大学陈华若教授翻译；第14章、第15章及附录、索引由东南大学继续教育学院姜飞月副教授翻译。

第二阶段，根据编辑快速阅读翻译稿件后的反馈，译者们进行了修改。编辑对全部翻译稿件进行了初步评估，提出了关于文字表达、格式统一等方面的建议，主理人、李小平、姜飞月与译者们沟通并协助修改。

第三阶段，编辑对翻译稿件进行了细致的审阅，并提出了深度修改建议。对于部分章节，编辑提出了较大的修改意见，由主理人、姜飞月、李小平协助译者进行修改。

第四阶段，全书的统稿定稿。主理人、李小平、姜飞月、胡湜分工合作，对全书进行了细节上的修改，最后由主理人通读定稿。

第五阶段，针对正式交稿后初审反馈的意见进行了修改。主理人、姜飞月以及硕士研究生余琪先后多次回应编辑提出的修改建议。

第六阶段，对校对稿的全面复审。主理人、译者以及博士生王化笛、徐生梅、张礼、邹心鋆等人再次通读书稿，提出了进一步的细节修改建议。

总之，我们希望通过这一系列紧密的互动，能够提高翻译的效率和质量，确保最终成品能够准确传达原著的精髓，同时满足中文读者的阅读体验。

在此，我要特别感谢教育部学生服务与素质发展中心有关领导的关心和支持，他们的精准指导确保了整个翻译工作的顺利进行和高质量完成。特别感谢参与翻译工作的团队成员，他们的敬业精神和辛勤工作使得这项复杂的翻译任务得以圆满完成。美国辛辛那提大学教育学院的汤梅教授在本书的翻译过程中给予了大力支持，我们对她所给予的鼎力相助表示衷心感谢。特别感谢责编林飞翔老师及编辑团队，在整个六轮审校互动中，他们投入了大量精力，提出了诸多宝贵的修改意见。

需要说明的是，《生涯发展辅导：从校园到职场（原书第 6 版）》一书的英文书名 *Career Development Interventions* 中的 intervention 一词可以直接翻译为"干预"，但从中文词义上讲，"干预"通常带有一种较为正式的意味，并且可能是强制性的。它可能暗示着某种外部力量对个体生涯发展的直接介入或影响，因此考虑到本书的实际内容以及大众的阅读习惯，经商讨，团队将 intervention 一词翻译为"辅导"，旨在更有效地传达原书的含义，并使其更符合中文语境下的理解和表达。我们希望本书能为广大读者带来一些启示和借鉴。无论是专业的学生发展指导工作者、任课教师、家长，还是正处于生涯抉择中的个体，都能从中获得有益的指导和灵感。通过各方力量的协同努力，为在校学生和职业发展者提供有效指导，帮助他们在生涯发展的道路上找到属于自己的发展方向，更好地实现个人的梦想与抱负。

由于原著篇幅厚重、内容丰富、专业性强，本人理解力有限，所以译稿中难免有差错和不当之处，诚恳希望广大读者朋友和各界人士批评指正。

顾雪英

2024 年 6 月于南京

关 于 作 者

乔安·哈里斯－鲍尔斯贝（JoAnn Harris-Bowlsbey）

我曾在芝加哥西部郊区的一所大型高中担任咨询师，之后成为学生指导主任，也是在那个时候我对生涯选择现象产生了兴趣。我读到约翰·霍兰德（John Holland）的早期著作，彼时他还是美国大学入学考试（American College Testing, ACT）公司研究部的副总裁。在学习霍兰德理论的同时，我也在研究大型计算机，并开始关注大型学区在学生日程安排方面是如何使用它们的。1966 年，IBM 推出了第一台阴极射线管显示器，一切变得明朗起来：人们可以利用计算机的交互对话能力开发出有助于自己进行生涯探索和决策的系统。

意识到这些之后，我和我的指导人员一起向伊利诺伊州职业教育委员会（Illinois Board of Vocational Education）提交了一份提案，希望他们资助我们开发一个既可以服务学生进行生涯探索，也可以服务咨询师进行记录保存和课程安排的系统。这一提案得到了他们的认可，他们还提供了充足的预算，用于对计算机职业信息系统（Computerized Vocational Information System, CVIS）进行概念化和评估，并使之可以被操作和推广。该系统后来被免费提供给大约 200 个学区。这也引起了 IBM 的注意，因为这个系统本身就是在 IBM 的设备上运行的。后来 IBM 提出，如果我们能得到更多资金，他们会提供人员和其他支持帮助我们开发更先进的产品。美国教育部提供了这笔资金，支持我们开发内容和技术更全面的系统。进入生涯指导的新时代，我接触到了唐纳德·舒伯（Donald Super），他成了我职业生涯中的重要导师。

在辞去了郊区大型高中学生指导主任的职务后，我被北伊利诺伊大学（Northern Illinois University）录取，在那里攻读博士学位。与此同时，名为"发现"（DISCOVER）的新系统的发布引起了 ACT 公司的注意，这为我和我的少数员工提供了并入 ACT 公司的机会，我们可以进一步开发和维护这个产品。所有这些都有助于我树立作为计算机辅助生涯指导这一新领域的领导者的声望。后来，我取得了博士学位并被 ACT 公司录用。

在之后的 16 年里，我的工作主题就成为开发一系列计算机辅助生涯指导系统。与此同时，我也为继续从事大学教授和大学生涯咨询师工作培养了技能、积累了经验。在加入 ACT 公司之前，我曾在陶森大学（Towson University）担任生涯咨询师。我还在北伊利诺伊大学、约翰霍普金斯大学（Johns Hopkins University）和巴尔的摩（Baltimore）洛约拉大学（Loyola University）教授过生涯发展理论与实践的夜校课程。我全身心地为我们的专业组织工作，特别是美国咨询协会（American Counseling Association, ACA）和美国生涯发展协会（National Career Development Association, NCDA）。我在 NCDA 董事会工作了很多年，曾在 1998—1999 年间担任主席。我还撰写了一些文章，还参与撰写了一些图书，并设计了一门关于生涯探索和选择的大学课程，名为"把握你的未来"。

1998 年，我来到了人生的 65 岁，似乎到了应该退休的年龄，在这一年的秋天，我确实从 ACT 公司退休了。然而，我还没有完成自己的人生计划。退休后，我与芭芭拉·苏达斯（Barbara Suddarth）博士和大卫·赖尔（David Reile）博士合作，更新了美国生涯发展规划师（CDF）培训课程。此后，我们为日本生涯发展协会（Japanese Career Development Association, JCDA）修订了该课程。JCDA 用这门课程培训了 2 万名生涯咨询师。这项工作还促使我获得了另一份工作，即开发罪犯劳动力发展专家（OWDS）课程，课程对象是与罪犯以及有犯罪前科的人打交道的工作人员。

之后，我松了一口气，再次尝试退休。然而，2005 年，库德公司（Kuder, Inc.）的首席执行官给了我一个领导职位，让我负责开发库德系统，该系统在美国及其他一些国家得到了广泛应用。顺便说一句，正是在这期间，斯宾塞·G. 奈尔斯（Spencer G. Niles）博士找到我，让我协助他编写这本教材，目前这本教材已经出到第 6 版！我现在也 87 岁了，常住马里兰州巴尔的摩附近，冬天住在佛罗里达州迈尔斯堡。我要再尝试一次退休！

斯宾塞·G. 奈尔斯（Spencer G. Niles）

我是弗吉尼亚州威廉斯堡的威廉与玛丽学院咨询师教育专业的教授，同时也是"成长"研究和辅导中心（THRIVE Research Intervention Center）的联合主任。我目前还是《咨询师教育与督导》（*Counselor Education and Supervision*）期刊的主编。此前，我担任过威廉与玛丽学院教育学院院长，宾夕法尼亚州立大学（Penn State University）教育心理学、咨询和特殊教育系的特聘教授和系主任，以及弗吉尼亚大学教授。很荣幸，我是 NCDA 100 多年历史中唯一担任过两届主席的人，并获得了美国生涯发展协会杰出生涯奖（与在我之前获得该奖的鲍尔斯贝博士一样）。我也是

NCDA 和 ACA 的研究员，曾担任芬兰教育研究所的富布莱特高级专家、《咨询与发展杂志》（*Journal of Counseling & Development*）主编、心理咨询与校园辅导专业的国际荣誉协会（Chi Sigma Iota）主席，以及《生涯发展季刊》（*The Career Development Quarterly*）主编。

我曾获得 ACA 颁发的以下奖项：托马斯·霍恩希尔出版奖（Thomas Hohenshil Publication Award）、托马斯·J.斯威尼远见卓识领导和宣传奖（Thomas J. Sweeney Award for Visionary Leadership and Advocacy）、总统奖、扩展研究奖（Extended Research Award）、大卫·布鲁克斯杰出导师奖（David Brooks Distinguished Mentor Award）。我也被 ACA 任命为研究员，还是 JCDA 的荣誉会员、意大利教育和生涯指导协会（Italian Association for Educational and Vocational Guidance）名誉会员、俄亥俄州生涯发展协会（Ohio Career Development Association）终身荣誉会员，以及英属哥伦比亚大学（University of British Columbia）杰出学者奖的获得者。我独立或与人合作撰写了大约 145 部出版物，并在国际、国内和地区会议上发表过 150 多次演讲。作为一名生涯发展学者，我感到最荣幸的是有机会和鲍尔斯贝博士合著这本书，她是生涯发展领域真正的先驱，也是我的挚友。

前言 / 关于本书

奈尔斯和鲍尔斯贝博士为众多大学的学生教授过生涯课程，这些大学位于美国、阿根廷、澳大利亚、中国、新西兰、意大利、印度、芬兰、葡萄牙、日本、阿拉伯联合酋长国、爱尔兰、土耳其、南非、加拿大、卡塔尔、瑞典、西班牙、比利时、英国、卢旺达、瑞士、新加坡、丹麦和爱沙尼亚，我们的授课年限加起来已近 90 年。任何时候有学生对生涯发展理论或实践学习感兴趣，我们都渴望亲自或通过网络帮助他们！然而，在每一次教学中，不仅是我们为学生教授生涯发展辅导知识，学生亦在教授我们。写这本书的想法始于回应学生的诉求，他们渴望一本易读、实用且有趣的教材。这些虽然较高但也合理的预期正是我们最初撰写这本书，并不断对其进行更新、完善章节内容及丰富素材的指导原则。

第 6 版的更新内容

本书已成为参考生涯发展领域重要文献时的权威来源。除了持续更新教材以反映前沿的研究、趋势和教学方法之外，我们还在本版中做了以下修订：

- 在几乎所有章节中，更多地使用不同背景的来访者的案例研究；
- 每一章都更新了最新文献；
- 更新了与人口趋势、劳动力市场参与度相关的统计数据，并讨论这些趋势对生涯发展辅导的启示；
- 扩展讨论了小学、初中、高中、高等教育以及社区生涯发展辅导的变化情况；
- 扩展了新兴理论工作者的研究和发现，关注这些理论并发现其在不同人群中的适用性；

- 扩展了第 4 章中关于多样性、公平性和包容性主题的覆盖范围；
- 预测了技术在未来生涯指导中的运用；
- 在第 1 章、第 4 章及第 8 章中增加了新冠疫情及其经济影响对生涯选择和发展的启示。

这本书的一个重要目标是，向读者传达我们对生涯发展理论与实践工作的深深敬意和长久承诺。在第 1 章中我们便强调了这一目标。正如我们在书中所示，没有什么事情比生涯选择更个人化，我们在更新每一章时都注重这一事实。做出生涯决策涉及我们如何使用自己所拥有的最宝贵、最具价值之物——时间。我们意识到，做出这些决策往往是困难的。因此，我们借鉴了生涯发展领域同仁的工作成果，向读者介绍前沿的生涯发展理论与实践工作。我们将在第 1 章、第 2 章及第 3 章感谢他们做出的重要的基础性贡献。

在全书中，我们也注重新冠疫情大流行带来的影响。在短短几个月内，美国失业人口从不到 30 万增加到超过 4500 万，这是前所未有的。它带来的影响是，改变了我们看待工作、就业保障及生活的方式。这场流行病对每个人都造成了创伤，我们将在未来一段时间内逐渐恢复。

虽然我们在书中介绍了各种理论观点（特别是在第 2 章及第 3 章），但我们还是要强调一点：生涯是随着时间的推移不断发展的。一个人生涯发展的决策点是，这个人根据此前和当下的生涯发展经验所做出决定的时间点。知道如何在生涯发展的重要节点上提供帮助是很关键的，但生涯专业从业者还可以在生涯危机发生之前主动对儿童、青少年和成人的生活进行辅导，以促进他们积极的生涯发展。生涯专业从业者能够在这两种情况下提供帮助是至关重要的。

我们特别注重生涯发展理论与实践的包容性。构建具有文化包容性的生涯发展辅导应该成为这一领域的标准做法。不幸的是，过去并非如此。部分原因在于生涯发展理论与实践曾主要聚焦于欧美中产阶级男性的生涯经历。尽管我们专门用了一整章的篇幅来探讨针对不同文化的生涯发展辅导（第 4 章），但在整本书中，我们也谈到了关于文化包容性的生涯发展辅导的必要性。我们的案例研究也强调关注具有不同背景的来访者的生涯经历。我们认为，为了更充分地满足所有人群的生涯发展需要，这两种方法（既单独用一章专门讨论文化包容性这一主题，又在全书中融入多样性）都是必要的。

为来访者提供具有文化针对性的生涯发展辅导，为第 5 章讨论生涯评估方法和第 8 章讨论生涯咨询奠定了重要基础。这两章提供的关于生涯咨询过程和结果的信息都反映出本领域前沿的工作成果。我们还提供了生涯信息与资源和网站的参考信息（第 6 章和第 7 章），它们是生涯发展过程的重要方面。我们在第 9 章强调了设计和实施生涯发展项目需要考虑的重要因素，并在这一章着重提出进行生涯服务持续性评估的重要性，这对于改进生涯服务至关重要。但是，在资源有限的情况下，采用问责制以及展现效能是非常必要的。最后，我们在第 10 章到第 14 章强调了在学校（小学、初中和高中）、高等教育和社区环境中提供生涯援助的发展办法。在第 10 章、第 11 章及第 12 章，我们提供了大量的活动示例，学校的专业生涯咨询师可以使用这些活动为学生提供生涯发展辅导。

当然，开展符合伦理要求的实践工作是我们所在领域的标准。然而，生涯专业从业者面临着众多挑战。基于网络的服务（如生涯咨询和生涯评估）、可能存在的双重关系、来访者可能接触到缺乏心理测量支持的评估方式，以及一些生涯理论本身就扎根于根深蒂固的价值观体系，这些都对生涯专业从业者从事合乎伦理的实践工作构成了挑战。因此，我们在第 15 章使用 2015 年发布的《美国生涯发展协会伦理准则》来应对当前面临的众多伦理挑战。这是第一本，也是目前为数不多的用一个章节来专门讨论符合伦理要求的实践的生涯发展教材。

为了增强本书对读者的适用性，我们使用了美国生涯发展协会开发的指导框架。具体而言，我们使用美国生涯发展协会提出的生涯咨询能力以及咨询和相关教育项目认证委员会（Council for Accreditation of Counseling and Related Educational Programs, CACREP）在 2016 年提出的标准来确定每章的主题。这些能力和标准在书末以附录形式呈现。

请注意，本书"前言 / 关于本书"后有一个表格[①]，该表展示了与每个能力类别以及 CACREP 标准（2016 年）相关的章节。为服务于专注 K-12[②] 生涯发展辅导的读者，我们还将《美国生涯发展指南》整合进了第 10 章（小学）、第 11 章（初中）及第 12 章（高中）。

我们希望自己已经实现了那些激励我们撰写本书的目标。我们也希望自己满足了学生的期待。在教授生涯课程时，如果学生告诉我们，经过对课程的学习，他们对生涯发展辅导产生了一些尊重和欣赏之情，我们会将此视为一种高度的赞扬。我们希望本书也能做到这一点。我们致力于以任何能够做到的方式持续改进本书。尽管我们已经共同为生涯发展的研究和实践工作付出了近一个世纪的时间，但我们仍有许多东西需要学习，而且我们渴望学习。你的建议会指导我们的修订工作，我们也非常乐意为正在使用我们教材的班级做演讲（无论是面对面演讲还是线上演讲都可以）。只要与我们联系并传达你的需求，我们都会尽量安排时间。最后，我们衷心祝愿你在生涯发展领域令人兴奋的冒险之旅中一切顺利。

---

① 附录 D 也提供了这样的表格。——译者注
② K-12 是对美国基础教育的统称。"K-12"中的"K"代表 Kindergarten（幼儿园），"12"代表 12 年级（相当于我国的高三）。"K-12"是指从幼儿园到 12 年级的教育，在国际上被用作对基础教育阶段的通称。——译者注

与生涯发展相关的CACREP标准（2016年）

生涯发展——有助于人们了解生涯发展及其相关的生活中的影响因素的研究，包括以下内容。

章号	CACREP 标准
2、3	a. 生涯发展、生涯咨询和生涯决策的理论与模型
1、2、3、8	b. 将工作、心理健康、人际关系及其他人生角色和因素之间的相互关系进行概念化的方法
6、7	c. 识别并使用生涯的、业余的、教育的、职业的和劳动力市场的信息资源、技术和信息系统的过程
1、2、3、4	d. 评估工作环境对来访者生活经历的影响的方法
1、2、3、5、7、8、9	e. 能力、兴趣、价值观、人格及其他影响生涯发展因素的评估策略
10、11、12、13、14	f. 生涯发展项目规划、组织、实施、管理和评估的策略
1、4	g. 在全球经济中为不同来访者的生涯和教育发展以及就业机会争取权益的策略
8、9、10、11、12、13、14	h. 促进来访者生涯、教育和人生规划及管理技能发展的策略
1、8	i. 识别和使用生涯规划及决策的相关评估工具和技术的方法
4、15	j. 处理生涯发展相关议题的伦理和文化策略

来源：咨询和相关教育项目认证委员会（2015）。2016 CACREP 标准。Alexandria, VA: Author.

每章的关键更新内容

第 1 章：生涯发展辅导入门

● 增加与教材内容相关的学习目标

● 增加一节关于第四次工业革命对生涯发展影响的内容

● 更新就业统计信息，包括与新冠疫情大流行相关的信息

● 增加对"高新技术紧张症"与工作的讨论

第 2 章：理解并应用生涯发展理论

● 增加与教材内容相关的学习目标

● 更新与经典生涯发展理论相关的文献

● 突出经典理论在生涯发展辅导中的应用

第 3 章：新兴生涯发展理论的理解与应用

● 增加与教材内容相关的学习目标

● 更新与新兴生涯发展理论相关的文献

● 强调新兴理论在生涯发展实践中的应用

● 加强对案例研究的整合

第 4 章：提供文化兼容的生涯发展辅导

● 增加与教材内容相关的学习目标

● 突出工作人群中的人口结构变化

● 突出学校和工作中歧视性行为的影响

● 讨论交叉性在生涯发展中的重要性

第 5 章：评估与生涯规划

- 增加与教材内容相关的学习目标
- 更新提供评估工具的出版商

第 6 章：职业信息和资源

- 增加与教材内容相关的学习目标
- 增加 4 个决策模型：弗兰克·帕森斯的模型、马丁·卡茨的基于价值观的模型、詹姆斯·桑普森及其同事的认知信息加工模型，以及斯宾塞·G.奈尔斯及其同事的以希望为中心的模型
- 增加案例研究，并在案例中更加强调多样性
- 更新提供职业信息的出版物

第 7 章：利用信息通信技术来支持生涯咨询及生涯规划

- 增加与教材内容相关的学习目标

第 8 章：生涯咨询的技术与策略

- 增加与教材内容相关的学习目标
- 更新对主要生涯咨询研究的回顾
- 讨论新冠疫情大流行（及其对工人造成的相关创伤）对生涯咨询辅导的影响
- 更新生涯从业人员认证

第 9 章：生涯发展项目与服务的设计、实施及评估

- 增加与教材内容相关的学习目标
- 更新科学研究

第 10 章：小学生涯发展辅导

- 增加与教材内容相关的学习目标
- 更新与儿童生涯发展相关的研究文献
- 整合美国学校咨询协会"学生成功的心智模型与行为"

第 11 章：初中生涯发展辅导

- 增加与教材内容相关的学习目标

- 更新与青少年早期生涯发展有关的研究文献
- 整合美国学校咨询协会"学生成功的心智模型与行为"

第 12 章：高中生涯发展辅导
- 增加与教材内容相关的学习目标
- 整合美国学校咨询协会"学生成功的心智模型与行为"

第 13 章：高等教育中的生涯发展辅导
- 增加与教材内容相关的学习目标
- 更新高等教育的招生统计数据
- 更新与高等教育中的生涯发展辅导有关的研究文献

第 14 章：社区环境中的生涯发展辅导
- 增加与教材内容相关的学习目标
- 更新科学研究
- 更新美国咨询协会的部门以及对咨询师认证的要求

第 15 章：生涯发展辅导中的伦理问题
- 增加与教材内容相关的学习目标
- 更新与生涯发展辅导中的伦理挑战有关的文献

教学特点

这本教材虽然许多有特色的地方都有助于提升学生的学习水平，但以下两点尤为突出。

- 增加学习目标，在每一章的开头陈述这些学习目标，在正文适当的地方会再次重复。其目的是帮助教师和学生通过学习教材及相关资料获得所期望的结果。
- 大量的案例研究和示例贯穿教材，都是为了帮助学生将章节内容应用于生活实践。

本书配套资源

为了给读者提供更好的阅读学习体验，本书特别准备了配套数字化资源，具体资源如下：

附录

用手机扫描下方二维码，可查看《美国生涯发展协会伦理准则》序、教育与生涯规划档案、美国生涯发展协会的生涯咨询能力说明、咨询和相关教育项目认证委员会（CACREP）有关生涯发展的标准（2016 年）、《美国生涯发展指南》（NCDG）框架。

参考文献

为了节省纸张、降低图书定价，本书编辑制作了电子版参考文献。用手机扫描下方二维码，即可在线浏览。

教师教学服务

经过网站认证教师身份后，教师将获得包括申请样书、获取智元最新书目信息以及采购教材等在内的专属服务。

目录

第 1 章　生涯发展辅导入门

第 2 章　理解并应用生涯发展理论

第 3 章　新兴生涯发展理论的理解与应用

第 4 章　提供文化兼容的生涯发展辅导

第 5 章　评估与生涯规划

第 6 章　职业信息和资源

第 7 章　利用信息通信技术来支持生涯咨询及生涯规划

第 8 章　生涯咨询的技术与策略

第 9 章　生涯发展项目与服务的设计、实施及评估

第 10 章　小学生涯发展辅导

第 11 章　初中生涯发展辅导

第 12 章　高中生涯发展辅导

第13章 高等教育中的生涯发展辅导

第14章 社区环境中的生涯发展辅导

第 15 章　生涯发展辅导中的伦理问题

生涯发展辅导入门

1

我们总要去工作，不管自己喜欢或不喜欢，为谋生而工作一定是我们生活的重要组成部分。在许多方面，工作定义了我们是谁，工作也为大多数人提供了日常生活的基本需求，例如食物、住所和交通。最后，如果幸运的话，工作还可以为我们提供更多的回报：优质的休闲、对孩子教育的投资等。我们每天都要起床去上班，这是无法摆脱的，因此必须选择能够丰富我们生活的工作。我们的工作不仅丰富了我们的个人世界，还丰富了我们周围的世界，而这一切不是靠天才能力的大爆发，而是我们把自己的知识和技能缓慢、稳定地投入工作中。

至于如何评价工作的有效性，我认为最重要的方面之一就是产品。无论我们是建造房屋的承包商、修复心脏的医生，还是教育学生的教师，从一开始我们就需要专注于产品，并为生产产品的过程感到自豪。对于任何不尽全力的结果，我们都不应该满足，因为这对购房者、病人和学生等都很重要，而且对我们自身也很重要。为我们的工作、我们的成就以及我们付出的努力感到自豪，这能够使世界变得不同。

——大卫（David）
承包商

工作是我必须做的事情。如果我中了彩票，我可能就不会再去工作。作为一个有两个孩子的单身母亲，我必须为他们负责。工作可以"有意义"吗？我希望有一天能体验到这一点。但是现在，这就是我和家人的生活方式——尽管大多数时候它并不有趣，可它还是很重要的事情。

——安（Ann）
食品服务工作者

我的工作对我来说意味着一切（或者几乎一切）。作为一名肿瘤学家，我致力于做好我的工作，为我的患者奉献。我觉得自己有极大的责任要成为最好的医生。作为家庭和非裔美国人社区的代表，我也感到有责任尽我所能。我将大部分时间都奉献给了工作，它给了我意义。能做我所做的工作，我感到幸运。

——卡米尔（Camille）
医生

【学习目标】

1.1 了解工作的意义如何随着时间而改变。

1.2 学习关键的生涯发展术语。

1.3 了解生涯发展辅导史上的重要事件。

1.4 理解生涯发展辅导的未来发展趋势。

1.5 理解生涯发展辅导措施是怎样随着该领域的发展而发生变化的。

当斯蒂芬妮（Stephanie）和她的同学们讨论他们作为研究生在咨询领域的生活时，他们的注意力转向了他们所需的生涯发展课程。他们想知道为什么需要学习这门课程。约瑟（Jose）自信地宣称，他对提供生涯咨询没有兴趣，而且他不太可能需要了解将在课堂上涉及的主题。乔纳森（Jonathan）表示同意，并声称他发现让人们做测验是相当无聊的。贝丝（Beth）很清楚，她正打算私人执业，但可能只会将有生涯问题的来访者介绍给其他对此类咨询工作感兴趣的从业者。钱德拉（Chandra）尽管不同意这些观点，但她的同龄人似乎对这门课的态度很消极，以至于她不愿意说些什么。她目睹了工作对家庭的影响，知道这是一个需要正确对待的重要话题。当她父亲工作的公司搬到海外时，她父亲就失去了这份工程师的工作。在钱德拉的父亲寻找新工作时，她的家人一直在努力维持生计。她的母亲努力保住她的全职工作，同时还要照顾钱德拉和她的两个弟弟。当她的父亲被迫接受一份薪水、挑战性和满意度都远不如从前的工作时，她看到她的父亲变得更加沮丧，父母之间关系的紧张程度也在加剧。甚至她弟弟的行为也出现了异常——在学校里遇到了更多麻烦。钱德拉担心她的家人，她知道他们的未来正受到父母职业发展的重大影响。钱德拉通过自己家庭的经历看到了工作与生活之间的联系，她希望学习生涯发展课程能有助于她了解如何帮助处于类似情况的人。

来自大卫、安和卡米尔的观点传达了人们对工作的不同价值观。如果可以，许多人会将工作视为表现自我的方式，以及创造生活意义和目的的工具。一些人工作是为了养家糊口，并且通常由于他们无法控制的情况，将工作作为达到目的的手段。另一些人，比如医生卡米尔，将工作视为履行对种族或文化群体责任的一种方式。还有一些人只是为了找工作而奋斗。新冠疫情（COVID-19）将美国 2020 年 5 月的失业率推高至 13.3%（Bureau of Labor Statistics，2020），这显著高于 2019 年 1 月的 3.2%（Bureau of Labor Statistics，2019）。2020 年 5 月的数据意味着美国有超过 4600 万人失业。这是一个很大的数字，你很可能认识某个正在与失业做斗争并努力寻找工作的人。然而，失业率往往具有误导性。例如，如果你失业并且在一个月内放弃找工作，那么你将不会被计入失业人数，实际上有大量人员只是放弃寻找工作。失业计算没有将兼职工作与全职工作区分开来，也没有揭示有关工作质量的任何信息。事实上，失业率忽视了数百万名就业不足（underemployment）的美国人，他们的工作与他们的技能水平、受教育程度或工作能力不匹配。就业不足是一个广义的术语，通常有 3 种类型：高技能员工做低技能工作、兼职员工想要全职工作、技术员工做低薪工作。虽然这些员工有工作，但他们没有机会为社会做出尽可能多的贡献。例如，拥有法律学位的人如果在律师事务所找不到工作，可能被迫担任鞋子推销员。更重要的是，在受教育程度最低的员工中，就业不足似乎最为严重。经济政策研究所（Economic Policy Institute）查看了劳工统计局（BLS）的数据并报告说，2016 年，没有获得高中学历的员工的未充分就业率为 18.8%。毫无疑问，这个数据在今天要高得多。

不幸的是，钱德拉所描述的经历在今天并不罕见。成年人力图在不确定的情况下有效地发展自己的职业生涯。最近，大学应届毕业生很难找到他们的第一份工作。青少年感到了成功的压力，常常想知道他们在高中的日常经历如何与他们未来的教育和职业联系起来。儿童经常接触到职业刻板印象，这些刻板印象会影响他们对未来哪些机会会对他们开放和哪些机会不会对他们开放的看法。因此，我们强调，在咨询师工作的每一个环境中，都存在提供职业生涯援助的需要！学校和社区环境中的咨询师会在不同程度上和不同时间遇到面临生涯发展问题的来访者。例如，美国学校咨询师协会历来将生涯发展确定为学校咨询师工作中必不可少的关键内容，这是有充分理由的。积极参与生涯和教育规划可以促进学生对职业的了解，进而可以促进其学业成功。对大学生的担忧的调查结果表明，大学生始终将职业生涯援助视为他们的最大需求。雇主频繁裁员，使得员工总是在担忧他们的职业问题。随着新冠疫情的大流行，失业人数在几个月内就从 281 000 上升到近 4600 万，这是一个悲惨而严酷的事实，它提醒我们：任何人的就业状况都是不稳定的。

尽管当代社会普遍存在职业问题，但许多参加咨询和相关教育课程的学生与约瑟、乔纳森和贝丝相似，他们对参加所需的"职业信息"课程并不太热情（Heppner，O'Brien，Hinkelman，& Flores，1996）。也许有些学生将课程要求想象为迫使他们记住职业信息书的部分章节，或花费数小时去学习如何管理和解释测验，以建议来访者选择哪些职业。也许他们认为生涯发展辅导与一般的咨询辅导是分开的，前者所需的技能涉及信息传播、建议和测验管理，而后者所需的技能涉及更"复杂"的治疗技术；也许他们设想的生涯发展辅导类似一个机械过程，其中咨询师以指导方式行事，并对生涯发展辅导结果承担全部责任；也许他们也像贝丝一样，认为生涯发展辅导与他们未来作为咨询师的工作无关。无论那些学生对生涯发展相关课程缺乏热情的原因是什么，我们都会推翻他们的观点和假设。

我们相信（并且我们认为钱德拉也会同意），称职的职业生涯专业从业者必须具备广泛且具有挑战性的咨询技能方面的专业知识。提供职业生涯援助所需的知识和技能涵盖了一般的咨询所要求的知识和技能（Blustein & Spengler，1995；Gysbers，Heppner，& Johnston，2009；Herr，Cramer，& Niles，2004）。例如，美国生涯发展协会提出的生涯咨询能力表明，生涯咨询师需要的知识和技能包括：生涯发展的理论，个人和团体辅导，个人 / 团体评估，职业信息 / 资源，项目推广、管理和实施，生涯教练/咨询、多元文化咨询，监督，伦理/法律问题，以及在生涯发展辅导过程中有效地使用技术。这些技能领域显然远远超出了那些仅限于提供职业生涯建议和进行考试管理的领域！

此外，与生涯发展辅导相关的主题会令人感到兴奋且具有挑战性。在许多方面，生涯发展辅导与心理学中关于优化人类机能、使幸福感最大化和充分发挥人类潜能的理论有关（Niles，Amundson，& Neault 2011；Savickas，2009；Yoon et al.，2015）。生涯咨询师通常在来访者生活中已发生某事和可能会发生某事的交汇点上遇见他们。生涯发展辅导的核心是帮助人们考虑如何在生活中发展和利用他们的才能。生涯发展从业者还寻求使人们能够从他们独特的生活经历中构建意义，然后将衍生的意义转化为适当的职业和其他生活角色的选择。将生活经历转化为职业选择，需要人们具备较高水平的自我意识。因此，生涯专业人员提供辅导措施以帮助来访者澄清和阐明他们的自我概念。这些辅导措施不仅包括正式的、标准化的评估活动，还包括非正式的、非标准化的评估活动，这些活动可以积极和创造性地让来访者参与生涯发展辅导过程（Amundson，2019）。因为梳理生涯问题和参与生涯规划是一个复杂的过程，所以开展合格的生涯咨询实践需要生涯咨询师熟练地与来访者建立有效的工作联盟（Amundson，2019；Anderson & Niles，2000；Brott，2019；Multon et al.，2001；Perrone，2005）。当生涯咨询师与他们的来访者合作并创新地构建出一个清晰的职业生涯发展方向时，来访者和生涯咨询师都会体验到这种辅导过程是令人兴奋且有意义的（Anderson & Niles，2000）。

我们也意识到生涯专业从业者在生涯发展辅导过程中面临着多重挑战。做生涯决策通常不是一项简单的任务，因此，良好的生涯咨询绝不是机械和常规的。当我们考虑到工作决策是在与其他生活角色和责任密切相关的生活环境中做出的这一事实时，生涯决策的复杂性和经常具有的压力感就变得清晰起来（Perrone，Webb，& Blalock，2005）。从表面上看，做出一个工作决策似乎是一个简单的过程，但是当想到家庭期望、有限的职业机会、财务限制和多重生活角色承诺等重要因素时，这个过程很快就会变得让人不知所措、令人沮丧且十分复杂。显然，钱德拉已经从其父母的职业生涯中了解到这一事实了。安在本章开头说的话也凸显了职业生涯挑战的复杂性。

由于生涯决策的复杂性，许多进行生涯咨询的来访者都会经历大量的心理困扰，这不足为奇（Multon et al.，2001）。显然，生涯咨询师必须消除来访者的忧虑，帮助他们澄清自己的价值观、技能、所扮演生活角色的重要性以及兴趣和动机。当来访者还有着低自尊、低自我效能感或对未来能比过去更好不抱什么希望时，生涯咨询师的任务就变得更具挑战性（Niles，Amundson，Neault，& Yoon，2021）。面对有此类问题的来访者，生涯咨询师需要为其提供更多的帮助，这不是仅靠一个测验组合就能解决的。有鉴于此，进行生涯咨询的来访者将他们从与生涯咨询师建立的有效治疗联盟中获得的支持和经验视为他们在生涯咨询中获得的最有帮助的方面之一，也就不足为奇了（Anderson & Niles，2000; Multon et al.，2001）。显然，那些被认为是基本的咨询技能（例如，建立融洽的关系、反思性倾听、表达同情性的理解），也是基本的生涯咨询技能。

与来访者协同有效地工作还要求生涯专业从业者具备高水平的多元文化能力（National Career Development Association，2009）。例如，集体主义取向的来访者，以不同于个人主义取向的来访者的重要方式参与生涯规划过程。在工作中，考虑来访者的文化背景对提供有效的生涯援助至关重要。例如，金姆（Kim）、李（Li）和梁（Liang）（2002）发现，在与亚裔美国大学生打交道时，专注于情感表达的生涯咨询师被认为比专注于认知表达的咨询师具有更强的跨文化能力，该结果也符合亚洲的价值观。梁（Leong，2002）发现，文化适应与工作满意度呈正相关，与职业压力和紧张程度呈负相关。戈麦斯（Gomez）及其同事（2001）发现，拉丁裔的生涯发展受到社会政治、文化、背景和个人变量的强烈影响。具体来说，在戈麦斯及其同事进行的、由拉丁裔人参加的生涯发展课程的研究中，他们发现，社会经济地位、家庭、文化认同和支持网络的存在等因素，都会影响拉丁裔参与者对生涯发展课程的态度。麦当娜（Madonna）、米维尔（Miville）、沃伦（Warren）、盖诺（Gainor）和刘易斯－科尔斯（Lewis-Coles）（2006）强调了在生涯发展经历中了解来访者宗教取向的重要性。保罗（Paul）（2008）描述了在生涯咨询中使用建设性发展方法将来访者的性别认同融入生涯咨询的过程。佩珀（Pepper）和劳拉（Lorah）（2008）讨论了工作场所和职业问题对特殊群体的重要性。鲍威尔（Powell）等人（2017）提供了一个生涯咨询框架，将家庭影响因素纳入生涯决策过程。来访者的文化 / 背景变量在生涯发展辅导过程中显然很重要，因此，与一般咨询辅导类似，生涯发展辅导过程是一个动态的、复杂的和具有挑战性的过程，需要生涯专业从业者利用多元文化咨询技能来有效地帮助来访者在他们的生涯发展中取得进步（并且，与一般咨询一样，生涯咨询也是多元文化咨询）。

此外，有迹象表明，在不久的将来，生涯发展过程将变得更加复杂，而不是更加简单。变化、转型和不稳定性主导着生涯发展格局，新冠疫情的出现则加快了这一过程（Niles，Amundson，Neault & Yoon，2021）。例如，劳工统计局（2014）的报告说，1/4 的员工在其现任雇主手下工作的时间不到一年；而在 2014 年，也就是在 2020 年导致近 3000 万名员工失业的新冠疫情大流行之前，员工为其雇主工作的平均时间为 4.6 年（男性为 4.7 年，女性为 4.5 年）。新冠疫情流行时期的职业恢复是非常困难的。这种恢复需要公司和社会付出大量的成本，因为新员工必须得到培训，而处于转型期的人通常需要社会福利的支持。例如为了使他们能在改行期间顺利度过一段失业时间，社会需要为他们提供失业保险和为贫困家庭提供临时援助。

除了在同一个雇主那里的工作时间缩短之外，今天的员工还面临着经济全球化的影响。托马斯·弗里德曼（Thomas Friedman）在其《世界是平的：21 世纪简史》（Friedman，2005）一书中描述了这一现象。弗里德曼指出，技术进步创造了更公平的经济竞争环境，以前处于不利地位的国家在知识和财富方面不断增长，乃至可与美国和其他世界大国相匹敌。计算机和通信技术领域以前的大本营是在发达国家，现在中国和印度等国家进入这一领域的大本营，掌握了关键技术，这些国家也因此在经济上更具竞争力。这种机会的平衡或"扁平化"对全世界的工作性质产生了重大影响，它加速了经济全球化或各国经济的相互依存，因此，一个国家的经济变化会对另一个国家的经济产生影响。过去几年的全球失业率清楚地证明了这一事实。

经济全球化的另一个影响是，工作被一个国家外包给其他国家。从最积极的角度来看，将一个国家的工作重新分配到其他国家会提高接收国的经济和生活水平。外包工作的公司享有成本较低的好处，因为发展中国家的工资低于发达国家的工资。发展中国家的员工有更多的就业机会，发展中国家可以获得最新技术。由于经济全球化也会导致竞争加剧，因此公司被迫降低产品价格，从而为消费者带来好处。在弗里德曼看来，这些发展将持续推进世界经济横向演进，也就是说，经济发展趋势将呈现为一条水平线。一个扁平的世界意味着我们在经济上相互依赖，并且相互之间有更多的交流。

弗里德曼确定的趋势有哪些实际的意义？为了在扁平的世界中能有效地竞争，弗里德曼提出，以下几点对于 21 世纪的员工来说是必要的。首先，需要不断地投入学习。员工必须学会用新方法做旧事情以及用新方法做新事情。其次，必须培养对生活的热情和好奇心。热情和好奇心是为职场带来活力、创新的强大力量。再次，协同工作的能力是应对 21 世纪复杂挑战的必备能力。良好的人际交往能力有助于人们将他人视为能对任何职场挑战做出积极贡献的有价值的团队成员。最后，能够平衡分析思维和创造力，为解决公司遇到的问题提供有价值的视角。弗里德曼为 21 世纪的生涯自我管理提供的能力列表可以扩展为：（1）应对变化和容忍歧义的能力；（2）有效获取和使用职业信息的能力；（3）快速适应不断变化的工作需求的能力；（4）有效使用技术的能力。发展这些能力将使员工能够跟上当今全球经济的发展。

然而，在结束我们对经济全球化的讨论之前，值得注意的是，经济全球化并不完全是积极的。一个扁平的世界会产生大量不可否认的负面结果。例如，一个国家在将工作外包给其他国家后，该国从事制造业和白领工作的员工的就业机会就少了。一些程序员、编辑、工程师和会计的工作被外包给了发展中国家，这就是在发达国家工作机会减少了的代表性例子。经济全球化也增加了对发展中国家员工的剥削。联合国（2000）的一份报告指出，经济全球化加剧了不平等和歧视，同时也扩大了"富人"和"穷人"之间的经济差距。为了生产更便宜的商品，安全标准常常被忽略。许多发展中国家也没有童工法，在这些国家，童工经常被置于不人道的工作条件下。许多公司在缺乏环境法规的国家建立了工厂，并将污染物排放到土壤和附近的水道中。与经济全球化有关的人口贩运也有所增加。最后，联合国报告指出，跨国公司在有关立法和公共政策的政治决策中变得越来越有影响力，这些政治决策往往使跨国公司受益，而不是那些在其中工作的人。

显然，经济全球化为我们带来了积极的好处，也为我们带来了消极的结果。经济全球化导致的负面结果还可以包括：长期存在的男女收入差距，多数和非多数（nonmajority）员工的收入水平和就业机会的差异，残疾员工经历的经济不平等和就业歧视，能够获得优质教育机会和目前无法获得这些机会的人之间的差距，等等。

赫希（Hirschi）（2018）在一篇讨论加速数字化和工作自动化（被称为第四次工业革命）的影响的文章中指出，关于自动化将在多大程度上减少工作岗位的估计的既有意义又被夸大了。赫希指出，在许多情况下，这种影响更可能针对某些特定任务，而不是整个职业。也就是说，许多工作的一部分可能是自动化的，而同一工作的其他方面可能不那么容易被自动化影响。例如，心理健康咨询中的某些诊断方面可能会实现自动化和数字化，但是，技术本身能否像高水平的咨询师一样与来访者建立有效的工作联盟，还有待观察。通常，与技能水平和受教育程度较低的员工相比，具有较高技能和较高受教育程度的员工受自动化影响的可能性较小。

赫希（2018）还明确了第四次工业革命中工作的结构性变化，其中包括低技能水平工作（管理员、保安等）和高技能水平工作（教师、经理等）的增加，伴随着中等技能水平工作（机器操作员、办公室管理员，他们易被自动化影响）的"空心化"。与此同时，零工经济的兴起导致许多员工按照需要独立工作，他们受雇于完成某些特定项目，当项目结束时，他们在特定项目中的工作也结束了。优步就是一个很好的独立工作的例子，它涉及高度自治，在这种情况下，员工可以决定何时工作以及是否承担特定任务，并且员工按完成的每项任务获得酬劳。

阿塔纳索夫（Atanasoff）和维纳布尔（Venable）（2017）强调了这样一个事实，即所有员工都可能面临"技术压力"。技术压力反映了一个人不能有效地应对将新技术引入其工作的要求。技术压力会影响一个人的身心健康，以及他的工作满意度。如果在没有足够的员工准备和雇主支持的情况下，在工作场所实施新技术，那么员工感受到技术压力的可能性就会增加。在这种情况下，员工的工作满意度和生产效率可能会降低，而雇主对员工容易受技术压力的影响并不敏感，而且出乎意料的是，这种情况相当普遍。

总的来说，经济全球化和第四次工业革命的影响凸显了生涯专业从业者需要帮助来访者随着变化而改变。要做到这一点，员工需要得到支持，以保持自我意识，这种自我意识与他们的生活经历如何影响其自我感受的发展有关。此外，他们还需要保持警觉，了解工作是如何发展的，这样他们才能意识到，当工作随着时间的推移而发生变化时，他们需要不断考虑由此产生的对新的培训和新的工作机会的需求。最后，更能接受变化（更具适应性）是 21 世纪对所有人的要求。相对于任何情况的长期稳定而言，模糊性的普遍存在使变化成为一种常态，而适应变化的能力则是一个基本要求。

工作性质和工作机会方面的发展表明，我们需要有支持员工的公共政策。例如，在美国历史上，联邦政府赞助了工人培训计划（如出台《就业培训伙伴法》《综合就业和培训法》），以便那些缺乏相关工作技能的工人可以获得低成本甚至免费的培训机会。这些问题突出了生涯专业从业者参与维护和宣传社会公正的必要性。事实上，我们认为能够有效地参与维护和宣传社会公正已经成为 21 世纪有能力的生涯专业从业者要满足的必要条件。

除此之外，参与维护和宣传社会公正还需要生涯发展从业者了解那些支持员工和提供生涯发展服务的法律（例如，《劳动力投资法》《美国残障者法》）和公共政策。与此相关，弗里德曼认为，需要通过立法减少退休福利和健康保险方面对雇主的依赖，并通过提供保险来部分弥补更换工作时可能出现的收入损失，从而使更换工作更加容易。弗里德曼还认为，由于专业人士的比例下降，年轻人应该获得更多的鼓励去追求科学、技术、工程和数学（STEM）领域的职业。此类建议为将生涯发展融入下一版中小学教育法案（最近称为《每个学生成功法案》）的重新授权提供了隐性支持。了解如何影响公共立法和政策是生涯发展从业者的一项重要技能。例如，就生涯服务对所有人的重要性与立法者进行沟通，并告知立法者生涯服务对个人和社区的好处，这是生涯专业从业者可以采取的重要宣传和倡导行动。具有多元文化能力也是生涯专业从业者提供有效生涯发展辅导的重要内容。在整本书中，我们都在强调这些能力，并将它们与生涯发展辅导联系起来。我们还强调，因为儿童、青少年和成人都需要成功地应对生涯发展任务，以有效地管理他们的生涯，所以所有生涯咨询师都必须熟练地为他们提供生涯发展辅导，并且必须了解生涯发展过程，无论他们的工作环境如何。

工作在不同时期的意义

学习目标 1.1　了解工作的意义如何随时间而改变。

　　显然，要理解生涯发展过程，并能够在整个生命周期内提供全面、综合和系统的生涯发展辅导，就需要生涯专业从业者了解工作在人们生活中所扮演的角色。有大量证据表明，在 21 世纪，工作对人们的意义正在发生变化（Ardichvili & Kuchinke，2009；Borchert & Landherr，2009；Ferrar，Nota，Soresi，Blustein，Murphy，& Kenna，2009；Hirschi，2018）。不幸的是，工作模式中发生的许多转变都对员工不利。例如，工业化国家的大多数员工现在享有大量带薪年假（通常每年约 3 周）和带薪育儿假带来的好处。目前，不少国家 / 地区的法律规定了工作周的最长期限。但美国并没有顺应这一趋势。根据国际劳工组织的数据，美国劳动者每年比日本劳动者多工作 137 小时，比英国劳动者多工作 260 小时，比法国劳动者多工作 499 小时。目前，美国 85.8% 的男性和 66.5% 的女性每周工作超过 40 小时。因此，美国人报告的工作与家庭的冲突水平明显高于其他工业化国家的人员也就不足为奇。90% 的美国母亲和 95% 的美国父亲都报告了工作与家庭的冲突（Williams & Boushey，2010）。

　　按照 19 世纪美国人平均每周工作 70 小时的标准，工作在许多美国人心中的核心地位已经有所降低。但按照目前的标准，有数据表明，工作仍然主导着许多美国人。这并不奇怪，因为他们选择的工作会影响日常生活中大部分时间与之交往的人、休假时间的长短和何时去休假、将参与的继续教育和培训的类型、将拥有的管理类型、将体验到的自主程度以及将享受到的生活方式。因此，人们在第一次见面时，问对方的第一个问题是"你做什么工作？"也就不足为奇了。从表面上看，这是一个相当开放的问题，人们可以通过描述各种各样的细节来做出回应，但人们很少这样做。这表明，人们即便没有明言，也会心领神会地理解这种对个人谋生方向的询问。这种相互作用强化了这样一种观点，即在流动的工业社会中，职业是社会地位的主要决定因素之一（Super，1976）。这种互动也支持西格蒙德·弗洛伊德（Freud，S.）的说法，即"工作是个人与现实的联系"。无论好坏，我们对工作的选择经常都会成为他人观察我们和我们观察自己的感知镜头。毫无疑问，我们对那些告诉我们他们是神经外科医生的人和那些告诉我们他们在当地快餐店工作的人会做出不同的假设。在许多国家，用于识别一个人身份的，不管是否恰当，往往都是职业名称而不是其他某个特征。

然而，值得注意的是，在某些情况下，在不同的历史时期，一个人的工作并不像今天这样与一个人的身份密切相关。其他特征，如姓氏或住所，提供了一种主要的自我认同的手段。工作是如何成为一个人身份的核心组成部分的？显然，在原始社会，工作被认为是理所当然的，人为了生存而工作。在古代社会中，工作被视为诅咒，因为它涉及体力劳动而不是智力劳动。（有趣的是，希腊语中的"工作"一词与"悲伤"一词的词根相同。）后来越来越多的人认为，作为一种精神净化手段，工作适合所有人。除了受马丁·路德（Luther，M.）和约翰·加尔文（Calvin，J.）的影响外，宗教改革几乎没有改变这种态度。

随着一些国家实现工业化并增加对利用机械产生能源的工作的依赖，工作的含义不断发展。一个人地位的确定，不仅是一个人有多努力的问题，也是一个人从事何种工作的问题。从本质上讲，职业取代工作，成为确定个人地位的一种手段。萨维科斯（1993）指出，这种工作性质的转变发生在20世纪，因为在这个时期，个人将其职业努力转向将手工艺者组织成公司，并围绕工业建立大城市。对于许多人来说，个体经营农场和手工业的小型企业，反映的是粗犷的个人主义，取而代之的是为公司工作，并接受公司晋升的挑战。由于为公司工作的人发现，自己在独立性、自给自足和自我管理方面几乎没有得到加强，所以在20世纪出现了一种新的职业伦理。麦科比（Maccoby）和泰尔齐（Terzi）（1981）将这种新的职业伦理称为20世纪工作性质的"职业生涯"伦理，它被描述为让员工去接受这样的挑战，即"找到适合自己的地方，不要辞职"。也就是说，成功的职业生涯被定义为能够在同一家公司长期工作，而成功的职业道路则表现为在组织层级上向上晋升。今天似乎很清楚，这主要是由经济阶层决定的职业生涯模式，充其量只是对大多数人所经历的职业生涯的最低限度的描述。

工作性质的最新发展使人们对职业生涯伦理的可行性提出了质疑（McCortney & Engels，2003）。例如，许多奉行职业道德的组织正在以前所未有的数量缩减规模；许多员工发现，计算机正在做他们曾经做过的工作；许多雇主将员工视为消耗品，那些被解雇的员工有被出卖的感觉，他们感到焦虑且对未来没有安全感。在长时间工作和（或）搬迁到新社区以维持就业后，许多员工因雇主随意地解雇他们，而不愿意再为雇主付出一切了。对于躲过裁员的幸运儿而言，他们也会意识到自己的处境并不安全，他们的焦虑表现为更长的工作时间和更多对家庭的疏离（McCortney & Engels，2003）。

　　此外，公司正在扁平化他们的组织结构，这导致可供员工上升的职业生涯阶梯减少。垂直等级制度的消除使"成功"的职业生涯的定义受到质疑。霍尔（Hall）和他的同事（1996）认为，就业机会结构的变化预示着未来"人们的职业生涯将成为探索—试验—掌握—退出等一系列'小阶段'，因为他们要不断出入各种产品领域及各种技术、职能、组织和其他工作环境"（p. 33）。卡拉南（Callanan）、佩里（Perri）和托姆科维奇（Tomkowicz）（2017）认为，职业生涯发展进入了新常态。这种新常态反映了环境影响会加快生涯决策的速度，从而导致职业生涯存在高度的不确定性。其结果是，人们的职业生涯周期变短且职业频繁变化，人们在一生中做出的生涯决策数量也因此增加。

　　这些转变导致一些人得出这样的结论：几个世纪以来形成的有关工作的历史概念已经不存在，人们对"职业生涯"的共同理解也已经消失（Bridges，1994；Niles & Gutierrez，2019；Rifkin，1995）。2001 年 9 月 11 日的悲剧性回声，以及最近的全球经济衰退和随之而来的高失业率仍然在世界范围内回荡，并影响政治、经济和国际关系，进而影响工作。我们仍在整理这些事件，了解它们将如何影响人们的工作方式。麦科特尼（McCortney）和恩格斯（Engels）（2003）指出，"必须考虑当前的职业伦理概念是否仍可以准确、统一地应用于当今美国'文化沙拉碗'①中的所有人"（p. 135）。正如我们之前所指出的那样，由于经济全球化和第四次工业革命，任何国家都可能面临这一问题。因此，关于 21 世纪人们对其工作所赋予的新含义还没有定论。

　　生涯发展是在经济、社会、文化、技术、政治、全球和历史不断发展的背景下产生的。生涯发展就像人类发展一样，是一个进化的过程。然而，它又与生物学上的发展表现不同——后者是个体发生的，因此通常是可预测的，而生涯发展是一个动态的、互动的、情境性的、相互关联的，并且通常是不可预测的过程。工作经验也受到系统性种族主义和由于种族、肤色、性别、性取向以及他们是否有残障的差异而将人们排除在外的制度的影响。生涯咨询师可以发挥作用，帮助来访者充分发挥潜能，但并不局限于此。由于生涯咨询师拥有专业知识，他们可以成为创建一个更加多样化、包容和公平的劳动力队伍的有效倡导者。在那之前，我们做的都比我们所能做的要少。

---

　　① "文化沙拉碗"又称"马赛克文化"。缘起 1971 年加拿大"双语和双元文化皇家委员会"逐步推动展开的多元文化主义政治哲学和社会政策，此后为澳大利亚、美国等西方国家所接纳，演化成一种文化政策。现实中，多元文化背景的移民群体杂居在一起，平等和相互尊重并保持各自的文化身份，整个社会文化就像一个大的"沙拉碗"。——译者注

将工作与价值联系起来

同样清楚的是，尽管人们赋予工作的意义发生了历史性的变化，无论工作被视为福还是祸，它在许多人的生活中仍处于核心地位，而且这一事实得到了经验支持（Brief & Nord，1990；Mannheim，1993）。最近，多尔蒂（Doherty）（2009）发现，工作在参与研究者的生活中发挥着核心作用。他特别指出，工作提供了社会互动，满足了社会和个人需求，并提供了个人身份和意义感。多尔蒂通过研究得到的结果，即支持工作在人们生活中占首要地位，在不同的工作场所和职业中都是一致的。

此外，这种现象不仅存在于美国——跨国研究的结果表明，其他国家的许多人认为，工作比休闲、社区甚至宗教更重要（Ardichvili & Kuchinke，2009；Borchert & Landherr，2009）。哈帕斯（Harpaz）（1999）发现，在多项跨国研究中，工作的重要性仅次于家庭活动。内维斯（Neves）、纳西门托（Nascimento）、菲利克斯（Felix）、达席尔瓦（da Silva）和德安德拉德（de Andrade）（2018）考察了2008—2015年在巴西进行的研究，发现工作仍然是个人的基本价值之一，它在自我实现和主体性方面仍然发挥着重要作用，并有助于个体个性的发展。

不仅我们高度重视工作，美国人也倾向于使用工作的心理学定义。以心理为导向的工作定义将与工作相关的感知和动机置于个人的行动和控制范围内。这样的定义在很大程度上反映了美国人对工作的看法，强调职业生涯发展中的个人控制（例如，动机、纪律、毅力、目标导向），而不是强调社会（情境）变量（例如，机会结构、经济、社会经济地位）在塑造个人职业生涯中的作用。因此，如果某个人有一份"成功的事业"，我们倾向于对那个人做出许多非常积极的归因，我们会说那个人是"成功者"（不管我们是否真的认识那个人）。相应的假设是，"不成功"的人是低人一等的。我们否认影响个人职业生涯发展模式的社会学因素以及工作在我们文化中的中心地位，这对许多人来说是个问题，因为我们将工作与自我价值联系了起来（Niles & Gutierrez，2019）。显然，如果我们的自我价值感在很大程度上取决于我们对工作贡献的看法，那么如果我们的工作环境出现问题，我们的自尊很快就会瓦解（Herr，Cramer，& Niles，2004）。如果你曾经对自己的职业选择犹豫不决，如果你曾经被解雇或从事过非常不满意的工作，如果你找不到工作，或与经历过这些事件的人住在一起，那么你可能会很清楚那些经常出现在与工作有关的消极情境中的负面情绪。

当我们对工作产生不切实际的期望时，将工作与自我价值联系起来也会成为问题。例如，奥图尔（O'Toole）（1981）建议，当我们说工作应该是有意义的时候，意思是工作应该有助于自尊，有助于自我实现，并使我们通过对自己和环境的掌握来被社会所重视（p. 15）。这些主题仍然反映了许多人对自己职业生涯的期望。尽管这些是令人向往的经历，但由于存在诸如非人性化的工作条件、失业、带有偏见的招聘做法、裁员，以及个人和工作之间的不匹配等现象，许多人得出了这样一种结论：工作毫无意义。当工作经历因个人无法控制的原因而变得消极时，否认影响职业生涯的背景因素可能会导致人们去"责备受害者"。

有证据表明，许多工人不仅有消极的工作经历和对工作不满，而且还不知道如何改善他们的工作环境（Niles，Amundson，Neault & Yoon，2021）。在多年前，由NCDA 赞助的哈里斯互动调查（Harris interactive survey）的结果显示，59% 在美国工作的成年人如果能够开始他们的职业选择，那么他们会尝试获得更多和（或）不同的职业信息。在同一项民意调查中，45% 的成年人认为，他们需要更多的培训或教育，以至少维持目前的收入能力。NCDA（1999）进行的一项较早的民意调查显示，很多美国人（39%）没有职业生涯规划，更多美国人（69%）不知道如何做出明智的职业选择。显然，许多成年人在职业生涯规划和自我生涯管理方面存在信息和技能缺失的问题；许多人在职业生涯发展方面进行系统性自我探索的机会也很有限，他们不清楚自己的培训和教育需求。同一项民意调查的结果表明，几乎有一半的美国人都承受过与工作相关的压力，并认为他们的技能在工作中没有得到充分利用。如果这些是大多数人的经历，并且如果我们将工作与自我价值联系起来，那么似乎有理由认为，当代社会对有胜任力的生涯专业从业者的需求是巨大且紧迫的。

高度的职业生涯不确定性和职业不满与高度的心理和身体痛苦呈正相关（Callanan，Perri，& Tomkowicz，2017）。随着时间的推移，失业率的攀升与化学品依赖、人际暴力、自杀、犯罪活动、精神疾病、财务困境和经济衰退的发生概率上升有关（Herr et al.，2004; Holland，2012; Kalton，2001; Liem & Rayman，1982）。困顿的职业生涯处境通常会转化为困顿的生活处境。弗里切（Fritzche）和帕里什（Parrish）（2005）引用了支持"溢出假说"的研究，该假说反映的是，在某个生活领域中的感受会影响在其他生活领域中的感受。显然，当职业生涯处境出现问题时，由此产生的连锁反应可能是喜剧性的，也可能是悲剧性的。此外，所有咨询师，无论其工作的机构如何，都会直接（与有职业生涯困境的来访者打交道）或间接（与有职业生涯困境者的家庭成员打交道）遇到这些连锁反应。

提供系统的生涯发展辅导

显然，有些人希望更有效地应对工作对其生活的影响，这类个体获取系统性援助的需求是巨大的（National Career Development Association，2011）。年轻人、老年人、失业者、就业不足者、流离失所者、家庭主妇、失业工人以及不同种族、民族和社会经济群体的成员，都面临着对其生活产生重大影响的、与工作相关的问题。他们能对这些问题处理到什么程度，可能反映了他们过的是一种有意义和富有成效的生活，还是一种基本上没有意义和无法获得满足感的生活。

咨询师以多种方式为来访者提供生涯援助。例如，学校和社区机构中的咨询师向来访者传授进行有效职业生涯规划和生涯决策所需的技能（例如，自我评估、求职和职业信息获取）。所有机构中的咨询师还可以帮助来访者认识到，有关工作的决定会影响一个人的整体生活。相应地，咨询师还可以帮助来访者发展现实的期望，即让他们了解什么样的工作能让人感到满意。当在工作中缺乏个人满意度时，有意义地投入其他生活角色有一定的补偿作用。鉴于我们在生涯发展中极度强调个人变量，因此咨询师面临的一项重要任务就是帮助人们认识到自我价值不是由一个人的工作环境决定的。自我价值更多与一个人的生活方式有关，而不是与一个人在哪里工作有关。这些是在学校和社区机构中工作的咨询师可以对来访者讲授和强调的。

更具体地说，为了帮助人们在 21 世纪有效地管理其生涯发展，生涯咨询师要在以下方面帮助来访者。

1. 在生涯决策中使用理性和直觉的方法。

2. 清楚每个生活角色的重要性以及通过各种生活角色表达的价值观。

3. 有效应对模糊情境、变化和过渡。

4. 发展和保持自我觉察，特别是在兴趣、价值观、动机和能力方面。

5. 培养和保持职业和职业生涯意识。

6. 发展和保持与职业相关的技能和知识的更新。

7. 获得和参与终身学习的机会。

8. 有效地求职，即使还没有开始找工作。

9. 提供和接受职业生涯指导。

10. 培养和保持多元文化意识和交流技能。

与这些学习领域相关的技能必须放在发展的背景下，以便与儿童、青少年及成人打交道的咨询师能够提供适当的生涯发展辅导。当咨询师提供系统的生涯发展辅导以帮助人们获得这些技能时，他们就有效地回应了前美国劳工部长赵小兰（Chao，E.

L.）的观点，即"为了在 21 世纪取得成功，我们的国家必须做好准备，在工作方式、工作地点以及如何平衡职业和家庭生活方面适应经济的变化。我们不能简单地对变化做出反应。我们必须预见到这一点，从而帮助所有工作者获得他们渴望的、有成就感的和在经济上有回报的职业"（Chao，2001）。

术语界定

学习目标1.2　学习关键的生涯发展术语。

　　某种程度上，生涯发展辅导取决于我们如何定义相关的术语。生涯发展辅导领域的一个主要问题是生涯专业从业者和来访者对术语的滥用。例如，咨询师将职业和工作这两个术语互换使用的情况并不少见。有的专业人士会使用"从事生涯发展"这样的措辞，好像生涯发展是一种辅导措施而不是辅导的对象，这也并不罕见。同样，咨询师也经常混淆生涯辅导和生涯咨询这两个术语。这种缺乏精确性的术语使用使从业者、学生和来访者感到困惑，因此，术语的滥用成为提升生涯发展辅导效果的障碍。当语言缺乏精确性时，就意味着术语无关紧要。然而，文字的力量恰恰体现为生涯发展从业者"从事的是语言职业，文字和符号经常成为他们与来访者互动的内容"（Herr，1997，p. 241）。因此，与生涯发展辅导相关的关键术语的定义需要更加明确和具体。这种特殊性提高了我们职业的可信度，并为设计、实施和评估生涯发展辅导措施提供了共同基础。接下来，我们将定义并解释关键性的术语。

生涯

　　我们提倡将生涯视为一种生活方式，而不是将生涯的定义限制在工作方面。因此，我们同意舒伯（Super）（1976）的观点，即将生涯视为由一系列事件构成的生命的历程，以及赫尔（Herr）等人（2004）的观点，即将生涯视为人在一生中所扮演的各种角色的总和。这些定义比西尔斯（Sears）（1982）提供的定义更宽泛，后者将生涯定义为一个人在一生中做过的工作的总和。更宽泛的定义强调了人们扮演的多种生活角色，并承认人们的生活角色偏好以及工作在人们生活中的重要性方面存在差异（Richardson; 1993）。例如，广义的生涯定义适用于那些把工作定位为家庭主妇或志愿者活动的人。

生涯发展

生涯发展是指终身的心理和行为过程以及影响个人职业生涯的环境因素。因此，生涯发展涉及个人生涯模式的创造、做决策的风格、生活角色的整合、价值观的表达和生活角色的自我概念（Herr et al.，2004）。

生涯发展辅导

广义的生涯发展辅导涉及任何使人们能够有效应对生涯发展任务的活动（Spokane，1991）。例如，帮助人们培养自我意识、培养职业意识、学习决策技能、获得求职技能、适应职业选择以及应对工作压力的活动，都可以被称为生涯发展辅导。具体来说，这些活动包括个人和团体生涯咨询、生涯教育、生涯发展计划、计算机辅助生涯发展计划和计算机信息传递系统，以及向来访者传递职业信息的其他形式。

生涯咨询

生涯咨询被定义为一种正式的关系，在这种关系中，生涯咨询师协助来访者或来访者群体更有效地应对职业生涯问题（例如，做出职业选择、应对生涯转型、应对与工作相关的压力或求职）。通常，生涯咨询师寻求与来访者建立融洽的关系，评估来访者的职业生涯问题，建立生涯咨询目标，对来访者应对职业生涯问题的方式进行辅导，评估来访者的进步，并根据来访者的进步情况，要么提供额外的辅导措施，要么终止生涯咨询。

生涯教育

生涯教育是通过各种教育策略影响学生和成人生涯发展的系统性尝试，包括提供职业信息、将生涯相关概念融入学术课程、提供各种基于工作场所的体验、提供生涯规划课程等（Hoyt，Evans，Mackin，& Magnum，1972）。

生涯发展计划

生涯发展计划可以定义为"为了促进个体的生涯发展，由咨询师协调信息和经验的系统性计划"（Herr & Cramer，1996，p. 33）。这些计划通常包含目标、活动和用于评估活动在实现目标方面的有效性的方法。

生涯发展从业者

各种各样的人在各种环境中提供生涯援助。专门从事生涯发展辅导的博士级心理学家通常在私人执业场所、大学咨询中心、企业和社区机构工作。他们通常从美国心理协会认可的项目中获得咨询心理学博士学位，并使用职业（vocational）或生涯（career）心理学家一词来描述自己。有执照的专业咨询师还可以在类似职业心理学家工作的环境中提供生涯援助。此外，他们经常在学校工作，为小学、初中和（或）高中的学生提供生涯援助。在大多数情况下，专业咨询师拥有咨询硕士学位和（或）博士学位，这通常是从咨询和相关教育项目认证委员会（CACREP）认可的项目中获得的。生涯发展规划师（CDF）可能有也可能没有高等教育学位，但他们已从通过审批的机构那里接受了 120 小时的培训。这种培训使他们能够提供更多的入门级生涯援助，其中的重点是求职技能（例如，简历写作、面试技巧）和使用更基本的自我评估活动。他们主要在就业中心、学校和高等教育机构工作。

生涯发展辅导史上的重要事件

学习目标 1.3 了解生涯发展辅导史上的重要事件。

19 世纪后期，随着美国的国民经济从主要以农业为基础的经济转向以工业和制造业为基础的经济，生涯发展辅导措施加速兴起。这种经济转变带来了一系列新职业。这些与工业活动相关的新职业也使美国工人面临新的困境。特别是，人们面临着如何识别和获得新职业的新挑战。此外，新职业通常产生于美国的城市地区，许多人需要从农村地区转移到发展中的城市。伴随着这一趋势，越来越多的移民在美国寻求新的生活和机会（Herr，2001）。

在 20 世纪初期，生涯发展辅导的重点在于如何帮助人们做出职业选择和如何做出合适的职业选择。由于对职业决策的指导强调做出选择的行为，并将决策过程视为某个时间点的事情，因此决策的时间是有限的。波普（Pope）（2000）在简述美国生涯咨询史时指出，生涯发展辅导的早期发展阶段一直持续到 1920 年，其特点是强调就业安置服务。

早期对就业安置的重视，部分反映了占主导地位的群体职业生涯发展的线性模型，该模型直到最近才成为该领域的主导模型。简而言之，这种观点指的是在个人职业生涯的早期（通常在离开中学或升入大学后）选择一个职业，然后一直从事所选择的职业直到退休。为了帮助人们应对生涯决策任务，从业者通常采用客观主义的方法，即标准化的能力倾向和兴趣测验。

关于开发和使用能力倾向和兴趣测验的重要进展，在赫尔（Hull, C.）撰写并于1928年出版的《能力倾向测验》、沃尔特·宾厄姆（Bingham, W.）撰写并于1937年出版的《能力和能力倾向测验》、斯特朗（Strong, E. K.）撰写并于1943年出版的《男性和女性的职业兴趣》等书中得到了反映和阐述。在20世纪的大部分时间里，根据人的特性以及职业要求，将人与工作相匹配，是帮助人们确定适当职业选择的主要方法。

弗兰克·帕森斯

因此，生涯发展辅导的早期方法反映出专业人员重视对来访者的测验，为他们提供职业信息，并建议他们选择哪些职业可能有机会获得职业成功。这种方法是从弗兰克·帕森斯（Parsons, F.）的工作演变而来的。帕森斯是一名受过培训的工程师，也是一名因个人承诺而成为社会改革者的人。在20世纪初期，他将受过的培训和做过的承诺结合起来，勾勒出一个系统的职业决策过程，他称之为"真正的推理"（true reasoning，又称"真推理"）[①]。齐托夫斯基（Zytowski）（2001）注意到，帕森斯在1906年向波士顿经济俱乐部发表过题为"理想城市"的演讲。在那次演讲中，帕森斯讨论了年轻人在选择职业时获得帮助的必要性。该演讲引起了当时一些应届高中毕业生的兴趣，并且他们要求与帕森斯会面。根据这些活动，帕森斯提出了他的系统化职业指导方法。他的《职业选择》（Parsons, 1909）一书中详细描述了这种方法。在他去世一年后出版的这本书中，帕森斯讨论了各种原则和技巧，他发现这些原则和技巧对他在波士顿市民服务中心养家者学院（Breadwinners' College）和波士顿职业指导局帮助青少年时十分有用。具体来说，帕森斯指出了以下与生涯咨询有关的原则。

1. 与其只是找工作，不如选择一个职业。

2. 任何人在选择职业时，都必须经过仔细的、彻底的、诚实的和有指导的自我分析。

---

① 帕森斯没有详细说明"真推理"的概念，可能它等同于我们现在所了解的职业决策和职业规划。——译者注

3. 青年人对职业领域应该有一个广泛的了解，而不是简单地以方便或随意的方式选择职业。

4. 听取专家的建议，或者听取那些仔细研究过人、职业以及成功条件的人的建议，对于年轻人来说，这肯定是更好、更安全的。

5. 把它写在纸上似乎是一件简单的事情，但它在学习中却是极其重要的。（Parsons，1909，p. viii）

这些原则为帕森斯用来帮助年轻人实现"职业选择"目标的技术奠定了基础。帕森斯提倡开展阅读传记、观察员工所处环境以及阅读现有职业描述等活动。这些活动被纳入"帕森斯式方法"，其中包括帮助人们做出职业选择的 3 个步骤或要求。

1. 对自己的资质、能力、兴趣、资源、局限性和其他品质有一个清晰的认识。

2. 了解不同工作领域的成功条件、优势和劣势、薪酬、机会和前景。

3. 对这两组事实的关系进行"真正的推理"。（Parsons，1909，p. 3）

第一步是指进行自我调查和自我揭示，如果可能的话，由生涯咨询师协助。第二步的完成依赖了解准确和全面的职业信息。在帕森斯所处的时代，准确和全面的职业信息并不常见。帕森斯开发了职业材料（occupational materials），对职业做了非常详细的描述（例如，涉及薪酬、任务要求、工作环境等方面）。第三步是指个人（在咨询师的帮助下）需要将通过第一步和第二步获得的信息整合到职业决策中——这项任务虽然表面上看起来很简单，但实践证明它具有相当大的挑战性。

帕森斯在社会（例如，快速城市化、移民）、经济（例如，工业主义的兴起和日益增长的分工）和科学（例如，人类和行为科学的出现）背景发生改变的情况下——这也是美国当时正在发生的变化——发展了他的方法。这些变化引发了诸多需求，如将工人安置在需要特定技能和才能的工作岗位上，帮助年轻人制订职业生涯规划，防止劳动力市场出现虐待儿童的现象。帕森斯式方法也非常符合 20 世纪的主流科学思想，后者强调实证主义和客观方法论。也就是说，帕森斯式方法鼓励从业者使用标准化评估将兴趣、价值观和能力客观化，从而确定自己在职业结构中的位置。

帕森斯式方法中的 3 个要求构成了最初的匹配模型和后来的生涯发展辅导特质因素论的基本要素。帕森斯式方法属于心理学中的人－环境（相互作用）的传统范畴，它有 3 个要素，即自我知识、职业知识和决策技能。

人－环境方法的基本假设如下。

1. 由于个人特点，每个人都有最适合他们的特定类型的工作。

2. 不同职业的劳动者群体有不同的自我特征。

3. 职业选择是一个发生在特定时间点的事件。

4. 职业发展在很大程度上是一个依赖理性决策的认知过程。

5. 职业调整取决于劳动者的特征与工作需求的契合程度。

匹配模型试图克服帕森斯式方法的第三步所面临的挑战，这种挑战是进行"真正的推理"所固有的。最初的方案是使用"临床匹配"法。在这种方法中，专家根据"心理图"来确定某人在职业领域内获得成功的机会。维泰莱斯（Viteles）于1932年开发的心理图是用图形来表示人的相关特征（例如能力、培训、特定职业技能）的，与每个特征相关的个人优势都用数字等级（例如在 1 ~ 10 的范围内）来评定。另外，维泰莱斯还生成了工作心理图，工作心理图也采用数字等级评定的方法，对成功的工作表现所需的相关特征进行评级。将某个人的心理图和工作心理图进行比较后，就可以确定他与职业之间的匹配程度。

在匹配模型之后出现了特质因素方法，该方法强调通过标准化评估来识别一个人的相关特征。用相同的方法来描述职业因素或要求（也就是，按照职业需要的某些特征的程度来描述，比如能力）；然后，将个人特征与特定职业因素或要求相匹配。进行此类匹配的目标是确定个人与职业之间的匹配程度。

在进行特质因素的生涯咨询时，威廉森（Williamson，1939）主张采用六步法：分析、综合、诊断、预测、咨询、跟进。

在这个模型中，咨询师收集临床（使用访谈技术）和统计（通常使用标准化评估）数据，然后综合这些数据以推断来访者的优势和劣势。这些推断有助于澄清来访者提出的问题并确定可能的原因。对于威廉森（1939）来说，来访者提出的问题可以被诊断为：（1）没有选择；（2）不确定的选择；（3）不明智的选择；（4）兴趣和能力之间的差异。一旦来访者的问题被诊断出来，咨询师就会给出一个预测，其中包括替代行动方案或替代调整方案，以及每个替代方案获得成功的程度。威廉森模型中的咨询包括帮助来访者获取他们需要的自我信息和职业信息，以做出有效的职业决策。最后，咨询师会进行跟进并与来访者核实，以确定咨询的有效性以及来访者是否需要进一步的帮助。

在经典的特质因素方法中，咨询师是主动的指导者，来访者则是相对被动的参与者。咨询师有责任主动收集、整合来访者的数据。此外，咨询师还要将这些数据与职业信息结合起来，帮助来访者确定行动计划。

工作调适理论（Theory of Work Adjustment，TWA）是由明尼苏达大学的戴维斯（Dawis，R.）和洛夫奎斯特（Lofquist，L.）在20世纪60年代提出的，该理论是个人-环境传统理论的一个很好的例子（Dawis，1996）。TWA解决了"个人（能力和需求）与环境（能力要求和强化系统）之间的对应关系"（Dawis，England，&

Lofquist，1964，p. 11）。因此，TWA 强调发挥人与环境的相互作用，并假设"人与环境之间试图保持彼此的联结"（Dawis，1996，p. 81）。人和工作环境都分别有必须满足的要求。只有当人和环境互相符合对方的要求时，个体才能适应工作。然而，这种对应并不总是能实现。个体愿意容忍不一致的程度决定了个体的灵活性。工作环境也会表现出不同程度的灵活性。个体在特定工作中的任职时间，受个体的满足感（satisfactoriness，定义为个体对工作环境的满意程度）、满意度（satisfaction，定义为工作环境为个体提供足够和适当的强化、刺激的程度）和工作环境的持久性（work environments perseverance）的影响（Dawis et al.，1964）。因此，存在 4 种与人的工作体验相关的可能状态：人对工作感到满意，他的工作表现也令人满意；人对工作感到满意，但他的工作表现不令人满意；人对工作不满意，但他的工作表现令人满意；人对工作不满意，他的工作表现同样令人不满意（Dawis，2005）。第一种情况（满意和令人满意）在理论上会让人继续任职，而后 3 种情况在理论上会导致个体做出旨在改变状况的行为（调适行为）（Dawis，2005）。虽然有关 TWA 的研究结果对该理论是普遍支持的，但不幸的是，TWA 并没有催生足够的研究活动，过去 20 年内几乎没有发表什么关于 TWA 实证检验的研究成果（Swanson & Gore，2000）。

戴维斯（2002）还在其人 – 环境对应（PEC）理论中描述了更广义的 TWA。PEC 理论的一个基本假设是人（P）与环境（E）相互作用。P 和 E 都是主动的和反应性的。此外，P 和 E 都是有要求和期望的，P 和 E 的交互将满足这些要求。例如，在咨询机构（E）中工作的咨询师（P）期望有机会利用他的咨询技能来帮助他人。同样，咨询机构（E）期望咨询师（P）能够胜任工作。在成功地满足这两种期望的情况下，P 和 E 对彼此满意，并保持相应的行为。当某种期望没有被成功地满足时，就会导致不满意，P 和（或）E 需要进行调整，直到满意或直到 P 或 E 放弃为止。当人的能力满足环境要求时，就会出现良好的匹配或对应关系。当人的能力无法满足环境要求时，就会出现不合适或不一致的情况。

在以 TWA 作为理论框架的研究中，有一些研究倾向于关注成年人的工作经验。例如，里昂（Lyons）、韦莱兹（Velez）、梅塔（Mehta）和尼尔（Neill）（2014）在研究经济困难的非洲裔工人的工作调整时使用了 TWA。他们报告，就参与研究者而言，对个人 – 组织（P–O）契合度的看法与工作满意度呈正相关，与离职意向呈负相关，而工作满意度与离职意向呈负相关。他们还发现，对种族氛围的看法与对 P–O 契合度的看法呈正相关，与离职意向呈负相关。毫不奇怪，种族氛围是影响工作满意度和离职意向的重要因素。这对 TWA 的启示是，环境很重要，并且通常会比那些被假设为影响工作调整和工作满意度的常见因素更重要。

尽管目前在个人–环境理论（如 TWA 和更一般的 PEC）中使用的技术的复杂程度远高于帕森斯最初倡导的技术，但帕森斯对该领域的贡献仍然很大。约翰·布鲁尔（Brewer，J.）（1942）在其《职业指导史》一书中列出的帕森斯对该领域的贡献如下。

1. 他呼吁学校要发挥职业指导的作用，并为此提供了可以使用的方法，从而为学校的职业指导铺平了道路。

2. 他开始了对咨询师的培训。

3. 他使用了当时可用的所有科学工具。

4. 他制订了个人实现职业发展进步所要遵循的步骤。

5. 他组织了职业指导局的工作，为在学校和其他机构中开展团体辅导奠定了基础。

6. 他认识到了自身工作的重要性，并因此获得了媒体的宣传报道、财政支持，以及有影响力的教育工作者、雇主和其他公众人物的认可。

7. 他通过让朋友和同事参与其中，并撰写《职业选择》一书，为职业指导运动的延续和拓展奠定了基础。（p. 27）

然而，帕森斯并不是生涯咨询早期发展的唯一重要贡献者。詹姆斯·卡特尔（Cattell，J.）、阿尔弗雷德·比奈（Binet，A.）和宾厄姆是促进生涯发展辅导发展的主要力量，有助于将帕森斯对自我理解的重视付诸实践。

在 20 世纪初期，有影响力的出版物、组织和法律法规也已出现。例如，《职业指导通讯》由波士顿职业指导局于 1911 年首次出版（该局于 1908 年成立，帕森斯担任第一任主任和职业咨询师）；美国职业指导协会（NVGA，1985 年更名为 NCDA）于 1913 年在密歇根州的大急流城成立；美国劳工部成立于 1913 年；《职业指导简报》于 1915 年由 NVGA 首次出版；《职业康复法》于 1918 年施行；教师学院的基特森（Kitson，H. D.）撰写了《适应心理学》一书，该书于 1925 年出版。

1931 年，明尼苏达就业稳定研究所成立。该研究所从其研究中得出的结论之一是，需要改进职业指导服务，以创造更稳定的劳动力，促进经济从大萧条中复苏。美国就业服务局于 1933 年根据《瓦格纳–佩瑟法案》（Wagner-Peyser Act）成立。1939 年，美国就业服务局出版了第一版《职业分类词典》，其中有 18 000 个职业被命名、编码和定义。

在 20 世纪 40 年代初期，由于第二次世界大战（1944 年通过了 G.I. 法[①]），人员

---

① G. I. 法（G. I. Bill）是 1944 年通过的《退伍军人权利法案》，它是一部为二战退伍军人（通常称为 G.I.s）提供一系列福利的法律。——译者注

测验和安置活动大大增加。斯特朗在《男性与女性的职业兴趣》中提供了一个很好的例子，说明了此时在测验方面取得的进步。他在书中记录了近 20 年的兴趣测量研究。同样，在第二次世界大战期间，女性以前所未有的数量进入劳动力市场，其中许多人在以前完全由男性主导的体力和技术工作领域中成功地找到了工作。

在扩大测验和安置活动的同时，卡尔·罗杰斯（Rogers，C.）的《咨询和心理治疗》（1942）一书出版了。在这本书中，罗杰斯强调了关注来访者言语表达感受的重要性："在由此产生的重大发展中，包括对职业指导中来访者旧的认知概念的重构，它关注情感和动机行为的动态，强调将自我接纳和自我理解作为职业咨询的目标"（Borow，1964，p. 57）。

在生涯发展辅导的发展演变中，另一个重要事件发生在 1951 年，当时舒伯发起了职业模式研究，这是最早的生涯发展纵向研究之一。博罗（Borow）（1964）在历史回顾中指出，舒伯比其他任何人都更有助于将生涯发展辅导的重点从专注于职业选择的、"静态的、某个时间点上的单一选择观"（p. 60）转向将生涯发展概念化为一种持续的过程模型，它涉及在相容的职业角色中个体自我的全面实现。舒伯的主要贡献是将职业指导的定义从"帮助个人选择职业、准备职业、进入职业并在职业中取得进步的过程"转变为"帮助个人发展和接受一个完整而充分的自我图像的过程"，使个人接受自己在工作世界中的角色，将这个角色与现实进行对照检验，并将其转化为现实，从而让个人和社会满意。（Super，1951，p. 89）

此外，舒伯将职业生涯行为置于人类发展的大背景下，并采用经济学和社会学的多学科方法开展生涯发展研究，并为此做出了贡献。

在 20 世纪 40 年代和 50 年代，还出现了许多与生涯发展相关的专业组织。1947 年，美国心理协会（APA）创建了第 17 分会（Division 17）。从 1947 年到 1952 年，该分会被称为"咨询与指导分会"，后来更名为"咨询心理学分会"。自创建以来，该分会一直是对生涯发展辅导感兴趣的心理学家在 APA 的主要组织。最近，第 17 分会成立了一个特殊兴趣小组，以便更直接地关注生涯发展理论和实践。

美国职业指导协会、美国大学人事协会、全国咨询师和咨询师培训师协会以及教师教育学生人事协会的合并，促使了 1951 年美国人事和咨询师协会的成立。美国学校咨询师协会成立于 1953 年，其主要关注点是为年轻人提供职业生涯服务。1957 年，美国人事与指导协会创建了美国生涯咨询专业标准委员会，其职能是"评估和认证合格的职业咨询机构，促进高专业标准的保持，包括伦理实践标准"（Borow，1964，p. 62）。

生涯咨询师的主要组织 NVGA 从一开始，就一直致力于提高生涯发展从业者的服务质量。早在 1920 年，NVGA 就制订了指导从业人员从事生涯服务工作的原则。1981 年，NVGA 董事会批准了关于生涯咨询师角色和能力的第一个政策声明。从那时起，该声明多次进行更新（最近一次是在 2003 年）。图 1.1 中列出了最新的生涯咨询师能力要求。该声明反映了范围广泛的一般咨询技能和具体的生涯咨询相关能力要求。这些能力要求代表了 NVGA/NCDA 的信念，即生涯咨询师是经过专业培训的咨询师，并接受过与生涯发展相关的额外和专门的培训。此外，这些技能和能力要求反映了提供广泛的生涯发展辅导措施以满足不同来访者群体需求的重要性。NVGA/NCDA 的辉煌历史载于《生涯发展季刊》（1988 年第 36 卷第 4 期）。

这些能力声明适用于那些对生涯咨询领域感兴趣并拥有丰富经验的专业人士。其中，生涯咨询被定义为帮助个人实现生涯发展的过程，重点关注的是劳动者角色以及该角色如何与其他生活角色相互作用。

这些能力声明为在特定领域内有效地完成特定职业或工作所需的最低能力提供了建议。专业的生涯咨询师（拥有硕士学位或更高学位）或其他从事生涯发展工作的人，必须展示出一般咨询师可能不具备的生涯咨询专业知识和技能。这些专业知识和技能所属领域一直在专业的生涯咨询师和咨询教育者的推动下发展。生涯咨询能力声明可以作为生涯咨询培训计划的指南，也可以作为希望获得或提高生涯咨询技能者的检查清单。

最低能力

为了成为从事生涯咨询工作的专业人士，个人必须具有 11 个指定领域的最低能力。这 11 个领域分别是生涯发展理论，个人和团体咨询技能，个人/团体评估，信息/资源，项目推广、管理和实施，教练、咨询和绩效改进，面对不同的人群，督导，伦理/法律问题，研究/评估和技术。这些领域及其各自的绩效指标定义如下。

生涯咨询能力和绩效指标

生涯发展理论

理论基础和知识被认为是从事生涯咨询工作的专业人士必须具备的，具体内容如下。

1. 咨询理论及相关技术。
2. 生涯发展理论与模式。
3. 与性别、性取向、种族、民族、身心能力有关的个体差异。
4. 生涯发展的理论模型以及相关的咨询、信息传递技术和资源。
5. 人一生的成长和发展。
6. 有助于生活和工作规划的角色关系。
7. 与职业规划和安置相关的信息、技术和模型。

个人和团体咨询技能

对于有效地开展生涯咨询来说，个人和团体咨询技能被认为是至关重要的。从事生涯咨询工作的专业人士需要具备以下能力。

1. 与他人建立并保持富有成效的个人关系。
2. 建立并保持高效的团队氛围。
3. 与来访者合作确定个人目标。
4. 掌握识别和选择适用于实现来访者的目标以及适合来访者需求、心理状态和发展任务的技术。
5. 识别和了解来访者与职业生涯相关的个人特征。

图 1.1　生涯咨询能力声明简介

资料来源：NCDA 董事会修订，2009 © 2009 美国生涯发展协会。

6. 识别和了解影响来访者职业生涯的社会背景条件。

7. 识别和了解与来访者职业生涯相关的家庭、亚文化和文化的结构与功能。

8. 识别和了解来访者的生涯决策过程。

9. 识别和了解来访者对工作和劳动者的态度。

10. 识别和了解来访者基于性别、种族和文化刻板印象所形成的对工作和劳动者的偏见。

11. 通过以下方式挑战并鼓励来访者采取行动，准备和启动角色转换。

- 寻找相关信息和经验的来源。
- 获取和理解信息与经验。
- 获得转换角色所需的技能。

12. 协助来访者获得一系列就业能力和求职技巧。

13. 支持和鼓励来访者审视生活 - 工作角色，包括他们职业生涯中工作、休闲、家庭和社区的平衡。

个人 / 团体评估

个人 / 团体评估被认为是从事生涯咨询工作的专业人士必不可少的技能，具体要求如下。

1. 评估个人特征，例如才能、成就、兴趣、价值观和人格特质。

2. 评估休闲兴趣、学习方式、生活角色、自我概念、职业成熟度、职业认同、职业决断、工作环境偏好（例如工作满意度）以及其他相关的生活方式或发展问题。

3. 评估工作环境（例如任务、期望、规范以及物质和社会环境的质量）。

4. 评估和选择适合来访者性别、性取向、种族、民族和身心能力的有效、可靠的工具。

5. 有效且适当地使用计算机提供的评估方法。

6. 选择适合团体施测和个人施测的评估技术。

7. 用合适的职业生涯评估工具进行施测、评分并报告结果。

8. 解释用评估工具获得的数据，并将结果呈现给来访者和其他人。

9. 协助来访者和来访者指定的其他人解读来自评估工具的数据。

10. 撰写准确的评估结果报告。

信息 / 资源

从事生涯咨询工作的专业人士必须掌握一定的信息 / 资源，具体内容如下。

1. 教育、培训和就业趋势；劳动力市场信息和资源，包括与范围广泛的职业领域和个人职业相关的工作任务、职能、薪水、要求和未来前景等方面的信息。

2. 来访者在生活 - 工作规划和管理中使用的资源和技能。

3. 可用于协助来访者进行职业生涯规划（包括求职）的社区 / 专业资源。

4. 男女角色的变化及其对教育、家庭和休闲的影响。

5. 充分利用计算机职业生涯信息传递系统（CIDS）和计算机辅助职业指导系统（CACGS）来协助开展职业生涯规划。

项目推广、管理和实施

在各种环境中开发、规划、执行和管理综合生涯发展计划所需的知识和能力。需要具备以下知识。

1. 可用于组织生涯发展计划的设计。

2. 需求评估和评价技术与实践。

3. 组织学理论，包括对实施和管理生涯发展计划有用的诊断、行为、计划和组织沟通。

4. 预测、预算、计划、成本核算、政策分析、资源分配和质量控制的方法。

5. 评估和反馈、组织变革、决策和冲突解决的领导理论和方法。

6. 生涯发展计划的标准和准则。

7. 影响生涯发展计划制订和实施的社会趋势以及州和联邦法规。

需要具备以下能力。

1. 针对特定人群实施个人和团体生涯发展计划。

2. 培训他人如何正确使用计算机辅助的职业生涯信息与规划系统。

3. 规划、组织和管理综合的职业生涯资源中心。

图 1.1 生涯咨询能力声明简介（续）

　　4. 与他人合作实施生涯发展计划。

　　5. 识别和评估员工的能力。

　　6. 为生涯发展活动和服务开展营销和公关活动。

教练、咨询和绩效改进

　　教练、咨询和绩效改进在影响生涯咨询与发展过程的个人和组织方面被认为是必要的知识和技能，具体内容如下。

　　1. 使用咨询理论、策略和模型。

　　2. 与可以影响来访者职业生涯的人建立并保持富有成效的咨询关系。

　　3. 帮助公众和立法者了解生涯咨询、生涯发展和生活－工作规划的重要性。

　　4. 影响与生涯发展和劳动力规划有关的公共政策。

　　5. 分析未来的组织需求和当前员工技能水平，开展绩效改进培训。

　　6. 指导和培训员工。

面对不同的人群

　　面对不同的人群在影响生涯咨询与发展过程的不同人群方面被认为是必不可少的知识和技能，具体内容如下。

　　1. 识别发展模式和进行多元文化咨询。

　　2. 确定不同人群特有的发展需求，包括不同性别、性取向、民族、种族、身体或心理能力的人群。

　　3. 阐明生涯发展计划，以满足不同人群的独特需求。

　　4. 寻找适当的方法或资源与英语能力有限的人交流。

　　5. 明确能够满足不同人群个人生涯规划需求的替代方法。

　　6. 识别社区资源并建立联系以帮助有特定需求的来访者。

　　7. 协助其他工作人员、专业人员和社区成员了解不同人群在职业探索、就业期望和经济／社会问题方面的独特需求／特征。

　　8. 为不同人群的生涯发展和就业大声呼吁。

　　9. 为难以接触到的人群设计和提供生涯发展规划和材料。

督导

　　督导是批判性地评估生涯咨询师或生涯发展规划师的表现，保持和提高专业技能所必需的知识和技能，具体内容如下。

　　1. 能够认识到自己作为生涯咨询师的局限性，并在适当时候寻求督导或转介 ① 来访者。

　　2. 能够定期利用督导来保持和提高生涯咨询师的技能。

　　3. 能够就来访者和咨询问题以及与自己作为生涯咨询师的专业发展问题，向督导人员和同事请教。

　　4. 具有关于督导模式和理论的知识。

　　5. 能够向不同经验水平的生涯咨询师和生涯发展规划师提供有效的督导。

　　6. 能够通过以下方式为不同水平的生涯发展规划师提供有效的督导。

　　　• 了解他们的角色、能力和伦理标准。

　　　• 确定他们经过认证的每个领域内的能力。

　　　• 进一步培训他们的能力，包括解释评估工具的能力。

　　　• 监督和指导生涯咨询师的活动，为他们提供支持，并安排定期的咨询，以审查他们的活动。

伦理／法律问题

　　信息库和相关知识对生涯咨询的伦理和法律实践至关重要，具体内容如下。

图 1.1　生涯咨询能力声明简介（续）

---

① 转介，指的是在咨询时，咨询师如发现自己与来访者有明显不适宜之处，或发现自己确实不善处理来访者的问题时，就应以高度的责任感和良好的职业道德，尽快将来访者转介给其他更加合适的咨询师，或及时中止咨询，推荐其去寻找更有效的帮助。——译者注

1. 与生涯咨询专业相关的伦理规范和标准［例如，国家认证咨询师委员会（NBCC）、美国生涯发展协会和美国咨询协会的伦理规范和标准］。
2. 当前影响所有人群生涯咨询实践的道德和法律问题。
3. 当前使用计算机辅助职业指导系统的伦理 / 法律问题。
4. 与咨询事项相关的伦理标准。
5. 与来访者保密有关的州和联邦法规。

研究 / 评估

在理解和进行生涯咨询与发展研究和评估方面被认为是至关重要的知识和技能。需要具备以下能力。
1. 写一份研究计划书。
2. 使用适合生涯咨询与发展研究的研究类型和研究设计。
3. 展示与生涯咨询计划有效性相关的研究结果。
4. 设计、实施和使用评估项目的结果。
5. 设计评估方案，考虑不同人群的需要，包括不同性别、不同性取向、不同民族和不同种族背景以及不同的身体或心理能力的人群。
6. 将适当的统计程序应用于职业发展研究。

技术

使用技术帮助个人进行职业生涯规划时必不可少的知识和技能。需要具备以下知识。
1. 各种基于计算机的指导和信息系统以及互联网上可用的服务。
2. 评估上述系统和服务的标准。
3. 使用计算机辅助系统和互联网服务来帮助个人进行符合伦理标准的职业生涯规划。
4. 了解来访者特点，这或多或少能使他们从技术系统的使用中获益。
5. 评估和选择满足当地需求的系统性方法。

图 1.1　生涯咨询能力声明简介（续）

在 20 世纪 60 年代，该领域在理论方面有了巨大的发展，出现了生涯发展的行为、发展和精神分析理论。与此同时，生涯评估工具的数量也在急剧增加（参见 Kapes & Whitfield，2002；Stoltz & Barclay，2019）。同时，主要应用于中学和高等教育机构的计算机辅助职业指导和信息传递系统（computer-assisted career guidance and information-delivery systems）也开始用于提供生涯服务（Bowlsbey，Dikel，& Sampson，2002）。

在 20 世纪 70 年代，生涯教育成为联邦政府的优先事项，强调为年轻人和成年人提供生涯发展辅导的重要性。"'生涯教育'这个词也象征着需要系统地解决一系列正在改变教育和工作之间的关系的问题，特别是让学生了解教育机会之间的联系，以及这些联系对工作选择和工作调整的后续影响。"（Herr & Cramer，1996，p. 34）。20 世纪 90 年代，由学校到工作转变的援助者所做的努力集中于传授知识、技能，改变态度，这对于有效劳动力的培养至关重要，并与 20 世纪 70 年代兴起的生涯教育思想非常相符（Lent & Worthington，1999）。

近年来，另一个至关重要的发展是人们越来越关注满足不同来访者群体的生涯发展需求。与生涯发展理论和实践相关的研究已经超越了解决特定的生涯发展问题。生涯发展理论和实践中的性别、阶层、能力状况和文化偏见等问题已经暴露出来，这导致研究者们更多地关注这些变量如何影响生涯发展过程，并突出了文化背景的重要性，将其纳入了生涯发展理论和辅导之中（Chung，2001）。与性别、种族、性取向和残疾状况等领域相关的身份认同发展模型正越来越多地融入生涯发展理论和实践（Pope，2000）。职业生涯治疗结果的研究也开始超越传统的大学生样本，以检查更多样化人群的生涯发展辅导效果（Luzzo，2000）。

有趣的是，承认社会背景以多种方式人为地限制了许多人的职业生涯发展，这使得评论员们提醒生涯理论家和从业者，在 21 世纪的生涯发展辅导中，解决社会正义问题非常重要（Chope，2006；O'Brien，2001）。李（Lee）（1989）同意并指出，生涯咨询师必须充当"被剥夺权利的来访者的生涯发展宣传者，积极挑战长期以来阻碍职场公平的积弊"（p.219）。通过生涯发展辅导争取社会正义始于帕森斯的工作，这是整个职业生涯发展领域中的一个重要主题。在这方面，赫尔和奈尔斯（Niles, S.）指出：

> ……在过去 100 年的大部分时间里，无论是否明确，咨询，特别是生涯咨询和职业指导已成为社会政治工具，由联邦一级法规确定，以解决新出现的社会问题，如教育和职业机会的公平与精英教育、失业、人力资本开发、残障者、虐待儿童、与准备从事新兴技术职业相关的生涯决策，以及识别和鼓励具有高学术潜力的学生接受科学和数学高等教育。（1998, p.121）

作为社会变革的推动者，通过最大限度地为我们社会的所有成员提供职业生涯发展机会来重拾社会正义的精神，正在成为当今许多生涯专业从业者进行生涯发展辅导的一个重要方面（参见 Blustein, 2006）。

为社会行动进行生涯发展辅导需要咨询师做出多方面的努力，并将其角色扩展到传统的个人生涯咨询实践之外。社会行动的生涯咨询是从生涯咨询师拥有多元文化能力（即知识、技能和态度）开始的，这是为了了解来访者所处的环境如何相互作用，从而影响来访者对工作和职业机会的解释和赋予的意义。多元文化能力是确定旨在促进职业生涯发展的社会行动战略的基础。

从事社会行动的生涯专业从业者也要利用社区资源为来访者提供信息和机会（例如，就业办公室、"一站式职业介绍所"、支持团体）。了解社区中可用的职业资源有助于适当地推荐和增加来访者获得所需服务的可能性。因此，从事社会行动的生涯咨询师通过向来访者提供信息、转介和鼓励来访者的方式，来扮演一个职业生涯促进者的角色（Enright, Conyers, & Szymanski, 1996）。为了有效地扮演这一角色，生涯咨询师需要保存有用资源的档案，包括代表不同背景的潜在导师的名单、为残障者提供便利的有用信息、愿意提供实习机会的雇主名单，以及愿意参加招聘信息会的个人名单（Enright et al., p. 111）。

对社区中可用的职业资源有透彻的了解，还可以让咨询师了解服务方面的短板。在这种情况下，咨询师再次扮演着一个强有力的呼吁者的角色，努力纠正社区中的服务缺陷（Lee, 1989）。

如果来访者的职业生涯问题是由外部因素造成的，如大规模裁员、工资增长停滞和女性、少数族裔和残障者所经历的工资不平等，那么宣传也很重要。很多时候，工人们都在为谋生而苦苦挣扎。全职女性的收入是男性同行的 77%（Gao, 2014）。残障者所经历的不平等更加严重。2015 年 2 月，美国有 870 万人失业，270 万人失业超过 27 周（BLS, 2015）。那些没有直接或间接经历家庭成员或亲密朋友失业痛苦的人正在减少，他们敏锐地意识到工作保障的脆弱性，并体验到高度的内疚、恐惧和焦虑。

在每一种情况下，关注社会正义的生涯咨询师除了解决个体来访者的职业问题，还要解决整个社区的职业问题（Cahill & Martland, 1996）。这是通过将个人生涯咨询技能与社区咨询技能相结合来实现的。整合生涯咨询和社区咨询策略在农村社区尤为重要，因为在这些社区，经济结构调整可能会威胁到社区的生存。卡西尔（Cahill）和马特兰德（Martland）认为，社区生涯咨询建立在个人生涯咨询的基础之上，在为人们职业生涯发展创造机会的同时，也为努力维持社区的人们提供帮助。因此，除了个人生涯咨询技能外，生涯专业从业者还需要具有促进团体问题解决和建立共识的技能，以及对那些影响当代社会职业的社会经济因素的正确理解。最后，路德维科夫斯基（Ludwikowski）、沃格尔（Vogel）和阿姆斯特朗（Armstrong）（2009）指出了生涯发展辅导者通过社交网络吸引潜在来访者的重要性。以社交媒体为载体，宣传生涯援助的重要性，并使生涯咨询资源的使用正常化，这可能有助于减少那些职业生涯求助者因寻求咨询的某些经历所带来的耻辱感。

从本质上讲，向来访者传达希望并赋予他们管理职业生涯能力的生涯咨询师，应该具有多元文化能力，扮演信息提供和转介者的角色，在就业实践和社区传统阻碍职场公平的实现时，为来访者辩护，并且将个人生涯咨询技能与社区咨询技能相结合，帮助人们努力维持社区公平并为职业生涯发展创造机会（Blustein, 2006；Chope, 2006）。在生涯发展辅导中，对解决社会正义问题的关注是否会使生涯专业从业者发挥更普遍和发挥更突出的作用，只有时间才能告诉我们答案。鉴于全球失业率居高不下，"富人"与"穷人"之间的经济差距日益扩大，尤其是在 2020 年新冠疫情大流行的复苏过程中，这种情况发生的可能性似乎更大。

生涯发展辅导的未来发展趋势

学习目标1.4 理解生涯发展辅导的未来发展趋势。

宾厄姆和沃德（Ward）（1994）指出，"如果职业咨询是从本世纪不断变化的人口和经济需求中诞生的，那么显然生涯咨询将需要改变以应对新世纪不断变化的需求"（p. 168）。事实上，受技术发展、相互依存的全球经济的出现，以及日益多样化的劳动力的影响，工作领域发生了快速变化，这就增加了对生涯发展理论和实践进行修订的必要性，这样才能满足 21 世纪人们面临的职业生涯发展任务的需要。新冠疫情的出现和我们做出的反应，无疑将对我们工作的方式和地点产生影响。这种影响也带来了其他问题，如职业生涯和生活角色的边界问题（例如家庭活动与工作职责混合或冲突的趋势）。有证据表明，年轻人和老年人都在努力，以便更有效地应对这种影响。

我们经常会看新闻报道，这些新闻报道援引有关全球失业率居高不下、企业裁员、经济复苏无望的统计数据。这些统计数据为雇主和雇员之间社会契约的消失提供了例证。工作性质正在发生变化的其他证据，包括现在提供日托和育儿假的公司数量、需要双重收入的家庭数量、在家工作的人数都在增加。这反映了工作角色和家庭角色紧密交织。因此，生涯理论、生涯辅导和生涯发展专业人员必须对工作性质中发生的这些转变做出反应。此外，生涯发展辅导必须被嵌入反映我们在工作中经历转变的假设中（例如，成年人在他们的一生中多次更换职业，终身学习对保持一个人的市场竞争力至关重要，生活角色是相互作用的，工作世界的快速变化是一个持续的过程，每个人都必须熟练地与不同的合作伙伴互动）。2003 年，赫尔认为，由于失业率上升和兼职工作的增加，对生涯援助的需求将会扩大。他的预言现在已变成了现实。

我们如何干预我们所服务的人的生活，取决于我们如何理解这些背景的变化对人们职业生涯发展要求的影响。萨维科斯（1993）讨论了他对如何推动行业向前发展的理解。具体来说，他指出，在 21 世纪，生涯发展专业人士将从支持 20 世纪的生涯主义观念转变为培养来访者的自我肯定。需要鼓励人们对他们的文化和社区做出承诺，并学习如何在现实世界中发展和表达他们的价值观。生涯咨询师不应该以一种"一刀切"的方式为来访者提供预先定义好的服务，而是要与来访者合作，帮助他们在不断发展的生涯发展的背景下解释他们的生活经历。生涯咨询师与其强调单一的真理和客观性，还不如在与来访者打交道的过程中见识不同的现实、观点（Savickas，1993）。在这种新的情况下，生涯发展从业者的主要任务显然是澄清（而不是假设）他们如何帮助来访者。要实现这一基本且非常重要的理解，就需要生涯发展从业者善于提供与文化相适应的生涯发展辅导。

　　除了萨维科斯（1993）的文章之外，2003 年 9 月出版的《生涯发展季刊》特刊也是明确生涯咨询未来发展方向的少数文献之一。在这些贡献的基础上，我们确定了生涯发展专业人士可以构建生涯发展辅导的几种方式，以回应来访者在 21 世纪对职业生涯的关注。

转向将生涯决策视为基于价值观的决策

学习目标1.5　理解生涯发展辅导措施是怎样随着该领域的发展而发生变化的。

　　生涯决策在本质上是基于价值观的决策。一些价值观将在未来占据显著地位，而另一些价值观将在职业生涯转型中被抛在后面，居于次要位置，甚至可能被扭曲。事实上，生涯决策需要确定什么是应该优先考虑的，什么是应该牺牲掉的（Brott，2019；Cochran，1997）。如果没有收益的承诺和损失的威胁，就无法做出决策。人们可以只追求一种"完美"的可能性，它可能在所有方面都是积极的。然而，在普通的决策中，一个人必须经过评估才能做出决定。可以说，这些评估主要是基于价值观的，评估的方式就定义了一个人要成为什么样的人，以及一个人要过什么样的生活。我们的身份是由这些基本评估定义的。因此，在 21 世纪提供生涯发展辅导措施时，帮助来访者澄清和表达他们的价值观将变得更加重要。生涯发展从业者可以通过担任来访者的顾问、教练和宣传者，让来访者做出选择，实现他们宣称的价值观。

超越客观的评估

　　对价值观澄清的日益重视反映了这样一个事实，即今天，也许比以往任何时候都更清楚，向来访者提供有关他们自己和工作的信息（通过客观评估）是必要的，但这还不足以让他们能够管理自己的职业生涯。可以肯定的是，了解自己的兴趣与他人进行比较后的结果，以及自己在常态曲线上的位置，有助于人们做出可行的职业选择。然而，对自己处于常态曲线上的什么位置，大多数人并不关心。相反，他们专注于试图从其生活经历中获得意义的过程。在这方面，某些生活经历比其他经历更受关注。最有可能吸引人们注意力的经历是那些最痛苦的经历。痛苦或消极的经历会让人们产生摆脱这一经历的渴望，这种渴望会成为人们努力追求的理想（Watkins & Savickas，1990）。从这个意义上说，一个人早期的痛苦为他以后的职业生涯提供了方向。我们的生活经历为我们塑造了至关重要的背景，在这个背景下，我们对自己的价值观、兴趣和技能进行分类，然后尝试将它们与职业选择联系起来。21世纪的生涯发展辅导，必须致力于帮助人们厘清和阐明他们在职业活动中寻求表达的意义。

转向基于咨询的生涯援助

到目前为止，我们讨论的内容中隐含了一种关系，即"个人"和"职业生涯"是密不可分的。生涯咨询中的许多成年人都在努力应对不确定性、模棱两可、自我效能低下以及个人和职业信息的缺乏（Amundson，2019；Niles & Anderson，1995）。生涯咨询来访者还报告，他们重视生涯咨询体验的关系维度，经常利用生涯咨询的机会讨论他们关心的一般问题（Anderson & Niles，2000）。因此，现在许多人认为很少有事情能比职业选择更个人化了，因为职业和个人普遍关注的问题之间有着大量的重叠（Anderson & Niles，1995; Krumboltz，1993; Niles & Gutierrez，2019; Savickas，2010; Subich，1993）。生涯发展从业者是通过提供基于咨询的生涯援助来应对这种重叠的。

提供基于咨询的生涯援助的生涯发展从业者，不会将来访者视为问题，也不会将生涯咨询师视为解决方案（Whiston, Rossier, & Hernandez，2016），相反，他们试图让来访者自主地表达他们的经历，并构建他们自己的生活。萨维科斯指出，从这个角度开展工作的生涯咨询师在生涯咨询过程中就是一个合作者，他们特别关注在生涯咨询中与来访者的关系（Amundson，2019；Anderson & Niles，2000）。此外，萨维科斯（2010）认为，所有生涯咨询都包含帮助来访者解决他们在生涯决策中遇到的困难，方法是增加来访者对工作的关注、对职业生涯的控制感、对机会的好奇心、做出选择的信心（p. 1843）。我们同意萨维科斯的观点，但要将他的建议扩展为增加来访者的信心，不仅要做出选择，而且要实施和调整做出的选择。我们还认为，有必要让来访者对自己和机会感到好奇。生涯咨询师可以分享他们对来访者情况的好奇心，以培养和塑造来访者的好奇心。这些方式的有效运作，还需要生涯发展从业者具备多元文化咨询技能。

转向更加重视多元文化生涯发展理论和辅导措施

自 20 世纪 80 年代初以来，关注满足不同文化来访者的生涯发展需求一直是相关文献中的一个重要问题（Sue et al., 1982）。鉴于社会和劳动力的日益多样化，这个问题变得更加关键（Parmer & Rush, 2003）。生涯发展辅导必须解决"经济困难、移民干扰、种族歧视等社会和经济障碍对职业生涯的影响"这一问题（Leong, 1995, p. 550）。此外，生涯发展从业者必须意识到他们的生涯发展辅导措施所蕴含的世界观，并提供与来访者世界观一致的帮助（Fouad & Byars-Winston, 2005）。拜尔斯－温斯顿（Byars-Winston）和福阿德（Fouad）（2006）建议，生涯咨询师在整个生涯咨询过程中应积极进行自我反思，以提高他们评估来访者的文化背景对他们与来访者进行合作的影响的能力（p. 188）。最后，交叉性（intersectionality）包含理解一个人的不同身份是如何相互作用以塑造这个人的压迫感和特权体验的重要性的。此外，这些身份的交集对一个人自我认知的影响比他身份的任何一个方面都要大得多（Chan, Cox, & Band, 2018）。因此，提供基于多元文化的生涯发展辅导，需要生涯咨询师具有多元文化能力，不仅对自己的价值观敏感，而且还能敏锐地察觉到他们的文化假设对来访者产生的影响。波普－戴维斯（Pope-Davis）和丁斯（Dings）（1995）指出，具有多元文化能力的生涯咨询师还必须：

> ……考虑诸如社会政治制度对美国少数族裔的影响等因素，了解关于特定文化群体的知识和信息，并能够对来访者的需求产生各种适当的口头或非口头的回应。（p. 288）

这些陈述与许多生涯理论和实践形成对比，而且与不坚持欧洲中心论世界观的来访者的相关性不高，而欧洲中心论世界观强调职业生涯行为的个人主义和自我实现的观点（Byars-Winston & Fouad, 2006; Chan, Cox, & Band, 2018; Hershenson, 2005; Leong, 1995）。这样的陈述也强化了背景在职业生涯发展中的重要性。布卢斯坦（Blustein）（1994）将背景定义为"影响发展进程的一组环境，包括当代和祖辈的家庭、社会和经济环境"（p. 143）。来访者和来访者关注点的多样性清楚地表明，在构建和实施生涯发展辅导措施时必须考虑背景和交叉性，否则就是在冒提供"文化封装"（cultural encapsulation）[①]（Wrenn，1962）的生涯援助的风险。

转向关注多种生活角色

将背景融入生涯发展辅导还需要生涯发展从业者承认，"生活盒子"的比喻并不像许多人所认为的那样反映生活。生活不是住在分隔生活角色的"筒仓"中。对一些人来说，工作为人格组织提供了一个焦点，但对另一些人来说，工作可能是次要的。因此，如果要了解一个人的职业生涯，那么了解这个人的生活角色网络就很重要。一个人是如何扮演生活角色的，将组织和引导他对社会的参与（Super，Savickas，& Super，1996）。没有充分认识到这一基本事实的理论和辅导，都是脱离实际的。生活角色相互作用并相互影响，因此同一份工作对生活在不同环境中的两个人具有不同的意义。因为人们试图在他们所扮演的每个生活角色中表达特定的价值观，所以生涯发展从业者必须鼓励来访者澄清和阐明他们试图在他们所扮演的重要的生活角色中表达的价值观。一旦澄清和阐明，生涯发展从业者就可以鼓励来访者在他们每个重要的生活角色中确定价值观表达的渠道（Super，1980）。因为人们报告工作与家庭冲突的意识日益增强（Williams & Boushey，2010），所以针对个人生活结构的生涯发展辅导变得更加必要。21世纪的生涯发展辅导，需要解决人们所经历的所有职业生涯问题，这样人们才能不仅拥有好的生活，而且拥有好的人生。

将社会正义和宣传纳入生涯发展辅导措施

NCDA提出的生涯咨询能力（2009）明确了生涯咨询师参与宣传社会正义的必要性，相关内容如下。

- 识别社区资源并建立联系以帮助有特定需求的来访者。
- 协助其他员工、专业人士和社区成员了解不同人群在职业探索、就业期望和

[①] "文化封装"一词是在1962年创造的，用于描述咨询师倾向于避免他们的信仰、价值观、教育、培训和实践受到特定文化的影响。——译者注

经济 / 社会问题方面的独特需求 / 特征。

- 为不同人群的职业生涯发展和就业呼吁。
- 为偏远地区的人群设计和提供生涯发展计划与资源。

这些能力要求生涯咨询师进行超越个人和团体咨询的辅导，成为帮助他们当前和潜在来访者维护权益的呼吁者。托波雷克（Toporek）（2006）还强调了生涯咨询师作为社会变革的推动者、宣传者的作用。托波雷克和刘（Liu）（2001）将宣传定义为"由咨询专业人员所采取的行动，以消除阻止来访者福祉的外部和制度障碍"（p. 387）。托波雷克和刘还指出，宣传涉及从赋权到社会行动的生涯咨询，前者往往发生在个人和团体层面的辅导中，后者通常涉及通过各种行动参与政治进程，例如给报社编辑写信、会见国会代表、与游说者协商、与其他利益相似的团体合作，以便产生更多的政治资本，影响立法进程，并进行罢工和（或）示威。例如，当发现一个受欢迎的连锁餐饮品牌对少数群体采取歧视性做法时，一些人权组织就会在该连锁餐饮品牌旗下的多家餐厅进行抗议。与这些抗议活动相关的负面宣传最终使餐饮店的做法发生了改变。类似的行动以及立法机构的介入，会导致职场安全标准提高、保护残障者的法规出台、雇用种族 / 少数族裔群体的非歧视性做法增多等。经济全球化对全世界工人的负面影响似乎清楚地表明，生涯发展从业者在社会正义领域还有很多工作要做。将社会正义和权益宣传纳入生涯发展辅导措施，可以增强解决职业生涯问题的集体意识，并有助于让教育、政治和其他社会领域的参与者加入为所有工人创造更公正条件的过程。

总结

职业生涯是因人而异的，是由我们在一生中所做的选择创造的。职业生涯产生于人与环境之间不断的相互作用。它们包括人们在进入劳动力市场之前和作为员工完成正式活动之后所从事的活动。职业生涯是个人化的，涵盖了我们所扮演的所有生活角色。因此，有效地管理我们的职业生涯还涉及有效地整合生活角色。从真正意义上说，职业生涯是我们试图从生活经历中获得意义的体现。生涯发展过程本质上是一次精神之旅，反映了我们如何在地球上度过时间的选择与我们在一生中所经历的机会之间的相互作用。专业咨询师在试图干预来访者的生活并协助他们踏上旅程时必须注意这些事实。我们希望，如果斯蒂芬妮和她的同学们读到这本书，他们会同意为他人提供职业生涯发展帮助是一项令人兴奋且有成就感的工作！

案例研究

卡洛斯（Carlos）在城市生涯服务中心接受生涯咨询。在他最初的约谈中，他说他听说生涯咨询师会进行兴趣测验，他想参加这种类型的测验，以了解他在余生中应该做什么。他还表示，他现在决定进行生涯咨询是因为他的伴侣一直鼓励他寻求帮助。

卡洛斯说，他在过去的21年里一直在海军服役。高中毕业后，他加入了海军，因为他在自己所生活的美国西南部的农村社区找不到合适的工作。卡洛斯大部分的海军生涯都是在舰艇和潜艇上度过的，他的专长是雷达和声呐维护，他管理着15 ~ 50位船员。他喜欢他的维护工作，但表示有时作为主管会感到"非常沮丧"。他经常认为自己做这项工作比依靠别人来完成更容易，当他无法获得更高的军衔时，他决定从海军退役。

离开海军后，卡洛斯开始寻找"经理"的工作，但经过8个月的求职后，他没有得到任何工作机会。虽然他的退伍收入和妻子的兼职工作足以支付抵押贷款和基本的水电费，但卡洛斯已经大量借贷以支付其他费用，他和他的妻子正在迅速消耗原计划用于孩子教育的积蓄。他们有两个儿子，分别为16岁和18岁，还有一个12岁的女儿。

卡洛斯说，最近他在大部分时间都感到很疲倦，甚至他的爱好——从童年时代就让他着迷的园艺——现在也让他提不起兴趣了。他坦言，过去一个月他的饮酒量很大，有几天都只是穿着浴袍在家看电视，他希望兴趣测验的结果能帮助他"重回正轨"。

如果你是卡洛斯的生涯咨询师，你会如何与他打交道？ 你会让他做他想要做的兴趣测验吗？ 你会把他转介给"个体"咨询师吗？ 如果你要成为卡洛斯的生涯咨询师，你想从卡洛斯那里得到哪些额外信息？

学生练习

1. 你对生涯发展辅导有何设想？从1（无聊）到10（兴奋）打分并说明你给出该分数的原因。

2. 你接受过生涯咨询吗？如果接受过，那么整个过程发生了什么？在生涯咨询中，什么对你有帮助？什么是没有帮助的？

3. 考虑自己的工作动机。你认为你是"为生活而工作"还是"为工作而生活"？这两种工作动机的优缺点分别是什么？

4. 回顾生涯发展辅导的历史，明确文化 / 历史事件影响生涯发展辅导的两种方式。

5. 对你来说，最重要的生活角色是什么？你的不同的生活角色是如何相互影响的？在你人生的这个阶段，你最重要的人生角色是什么？在你最重要的人生角色中，你试图表达什么样的价值观？

2

理解并应用生涯发展理论

别让理论迷惑了头脑！

我们很容易被理论这个词唬住。然而，理论只是一种解释——对正在发生的事实的一种过度简化的解释。现实世界是极其繁复的。人类及其行为非常复杂，以至于没有人能够完全理解人类为什么会有这样的想法、感觉和行为。而理论，就像一张地图。设想，你拿着一张加利福尼亚（California）的地图，要从旧金山（San Francisco）开车去洛杉矶（Los Angeles）。你看到两个城市之间有一条标示着"101"的红线。你想着：啊，我就沿着这条红色101号高速公路开过去吧。但是，当你开上高速公路时，你看到的是黑色的沥青路面，为什么地图显示红色？地图说谎了！可为什么地图要说谎？因为制作地图的人想让你更容易看到这条路。你驾车行驶在高速公路上，沿途看到办公楼、公园和泳池，但这些在地图上都没有标明。地图不仅扭曲了现实，还省去了数以亿计的细节。为什么会这样呢？因为这些细节会让你难以看到两城之间的最佳路线。

同理，理论通过过度突出和扭曲某些变量的重要性，同时完全忽略那些理论提出者认为无关的变量，以尝试解释复杂的现象。理论是过度简化的，就像过度简化的地图一样。但是，即便有许多缺陷，地图在达成特定目标时非常有用。同样，即使有缺陷，理论也是有用的。

理论是将复杂情况过度简化的一种方式，以便让你着眼大局。但这个大局非现实本身，而是理论提出者看到的版本。

——约翰·克朗伯兹
（1928—2019）

【学习目标】

2.1 学习舒伯（Super）的生命广度与生活空间理论。

2.2 理解安妮·罗伊（Ann Roe）的职业人格理论。

2.3 学习琳达·戈特弗雷德森（Linda Gottfredson）的限制、妥协与自我创造理论。

2.4 理解约翰·霍兰德（John Holland）的类型与个体环境相互作用理论。

2.5 学习约翰·克朗伯兹（John Krumboltz）的生涯咨询学习理论。

胡 安娜（Juana），17 岁，拉丁裔，在一所以欧洲裔学生为主的中产阶级公立学校就读 12 年级。她非常聪明，但不喜欢上学。她和一帮朋友厮混，这些人经常惹上警察，其中几位最近还因持有大麻而被捕。

在你看来，这些友情挺肤浅。胡安娜本人并非无礼之人，对他人往往也没有敌意。然而，她经常迟交作业，甚至压根儿不交。她的父母请你帮助她做出一个好的生涯选择。

胡安娜对大部分课程都不感兴趣，但喜欢艺术课（特别是绘画），也喜欢在校乐队里演奏长笛。她不喜欢数学，但对政治有浓厚的兴趣，语言能力也很强。她还有两个分别为 12 岁和 14 岁的妹妹。她的母亲在当地一所小学当助教，她的父亲也在当地工作，是一家汽车经销公司的销售员。胡安娜目前的计划是读完高中，此外便不做他想，尽管她曾说"可能想加入摇滚乐队"。她同意与你会面，一起探讨未来。

生涯发展理论

在阅读接下来的生涯发展理论时，我们建议你铭记已故学者约翰·克朗伯兹的那段话，并反思每一种理论如何有效地帮助胡安娜阐明潜在的职业路径。你会注意到，相比于生涯决策的行为表现，这些理论在生涯发展过程方面的描述有所区别。萨维科斯（2002）指出，生涯理论要么强调与职业相关的个体差异（描述人们如何在职业结构中找到适合自己的位置），要么强调与生涯相关的个体发展（人们在不同时期的生涯行为表现）。比如，发展性理论（舒伯、戈特弗雷德森）强调不同发展阶段的生涯行为表现。人－环境理论（工作调适理论、霍兰德）阐明了生涯决策本身涉及的基本要素（职业信息和个人信息）。我们学习多种生涯理论的原因在于，没有任何一种理论能够充分阐释个人或群体的全部生涯行为。正如舒伯（1992）观察到的，"哪种理论更好"这一问题本身就不正确，因为，在全方位解释生涯行为时，这些理论是相辅相成的。也正如约翰·克朗伯兹（1996）所述，尽管这些理论都有缺陷，却也都有用。我们建议你熟悉生涯理论的相关研究，结合文献和自己的经历，确定生涯发展理论如何帮助你有效地与学生以及来访者打交道。

关于生涯发展理论，理查森（Richardson）（1993）指出，"生涯发展理论及其研究显然是面向欧洲裔中产阶级的。很少有人认识到，那些贫穷、社会经济地位较低的人群，无论属于什么种族或族裔，在文献中几乎完全没有提及"（p. 426）。我们对此表示认同。显然，了解女性、少数族裔、残障人士、新移民，以及那些不太富裕的社会成员的生涯发展经历，必须成为生涯领域的首要任务。因此，我们鼓励你在阅读本章和下一章的理论时，思考以下问题。

1. 这些理论是如何描述不同群体的生涯发展过程的？

2. 这些理论是如何描述不同群体的生涯决策影响因素的？

3. 在用于指导针对不同背景的学生和来访者的生涯咨询实践时，这些理论能够提供多大的启发？

4. 这些理论在多大程度上得到了实证支持？

5. 你在这些理论中发现了哪些差距或空白？

没有任何单一的理论可以解释一切，因此，识别每种理论的优势和局限性很重要，这能帮助你吸取生涯领域的最佳理念。如果你对生涯发展研究感兴趣，那么找到研究中存在的差距或空白，可以引领你走向一片新的沃土，并对其进行开拓。

介绍生涯理论的方法很多。常见的是按照时间顺序来呈现，如从弗兰克·帕森斯（Frank Parsons）的理论呈现到一些最新的理论。有时也可以根据理论取向（心理的、发展的、特质-因素、社会学习）进行分门别类的介绍。在决定如何呈现这些理论时，我们选择了一种对于像我们这样的实践者而言更有意义的方式。

在第 1 章，我们探讨了帕森斯及其后的一些特质-因素理论家的学术工作，因为他们的理论与生涯发展辅导的历史渊源交织在一起。帕森斯、威廉森（Williamson）、戴维斯（Dawis）和洛夫奎斯特（Lofquist）等理论家的研究特别强调了工作者的个人特质与工作环境的交互作用对于生涯决策的重要意义。在第 1 章对帕森斯的理论模型及特质-因素理论（如 TWA）进行讨论的基础之上，我们在第 2 章一开始便介绍了唐纳德·舒伯（Donald Super）的理论，理由如下：第一，舒伯的理论提供了一个颇有价值的总体框架，可对全人生阶段的生涯发展加以概念化，第二，舒伯还提出了各种影响生涯发展的个人（需要、价值观、能力）和情境因素（朋辈群体、家庭、劳动力市场）；第三，舒伯的理论将工作置于"每个人都在生活中扮演多重角色"这一背景之下；第四，舒伯的理论致力于帮助人们澄清、阐明以及践行其人生角色的自我概念。

为了展开探讨个人和情境因素对生涯发展的影响，我们简要介绍了安妮·罗伊和琳达·戈特弗雷德森的理论。罗伊的理论强调早年人生经历在生涯发展中的重要作用。戈特弗雷德森的理论则阐释了性别角色刻板印象和社会阶层如何影响男性和女性的生涯抱负，提供了一种发展性的、社会学的视角，聚焦于生涯发展过程中人们制订生涯抱负时做出的各种类型的妥协。罗伊和戈特弗雷德森引导我们思考环境因素如何影响生涯选择，这些因素关乎我们的性别认同、早期家庭经历，以及我们童年时期的各种机遇。

接着我们探讨约翰·霍兰德的理论，他的理论激发的学术研究最多。可以说，霍兰德的类型学为我们理解和预测工作环境中的个体行为（工作满意度、工作绩效、职业稳定性）提供了最有效的框架（Gottfredson & Rayman, 2020）。通过使用评估工具，霍兰德运用类型学帮助人们澄清和实现其职业认同（Spokane, Luchetta, & Richwine, 2002）。霍兰德的理论也引导我们思考自己与工作地点、工作任务以及共事者之间的匹配度。

有时，错误或不合理的思维方式会阻碍一个人的生涯发展。既往学习经历的累积效应使得人们在做出有效生涯决策时的能力发挥水平各有不同。当人们得到充分支持并接触到正面的角色榜样时，他们通常能够发展出兴趣和技能，继而做出令人满意的生涯选择。相反，人们在缺乏支持或被误导时，往往会对好的生涯选择视而不见，因为他们缺乏信心或执着于一些阻碍他们的信念（例如，"我必须现在就决定未来要做的事""我不够聪明，没法做这份工作"）。在这些情况下，人们需要得到帮助才能够发展出更正面的信念。约翰·克朗伯兹的工作为实践者促进来访者的生涯发展提供了一个框架。克朗伯兹引导我们审视对自己和对世界的真实看法，并审视自己在世界中所处的位置。

在第 3 章，我们将关注那些有望对生涯发展过程与实践工作做出有效阐释的新兴理论。表 2.1 总结了第 2 章和第 3 章将要讨论的理论。

表 2.1　生涯理论概览

理论	理论提出者	理论取向	关键概念	研究支持度	多元文化程度
工作调适理论	劳埃德·洛夫奎斯特	特质 - 因素生涯选择 / 调适	满意度 令人满意 环境中的个人 一致性	中	低
生命广度与生活空间理论	唐纳德·舒伯	发展性的	生命广度 生涯阶段 生涯发展任务 生活空间 自我概念 生涯成熟度 生涯适应力	高	中
生涯选择人格理论	安妮·罗伊	人格理论 / 心理动力学	早期童年经历 需求层次 领域 / 水平	低	低
限制、妥协与自我创造理论	琳达·戈特弗雷德森	发展的 / 社会的生涯选择 / 发展	限制 妥协	低	高

（续表）

理论	理论提出者	理论取向	关键概念	研究支持度	多元文化程度
职业人格与工作环境	约翰·霍兰德	人－环境职业选择	适配性 一致性 分化性 职业认同	高	低
生涯咨询学习理论	约翰·克朗伯兹	社会学习生涯选择/发展	学习经验 自我观察的类推 世界观的类推 工作取向技术与行动 规划性偶发事件	低	中
社会认知生涯理论	罗伯特·伦特 史蒂芬·布朗 盖尔·哈克特	社会认知生涯选择/发展	自我效能感 结果预期 个人目标 三元交互因果关系模型	高	高
认知信息加工方法	加里·皮特森 小詹姆斯·桑普森 罗伯特·里尔登 珍妮特·伦兹	认知生涯选择	信息加工金字塔 CASVE* 循环 执行加工域 生涯观念量表	高	中
生涯建构理论	马克·萨维科斯	差异性、发展性及动态性视角	职业人格 人生主题 生涯适应力 生涯风格访谈	中	高
综合性人生规划模型	桑尼·汉森	情境生涯选择/调适	社会公平 社会变革 连通性 多样化 灵性 综合性人生规划量表	低	高
后现代理论	万斯·佩维 拉里·科克伦	建构主义的叙事的	意义建构 生涯问题 生命史 未来叙事	低	高
生涯混沌理论	罗伯特·普莱尔 吉姆·布莱特	自我组织和改变 现象学派	吸引子 模式 模式与分形	中	高

舒伯的生命广度与生活空间理论

学习目标 2.1 学习舒伯的生命广度与生活空间理论。

唐纳德·舒伯的生命广度与生活空间理论是最重要的发展性理论之一（Super, 1990; Super, Savickas, & Super, 1996），经过40多年的发展，舒伯及其同事对该理论各方面进行了完善及详细阐释。虽然该理论主要采用发展性视角，舒伯仍称之为"差异-发展-社会-现象学的生涯理论"（Super, 1969）。这也传达出舒伯整合并扩展现有发展性理论和生涯理论的努力与尝试。他知道，描述一个像生涯发展这样复杂的过程需要综合交叉学科（心理学和社会学）的研究成果。在对其理论进行全方位概念化的过程中，舒伯整合了比勒（Buehler）（1933）、哈维格斯特（Havighurst）（1951）、凯利（Kelly）（1955）、米勒与福姆（Miller & Form）（1951），以及罗杰斯（Rogers）（1951）的学术发现和成果。

舒伯拓展生涯理论的方式是去解决他所认识到的那些前辈或者同时代理论家开创的理论中的问题。比如，与舒伯同时代的理论家金兹伯格（Ginzberg）、金斯伯格（Ginsburg）、阿克塞尔罗德（Axelrad），以及赫尔马（Herma）（1951）提出了一种理论，认为生涯选择是一个发展过程，而非一蹴而就的决定，在这个发展过程中，人们需要做出妥协，使个人愿望与职业可能性相适应。他们认为发展过程包括3个阶段：幻想期（出生至11岁）、尝试期（11至17岁）、现实期（17至20岁出头）。他们假设有4个因素（个体价值观、情绪因素、受教育程度和类型、环境压力带来的现实影响力）共同塑造了个人的生涯决策。

舒伯认为，金兹伯格等（1951）提出的理论有一些缺陷：没有纳入关于兴趣在生涯决策中所起作用的研究，未能对生涯选择进行操作层面的描述，对选择和调适做了截然不同的区分，未对生涯选择中的妥协过程进行清晰的阐释。针对这些问题，舒伯发展出差异-发展-社会-现象学的生涯理论。

然而，舒伯没有发展出一体化的统一理论，而是提出了生涯发展阶段理论（1990）。他指出，"并不存在'舒伯的理论'，有的只是我试图综合到一起的理论的集合。在另一层意义上，综合就是一种理论"（p. 199）。最终，阶段理论描述了生涯发展的3个重要方面：生命广度、生活空间、自我概念。基于这一理论而最终形成的辅导策略被称为"生涯发展评估与咨询模型"（C-DAC模型）（Super, Osborne, Walsh, Brown, & Niles, 1992）。我们在本章提供C-DAC模型的最新版（请注意，奈尔斯和哈里斯-波尔斯比都曾直接与舒伯共事）。C-DAC模型将这3个理论要素转化为生涯实践，帮助人们阐明生涯问题、审视人生角色的重要性，并澄清自我概念。

生命广度与生活空间理论建立在舒伯提出的一些关键假设之上（1953，1990；Super & Bachrach, 1957）。这些假设包括：人们在重要的自我特征和自我概念上存在差异；人们各自的自我特征使得他们适合从事某些职业；每种职业都要求特定的工作者特征，但这些要求有着足够的弹性来容纳不同的人；自我概念随时间演变，因而决策和调适对每个人而言都是持续性的过程。进一步的假设还包括：每个人的变化过程都可以按照人生阶段（成长、探索、建立、维持、衰退或退出）进行归类；个体的职业层次和生涯模式受到生活背景（家庭、社会经济地位、教育机会、社区）和个人因素（能力倾向、技能、人格、需要、价值观、兴趣）的影响；人们应对生涯发展任务的准备程度（生涯适应力）受到他们既往应对水平的影响。

生命广度与生活空间理论还建立在其他一些要素之上，包括这样一些主张：在整个生命周期中提供与发展相适应的辅导措施可以促进个体的生涯发展；要想选择职业，人们需要发展并践行他们的自我概念，这涉及利用周围环境、与环境互动、从环境中学习时伴随的一系列综合和妥协的过程；一个人的生活满意度取决于他能否找到机会扮演与其自我特征相一致的人生角色；对每个人来说，重要的是去组织能够反映出他的偏好、价值观和自我概念的人生角色活动。

这些假设包含了不同的理论视角（特质－因素、发展的、社会学习的，以及心理动力的），也证明了舒伯的观点，即他的理论采用的并非纯粹的发展的视角。舒伯的一系列核心假设也将新概念引入生涯发展文献：他提出，在同一种职业当中，工作者之间存在差异；多重人生角色的发展是生涯发展领域的一大重要焦点；自我概念随时间发展，这使得选择和调适成为持续的过程。因此，当把舒伯的这些假设置于历史背景下来看，它们推动了从职业到生涯的范式转变，也推动了从强调生涯选择的内容到强调全生命周期生涯发展过程的范式转变。此外，在舒伯的理论中，适应力在生涯发展过程中起着关键作用。具体而言，人们需要顺应变化而变化——包括人们自己的变化，以及环境的变化。发展从与环境的互动中学习的能力，并利用这种能力指引生涯选择，是一项至关重要的终身技能。每个人的生涯选择始终处于确定和不确定之间，这既是生涯发展的结果，也始终存在于生涯发展的过程之中。接受这一点有助于我们对自我和职业意识保持警惕，也强化了生涯适应力的决定性本质。

生命广度

生涯发展，和生理发展一样，是一个终生持续的过程。二者的不同在于，生涯发展并非个体生成的，相反，生涯既是在心理社会发展和社会期望的背景下，也是在职业机会结构的背景下发展起来的。在生命早期，生涯发展同质性较高，其发展与年龄有关。大多在读书的年轻人都被要求在每个年级做出相应的生涯决策：8 年级时必须选好高中课程，而高中毕业生需要决定毕业后打算做什么。因此，舒伯用生涯成熟度这一概念来指代儿童和青少年生涯决策准备的情况。然而，对于成人来说，生涯发展呈现出异质性，与年龄没有直接关系。成年人的生涯随着职业机会以及人生角色参与状况的变化而不断发展。基于此，当指代成年人的生涯决策准备时，我们用生涯适应力替代生涯成熟度这一概念。如前所述，生涯适应力反映出这样的观点："当成年人应对他们不断变化的工作以及工作环境时，他们对其所处环境产生影响，同时也被环境影响着"（Niles, Anderson, & Goodnough, 1998, p. 273）。正如一个人的自我概念会随时间推移发生改变，因而选择和调适就成了持续的过程，教育和工作环境发生变化同样使得选择和调适成为持续性的需求。自满是生涯适应力的敌人。从这个意义上说，生涯适应力与皮亚杰基于同化和适应提出的适应模式是类似的。生涯适应力也体现了这样的观点，即成年人是"在动态变化的环境中对自己负责的能动者"，能够找到办法有效管理自己的生涯发展（Super & Knasel, 1981, p. 199）。其他学者（Savickas, 2005）详细阐释了舒伯如何使用生涯适应力这一概念。正如哈通（Hartung）（2013）所指出的，"研究已经顺着计划、探索以及决定这 3 个维度推进，支持了生涯适应力的理论"（p. 97）。

虽然舒伯最初是将生涯适应力的概念应用于成年人的生涯发展，但我们相信生涯适应力也可以应用于儿童和青少年的生涯发展。尽管与成人相比，青少年在生涯发展方面的同质性较强，但他们在应对生涯发展任务的准备程度上依然存在差异。有些年轻人会遭遇破坏其生涯发展的环境障碍（贫穷、种族主义、性别歧视），而其他人则得到为其生涯发展提供助力的环境机遇（入读好学校、参加休闲和课外活动）。环境"可供给性"上的差异（Vondracek, Lerner, & Schulenberg, 1986）对生涯发展有影响。因此，生涯适应力这一术语似乎比生涯成熟度更适用于年轻人。萨维科斯（1997）同意并提出，"生涯适应力应该取代生涯成熟度，成为发展性视角的核心概念"（p. 247）。我们对此也表示赞同。生涯成熟度问卷中的适应力量表的开发，为有效测量 12 年级以下在读学生的生涯适应力提供了范例（Savickas & Porfeli, 2011）。我们也坚信，适应力在生涯发展领域会越来越重要、越来越突出。理论家和实践者最好都能欣然接受这一预测！

在描述全生命周期的生涯发展过程时，舒伯吸取了比勒（1933）、哈维格斯特（1953），以及米勒与福姆（1951）的理论研究。舒伯将生涯定义为"一个人面临并处理一系列发展任务的生命历程，其尝试处理这些任务是为了让他成为自己想要成为的人"（Super, 1990, pp. 225-226）。舒伯明确了人们通常会遇到的一系列发展任务，并将它们与生涯发展的阶段和次阶段关联起来，具体包括：成长（童年）、探索（青春期）、建立（成年早期）、维持（成年中期），以及退出／脱离（成年晚期）。

成长（童年）

大约 13 岁之前，儿童面临的任务包括发展自我意识，以及对工作世界有基本的了解。在此过程中，他们利用与生俱来的好奇心，在幻想、兴趣和能力 3 个次阶段中获得进步；首先是进行职业幻想，再通过环境进行探索（家庭、学校、父母和同伴关系）。好奇心使他们获得关于工作以及他们自身的兴趣和能力的信息。事情进展顺利时，儿童会发展出对环境的掌控感以及做决定的能力。在成长阶段，他们领会到自己当下的行为会影响未来的生活。此外，他们也越来越能够利用对自身和工作世界的了解来评估各种教育和职业机会的可行性。

探索（青春期）

在 14 ～ 24 岁这个阶段，通过结合所学到的与工作世界和自身相关的知识，以及日益增长的对于当下影响未来的意识，年轻人开始规划未来。在生涯发展领域，这涉及具体化和明确个人职业偏好的任务。一旦他们确认了一种偏好，便会实施这一选择。这些任务在试探、过渡和试验（几乎没有承诺）等次阶段中分别出现。

在具体化阶段，年轻人利用在成长阶段获得的职业和个人信息进一步了解工作世界，并开始思考他们可能喜欢什么样的工作。因此，准确的自我理解对于年轻人确定合适的职业偏好至关重要。

明确职业偏好则需要年轻人具有在不同职业中进行选择的能力。实施选择的过程因人而异，取决于他们所做的选择。有些选择需要年轻人接受进一步的培训和教育，另一些选择则提供了直接进入某个工作领域的机会。无论人们的选择是什么，实施这一选择都需要以某种方式开始行动。

建立（成年早期）

选择一种职业偏好开始行动，此后会进入职业生涯的建立期。职业生涯的建立期一般发生在 25 ～ 45 岁。这一阶段的生涯发展任务包括稳定、巩固和提升。稳定是个体进入某个职业领域之后随即面临的任务，涉及评估他所实施的职业选择能否为其实现自我概念提供机会。具体而言，个体必须评估组织文化，并确定她是否拥有在那里取得成功所需的技能和兴趣。此时常见的问题有："这个选择符合我之前的设想吗？""我喜欢现在所做的事情吗？""我在这儿能成功吗？"如果一个人觉得这些问题的答案基本都是"是"，就会在已经做出的选择上更加追求稳定，从怀疑这个选择是否正确转向专注于成为一个可靠的生产者，并在所选领域中建立良好的声誉。舒伯把这一过程称为巩固。专注于理解成功的必要条件，继而培养相应的能力，往往会让你获得更多的责任（晋升）。

然而，在此过程中的任何时点，个体都可能认为他们之前选择的工作或领域不合适。如果发生这种情况，他们将重新回到探索阶段，根据他们从之前的选择中学习到的关于自身和工作世界的知识，最终具体化、明确并践行另一种选择。

维持（成年中期）

在维持期（大约 46 ~ 65 岁），工作者面临的任务包括保持、更新和创新。许多人必须做出选择：要么通过跟上本领域的发展来提升自己，要么选择新的领域。选择后者，工作者必须重新循环探索和建立阶段的任务，以确定和推进新的职业选择。选择前者，工作者必须更新自己的技能并创造性地将其应用于当前职业。那些长期停留在一个职业领域却不更新技能的人，往往会停滞不前，变成业绩不佳者（他们被"卡"在保持任务中）。在这种情况下，需要对他们采取辅导措施，解决职业技能更新问题。那些选择更新和创新的人往往会成为缺乏工作经验者的优秀导师。

退出 / 脱离（成年晚期）

在维持阶段的尾声，当体能开始下降时（有趣的是，下降也是舒伯最初赋予这个阶段的名称），人们对工作的兴趣也开始减弱。大多数工作者开始规划退休。因此，当退出 / 脱离阶段开始（目前是 65 岁左右），人们会将注意力更多转向减速、规划退休，以及退休后的生活，强调生理、精神以及经济方面的健康。对于许多进入这一阶段的人而言，当前的主要趋势是追求一些人所说的"职业返场"。职业返场是生命后半段的职业选择，在这一选择中，人们强调利用自身的激情、能力、兴趣以及既往经验来追求一种能够提供强烈人生意义感的工作。

虽然生涯发展阶段理论最初呈现的是对个体职业生活更为线性的构想，舒伯（1990）认识到，人们终其一生都会在生涯阶段和任务中反复循环。我们就舒伯的阶段理论在生涯咨询中的应用提出了进一步的完善和改进建议。首先，我们建议生涯实践者认识到，人们可能会同时面临多个生涯发展任务和阶段。比如，不难想象，一个刚刚被解雇的 55 岁的报社记者，在决定自己生涯的下一阶段做什么时可能会感到不确定（即探索阶段），同时也会为自己能否在 15 年内退休时拥有足够的钱而深感焦虑（即退出 / 脱离阶段）。处于这种情况下的个体会比只关心探索阶段任务的人的探索面更窄。其次，我们建议实践者以类似于"状态"概念的方式来定义阶段。这里的"状态"是指，需要了解一个人在任意时间点上所经历的全部生涯问题。这与医生在年度体检中评估体检者的健康状况类似，生涯实践者需要全面了解每个来访者的生涯状态，以便最有效地帮助他们。我们认为，了解来访者在任意时间点所经历的生涯问题，可以为其提供能够真正派上用场的支持和资源。从状态的角度来看待来访者的生涯问题，摆脱了生涯阶段理论的线性视角，并有助于强化一个观念，即生涯发展任务在呈现时并不总受年龄限制。因此，舒伯的阶段和任务论提供了重要信息，解释了个体在人生任意时间点可能会尝试应对的一系列潜在的生涯问题或社会期望。以这种方式理解舒伯理论的生命广度的内容，将有助于我们对个体生涯发展历程有一个更全面、更精确的理解。

生活空间

当人们忙于生计时，他们也在忙于生活（Super et al.，1996）。"我们同一时间扮演的人生角色构成了我们的生活方式，人生角色组合的顺序构成了我们的生活空间和生命周期。这个整体的结构便是我们的生涯模式"（Super，1980，p. 288）。人生角色相互影响，因此，同一份工作对不同生活处境中的人而言有着不同的意义。你的心理学教授从他的工作中获得的意义与想要达到的目的既受既往人生角色（子女、高中运动员、大学生、餐厅兼职服务生、研究助理）的影响，也被当前的人生角色（成年子女、家长、足球教练、系主任、朋友）影响着。而你的心理学教授的人生角色——他对于家庭、事业和社区的投入——与你的其他教授的人生角色不同，他从工作中收获的意义也不尽相同。

人们赋予人生角色组合的权重决定了舒伯所说的生活结构。舒伯指出，人们对工作的重视程度不同。正如我们在第 1 章提到的，许多人将工作与自我价值关联起来，进而贬低其他的人生角色，而这些角色本来可能有助于提升他们的自尊心和自我效能感（更不用说对社会的价值了）。许多生涯咨询模型都忽视了人生角色交互作用造成的影响，也忽视了这样一个事实，即扮演多种人生角色可以将一个人表达自我价值的可能性最大化，对许多人来说，这为提高生活满意度提供了绝佳机会。

舒伯提出，人在一生中往往扮演着 9 种主要的人生角色：子女、学生、休闲者（舒伯创造的术语）、公民、工作者、配偶或伴侣、操持家务者、养育者、退休人员。一个人的生涯由他一生扮演的人生角色构成（Super，1980）。舒伯还认为，不同的人生角色通常对应特定场景，包括家、学校、工作场所、社区。因此，我们常常在学校扮演学生，在工作场所扮演工作者，在家则扮演操持家务者，等等。尽管这些在早些时候可能是真的，但科技对这一假设产生了巨大的影响。今天，一个人可以在多个场景（家、咖啡馆等）中工作。这在提供更多自由的同时也造成了新的、复杂的局面（比如，需要更清楚地去沟通你正在扮演哪种人生角色，无论你在哪里或哪个"剧场"）。

高效扮演人生角色是难以实现的，因为相互冲突的需求使得我们很难同时履行多个人生角色的义务。我们必须依据优先级对人生角色进行排序。有时，这很容易（当你的孩子长大到可以照顾自己时，你就可以把工作放到第一位），有时则不容易（在一个你有重要演讲的清晨，你只有 6 岁的孩子发着烧醒来，你是去演讲，还是照顾孩子？）。有时，通常只在一个场景出现的角色会出现在另一个场景，造成冲突（Kuykendall, Lei, Tay, Cheung, Kolze, Lindsey, & Engelsted, 2017; Perrone, 2005）。当工作影响到家庭生活时，工作者、伴侣、养育者的人生角色就开始相互纠缠，没有一种人生角色能得到充分关注。因此，人生角色间的互动方式可以是广泛的，也可以是最低限度的：支持性的、补充性的、补偿性的或中性的。当我们扮演的人生角色能相互扶持并能为我们提供实现自身价值的机会时，生活就会很顺利。当我们扮演的人生角色发生冲突，使我们无法表达自身价值时，生活就有了压力。生涯咨询师和来访者一起应对这样的挑战是很自然的事情，却也并非常态。我们鼓励生涯咨询师和来访者一起向这个方向努力。

许多来访者寻求帮助，以更有效地应对不断变化的、来自人生角色的种种要求。因此，只解决工作者这一人生角色所面临问题的生涯辅导方案对他们来说是不够的。舒伯的理论呼应了这样的现实情况，关注来访者如何将工作、娱乐、友情和家庭等角色共同建构成令人满意的生活（Super et al., 1996）。如果忽视了这些挑战，生涯咨询师就有可能在来访者试图将其工作选择落实到更广大的生活结构中时，无法提供充分的帮助。

自我概念

舒伯（1963）将自我概念定义为"自我在某种角色、情境或位置上履行某些职责的形象，或在某种关系网中的形象"（p. 18）。舒伯（1980）使用拱门模型和人生－生涯彩虹图来描述塑造决定个体人生角色组合的个人（能力、价值观、需要）和情境（家庭、社区、经济环境、社会）因素，以及它们如何交互影响自我概念。在拱门模型和人生－生涯彩虹图中，舒伯既描述了生涯发展的纵向过程，也描述了针对具体情境的生涯决策的内容。生涯决策反映出我们将自我理解——自我概念——转变为生涯的种种尝试（Super，1984）。

自我概念包含客观和主观元素。客观上，我们通过将自己和他人进行比较来形成对自我的理解，比如"我就像一个会计，因为我擅长处理数字"，或者"我在机械方面的能力超过 95% 的人"。主观上，我们从自己建构的生命故事中发展对自我的理解，赋予生活以意义。我们的客观生涯经历具有相对的同质性（几乎所有阅读这本教材的人都专注于获得咨询师或咨询心理学家的职业头衔）。然而，我们的主观生涯经历存在着巨大的异质性（每个阅读这本教材的人都有一段独特的经历，使得他们想要从事助人行业）。我们使用客观和主观的理解来确认合适的生涯目标，这些理解会指导我们对人生角色的参与程度和性质做出选择。由于自我概念会随时间而改变，因此做决策和调适这些选择是终身的工作。

应用舒伯理论

在职业生涯的最后阶段，舒伯专注于以一种更为全面和统一的方式将理论转化为实践（Super et al., 1992），并将他的方法称为 C-DAC 模型。和其他理论提出者（霍兰德、克朗伯兹）一样，舒伯在将理论转化为实践时，一部分是通过系统性地应用那些基于其理论的生涯评估工具来实现的。这些生涯评估工具包括成人生涯关注量表（ACCI）、生涯发展量表（CDI）、重要性量表（SI），以及价值观量表（VS）。

C-DAC 模型的重点在于帮助来访者应对舒伯的生命广度与生活空间理论中探索阶段的问题。来访者试图找到一些问题的答案，例如，我喜欢什么？什么对我来说是重要的？我有哪些才能？处于探索阶段的人关注的典型问题都与价值观、才能、技能和兴趣有关。一旦得到澄清，他们就会将注意力转向如何将这些特质与职业选择关联起来。正式的标准化评估可以为初级探索者（即青少年）提供基本的自我相关信息，这些信息是有效应对探索阶段的任务所必需的。但是，再次进入探索阶段的人需要使用探索行为来解决各种各样的生涯问题。比如，一些人专注于退休后的生活的同时，使用探索行为来维持当前的职位；另一些人通过探索行为找到新的职业，当然，还有一些人会通过探索行为来使自己在当前职位上更具创新性。

对人们来说，同时面临多个生涯阶段的生涯问题并不罕见。全面了解来访者的生涯问题可以获得一些重要信息，包括来访者当前正在应对的生涯发展任务，以及成功应对这些任务所需的资源。虽然探索总是意味着学习更多关于我们所处的环境以及我们自身的知识，但具体需要学习什么，取决于我们的发展状态以及对我们而言重要的人生角色。

因此，确定来访者的发展任务问题群，是建构来访者适用的生涯发展辅导措施的关键第一步，而 ACCI 有助于此。为了确定来访者面临的生涯发展任务，舒伯及其同事开发了 ACCI（Super, Thompson, & Lindeman, 1988）。ACCI 是用于评估与探索、建立、维持以及退出 / 脱离阶段有关的生涯议题。在咨询开始时，ACCI 有助于确定来访者与发展任务相关的问题，以及成功解决这些问题所需的资源。例如，可以鼓励那些关注维持阶段更新任务的来访者参加工作领域相关的新方法研讨会，去那些可以了解这些新方法如何运用的地方参观，采访见多识广的人，接受进修培训以更新其技能。

生涯咨询师可以对之前提到的高中生胡安娜进行 ACCI 测试，帮助她了解生涯问题并理解自己的生涯发展过程。胡安娜很可能是一名初级生涯探索者，第一次面对具体化和确定职业偏好的任务。为了有效应对这些任务，胡安娜需要获得更多关于她自己——她的价值观、兴趣和能力——以及关于工作世界的信息。她还需要了解生涯决策的过程，需要得到一些帮助，诸如，如何将相关信息转化为生涯规划。在理想情况下，胡安娜也能够看到她在学校做的事与她的未来之间的关联，并在学校变得更加积极。随着胡安娜的自我概念的具体化，她需要在现实世界测试她的选择。角色扮演、加入学校俱乐部、实习、志愿服务，以及兼职工作，都可以增加她对自身和工作世界的了解。在有些情况下，学生和（或）来访者正是因为缺乏关于自身和工作世界的重要信息，才无法做出生涯决策。

CDI（Thompson, Lindeman, Super, Jordaan, & Myers, 1984）是一套颇有价值的生涯评估工具，可以评估高中生和大学生是否拥有做出明智的生涯决策所需的信息。具体而言，CDI 是用来评估学生掌握的生涯规划、生涯探索、工作世界信息，以及与生涯决策原则相关的知识水平的。CDI 的分数可以用来回答这样一些问题：学生是否知道如何做出生涯决策？学生是否意识到需要做出生涯规划？学生是否同时掌握关于工作世界的一般信息和关于首选职业的具体信息？学生是否知道如何利用探索性资源获得额外的自我和（或）工作信息？

学生在 CDI 中得高分意味着他们对这些问题的回答是肯定的。在这种情况下，学生通常能够继续进行生涯决策。得低分则表示学生存在必须加以补救的问题。比如，学生得低分可能表明他们没有意识到需要进行生涯选择，也没有对未来进行规划。对胡安娜使用 CDI 可以帮助她确定自己在哪方面需要得到帮助，以便她为自己的生涯决策做足准备。

应用 C-DAC 模型的下一步，是确定来访者赋予其人生角色的权重。这一步也使 C-DAC 模型区别于其他模型，它能够帮助来访者理解他们希望如何"将工作、娱乐、友情和家庭等基本人生角色组织成一个令人满意的人生"（Super et al., 1996, p. 128）。

生涯咨询师可以询问来访者以下问题，鼓励他们审视自己赋予人生角色的意义：平常的一周里，你如何安排时间？不同的人生角色分别对你有多重要？对于你所扮演的每个人生角色，你喜欢哪些部分？你认为哪些人生角色在未来是重要的，你希望在扮演每个人生角色时实现什么？你的家庭成员希望你在扮演每个人生角色时实现什么？他们扮演哪些人生角色？在扮演每个人生角色的过程中，你得到了哪些有用（和不太有用）的经验？向胡安娜提出这样的问题很重要，可以帮助她考虑哪些人生角色在未来很重要，以及她现在可以做哪些事情为扮演好这些人生角色做准备。让来访者描述他们在平常的一周里是如何安排时间的，并考虑其中反映的价值观，这也是邀请他们审视其生活结构问题的一个有用的策略。咨询师还可以鼓励来访者描述自己希望如何度过时间，例如，如何度过未来的 5 年。之后，咨询师可以帮助他们制订策略，提升成功概率。

　　咨询师还可以使用 SI（Super & Nevill，1986）来与来访者讨论人生角色的重要性。SI 从 3 个维度测量 5 种人生角色（学生、工作者、公民、家庭主妇、休闲者）的相对重要性，其中一个维度是关于行为的，另外两个维度是关于情感的。行为维度——参与，评估来访者近期在扮演每种人生角色时完成了哪些事情。第一个情感维度——承诺，要求来访者指出他对每种人生角色的感受。第二个情感维度——价值期望，要求来访者指出现在或将来在扮演每种人生角色时能够表达自我价值的机会有多大。

　　为进一步指导来访者的自我概念的具体化过程，生涯咨询师可以使用 VS（Nevill & Super，1986）。VS 用来评估人们希望在扮演人生角色时表达的 21 种内在价值观（如创造力、利他主义）和外在价值观（如经济回报），是对兴趣和能力评估的重要补充，咨询师可以使用 VS 的评估结果帮助来访者在对人生角色和职业选择的探索中更加聚焦。

　　通过使用 SI 和 VS 提供的信息，咨询师可以帮助来访者确认哪些人生角色占用了他们大部分的时间，哪些人生角色是他们投入了情感的，他们希望在扮演这些人生角色时表达怎样的价值观，以及哪些人生角色是他们预计未来会对他们有意义的。

　　对于上述最后一点，咨询师可以帮助来访者建构一些策略，使他们为未来扮演的重要人生角色做准备。例如，如果胡安娜预计工作者在未来会是她的一个重要的人生角色，她可以与咨询师讨论为此做计划和准备的方法，例如，参与一些活动，为获得某份工作做好准备。咨询师尤其要注意，要帮助胡安娜在其目前的学生角色和未来的工作者角色之间建立联系。咨询师也可以利用 SI 鼓励胡安娜思考可能存在人生角色冲突的领域，并探讨应对多种人生角色超负荷问题的策略。

影响人生角色重要性的环境因素

　　舒伯的拱门模型认为，人生角色自我概念由我们的处境（个体和情境决定因素）

塑造。然而，许多人并不了解环境因素（主流文化、原生文化）如何与身份认同的发展相互作用，进而塑造人生角色的重要性。历史上，许多生涯发展理论最大限度地淡化了环境因素的影响。然而，我们每个人每天都与环境有无数互动。这些互动中有些能促进积极的生涯发展，有些则不能。了解这些互动是如何塑造我们的，并意识到它们的影响，能够让我们在应对这些影响时产生主体能动性。

主流文化

人们经常从主流文化中继承人生角色重要性的模式。当这种继承被嵌入基于性别、种族和其他刻板印象的观念时，就会产生问题。研究者一再发现，主流文化对工作者的描绘既存在人生角色重要性的性别差异，也存在职业性别角色的刻板印象。对于前者，研究者不断发现，人生角色重要性的性别差异与传统性别角色期望相吻合（女性比男性更多地参与家庭事务，也比男性对与家庭相关的人生角色的期望更高）。通常情况下，文化会强化刻板印象，限制我们对职业选择可能性以及人生角色重要性的感知（Regner, Thinus-Blanc, Neter, Schmader, & Huguet, 2019）。提升学生和来访者对于主流文化如何影响职业选择可能性的认识，可以减少种族主义、性别歧视、能力歧视和异性歧视等现象给生涯探索带来的限制。

原生文化

探讨主流文化对人生角色重要性的影响，可以引导我们探讨来访者的文化背景如何影响他们的生涯发展。咨询师和来访者可以探讨原生文化如何影响他们在扮演人生角色时表达的价值观（对于具有欧洲中心主义文化背景的人来说，他们可能试图通过工作进行自我实现；对于具有亚洲传统文化背景的人来说，他们可能试图通过工作表达文化认同）。如果这些内容在小组中得到讨论，会提升来访者对人生角色重要性背后的文化多样性的意识和敏感度。

这也导向对于特定人生角色背后的各种文化规则的探索（具有欧洲中心主义文化背景的男性是很好的养家者，他们在职业中不断攀升；女性则会优先考虑扮演家庭主妇的角色）。在这些讨论中，咨询师可以鼓励来访者识别自己如何看待和解释来自其原生文化的人生角色期望，以及这些期望如何影响他们对不同人生角色的重视程度。咨询师尤其需要探索这些期望如何影响来访者对有效履行人生角色应承担的义务的理解（那些将其养育子女者的人生角色主要定义为是一个好的维持家庭生计者的男性可能会思考，单单这一点是否就能构成好的养育行为）。完成家庭基因图谱对于探索家庭背景、文化规则和生涯规划之间的相互作用很有帮助。基因图谱提供了一个有效的工具，可以跟踪代代相传的生涯决策，并确定个体职业信念和生命主题的源头

（Borodovsky & Ponterotto, 1994; Kakiuchi & Weeks, 2009）。垣内（Kakiuchi）和威克斯（Weeks）指出，在"夫妻咨询中，职业选择、成功和财务安全的影响往往因没有得到考察而被忽视。积极应用这些细节信息有助于理解关系中更为宏大的主题，这一点目前没有被充分利用"（p. 1）。他们建议使用职业传承基因图谱探索个体在原生家庭中形成的脚本和态度，这些脚本和态度历经世代传承，不仅影响人们的职业选择，还会影响夫妻之间的互动模式。

家庭基因图谱技术可以应用于其他人生角色的相同主题。通过基因图谱，咨询师可以帮助来访者识别他们从家庭中获得的、与特定人生角色相关的信念和生命主题。咨询师还可以比较集体主义文化与个人主义文化对来访者人生角色重要性的影响。咨询师可以在讨论中介绍文化同化和文化适应等术语，并考察性别角色刻板印象对人生角色重要性的影响。实施这些辅导措施是为了帮助来访者更好地意识到影响其主要人生角色信念的因素，以便他们能够对其未来的人生角色扮演做出明智的决定。

全面考察来访者可能扮演的人生角色很重要，它使来访者有能力去澄清自己的职业自我概念，使得他们知道接下来该如何做出明智的选择。在 C-DAC 模型中，来访者将他们对人生角色重要性的理解作为澄清和阐明职业认同和人生角色脚本的基础。

自我概念澄清

在舒伯看来，职业认同可以用两种方法来澄清：精算法（Super, 1954, 1957）和发展法（Super, 1954, 1961）。精算法涉及特质－因素理论，即用测试分数预测未来的职业表现和满意度。例如，胡安娜可能要完成一份兴趣问卷测试，将她的兴趣与从事各种职业的人群的兴趣进行比较。使用精算法时，咨询师"就像精算师一样，根据观察到的与其他人在类似表现中得分的相关性，查询表格、图形和公式，寻求最佳预测"（Jepsen, 1994, p. 45）。胡安娜的兴趣模式将与各种职业中的工作者的兴趣模式关联起来。咨询师将关注到类似的模式（作为进一步探索的起点）和不同的模式（以确定胡安娜不可能感觉满意的职业类型）。能力测试可以采用同样的方式：将胡安娜的能力与在特定职业领域取得成功所需的能力进行比较。如果她的兴趣和能力结合在一起可以预测出令她满意和成功的职业，便可以列入进一步考虑。

价值观量表的测试结果或价值观卡片的排序结果可以用来引导来访者进行更深入的探索。有些职业可能匹配来访者的兴趣和能力，但无法为来访者提供足够的机会来表达自我价值观。对于像胡安娜这样想要将职业偏好具体化的来访者，价值观量表或价值观卡片可能是对兴趣和能力评估的有益补充（Super et al., 1996）。

使用发展法（舒伯也将其描述为主题推断法）时，咨询师更像历史学家，而不是精算师，他们邀请来访者构建他们过去所做事情的自传式年表，然后检阅这些年表，寻找重复出现的主题或连续的线索，用来"理解过去，解释现在，并为未来绘制蓝图"（Super et al., 1996, p. 157）。精算法是基于特质的（我的特质与其他人的特质相比如何？我的特质在哪些职业中预示着成功？），而发展法是基于生活模式的（我的生活史中显示出哪些模式？在这些模式中，有哪些需要纳入我的未来规划？）。杰普森（Jepsen）（1994）指出，实施发展法包含 3 个步骤。

1. 分析过去的行为和发展，寻找反复出现的主题和潜在趋势。

2. 考虑其他主题和趋势的同时，对每个主题和趋势进行总结。

3. 通过外推法将修正后的主题和趋势纳入对未来的预测。（p. 45）

邀请来访者把他们的人生当作一本书，给他们的书（他们的人生）起一个名字，然后让来访者确定他们人生中的章节，这是确定反复出现的主题和潜在趋势的一种策略。从生活的每一章中学到的经验教训（有帮助的和没有帮助的）都需要得到辨认和思考，以确认它们是否有用，是否需要保留。接着，可以让来访者将未来想象为尚未经历但必须经历的篇章，让他们感觉到他们的人生是完整的，此时，咨询的重点就可以转到确定未来的目标、愿望和计划上来。

通过使用舒伯（1957）的非指导性和指导性方法循环模型，精算法和发展法可以被纳入生涯咨询。舒伯指出，"由于生涯发展包括实施自我概念，而自我概念在贯彻实施之前通常需要修改，因此，学生或来访者在咨询过程中要尽早将其自我概念转化为文字，这是非常重要的"（p. 308）。这样做可以使来访者澄清其人生角色抱负，并为咨询师提供与其所关心的生涯议题相关的信息。具体而言，舒伯（1957）对生涯咨询整个过程的描述如下。

1. 非指导性的问题探索和自我概念描绘（来访者讲述他的故事）。

2. 指导性的主题设定，以便进一步探索（咨询师和来访者澄清生涯问题，并确定他们将首先关注哪些问题）。

3. 非指导性反思和对感受的澄清，以实现自我接纳和获得洞察力（咨询师使用移情回应和基本咨询技能帮助来访者澄清他的处境、感受和想法）。

4. 指导性探索，从评估、职业资料、课外经历、成绩等方面获取事实信息，进行现实检验（咨询师和来访者收集有关来访者的特质和潜在职业选择的信息，确认纳入现实检验的职业选项，或通过职业信息访谈、志愿服务和校外实习来鉴别这些选项）。

5. 对现实检验引起的态度和感受进行非指导性探索和处理（来访者尝试潜在的职业选项，并与咨询师一起反思这些经历，重点关注思想和感受，以及这些经历如何影响来访者的下一步行动）。

6. 对可能采取的行动进行非指导性思考，以帮助决策（来访者确定她下一步将做什么来推进他的生涯发展）（p. 308）。

本质上，舒伯阐述的生涯咨询模式强调帮助来访者澄清和阐明他们的自我概念，并在扮演重要的人生角色过程中加以实现。具体的生涯咨询辅导，如 C-DAC 模型和发展法的应用，可以被纳入舒伯的循环模型（最有可能是在第三至第六步）。

对舒伯理论的评价

一直以来，舒伯的理论是生涯发展理论和实践发展的关键。许多研究者依托舒伯的研究成果来进行他们自己的生涯发展过程研究。刘易斯（Lewis）、萨维科斯和琼斯（Jones）（1996）使用生涯发展量表（Super，Thompson，Lindeman，Jordaan，& Myers，1981）来评估医学生的成功率。该评估结果支持了舒伯（1981）的观点，即思考未来、规划未来，对于提升来访者的生涯成熟度和生涯适应力来说是必要的。

奈尔斯和古德诺（Goodnough）（1996）回顾了舒伯的"工作重要性研究"相关文献，得出了 3 个结论。第一，必须在具体的发展和文化背景下看待人生角色的重要性和价值。第二，在不同环境和不同群体中，女性和男性对各种人生角色和价值观的重要性排序不同。第三，为促进来访者的生涯发展，实践者必须关注生涯咨询中呈现的人生角色重要性和价值观议题（另见 Parasuraman，Purhoit，Godshalk，& Beutell，1996）。

萨洛蒙（Salomone）（1996）通过追溯舒伯理论 3 个关键部分 40 年来的演变，提供了一种历史视角：理论假设、生涯阶段的概念化、生涯的定义。萨洛蒙得出三大结论：第一，舒伯的理论在 40 年中没有发生实质性变化；第二，需要对舒伯的理论假设和生涯阶段模型进行更多研究；第三，舒伯的理论是生涯发展理论中无与伦比的遗产。舒伯的理论提供了一种框架，能帮助来访者澄清他们的人生角色认同，以及他们想要在扮演这些人生角色的过程中表达的价值观，也为研究者调查人生角色认同发展提供了指导。

一些学者为基于舒伯的理论的生涯评估工具的系统应用提供了实例。例如，内维尔（Nevill）和克鲁斯（Kruse）（1996）（价值观量表）、内维尔和卡尔弗特（Calvert）（1996）（重要性量表）、萨维科斯和哈通（1996）（生涯发展量表），以及卡伊罗（Cairo）、基蒂斯（Kritis）和迈尔斯（Myers）（1996）（成人生涯关注量表）都提供了文献综述、测试描述以及每种生涯评估工具实际应用的相关信息。哈通等人（1998）描述了在 C-DAC 模型的初始阶段评估来访者文化认同的策略，并提供了在整个应用 C-DAC 模型的过程中探讨文化因素的技术，以使该模型更适用于具有不同文化背景的来访者。

库克（Cook）（2015）研究了退休人员的脱离阶段经历，调查了：退休人员的正式志愿经历是否代表他们有偿劳动职业生涯的延伸；这种人生角色的整合如何影响职业自我概念，是否如舒伯在生命广度与生活空间理论中所解读的那样。调查结果表明，要进一步发展舒伯的理论，需要增加一个新的发展阶段，库克将其称为"重定向"，以更好地反映人们退休后的经历。在"重定向"阶段，退休人员会发展出一个"新自我"，这个"新自我"会告知他们接下来退休后的生涯里做些什么。

凯肯德尔（Kuykendall）、雷（Lei）、泰伊（Tay）、张（Cheung）、科尔兹（Kolze）、林赛（Lindsey）和恩格尔斯塔（Engelsted）（2017）应用舒伯理论，调查了成人被试的工作者和休闲者两种人生角色之间的相容性是否与整体主观幸福感有关。凯肯德尔及其同事发现，休闲经验的主观质量对工作者整体主观幸福感的影响超过工作和家庭经验的主观质量，且与休闲者的重要性无关。

自舒伯1994年去世以来，使用舒伯的理论的研究显著减少。奥西普（Osipow）和菲茨杰拉德（Fitzgerald）（1996）认为，舒伯的理论的"一个优点在于，它建立在主流发展心理学和人格理论之上，对实践和研究而言具有相当强的实用性"（p. 143）。他们还指出，"大多关于舒伯理论的研究总体上都支持他的模型"（p. 143）。博根（Borgen）（1991）指出，它"出色地经受住了时间的考验"（p. 278）。布朗（1996）写道，舒伯的理论"永远是这位杰出思想家留给我们的一部分遗产"（p. 522）。

安妮·罗伊的生涯选择人格理论

学习目标2.2 理解安妮·罗伊的职业人格理论。

安妮·罗伊（1904—1991）是一位临床心理学家，最初因调查与艺术家创造性表达有关的人格因素而对职业行为产生兴趣。后来，她将研究对象扩大到一些著名科学家。罗伊（1956，1957）认为，早期童年经历会影响职业行为。然而，正如布朗（Brown）、卢姆（Lum）和沃伊勒（Voyle）（1997）强调的，从罗伊的观点来看，早期童年经历和此后职业行为之间的关系以"心理需求结构"为中介，"这种心理需求结构是由童年经历的挫折和满足的模式发展而来的"（p. 284）。具体而言，由此产生的需求结构使一个人要么面向人，要么远离人。根据马斯洛（Maslow）（1954）的需求层次理论，罗伊认为，未被满足的需求是人们进行生涯选择的强大动力。

对孩子的抚养模式决定了孩子的早期经验。罗伊（1956）区分了 3 种主要的抚养模式：情绪聚焦、回避和接受。对孩子的情绪聚焦表现为包括过度保护和过度苛求。虽然孩子的生理需求得到了满足，但心理需求可能被压制，因为父母为他们的爱和认可设置了条件。在过度保护的环境中长大的孩子学习到顺从会得到回报，他们会发展出对他人的依赖，以获得认可和自尊。在过度苛求的环境中长大的孩子会发展出完美主义倾向，全盘接受其照顾者的"全或无"的标准。对孩子的回避，包括忽视孩子的生理需求，以及拒绝满足孩子的情感需求。对孩子的接受，是指让孩子的生理和心理需求都能得到满足。在这两种环境中独立和自力更生都得到鼓励，但鼓励的方式不同，前者以不关心、不参与的方式鼓励，后者以积极、支持的方式鼓励。

每一种环境都会影响孩子的需求得到满足的程度，而这进一步影响成年子女对生涯的选择。从事服务性职业的成人以人为本，因此很可能在充满爱、过度保护的环境中长大。从事科学性更强的职业的成人，通常不以人为本，很可能在儿童早期接触到了拒绝和回避的环境。

罗伊（1956）曾开发了一个职业分类系统，包括基于艺术、娱乐以及大众文化等的 8 个领域。服务领域涉及以人为本的职业，如教学、咨询和社会工作。商业往来类的职业涉及具有说服力的人际互动，如销售。组织性的职业领域强调系统和管理。技术领域涉及诸如工程类的职业。户外职业侧重于科学原理的应用，例如森林管理。科学领域包括化学家和物理学家等职业。艺术和娱乐领域包括表演和视觉艺术的职业。大众文化领域包括公务员等职业。人们根据自己的心理需求结构来选择职业领域，这些心理需求结构受到他们童年时所处环境的影响。一个人的遗传结构和社会经济背景会影响他的职业表现。

对罗伊理论的评价

由于罗伊的理论带有追溯性，研究者一直在艰难地验证其假设。父母教养方式存在差异性，同一职业领域的员工的早期生活环境具有共通性，以及尝试预测起因如何影响未来结果，这些仅得到了微弱的实证支持。罗伊的理论关注的是生涯选择背后的因素，很少提供辅导措施，因此，在很大程度上，这一理论已从当前文献中消失。然而，罗伊的理论强调了一个人的父母和心理需求结构对他的生涯发展过程的影响。目前，与罗伊理论相关的研究活动很少。

琳达·戈特弗雷德森的限制、妥协与自我创造理论

学习目标 2.3　学习琳达·戈特弗雷德森的限制、妥协与自我创造理论。

琳达·戈特弗雷德森（生于 1947 年）的限制、妥协与自我创造理论（Gottfredson, 2002, 2005）描述了童年和青少年时期职业抱负的发展过程。戈特弗雷德森创立这一理论的部分原因在于回应这一问题："为什么孩子在追求梦想时尚未遇到任何障碍前，就似乎再创造了父母辈的社会不平等？"（2002，p. 85）。她研究了人们在生涯抱负中做出的妥协，特别是与性别类型化的学习和经历有关的妥协。妥协包括由于职业声望、性别类型、兴趣领域而限制生涯选择的过程（Gottfredson, 1981）。戈特弗雷德森的理论强调了这一观点："生涯选择是将自己置于更广阔的社会秩序中的一种尝试"（Gottfredson, 1996, p. 181）。因此，她为生涯发展提供了一种发展性的和社会学的视角。

戈特弗雷德森（2002）指出，人们根据"男性－女性、职业声望和工作领域"来区分职业（p. 88）。戈特弗雷德森（2005）进一步指出，职业声望与工作绩效所需的智力水平呈正相关。一个人的自我概念与他的职业刻板印象是相互作用的。当人们做出生涯决策时，他们通过考虑几大因素来判断这份职业与自己的适合程度，包括感知到的性别适合性（最重要的）、职业声望（第二重要），以及该职业满足其偏好和个性需求的程度（最不重要）。"可接受的职业选择区域"或"社会空间"（2002，p. 91）代表一个人所感知到的自己在社会中的地位。戈特弗雷德森认为，人们之所以会妥协，是因为他们通常会寻找一个足够好的而非伟大的职业，相较于足够好的选择而言，一个伟大的选择需要更多的价值澄清和备选方案的确定。人们在感知到他们的社会空间内的选择并非其想要的时候，就会犹豫不决。职业满意度取决于，多大程度上"妥协允许一个人通过工作本身或通过工作所允许的自我和家庭的生活方式实现其理想的社会自我"（2002，p. 107）。

限制包括根据性别类型和职业声望而剔除不可接受的职业选择的过程，并强调了这样一个事实，即年轻人"一旦能够察觉到人与人、生活与生活之间的本质区别"，便会开始剔除某些职业选择（Gottfredson, 2002, p. 131）。限制过程遵循 5 项原则（2002，p. 94-95）。第一，限制是由不断增长的能力引导的。孩子们一边从奇幻思维发展到抽象思维，一边理解和组织关于自己和世界的复杂信息。第二，职业抱负与一个人的自我概念密不可分，因而职业偏好反映出个体实现和增强自我概念的尝试。第三，孩子们开始努力应对人与人之间更复杂的区别（例如，知觉与声望有关），而与

此同时，他们仍处于整合更为具体的现象的过程中，例如将性别角色整合进他们的自我概念。第四，随着他们的自我概念变得越来越清晰和复杂，孩子们会逐渐剔除某些职业选择。同时，戈特弗雷德森指出，"只有在新产生的经验或社会环境的显著变化促使下，人们才会重新考虑那些他们之前因为性别类型和职业声望而认为不可接受的职业选择"（2002，p. 95）。第五，限制过程是渐进的，尽管它对正在经历的人影响强烈，但并不会立竿见影地呈现出来。

这些原则贯穿于戈特弗雷德森所划定的、用以描述限制过程的认知发展各阶段中（1996）。

第一阶段：大小和力量的定位

第一阶段发生在 3 ~ 5 岁，反映了认知中客体恒常性开始发展。在这个阶段，孩子们用简单的术语给人分类，比如"大"和"小"，让自己适应和成人之间的大小差异。

第二阶段：性别角色定位

这一阶段发生在 6 ~ 8 岁。此时，孩子们开始意识到男性和女性的不同。他们采用对立的思考方式——好或坏、富或穷等——并将性别角色的刻板印象解读为行为规则。他们的职业抱负反映出他们希望以适合其性别的方式行事，并体现在他们的信念中，即认为某些工作适合男孩或某些工作适合女孩。正是在这一阶段，孩子们形成了他们"可以容忍的性别类型边界"（Gottfredson，2005）。

第三阶段：社会价值取向

这一阶段发生在 9 ~ 13 岁。在此阶段，孩子们会更抽象地进行思考，并开始意识到社会阶层和职业声望。他们拒绝那些不符合自己能力水平或不被社会参照群体认可的职业。社会阶层和能力决定了可容忍水平的边界，这代表他们愿意考虑的职业的下限（因此，那些低于下限的职业不值得他们考虑）。孩子们还会根据他们愿意付出的努力的上限，以及愿意承担的风险，确定一个可承受的努力水平（不超出他们能力范围的职业目标）。这些水平共同决定了孩子们认为可接受的职业范围（Gottfredson，1996）。

第四阶段：面向内在的、独特的自我

在从 14 岁开始的这个阶段，青少年变得更加内省，自我意识也更强。他们较之前有了更多的抽象思维，开始识别内部产生的目标和自我概念，并探索与之一致的职业选择。正如戈特弗雷德森所述，"职业发展在第四阶段爆发为自觉意识"（2005，p.81）。这一阶段的特点是其重点从剔除不可接受的选项转向确定第一选择和可接受的选项。现在，妥协出现了。妥协涉及出于某些因素剔除一些选择，诸如那些被认为难以实现（"我不想成为一名医生，因为我永远进不了医学院"）的选择。妥协可以是预期性的（在实际遇到外部障碍之前）或经验性的（在实际遇到外部障碍之后）。

戈特弗雷德森理论在实践中的应用

戈特弗雷德森（1996）指出，传统上，生涯发展辅导发生在第四阶段，即人们试图明确和澄清他们的自我概念阶段。然而，戈特弗雷德森的理论还强调了在早期发展阶段对年轻人进行辅导的重要性，这通常可以以生涯教育计划的形式进行。这类计划应侧重于帮助年轻人全方位地探索职业选择，以促进职业选择的系统性探索（Gottfredson，1996）。这类计划的基石应该包括消除性别角色刻板印象，以及让年轻人接触不同职业层面的选择等辅导措施。戈特弗雷德森认为，生涯教育计划必须对学生的认知发展水平保持敏感，让学生接触广泛的职业选择，并促进他们对限制和妥协过程的认识。

对戈特弗雷德森来说，个体咨询的一个主要议题是来访者在多大程度上不必要地限制了自己的职业选择。"妥协中的问题要么是未能正视现实，要么是忽视现实，要么是未能有效地应对现实"（Gottfredson，1996，p. 217）。戈特弗雷德森确定了衡量来访者在多大程度上不必要地限制其职业选择的标准，并以此作为对咨询师工作的指导。例如，她指出，来访者应能够识别职业选择和从事这些职业所需要的相关自我特质；来访者不应不必要地对职业选择进行限制；他们应该意识到他们在进行职业选择时可能遭遇的障碍。

在与来访者一起检验这些标准时，生涯咨询师可以探索来访者的可接受水平、努力的界限、对障碍的感知，以及影响来访者如何看待可接受的职业选择的背景因素。戈特弗雷德森主张，要把对能力的探讨更明确地融入生涯咨询过程。尽管能力是职业成功的强预测因子，但在生涯咨询中却往往不被重视。戈特弗雷德森（2003）认为，回避讨论能力问题限制了生涯咨询的有效性。当咨询师与青少年来访者讨论能力时，这一过程可以帮助来访者看到在学校表现好和事业成功之间的联系，从而提升他们的学习动力和投入度。

将戈特弗雷德森的标准应用于胡安娜的案例时，以胡安娜的优势和兴趣作为基础，咨询师可以与其一起探讨她已经考虑过的职业选择。承认胡安娜的艺术天赋——

她喜欢画画和在校乐队吹长笛——会是一个很好的起点。在讨论这些兴趣时，咨询师可以评估胡安娜是否不必要地限制了她的职业选择，并思考一些问题，诸如"胡安娜的能力是否足以支持她从事艺术职业？""胡安娜是否意识到她在从事艺术职业时可能会遇到的障碍？""她是否考虑过以其他方式来表达她的价值观、兴趣和能力？""是什么让她排除了其他职业选择？"当胡安娜意识到她正在形成的自我概念并试图鉴别出与之一致的职业选择时，咨询师可以支持也可以挑战她的职业选择。

对戈特弗雷德森理论的评价

与戈特弗雷德森的理论相关的研究并不多。现有的研究模棱两可，新研究的数量也在减少。其中大部分学者都在研究与社会阶层、性别以及智力有关的限制。汉娜（Hannah）和卡恩（Kahn）（1989）在加拿大 12 年级的学生的样本中发现，较高社会阶层比较低阶层的学生有更远大的抱负。赫尔维格（Helwig）（2001）进行了两项跟踪研究，以检验戈特弗雷德森的理论在儿童生涯发展中的适用性。他研究跟踪了 2 ~ 12 年级的学生。在第一项研究中，赫尔维格检验了儿童的职业抱负，并找到了限制和妥协理论的支持性证据。赫尔维格在第二项研究中也找到了支持性证据，结果显示，在高中阶段的尾声，学生放弃了不切实际的职业理想，转而做出现实的职业选择。其他研究者也赞赏戈特弗雷德森理论对人们在童年期的生涯发展以及性别差异的强调，指出该理论填补了文献中的重要空缺（McLennan & Arthur, 1999）。

亨德森、赫斯基思（Hesketh）和塔芬（Tuffin）（1988）对新西兰 5 ~ 14 岁的学生进行了一项研究，其实证结果并不支持性别在戈特弗雷德森划定的认知发展第二阶段（性别角色定位）中的重要性，但支持了社会阶层在第三阶段（社会价值取向）中的重要性。赫斯基思、埃尔姆斯利（Elmslie）和卡尔多（Kaldor）进行的一项研究（1990）提出了另一种妥协模型。该模型指出，兴趣在生涯选择中比性别类型或职业声望更为重要，这是因为兴趣本身就融合了性别类型和职业声望。梁和普莱克（Plake）（1990）发现，如果能提供更高的职业声望，女性通常会选择跨性别的工作，而男性很少这样做。布兰查德（Blanchard）和利希滕贝格（Lichtenberg）（2003）研究了戈特弗雷德森的妥协过程，发现对于正在进行中度或高度妥协的被试来说，职业声望和性别类型同等重要，这一点与戈特弗雷德的理论不符。然而，同一批被试在思考影响妥协过程的要素时，确实将职业声望和性别类型看得比兴趣更重要。

最近，科克伦（Cochran）、王（Wang）、史蒂文森（Stevenson）、约翰逊（Johnson）和克鲁斯（Crews）（2011）应用戈特弗雷德森的理论，在一份跟踪样本中，调查了人们在青少年时期的职业抱负与中年时的职业成功之间的关系。研究结果证实了社会经济地位（SES）和能力对职业抱负形成的影响。职业抱负、能力和性别与人生晚些时候的职业成就显著相关。他们还发现，与青春期男孩相比，青春期女孩在中年时达成的职业成就更小。

在评价戈特弗雷德森的理论时，布朗（1996）指出，"关于限制和妥协的影响因素的假设过于笼统了。其结果就是，我们仍然不知道生涯选择和筛选过程中到底发生了什么"（p. 523）。尽管如此，戈特弗雷德森的理论还是提供了一些有趣的概念，描述了与职业抱负形成相关的边界和动机维度（Herr, Cramer, & Niles, 2004）。它还填补了生涯相关文献中的重大空缺（儿童时期的生涯发展和性别差异）。此外，戈特弗雷德森（2005）最近对其理论的阐释也开始解决布朗指出的那些问题。使用跟踪和横向研究设计来检验该理论，会尤为有用。

约翰·霍兰德的类型与个体环境相互作用理论

学习目标 2.4　理解约翰·霍兰德的类型与个体环境相互作用理论。

约翰·霍兰德（1919—2008）信奉的理论，属于描述个体人格类型差异的传统理论（Murray, 1938; Spranger, 1928）。霍兰德的理论（1959, 1966, 1973, 1985a, 1997）也一直被描述为结构性互动理论，"因为它将各种人格特征和相应的工作职位明确地关联起来，并将大量有关人和工作的数据组织起来"（Weinrach, 1984, p. 63）。该理论建立在四大基本假设之上。

1. 大多数人可以被归类为 6 种类型之一：现实型、研究型、艺术型、社会型、企业型、传统型。

2. 存在 6 类环境：现实的、研究的、艺术的、社会的、企业的和传统的。

3. 人们寻找的环境能够让他们发挥自己的技能和能力、表达自己的态度和价值观，并让他们承担自己所能够接受的责任和角色。

4. 一个人的行为由其人格和环境特征之间的相互作用决定（Holland, 1973, p. 2-4）。

使用霍兰德理论的关键点在于理解他的类型学。思考人格类型如何发展便是一个不错的开始。在很大程度上，"类型生产类型"（Holland, 1973, p. 11）——也就是说，人格类型是基于遗传和环境的。

首先，儿童的特殊遗传和经历导致他们偏好某些类型的活动，而对其他活动心生厌恶。此后，这些偏好变成了明确的兴趣，人们从中获得自我满足以及他人给予的奖赏。接着，对这些兴趣的追逐导致更多专业能力的发展，同时也导致对其他潜在能力的忽视。随着年龄的增长，个人兴趣的分化会伴随着相关价值观的具体化。这些事件——偏好的活动、兴趣、能力和价值观的日益分化——形成了一种特征性的倾向或人格类型，它有可能表现为特征性的行为并发展出特征性的个人特质。（Holland, 1973, p. 12）。

霍兰德认为，在很大程度上，职业兴趣是人格的一种表达（Holland，1959，1966，1973，1985a，1992）。正如斯波坎（Spokane）（1996）所述，"然而，兴趣是复杂的度量工具，反映了人格、偏好、价值观以及自我效能感等。而类型是基于人格和兴趣的复杂的理论性组合"（p. 40）。人格特征是通过一个人对休闲活动、学校课程、职业兴趣和工作的选择被识别出来的。每个人在不同程度上都符合 6 个基本人格类型中的一个（或多个）。你越是符合某一类型，就越有可能表现出与其相关的行为和特质（Weinrach, 1984）。描述是存在偏差的，也并不是每一个反映出某一类型特征的人都会有这一类型具有的明显"缺点"。以下是对霍兰德定义的 6 种人格类型的讨论（1973，pp. 14–18；1994，pp. 2–3）。

现实型

现实型的人更喜欢那些需要对物体、工具、机械和动物进行明确的、有序的或系统操作性的活动，并且，他们反感教育性或治疗性的活动。现实型的人拥有机械能力，但可能欠缺社会技能。现实型的人更偏好汽车修理工、测量员、农民和电工等职业。现实型的人通常被描述为：

> 顺从的、谦逊的、正常的、坦率的、物质主义的；
> 执着的、真诚的、务实的、坚毅的、自然不做作的；
> 害羞的、诚实的、节俭的。

研究型

研究型的人更喜欢对物理、生物和文化现象进行观察性、符号性、系统性和创造性研究，并努力理解和控制这些现象。研究型的人反感说服性的、社会性的和重复性的活动。这些倾向使他们能获得科学和数学能力，却也导致其领导能力不足。研究型的人更偏好生物学家、化学家、物理学家、人类学家、地质学家和医学技术专家等职业。研究型的人通常被描述为：

分析性的、独立的、谦虚的、谨慎的、聪明的；

悲观的、复杂的、内向的、精确的、批判的；

有条理的、理性的、好奇的、含蓄的。

艺术型

艺术型的人喜欢模糊、自由、非系统化的活动，这些活动需要操纵物理的、语言的和人体材料来创造各种艺术形象和作品。这些倾向使他们能获得语言、艺术、音乐、戏剧、舞蹈和写作方面的能力，但也导致其文秘或商务系统方面的能力不足。艺术型的人喜欢作曲家、音乐家、舞台导演、歌手、舞蹈家、作家、室内设计师和演员等职业。艺术型的人通常被描述为：

难以捉摸的、富有想象力的、内省的、混乱的；

不切实际的、直觉的、情绪化的、冲动的、不循规蹈矩的；

富有表现力的、独立的、开放的、理想主义的、原创的。

社会型

社会型的人更喜欢那些需要操纵他人来提供信息、培训、发展、治疗或启发的活动。他们反感涉及材料、工具或机器的明确、有序和系统性的活动。这些倾向使他们能获得人际关系能力，如人际交往和教育技能，但也导致其机械和科学能力不足。社会型的人喜欢教师、宗教工作者、咨询师、临床心理学家、精神病个案工作者和语言治疗师等职业。社会型的人通常被描述为：

有说服力的、理想主义的、社会的、合作的、善良的；

有同情心的、友好的、耐心的、圆滑的、慷慨的；

负责任的、理解的、有帮助的、热情的。

企业型

企业型的人喜欢操纵他人以获得组织或经济利益的活动，他们反感观察性、符号性和系统性的活动。这些倾向使他们能获得领导、人际交往和说服能力，但在科学能力方面有所欠缺。企业型的人喜欢的职业有企业家、销售员、经理、企业主管、电视制作人、体育推广者和采购员等。企业型的人通常被描述为：

> 贪婪的、霸道的、乐观的、冒险的；
> 精力充沛的、追求快乐的、合群的、外向的；
> 引人注意的、雄心勃勃的、冲动的、自信的、善于交际的、受欢迎的。

传统型

　　传统型的人更喜欢那些需要进行明确、有序、系统性的信息操作的活动，如保存记录、归档和复制材料、根据计划来组织书面和数字信息，以及操作计算机以实现组织或经济目标。传统型的人反感模棱两可的、自由的、探索性的或非系统性的活动。这些倾向使他们能获得文秘、计算和商务系统方面的能力，而在艺术能力方面有所欠缺。传统型的人喜欢记账员、速记员、财务分析师、银行家、成本估算师和保险理赔员等职业。传统型的人通常被描述为：

> 顺从的、拘谨的、坚持的、有责任心的；
> 务实的、谨慎的、有序的、节俭的、高效的；
> 缺乏想象力的。

　　霍兰德（1973）用同样的 6 种类型来描述职业环境（pp. 29–33）。例如，现实型的环境要求精确、有序或系统性地操作物体、工具、机器和动物，并鼓励人们视自己为具有机械能力的工作者。它鼓励人们表现出传统的价值观，用简单、实在以及常规的方式看待世界。

　　研究型的环境要求人们对物理、生物和文化现象进行符号性、系统性和创造性的研究。它鼓励科学能力和成就，以及以复杂和非传统的方式感知世界。它奖励展示出科学价值的人。

　　艺术型的环境要求人们从事模糊、自由、非系统化的活动来创作艺术形象和作品。它鼓励人们视自己为有创造能力的人，把自己看作有表现力、不循规蹈矩、独立和有直觉的人。它奖励展示出艺术价值的人。

　　社会型的环境要求人们从事为他人提供信息、培训、发展、治疗或启发性的活动。它要求人们把自己看作喜欢帮助他人、理解他人，并以灵活的方式看待世界的人。它奖励展示出社会价值的人。

　　企业型的环境要求人们从事利用他人以实现组织和自我利益目标的活动。它要求人们把自己看作有进取心、受欢迎、自信、善于交际、拥有领导和演讲能力的人。它鼓励人们从权力和地位的角度，以刻板和简化的方式看待世界。它奖励表现出进取的目标和价值观的人。

传统型的环境要求人们从事明确、有序或系统性的信息操作活动，如保存记录、将材料归档，以及根据计划组织书面和数字信息。它要求人们把自己看成是有条不紊的、有秩序的、非艺术性的、具有文职能力的人。它鼓励人们以刻板和传统的方式来感知世界。

适配性

霍兰德理论的关键概念是"适配性"。适配性描述了一个人的人格类型与当前或未来工作环境之间的匹配程度。处于合适的工作环境中的人，他的人格类型与职业环境是匹配的（例如，一个社会型的人担任咨询师）。相反，当人们所处的环境与他们的人格类型不匹配时，就会出现不匹配的情况（例如，一个社会型的人担任计算机程序员）。在与人格类型相匹配的环境中，个体往往会更满意，表现也更好。因此，适配性反映了"物以类聚"这一道理，"不同的类型需要不同的环境"（Holland, 1973, p. 4），以及"环境的特点是由占据它的人决定的"（Weinrach, 1984, pp. 63-64）。为了将适配性与霍兰德提出的其他概念区分开来，学生通常会发现，将适配性的英文"congruence"中的字母 u 和 e 视为对自我（你）与环境之间关系的指示，是便于理解的。

霍兰德用一个六边形模型表示各类型内部和之间的关系（图 2.1）。当工作者的人格类型和他们的工作环境直接对应时，就会出现最高级别的适配性（例如，研究型的人在研究型工作环境中工作）。其次，当工作者所处的环境与他们在六边形上的类型相邻时，就会出现第二高的适配性（例如，现实型的人在研究型工作环境中工作）。当工作者处于与他们在六边形上的人格类型相反的环境中时，适配性最低（例如，社会型工作在现实型工作环境中工作）。生涯咨询的主要目标便是帮助来访者识别并连接到匹配的工作环境。

分化性

为了描述人与其环境，霍兰德（1973）把重心放在与人或环境最相似的 3 种类型上。然而，有些人和环境有更明确的界定，或者说，分化性更高。例如，有人可能与霍兰德给出的某一类型非常相似，而与其他类型几乎没有相似之处（高度分化），或者某个单一的类型就主宰了整个环境。其他的人或环境可能与几种类型的相似度都差不多，因此，相对来说，他们是未分化的或界定不清晰的。霍兰德（1973）把个体人格特征中各类型的差异程度称为"分化性"。由于未分化的人在做出生涯决策时可能会遭遇困难，咨询师通常会采取辅导措施，帮助他们在霍兰德类型上实现更高程度的分化。

一致性

各类型间的相关程度被称为一致性。图 2.1 所示的六边形模型有助于说明不同类型的一致性。例如，在六边形上彼此相邻的类型比彼此相对的类型有更多的共同点。与较低的一致性相比，人格类型中较高的一致性表明一个人的性格特征、兴趣、价值观和认知之间更为和谐一致。霍兰德认为，与不一致的人相比，一致的人在行为上更

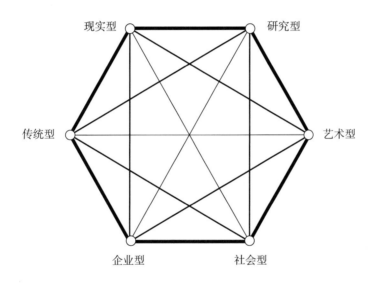

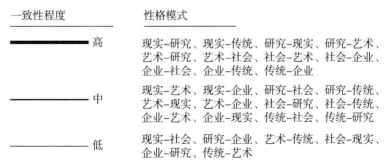

一致性程度	性格模式
▬▬ 高	现实-研究、现实-传统、研究-现实、研究-艺术、艺术-研究、艺术-社会、社会-艺术、社会-企业、企业-社会、企业-传统、传统-企业
── 中	现实-艺术、现实-企业、研究-社会、研究-传统、艺术-现实、艺术-企业、社会-研究、社会-传统、企业-艺术、企业-现实、传统-社会、传统-研究
— 低	现实-社会、研究-企业、艺术-传统、社会-现实、企业-研究、传统-艺术

图 2.1 霍兰德类型之间的关系

来源：信息来自《霍兰德六边形》，*ACT Research Report No. 29*，by J. L. Holland, D. R. Whitney, N. S. Cole, and J. M. Richards, Jr., 1969, Iowa City: The American College Testing Program. Copyright © 1969 The American College Testing Program. We have used it in every edition.

具有可预测性，更有可能成为事业上的佼佼者。然而，生涯咨询的目标并不是要让客户更加一致。相反，一致性在咨询中的主要功能是促使我们认识到：一致性低的来访者（如现实－社会型的人）必须意识到，他们可能很难找到一个允许他们表达自己人格不同方面的职业环境。在这种情况下，来访者必须找到能让他们在工作之外表达自己的非职业活动。例如，从事社会工作的现实－社会型的人可以选择在木工活动中度过他的休闲时光。

职业认同

职业认同的定义是"对自己的目标、兴趣和才能有清晰和稳定的认识"（Holland, 1985a, p. 5）。职业认同是生涯发展辅导的重要目标，依赖于来访者获得足够的职业和自我信息。

霍兰德理论的应用

适配性、分化性、一致性和职业认同是将霍兰德理论与实践联系起来的关键构想。"在所有条件相同的情况下，一个具有高度认同的人，如果具有适配性、一致性和分化性，就应该比那些不适配、不一致和未分化的人更容易预测，也能更好地适应环境"（Spokane et al., 2002, p. 385）。霍兰德及其同仁开发的评估工具常用来测量这些构想，其测量结果可以为生涯咨询提供信息。

例如，自我指导的探索（SDS）（Holland, 1994）和职业偏好量表（VPI）（Holland, 1985b）将来访者的兴趣和能力的自我评估转化为霍兰德类型。SDS 包括评估手册（用于确定个体的霍兰德类型）、职业搜索系统（有两个版本，每个版本列出了 1334 个职业，根据霍兰德的 3 个字母的代码或字母顺序分类），以及名为"你和你的职业生涯"的解释指南。后者为人们提供了如何在生涯决策中使用霍兰德理论的信息、活动和解读。SDS 是使用最为广泛的兴趣量表之一，根据阅读水平（SDS-E）、环境（SDS CP，企业版）和答题者使用的语言分为不同的版本。

SDS 可以为胡安娜的生涯探索和信息收集提供一个切入点。首先，胡安娜可以使用评估手册确定她的 3 个字母的摘要代码。［研究人员发现摘要代码计算有很高的错误率（Miller, 1997），咨询师必须采取措施预防计算错误。］之后，胡安娜和咨询师可以将她的摘要代码（ASI——艺术－社会－研究，分化性低）与其能力和兴趣做比较。

当代码之间缺乏一致性时，与来访者讨论他的摘要代码尤为重要。一个代码为 RSA（现实－社会－艺术）的来访者可能很难找到匹配这一组合的职业（很少有工作要求工作者拥有同样强大的机械、社会和艺术能力）。不了解这一点的来访者可能会在他们的职业选择中经历钟摆式摇摆。有人可能会选择现实型（R）职业，并感到满意，因为它提供了从事 R 任务的机会并奖励 R 能力。然而，随着时间的推移，他可能注意到社会型（S）机会的缺失，并确信 R 职业应该被 S 环境中的职业取代。如果他换了工作，他可能会对新的工作满意一段时间，但随着时间的推移，他可能会觉得新的工作太 S 了，不够 R，钟摆可能会重新摆向 R 职业。

让一致性得分低的来访者意识到他可能会出现钟摆式摇摆是很重要的，因为，如果没有一个匹配的职业环境，业余活动可以弥补这种不足。在这种情况下，咨询师可以使用休闲活动搜索系统（Holmberg, Rosen, & Holland, 1990）帮助来访者识别机会，以表达他们可能无法通过工作表达的人格维度。例如，一个代码为 RSA 的人可能会选择在工作中与事物打交道（R），也许是做一名厨师，但会将休闲时间投入社会（S）领域，或许是做一名教堂的青年组长。正如之前所说，实践者须明白，一致性并不是生涯咨询的目标。相反，一致性是帮助来访者了解自己是谁的理论概念，以便来访者做出有效的生涯决策。

代码分化性低的来访者（用 6 种类型中的最高分减去最低分，或通过检验来访者 3 部分代码中字母之间的数字差异来确定）往往会在职业方向上缺乏重心。导致低分化性的原因可能是：来访者缺乏机会体验各类霍兰德职业环境中的活动，做决策有困难，有多重潜能，处于抑郁状态。

缺乏机会接触各类霍兰德环境的来访者（例如，没有或很少有工作经验的年轻人，长期离职后重返工作岗位的家务操持者）可能需要一些帮助来提升他们对于兴趣、能力和价值观的自我认识。对于这样的来访者，咨询师可以使用价值观量表、价值观分类卡和技能检查表来促进他们对这些生涯决策变量的理解。长期离职后重返工作岗位的人可能会发现成就练习很有用，他们会列出让他们感到特别自豪的活动，即成就。在来访者描述每项活动时，咨询师要鼓励他们列出成功完成该活动所需要的技能。在这样描述几项活动后，来访者将生成一份技能清单，咨询师可以根据霍兰德类型对技能进行分类，并以此确认能够体现来访者主导特征的类型。工作经验有限的来访者可能还需要一些步骤来提升他们的自我认识水平和分化性，如信息访谈、志愿服务和实习。

咨询师可以向犹豫不决的来访者传授决策技巧，并鼓励他们重做 SDS 和 / 或讨论他们认为自己最像哪种霍兰德类型。这类来访者也可以不重做 SDS，而是做霍兰德卡片分类，在此过程中，他们按照偏好的顺序对活动进行排序（咨询师则通过观察，确定这个过程对他们的难易程度，然后根据排序结果确定他们的霍兰德类型）。在学习决策技巧、开展自我评估活动，以及回顾职业信息之后，有些来访者可能仍未做出决定。这些来访者畏惧选择的原因可能有很多，包括害怕失败、令重要之人失望，甚至是成功。在这种情况下，咨询师和来访者需要进入咨询或类似治疗的阶段，以帮助来访者理解他的恐惧。

SDS 得分的升高和无分化性可能表明来访者有多种兴趣和能力，而非有决策问题。霍兰德本人也是如此，他几乎在所有类型上都呈现高分和低分化性（Weinrach, 1996）。咨询师可能会发现，在与这类来访者打交道时，关注价值观而非兴趣和能力往往很有用。最后，咨询师还必须确定，在所有霍兰德类型中得分都较低的来访者是否有抑郁或低自尊的问题。鉴于胡安娜是青少年，同时在学校也存在问题，她的咨询师最好探索所有可能，以解释她在摘要代码中呈现出的低分化性。

有了对霍兰德类型学的一般了解，以及对自己的霍兰德摘要代码的详细认识，来访者可以浏览职业搜索系统，找到与其摘要代码相符的职业。来访者重点关注与其摘要代码的所有组合都相符的职业，然后在其中找到他们感兴趣的职业（胡安娜将专注于 ASI、SIA、AIS、SAI、IAS 和 ISA 类别中的职业）。

接下来，咨询师鼓励来访者采取行动（开展信息访谈、研究职业要求、实习），以了解他们感兴趣的职业。然后，来访者与咨询师讨论他们所学到的东西，并缩减他们的选择清单。咨询师鼓励来访者采用更多措施（做志愿者、参加与特定职业相关的课程、找工作）来做出初步选择。咨询师和来访者还会回顾每个选项如何帮助来访者表达他们的摘要代码类型。这个过程的目的是澄清来访者的职业认同，并帮助他们做出适当的生涯决定。

除 SDS 外，咨询师还可以使用 VPI 帮助来访者识别他们的霍兰德类型，并将他们的摘要代码与适配的职业环境联系起来。VPI（Holland, 1985b）包含 160 个职业名称、6 个霍兰德类型量表和 5 个补充量表（自我控制、男性化/女性化、地位、稀有性和顺从性）。要评估职业认同，咨询师可以使用《我的职业状况》（MVS）（Holland, Gottfredson, & Power, 1980），这是一本测量职业认同和感知到的生涯发展障碍的手册。MVS 的职业认同（VI）量表用于测量被试对其职业选择的兴趣、个性特征、优势和目标的认识，以及阐释它们的能力。MVS 的职业信息（OI）量表用于测量被试对职业信息的需求。

戈特弗雷德森和霍兰德（1996）还根据霍兰德类型学对工作环境的分类，创建了职位分类目录（PCI）。PCI 使用个体工作者的判断对其工作环境进行分类，而在使用 PCI 之前，研究人员和咨询师通过对工作者开展实际普查，再根据霍兰德类型对工作环境进行分类。因为在不同的工作环境中，同类型的职业存在差异性，PCI 可能有助于来访者了解他们与特定工作的匹配程度。米勒和巴斯（Bass）（2003）发现，在对一家造纸厂的工作环境进行分类时，PCI 非常有用。其他量表也使用霍兰德类型学来报告评估结果，包括斯特朗兴趣量表（Strong Interest Inventory, SII）（Harmon et al.，1994）、生涯评估量表（CAI）（Johannson，1986）和军队能力倾向测验（ASVAB）（U.S. Department of Defense，1993）。

对霍兰德理论的评价

霍兰德理论激发了大量研究，可以说，它比其他生涯理论接受了更多的实证检验（Spokane & Cruza-Guet, 2005）。戈特弗雷德森和理查德斯（Richards）（1999）指出，霍兰德理论的一个主要优点是它提供了一种同时描述人和环境的方式。1996 年，霍兰德总结了那些支持类型学的研究来解释生涯确定性、变化和满意度。这些研究的发现聚焦于一致性和生涯结果之间的关系、计算一致性等构想的方法，以及霍兰德理论在不同人群中的应用。

斯波坎等人（2002）总结了与一致性构想有关的研究，指出，虽然结果不尽相同，但 "人 – 环境适配度和工作满意度之间存在着中度相关的关系"（p. 400）。斯波坎、福阿德（Fouad）和斯旺森（Swanson）（2001）认为，大多数与一致性有关的研究，特别是早期研究，都是相关研究，并没有反映出人与环境相互作用的内在复杂性。需要进行纵向、横向和实验性的研究，以更准确地代表人与环境的相互作用，并评估适配性构想的有效性。

虽然有研究数据支持一致性对于职业满意度的重要性，但支持一致性和分化性与职业满意度的关系的研究还很薄弱。研究方法还不够成熟，无法研究一致性、分化性以及相关职业结果（满意度、稳定性）相关的复杂过程。为解决这个问题，特雷西（Tracey）、威尔（Wille）、杜尔（Durr）和福鲁伊特（Fruyt）（2014）在研究一致性和分化性构想时纳入了整个霍兰德剖面图（通常只有最高的两个被用来确定一致性）和6 个量表分数呈现出来的相对差异信息，进而为一致性和分化性提供了更细致的定义。他们研究了这些构想与生涯确定、满意度和稳定性之间的关系。特雷西等人发现，一致性和分化性与相关职业结果（确定性、满意度和稳定性）有关，这支持了一致性和分化性较高的建构效度。该研究中所使用的方法为后续进行一致性和分化性研究提供了一条具有潜力的、富有成效的路径。

其他研究为霍兰德理论的有效性提供了有趣的证据。米勒（2002）调查了一名男性来访者的 3 个字母的霍兰德代码在 10 年内的变化程度（来访者最初在 16 岁时用 SDS 做了测试）。该男子的代码在 10 年内保持稳定，这支持了霍兰德的观点，即 SDS 随时间变化保持稳定。兰特（Lent）、布朗（Brown）、诺塔（Nota）和索雷西

（Soresi）（2003）研究了 796 名意大利高中生的兴趣一致性与职业选择的关系，发现在 6 种霍兰德类型中，兴趣都是职业选择的重要预测因素。

奥列斯基（Oleski）和祖比希（Subich）（1996）研究了 42 名非传统学生（平均年龄 34.4 岁）的转行过程。他们的研究结果支持霍兰德（1985a）的假设，即人们改变职业是为了获得更高的一致性。

兰特和洛佩斯（Lopez）（1996）调查了成人劳动者的一致性指标和工作满意度之间的关系。尽管他们发现计算一致性的方法有部分重叠，但他们仍指出，需要更多研究来理解这些一致性指标、工作环境的编码方法和一致性前因之间的关系。

特雷西（2008）发现，对于学习生涯发展课程的大学生来说，RIASEC 模型与更好的生涯决策结果相关联（考虑一致性的学生比没有考虑一致性的学生有更高的生涯确定性和决策自我效能感）。多纳休（Donahue）（2006）在一项研究中比较了保持同一职业的人和改变职业的人，发现人与环境的一致性与生涯稳定性有关。珀杜（Perdue）、里尔登（Reardon）和彼得森（Peterson）（2007）在一家跨国通信公司 198 名员工的样本中，也发现人与环境的一致性与工作满意度有关。

贝伦斯（Behrens）和瑙塔（Nauta）（2014）使用霍兰德的 SDS 对大学生进行独立辅导，并研究了辅导效果。一组大学生（n=39）接受 SDS 测试，作为独立的辅导方法，另一组（n=41）没有接受测试。4 周后，接受 SDS 测试的学生们考虑了更多的职业可能性，但在生涯探索、生涯决策、自我效能感、生涯未决以及寻求生涯咨询服务等方面没有显著变化。贝伦斯和瑙塔认为，将 SDS 作为一种独立的辅导方法，对促进大学生进行生涯探索无效。

在某种程度上，一致性的获得取决于是否有工作能够让人表达其个性。唐斯（Downes）和克勒克（Kroeck）（1996）假设，在美国，规范性的职业兴趣和现有的职位数量之间存在差距。通过比较 SDS 规范性兴趣数据和从《每月劳工评论》中提取的数据，唐斯和克勒克发现，与现有的职位数量相比，人们对传统型和企业型工作缺乏兴趣。他们还发现，在其他的霍兰德类型中，情况正好相反。例如，高中生对社会型、艺术型和研究型工作的兴趣过于强烈，对相关职位的需求量超过了现有职位的数量。研究型和现实型工作则是令成人强烈感兴趣的领域。基于该研究结果，唐斯和克勒克呼吁，要齐心协力，重新塑造美国人的兴趣和技能，以满足企业和教育机构的劳动力需求。

瑞安（Ryan）、特雷西和朗兹（Rounds）（1996）以及朗兹和特雷西（1996）研究了霍兰德（1985a）的职业兴趣模型在不同种族、性别和社会经济地位（SES）的人群中的可推广性。瑞安等人在他们的研究中发现，欧洲裔和非洲裔高中生的兴趣结构相似。瑞安及其同事还发现，低社会地位和高社会地位人群在兴趣结构上没有区别。在比较低社会地位和高社会地位的欧洲裔群体时，他们也得到了类似的结果。然而，低社会地位的非洲裔群体比高社会地位的非洲裔群体更适合霍兰德模型。男性和女性的数据都与霍兰德模型相符合。瑞安及其同事得出结论，霍兰德模型可推广至不同种族、性别以及他们研究中定义的不同社会经济地位的群体。奥利弗（Oliver）和韦勒（Waehler）（2005）在对夏威夷样本的调查中，也发现调查结果支持霍兰德类型学及其 RIASEC 循环顺序。

米哈利克（Mihalik）（1996）研究了来访者的类型能否预测他们对咨询师意图的反应。米哈利克在大学生样本中发现，来访者的 SDS（Holland，1987）评估结果可用于预测他们对咨询师的辅导的反应。例如，企业型分数高的来访者在感到被咨询师挑战时有积极的反应，而社会型分数高的来访者在感到被咨询师支持时有积极的反应。

斯维尔科（Sverko）、巴巴洛维奇（Babarovic）和梅杜格拉克（Medugorac）（2014）对图片和描述性兴趣量表（PDII）进行检验。PDII 是针对 RIASEC 兴趣类型的新的测试工具，包含从事典型工作者的照片、工作名称和简短的工作描述。他们发现，在初中、高中和大学生样本中，PDII 都是测量 RIASEC 兴趣类型的可靠工具。

陈（Chen）和辛普森（Simpson）（2015）研究了霍兰德人格类型是否与学生对科学、技术、工程和数学（STEM）专业的自主选择有关。具有强研究型人格的学生更有可能学习 STEM 专业，而艺术型或企业型人格的学生则不太可能报考 STEM 专业。具有强社会型人格的男性往往不选择 STEM 专业，而社会型人格对女性选择 STEM 专业有积极影响（即她们更有可能选择 STEM 专业）。

最后，谢里夫（Sharif）（2017）提出，霍兰德理论的用途之一可能是根据人们的霍兰德类型来组织工作团队。具体而言，谢里夫假设，创建一个由不同的霍兰德类型的员工组成的团队，可以为应对工作挑战提供更有创造性的解决方案。

这个简短的研究汇总证明，霍兰德理论所催生的研究比任何其他生涯选择理论都要多。而其中大部分研究结果都支持该理论（Holland, 1996; Spokane, 1985; Spokane et al., 2002）。霍兰德理论与实践有着清晰的联系："经验支持和实践应用的结合，可以解释该理论在公众和专业人士中为何如此受欢迎。"（Spokane, 1996, p. 62）。尽管如此，我们相信，还需要更多研究来检验霍兰德理论在不同文化背景下的有效性。

约翰·克朗伯兹的生涯咨询学习理论

学习目标 2.5 　学习约翰·克朗伯兹的生涯咨询学习理论。

约翰·克朗伯兹（1928—2019）及其同事（尤其是琳达·米切尔和 G. 布莱恩·琼斯）创立了生涯咨询学习理论，该理论包括两个独立的部分。第一部分侧重于解释生涯选择的源头，被称为生涯决策的社会学习理论（SLTCDM）（Mitchell & Krumboltz, 1996）。第二部分着重于生涯咨询，被称为生涯咨询学习理论（LTCC）（Krumboltz & Henderson, 2002; Mitchell & Krumboltz, 1996）。由于 SLTCDM 确定了影响人们生涯决策的因素（因此被归入该理论的 LTCC 部分），也由于 LTCC 解释了生涯咨询师可以做哪些事来帮助来访者做出有效的生涯决策，因此，米切尔和克朗伯兹将整个理论都称为 LTCC。

LTCC 是班杜拉（Bandura）（1977，1986）的社会学习理论在生涯决策领域的应用。班杜拉的理论强调了强化理论、认知信息加工和经典行为主义对人类行为的影响。社会学习理论认为"人们的人格和行为方式可以根据他们独特的学习经历得到最有效的解释，同时也承认先天和发展过程的作用"（Mitchell & Krumboltz, 1996, p. 234）。社会学习理论还假设，"人类是智慧的、能解决问题的个体，他们一直在努力理解周围的强化物，并反过来控制他们的环境，以达成自己的目的和满足自己的需要"（Mitchell & Krumboltz, 1984, p. 236）。班杜拉（1986）将环境、自我参照思维和行为的相互作用描述为"三位一体的交互作用系统"（p. 6）。

克朗伯兹及其同事在创立 LTCC 时借鉴了这些理论假设。如前所述，SLTCDM 描述了影响人们生涯决策的因素，而 LTCC 则描述了咨询师可以做什么来帮助来访者做出有效的生涯决策。

生涯决策的社会学习理论

SLTCDM 确定了影响生涯决策的四大因素。

1. 遗传禀赋与特殊能力。遗传禀赋即通过遗传得到的品质，如性别、种族和生理外观等。特殊能力，如智力、运动能力、音乐以及艺术天赋，是遗传因素与特定环境、事件相互作用的结果。

2. 环境条件和事件。这类因素一般是我们无法控制的，包括各种文化、社会、政治和经济力量。例如，《全面就业培训法》（*Comprehensive Employment Training Act*）和《职业培训伙伴关系法》（*Job Training Partnership Act*）的实施，都为新技能的学习和就业能力的提升提供了机会。技术（计算机技术）发展创造了新的工作，也使另一些工作被淘汰。那些影响福利政策、劳动法和工会政策的法律法规也会影响工作机会——或促进或限制人们就业。自然灾害会极大地影响职业机会和路径。家庭和文化传统，以及邻里和社区资源，也会影响个体生涯决策。入职要求可能会引导或阻止我们考虑某些职业机会。还有我们居住的地方，也会影响工作机会，以及我们如何在这些机会中做出选择 [缅因州和佛罗里达州的气候差异会导致工作机会上的差异；美国的咨询工作机会比那些由精神领袖（神父或牧师）主导咨询的国家要多]。

3. 工具性和联想性学习经验。工具性学习经验涉及前因、行为和结果。根据米切尔和克朗伯兹（1996）的说法：

> 前因包括先前讨论的遗传禀赋、特殊能力、环境条件和事件，以及特定任务或问题的特征。行为包括认知和情绪反应，以及外显行为。结果则包括行为产生的即时效应和延迟效应，以及对这些结果的"自我对话"。（p. 238）

拿珍妮弗来说，她是一名咨询师教育专业的研究生。珍妮弗有很强的社会能力（遗传禀赋、特殊能力），但对学习统计与研究设计这门必修课感到焦虑。然而，教授这门课的教授非常熟悉咨询师教育专业的学生，知道他们中的许多人都和珍妮弗一样焦虑。因此，该教授会在学生掌握学习内容时表扬他们，在他们有困难时支持他们。珍妮弗决定调整自己，掌握课程内容（内隐和外显的行为）。她在第一次考试中获得了 B，这比她想象的要好（结果）。她开始认为，比起恐惧而言，研究可能更有趣，而她也有可能胜任一名研究人员（对结果的隐性反应）的工作。随着学期的继续，珍妮弗开始辅导那些在课程学习中有困难的同学。第二年，她担任该课程的研究生助教，并享受去帮助那些担心自己不能够取得成功的学生（对重要之人的影响）。与此相反，如果珍妮弗的教授对学生对该课程的学习焦虑不敏感，并且（或者）珍妮弗在该课程中表现不佳，那么她更可能远离这门课。

当一个中性刺激与一个积极和（或）消极刺激或结果配对时，就会出现联想学习经验。例如，因为胡安娜尚未确定自己的生涯选择，所以胡安娜的生涯咨询师鼓励她参加高中招聘会。胡安娜同意参加招聘会。她没有什么特别的想法，但决定去参观一下，看看有哪些看上去有趣的选择。在招聘会上，胡安娜遇到了一位当地电视台的新闻主播，这位新闻主播恰好是拉丁裔。胡安娜从未把播报电视新闻当作一种职业选择（中性刺激），但她很享受与这位新闻主播的会面（积极刺激），后者邀请她参观演播室并旁听现场直播。在参观并旁听后，胡安娜决定参加学校与该电视台共同开展的校外实习项目（积极结果）。

4. 任务处理技能。胡安娜需要利用许多技能来确定新闻工作是不是适合她。她必须明确自己的兴趣、价值观和技能，收集职业信息，并知道如何将这些信息纳入她的决策。在这一过程中，胡安娜将考虑她的遗传禀赋、特殊能力、环境条件和事件（家庭支持、培训机会、经济资源和职业机会）——即她在选择职业时必须使用的任务处理技能。任务处理技能还包括一个人的工作习惯、心理定势、情绪反应、认知过程和问题解决方式。当然，如果胡安娜决定从事电视新闻工作者这一职业，她还需要学习新闻技能，以实现她的目标。因此，任务处理技能影响着结果，且本身就是结果。

以下 4 个因素影响我们对自己（例如，我们擅长什么、我们的兴趣是什么、我们重视什么）和对世界的信念（例如，努力工作总是有回报的、会计师是书呆子、咨询师重视利他主义而非经济回报）。

1. 自我观察的类推。评价我们实际或间接表现出的外显或内隐的言论，或对我们兴趣和价值的自我评估，都被定义为自我观察的类推（Mitchell & Krumboltz, 1996）。学习经验使我们得出有关自己的结论。我们将自己的表现与他人以及我们对自己的期望进行比较，并由此得出关于我们能力表现的结论。我们还从学习经验中得出有关我们的兴趣和价值观的结论。在 SLTCDM 中，兴趣将学习经验与具体行动联系起来（就像在一门研究课程中取得好成绩会使我们做出参与研究项目和辅导他人的决策）。对价值观的自我观察，其实质是对特定结果、行为和事件是否合乎期许的表达（Mitchell & Krumboltz, 1996）。例如，"我的工作必须为我提供充足的休息时间来陪伴我的家人"便是一个与价值观有关的自我观察的类推，归纳了由以前的学习经验而来的个人想要的结果。

2. 世界观的类推。同样，对世界的本质和功能的类推（例如，"你知道什么不重要，重要的是你认识谁""尝试和失败总比不尝试好"）是由学习经验形成的。世界观的类推的准确性是可变的，这取决于塑造世界观的学习经验的有效性。

3. 任务处理技能。米切尔和克朗伯兹（1996）将这些结果定义为，"应对环境的认知和执行能力以及情绪倾向，以根据自我观察的类推来解释环境，并对未来事件进行内隐和外显的预测"（p. 246）。如前所述，任务处理技能影响生涯决策，塑造个人生涯发展的学习经验的结果。对生涯发展至关重要的任务处理技能是那些涉及决策、问题解决、目标设定、信息收集和价值澄清的技能。

4. 行动。学习经验最终会引导人们采取与职业生涯相关的行动。这些行动包括申请工作、参加培训、申请大学和研究生院、更换工作，以及其他有助于在职业生涯中不断取得进步的行动。

SLTCDM 认为，生涯决策是"被复杂的环境因素影响的，其中很多都超出了个人的控制"（Krumboltz, Mitchell, & Gelatt, 1976，p. 75 ）。该理论还强调"在个人内部、家庭、社会、教育和文化背景下，先天倾向和学习经验之间的相互作用"（Krumboltz & Henderson, 2002, p. 43 ）。此外，克朗伯兹（1994）基于 SLTCDM 指出，在以下情况下，人们会喜欢某种职业。

1. 他们成功地完成了他们认为与该职业从业者所完成的任务相似的任务。

2. 他们观察到自己欣赏的人因从事与该职业从业者类似的活动而得到奖励。

3. 一位重要的朋友或亲属称赞了该职业的优势，和（或）他们看到了与之相关的正面词语和图像。（p. 19 ）

相反，克朗伯兹（1994）指出，在以下情况下，人们会避免从事某种职业。

1. 他们未能成功地完成他们认为与该职业从业者所完成的任务相似的任务。

2. 他们观察到自己欣赏的人因从事与该职业从业者类似的活动而承担负面后果。

3. 一位重要的朋友或亲戚强调了该职业的缺点，和（或）他们看到了与之相关的负面词语和图像。（p. 19 ）

生涯咨询学习理论

SLTCDM 的优势在于，它对影响生涯决策的因素进行了描述，并指出其结果。这有助于回顾性地理解生涯路径，对做出当下的决策和制订未来的目标都很有帮助。

当生涯问题出现时，它们通常涉及以下一个或多个方面：目标缺失，或生涯未决（胡安娜呈现出的问题）；担心期望过高或不现实；同样合适的选择之间或多种可能性之间存在冲突（Krumboltz & Thoresen, 1969）。克朗伯兹创立了生涯咨询学习理论（LTCC），以指导咨询师设计辅导方案来解决这 3 个问题。咨询师可使用 LTCC 帮助来访者获得更准确的自我观察的类推、获得更准确的世界观的类推、学习新的任务处理技能，以及采取适当的生涯相关行动。LTCC 假定，咨询师已经准备好帮助来访者应对 4 种与生涯相关的趋势（Mitchell & Krumboltz, 1996, pp. 250–252）。

1. 人们需要拓展他们的能力和兴趣，而非仅仅基于现有的个人特征来做决策。兴趣量表可以评估我们所知道的和我们所经历的。为了使来访者生涯选择的选项最大化，咨询师必须鼓励他们探索新的活动、发展新的兴趣，并根据新形成的兴趣和能力考虑新的选择。

2. 人们需要为不断变化的工作内容做好准备，并理解职业不会始终稳定。由于变化是永恒的，生涯咨询师必须帮助来访者确定新的技能，并制订应对内在压力的策略。

3. 人们必须被赋权采取行动，而不仅仅是接受诊断。对于有些来访者来说，实施生涯选择比做出选择更具有挑战性。许多来访者需要生涯咨询师提供持续的帮助，因为他们需要适应他们所做的选择。

4. 生涯咨询师需要在来访者应对所有生涯挑战时发挥重要作用，而不仅仅是帮助他们做出生涯选择。许多来访者都在与职业倦怠、就业不足、低自我效能感、与同事的冲突，以及家庭成员对其生涯选择的反应做斗争。

这些趋势指出了为来访者提供学习经验的重要性，以挑战和纠正错误的假设、发展新的技能和兴趣、确定解决工作者与其他人生角色的冲突所产生的问题的策略，以及学习应对不断变化的工作任务的技能。生涯咨询师可以通过评估来帮助来访者识别他们已经拥有的个人特征（信念、技能、价值、兴趣、人格）和拥有新特征的机会。因此，生涯咨询师的职责是促进来访者学习，以及提升他们为自己创造满意的生活的能力（Krumboltz, 1996）。

生涯咨询学习理论的应用

克朗伯兹（1996）将生涯发展辅导分为两类：发展性 / 预防性的和针对性 / 补救性的。发展性 / 预防性的生涯发展辅导包括参与生涯教育项目、制订从学校到工作的计划、参加工作俱乐部项目、学习材料，以及模拟。它们有助于来访者获得准确的职业及自我信息，及其在生涯决策过程中的运用，并强调通过积极的在职参与（实习和工作现场观察）来学习。

尽管包括胡安娜在内的许多来访者可以通过发展性 / 预防性的生涯发展辅导受益，但来访者必须先接受针对性 / 补救性的生涯发展辅导，包括目标澄清、认知重组、认知演习、叙事分析、角色扮演、脱敏、矛盾意向和幽默（Krumboltz, 1996）。LTCC 还强调向来访者传授决策技能的重要性。学习如何做出生涯决策可以帮助来访者解决当下的生涯问题，并使他们具备强大的任务处理技能，以妥善应对未来工作和个人环境的变化（Krumboltz, 1976）。

为帮助咨询师识别来访者的与各类生涯问题（未决、不切实际和多种潜能）相关的、有问题的信念，克朗伯兹（1988）开发了生涯信念量表（CBI）。CBI 的理论基础是，人们是根据他们对自己和工作世界的看法做出生涯决策的。正如克朗伯兹（1994）所述，"如果他们的信念是准确的、有建设性的，那么他们会以有助于自己实现目标的方式来行事。如果他们的信念是不准确的、自我否定的，即便其行为方式对他们来说是有意义的，但也可能无法帮助他们实现目标"（p. 424）。CBI 可以帮助咨询师理解来访者的生涯信念和假设，在咨询开始时使用是最有效的。CBI 包含 96 个问题和 25 个量表，分为 5 个类别：我当下的生涯状况、对我的幸福而言所必需的东西、影响我决策的因素、我愿意做出的改变、我愿意投入的努力。这些被贴上积极标签的类别，是妨碍人们采取行动的消极心理状态的同源物。正如克朗伯兹和亨德森（2002）所提示的，有意义的旅程，包括生涯之旅，会为我们带来必须面对和必须克服的障碍。有些来访者被沮丧和其他问题情境阻挠了行动。CBI 评估的正是来访者想要继续前行就必须消除的自我挫败的信念。认知重组和重塑是帮助来访者解决这些问题的有效策略。完成 CBI 大约需要 25 分钟。

在生涯咨询中，来访者在提到重大事件时，往往会表现出这些事件与他们关系不大甚至毫无关系的态度。来访者可能会说，"哦，我只是运气好"或者"我只是碰巧在正确的时间出现在正确的地点"。克朗伯兹和他的同事们（Mitchell et al., 1999）认为，生涯咨询师要帮助这些来访者意识到并利用偶然的机遇，在指出"非规划性事件不仅是不可避免的，也是值得拥有的"（p. 118），并将这种现象称为"规划性偶然事件"（p. 115）。生涯咨询师可以通过教导来访者"促成、识别并将偶然事件纳入他们的生涯发展过程"（Krumboltz & Henderson, 2002, p. 49）来引发规划性偶然事件。他们可以问来访者这样一些问题："过去发生的非规划性事件如何影响你的职业生涯？你是如何让每个事件影响你的生涯发展的？你对未来遇到非规划性事件有什么看法？"（2002, p. 50）在咨询互动中有意识地解释机会在生涯发展中的作用，有助于使得这种情况常态化，帮助来访者看到偶然机遇是如何影响他们职业生涯的，还能帮助来访者在未来越来越开放地注意到非规划性事件并采取行动。就本质而言，这能培养来访者的内在控制点，并提升其个人自我效能感。

米切尔等（1999）关注来访者必须发展的技能，以便在他们发展自己的职业生涯时有效地利用非规划性事件。其中包括发展和保持好奇心、毅力、灵活性、乐观主义和承担风险的意愿等。

对生涯发展辅导的评价

咨询师一般通过确定来访者的生涯未决程度是否降低来评估生涯发展辅导的成功性。克朗伯兹（1994）建议咨询师考虑修订这些标准。例如，使用 LTCC 的咨询师认为，生涯未决是可取的，因为咨询师可以借此激励来访者参与新的学习活动。因此，克朗伯兹建议将生涯未决重塑为开放的心态。

克朗伯兹（1994）还提出，人们努力追求工作和工作环境的一致性，可能会导致不必要的自我限制，因为物并非总以类聚，人并非总以群分；毕竟，人与人之间存在职业内的差异：一个外向的女性和一个内向的男性都可以成为成功的律师，尤其是在该女性是人身伤害诉讼律师，该男性专攻税法时。克朗伯兹（1996）还认为，一致性的标准在今天已经不那么有用了，因为它基于对职业环境的静态定义。"当下更重要的是职业内部的异质性，而非同质性"（p. 242）。

克朗伯兹建议评估来访者个人特征的变化，如技能、价值观、信念、兴趣和工作习惯等。咨询师可以问问自己，他们的辅导是否激励了来访者投入新的学习活动。过程评估可以着重测量来访者为创造更满意的生活所做的努力（如他们是否探索了各种选择或寻求更多信息）。

对生涯咨询学习理论的评价

还没有太多研究关注 LTCC 的有效性。然而，有大量的研究为一般社会学习理论提供了支持（Hackett, Lent, & Greenhaus, 1991）。此外，克朗伯兹（1996）引用了几项支持 SLTCDM 假设的研究，这些假设与教育和职业偏好的发展、任务处理技能以及行动有关。金（Kim）等（2014）对规划性偶然事件生涯量表（PHCI）进行了验证，并成功将 PHCI 从 130 个项目减少到 25 个，PHCI 涉及 5 个因素（乐观主义、灵活性、坚持、好奇和冒险）。他们还发现，生涯压力和规划性偶然事件之间存在明显的负相关关系。具有较高水平的规划性偶然事件技能的人在看待其职业未来方面压力较小且焦虑感较低。生涯决策自我效能感与乐观主义、坚持、好奇和冒险呈显著的正相关。这项研究证明了 PHCI 的建构效度较高，支持在生涯发展辅导中使用 PHCI。

李（Lee）、曹（Cho）、李（Lee）、严（Eum）、江（Jang）、徐（Suh）和李（2017）对英文版的 PHCI 进行了检验，证明了该量表有较高的聚合效度和区分效度。此外，他们的研究结果表明，针对低 PHCI 得分者进行生涯发展辅导是有必要的。

LTCC 的一大优点在于它同时解释了生涯发展中的环境和个体内部变量。它与舒伯（1990）的拱门模型兼容，并提供了更多环境和个体变量影响决策的具体路径的信息。LTCC 也可以作为一种框架，用来理解霍兰德理论（1996）所描述的导致个人模式取向的兴趣发展。最后，CBI 的发展及随后策略的应用，如认知重组和重塑，为生涯发展辅导提供了有效的理论应用。

总结

本章所讨论的理论构成了几十年来顶尖理论家和实践者将生涯发展过程概念化的历史根基。这些理论在某些方面是一致的，在另一些方面则有些不同。它们为生涯如何发展以及如何做出生涯选择的概念化提供了多个视角。没有哪种单一的理论能够充分解释所有可能影响生涯发展的因素，以及所有来访者的生涯问题，但它们都提供了一个基础，在此基础上，我们可以扩展对生涯发展过程和辅导的思考。一个可以拓展的领域在于，对于范围更广泛的群体而言，他们的生涯是如何发展的。因为大多数早期的生涯发展理论都是以欧洲裔中产阶级的男性的经验为基础建立的，往往缺乏对女性和不同种族、民族、社会经济阶层和宗教群体成员的适用性。另一个需要拓展的是生涯咨询的内容和过程，即需要进行更具体的治疗－结果研究。

　　也就是说，这些基础理论为理论发展演变提供了重要的推动力。随着这些理论的不断发展和新理论的出现，我们希望理论家们能够继续对生涯发展过程进行更充分、更详细、更全面的描述，以便咨询师能够为更广泛的群体提供更有效的辅导。

　　在下一章中，我们将讨论反映生涯发展理论进展的新兴理论。

学生练习

1. 回顾霍兰德类型。你与哪种类型最相似？你的活动如何反映出这些类型？

2. 回顾舒伯提出的生涯发展任务。你现在最关注的是哪些任务？什么资源会帮助你有效地应对它们？

3. 回顾戈特弗雷德森的理论。性别角色刻板印象在哪些方面影响了你的职业？

4. 思考工作者这一人生角色。你从父母或监护人那里了解到这一角色的哪些信息？你从亲戚那里了解到了什么？在哪些方面，文化塑造了你对工作者这一人生角色的理解？

5. 回顾克朗伯兹的理论。找出 2 个你的世界观的类推和 3 个自我观察的类推（你可以说"我是那种……的人""我重视的一件事是……""我真的很擅长……"）。

6. 反思你早期的生活经历，思考罗伊的理论与你迄今为止的生涯选择的吻合程度。

3

新兴生涯发展理论的理解与应用

　　生涯理论为我们提供了一种审视个体生涯状况的框架，有助于我们理解个体的生涯旅程、影响其生涯发展的因素、他们现在和将来可能面临的障碍和阻力，以及他们如何规划未来的发展方向。生涯理论就像一个棱镜，使我们能够从不同的视角来观察生涯。构成各种理论方法的设想和概念可以指导我们，帮助我们更好地理解个体独一无二的特征。理论可以让我们意识到那些可能对个人生涯发展产生负面影响的因素，以及那些使人朝积极方向前进的策略。生涯理论有助于我们了解并认识到个体与其选择之间的联系，包括工作、教育和休闲。生涯理论还有助于我们理解工作与个体可能追求的其他人生角色之间是如何相互作用的。最后，生涯理论为我们进一步理解生涯决策和问题解决过程提供了模型。当理论超越书本，并进一步为我们提供信息，帮助我们与那些正在进行生涯选择和探索生涯转型的来访者打交道时，它们就变得生动起来。

——珍妮特·G. 伦兹（Janet G. Lenz）

哲学博士

美国生涯发展协会主席（2004—2005）

佛罗里达州立大学

　　罗纳德是一名 20 岁的男性，在大二第二学期时接受生涯咨询。在他的首次咨询中，他说自己还没有认真考虑过"大学毕业后的生活"，对自己的生涯目标感到"困惑"。作为校橄榄球队的首发四分卫，罗纳德一直以为自己会成为职业橄榄球运动员。然而，伤病和过去一个赛季的低迷表现让他对自己实现这一目标感

到信心不足 。他说，他感到"不知所措"，"怀疑"自己是否能够找到一个合适的职业来替代职业橄榄球运动员。

罗纳德的平均绩点很高（3.6 分，满分 4.0 分），而且在没有确定大学专业的情况下学习了各种各样的课程。他风度翩翩，对数学、文学和音乐（他从小学就开始学习弹钢琴）都感兴趣。他还积极参与社区服务，是两名中学生的指导者。但罗纳德现在非常焦虑，他不确定自己想要做什么工作。罗纳德的父母都是教育工作者，母亲是高中数学教师，父亲是高中校长。

新兴理论

生涯理论的发展是为了解决人们针对自身生涯状况提出的重要问题。第 2 章中讨论的理论之所以引人注目，是因为它们有效地回答了关于个人特质和信念如何影响职业选择，以及人们在一生中如何有效地发展职业的问题。它们旨在解决当时的职业问题——主要是在 20 世纪占主导地位的问题。在第 2 章中讨论的那些理论发展至今的过程中，已经涌现了许多新兴理论。在某种程度上，这些新兴理论试图更明确地适应不同的人群和背景，它们还表现出对于生涯决策复杂性的敏感。例如，当前的理论倾向于重新思考生涯中的不确定性——这些不确定性在以往是需要回避的，而现在则是常见的，甚至有时是有用的。许多新兴理论强调适应性、投入终身学习、发展希望、应对模棱两可，以及运用生活经验指导生涯发展中的意义创造过程。换句话说，我们在本章中讨论的理论来自当前的背景以及与工作相关的挑战。这些理论可能非常适用于罗纳德这样的来访者。

具体来说，新兴理论包括伦特、布朗和哈克特提出的社会认知生涯理论（Lent,
2013；Lent, Brown, & Hackett, 1996, 2002）；皮特森、辛普森、里尔登和伦兹
（1996），皮特森、辛普森、伦兹和里尔登（2002）及辛普森、里尔登、皮特森和伦兹（2004）提出的认知信息加工方法；萨维科斯（2005, 2009）提出的生涯建构理论；普赖尔（Pryor）和布莱特（Bright）提出的生涯混沌理论（2011）；汉森（1997）提出的综合性人生规划模型；工作心理学（Blustein, 2013）；还有希望－行动理论（Niles, Amundson, Neault, & Yoon, 2021）。这些理论都是很好的例子，它们已经发展到能够解释认知和意义创造过程，人们正是通过这些过程培养希望感，进而能够在全球化和流动的社会中有效地管理自己的职业生涯。如今，这些理论尤其重要——能够阐释人们在职业生涯中多次经历工作变动而不失去自我意识和社会认同感时所面临

的挑战。生涯发展辅导的后现代理论解释了来访者在动荡的工作环境中创造"主观"意义的经历（Cochran，1997）和自我进化。也就是说，重点放在主观生涯的理论强调从生活经验中获得意义再将其转化为职业选择的方法（Cochran，1997；Savickas，1995）。

本章讨论的大多数理论都以新兴研究为基础，反映了生涯理论和实践中的三大趋势。趋势一：认知理论在生涯领域中的重要性不断上升。趋势二：人们越来越认识到生涯发展辅导必须适应来访者（而不是来访者必须适应生涯发展辅导）。趋势三：来访者必须是生涯构建过程中积极的推动者。

伦特、布朗和哈克特的社会认知生涯理论

学习目标 3.1 学习社会认知生涯理论。

社会认知生涯理论（SCCT）（Brown & Lent，1996；Lent，2005，2013；Lent & Brown，2002，2006；Lent et al.，1996；Lent，Brown，& Hackett，2002）提供了一个概念框架，以理解人们如何发展生涯相关兴趣、做出（和重新做出）职业选择，以及达成职业成功和稳定的目标。SCCT 建立的假设基础为：认知因素在生涯发展和生涯决策中发挥着重要作用。SCCT 与克朗伯兹的生涯咨询学习理论或 LTCC 联系紧密（Mitchell & Krumboltz，1996）。然而，伦特等（1996）指出，在有些方面，SCCT 不同于克朗伯兹的理论。例如，与 LTCC 相比，SCCT "更关注特定的认知中介，学习经验通过这些认知中介指导生涯行为；兴趣、能力和价值观等变量相互关联的方式；个人和背景因素影响生涯结果的具体路径。它还强调了个人突显能动性的方式"（p. 377）。伦特（2013）将 SCCT 视为一种与特质－因素以及生涯行为的发展性理论相互补充的模型。

SCCT 还大量借鉴了阿尔伯特·班杜拉（1986）的社会认知理论。具体而言，SCCT 嵌入了班杜拉的三元交互因果关系模型，该模型假设个人特性、环境和外显行为"作为双向交互影响的连锁运行机制"（Lent et al.，1996，p. 379）。在这个三元交互因果关系模型中，SCCT 强调自我效能信念、结果预期和个人目标。除此之外，SCCT 还嵌入了科学研究，并将自我效能感理论应用于生涯领域（Hackett & Betz，1981；Lent & Brown，2002；Lent & Hackett，1987）。

班杜拉（1986）将自我效能信念定义为"人们对自己为达成特定成就，而组织和

执行所需行动的能力的判断"（p. 391）。自我效能信念是动态的，且是针对特定领域的。自我效能信念可以回答有关我们是否可以执行特定任务的问题（例如，我可以做这个演讲吗？我可以通过统计考试吗？我可以学习以人为本的咨询技巧吗？）。我们会趋向于选择那些我们认为自己拥有或我们可以培养出所需能力的职业，并远离那些我们认为自己不具备或无法培养出所需能力的职业。

自我效能信念的 4 个来源包括个人成就表现、替代学习、社会说服，以及生理状态和反应（Bandura，1986）。这些来源中最有影响力的是第一个（即个人成就表现）。成功的结果会使我们产生更积极或更强的针对特定领域的自我效能信念，而失败会导致更消极或更弱的针对特定领域的自我效能信念。

结果预期是对执行特定行为的结果的信念（例如，如果我申请在大学咨询中心实习可能会发生什么？如果我获得咨询博士学位，我可能会有哪些工作机会？）。结果预期包括我们对"外在强化（因成功的操作而获得有形的奖励）的信念、自我导向的后果（例如，为自己完成一项具有挑战性的任务而自豪）的信念，以及从执行特定活动的过程中获得的结果（例如，对任务本身的吸收消化）的信念"（Lent et al.，1996，p. 381）。结果预期对行为的影响程度要低于自我效能信念（例如，如果我认为我在咨询博士项目中获得成功的可能性低，即使我可能想要有更多的工作机会，我也不太可能报名参加这个项目）。因此，结果预期是我们在执行特定行为时想象会发生的事情。

个人目标也以某些重要方式影响着生涯行为。个人目标与我们投入某些活动以产生特定结果的决心有关（Bandura，1986）。目标有助于长期组织和指导我们的行为（例如，我会坚持学习研究课程，因为这是我获得咨询硕士学位和咨询师工作的关键步骤）。

个人目标、自我效能感和结果预期之间的关系很复杂，存在于班杜拉的（1986）三元交互因果关系模型（即个人特性、环境和外显行为）中。就本质而言，该模型描述了个人输入变量（例如，倾向、性别和种族等）如何与情境因素（例如，文化、地理、家庭、性别角色社会化等）以及学习经验相互作用，进而影响我们的自我效能信念和结果预期。自我效能信念和结果预期反过来会影响我们的兴趣、目标、行动，并最终影响我们的成就（Lent，2013）。然而，这些关系也受到背景因素（例如，工作机会、培训机会、经济资源等）的影响。

例如，我们的来访者罗纳德说，当他还是个小孩子时，他就很有运动天赋，他与同年龄段的孩子相比也更高壮（个人输入变量）。因为住在美国，且父亲过去是一名出色的橄榄球运动员（背景因素），罗纳德在很小的时候就被鼓励去打橄榄球（说服）。他的身材和天赋使他成了一名成功的橄榄球运动员（正强化）。他开始相信自己擅长这项运动（自我效能信念），并相信如果继续参与这项运动，自己也会做得很好（结果预期）。他对这项运动的兴趣促使他设定了要在一所著名大学打橄榄球的目标（个人目标）。为了实现这个目标，罗纳德继续刻苦练习，培养自己作为一名橄榄球运动员的技能（行动）。他的家人在经济上也有能力送他去最好的橄榄球训练营，罗纳德在那里能够进一步发展他的技能，并接触到来自最好的大学橄榄球队的橄榄球教练（近因背景因素）。最终，罗纳德成功进入一所著名大学打橄榄球并获得奖学金（成就获得）。

显然，如果罗纳德拥有不同的个人输入变量（例如，缺乏运动能力），受到不同的背景影响（例如，出生在欧洲），并且有不同的学习经历（例如，参加体育运动得不到任何支持，作为一名橄榄球运动员表现不佳），他的道路可能会完全不同。毫无疑问，这些差异会导致不同的自我效能信念、结果预期、兴趣、个人目标、行动和成就获得。

SCCT 的应用

SCCT 在解决两大生涯问题时尤为有效：成就获得和克服障碍的坚韧性。成就获得受能力、自我效能感、结果预期和个人目标的影响。能力直接或间接通过自我效能信念和结果预期影响成就获得。根据伦特和布朗（1996）所述，"更高的自我效能感和预期的积极结果促成更高的目标，这有助于调动和维持履职行为"（p. 318）。当个人由于不准确的自我效能信念、结果预期或两者兼而有之，而过早地排除了很多职业选择，以及当个人由于他们自认为无法克服的障碍而放弃对职业选择做进一步考虑时，其生涯发展中的问题就会出现（Lent, 2013）。

例如，鉴于罗纳德早年致力于成为一名职业橄榄球运动员，他可能在选择这一职业之前没有充分地探索更广泛的职业可能性。作为一名橄榄球运动员，他最近遇到的困难让他意识到自己还没有探索其他职业。事实上，罗纳德表示，他对职业探索的前景感到不知所措。他甚至质疑是否有职业能让他体验到成功和满足感。因此，SCCT 中的生涯发展辅导往往指向自我效能信念和结果预期。

为了考察可能存在的职业选择早闭问题，布朗和伦特（1996）建议咨询师鼓励来访者讨论那些他们已经排除的选择。具体而言，在讨论来访者兴趣不大的职业时，咨询师应该分析来访者缺乏兴趣是基于哪些经历和信念，聚焦于识别来访者的自我效能信念和所掌握职业信息中的不准确之处。布朗和伦特还指出，"促进兴趣探索的基本过程相当简单，包括评估自我效能与实际展现出的技能之间的差距，以及结果预期与职业信息之间的差距"（p. 357）。

布朗和伦特（1996）用卡片分类练习作为促进兴趣探索的方法。在这一练习中，来访者根据他们会选择的职业、他们不会选择的职业，以及他们有疑问的职业，对职业进行分类。然后，指导来访者关注后两个类别，在这两个类别中找出他们认为自己如果拥有技能（自我效能信念）可能会选择的职业、他们认为可以为他们提供他们想要的东西的职业（结果预期），以及他们在任何情况下都绝对不会选择的职业。接着，再检验前两类职业（与自我效能信念和结果预期相关）的技能和结果感知的准确性。

为分析来访者生涯发展的障碍或壁垒，伦特（2005）建议采用贾尼斯（Janis）和曼（Mann）（1977）的决策平衡单程序。他们对这一程序的改编包括：要求来访者首先列出他们喜欢的职业选择，然后要求他们想象在做出其中任何一种选择时可能会发生的负面后果。他们通过要求来访者思考遇到每个障碍的可能性，以及制订策略以预防或管理最有可能遇到的障碍，将这些负面后果作为可能的职业选择实施障碍来进行进一步探索。

例如，在生涯咨询中，罗纳德提出他有兴趣成为一名数学老师，但不愿意这样做，因为教师必须处理很多"学生和家长的伤心事"。他还说，教师的工资不足以养家糊口。咨询师建议罗纳德改变看法，例如教师遇到学生的"伤心事"，代表着有帮助学生摆脱生活困境的机会（罗纳德非常重视帮助他人）。咨询师还建议，教师可以接受技能培训，学习如何有效应对学生和家长的大量问题。为了探讨工资问题，咨询师鼓励罗纳德对当地几个学区的教师进行信息访谈（他的父母受雇的学区以教师工资低于平均水平而闻名）。当他得知学区之间的工资差异很大时，罗纳德开始认为，作为一名教师也可能赚取足够多的工资。罗纳德也开始想办法，如果要成为一名教师，他最终可以找到一些增加其工资的方法（例如，做教练、加入行政管理部门）。

咨询师可以通过多种方式帮助来访者修正其自我效能信念。正如伦特所说，生涯发展发生在社会学习的情境中，并因存在支持性的环境条件和相对较少的障碍而得到促进（Lent, 2013, p. 143）。不幸的是，障碍不仅存在，而且似乎无处不在，尤其是对于那些非特权、非富裕阶层受益者的人而言。当能力足够，但由于受种族主义和性别角色刻板印象等因素影响，而导致自我效能信念较低时，来访者可以接触与个人相关的替代性学习机会。例如，一位非洲裔女性拥有足以从事工程类职业的能力，但自我效能信念低，她可以去接触是非洲裔同时也是女性的工程师（Hackett & Byars, 1996）。对于有足够能力但自我效能信念低的来访者来说，咨询师也可以鼓励他们从朋友、老师及其他人那里收集与能力相关的信息，以修正错误的自我效能信念。咨询师还可以与这些来访者合作，构建成功的经验（例如，学习特定的学术课程、从事志愿者工作），以加强其薄弱的自我效能信念。在处理这些成功经验的过程中，当来访者对其成功做外部归因而忽视内部、稳定的原因（例如，能力）时，咨询师可以调整他们。因此，自我效能感的 4 个来源可以用作生涯发展辅导的组织结构（Lent, 2005）。

对 SCCT 的评价

大多数与 SCCT 相关的研究都集中在自我效能感上。在总结这些文献时，伦特等（1996）发现相关研究支持以下与理论相关的结论："特定领域的自我效能感量表得分可用于预测与生涯相关的兴趣、选择、成就、坚持、未决和生涯探索行为；辅导、实验和路径分析研究支持自我效能感、行为绩效和兴趣量表之间某些假设的因果关系；学业自我效能感和生涯自我效能感方面的性别差异通常有助于解释职业考量方面的男女差异"（p. 397）。

此外，研究结果支持了 SCCT 假设的自我效能信念、结果预期、个人目标和兴趣之间的理论关系（Lent, Brow, & Hackett, 1994）。例如，崔（Choi）、帕克（Park）、杨（Yang）、李瑟琪（Lee, Seul Ki）、李·亚达娜（Lee, Yedana）和李桑民（Lee, Sang Min）（2012）发现，在被试中，生涯决策自我效能感与自尊、职业认同以及结果预期都显著相关。汤（Tang）、潘（Pan）和纽迈尔（Newmeyer）（2008）发现，在他们研究的 141 名高中生中，生涯自我效能感在生涯决策过程中起中介作用。罗杰斯、克里德（Creed）和格伦登（Glendon）（2008）对 414 名澳大利亚高中生进行了调查，发现生涯探索与个人目标以及社会支持有关（个人目标明确、社会支持强时生涯探索水平最高），这凸显出社会认知变量受个人和情境变量的影响。吉本斯（Gibbons）和博德斯（Borders）（2010）利用 SCCT 研究了 272 名 7 年级学生对大学的期望，发现未来的第一代大学生和非第一代大学生之间存在差异，"前一组表现出较低的自我效能感，较高的消极结果预期，并感知到更多的障碍"（p. 194）。自我效能感直接影响结果预期，同时这两个变量直接影响学生的教育意愿。然而，吉本斯和博德斯建议，对于他们所研究的人群，SCCT 可能需要修正，因为障碍和支持可能直接影响结果预期，而无须以自我效能感为中介。

阿里（Ali）和门克（Menke）（2014）利用社会认知生涯理论调查了生活在两个农村社区 9 年级学生的生涯发展，他们中有大量的拉丁裔移民（占被试的 55%）。被试完成了关于职业技能自我效能感、生涯决策结果预期、生涯抱负和高等教育障碍的测试。有趣的是，这项研究中的拉丁裔学生比欧洲裔学生有更高的自我效能感。拉丁裔学生也报告他们感知到更多的障碍，但这似乎与他们的生涯抱负无关。阿里和门克提出，他们的研究结果表明，学校和生涯咨询师应该关注拉丁裔学生的自我效能感、结果预期，以及其克服障碍的效能感。

拉克－波格丹（Raque-Bogdan）、克林加曼（Klingaman）、马丁（Martin）和卢卡斯（Lucas）（2013）也以社会认知生涯理论作为基础，检验非洲裔、亚裔、拉丁裔和欧洲裔大一新生的性别、种族、教育和生涯障碍等个人和背景变量，以及家长对其生涯方面的支持。与男性相比，女性感知到的生涯障碍水平明显更高，但男性和女性在应对这些障碍时的能力水平相似。与男性相比，女性还报告从父母那里得到了更多的与生涯相关的情感支持。在所有被试中，与生涯相关的父母支持能够明显解释他们在教育和生涯障碍感知方面的差异，以及在应对教育和生涯障碍的效能方面的差异。此外，这项研究还强调了与生涯相关的父母的支持对于选择学术专业和应对生涯障碍的重要性。

最近，拉克（Raque）和卢卡斯（2016）采用社会认知生涯理论视角研究了第一代大学生的生涯发展经历。他们发现，与非第一代大学生相比，第一代大学生的大学自我效能感和大学结果预期的水平较低。因此他们提出了一种辅导措施，即使用大学自我效能感卡片分类。这可用于识别低效能的大学任务（例如，与教授交谈、在课堂上提问、时间管理等），这些任务可以作为辅导和强化的靶点。拉克和卢卡斯还鼓励与学生工作相关的专业人员帮助第一代大学生，增强他们对大学环境的归属感。

沈（Shen）、廖（Liao）、亚伯拉罕（Abraham）和翁（Weng）（2014）研究了特定文化因素（即父母给予的压力和支持、满足父母的期待、内化的刻板印象）与亚裔美国大学生的职业选择结果之间的关系。研究结果表明，当亚裔美国大学生感受到父母的支持时，他们倾向于按照父母的期望选择特定职业，而这又与他们的自我效能感、结果预期和对存在刻板印象的职业的兴趣有关。

基于这些结果，沈等（2014）建议，生涯咨询师应探索亚裔父母如何影响亚裔美国大学生的自我效能感、结果预期以及对存在刻板和非刻板印象的职业的兴趣。例如，生涯咨询师可以根据父母给予的压力与支持来评估父母的参与，并与亚裔美国大学生讨论他们在职业选择结果中的不同角色。在生涯决策过程中，生涯咨询师还可以帮助亚裔美国大学生协调父母期望、职业刻板印象、障碍，以及个人职业兴趣之间的差异。此外，生涯咨询师应该检验亚裔美国大学生已经内化了哪些学业和职业刻板印象，然后调查这些职业刻板印象是否已成为他们探索非刻板印象职业的外部和内部障碍。

伦特等（2001）考察了 SCCT 在大学生教育决策领域的适用性。他们发现，情境障碍和情境支持通过自我效能感，以及个人将兴趣转化为教育选择的意愿，间接影响教育选择。林德利（Lindley）（2005）发现，他的研究对象在职业选择的霍兰德代码与其霍兰德类型的最高自我效能感得分之间具有很高的一致性。奥克斯（Ochs）和勒斯勒尔（Roessler）（2004）调查了 77 名特殊教育学生和 99 名普通教育学生的生涯自我效能感、生涯结果预期和生涯探索意向之间的关系。他们发现，生涯自我效能感和生涯结果预期是这两个学生群体的生涯探索意向的重要预测因素。瑙塔（Nauta）、卡恩（Kahn）、安吉尔（Angell）和坎塔雷利（Cantarelli）（2002）检验了 SCCT 的假设，即自我效能感的变化先于兴趣的变化。他们使用了交叉滞后追踪研究设计和结构方程模型，发现自我效能感和兴趣之间存在相互作用关系，但没有明确的时间优先模式。弗洛雷斯（Flores）和奥布赖恩（O'Brien）（2002）的研究样本为 364 名墨西哥裔美国女性青年，他们对数据进行了路径分析，检验了 SCCT 关于情境和社会认知变量对生涯抱负、职业声望、职业选择的传统性影响的假设。研究者发现，结果部分支持了 SCCT，即非传统职业的自我效能感、父母支持、障碍、文化适应和女权主义态度能够用于预测职业选择声望。此外，文化适应、女权主义态度和非传统职业的自我效能感能够用于预测职业选择的传统性。最后，女权主义态度和父母支持能够用于预测生涯抱负。盖诺（Gainor）和伦特（1998）以 164 名非洲裔美国大一学生为研究样本，考察了 SCCT、种族身份认同、数学相关兴趣和专业选择之间的关系。他们发现，自我效能感和结果预期能够用于预测兴趣，而兴趣能够用于预测各种族各身份认同水平个体的选择意图。迪格尔曼（Diegelman）和祖比希（Subich）（2001）在其研究样本中发现，在考虑攻读心理学学位的大学生中，提高他们对结果的期待，会使他们增加对攻读该学位的兴趣。

格勒斯纳（Glessner）、罗金森·萨普基夫（Rockinson-Szapkiw）和洛佩斯（2017）使用基于自我效能感的策略提升佛罗里达州中学生的自我效能感，以及大学和职业准备度。与研究中的非辅导组学生相比，让学生接触在线职业探索系统（佛罗里达闪亮，Florida Shines）和参观大学校园显著地提升了他们的自我效能感和准备度。谢（Hsieh）和黄（Huang）（2014）以 336 名中国台湾大学生为样本，调查了家庭社会经济地位和主动性人格与生涯决策自我效能感的关系。研究结果支持了个人输入变量（即社会经济地位和主动性人格）对生涯决策自我效能感的预测作用。谢和黄建议生涯咨询师为来访者提供前瞻性思维的培训课程，帮助来访者培养一些技能，使他们能够识别和抓住新的机会、抵御威胁，并将核心能力转化为竞争优势。这些都是用来建立自我效能感的具体能力。

许多研究表明，基于 SCCT 的辅导措施在不同来访者中都取得了积极的效果。这为该理论的稳健性提供了强有力的支持，因为这意味着它适用于不同的人群。SCCT 的另一个优势在于，它同时阐释了生涯发展中的个体和环境变量。显然，将这两个维度结合起来，可以增强理论对不同生涯发展问题和人群的适用性。巴顿（Patton）和麦基尔文（McIlveen）（2009）所做的一项文献综述表明，SCCT 正在引发大量的研究，特别是与其他生涯理论相较而言。

《生涯评估杂志》的一期特刊回顾了 SCCT 在不同人群和背景（例如，社会阶层、在 STEM 职业中代表性不足的群体、失业者和国际背景等）中的使用情况。这些综述文章支持将 SCCT 扩展到更多不同的人和环境中去（Brown & Lent, 2017; Fouad & Santana, 2017）。

拜尔斯－温斯顿和罗杰斯（2019）利用 SCCT 检验了学习的 4 种经验来源，以及这 4 种来源在解释不同文化背景的 STEM 本科生的科研生涯意图和科学身份认同的能力。结果表明，个人成就表现、替代学习和社会说服，都是被试中非洲裔和西班牙裔 / 拉丁裔学生科学身份认同的重要预测因素。替代学习对科学身份认同的影响，对于非洲裔男性被试来说，显得尤其重要。

认知信息加工方法

学习目标 3.2　理解认知信息加工方法。

认知信息加工（CIP）方法（Peterson et al., 1996；Peterson et al., 2002；Sampson et al., 2004）根植于帕森斯模型（即实现自我理解，掌握并了解职业知识，将自我理解和职业知识结合起来做出选择）。然而，CIP 方法整合了关于人们如何进行认知信息加工方面的最新研究进展，扩展了帕森斯模型。彼得森及其同事将已有的认知信息加工知识应用于生涯咨询。

该方法有四大假设。第一，生涯决策涉及认知过程和情感过程之间的相互作用。第二，解决生涯问题的能力取决于认知操作和知识的可用性。第三，生涯发展是持续的，知识结构不断发生演变。第四，提升信息加工技能是生涯咨询的目标（Peterson et al., 2002）。

CIP 方法包括几个维度：信息加工金字塔，沟通、分析、综合、评估和执行（CASVE）循环，执行加工域。首先，该方法使用信息加工金字塔来描述职业选择中涉及的重要认知领域。信息加工金字塔的前三层反映了传统生涯理论所包含的领域：自我知识（价值观、兴趣、技能）、职业知识（了解特定职业和教育 / 培训机会）和决策技能（了解一个人通常是如何做出决定的）。信息加工金字塔的第四层和顶层是元认知，包括自我对话、自我意识以及认知监控（Sampson, Peterson, Lenz, & Reardon,

1992）。自我知识和职业知识构成了信息加工金字塔的基础，决策技能和元认知位于其上。

CIP 方法的第二个维度被称为生涯决策技能的 CASVE 循环。CASVE 循环代表了与解决生涯问题和做出生涯决策相关的通用信息加工技能模型，包括沟通、分析、综合、评估和执行（CASVE）。

这些技能的使用是循环的，始于意识到真实状态和理想状态之间存在差距（例如，现有的生涯未决状态和更理想的生涯决定状态）。经由一些迹象，我们可以从内部意识到这种差距：出现自我失调的情绪状态（例如抑郁、焦虑），发生过度迟到、旷工或吸毒等行为，或出现躯体症状（例如头痛、食欲缺乏），等等。又或者，我们可以通过外部需求意识到这种差距（例如，需要选择高中或大学的学习课程，需要做出接受或拒绝工作机会的决定）。因此，生涯问题涉及认知、情感、行为和生理因素。阐释这些内部和外部线索涉及沟通。具体而言，来访者必须问自己两个问题："此刻我对自己的职业选择有何想法和感受？""我希望通过生涯咨询获得什么？"（Peterson et al.，1996，p. 436）。

一旦我们认识到存在差距或生涯问题，就必须分析消除差距或解决问题所需的条件。例如，我们是否需要更多的关于我们自己（例如，价值观、兴趣）和（或）环境的信息（例如，我的主管的期望、工作要求）？我们必须做什么才能获得必要的信息或资源，以更有效地应对生涯问题（例如，做兴趣测试、进行职业信息访谈、寻求咨询，以理解我们对工作状况的感受）？

综合涉及两个阶段：阐释和具体化。在阐释的过程中，来访者试图找到生涯问题可能的解决方案，越多越好（在头脑风暴中，重点是数量而非质量）。在具体化的过程中，来访者确定哪些解决方案符合他们的能力、兴趣或价值观。综合所包含的这两个阶段最终会形成一个来访者可以接受的、易于管理的备选方案列表。

评估涉及根据个人的价值观体系、每个备选方案的利益得失、每个备选方案对重要之人和社会的影响，以及备选方案获得成功的可能性（即消除差距），来考察这些备选方案并确定其优先等级。一旦对这些备选方案进行了优先等级排序，就可以确定最佳备选方案。在评估过程中，来访者要回答的首要问题是，"哪个对我、我的重要之人和社会来说，是最好的行动方案？"（Peterson et al.，1996，p. 437）。

执行阶段涉及将最佳备选方案转化为行动。这需要制订行动计划来实施最佳备选方案，进而实现相应目标（例如，我将参加心理学课程，每天学习 3 小时，并参加一门课程，以提高我的研究生入学考试成绩，实现我的入学目标，即进入一个竞争激烈的咨询师教育项目）。因此，执行阶段要求来访者确定评估阶段选择的备选方案在实施时所需的具体步骤。执行中的主要问题是，"我如何才能将我的选择转化为行动计划？"（Peterson et al.，1996，p. 437）。

一旦制订了计划，来访者就会回到沟通阶段，以确定备选方案是否成功地解决了生涯问题。在评价备选方案的效果时，认知、情感、行为和生理状态再度得到评估（例如，我是否感到不那么焦虑？我对我的生涯状况是否更满意？我的课堂出勤率提高了吗？）。如果评估结果是积极的，那么来访者就继续前行，但如果评估结果是消极的，那么来访者将带着从第一个备选方案的执行中获得的新信息再进行一遍CASVE 循环。

CIP 方法的第三个维度是执行加工域。执行加工域的功能是启动、协调和监控信息的存储和提取（Peterson, Sampson, & Reardon，1991）。该领域涉及元认知技能（Meichenbaum, 1977），例如自我对话、自我意识和控制。有效解决生涯问题需要积极的自我对话（例如，我有能力做出好的职业选择）。消极的自我对话（我无法做出正确的决定）会导致生涯未决。在监控内外部因素对生涯决策的影响时，自我意识是必要的。高效的问题解决者和决策者了解自己的价值观、信念、偏见和感受。他们利用这种觉察来生成和选择问题解决方案。要想破译解决生涯问题所需的信息以及了解何时准备好进入 CASVE 循环的下一阶段，监控至关重要。"对低阶功能的监控能够确保在冲动性和强制性之间达成最佳平衡"（Peterson et al.，1991，p. 39），从而提供"高质量的控制机制，以确保完整、有序、及时地进行 CASVE 循环"（Peterson et al.，1996，p. 439）。

CIP 方法的应用

信息加工金字塔可用作生涯发展辅导的框架。例如，自我知识领域的问题可以通过标准化和非标准化评估来解决。职业知识领域的问题则可以通过参加工作 - 影子练习和阅读职业传记来解决（就像鼓励罗纳德进行职业信息访谈一样）。CASVE 循环的5 个阶段可用于教授来访者决策技能，执行加工域则为探索和挑战来访者功能失调的元认知提供了一个框架。

彼得森等（1991）列举了为个人、团体和课堂提供生涯发展辅导的 7 个步骤。第一步涉及与来访者进行初次面谈。在此步骤中，咨询师要了解来访者生涯问题发生的背景和生涯问题的性质。咨询师应对来访者的陈述做出共情回应，并使用基本的咨询技巧（例如，澄清、总结、情感反射、即时性和自我表露）与来访者建立有效的工作关系。

咨询师向来访者介绍信息加工金字塔和 CASVE 循环，以澄清来访者的问题，并为来访者提供理解生涯决策过程和问题解决过程的模型（Sampson et al., 1992）。在此步骤中，咨询师会关注"来访者对每个领域的发展程度有何看法？来访者一般是怎样做出生涯决策的？来访者有哪些元认知功能失调并需要改变（如果有的话）？来访者目前聚焦在哪个阶段？"等问题（p. 73）。

在罗纳德的案例中，由于他不清楚生涯决策的一般过程，因此他感到很困惑。他也因为自认为没有适合他的职业（尽管他没有真正进行过任何系统的职业探索）而感到被困住了。此外，他还怀疑自己没有能力做出有效的职业选择。用信息加工金字塔来解释决策过程，可以为罗纳德提供控制感和结构感，从而减轻他的"不知所措"的感觉。

第一步，与罗纳德建立有效的工作关系，为他提供一种希望，让他可以学习管理生涯所需的技能，这也可以帮助他感到更自信、更安心，让他觉得自己可以有效地应对这些生涯发展任务。

第二步涉及完成初级评估，以确定来访者对生涯决策的准备情况。CIP 方法先是使用生涯观念量表（CTI）（Sampson, Peterson, Lenz, Reardon, & Saunders, 1996）来识别那些生涯观念失调的来访者，接着，为生涯发展辅导做出指示，即需要使用哪些辅导措施来解决来访者的执行加工域的问题。例如，罗纳德可能坚持这样的信念："在我采取行动之前，我必须完全确定哪一个职业会让我满意""所有教师的工资都很低""我必须现在就决定我下半辈子想做的事"。罗纳德在进行生涯规划时，坚持这些信念会给他带来问题。因此，这些信念需要受到挑战和重构才能让他继续前进（Sampson et al., 1996）。

第三步，咨询师和来访者共同确定生涯问题，并分析导致问题产生的潜在原因。此时，咨询师不加判断地传达对来访者真实的生涯未决状态与渴望的或理想的生涯决策状态之间的差距的看法。来访者可以同意咨询师的看法，也可以澄清和重申自己感受到的差距。

第四步，咨询师和来访者继续合作，制订可实现的生涯问题解决与决策的目标。

第五步便是根据第四步中制定的目标来制订个人学习计划。个人学习计划可为来访者提供指导，即告知他们需要从事哪些活动，以及他们需要使用哪些资源来实现目标。虽然个人学习计划为监控和评估来访者的进度提供了一种方法，但是，随着来访者获得更多关于他们自己和生涯问题的信息，个人学习计划也可能被修改。

第六步，来访者执行个人学习计划。咨询师可以在来访者执行个人学习计划的过程中提供支持、反馈和帮助。咨询师可以先帮助那些生涯观念失调的来访者修正想法，然后再采取行动帮助他们执行个人学习计划。

第七步，咨询师和来访者一起对来访者的进展进行总结性回顾，然后将新学到的知识推广到当前和未来的生涯问题中。

CIP 方法越来越多地被应用于不同的来访者。例如，沃森（Watson）、伦兹和梅尔文（Melvin）（2013）提供了一个出色的案例，他们将 CIP 方法应用于正在经历生涯转换期的成人来访者。斯坦-麦考密克（Stein-McCormick）、奥斯本（Osborn）、海登（Hayden）和范胡斯（Van Hoose）（2013），以及斯特劳瑟（2013），分别很好地描述了 CIP 方法如何应用于退伍军人和康复人群的生涯咨询。莱德维特（Ledwith）（2014）阐述了如何将 CIP 方法协同整合到学业指导和生涯咨询中。

对 CIP 方法的评价

基于 CIP 方法的研究越来越多。CTI 的发展继续作为催化剂，不断催生着关于执行加工域的研究。CTI 附带的工作手册名为"改善你的生涯观念：生涯观念量表手册"（Sampson et al., 1996），是将理论转化为实践的一个极好的案例。这种对 CIP 方法的新的拓展是建立在执行加工域之上的，而后者被一位评论家认为是该理论的主要贡献（Helwig, 1992）。布朗和伦特（1996）指出，彼得森等对决策过程的描述（1996年）"也许是对这一过程中尚未出现的变量的最清晰的描述"（p. 521）。希尔申（Hirshi）和拉赫（Lage）（2008）用 CIP 作为理论框架，为 334 名瑞士七年级学生提供生涯工作坊。对工作坊的评估表明，学生们的生涯决策、生涯规划、生涯探索和职业认同水平显著提升。奥斯本、霍华德（Howard）和莱勒（Leierer）（2007）研究了基于 CIP 方法的生涯发展课程对不同种族和民族的大学新生的观念失调的影响。奥斯本及其同事将 CTI 分数作为跳板来讨论功能失调的生涯观念，发现学生功能失调的生涯观念减少了，而这些观念与生涯决策困惑、承诺焦虑和外部冲突有关。他们还发现，性别和种族/民族都与功能失调的生涯观念无关。在一个包含有居住在加利福尼亚州的荷兰成人和比利时移民的样本中，埃克（Ecke）（2007）发现，更安全的依恋风格与回避做出生涯决策之间存在明显关联，其证据是，对依恋问题的焦虑和回避越少，生涯观念功能失调的情况就越少。

米勒（Miller）、奥斯本、辛普森、彼得森和里尔登（2018）用 CIP 方法作为组织框架，为本科生提供生涯规划课程。研究者使用准实验和重复测量方法，以及前测-后测的设计方法，来检验课程对学生生涯决策状态的影响，他们发现，课程在学生的生涯确定性、满意度和清晰度方面都取得了积极效果。

布什塔（Buzzetta）、海登和莱德维特（Ledwith）（2017）将 CIP 方法应用于对退伍军人的辅导。注意到在退伍军人中存在的高失业率现象后，布什塔和同事提供了一个临床案例，说明了如何利用 CIP 方法为退伍军人求职助力。

里尔登（2017）讨论了如何利用 CIP 方法为加强自助式生涯服务的供给提供有效框架。里尔登提供了一个叙述性流程图（包括进入、准备度检查、第一阶段实践者评估等环节）来说明与无预约的现成生涯援助 ① 相关的典型流程。该流程图为自助生涯援助的供给提供了有用的指导。

迪林格（Dieringer）、伦兹、海登和彼得森（2017）在一项 139 名本科生参与的心理健康与生涯咨询的整合研究中［奈尔斯和佩特（1989）长期呼吁要做的研究］发现，生涯决策困惑和承诺焦虑是抑郁症的重要预测因素。迪林格及其同事建议使用生涯观念量表（Sampson et al., 1996）来评估来访者的诉求。

加勒斯（Galles）、伦兹、彼得森和辛普森（2019）使用 CIP 方法调查正念对大学生生涯观念和职业认同的影响。这项创新研究发现，正念与消极生涯观念之间存在显著负向关系。具体而言，正念越多，生涯决策困惑、承诺焦虑和与重要之人的冲突就越少。因此，正念作为一种元认知可以帮助个体保持对自己作为决策者的觉察，控制他们的自我对话。和正念水平较低的人相比，正念水平高的人能够更有效地进行生涯决策。研究者还发现，与正念得分较低的学生相比，正念得分较高的学生具有更清晰的职业认同。这是一项重要研究，可以推动更多研究探讨生涯发展与正念的关系。

迪林格及其同事（2017）调查了消极生涯观念与大学生抑郁及绝望的关系。他们发现，经历生涯决策困惑和承诺焦虑的学生，相较于这两项得分较低的学生，更容易抑郁。他们还发现，生涯决策困惑与绝望之间存在重要关系。这项研究对生涯和心理健康咨询之间的交叉研究具有重要意义，并强调需要在生涯发展辅导之初对来访者做仔细的筛查。

斯特劳瑟、勒斯蒂格（Lustig）、科格达（Cogdal）和乌鲁克（Uruk）（2006）调查了大学生的创伤症状是否与生涯观念功能失调、职业认同和发展性工作人格有关。在 131 名学生的样本中，他们发现较高程度的创伤（例如，父母离婚、亲人死亡）与较高程度的生涯观念功能失调，以及较低水平的发展性工作人格（即在多大程度上个体已经成功完成形成健康工作人格所必需的任务，例如在学校按时完成作业）有显著关联。此外，这项研究强调了个体（经历）与生涯之间的联系，并指出生涯咨询师应该对创伤后应激障碍的症状有所觉察。

---

① 无预约的现成生涯援助，即 walk-in career assistance，指的是个人可以在不提前预约的情况下亲自前往某个机构或资源中心，以获得有关生涯方面的帮助和建议。这类服务通常包括提供职业建议、简历辅导、职业机会信息等，旨在满足那些需要突发或紧急生涯指导的人们的需求。——译者注

斯特劳瑟、勒斯蒂格和乌鲁克（2004）使用 CTI 比较了残障和非残障大学生的生涯观念。斯特劳瑟及其同事发现，残障和非残障大学生在 CTI 总分和子量表的分数上存在显著差异。具体而言，残障大学生有更多的消极观念，这表明 CIP 方法在为残障大学生提供生涯发展辅导时可能会有用。

扬卡科（Yanckak）、里斯（Lease）和斯特劳瑟（2005）在另一项研究中以被诊断有认知障碍和身体残障者为被试，探索了他们的生涯观念和职业认同之间的关系。扬卡科等发现，有认知障碍的人和有身体残障的人在 CTI 中有关生涯决策困惑和外部冲突的部分的得分上存在显著差异。与身体残障人士相比，有认知障碍的人存在更多功能失调的生涯观念。里德（Reed）、里尔登、伦兹和莱勒（2001）的研究检验了基于 CIP 方法的生涯规划课程的有效性。该研究以 CTI 作为测量工具，结果表明，后测相较前测，消极生涯观念显著减少。桑德斯、彼得森、辛普森和里尔登（2000）用 CTI 调查了 215 名大学生，考察抑郁和功能失调的生涯观念是否是生涯未决状态的成分。他们发现，由 CTI 测量的功能失调的生涯观念与生涯未决状态之间存在显著的正相关，进而建议在生涯咨询中使用 CTI 帮助生涯未决的来访者确定适当的治疗策略。

奥斯本、彼得森、辛普森和里尔登（2003）在来访者使用计算机辅助生涯指导系统之前，以 CIP 方法作为理论指导框架，调查他们的使用预期。来访者对计算机使用的常见预期包括增加生涯选择、自我知识和职业知识。里尔登和赖特（Wright）（1999）描述了如何将 CIP 方法与霍兰德的理论结合起来使用，以帮助一名 19 岁的大学生意识到消极思维模式是如何阻碍他选择大学专业的。类似的，麦克里兰（McLennan）和亚瑟（Arthur）（1999）阐释了如何用 CIP 方法帮助女性有效应对生涯发展中的结构性障碍和个人障碍。在这项研究中，研究者使用路径模型探索来访者的观念如何影响其生涯探索行为。验证后的路径模型显示，CIP 方法的消极生涯观念对 SCCT 的生涯问题解决自我效能感具有反向预测作用，而 SCCT 的生涯问题解决自我效能感反过来又能预测生涯探索行为。该模型表明，关注来访者的生涯决策观念是进行生涯探索的重要先决条件。该模型建议的辅导步骤序列包括处理消极生涯观念，而后充分提升解决生涯问题的自我效能感，以成功地促进来访者进行生涯探索。该模型还表明 CIP 方法和 SCCT 以互补的方式发挥作用。麦克里兰和亚瑟的论文通篇使用苏（Sue）—— 一位寻求求职帮助的来访者——的假设案例以突出相关理论及研究结果的实践价值。

正如在本书前一版所预测的，CIP 方法研究团队（即彼得森、里尔登、伦兹和辛普森）在认知心理学研究的坚实基础之上建立了他们的理论，他们已经对该理论的不同维度进行了清晰的定义，并致力于将该理论转化为实践，这些都表明 CIP 方法具有光明前景。可以说，这个预测已被证明是正确的。此外，CIP 方法在应对各种各样的来访者及其问题时都表现出很强的稳定性。

萨维科斯的生涯建构理论

学习目标 3.3 学习萨维科斯的生涯建构理论。

生涯建构理论将差异性、发展性和动态性 3 种视角整合到了一起。该理论通过阐释不同类型者的工作偏好，将差异性视角纳入其中（Savickas，2005，2009，2013，2019）。生涯建构理论中的发展性视角注重人们应对生涯发展任务和生涯转换的各种方式。动态性视角关注的是，人们在将工作融入生活时，如何使用人生主题发展出生涯行为的意义。正如萨维科斯指出的，"生涯建构理论认为，个体通过赋予其职业行为和职业经历以意义来建构其生涯……生涯建构理论假设个人建构的是现实的表征，而不是现实本身。生涯的概念将个人意义赋予过去的回忆、现在的经历和未来的抱负，将它们编织成一个人生主题，塑造出个体的工作生活"（Savickas，2005，p. 43）。因此，使用生涯建构理论的生涯咨询师倾向于用个体化的个人故事替代个体化的评估分数。评估分数侧重于"拥有心理学"，而个人故事则强调"使用心理学"（Savickas，1998，p. 332）。这里的假设是，你如何使用你所拥有的能力、兴趣、价值观、个性等与生涯行为有关的东西。一个人的主观生涯产生于这一积极的意义创造过程，在这个过程中，经验被编织成描绘人生主题的模式。在生涯咨询中，咨询师帮助来访者提高他们对人生主题和生活故事中嵌入的人生设计的认识和理解。生涯建构咨询还可以帮助来访者理解其人生主题中揭示的人生设计对他们和其他人的重要性。

因此，生涯建构理论从 3 个角度来看待自我：作为演员的我，作为主体的我，以及作为作者的我（Savickas，2013）。我们从儿童（演员）时期开始自我建构的过程，而后，在青春期，我们成为指导行动的主体，最后成为解释我们指导的行动的作者。

在生涯建构中，兴趣、能力、价值观等与生涯相关的"特质"被视为适应并连接环境的策略。换句话说，它们是动词而不是名词（Savickas，2013）。长期得到练习的特质（比如对罗纳德来说可以是打橄榄球）融合成经过考验的风格。我们使用语言来反思我们的生活经历，告诉我们自己想要成为什么样的人，以及我们想要做什么样的工作（Savickas，1998）。从这个意义上说，生涯是一种关系建构，产生于人际交往的过程，并借鉴了社会建构主义。

生涯适应力是生涯建构理论的第三个组成部分。人生主题指导工作中的人格表达，但人格表达受生涯适应过程的控制（Savickas，2005，2013）。生涯转换（例如，从上学到工作，从做一份工作到做另一份工作，从工作到上学）需要适应，其特征表现为以下行为：定位、探索、建立、管理和脱离（Savickas，2013）。这些行为形成适应的循环。例如，由于表现不佳，罗纳德正在考虑脱离橄榄球生涯（他之前的职业目标）。他希望在重新定位时找到新的选择，接着会探索潜在选择的性质，然后，如果他选择新方向，就需要管理他的新角色。保持生涯建构中适应力的方法包括：关注未来（例如，我有未来吗？），增加个人对未来的控制（例如，谁拥有我的未来？），表现出对探索未来情景和可能的自我的好奇心（例如，我未来的生涯规划是什么？），培养追求既定目标的信心（例如，我能做到吗？）（Savickas，2019）。

生涯建构理论的应用

生涯建构理论或生涯建构咨询的通用实践模式包括 3 个阶段（Cardoso, Savickas, & Goncalves，2019），其总目标是通过建构新的计划，"详细说明他们的生涯主题，并重建具有连贯性和连续性的叙事认同（p. 189）"，以帮助来访者在生活中实现生涯转变。

生涯建构咨询的第一阶段涉及澄清来访者的咨询期望，以及来访者在咨询中想要解决的问题（Cardosa, Savickas, & Goncalves, 2019；Maree，2019；Savickas，2019）。因此，生涯咨询过程始于咨询师和来访者共同探索出生涯咨询的导火索（即，是什么使来访者从他当前的生涯故事中脱离）。讨论还涉及来访者的适应性资源和生涯准备情况，然后是其生涯咨询目标。生涯建构咨询中咨询师还会对来访者进行生涯建构访谈（CCI；萨维科斯，2019）。CCI 帮助来访者澄清并阐明他们赋予生涯行为的个人意义。咨询师通过一些问题来探明来访者在生活情境中进行自我表达的偏好，帮助来访者以促进其建构可能的未来的方式记住他们的过往。除了要求来访者分享 3 个特定的早期生活回忆（ER）外，咨询师在使用 CCI 时还会提出以下问题，以激发来访者对其主观生涯经历（即意义形成过程）的反思。

1. 你崇拜谁？你想以谁为榜样来过你的人生？

在你成长的过程中，你崇拜谁？为什么？

你觉得_____怎么样？

你和_____有什么不同？

2. 你平时看杂志吗？看哪些杂志？

你喜欢这些杂志的哪些方面？

你有什么喜欢的电视节目吗？

3. 你空闲时喜欢做什么？

你的爱好是什么？

你喜欢这些爱好的哪些方面？

4. 你有最喜欢的格言或座右铭吗？

告诉我一句你记得的听过的话。

5. 你在学校最喜欢的科目是什么？

为什么？

你讨厌 / 曾经讨厌什么科目？

为什么？

这些问题的回答与生涯建构咨询第二阶段的人生主题相关。也就是说，在第二阶段，咨询师通过将来访者在 CCI 过程中阐述的"与观点、个人特征、兴趣表征相关的小故事整合到一个大故事中，向来访者呈现其生涯故事的微观叙事"（p. 190）。第二阶段是帮助来访者澄清指导其生涯行为的人生设计。咨询师在和来访者共同建构具有更强连续性和连贯性的生涯叙述时，应关注在咨询这一阶段出现的主题和伴随的情绪。这可以看作在失败与胜利、充满痛苦的过去与充满希望的未来、绝望与希望之间架起一座传记桥梁（Maree，2019）。

雷富斯（Rehfuss）、科西奥（Cosio）和戴尔·科尔索（Del Corso）（2011）调查了咨询师对有生涯问题的来访者使用 CCI 的看法。具体而言，他们要求 34 位咨询师描述使用 CCI 的经历，并指出 CCI 的优点和存在的挑战。研究结果表明，咨询师认为 CCI 是帮助来访者解决生涯问题的有效工具。确切地说，咨询师认为 CCI 有助于来访者明确他们的人生主题，然后他们可以利用这些人生主题做出有意义的生涯决策。此外，咨询师认为 CCI 有助于来访者增加自我理解，也有助于他们了解工作是如何为意义创造提供机会的。泰伯（Taber）、哈通、哈德·布里迪克（Hande Briddick）、威廉·布里迪克（William Briddick）和瑞弗斯（2011）详细描述了如何将 CCI 整合到生涯咨询中，以帮助来访者澄清他们的自我概念，并使他们的工作和生活更有意义。迪·法比奥（Di Fabio）和默里（2012）在一项有 72 名样本的治疗效果研究中使用了意大利语版本的 CCI，发现那些接受了 CCI 的人的生涯决策困惑减少了，生涯决策自我效能感提高了。卡多索（Cardoso）、席尔瓦（Silva）、贡萨尔维斯（Gonçalves）和杜阿尔特（Duarte）（2014）对生涯建构的变化过程进行了探索性研究，并根据生涯建构理论的预测成功追踪了生涯建构过程中不同阶段的变化过程。在这项研究之后，他们对生涯建构咨询期间来访者变化的顺序进行了更深入的描述（Cardoso, Savickas, &

Goncalves，2019）。最后，萨维科斯（2013）提供了一个很好的案例，展示了如何在多个咨询阶段对一位名叫伊莱恩（Elaine）的20岁来访者应用生涯建构咨询。

在生涯建构咨询的第三个阶段（通常发生在第二阶段后大约一个月），生涯咨询师和来访者一起回顾在第一和第二阶段制订的计划。如果来访者对计划实施感到满意，那么生涯建构咨询就结束。如果来访者报告效果不佳，生涯咨询师和来访者会一起回顾生涯问题，并重新回到第二阶段的任务。

对生涯建构理论的评价

在很大程度上，生涯建构理论可以说是马克·萨维科斯及其国际研究团队的工作成果。萨维科斯及其同事撰写了多篇论文，描述了生涯建构理论的假设，并分析了生涯建构访谈的有效性（Di Fabio & Maree，2012；Rehfuss，Cosio，& Del Corso，2011；Savickas，1997，2005，2009；Taber et al.，2011）。

桑蒂利（Santilli）、诺塔和哈通（2018）检验了青少年早期群体的团体生涯建构辅导的效果。确切地说，他们在《我的生涯故事（MCS）》工作手册的基础上设计并实施了一项团体生涯建构辅导，并将其与传统的旨在培养生涯适应力的生涯发展辅导进行了比较。研究发现，辅导组的生涯适应力有所提高，对照组则没有。

针对生涯建构理论进行验证的研究以及辅导效果信息的数量都在持续增加，这要感谢专业研究团队以极大的热情传播生涯建构理论的相关信息。欢迎研究者进行更多研究——尤其是针对不同来访者群体的研究。

汉森的综合性人生规划模型

学习目标 3.4 理解撒尼·汉森的综合性人生规划模型。

与第 1 章和第 2 章讨论的所有理论相比，汉森的综合性人生规划（ILP）模型（Hansen，1997）的独特之处在于，它是一种阐释生涯发展的新的世界观，而不只是一种可以转化为个体咨询的理论。因此，ILP 模型集中于解决与民族、种族、性别、社会经济地位和灵性相关的多样性问题。ILP 模型的"综合"强调整合心理、身体和灵魂。"人生规划"的概念指出，类似于舒伯（1980）提出的生活空间的概念，人生的多个方面是相互关联的。将"规划"包含在该模型的名称中是因为，尽管最近讨论了规划在不确定时代的价值，但它仍意指生涯发展过程中的个人能动性（Hansen，

2002）。ILP 模型还借鉴了心理学、社会学、经济学、多元文化主义和建构主义，并通过鼓励人们将生活的各个方面联系起来表达出一种更加全面的视角。ILP 模型不是生命广度模型，而是专注于成人的生涯发展模型，并基于以下假设（Hansen，2002）。

1. 生涯专业人员应该帮助他们的来访者全面思考他们的人生。

2. 21 世纪的综合性人生规划应该融合自我知识和关于社会的知识（例如社会公平的需要）。

3. 生涯专业人员是积极变革的推动者。

汉森（2002）还指出，当今社会的成年人面临 6 项生涯发展任务。这 6 项任务反映出汉森对社会公平、社会变革、连通性、多样性和灵性的重视。例如，第一项任务是"在不断变化的全球形势下寻找需要做的工作"（p. 61）。对此，汉森建议成人重点考虑那些能够促进社会公正的工作（例如，保护环境、理解和颂扬多样性、倡导人权以及探索灵性等）。类似于早期"坏"工作和"好"工作的概念，汉森鼓励人们找到自己可以做的工作，为社会和环境公平带来积极的变化。

汉森（2002）提出的第二项任务是"将我们的生活编织为一个有意义的整体"（p. 61）。这一任务强调，没有比生涯选择更私人化的事情了（Niles & Pate, 1989）。生涯选择与其他人生角色的选择是相交织的，必须从整体上、在一个更大的人生背景下加以考虑。这项任务还表明，人们必须利用他们的主观经验来澄清和阐明他们的生涯选择。

汉森（2002）提出的第三项任务是对第二项任务的延伸，即"连接家庭和工作"（p. 61），这突出了人生角色的整合，以及协调角色和关系的重要性（Hansen，2002）。这项任务还强调，需要检验性别角色期望和刻板印象。ILP 模型将男性和女性设想为家庭和工作场所的合作伙伴。汉森还提倡重视男性和女性的自给自足和连接性。

"重视多元化和包容性"（Hansen，2002，p. 61）是成人面临的第四项任务。汉森指出，颂扬多样性和发展多元文化能力对于工作和非工作活动都至关重要。重视多元化即承认差异的重要性，为颂扬多样性奠定了基础。

第五项任务（Hansen, 2002, p. 61）与"管理个人转型与组织变革"有关。鉴于日常经验和技能培养的不断变化，有效应对转型的能力是成人生涯发展的一项基本任务。事实上，汉森（2002）认为，个人转型的咨询可能是生涯咨询中最需要的技能之一。容忍不确定性、发展个人灵活性，以及能够利用已有的自我认知和社会支持，这些都有助于个人成功地应对生活的变化。最后，将理性和逻辑决策技能与重视积极不确定性（Gelatt，1989）和规划性偶然事件（Mitchell, Levin, & Krumboltz, 1999）的直觉取向相结合，对于有效应对变革时期的转型、发展的不稳定性和不确定性也很重要。

成人面临的第六项任务（Hansen，2002）是"探索灵性和人生目的"（p. 61）。灵性不一定指宗教。灵性包括目的、意义、连接性和社区意识。生涯选择的最佳状态是灵性上的决策，因为它们是一个人的天赋和才能的表达。生涯实践者在帮助来访者考虑其生涯决策中的灵性问题时，可以提出"工作对你的生活意味着什么？"和"你想通过你的工作为他人带来怎样的意义？"等问题。当人们检验自己的生涯选择在多大程度上惠及他人、环境和自己时，他们会做出基于灵性的生涯决策。ILP 模型与米勒－蒂德曼（Miller-Tiedeman）（1997）的毕生生涯理论，以及布洛赫（Bloch）和里士满（1998）的著作一起，作为一个虽小但却不断增长的生涯发展文献体系，探讨了生涯发展中的灵性这一重要主题。总的来说，生涯发展的灵性方法强调了以下几个共同主题。

1. 生涯发展与人的发展交织在一起。生活不能被划分为一个个装着各种活动的"筒仓"，因此，应该从整体上看待职业。

2. 应鼓励来访者拥抱和欢庆他们的人生旅程，而非消极地评判来访者过去的经历。所有的生活经历都为学习和成长提供了机会。

3. 保持灵活和开放的态度能够促进发展，并有机会发现新的成长和学习的机会。

4. 应该庆祝和拥抱变化，而非害怕和回避变化。

5. 生涯发展辅导应该让来访者积极合作地投入咨询；在决策中结合直觉和理性；利用主观评估活动、意象、冥想和积极的自我肯定，也能将灵性融入生涯发展过程。

综合性人生规划模型的应用

ILP 模型建议生涯咨询师帮助来访者理解上述 6 项任务及各任务间的关联，并根据他们的需要对任务进行排序。ILP 模型应用于生涯咨询的细节仍在发展的过程中。汉森、哈吉（Hage）和喀什盖尔（Kachgal）（1999）开发了综合性人生规划量表，帮助来访者明确其在整合思维和规划方面的水平。ILP 模型提出的假设和任务，为那些以指导参与者进行整体生涯规划为目的的生涯发展项目奠定了基础。目前，ILP 模型最大的用处似乎是，作为一种框架，为来访者传授一种强调连接性、完整性和社区意识的人生规划方法。

对综合性人生规划模型的评价

ILP 模型提供了一种具有创造性的人生规划方法。这是一个有用的指导框架，咨询师可以利用它鼓励来访者在其生涯决策中思考重要的人生主题。它也是为数不多的、将灵性作为生涯发展过程的一个重要方面的模型之一。通过 ILP 模型，汉森指出了背景因素在生涯发展中的重要性。此外，该模型通过鼓励来访者思考其生涯选择对他人和环境的影响来维护社会公平。令人担忧的是，近年来对 ILP 模型的研究显著减少。然而，有趣的是，ILP 模型与新兴的后现代生涯发展辅导方法有很多共通之处，因而，从许多角度来看，都可以归入此类。

生涯混沌理论

在认识到 21 世纪生涯发展的不确定性和不可预测性后，普莱尔和布莱特（2011，2019）提出了一种理论，来呼应新的现实——如沟通速度、组织重塑、变革的速度和程度、终身学习的需要、全球化、临时性和合同制工作的出现，以及快速的技术创新。这些新的现实带来了生涯挑战，这些挑战受到了比 20 世纪的人们所经历的更复杂的、更多偶然事件的、更大变化性的影响。

根据普莱尔和布莱特（2011，2019）所述，影响生涯发展的因素的复杂性，也突出了避免使用传统方法的必要性——即试图用一种因素如何影响另一种因素来解释生涯行为。为了说明这一点，普莱尔和布莱特引用了莫里森（Morrison）（1994）进行的一项研究，后者发现，随着时间的推移，具有相似霍兰德代码的被试在其生涯路径上出现了分歧，而这些分歧无法被霍兰德类型所包含。普莱尔和布莱特还提到他们自己关于生涯发展复杂性的研究。具体而言，布莱特、普莱尔、威尔肯菲尔德（Wilkenfield）和厄尔（Earl）（2005）发现，他们的研究对象中有 70% 的人报告自己的生涯发展受到计划外事件的影响，这些事件包括计划外的会议、疾病等。鉴于这种复杂性，更合理的做法是关注生涯发展模式，而不是试图用稳定却相互孤立的变量来预测生涯结果。因此，普莱尔和布莱特（2011，2019）认为，萨维科斯（2005）的生涯建构理论在生涯咨询中很有效。尽管普莱尔和布莱特承认，不可能完全了解影响人们的所有因素，也不可能了解人们将来会如何应对生活中遭遇的无数影响，他们还是建议，通过考察不同时间跨度的生涯发展模式，生涯咨询师可以帮助来访者确定他们行为中存在的模式。

生涯混沌理论也强调了生涯发展的非线性。在生涯行为等非线性系统中，小的或看似微不足道的意外事件都可能会对生涯产生重大影响。比如，罗纳德打球受伤的那天，一大早就下起了雨。虽然比赛开始时阳光明媚，但清晨的雨水导致比赛过程中场地仍略显湿滑。由于缺乏稳定的立足点，罗纳德在一次常规的跑动中滑倒。当他滑倒时，膝盖韧带撕裂了。之后，罗纳德再也没有恢复到受伤前的水准，正是此后低迷的表现让他怀疑（并考虑重新设定）未来的目标。如果比赛在当天晚些时候开始，或者更好的情况是，如果当天根本没有下雨，罗纳德的未来可能会大不相同。通过这种方式，生涯混沌理论与克朗伯兹提出的规划性偶然事件有了共通之处。事实上，当咨询师帮助来访者应对普莱尔和布莱特（2011，2019）在生涯混沌理论中讨论的非线性议题时，可以应用克朗伯兹为应对生涯咨询中的规划性偶然事件所提出的建议（Mitchell et al., 1999）。

最后，生涯混沌理论主张，在理解生涯发展时，同时使用聚合性视角和涌现视角（Pryor & Bright，2019）。聚合性视角通过确认个体稳定的特质来突出生涯发展的客观性，我们之前将其描述为"拥有心理学"：通过生涯评估确定一个人拥有的能力和兴趣等特质。涌现视角强调生涯发展的主观维度，关注变化、潜力和可能性，并依赖于故事、叙述和以意义创造为导向的辅导——我们之前称之为"使用心理学"。

对生涯混沌理论的评价

生涯混沌理论展现出解决 21 世纪生涯议题的巨大潜力。该理论清晰地指出生涯发展过程中的变化、不确定性和复杂性带来的影响。与生涯建构理论一样，它也是一种与生涯发展的主观维度相关联的理论。也就是说，它是一种指向生涯发展中的意义创造、连接性、目的和超越的理论（Pryor & Bright，2011）。然而，要发挥这一理论的潜力，还需要更多研究进行验证。此外，为了未来能够更广泛地应用该理论，需要使其更容易为生涯实践者所使用，更适用于生涯咨询。

希望 - 行动理论

希望 - 行动理论（HAT）（Niles, Yoon, & Amundson，2010）融合了创造和维持希望所需的重要态度和行为因素，这些因素取自斯奈德（Snyder）（2002）以希望为中心的研究、班杜拉（2001）的人的能动性理论，以及霍尔（Hall）的（1996）多变性生涯理论。拥有目标和实现这些目标的策略，以及相信一个人在能够实现这些目标的同时拥有实现这些目标的动力，这些便构成了"以行动为导向的希望"的基本组成部分。人的能动性与自我理解及制订和实施个人生涯规划的能力有关。适应性涉及根据新的环境信息调整自己的规划的能力。生涯发展的非线性要求人们具有较高的自我清晰度——相对于促进个体采取更有效的生涯规划后续步骤，这一点对于促进生涯决策更为有效。总的来说，以行动为导向的希望、人的能动性、适应性和自我清晰度为理解生涯发展奠定了基础。发展和运用这些能力可以为个体未来创造一种可持续的希望感。具体而言，HAT 中的重要态度和行为因素包括：希望、自省、自我清晰度、愿景、目标设定与规划、实施与适应（见图 3.1）。

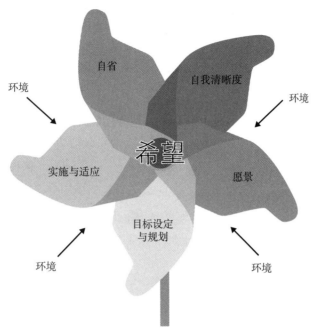

图 3.1　希望 – 行动模型

来源：Niles, Yoon, & Amundson（2010）

希望 – 行动理论的应用

希望

感到有希望，对于在生涯发展中采取积极行动是至关重要的。在希望 – 行动理论中，希望涉及设想一个有意义的目标，并相信如果采取具体行动，可能会得到积极的结果。拥有希望可以让人考虑任何情况下的各种可能性，并促使其采取行动。斯奈德将其描述为"推导出实现预期目标的途径，并通过能动性思维激励自己使用这些途径的感知能力"（2002，p. 249）。因此，希望思维包含 3 个组成部分：能动性思维、路径思维、目标。这 3 个部分相互关联。例如，如果一个人有实现目标的策略但不具备能动性思维，他难以在遇到障碍时坚持不懈。同样，有些人对于实现目标有信心，但缺乏实现目标的策略，他们可能会停滞不前，因为他们在采取具体行动方面缺乏清晰度。简而言之，如果一个人拥有目标（或大或小，或短期或长期），对于实现该目标可以采取的具体步骤很清晰，对成功地完成这些步骤抱有信心，以及拥有动力采取行动，那么，这些因素会共同创造出一种以目标实现为导向的希望感。如果这个人缺失其中任何一个因素，生涯咨询师必须首先处理因素缺失的问题。

拥有希望便是找出一个或多个与目标相关的行动步骤的催化剂。当人们实现目标时遇到无法克服的障碍，他们必须表现出适应性，找到并采取行动绕过障碍，使目标得以实现。适应性即随着变化而变化的能力。也就是说，虽然已经确定了具体目标，但人们仍然对新信息持开放态度，这些信息可能会强化当前目标，或导致新目标的制订。以这种方式适应新信息是必不可少的，因为人和人所处的环境不断发展，机会（计划内和计划外的）也会不断出现。然而，如果没有希望，个体在遇到障碍时就会直接放弃（每个人在实现目标时都会遇到障碍）。研究者发现，感到希望渺茫的学生往往会回避去做实现目标所必须完成的任务（Snyder，2002）。例如，如果一个人认为他很可能考试不及格，这个人可能会推迟学习，因为学习带来成功（通过考试）的希望很小。因此，希望思维的3个组成部分（能动性思维、路径思维和目标）是创造和维持希望并促成有效的生涯和教育计划行动的基石。

自省

我们每个人每天都会与环境进行无数次互动。事实上，大多数人都声称，他们经常遭遇"信息过载"（你最近查看过电子邮箱吗？）。自省涉及思考能力，思考日常情境互动对你自己的理解以及自己在世界上的位置的影响。HAT认为，有意识地、定期地反思一个人的思想、信念、行为和环境，是进行有效的生涯规划的必要条件。自省需要我们愿意去思考我们每天的个人经历是如何影响我们的。它还需要我们有意识地、反思性地思考以下问题——既然我已经有了现如今的经历，我对以下问题有何看法。

- 什么对我来说很重要？
- 我喜欢什么？
- 我喜欢使用哪些技能？
- 我想培养哪些技能？
- 我所处的环境为我提供了哪些机会？
- 我希望拥有什么样的生活方式？
- 我如何有效地使用我想使用的才能、参加我喜欢的和对我很重要的活动？
- 我正过着我想要的生活吗？
- 我对自己的未来有憧憬吗？

类似的问题不胜枚举。自省涉及"抽空检查"，反思不断发生演变的自我概念——它总是嵌入在特定生活环境中。

定期自省为随后的生涯规划奠定了坚实的基础，并增加了在生涯规划中考虑新信息的可能性。自省的策略以正念为基础，包括冥想、写日记、做瑜伽、写诗、演奏音乐等。最重要的是选择适合自己的策略，定期参与这些活动，并注意这些活动在回答上述问题时给自己带来的启发（Niles, Amundson, Neault, & Yoon，2021）。

自我清晰度

有意识的自省会导向自我清晰。如此，自省和自我清晰度是关联在一起的。自省包括花时间思考上述问题。当个体对关于他们自己和他们所在的环境的关键问题有了答案时，自我清晰就会形成。这是一个终生的过程，通过自省提高自我清晰度的需求永远不会得到满足。每一次的日常学习经历，都会促使我们反思学习对自己和自己处境的影响，这为我们在不断变化的生活环境中提高自我清晰度提供了机会。

在希望感的驱动下（通常伴随着生涯实践者的帮助），自我清晰形成了（Niles, Amundson, Neault, & Yoon, 2021）。在许多方面，这个过程类似于画一幅肖像，即自省类似于你进入艺术家的工作室，你的目的是用你的经验调色板将刚出现的图像画到画布上，以得到清晰准确的自画像（自我清晰）。古希腊哲学家亚里士多德在强调"认识你自己"对于有效生活的重要性时，就指出了自我清晰的重要性。这条建议对于进行有效的生涯与教育规划至关重要。一切都始于自我意识。如果一个人有了自我清晰，那他就已经做好了进行可能性思考（愿景）、目标设定，以及实施与适应的必要准备。

愿景、目标设定与规划、实施与适应

愿景包括就未来的职业可能性开展头脑风暴，并确定渴望未来得到的结果（Niles, Amundson, Neault, & Yoon，2021）。头脑风暴注重数量，而非质量。在这种情况下，数量关乎利用自我清晰来形成尽可能多的生涯选择。这个过程强调的是"可能性思维"而非"概率性思维"。可能性思维倾向于为未来选择创造能量。例如，回答下面这个问题是有帮助的："如果你可以做任何事情，没有约束和限制，你会做什么？"一旦有了足够的备选方案清单，就可以再次使用自我清晰来确定最可取的备选方案。被认为是可取的方案将成为进一步探索和信息收集的重点，以便深入了解并确定这些方案是否仍然可取。在这一点上，任何方案的可能性都要放在个体人生结构的背景下进行考量。也就是说，鉴于个体扮演的全部人生角色，在工作和非工作角色中，有哪些表达选择的机会？从这份清单中，选择出具体的职业目标，这些目标可以为个人提供机会，创建他所追求的人生结构，而工作显然是这里的焦点。

一旦确定了目标，并制订了实现目标的策略，那么就要进入目标的实施阶段了。

进入目标的实施阶段意味着来访者要采取与已确认的计划和目标相一致的行动。例如，如果一个人已经通过自省形成了关于可能的专业的自我清晰度——而后通过自我清晰设想了可能的专业、相关的职业和既定的目标，并确定了学习特定专业的计划——下一步是注册该专业（实施）。生涯实践者与正处于实施阶段的来访者打交道时常发现，自己实际扮演着教练的角色（即提供支持、鼓励和指导）。这有助于来访者保持希望，即他们能够实现他们设定的目标。

所有行动都指向目标的实现，而在此过程中获得的新信息，经过自省，将导向自我清晰，继而可以用来确定当前的行动方案是否合适或需要修改。对目标的修改保持开放的心态需要较强的生涯适应力，即来访者能够随着变化而变化，并能够有效地适应变化。如前所述，人与环境动态互动时需要注重自我清晰的维持，努力理解不断发展的自我如何影响生涯目标，同时还需要具有弹性，以适应性的方式回应自我的变化和（或）工作环境的变化。监控来访者成功地完成每项任务的希望程度，对于保持积极的推动力至关重要。

希望-行动量表

希望-行动量表（HAI; Niles, Yoon, & Amundson, 2010）可用于评估个体的希望程度，因为它与上面提到的希望-行动能力有关。具体而言，HAI用于评估18岁及以上成人的6种以希望为中心的生涯发展能力：希望、自省、自我清晰度、愿景、目标设定与规划，以及实施与适应。HAI实际上测量了7个方面而非6个，由于实施与适应是不同的概念，因此需要将它们分开。HAI包含28个项目，来访者大约需要10分钟来完成评估。

关于HAI的使用可以总结出如下几点。首先，HAI作为诊断工具，需要在刚开始咨询时使用。使用HAI可以帮助来访者确定自己的优势和短板，并理解HAT。其次，HAI提供了用于增强希望-行动能力的具体行动项目（例如，在思考与愿景相关的行动步骤时，HAI提供了以下指导："考虑一下，哪些人生角色对你来说是最重要的，以及在未来5年里，你希望在扮演这些人生角色的过程中实现什么。"），HAI可以用作来访者在咨询期间和之后的发展指南。最后，HAI可以用作评价工具，用来测量来访者在接受生涯辅导前后的希望-行动能力，评价结果可以让咨询师和来访者了解辅导的有效性。

对希望-行动理论的评价

HAT是由奈尔斯、阿蒙森（Amundson）和尹（Yoon）发展出的一种积极的生涯发展方法（Niles Amundson, Neault, & Yoon, H. J., 2021）。HAT 整合了 3 个理论：班杜拉（2001）的人的能动性理论、霍尔（1996）的生涯元能力理论，以及斯奈德（2002）的希望理论。它旨在培养一系列能力，即希望 - 行动能力，包括希望、自省、自我清晰度、愿景、目标设定与规划、实施与适应。该理论坚定地立足于人类发展的积极心理学取向，是强调优势能力的模型，并结合创新方法来培养这些能力，包括开展觉活动、讲故事、可视化和隐喻（Niles, Amundson, Neault, & Yoon，2021）。

至今，该理论已在多个群体中被验证为可以有效地影响希望及相关结果，包括受过国际培训的医疗专业人员（Clarke, Amundson, Niles, & Yoon，2018）、难民（Yoon, Bailey, Amundson, & Niles，2019）、失业人员（Amundson, Goddard, Yoon & Niles, 2018）和高校学生（Yoon et al., 2015）。此外，希望 - 行动量表已被翻译成意大利语、德语、韩语、土耳其语和希腊语等语言版本，并被用于全球范围内开展的希望 - 行动研究。鉴于新冠疫情及随之而来的大规模失业（美国有超过 4500 万人失业），HAT 变得更加重要。

迄今为止，除了 HAT 之外，几乎没有任何生涯理论将希望放在首位，而 HAT 已尝试将希望作为一种"类状态"的个人特征进行探索，这种个人特征代表个体对变革和发展持开放态度，关系到重要生涯发展结果的达成，如学业投入、求职投入、职业目标清晰度等。一个值得注意的例外是，克拉克（Clarke）等（2018）的研究以受过国际培训的医疗专业人员为对象，他们发现，以希望为中心的生涯发展过程显著提高了希望水平，以及加快了专业执照的获取进度（通过一系列行为指标测量）。然而，克拉克等使用了单组前测 - 后测设计，将时间序列和实验设计结合起来，采用更可靠的研究方法可能会有所帮助。此外，对这个前景乐观、易于转化为生涯发展辅导的理论，还需要进行更多的研究和检验。

后现代方法

学习目标 3.5　学习后现代方法。

后现代标签可以用来指那些强调了解我们职业生涯的重要性的方法（例如，叙事、情境、建构主义的），或者换句话说，它强调生涯发展的主观体验。后现代主义拥护多元文化的视角，并强调这样一种信念，即没有一个固定不变的真相，我们每个人都在建构自己的现实和真理。如此，后现代观点包括了建构主义的假设。

建构主义生涯咨询

人们通过决策和采取行动来建构意义，这是凯利（Kelly）（1955）发展出的个人建构理论的论点。建构代表我们发展出的关于人和事的个人化的理论，是我们对事件的看法，包括我们对他人、世界和自己的判断和评价。我们利用自己的理论，或个人化的建构来预测未来事件（例如，"因为我重视帮助他人，而咨询为我提供了帮助他人的机会，如果我成为一名咨询师，我可能会体验到职业满足感"）。具有更高预测有效性的建构通常比那些在预测事件中不太有用的建构更稳定。随着时间的推移，我们的建构更加完善，我们也会根据生活经验修改我们的建构。

皮维（Peavy）（1992）借鉴了凯利的理论，确定了生涯咨询师在进行他所称的"建构主义生涯咨询"时需要思考的四大重要问题。

1. 我如何与该来访者建立工作联盟？（关系因素）

2. 我怎样才能促进来访者增强自助性？（动力因素）

3. 我怎样才能帮助来访者详细阐述和评估他的建构，以及与决策密切相关的意义？（意义形成因素）

4. 我怎样才能与来访者协商出对其有意义的，且能得到社会支持的现实？（协商因素）（p. 221）

赫尔（Herr）和克拉梅尔（Cramer）（1996）指出，皮维提出的问题与科克伦的观点是相通的，即"生涯中的能动性，即去行动、去获得一些东西以及达成人生目标的意愿，应该是生涯理论的首要主题"（p. 191）。这种观点与凯利（1955）的个人建构理论相一致。同时，凯利（1955）有个观点尤为有价值，即个人建构凝聚在一起，形成一个意义矩阵，或一个层次有序的维度系统，其可以根据一系列事件进行调整（Neimeyer, 1992）。个人建构会随时间的推移发生演变。生活转变（例如，结婚、离婚、生孩子、孩子离开家）常常会刺激个人建构的变化。这些假设引向几种生涯咨询辅导措施的发展，其目的都是探索和重建来访者独特的意义矩阵。

其中一种是阶梯技术（Hinkle, 1965；Neimeyer, 1992）。内米耶尔（Neimeyer）将阶梯技术描述为一种帮助来访者区分更重要（上级）和次重要（下级）建构的策略。阶梯技术可以以一种更开放的方式使用，也可以基于来访者面临的特定困境使用。例如，我们可以在使用阶梯技术时让罗纳德区分他目前正在考虑的 3 种职业。让我们想象一下，罗纳德选择了工程师、社会工作者和学校行政人员。接着，我们让罗纳德找出他选择的任意两种职业之间的相似性，以及与第三种职业的区别。罗纳德可能会注意到，社会工作者和学校行政人员都会帮助他人，而工程师也可能对他人有所帮助，但工程师提供的帮助通常是间接的。之后，我们可以问罗纳德他更喜欢直接还是间接地帮助他人。如果罗纳德注意到，他更喜欢直接帮助他人，那么我们就问罗纳德为什么他更喜欢直接而非间接帮助他人。罗纳德可能会说，对他来说，重要的是他真的在改变人们的生活，而不是自己不知道是否产生了积极的影响。阶梯技术还可以继续发挥作用，我们可以询问罗纳德在每一次对比中的选择及其原因。当这种引导出的建构已非常明显，其理由已经显而易见以至无须再问时，阶梯技术的使命就完成了。

还有一种更精细的识别个人建构的技术，被称为职业角色建构库测试。以凯利（1955）的角色建构库测试为基础，职业角色建构库测试要求来访者系统地比较一组与生涯相关的元素（例如，职业）。这一技术的使用方式和阶梯技术类似。通过一次性考虑多种职业，来访者可以确定其中两种的相似性及它们与第三种的区别。例如，建筑工人和景观设计师的相似之处在于他们都涉及户外工作，这使得他们不同于在室内工作的会计师。然后将另一组的 3 种职业呈现给来访者，来访者确定其中两种职业之间的相似之处以及它们与第三种职业的不同之处。这样，来访者便以将职业识别为相似和不同的方式反映其个人建构。来访者的个人建构可用于帮助他们进行职业选择评估。一旦确定了 7 ~ 10 个个人建构（例如，在室内工作与在室外工作），来访者就可以据此对每种职业选择进行评级（例如，评级为 1= 非常不喜欢，评级为 10= 非常喜欢）。内米耶尔（1992）指出，"完成后，职业角色建构库就提供了一个有用的窗口，可以用于了解每个人在做职业决策时所考虑的独特的要素，以及这些要素之间的相互关系"（p. 166）。

职业卡片分类也可用于建构主义生涯咨询。例如，生涯咨询师可以为来访者提供一叠卡片，每张卡片上有一个职业头衔，咨询师可以指示来访者根据他会考虑的职业、不会考虑的职业和不确定的职业对卡片进行分类。之后，咨询师可以和来访者讨论"会考虑"和"不会考虑"堆中的每种职业，并请来访者说明他们会或不会考虑某种职业的原因。在讨论原因时，咨询师倾听并帮助来访者识别其在做出职业选择时使用的重要建构（例如，能够进行创造性的自我表达，在工作中拥有自主权，能够提供工作保障）。接着，咨询师可以和来访者回顾和总结这些建构。

从建构主义的视角来看，生涯咨询的结果是根据其成效来定义的。成效指的是，生涯咨询使来访者对生活的某些方面的看法发生改变或产生新的观点的效果（Peavy，1992）。生涯发展辅导被看作"实验"，在咨询内外都可进行，它旨在帮助来访者更有效地思考、感受和行动，以解决他们的生涯问题。皮维指出，"实验"可以在来访者的想象中进行（例如，引导出的幻想），具体方法包括让来访者进行批判性自省（例如，对来访者应用阶梯技术），让来访者参与模拟或产生替代体验（例如，角色扮演或技能学习），以及让来访者产生真实体验（例如，实习、求职面试）。

创造叙事

叙事法源自强调生涯发展中的个人能动性的后现代理论（Brott，2019）。具体而言，叙事的生涯咨询强调，要理解和阐释来访者在特定生涯情节中扮演的主要角色（Cochran，1997）。这种类型的阐释将叙事过程作为定义角色和情节的主要载体。霍华德（1989）指出，"人们给自己讲故事，为他们生活和行为的某些部分注入重要意义，而弱化其他部分。但是，如果他们中的任何一个人选择给自己讲述一个稍微不同的故事，那么他人生中的哪些部分更有意义，哪些部分更没有意义的模式就会大不相同"（p. 168）。通过建构个人生涯叙事，我们可以更清楚地看到我们在生活中的行动，可以在更有意义的、更连贯的、更大的生活背景下理解我们的具体决定。思里夫特（Thrift）和阿蒙森（2005）认为，"随着生涯咨询师开始处理社会公平和日益增长的不平等问题，他们将越来越多地转向生涯咨询中的叙事法"。（p. 18）

科克伦（1997）确定了叙事助人从生活经历中创造意义的几种方式。例如，他指出，叙事有助于提供一种跨越时间的个人连续感（即开头、中间和结尾）。当人们意识到过去如何影响现在时，就可以对未来做出决定。正如波尔金霍恩（Polkinghorne）（1988）所述，叙事是一种"意义的结构，将事件和个体行为组织成一个整体，继而根据它们对整体的影响赋予个体行为和事件以重要性"（p. 36）。科克伦还强调了一个事实，即叙事有助于赋予个人化的故事情节以意义。每个故事都包含一些行为和决定的例子，有助于描绘出这个人在与世界互动时的样子。此外，情节包含与遭遇的问题相关的故事线，以及这些问题是如何得到解决或未被解决的。在每条故事线中，故事都有一个寓意（例如，如果我努力工作并取得成功，我就会知道努力工作会有回报，并且很可能会继续努力工作以取得更大的成功）。

叙事法的使用基于对生涯问题的识别。生涯问题被定义为一个人当前的生涯状况与理想的生涯状况之间的差距（Cochran，1985）。在叙事意义上，生涯问题代表开始，而中间则与个体从开始到结尾的方式有关（Cochran，1997）。生涯咨询过程涉及许多章节，根据每个来访者的生涯问题而纳入咨询。例如，首先，必须由来访者详细阐述一个问题，并且这个问题通过来访者与生涯咨询师之间的互动被澄清。其次，咨询师帮助来访者撰写生活史，阐明来访者的生涯叙事。一些技术，诸如建构生命线（Goldman，1992）、使用生活章节练习（Carlsen，1988）、进行成就访谈（Bolles，1998），以及明确早期人生角色模型和早期生活回忆（Watkins & Savickas，1990）等，都能促进叙事建构过程。下一章节是通过创造未来叙事来建立并拓展叙事。技术包括使用生活章节练习、建构生命线、使用自我导向搜寻量表（Holland，1985）、使用成就访谈，以及使用有引导的幻想。用现实来检验未来的叙事就成为再下一章节。通过提供志愿服务、实习和实训、进行职业信息访谈和兼职等，来访者能够获得支持其建构未来叙事的信息，或根据新信息对叙事进行修改。此时，来访者做出了选择，即将潜力转化为现实。为了推进这一过程，来访者可以通过生涯网格活动（Neimeyer，1989）、引导性的幻想练习和生活主题识别（Watkins & Savickas，1990）等方式，根据特定的生涯选择来检查他们的价值观。当来访者明确自己的决定时，他们可能会遇到内部和外部的障碍（例如，他们可能会问自己："我会成功吗？""这个选择会令人满意吗？""我的家人会怎么想？"）。他们可能还需要一些帮助，以确定哪些活动能够提供机会，让他们与早期生涯咨询过程中建构的"新故事"连通。科克伦（1997）将与新故事建立联系的机会标记为实现。

叙事法既描述了生涯发展，也提供了生涯发展辅导，它强调，我们即是我们生活的故事。采用这一观点的生涯咨询为来访者提供了重建连贯的生活故事的机会。正如皮维（1992）所说，"咨询师和来访者可以使用自我和生涯故事来巩固目前的自我认知，并指导接下来的行动，以步入预期的未来"（p. 219）。

前面提到的生活章节练习对于帮助来访者建构叙事，并使他们对生涯中的主观体验更敏感非常有用（Cochran，1997）。在这一练习中，咨询师应鼓励来访者将他们的生活事件分成不同的章节，将他们的生活视为一本书，并要求来访者为他们的生活章节命名。在这一练习中，咨询师还可邀请来访者确定他们在每一生活章节中学到的 3 个重要教训，然后要求他们展望余生，并创建从现在到死亡的章节标题。来访者还被要求找出他们期望发生的章节，以及他们如果要拥有圆满的人生，就需要确保发生的章节。在进行这一练习时，积极的章节被恢复，消极的章节会在未来被逆转。

总结

新兴理论的优势

本章讨论的新兴生涯理论反映了生涯领域存在的活力。新兴理论通过不断提出生涯发展理论和实践的新概念，使生涯领域保持着活力。此外，本章讨论的理论填补了文献中的许多空白。新兴理论的内在优势包括：所拥护的假设通常适用于不同的来访者群体，大多新兴理论与实践有着明确的关联，以及许多新兴理论都是在现有理论的理论和研究的基础上进行整合和扩展的（例如，Bandura，1986；Kelly，1955；Rokeach，1973）。

需要更多地关注不同群体的生涯经历

尽管人们越来越注重建构适用于不同人群的生涯理论，但在这方面还有很多工作要做。毫不意外，学术界需要进行更广泛的研究，以检验新兴理论的假设和实际应用的情况。尽管新兴理论通常更加强调生涯发展中的文化和背景因素，但仍然需要更多研究来检验新兴模型对不同人群的适用性。《生涯发展季刊》（2001 年 9 月）上刊载的一系列论文强调，生涯理论家和实践者需要更多地关注情境因素（文化、性别、社会政治事件等）影响生涯发展的方式。15 年多过去了，这种需求仍然存在。

从历史上看，北美的生涯理论和实践弱化了个体的背景因素。这是一个严重的缺陷，限制了我们理解一个人的生涯发展的能力。情境提供了重要的信息，有助于我们理解个人与环境之间的动态互动，这种互动塑造了一个人的职业生涯。在没有背景因素的情况下，我们只能描述一种职业（例如，她是一名专攻肿瘤学的医生；他主修电气工程，大学毕业后在佛罗里达电力和照明公司找到了一份工作；他从一份工作换到另一份工作，没有明确的方向或重点）。

尽管一些生涯理论家（通常是特质因素类的理论家）似乎忽略了歧视对生涯发展的影响，但其他生涯理论家（很多是属于发展理论的和新兴理论类的理论家）承认这样一个事实，即获得各种职业机会的机会并不平等。理解个体和各个层级的环境因素（例如，家庭、学校、社区）之间的动态互动，以及其中嵌入的个人发展和生涯行为，将会加强我们理解生涯决策和途径的能力。

显然，在生涯理论、研究和实践中更加强调文化和背景因素，将提高我们对人为因素限制机会结构并影响数百万人的生涯发展的敏感性。对这些过程的更多理解，应该能更有效地抵消生涯发展中环境造成的负面影响。这是业内所有人都应努力实现的目标。

理论总结与整合

尽管有些学者（如 Patton & McMahon, 1999）认为，我们正在朝着生涯理论趋同的方向发展，但还有一些学者持不同看法。很明显，我们已经经历了范式的转变，从基于逻辑实证主义（例如，特质因素）的理论，到强调生涯发展辅导中的主观性、视角化和咨询师－来访者合作的后现代理论。同样清楚的是，没有一种理论是优胜者，目前受到支持的理论视角有多种，这使得生涯领域的规模变得更加庞大。例如，舒伯的理论为理解生涯发展过程提供了一个总体框架；霍兰德的理论提供了一套有用的词汇，有助于咨询师和来访者进行复杂的生涯决策活动；罗伊和戈特弗雷德森提醒我们，职业生涯从小就开始发展，社会影响了我们对未来可能性的思考（通常以消极的方式）；克朗伯兹、伦特、布朗和哈克特强调了人与环境之间的互动是如何生成影响我们生涯决策的自信的；彼得森、辛普森、伦兹和里尔登描述了我们是如何做出生涯决策的；萨维科斯强调了如何在生涯咨询中整合生涯发展的主观维度来建构生涯；汉森敦促我们要考虑更大的背景，包括灵性和文化的影响；普莱尔和布莱特鼓励我们接受贯穿 21 世纪生涯发展的"混乱"；奈尔斯、阿蒙森和尹提醒我们，希望对于推动积极的生涯发展至关重要；后现代理论则提醒我们永远不要忽视一个人独特的生活经历是如何为生涯行为提供意义和目的的。我们在第 2 章和第 3 章中讨论的每一种理论都是色彩丰富的理论织锦的一部分，生涯实践者可以系统地利用它们来指导其对来访者生涯问题的概念化，并做出恰当的生涯发展辅导决策。最后，我们希望未来的研究能够产生出适用于不同人群，并与生涯发展辅导密切相关的、定义更加明确的理论。

因此，阶梯已为光明的未来搭建好。尽管学习多种理论视角有时似乎让人不知所措，但重要的是要记住，这些多元视角也呈现出生涯发展领域的生命力。我们鼓励你更加熟悉我们所讨论的这些理论，并参与建构你自己的生涯发展理论。借鉴现有理论并反思你认为的生涯发展方式，将生涯发展研究结果纳入你的反思过程。这样的个人反思对你作为咨询师很有用，甚至可能对你的生涯发展起作用！

案例研究

丹妮丝（Denise）是一位 39 岁的欧洲裔女性，她显得非常专业，而且仪容端庄。她是家中 3 个孩子中的老大。她在社区学院学习了 2 年，但没有获得学位。丹妮丝目前是一名行政助理，这是她 15 年来的第一份全职工作。丹妮丝最近离开了结婚 14 年的丈夫，因为他不允许她外出工作或继续深造，他觉得他就应该是她的工作对象。她决定寻求生涯咨询，因为她认为自己"不仅仅是一名秘书"，但她不确定这种可能性。她担心她所做的任何改变都可能会导致其经济拮据。丹妮丝目前正试图与丈夫离婚。她说她的丈夫不想离婚，并鼓励她和他一起接受咨询。尽管保持婚姻可以解决她的经济问题，但她表示自己"厌倦了被控制"。她正在为是否决定离婚而挣扎。她的家人支持她，但没有能力在经济上帮助她。

丹妮丝相信，她的能力远不止简单地持家。她想作为一个个体而成长，并认为最好的实现方式是接受高等教育。显然，她正在为是否离婚而纠结，并正在适应生活方式的改变。

由于她已经好多年没有工作了，因此她对职场并不是很了解。

她表达了对创意领域的兴趣，并表示她经常为自己和家人剪辑录像带，想探索与该领域相关的教育项目。

一直以来，她从丈夫那里得到的信息都是，她所坚持的立场是毫无意义的，她正在与这些消极信息做斗争。她的爱好是参加创造性活动及体育活动。

若要你使用本章讨论的一种或多种理论，阐述丹妮丝的生涯发展，你会使用哪种理论（或哪些理论）为丹妮丝提供生涯咨询？这些理论在阐述丹妮丝的生涯发展方面有何局限性？

学生练习

1. 从本章选择一种理论，写一篇一页纸的总结，说明你将如何使用这种理论来描述罗纳德的生涯发展（在本章中呈现的）。

2. 想想你现在生活中的一项活动，你对它有非常积极的结果预期（即你期待成功）。然后想想你生活中的一项活动，你对它有消极的结果预期。想想你对这两种活动的感受。你对参加这些活动的兴趣程度如何？

3. 完成价值观排序练习。确定对你而言排名前五的价值观，并定义它们。想想你每天表达排名第一的价值观的方式。问问自己有没有办法提高表达这些价值观的程度。如果有，则建构策略，使这种可能性成为现实。

4. 完成练习3后，将价值观排序练习教给朋友。告诉你的朋友，首先确定对她而言排名前十的价值观，然后确定排名前五的价值观，将这5个价值观中的每一个都写在一张单独的纸条上。接下来，你一次取走一张纸条。在你取走纸条前，请确保你的朋友为自己定义了这些价值观。写下定义很重要。然后，你与朋友讨论这些价值观在此人生活中的体现方式，是否有可能提高价值观在此人生活中的体现程度。如果有，使用头脑风暴法思考实现这一目标的策略。

提供文化兼容的生涯发展辅导

考虑到美国人口和劳动力日趋多样化，对于生涯咨询师和生涯发展专家而言，保持对多元文化的敏感和包容显得愈发重要。多元文化咨询运动开始只关注种族／民族，后来扩展为关注更多因素，如：性别、性别身份认同、宗教、年龄和社会阶层。人们不仅拥有多重身份，而且其个性也因多元文化身份而不同。要想成为一名能满足文化兼容要求的生涯咨询师，我们始终需要保持自我反省和成长。同样重要的是，要让所有人保持对多元文化的敏感性。

——宗耀民（Y. Barry Chung）
哲学博士
圣地亚哥州立大学院长兼教授
美国生涯发展协会主席（2006—2007）

【学习目标】

4.1 明确美国生涯理论中的传统假设。

4.2 区分通用模式和特定文化模式。

4.3 理解种族中心主义和文化适应的含义。

4.4 了解身份认同发展模型。

4.5 明确文化兼容有效的生涯咨询建议。

朱欣（Ju-Shin），28 岁，是第一代亚裔美国人（父母来自中国台湾），在生涯咨询中，她谈到自己对目前职业选择的担忧。她原本想当一名咨询师，但就在快取得咨询博士学位时，改了主意。朱欣说她最近对咨询的兴趣越来越淡。同时她还流露出对研究和统计课程的兴趣。当她看到朋友在攻读教育研究博士课程时，开始在想，这个方向对她来说是不是更好的选择。生涯咨询师也觉察到了她的焦虑。随着咨询的深入，朱欣提出了她的顾虑：如果她换了方向，她的父母会作何反应？实际上，她认为父母不会同意她这个决定。所以在咨询中一旦聊这个话题，她似乎就越不愿意考虑换方向。但越这样，她越是在言语间不时流露出对研究型课程的喜爱。

如果从传统的特质因素论和个人取向的生涯决策出发，生涯咨询师可能先会拿出一套测评，评估朱欣适合哪种学位课程：是现有咨询方向课程，让她将来成为咨询教育者，还是研究型课程，将来选择与此相关的职业？然后在朱欣了解自己的兴趣、技能等特质信息后，鼓励她选择与自己特质匹配的职业方向。

但问题的关键显然不在这儿。尽管获得这些信息对朱欣很有用，但影响她职业困境的还有其他方面问题。因为她的生涯决策受到了家庭背景的巨大影响，所以对朱欣的生涯咨询师来说，在生涯咨询中探讨这一背景因素至关重要。生涯咨询师不仅要了解家庭期望如何影响朱欣的生涯探索，比如她对研究的兴趣，同样还要了解文化刻板印象和歧视行为在多大程度上影响她对"成就"的看法。由于个人和文化会相互影响，生涯咨询师有必要发展多元文化知识、技能和意识，以便进行文化兼容的生涯咨询。

朱欣的案例证明，生涯辅导过程的核心是文化因素。要想进行文化兼容的生涯咨询辅导，生涯咨询师不光要接纳事实，还要对巨大的文化差异和社会人口变化保持敏感。在过去 40 年里，美国一直充斥着"多元文化论"。根据李（Lee）和理查森（Richardson）（1991）的观点，多元文化论（cultural pluralism）概念来源于 20 世纪 60 年代的社会、政治和经济背景。世界人口正趋向多样化。

人口结构的变化、多元世界观和文化多元性影响着生涯发展辅导过程。虽然有所改善，但仍有大量证据表明，老龄人口、妇女、少数族裔、残障人士、同性恋和变性者在生涯发展中仍持续面临巨大阻碍。

因此，在帮助不同群体成员进行生涯发展时，传统理论方法往往显得水土不服（Pope，2018）。若果真如此，那么在 21 世纪，生涯发展辅导就要换个思路来满足日益多样化的社会成员的生涯发展需求（Lee，2012）。

显然，生涯发展从业者与面临困境的来访者打交道时，必须具备强大的多元文化兼容能力，这包括理解歧视性程序对生涯发展的影响，以及如何进行有效辅导。所以，这扩展了多元文化咨询中通常包含的能力。阿克塞尔森（Axelson）（1985）将多元文化咨询定义为一种助人的过程，在这个过程中，咨询师和来访者对双方的文化理解与咨询理论和实践同等重要。艾维（Ivey）、德·安德里亚（D'Andrea）、艾维（Ivey）和西梅克－摩根（Simek-Morgan）（2009）强调文化背景在塑造一个人的现实观方面的重要作用。对需要多元文化胜任能力的生涯发展从业者而言，这些观点提供了重要启示。在设计和实施符合文化背景要求的生涯发展辅导时，咨询师要考虑的重要因素有：解决普遍或特定文化变量的辅导措施，生涯辅导措施中的种族中心主义程度，来访者的文化适应水平以及来访者的身份认同发展。当然，生涯发展从业者必须对这些因素如何影响来访者的自我概念有所觉察，并做出恰当的生涯辅导。

与生涯发展和生涯辅导相关的另一个重要视角是"交叉性"。美国生涯发展协会（NCDA）的多元化倡议和文化包容委员会坚定地强调，在 NCDA 的使命中，"交叉性"非常重要，就像如下声明所反映的那样：

> 美国生涯发展协会尊重多样性、促进社会公正，以此承认每个人的价值、尊严、潜力和独特性。美国生涯发展协会从交叉性的角度看待多样性，承认身份认同在权力、特权和压迫体系中的运作方式。美国生涯发展协会致力于在成员和领导力方面成为多样化的组织。（NCDA，2017）

一个人的身份如何在权力、特权和压迫的经历中相互交叉，塑造了这个人的地位、对环境的接触和对机会的感知。

不同身份认同的组合会使人们对被压迫、特权和权力有不同的体验。此外，交叉性塑造了人们的自我认知和对生涯发展可能性的看法。正如库伯（2017）指出，这些特定的身份如何产生交集，决定了一个人可以同时体验特权并且受到压迫。在讨论身份认同发展模型时，重要的是需考虑不同身份的交叉方式。具体来说，除了要反思自己的交叉经验，还应了解交叉经验如何影响来访者的自我理解和世界观。

尚（Chan）、科尔（Cor）和班德（Band）（2018）强调了将交叉性因素纳入生涯咨询教育和咨询辅导过程的重要性。具体来说，他们指出，"考虑到两种或两种以上文化身份间的关系（例如种族和性别），以及同时发生的身份认同发展过程，很难将两种或两种以上的文化身份视为单独的概念"（2018，p. 61）。当这些身份中至少有一种身份与被压迫和边缘化有关时，了解一个人相互关联的身份认同过程，及其它们如何影响个人的生涯发展选择就尤为重要。这种对一个人生涯发展过程的影响方式的关联会左右生涯咨询师提供更多情感支持和赋能的需求，左右他们质疑来访者错误看待特定职业可能性的需求，以及倡导反对压迫性就业政策和做法的需求等。因此我们建议你在学习本章提到的各种更加孤立的身份发展模型时，尝试使用交叉视角。同时我们也认可尚、科尔和班德的观点，即需要更多研究来了解交叉性对生涯发展过程的影响。

美国生涯理论的传统假设

学习目标 4.1 明确美国生涯理论中的传统假设。

在生涯发展理论和辅导措施发展史上，北美地区向来注重心理学观点的假设：突出个人内部变量（如动机、内部控制点、毅力、能力）在塑造个体生涯中的作用。

吉斯伯斯（Gysbers）、黑普钠（Heppner）和约翰斯顿（Johnston）（2014）指出，美国的生涯发展辅导措施产生于特定的背景下，可以归纳出反映欧美视角的 5 个原则：（1）个人主义和自主性；（2）富足；（3）向所有人开放的机会结构；（4）工作在人们生活中的中心地位；（5）生涯发展过程的线性、渐进和理性。不过这些原则反映的只是一种特定假设，并不是大多数人遇到的真实情境体验。斯特德（Stead）（2004）指出，现有的大多数生涯理论中都存在种族中心主义的缺陷，并对将现有理论简单地适用于其他文化的做法提出了质疑。他认为文化敏感的理论在初始就要建立在特定的文化背景基础上，从而与相应的文化背景相关联。扬（Young）、马歇尔（Marshall）和瓦拉赫（Valach）（2007）强调了斯特德的观点，他们注意到，即使在讲英语的西方工业化国家中，"生涯"一词的含义也存在差异。

虽然许多早期生涯发展理论承认，人与环境相互作用会影响生涯发展，但对相互作用的描述并不完善。比较明显的是，在 2010 年后的来访者更加多样化，人们逐渐意识到文化在职业选择和生涯咨询中的重要性，这也让理论者和实践者意识到，将多元文化的观点融入其理论和生涯辅导很有必要。

通用模式和特定文化模式

学习目标 4.2 区分通用模式和特定文化模式。

许多有关多元文化生涯发展辅导的声明都提到了咨询的"客位"（即通用的）和"主位"（即特定文化的）方法，以及二者间的紧张关系。客位方法认为，针对少数群体和多数群体的生涯发展辅导应当相同。因此，客位支持者认为当前的生涯理论和技术足够强大，具有普遍适用性。

另一方面，主位方法强调，针对来访者的文化背景来设计生涯发展辅导措施十分重要。沃尔（Wohl）（1995）认为，"文化特定性办法是心理治疗方法，旨在与特定种族来访者的文化特征相一致，或是用于特定种族群体中特别突出的问题。"（p. 76）以此类推，文化特定性的生涯发展理论要为不同群体的生涯发展提供更全面、更准确的描述。

菲舍尔（Fischer）、乔姆（Jome）和阿特金森（Atkinson）（1998）认为，研究人员应将大量注意力集中在特定文化（主位）的咨询辅导上，或"以牺牲关注多元文化咨询和研究中的共同因素为代价"（p. 528）。菲舍尔及其同事在多元文化咨询中提出了共同因素观，认为"特定心理疗法的疗效不在于其理论上独特的组成成分（例如，精神分析方法的洞察力、认知方法的认知矫正），而在于所有心理疗法的共同成分"（pp. 529-530）。因此，菲舍尔等人确定了 4 个因素，这些因素似乎是"所有文化中治愈的普遍因素"（p. 532），包括：（1）治疗关系；（2）共同的世界观；（3）来访者的期望；（4）仪式或辅导。治疗关系的基石是咨询师和来访者间建立的信任和融洽关系。菲舍尔等人引用了强有力的研究成果，证明建立有效的治疗关系是预测治疗结果的重要因素。

建立治疗关系的关键是，咨询师和来访者间有共同的世界观。这一共同因素反映了罗杰斯（Rogers）（1957）的移情性理解概念，他将其定义为："努力体验来访者的世界，就好像体验你自己的世界一样，但又不失'好像'的品质"（p. 97）。菲舍尔等人（1998）认为，理解彼此的世界能让来访者和咨询师建立治疗关系，并为咨询结果的积极预期奠定基础。移情性理解还可以最大限度地减少咨询师利用文化一致性神话的可能性，"这种文化一致性神话假设，所有个体，无论其种族、民族、性别、年龄和社会阶层"，都与咨询师的价值观和目标相似（Leong, 1993, p. 32）。因此，要想提供文化兼容的有效生涯发展辅导，获取此类理解至关重要，这就要求咨询师要有足够的知识、技能，了解来访者的文化。显然，在这个过程中，咨询师还必须意识到自己的文化偏见和假设。

菲舍尔等人（1998）确定的第 3 个共同因素是来访者的期望。"在治疗的环境下，咨询师和治疗师根据自身的相关培训和学位，与来访者共享世界观，并与之发展治疗关系，在提高来访者期望的同时获得信誉"（p. 538）。来访者对自己的咨询经历有积极期望时，更能产生积极的结果。

前 3 个共同因素奠定基础，是第 4 个共同因素——仪式或干预的先决条件。菲舍尔等人（1998）指出，"与某一来访者相关的有效辅导可能并不适用于另一来访者，这取决于关系的程度、共同的世界观和积极的期望"（p. 540）。所有这些因素都与生涯发展辅导过程相关，与生涯发展从业者的理论取向无关。若想提供适当辅导，生涯咨询师还要认识到其他几个重要的问题：种族中心主义、文化适应和身份认同发展。

种族中心主义

学习目标 4.3　理解种族中心主义和文化适应的含义。

　　当生涯咨询师认为某种（他们自己的）价值体系优于另一种价值体系时，他们就会做出对来访者世界观不敏感的种族中心主义行为。当咨询师认为，个人主义和自给自足的行动比集体主义行动更能反映相互依赖和群体忠诚时，生涯发展辅导中就很容易出现种族中心主义。个人主义者用个人态度、私人利益和个人目标来指导他们的行为，而集体主义者依靠共同利益、群体规范和共同目标来指导他们的决策（Hartung, Speight, & Lewis, 1996）。对许多人而言，美国许多生涯发展理论强调个人主义，其世界观与那些认为应该由家庭或团体来决定职业选择的群体有所不同。

　　当我们讨论欧洲裔种族身份的发展时，可以更容易地理解种族中心主义。赫尔姆斯（Helms）（1992）提出了欧洲裔种族身份认同模型，将其过程分为六个阶段。在接触阶段，个体接受"色盲"观点（"我看不到颜色"），并且不会有意识地表现出种族主义行为。他们可能认为关于种族问题的讨论并不重要，直至他们体验到与欧洲裔相关的特权后，才会进入下一阶段。在解体阶段，个人开始用新的视角看待世界，可能会因为之前没有意识到自己的特权而感到内疚或羞愧。如果这些感觉持续存在，就会进入下一阶段，即重新融合阶段。在重新融合阶段，个人可能会开始指责少数族裔和被边缘化的群体，认为自己的特权是应得的。在伪独立阶段，负罪感和羞耻感转变为希望与少数族裔和被边缘化的群体接触，以深入了解种族主义和非种族主义。下一个阶段是沉浸/再现，这一阶段更加内化，侧重于个体接纳自己的欧洲裔身份，并与其他欧洲裔讨论，努力理解自己的身份和反种族主义的意义。在最后一个阶段，即自洽阶段，个人对自己的欧洲裔身份看法更加积极、健康，同时思考自己在社会正义领域的作用（Helms，2019）。

文化适应

　　虽然了解特定文化是倾向于个人主义（例如，欧洲裔美国人）还是集体主义（例如，亚裔美国人）是有用的，但不能对来访者刻板地运用这些知识（例如，"所有欧洲裔美国人都是个人主义者""所有亚裔美国人都是集体主义者"）。因此，在理解来访者的世界观时，需要评估的另一个重要变量是文化适应。文化适应可定义为"采纳另一个群体的文化特征或社会模式的过程"（Stein, 1975, p. 10）。美国的文化适应研究表明，英语语言能力是文化适应的最佳衡量标准之一（Fouad，1993）。然而，文化适应是一个复杂、多方面的过程。

早期的文化适应模型（如 Park & Burgess，1921）是基于非此即彼的假设（如，一个人要么接受"新"文化，拒绝"旧"文化；要么拒绝"新"文化，保持"旧"文化）。"边缘人"的概念是该模型固有的概念（Park，1928）。边缘人是指在心理上夹在两种文化之间的人。他们对自己的母国文化和东道国文化都持有消极看法，但也很难接受欧美文化固有的有关种族主义态度和行为的价值观（Leong & Brown，1995）。这类情况往往会导致身份认同危机，其特点是长期不安、不自在和自卑（Atkinson, Morten, & Sue, 1993）。贝里（Berry）（1980）修订并广泛使用的文化适应模型集中于4 种文化适应模式：（1）同化；（2）分离；（3）融合；（4）边缘化（见表 4.1）。文化适应模式被定义为"个人希望接触东道国文化和母国文化"（Sullivan & Kashubeck-West, 2015, p. 2）。

表 4.1 贝里的文化适应模式

	人们是否认为保持自己的文化身份和特征是有价值的?	
人们是否认为保持与东道国文化的关系是有价值的?	是	否
是	融合	同化
否	分离	边缘化

资料来源：Berry, 1980; Sullivan & Kashubeck-West, 2015

边缘化模式最有可能阻碍调整。若个体认为维持母国文化身份和东道国的关系没有价值时，他 / 她就很难做出调整。融合模式允许以最小压力进行最大调整。同化和分离处于二者中间；同化倾向于认同东道国文化，分离则侧重于认同母国文化、拒绝东道国文化。随着模式的演变，融合阶段增加了双重文化主义（Fox, Merz, Solorzano, & Roesch, 2013; Schwartz & Zamboanga, 2008）。

最新的文化适应模型反映了文化适应的双文化观点。与早期非此即彼的模型相比，这种模型认为个人可以高度适应多种文化。阮（Nguyen）和贝内特·马丁内斯（Benet-Martinez）（2013）开展了一项元分析，研究了双文化主义和调整之间的关系。他们分析了 83 项研究，共计 23 197 名参与者。结果显示，双文化主义和适应（心理和社会文化）间有着强烈的、显著的正相关。此外，与单一文化取向相比，双文化主义和调整间的联系更强。该结果否定了将双文化主义者视作边缘人的观点，即认为双文化主义者"夹在冲突的两种文化价值观之间，结果他们对任何一种文化都没有认同感"（Atkinson et al ., 1993）。与此相反，双文化主义者"觉得自己对两种文化都有责任，并有选择地接受每种文化的积极方面"（p. 23）。因此，来访者的文化适应水平是个重要的群体内变量，生涯咨询师需要处理并提供恰当的生涯辅导。

对于试图明确最初职业偏好的年轻人来说，咨询师在辅导的过程中，不要轻易假设来访者的文化适应水平与其家庭成员的文化适应程度处于同一水平，而要正视和解决二者之间的差异，这一点很关键。同时，格里格尔（Grieger）和庞德罗托（Ponterotto）（1995）指出，对于初代美国大学生而言，当其家庭文化适应水平与其自身文化适应水平不一致时，经历文化和双文化压力并因此发生冲突的情况并不罕见。朱欣在生涯决策过程中，在价值观层面接受的西方观念多于原生文化，可能就属于这种情况。

身份认同发展模型

学习目标 4.4 了解身份认同发展模型。

由于身份认同发展模型与关键文化变量、个人、个人生活环境及个人与环境间持续的相互作用有关，它为明确身份认同发展过程提供了有用框架。

种族身份认同模型

因为种族身份认同模型有助于我们理解种族身份认同状况（对于咨询师和来访者来说都适用），所以能在某些层面上影响生涯发展辅导过程。例如，阿特金森（Atkinson）、莫滕（Morten）和休（Sue）（1989，1993，1998）描述了种族身份认同发展的 5 个阶段，各阶段都有相应的咨询含义：（1）顺从；（2）不和谐；（3）抵制和沉浸；（4）内省；（5）协同表达和意识。

当个体处于顺从阶段时，会遵守主流文化的价值体系。他们对自我和他人的认知都是从主流文化的视角来看待的，倾向于否认主流文化中存在种族主义和歧视性待遇，并强烈渴望"同化和融入"主流文化（Atkinson et al., 1993, p. 29）。由于处于顺从阶段的个体强烈认同主流文化，他们可能会偏爱主流文化中的生涯咨询师。在生涯发展辅导过程中，他们表现出高度顺从和取悦咨询师的需求。阿特金森等人（1993）认为，这些来访者可能会提出最适合生涯发展辅导的生涯问题，这时生涯辅导则侧重于解决问题的方法。

个体通常会逐渐进入不和谐阶段，发生重大事件会加快他们进入不和谐阶段的速度。在任何一种情况下，处于顺从阶段的个体遇到与该阶段信念背道而驰的人或情况时（例如，顺从阶段的亚裔美国人遇到一个对自己血统感到自豪的亚裔人，或者顺从阶段的非裔在个人遭遇种族主义时），就会进入不和谐阶段。在这种情况下，获得的信息为个体提供了关于他 / 她的出身文化（如文化传统、价值观和习俗中的积极方面）和主流文化（如主流文化中某些歧视性行为和做法）的不同看法。这样的信息会打破否认，为身份认同发展打开一扇窗。具体来说，从顺从阶段到不和谐阶段的个体可能会越来越多地进行自我概念、身份、自尊和群体归属的自我探索（Atkinson et al., 1989）。生涯发展从业者与处在不和谐阶段的个体打交道时，需要全面理解个人的出身文化。

第三阶段是抵制和沉浸阶段（Atkinson et al.,1989）——个体往往拒绝主流文化的观点和价值观。他们表示出完全认可出身文化的观点和价值观。此外，他们之所以对不和谐阶段所经历的困惑感到强烈愤怒，是因为逐渐意识到种族主义及其对自身生活的影响。D.W. 休和 D. 休（1990）指出，当个体开始质疑自己的文化羞耻感时，他们往往会因为"过去出卖了自己的群体，助长了他 / 她自己所属群体的压迫"而感到内疚和愤怒，还会因主流社会势力的压迫和"洗脑"而感到愤怒（Atkinson et al., 1993 p. 31）。处于这一阶段的个体常把压迫视为生涯发展担忧的主要来源。阿特金森等人表示，这一阶段的个体往往不会寻求心理咨询，如果他们去咨询，很可能是遇到了类似种族的咨询师，或者遇到更多类似危机的担忧。而处于这一阶段的个体可能更喜欢团体生涯咨询，这种咨询以行动为导向，旨在挑战种族主义。D.W. 休和 D. 休指出，无论咨询师与来访者有多相似，处在抵制和沉浸阶段的来访者都会质疑咨询师的种族主义及其社会角色。

当个体开始对抵制和沉浸阶段的固有信念感到不适时，就开始关注更大的个人自主权。也就是说，随着个体进入第四阶段——自省阶段，他们开始接受这样一种观念，即并非所有主流文化都是消极的。与其盲目坚持对文化体系的积极或消极看法，不如从更个人的层面来审视特定文化体系的优点。当个体对自己的种族身份有了更为强烈的安全感时，这种观念开始显现。而随着个体自主程度不断加深，更加个人化的价值体系就发展起来了。阿特金森等人（1993）认为，对出身文化的强烈认同、对个人自由的新需求往往会促使个人寻求咨询，来解决因相互冲突的动态导致的日益紧张的关系。在这种情况下，来访者往往首选与自己相似种族和族裔的生涯咨询师；不过，如果其他文化的咨询师能对来访者的文化困境产生共鸣，那么他们也可以被接受。阿特金森等人提出，在与自省阶段的来访者打交道时，要重视自我探索和决策。

阿特金森等人（1989）模型的最后阶段是协同表达和意识阶段。该阶段的个体会客观审视自己所在群体的文化价值观和主流群体拥护的文化价值观。他们会接受或拒绝在其身份认同发展早期经历基础上建立的文化价值观。这些个体渴望真正消除社会中所有形式的压迫。因此，该阶段的个体倾向于体验关于文化认同的自我实现感。阿特金森等人认为，这是由于该阶段来访者已具备"行使个人自由所需的内在技能和知识。与成员－团体相似性相比，来访者和咨询师之间的态度是咨询过程是否成功的决定性因素。"（p. 36）。

阿特金森及其同事开发的模型与非裔身份认同发展的非裔化理论有相似之处，后者最初由克罗斯（Cross）（1971）在20世纪70年代初提出，1995年修订。克罗斯指出，非裔理论本质上描述了一种重新社会化的经验，克罗斯（1995）将其描述为："将先前存在的身份（不是非洲中心身份）转化成非洲中心身份"（p. 97）。这五个阶段包括：遭遇前、遭遇、沉浸－再现、内化和内化－承诺。克罗斯和斯特劳斯（Strauss）（1998）讲述了文化身份地位如何帮助非裔和非裔美国人适应环境，他们认为非裔身份具备三个功能：纽带、缓冲和桥梁。生涯咨询师及其非裔来访者可以阐明来访者的身份地位如何发挥作用，以支持他们与非裔的联系（纽带）、非非裔的联系（桥梁），并保护他们免受歧视（缓冲）。

性别身份认同模型

个人、社会对男性和女性的期望可能因文化而异，但我们都受到性别和性别期望的影响（Dispenza, Brennaman, Harper, Harrigan, Chastain, & Proctor, 2019）。在提供恰当的生涯发展辅导期间，认清性别对生涯发展的影响至关重要。在生命早期，性别角色社会化对女孩和男孩影响极大（Gottfredson, 1981, 2002; Hageman & Gladding, 1983）。

从刻板印象角度来看，这些影响增强了男孩的竞争力和技能熟练度，加强了女孩的人际关系和联系（Gilligan, 1982）。随着男性和女性进入劳动力市场，因为女性在选拔和晋升中经常面临歧视，所以性别角色的社会化仍在继续。这种做法不仅限制了女性的工作晋升，还限制其接受指导的机会，因为男性通常利用非正式社会网络来提高其职业地位，而女性则被排除在这种网络之外。不过并非只有女性受到社会化的影响。男性同样受到社会化的影响，人们期望男性在职业生涯中雄心勃勃，并有所成就。2017年的一项研究发现，相比老一辈的男性，千禧一代的男性更能感受到拥有更多性伴侣的压力。当人们以性的方式讨论女性时，他们会参与讨论，如果他们被激怒了，他们更有可能攻击对方（Parker, Horowitz, & Stepler, 2017）。人们认为那些努力平衡生活的男人缺乏雄心，没那么渴望成功。此外，当男性从事以女性为主的职业时（如日托服务、护士或文员），会被认为过于女性化。所以当男性非常重视家庭参与度和事业成就，努力扮演好这两个领域的角色时，容易增加抑郁的风险（Lease，2003）。

性别社会化的差异导致了职业中的不平等现象。正如赫尔（Herr）等人（2004）所写："许多职业是有男女性别传统的，这只是延续了性别角色的刻板印象，将劳动分工延续为自我实现的寓言。"（p. 260）这种性别角色定型观念已超出了人们的生活角色；奈尔斯（Niles）和古德诺（Goodnough）（1996）指出，社会期望对生活角色参与具有重要影响。例如，女性普遍比男性更重视家庭和家人。同样，那些既重视工作又重视家庭的女性也面临着角色冲突的风险。对于夫妻而言，如果男性在家务和家庭角色中的参与度低于女性，这通常会导致冲突加剧。

为了将性别纳入生涯发展辅导过程，吉斯伯斯（Gysbers）等人（2003）建议，使用与性别相关的身份认同发展模型。例如，他们引用了唐宁（Downing）和劳什（Roush）（1985）提出的女权主义身份认同发展模型，该模型分五个阶段，从接受社会中的性别歧视观念和行为到致力于改变社会中的性别歧视。而家庭、学校、社区和工作场所等具有压迫性的环境，也会限制女性的生涯发展。刻板印象普遍存在于书籍、电影、电视节目和杂志中，该现象会导致女性遇到许多问题，如"玻璃天花板"现象（即女性难以进入高层管理和领导层）、缺乏可用的导师、招聘歧视、性骚扰、儿童保育选择不足且难以负担，以及对有志于从事非传统职业的女性普遍缺乏支持等问题。吉斯伯斯、赫普纳和约翰斯顿（2003）认为，"理解女性的身份认同发展，有助于了解来访者对性别化环境的反应。例如，态度和信念处于第一阶段的女性可能没有意识到性别偏见或实际上接受了性别偏见，处于中间阶段的来访者可能更喜欢女性咨询师，她们可以从咨询师那里学会如何应对因性别歧视而产生的愤怒。"（p. 95）

库克（Cook）、黑普纳和奥布赖恩（O'Brien）（2002）为解决与女性生涯发展相关生涯理论中的缺陷问题，建议用生态学观点阐释人与环境间的动态作用。库克及其同事认为，生涯咨询模型中隐含欧洲裔、男性和西方人的经验和世界观，生态观点对于解决这些问题特别有用。他们指出，当环境因素不利于女性生涯发展方式时，生态视角鼓励人们更加敏锐地看待此类问题。库克等人特别指出，生涯咨询师要解决生涯发展模型中隐含的以下假设问题：（1）工作和家庭角色的分离；（2）强调个人主义和自主性；（3）认为工作是人们生活的中心；（4）认为生涯发展是一种线性和理性的过程；（5）职业机会结构中的欧洲裔、男性偏见。此外，库克及其同事强调，生涯咨询师要接触女性来访者，解决其宏观系统需求（即，来访者在生涯发展中如何应对重要人物和家庭成员的需求）；帮助女性学会如何通过学习或提高谈判沟通技巧来影响其微观系统（如工作场所），从而使她们能够提出自己的诉求（如更灵活的工作时间、加薪）；如何识别并获取高质量的儿童保育；如何提高应对职场性骚扰的能力，从而减少受害；如何帮助女性接触导师。当然，所有问题都为宏观系统（例如，倡导公平的职场政策和待遇）和微观系统（例如，在生涯咨询关系中）的辅导提供了机会。弗洛姆（Frome）、阿尔菲尔德（Alfeld）、埃克尔斯（Eccles）和巴伯（Barber）（2006）调查研究了这样的问题，一些年轻女性在青春期时拥有男性主导领域的职业抱负，但成年后却放弃了这些抱负。追踪性数据调查结果表明，由于女性渴望弹性工作制、对职业的时间要求高且对自然科学的内在价值感低，这让她们一定会将其职业抱负移出男性主导的领域。

在对男性来访者的咨询过程中，将性别问题纳入生涯发展辅导也很重要。男性被社会化为重视权力、竞争、行动、力量、逻辑和成就（O'Neil，1982）。他们所受的教育要求其避免亲密情感，并害怕女性（Skovholt，1990）。奥尼尔认为，这类社会化过程限制了男性的自我表露及身体和情感等方面的体验。为追求成功和成果，许多男性过分重视工作，家庭活动则能省则省（Niles & Goodnough，1996）。等到了晚年，许多男性才意识到，自己经常错过与伴侣 / 孩子建立更有意义的联系机会。然而皮尤研究中心发现，60% 的人认为，人们很少重视教育和鼓励男孩说出自己的感受（Parker, Horowitz, & Stepler, 2017）。此外，72% 的男性认为，应将女孩介绍到常与异性有关的活动，相比之下，赞同介绍男孩的人只有 56%。女性认为，让孩子参与与性别无关的活动更有价值。对于此类人群，生涯发展辅导的重要组成部分包括：为男性提供机会（个人 / 团体生涯咨询），探索社会化过程如何影响其职业行为，学习如何表达自身感受，学习如何管理或减少压力并知晓如何更加充分地参与工作以外的活动。

残障人士

在生涯发展中，残障人士是另一个经常遭受歧视的群体。患有影响日常生活功能的残障人士约占美国成年人的四分之一（CDC，2018）。在 65 岁及以上的人群中，有五分之二的人受到残障影响。"几乎在所有经济活动指标上，残障人士都落后于非残障人士"（Ettinger, 1996, p. 239）。例如，2009 年，大学毕业的残障人士就业比例只有 31%（相比之下，81% 的非残障人士只有高中学历）（Innovative Placements，2010）。残障人士年平均收入约为 33 000 美元，非残障人士为 44 269 美元。尽管事实如此，生涯发展研究人员还是很少关注残障人士的职业经历。例如，2014 年 12 月期《生涯发展季刊》被许多生涯专家认为是生涯发展文献中最全面的年度综述，在对其中最新 10 篇文献综述进行研究后发现，通常情况下，人们很少关注到与残障人士有关的生涯文献。

美国疾病控制和预防中心（CDC）将残障定义为：某种精神或身体状况（损伤），导致患者难以进行某些活动（活动限制），很难与周围世界互动（参与限制）。疾病预防控制中心承认，残障人士一词包括各种不同的个人。1990 年的《美国残障人士法案》（ADA）将残障人士定义为：

> 因身体或精神缺陷而使一项或多项日常活动能力严重受限的人；有过类似缺陷的记录；或被认定有类似缺陷的人。身体或精神缺陷的例子包括传染性和非传染性疾病和病症，如矫形、视觉、言语和听觉损伤、脑瘫、麻风、肌肉萎缩症、多发性硬化症、癌症、心脏病、糖尿病、智力迟钝、情感疾病、特定学习障碍、HIV 疾病、肺结核、药物成瘾和酒精中毒。"主要生活活动"包括照顾自己、执行手工任务、行走、视觉、听觉、说话、呼吸、学习和工作等功能。（U.S. Department of Justice，1991, pp. 3–4）

《美国残障人士法案》规定，雇主在雇用或提拔员工时，只能考虑必要的工作职能。对于求职者，雇主会要求其展示如何履行特定的相关工作职能。虽然雇主可根据与工作相关的资格条件，做出录用决定，但不能根据个人残障原因做出决定。

2004 年《残障人士教育改进法》侧重给童年至成年时期的教育 / 职业过渡提供服务。法案要求，所有残障学生都要拥有个性化的教育计划和服务，从而帮助他们从高中顺利过渡到高等教育或社区教育。2014 年，美国通过了《劳动力创新与机会法案》，规定所有职业康复（VR）机构要将 15% 的资金分配给过渡期的残障青年。上述法律都禁止在教育和工作场所歧视残障人士。

雇主必须为符合资格的残障人士提供合理的便利，使其能够履行工作的基本职能，除非这种改变给雇主带来了不必要的困难。

聪克尔（Zunker）（2006）指出了残障人士常面临的几个生涯发展问题。他提到一些与适应残疾相关的问题（比如人们经历身体创伤后，难以适应和接受自己的残疾）：面对错误信息和歧视性态度的障碍；克服因被贴上"残疾"或"残障"标签而导致的泛化；缺乏榜样和常模群体；处理与残疾发病年龄相关的问题；发展社会 / 人际交往能力；培养积极的自我概念；锻炼独立生活的能力。上述问题都需要具体的生涯发展辅导措施，从而促进残障人士的生涯发展。

接触类似残障员工可以帮助缺乏榜样的残障人士增强其自我效能感（Bandura，1986）。库克（Cook）（1981）指出，有些人因身体创伤难以适应残疾，接受帮助有助于减轻失去原先功能而导致的悲伤。聪克尔（Zunker）（2006）指出，那些在人生早期出现残疾的人可能需要接受帮助，培养自信和独立，而在成年后出现残疾的人，则要重新开始整个生涯发展过程。一些社会支持的就业机会（如庇护工场），有助于残障人士接触榜样，让他们在工作相关领域取得成就、增强自尊，并培养重要的人际交往技能。

总则
- 公共场合，如餐厅、酒店、剧院、诊所、药店、零售店、博物馆、图书馆、公园、私立学校和日托中心，不得歧视残障人士。
- 必须合理修改政策、实践和程序，以避免歧视。

辅助设备
- 必须向有视听障碍的人或其他残障人士提供辅助器具和服务，造成过度负担的情况除外。

物理障碍
- 必须拆除现有设施中的物理障碍物。若障碍物不易拆除，必须提供可行的替代方法。
- 所有新建的公共设施，以及办公楼等"商业设施"都必须是无障碍进入的。三层以下或每层面积小于 3000 平方英尺①的建筑物通常不需要电梯，除非该建筑物属于购物中心、超市或提供医疗保健服务的专业办公室。
- 改造区域必须是无障碍到达的。对主要功能区域进行改造时，必须提供通往改造区域的无障碍通道（以及为该区域服务的浴室、电话和饮水机），确保增加的无障碍成本与改造总成本相一致。如前所述，改造区域需要电梯。

雇用
- 如果残障人士在其他方面符合工作要求，雇主不得在雇用或晋升中歧视残障人士。
- 雇主可以询问某人的工作能力，但不能询问某人是否有残疾，也不能让其接受有关残障人士的筛查测试。
- 雇主需要向残障人士提供"合理便利"，包括工作重组和设备改造等步骤。
- 雇主无需采取会给企业经营带来"过度困难"的调整措施。

适用人群
- 自 1992 年 7 月 26 日起，拥有 25 名或 25 名以上雇员的雇主必须遵守。
- 自 1994 年 7 月 26 日起，拥有 15—24 名员工的雇主必须遵守。

运输
- 1990 年 8 月 26 日之后订购的公共汽车必须适合残障人士。
- 对于无法使用固定路线公共汽车服务的残障人士，交通当局必须提供类似的辅助运输或其他特殊运输服务，会导致过度负担的情况除外。
- 截至 1995 年 7 月 26 日，现有铁路系统必须为每辆列车配备一节无障碍车厢。
- 1990 年 8 月 26 日之后订购的新轨道车必须是无障碍轨道车。
- 新建公共汽车站和火车站必须实现无障碍通行。
- 截至 1993 年 7 月 26 日前，快车、轻轨和通勤铁路系统中的关键车站必须实现无障碍通行，通勤铁路最多延长 20 年（快车、轻轨为 30 年）。
- 截至 2010 年 7 月 26 日，现有的美国国家铁路客运公司车站必须实现无障碍通行。

图 4.1 《美国残障人士法案》规定的《公共设施情况说明书》

资料来源：*Americans with Disabilities Act Handbook*（Coordination and Review Section），U.S. Department of Justice, Civil Rights Division, 1991, Washington, DC: U.S. Department of Justice.

聪克尔（2006）和莱文森（Levinson）（1994）详细描述了残障人士的评估过程。例如，莱文森将残障人士的综合生涯评估分为心理、社会、教育-学业、身体-医学和职业功能评估。聪克尔认为，残障人士的生涯评估包括（按重要性升序排列）：收集传记资料；评估面试；心理测试；提供获取职业信息和进行生涯探索的机会；完成

---

① 英制中的长度单位。1 英尺 =12 英寸 =0.3048 米。——编者注

工作样本；完成情景或研讨会任务；与其他工作人员举行非正式会议；提供工作试用机会；举行正式的工作人员会议；以及为生涯决策、实施和调整已实施的生涯选择提供职业咨询。

卡明斯（Cummings）、马达克斯（Maddux）和凯茜（Casey）（2000）指出，许多与残障人士相关的生涯文献都集中在身体残疾者，鲜少有人关注到学习障碍者。患有学习障碍的人面临的一些挑战，往往对生涯发展具有负面影响。常见挑战包括：无法理解个人特征与职业选择的关系、缺乏自尊、无法自我宣传、难以进行日常活动、难以准确观察并有效模仿榜样的工作习惯、难以处理相关信息任务，以及倾向于被动学习。卡明斯及其同事提出了几种策略，生涯发展从业者可以利用这些策略更有效地解决学习障碍者的问题。首先，也是最重要的一点是，生涯发展从业者需要帮助有学习障碍的中学生制订更系统的学习规划，以使他们能顺利地从高中过渡到高等教育阶段。要想实现这一目标，生涯咨询师必须努力协调好高中教育、高等教育和社区机构之间的关系。虽然根据《残障人士教育法》的要求，每个学生的过渡计划要包含高等教育服务信息（如职业康复、独立生活选择），但有学习障碍的学生往往不知道如何联系这些服务。在生涯决策自我效能感和归因风格上，患有学习障碍的大学生往往比正常学生更悲观（Luzzo, Hitchings, Retish, & Shoemaker, 1999），所以有必要为从高中过渡到高等教育阶段有学习障碍的学生提供更系统、更充分的规划。最后，卡明斯及其同事提倡采用 K-12 方法进行过渡规划。在这方面，莱文森（1998）提出了一种针对学习障碍学生的三级过渡评估计划：在小学阶段进行一级评估，重点是确定学生的需求、价值观、能力、兴趣、人际交往能力和决策能力。这一级别的评估结果应侧重于将生涯探索和自我意识的过渡目标 / 目的相联系。二级评估应在中学阶段进行，包括与兴趣、天赋、工作习惯和生涯成熟度相关的正式 / 非正式评估。评估结果应与进一步的生涯探索相联系，以缩小暂定的生涯选择和目标范围。三级评估包括工作样本和情景评估，特别强调了要确定学生的技能、兴趣和生涯目标。提升学习障碍者自我宣传的能力也至关重要。

残障人士经历的挑战要求生涯发展从业者从多个方面开展工作，从而提供有效的生涯援助（Levinson, 1998）。例如，残障人士生涯理论缺乏实证支持，生涯发展从业者必须考虑如何用现有理论，帮助残障人士理解生涯发展的个人内部因素和环境因素。具体来说，生涯发展从业者会用到以下知识。

1. 适用于残障人士的联邦 / 州立法、准则和政策。

2. 残障等级的类型、诊断工具、诊断流程及其局限性。

3. 评估兴趣、价值观和目标的非正式评估程序。

4. 不同残障类型的特征、原因及可能对工作行为造成的影响。

5. 当地劳动力市场为技能不同、面临挑战不同的人提供的机会。

6. 功能限制的含义及其在心理咨询中的应用。

7. 社会污名、标签和成见对残障人士自我概念的影响。

8. 基本就业技能、培训计划的可用性以及职业机会和教育机会。

9. 如何与其他专家有效合作，采取综合方法推动残障人士的生涯探索、生涯准备和职业安置。

10. 雇主为适应各类残障人士的能力／功能限制而重新设计工作的案例。

11. 制订个人就业计划和个性化教育计划的方法。

12. 残障人士父母或伴侣的担忧、关切和需求，以及系统地促进残障人士生涯发展的方法。

13. 开发日常生活、流动能力、求职和工作能力的模型。

14. 教授自我宣传技能，从而获得残障服务的策略。

由于雇主、教育机构和公众缺乏认识和敏感性，残障人士在生涯发展中会遇到许多特殊障碍。许多雇主坚持错误的（且刻板的）观念，认为相比正常同龄人，残障人士缺勤频率高、工作效率低、对生涯发展投入少。

有证据表明，患有身体或感官障碍的人常面临雇用歧视（McMahon et al., 2008）。要想提供有效的生涯发展辅导措施，充分解决残障人士的职业生涯问题，生涯发展从业者需具备必要的知识、技能和意识。很多时候，这需要生涯发展专家在未来的雇主和同事中展开宣传，以消除歧视性谬见。

评估

我们对残障人士的生涯发展辅导进行讨论，会引出一些对不同来访者群体进行生涯评估时需要考虑的要点。福阿德（1993）指出，生涯咨询师必须注意到，来访者的文化背景在评估的各个阶段都发挥着重要作用。例如，咨询师在分析来访者的需求时，要理解其世界观。从来访者的角度与之共情，这不仅需要咨询师了解自己的文化背景，还要了解来访者的文化背景对评估过程的影响。当生涯咨询师在鼓励来访者讨论评估结果时，必须确保将来访者的文化背景纳入评估过程。例如，美国印第安人常通过传统口述，延续其身份历史，所以有美国印第安血统的来访者很可能认为，词语具有力量和价值。因此要不惜一切代价，避免随意用词（Sage, 1991）。沉默也可能在会话中占据主导地位。我们应该允许这种沉默自然地发生，不应将其视为来访者的抗拒。在这方面，菲舍尔等人（1998）提出了许多关于多元文化咨询的观点，这些观点适合对文化进行恰当的生涯评估。

如果选择进行测试，那么咨询师必须确保测试工具有效、可靠，并适合来访者的文化背景和语言环境。福阿德（1993）指出了跨文化生涯评估时必须考虑的几个问题。具体来说，生涯咨询师必须确定某项测试在功能和概念上是否与来访者的文化相对等。功能对等涉及"行为在不同文化中扮演的角色或发挥的功能"（p. 8）。概念对等则是指"行为或概念在意义上的相似性"（p. 8）。福阿德还提出了度量对等（即测试的量表是否能测量跨文化中的相同结构）和语言对等（即项目翻译所用的跨文化语言是否对等），并将二者确定为选择测试时要考虑的重要领域。

福阿德（1993）还敦促生涯咨询师考虑：生涯咨询中使用的测试是否存在系统性偏见。例如，当一组成员比另一组成员更熟悉测试项目时，会产生内容偏差。不熟悉项目内容显然会使应试者处于劣势地位，导致测试结果失真。项目间的关系在不同文化背景下不一致时，就会出现内部结构偏差。最后，当某个项目在不同群体中的预测有效性不同时，会产生选择偏差。

与其他生涯发展辅导一样，生涯咨询师只有了解自己的世界观、来访者的世界观以及福阿德（1993）提到的心理测量问题时，才能正确选择测试。很多时候，生涯咨询师在生涯咨询中使用量表测试时会忽略这些因素。在这种情况下，量表测试的使用对来访者和专业人士都是有害的。如果使用得当，测试评估可以向来访者提供解决生涯问题的重要信息。

要进行符合文化背景的生涯评估，生涯咨询师需要具备一般咨询能力、多元文化咨询能力和生涯咨询能力。弗洛雷斯（Flores）、斯帕尼尔曼（Spanierman）和奥巴西（Obasi）（2003）指出，对不同来访者群进行生涯评估时，需要考虑一些重要的专业和伦理因素。具体来说，就是要提醒生涯咨询师，无论是正式评估还是非正式评估，收集信息都非常重要，因为这涉及文化包容。生涯咨询师通过评估收集信息，不仅有助于识别来访者目前的生涯问题，也有助于理解来访者的文化背景。收集有关特定文化变量的信息——种族／民族身份、文化适应度、世界观、社会经济地位、性别角色期望、主要语言、家庭期望等——有助于设定来访者的文化背景，理解来访者的状况和关注点。

庞德罗托（Ponterotto）、里韦拉（Rivera）和末吉（Sueyoshi）（2000）在生涯咨询收纳面谈中使用了一种具有文化敏感性的半结构化方案。他们的"文化生涯"（CiCl）访谈纳入了多元文化咨询和社会认知生涯理论的最新理论进展（Lent,

Brown，& Hackett，2002）。CiCl 访谈侧重于从以下领域出发，了解来访者的生涯发展影响因素：文化、家庭、宗教、社区及更大的社会自我观和自我效能感；壁垒和压迫；叙事和关系。每个领域的问题都会促成一种生涯咨询合作关系，从关注个人的问题转向更广泛的文化、家庭、宗教和社区问题。比如，生涯咨询师会鼓励来访者考虑以下几个问题。

1. 关于我和我的生涯咨询师角色，你有什么想知道的吗？

2. 聊聊你自己吧。

3. 谈谈你的生涯问题和生涯目标。

4. 在你的生涯中有哪些对你很重要（不重要）的事情？

5. 在你的成长过程中，你了解到哪些职业？

6. 说出你擅长的三件事，并说明原因。

7. 说出你不擅长的三件事，以及你认为自己不擅长的原因。

8. 你相信自己能完成为自己设定的任何目标吗？什么因素会阻碍你实现自己的目标？

9. 说说你的文化背景。

10. 说说你的宗教背景。

11. 你的家庭对你的生涯目标有什么影响？

12. 你的生涯目标与家人期望是否相符？

13. 画一张家庭谱系图，告诉我你所提到的家庭成员的生活和工作经历。

14. 你所在的社区中有哪些组织对你有影响？

15. 你的社区中有哪些人影响了你？

16. 作为一位_____（种族 / 民族、女性 / 男性、年长 / 年轻、健全 / 残疾）人士，你认为在实现生涯目标的过程中，面临的最大挑战是什么？

CiCl 借用社会认知生涯理论（SCCT）和多元文化咨询，直面生活中的重要影响领域，从一开始就明确了这些领域在解决生涯问题时的重要性。吉本斯（Gibbons）、休斯（Hughes）和伍德赛德（Woodside）（2015）研究了文化对生涯发展的影响，将其纳入了 CiCl 访谈。参与者包括 7 名女性和 7 名男性，年龄在 26 岁到 55 岁之间。研究人员问了他们 4 个问题：（1）在成长过程中，你了解哪些职业？（2）你能介绍一下自己的文化或民族背景吗？（3）宗教在你的生活中有多重要，与你的生涯目标有什么关系？（4）家庭对你的职业生涯有什么影响？你的生涯目标是否符合家人的期望？讨论的主题包括小时候有限的职业接触、围绕学校教育的家庭信仰故事、与宗教相关的社区意识以及生涯探索鼓励（Gibbons et al.，2015）。CiCl 访谈形式让我们深入了解职业和生涯发展的各种影响因素。

梁（Leong）、哈丁（Hardin）和古普塔（Gupta）（2007）提出了一种生涯评估与生涯咨询的文化阐释法（CF）。具体来说，在生涯咨询和评估的过程中，文化阐释法鼓励生涯发展从业者注意以下 5 个方面：（1）文化认同；（2）生涯问题的文化概念；（3）文化背景和社会心理环境；（4）治疗关系中的文化动力；（5）整体文化评估。《生涯发展杂志》的一期特刊（Leong，2010）使用了五个生涯咨询案例，研究涉及非裔美国人、拉丁裔 / 拉美裔美国人、美国印第安人、亚裔美国人和国际学生，以此阐述了"文化阐释法"的应用。普雷斯科特（Prescod）和戴里（2013）根据戈特弗雷德森用于研究年轻未婚非裔母亲的生涯理论，也提出了一种"文化阐释法"。该模型利用了拜尔斯－温斯顿（2010）的翻译，专门为帮助临床医生在多元文化环境中工作而设计。生涯咨询的 5 个维度是：（1）自我认同和文化认同（例如，作为一名年轻的非裔母亲）；（2）有关生涯问题的自我概念和文化概念；（3）文化背景中的自我；（4）治疗关系中的文化动力；（5）用于诊断的全面文化评估。

《多元文化生涯咨询清单》是一种评估工具，主要侧重于评估少数族裔女性，生涯咨询师可用其了解少数族裔女性的需求和担忧。该清单共有 48 个项目，分为 3 个部分：（1）咨询师准备，13 个项目；（2）探索和评估，15 个项目；（3）协商和工作共识，20 个项目（Ward & Bingham，1993）。尽管 1993 年后出现了许多类似的评估工具，但该清单仍然适用，因为它鼓励咨询师认真考虑他们所服务的少数族裔和边缘化的女性。以下是清单中的 3 个部分。

咨询师准备

- 我具备基本的跨文化咨询能力
- 我理解并尊重来访者的文化
- 我知道自己的世界观以及它是如何形成的
- 我知道人们对我的来访者所属种族有普遍的成见
- 我认识到，在来访者的生活中，性别、种族 / 民族的相互作用有着重要影响

探索和评估

- 我理解来访者的生涯问题
- 我理解来访者的受限制感是合理的

- 我了解来访者是如何看待家人对其职业的支持的
- 我知道来访者在高中及以后接触职业信息和榜样的程度
- 我知道来访者对其能力、才干、自我效能的看法

协商和工作共识

- 我和来访者的生涯咨询目标是一致的
- 我知道来访者的女性家庭角色对其职业选择造成的影响
- 我知道来访者对各种职业角色榜样的了解程度
- 我知道来访者的生涯抱负
- 我知道该种族的来访者用非传统的方法使用传统工具

在咨询师准备部分，咨询师可以发掘自己的多元文化咨询能力。咨询师不能对来访者的旅程、经历、种族身份或民族身份做任何假设。清单能鼓励咨询师审视自己与来访者的关系。探索自身身份认同发展与来访者身份认同发展的关系，非常重要，它可以提升同理心和理解能力。清单的探索和评估部分可以帮助咨询师解决来访者的种族和民族问题。咨询师可深入了解来访者为何寻求咨询；性别、种族和民族如何影响其职业选择；哪些评估可能对来访者和人力资源开发有用。在最后一部分，即协商和工作共识，在聚焦于种族和/或民族问题解决之后，它有助于解决生涯问题和顾虑。

沃德（Ward）和宾厄姆（Bingham）（1993）创建了一个生涯咨询清单，它改编自沃德和泰特（Tate）（1990）的职业清单。这一清单包含42项，能让来访者更多地思考其生涯问题、生涯事件或顾虑。例如："我害怕在职业选择中犯下严重错误""家庭责任可能会限制我的职业抱负""我的职业选择可能受到种族的极大影响"。这份清单有助于来访者花时间思考自己有哪些生涯问题或担忧。

亚历克斯的案例研究：STEM 领域的少数族裔

"STEM 会与我们永存。有些东西会从公众视野中消失，但科学、工程和技术常在。数学永存。"——凯瑟琳·约翰逊，数学家，美国宇航局前雇员

亚历克斯 19 岁，在纽约一所大学攻读本科，是一名非裔和加勒比裔美国人。她的母亲出生在巴巴多斯，在纽约州一家大医院做护士；父亲出生在牙买加，是位城市公共交通系统的机械师。亚历克斯的父母都以她为荣，鼓励她完成学位课程。最近，

亚历克斯不太想与父母谈及她在学位课程学习中遇到的困难，后来她开始怀疑自己能否实现人生目标——成为一名生物化学家。作为班上唯一的女性，同时也是唯一的少数族裔，她表示常感觉自己在课程学习中格格不入，在实验室里也很难跟上进度。她觉得自己在班上掌握高级知识最慢，所以不愿和教授谈论研究中遇到的困难。她担心，如果自己看起来不够聪明，就不适合待在该课程项目中。虽然亚历克斯依旧热爱生物，但她担心自己无法完成学位课程。

为了解决有关目标转变和学业焦虑的负面情绪，亚历克斯开始寻求校园生涯咨询。生涯咨询师利用社会认知生涯理论和戈特弗雷德森生涯理论的启发，试图在某种文化背景下，理解亚历克斯并探索生涯相关问题，与她一起确立目标，概述行动步骤（包括增加亚历克斯对自我概念的理解），让她参与早期研究机会，指定某位导师在她完成学位课程的过程中与她保持联系。

第一步：在文化背景下了解学生。 在收纳和早期建立关系的过程中，生涯咨询师努力寻找对亚历克斯重要的人际关系和家庭传统。亚历克斯提到，刚开始学的时候，她的动力来自母亲的经历和父母的支持。前两个学期过去后，她还上了院长奖励名单。但最近她开始感到学业上困难重重。亚历克斯表示，自己不仅是班级中唯一的女性，也是课程项目中唯一的非裔学生。她想弄明白，自己为什么要继续保持学业追求，并表示自己现在不太适应。

即便亚历克斯真的非常喜欢现在的学习领域，但她还是承认，自己有过放弃的想法。她对完成好课堂作业感到沮丧和焦虑。亚历克斯表示，如果表现不佳的话，可能会让父母和大家庭成员失望。生物化学领域的职业生涯不仅能让亚历克斯实现梦想，也能让她为年轻家庭成员树立榜样。

第二步：在生涯情境中理解学生的问题。 虽然亚历克斯想过放弃课程项目学习，但她对科学以外的领域没什么兴趣。咨询师询问亚历克斯，是什么时候开始想转换生涯方向的，她表示是在第三个学期之后，她觉得可能会有一条挑战性较小的路。她提到自己所在专业的许多女生都转去攻读科学以外的学位了，而且她还透露自己在课堂上提问时会感到尴尬。咨询师探究了这些课堂经历背后的本质问题，询问她可以从哪里获得支持。亚历克斯回忆说，在攻读学位前，她本人根本不认识任何生物化学家，她还提到高中时自己在科学课中表现出色。谈到对生物和化学的热爱时，她甚至一边笑着，一边回忆自己决定从事生物化学事业时的感受。

在描述自己的生涯选择和动机时，亚历克斯流露出了一些情绪，咨询师向其进行了反馈，亚历克斯承认，她想坚持自己的生涯目标，但又害怕力不从心。亚历克斯还担心毕业后工作也会同样孤独。

虽然亚历克斯进了数学实验室，但她还没有从事过科学研究，她担心，她的同学在学位课程学习前就已有了一些基础，所以为了跟上接下来的课程，亚历克斯要在学习上花大量时间。她说自己在焦急地完成课程作业时会倍感孤独和悲伤，所以她最近连参加活动都提不起兴趣。

亚历克斯说，当自己在课程学习上遇到困难时，会感到很沮丧，尤其是在由那些对她的课业不感兴趣的教师教授的课程上，更是如此。亚历克斯反复表示，自己在大学里感到孤独，以及很难和课程项目中的高年级学生建立联系。

第三步：目标规划。 咨询师与亚历克斯商定了咨询目标，包括解决与她在课程项目中不成功有关的悲伤情绪，以及与感觉在工作中缺少支持有关的学业焦虑。此外，咨询师还鼓励亚历克斯，多寻找一些与生物化学领域相关的女性信息和少数族裔信息，因为探索相同身份的人，可能会为她坚持职业生涯道路带来额外动力。此外，这些信息还可作为文化上相似的经验、资源和支持的有效来源。

第四步：行动步骤。 该过程的第一步是理解自我概念。亚历克斯表示，自己没有归属感，强调自己是课程项目中唯一的女性和少数族裔。咨询师努力探索这一经历对亚历克斯的影响，以及它与亚历克斯作为少数族裔学生经历之间的关系。有些资源可以帮助亚历克斯，实现更为具体的目标，但在提供这些资源前，咨询师和亚历克斯一起探讨了还需要具备哪些因素才能让她感到课程项目学习更有成就感。亚历克斯表示，自己的梦想可能太大，她也承认其他职业选择或许和父母目前的职业道路更接近。但亚历克斯在谈到她将来如果从事其父母的工作时，显得很失望。咨询师邀请亚历克斯参加卡片分类活动，要她思考她的职业生涯选择排序给她带来的结果。亚历克斯表示，在进行到这一步之前，她就已经确定，自己的梦想有可能实现。因为参加亚历克斯课程项目的女性研究人数在明显减少。

第二步谈到了研究机会，尤其是本科时期的研究经历。咨询师和亚历克斯一起探讨了社会支持网络的扩张和少数族裔导师的作用。亚历克斯表示，自己有兴趣寻找新的关系，她会与可能担任导师的人进行交谈。

咨询师同意收集与课程项目相关的信息，以帮助亚历克斯联系可能的导师。咨询师随后介绍了与STEM项目有关的信息，证明少数族裔学生也可以在这些领域取得成功。在阅读该项目的使命时，咨询师表示，早期研究机会对学生了解自己能否胜任科学家工作十分重要。亚历克斯表示，自己愿意尝试，并在回顾中反思自己能否赶上进度，如果赶得上，她就可以继续学习课程了。对于能在STEM项目中遇到其他也可能从事生物化学工作的女性和少数族裔，亚历克斯表现得特别兴奋。

最后，他们探讨了与导师的联系。因为许多因素可以降低女性和少数族裔学生在

STEM 中的流失率，所以咨询师利用与这些因素相关的资源、机会，努力让亚历克斯解决自己列出的问题。咨询师与亚历克斯分享了导师信息，探讨了导师可能帮助她的方式，让她觉得在自己的研究领域里并不孤单。由于从根源上解决了她的抑郁和学业焦虑，亚历克斯最终找到了减轻学业压力和沮丧的方法。而亚历克斯之所以把自己的失望与逃避父母关于职业生涯的谈话联系起来，是因为觉得自己无法完成学位课程。咨询师能够探索到亚历克斯可能已经开始受到限制的方式，因为这种限制过程与她的生涯自我概念的变化有关。亚历克斯作为一名学生、女性和 STEM 项目中的少数族裔，能更全面地审视项目中的支持限度，以及能否有导师指导带来的影响。

目标规划包括心理教育，咨询师帮助亚历克斯理解了与学位课程相关的自我概念，及其近期变化，进一步的讨论表明，她不愿离开这个她最初热爱的项目，并让她发现了可能导致她日益疏远的领域。咨询师与亚历克斯一起寻找研究机会，与他人建立联系，增强她的归属感，获得导师的指导。由于通过个体咨询，找到了自我概念改变的根本原因，因此亚历克斯能在梦想的职业生涯中，重新想象自己的职业形象。她还发现了寻求学业支持的策略，并与资源网络建立起联系，这可能会使她在攻读学位课程时受益匪浅，亚历克斯重新燃起了成为一名生物化学家的梦想（Belser，Prescod，Daire，Dagley，& Young，2018）。

事实证明，留住 STEM 专业的本科生是很难的，约一半的学生会在一年后就离开他们的专业。然而，近年来的研究表明，尽早接触本科研究、与 STEM 教师接触，以及有以 STEM 为重点的职业生涯规划课程，对留住这些本科生有积极影响（Belser，Prescod，Daire，Dagley，& Young，2018；Chemers、Zurbriggen、Syed、Goza & Bearman，2011）。以 STEM 为重点的职业生涯规划课程，可以抵消本科生的消极职业生涯思想（Belser，Prescod，Daire，Dagley，& Young，2017；Prescod，Daire，Dagley，Young，& Georgiopoulos，2018）。[①]

体验式学习，除了会助力学生想象自己的职业生涯（Parks，Rich & Getch，2012），也能培养 STEM 专业学生中少数族裔的"科学身份认同"（Byars-Winston & Rogers，2019）。最近，一项研究以 20 010 名高中生为全国代表性样本，考察了他们的职业生涯抱负。研究惊喜地发现，在 STEM 职业生涯抱负中，非裔学生的比例占据第二位，排第一位的群体是亚洲学生（Edwin，Prescod & Bryan，2019）。研

---

① 原书紧接该段单独插有该文献的具体信息：Belser, C. T., Prescod, D. J., Daire, A. P, Dagley, M. A., & Young, C. Y.（2018）. The influence of career planning on career thoughts in STEM-interested undergraduates. *The Career Development Quarterly 66*（2），176–181.——译者注

究还表明，导师、同伴支持和社区意识，都会让更多少数族裔学生留在 STEM 专业（Lancaster & Xu，2017；Prescod & Haynes-Thoby，2018）。

关于文化兼容的生涯咨询建议

学习目标 4.5　明确文化兼容有效的生涯咨询建议。

根据本章讨论的内容，我们为有文化兼容能力的生涯咨询提供以下建议。

1. 生涯咨询师应基本具备能反映多元文化的咨询知识、咨询能力和理解能力，这点至关重要。但这些能力并不代表最终状态。相反，它代表了对自我意识、向他人学习和生涯发展的终生承诺。

2. 生涯咨询师应该了解自己的态度和价值观，同时，也应该了解它们是如何与来访者的态度和价值观相互作用的。

ADDRESSING 框架（Hayes，2002）有助于理解咨询师的身份认同、来访者的身份认同及其相互作用方式。简言之，ADDRESSING 框架中各大写字母分别依序代表年龄（Age）和代际影响、发育（Developmental）或后天残疾（Disabilities）、宗教（Religion）和精神信仰、种族（Ethnicity）、社会经济（Socioeconomic）地位、性（Sexual）取向、本土（Indigenous）文化遗产、民族（National）血统和性别（Gender）。哈耶斯（Hayes）强调，重点是要密切关注自己的主导群体身份，以及当主导群体成员的权力失衡时对来访者产生的负面影响。种族和文化冲突会对咨询结果产生负面影响（Constantine，1997），所以生涯咨询师准备好跨文化互动，就显得至关重要。波普 - 戴维斯（Pope-Davis）（2002）等人注意到，直接解决咨询师 - 来访者的文化差异很重要。他们发现，如果生涯咨询师了解文化差异，那么来访者对咨询会更满意，他们认为咨询师更具有多元文化竞争力。

3. 生涯咨询师应了解来访者的文化背景，但也应该明白，他们首先是个体，其次才是特定的直接或间接文化背景的代表。尚（1992）发现，来访者身份的突显性随环境波动。这意味着，生涯咨询师要谨慎甄别多重身份的来访者，避免过早地对来访者最突出的身份下结论。

孙（1995）发现，当个体能够将他人归入多个群体成员时，对他人的偏见就会减少。例如，如果一个生涯咨询师知道她的来访者是"洛丽（Lori），年轻的美国印第安女性"，就可能忽略洛丽身份的其他重要方面。洛丽可能是一位母亲、一名食品服务工作者、一位有学习障碍的女性。当生涯咨询师对洛丽的看法更加全面时，就不会将其经历归纳为"美国印第安女性"的经历，从而减少对她的偏见，形成更完整（准确）的理解。

4. 对于遭遇歧视的来访者，生涯咨询师应该让他们面对歧视态度和行为时"对他人的拒绝说不"。歧视行为往往更多地暴露出加害者的一面而不是被歧视者的一面。缺陷不存在于某个人的肤色、性别、性取向或种族上，而存在于歧视者的思想和行为。

5. 生涯咨询师必须确保自己了解种族主义、性别歧视、同性恋恐惧症、阶级歧视、年龄歧视和残障人士，了解对这些群体的歧视性做法，以及这些做法如何影响来访者的生涯发展。当然，阅读可以增进理解。然而，大多数时候，生涯咨询师要更加积极地推进自己对歧视的理解。不管他们的人口特征如何，大多数生涯咨询师都需要更多地了解与歧视有关的领域。参加社会活动（例如，如果一个人从未经历过无家可归，可以在无家可归者收容所做志愿者）是加深理解的重要方式。扩大个人的社交网络，认识外表、行为和信仰不同的人，也能促进对差异的理解。

6. 生涯咨询师应积极参与规划，主动为不同群体的人提供体验机会、信息资源、指导和心理教育活动。咨询师还应在非传统场所提供服务，争取不同群体领导者的支持，并采取策略，让更多人易于获得职业生涯服务。

7. 生涯咨询师必须参与社会行动和宣传，解决系统性歧视问题。生涯咨询师不能仅仅谈论减少社会歧视的重要性；他们还须积极行动，致力于解决各种人为限制个人 / 群体生涯发展的问题。

8. 生涯咨询师应参与有计划的研究工作，以发展和推进适用于不同群体的生涯发展理论。研究者常依赖传统大学生组成的方便性样本。如果要不依赖这些方便性样本，咨询师就需建立网络、使用互联网、联系由不同人员组成的小组，邀请参与者参与研究，并积极使用其他策略，接触潜在的研究参与者。

总结

在过去的 20 年里，许多现有生涯发展理论都得到了扩展，变得更具包容性。新理论对不同人群的生涯发展过程更为敏感。生涯发展从业者越来越敏感地意识到，忽略影响来访者生涯行为的背景因素，用同一种方式对待所有来访者，实际上是一种歧视。

虽然理论略有进展，但仍有许多工作要做。经济弱势群体的生涯发展领域尚未得到足够重视。布卢斯坦（Blustein）（2013）在该领域首屈一指，他提出了一个有用的框架，应该能够激发该领域更多的研究。

如果想处理好生涯行为的个体内部因素、外部变量的影响，我们要扩展生涯发展辅导措施。在语言、社会阶层、能力、地位以及最重要的文化方面，生涯咨询师和来访者存在差异，我们还要深入了解这些差异如何影响生涯咨询过程。

简言之，多元化社会催生了生涯发展理论和辅导措施的包容性，它还为该专业的发展提供了机会，同时更有效地满足了更多人的需求。但要更好地为所有来访者和学生提供符合其文化背景的生涯发展辅导，仍有许多工作要做。

案例研究

帕特（Pat）是一名17岁的12年级学生，就读于一所大城市的职业技术学校，学习烹饪艺术课程。帕特说，这是听从其父母的建议："爸爸说我要学一些实用的东西。"帕特也提到，他感受到父母要求其毕业后自食其力的压力。

弗兰克（Frank，帕特的父亲）是名卡车司机，每月有大半时间在外面。玛丽（Marie，帕特的母亲）在当地一家杂货店当收银员。作为独生子，帕特觉得自己有责任为身体不好的妈妈负担医疗费。

帕特从16岁起，就和妈妈在一家杂货店里装货。因为在学校里一直独来独往，有空时他常去米勒池塘[①]，在那里想象着自己在写诗和表演的情景。但帕特对这两种活动的自我效能感很低，他说："人们经常取笑我的诗，嘲笑我关于表演的梦想。"他也不想当厨师；他想做一些有意义的事情，但不知道是什么。帕特说："我可能不够聪明，做不成什么大事。"弗兰克表示，希望在6个月后，18岁的帕特能独立。帕特找到了你，希望你能帮他弄清楚，高中毕业后"什么才是一份好工作"。

你如何看待帕特的处境？如果他是女性，结果会不同吗？如果他是欧洲裔/少数族裔成员，会有什么不同吗？如果帕特有残疾呢？如果他是同性恋？人口统计学变量会影响你对帕特职业生涯需求的理解吗？这些变量是否会影响你与他打交道？如果没有，那么帮助帕特应对可能遇到的歧视时，你的责任是什么？在充满歧视的世界

[①] 米勒池塘（Miller's Pond），是位于圣安东尼奥市的一个社区公园，公园里有各种娱乐和休闲设施，还设有一个池塘，可供垂钓。这里是指类似的休闲场所。——译者注

里，这些因素可能不会产生影响吗？如果这些问题会影响你对帕特的理解，影响你们的合作，请指出这些统计变量，并讨论这些变量将如何影响你的工作。

学生练习

1. 你认为哪些文化和相关因素会影响你的生涯发展方式？想想你的家庭、性别、种族、社会经济地位、性取向、宗教信仰、成长的社区、可能出现的任何残疾、成长的国家 / 地区、生活的国家、成长的历史时期等因素对生涯发展的影响。试着找出这些因素的影响。这些因素在哪些方面有利于你的生涯发展？它们在哪些方面对你造成了阻碍？

2. 在思考练习 1 中的因素时，想象一下，如果这些因素不同（例如，你不是女性而是男性；你不是在美国长大的，而是在中国长大的；你不是异性恋，而是同性恋），你可能会遇到哪些障碍？你的有利因素在哪些方面会有所不同？

3. 与一个在种族、性别、性取向、残疾状况和 / 或国籍方面与你不同的人进行讨论。请他 / 她描述自己的生涯发展经历。你们的生涯发展经历在哪些方面相似？在哪些方面有所不同？

4. 现在你已经阅读了生涯发展理论，请考虑如何扩展或修改这些理论，从而在描述不同人群的生涯发展经历时更具包容性。

评估与生涯规划

评估是一个了解自己的能力、爱好（兴趣）、人格、价值观以及令你个人满意的特性的过程。自我评估（非正式评估）是一种评估方法，它能让人直接参与自我发现过程，因此我更偏爱这种评估方法。我发现，大多数人都喜欢更多地了解自己，这也为该过程创造了内部动力。另一种评估方法是使用测验（正式评估），一些专业人士认为这种方法比自我评估更科学。在测验过程中，专业人士先了解个体信息，然后将处理后的信息（数据）反馈给个体。测验通过将个人数据与他人数据进行比较，从而得出有效信息。通常情况下，这两种评估方法的效度相当。

在专业领域上，我一直擅长利用兴趣、能力、人格和价值等信息来确定职业目标。不过我想提醒大家，同样的信息对于其他几个目的也一样重要。比如，能力和人格对自我概念（这是个体及其机能的重要维度）的发展就很重要。此外，自我知识在人际关系发展中也有着重要作用。意识到异同、找到兴趣与价值观的共性、对个人喜好风格保持敏感，都有助于推动关系发展。总之，自我知识是人类发展的关键要求。评估是推动该目标实现的重要技能。

——托马斯·哈林顿（Thomas Harrington）

哲学博士

美国东北大学名誉教授

【学习目标】

5.1 界定正式评估和非正式评估，并阐释对来访者使用评估工具的目的。

5.2 陈述并定义咨询师在使用评估工具时所承担的伦理责任。

5.3 根据兴趣评估、技能评估、价值观评估，以及这些评估类型的组合，至少列出 3 种评估工具。

5.4 在给定的案例中，明确应该使用哪些评估工具（如果需要使用评估工具的话）。

案例研究

19 岁的梅丽莎（Melissa）是名大二学生，父母坚持让她选一个能在毕业时帮助她找到"好工作"的专业。梅丽莎的父亲是一家银行的副总裁，他坚信银行或金融领域的工作是"好工作"。她的母亲则是一名社会工作者，认为助人的工作是"好工作"。梅丽莎自己却没什么想法，因为她对任何领域都不太有热情和兴趣，所以被父母的意见弄得左右为难。

21世纪的职业选择背景与20世纪的截然不同。随着职业任务不断变化，有些职业已迅速过时，而另一些职业正在崛起。某些专家和机构预测，当"职业"概念将消失时，人们会以自己拥有的一套技能来完成不同环境下的工作任务，并能生产出各种产品和提供各种服务。21世纪的工作方式不像过去那样；如今，工作用的数字设备不断增加，新的工作方式不断涌现，比如居家工作，以数字方式联系团队、洽谈合作，将工作外包到低成本的海外，然后通过数字方式将工作成果发回总部。而由于种种原因，越来越多的人不得不从事与自己兴趣和价值观不符的工作。

21世纪，不仅工作发生了变化，从事工作的人也变了。传统意义上，美国是个欧洲裔基督教国家，如今的美国却在宗教、年龄和种族／民族背景等方面愈发具有多样性，这令人难以置信。根据美国人口普查局（U.S. Census Bureau）（2015）的预测，2012年，美国65岁及以上居民占比为1/7，到2060年，这一数字将增加至1/5。

与种族多样性相关的数据还有，2012年，美国的非西班牙裔欧洲裔人口为1.978亿，到2024年，这一数据将增加至1.996亿，达到峰值。西班牙裔人口将增加一倍以上，从2012年的5330万增加到2060年的1.288亿。到2060年，近1/3的美国居民将是西班牙裔，而在2012年，这一比例仅为1/6。同一时期，美国非洲裔人口预计从4120万增加到6180万。非洲裔人口占美国总人口的比例预计有小幅上升，从2012年的13.1%上升到2060年的14.7%。同一时期，在美国的亚洲人口预计增加一倍以上，从1590万增至3440万，所占比例将从5.1%升至8.2%。

到2060年，美国印第安人和阿拉斯加原住民人口将增加一半以上，人口从390万增长到630万，人口占比从1.2%上升到1.5%。夏威夷原住民和其他太平洋岛民的人口预计增加近一倍，从70.6万增至140万。在同一时期，认为自己拥有两个或两个以上种族身份的人口预计增加两倍多，从750万增至2670万。

预计在2044年，美国的少数族裔人口将首次占据多数（U.S. Census Bureau，2015）。2014年，美国少数族裔人口占比为38%，这一数字将在2060年上升到56%。

虽然非西班牙裔欧洲裔仍是最大的单一群体，但是没有哪个群体会构成多数。目前，少数族裔人口占美国人口的37%，预计2060年将增长至57%，少数族裔人口将从1.162亿增至2.413亿，增加一倍以上。当然，这些预测数据会受到移民政策变化的影响。

除此之外，21世纪的工作者会在工作中面对更多转变。他们需要具备更广泛的通用技能、更高水平的技术知识、终身学习的决心，来提升并更新自我技能。工作者们进行生涯选择、生涯规划的次数将更多，所以需要更深入地了解这些内容。另外，20世纪的家长式企业模式已经消失，人们必须为自己的生涯和财务安全承担个人责任。人们逐渐将生涯发展视为持续的、终身的过程，并在这个过程中联结工作、家庭、休闲和社区相关的各种生活角色。

生涯选择和发展的背景和核心产生了变化，这会导致评估目的和评估方法发生改变。弗兰克·帕森斯（Frank Parsons）提出了首个职业指导模式（Miller，1961），创建了波士顿职业指导局（Boston Vocation Bureau）。帕森斯（1909）提倡的"三步法"为20世纪的特质-因素理论奠定了基础。"三步法"包括获取自我知识、获取工作知识和使用决策技能选择职业。

20世纪发生的两次世界大战刺激了多种评估的发展。在战争期间，因为鉴别智力和能力的具体水平非常重要，所以人们开发了一系列工具来获取自我知识。与之对应，人们当时可以轻易获取关于工作世界（world of work）的知识。舒伯（1957）在其早期理论中表示，与职业相关的任务变化缓慢，许多人认为，无论怎么发展，自己都会一辈子待在同一个行业，甚至同一个组织里。简单地说，至少在20世纪80年代之前，职业工具和工作任务保持稳定，所以人们通常会在14~22岁完成全部教育。在此基础上，实现帕森斯职业指导公式的第二步——获得工作知识——才具备可行性。

因此，在20世纪的生涯选择中，特质-因素理论占主导地位。该理论由桑代克（Thorndike）、哈根（Hagen）、比奈（Binet）、特曼（Terman）、基特森（Kitson）、斯特朗（Strong）、库德（Kuder）、帕特森（Paterson）、舒伯和威廉森（Williamson）等行业精英带头提出，政府机构（如美国就业服务机构）及许多营利性、非营利性组织进行赞助，推动相关评估工具的开发。

此时的评估被定义为：使用任何正式／非正式的技术、工具，收集来访者的数据。到了21世纪，这套评估仍是有效的工具，咨询师或来访者可用其收集生涯规划过程中的信息。它最重要的用途在于帮助个人，即在特定的时间点，明确个人当下的兴趣和技能，使个人据此确定职业发展顺序，明确下阶段需要做的教育或职业选择。但在进行评估时，来访者可能会觉得生涯规划和选择过程过于简单。

鉴于生涯规划背景和个人经历所发生的变化，很显然，在21世纪，评估在以下几个方面有明显不同。

- 来访者在考虑生涯选择时，通过评估工具（如测验和量表）获得的数据应被视为咨询师和来访者共同使用的数据片段，其他来源的数据也应得到合理使用，包括来访者的自我认知、自我意向，过去的教育和职业经历，以及未来工作需求的最佳预测信息。

● 由于未来与现在不同，咨询师应减少使用评估来预测有效选择，而应该更多地将评估用于识别新的自我概念、需要成长的领域，以及探索新的可能性。

● 对于决定是否进行评估，以及出于何种目的进行评估，应提高来访者的参与度，让他们成为评估过程中平等的参与者，而非接受者，让他们接受只有咨询师才能访问和解码的知识。

评估与生涯规划过程的关系

生涯发展过程是复杂的、持续的，包含多个决策周期。在这个过程中，每当个人面临新的生涯选择时，如果要了解它的话，那么这个选择很可能包含图 5.1 所示的步骤。

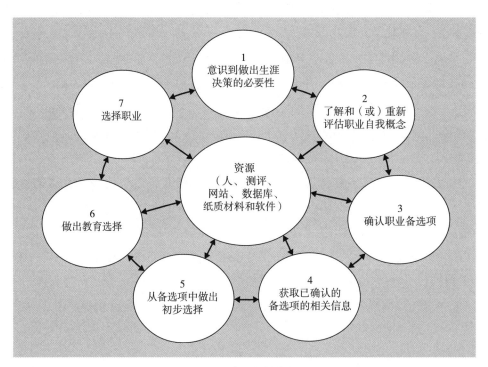

图 5.1　生涯规划过程

来源：来自 *The Internet: A Tool for Career Planning*, 2nd edition, by JoAnn Harris-Bowlsbey, Margaret Riley Dikel, and James Sampson, p. 2, published by the National Career Development Association（2002）. 经许可使用。

第一步：意识到做出生涯决策的必要性

乍一看，这一步似乎没什么必要。但心理学家表示，人们只有意识到自己行为的必要性，才有动力做出行为。尽管工作环境不同，但来访者通常会自愿求助咨询师。这时，来访者的确意识到是时候做出决策，否则不会主动联系咨询师。但在其他情境下，如初、高中，学校可能要求学生学习生涯课程，向咨询师寻求生涯规划帮助，但实际上，学生可能并未意识到自己需要这类帮助，也没意识到这会对自己的未来有什么影响。所以本章后面会介绍一些评估工具，咨询师可以在个体生涯规划过程的这一步使用，以了解学生对生涯规划需求的意识程度，以及学生对生涯规划这一过程的具体需求。参考本章开头的案例研究，父母给梅丽莎施加的压力让她意识到，她要做出与生涯相关的决策。

第二步：了解和（或）重新评估职业自我概念

从帕森斯、霍兰德和舒伯的理论中可以了解到，当人们在做自己喜欢的事情（符合其兴趣），拥有必要的工作技能（有能力），相信自己工作的重要性（实现其价值观）时，工作状况令人满意。因此，关注来访者本身至关重要，所以在第二步中，来访者必须专注于自身情况。

咨询师不仅可以通过面谈了解来访者并帮助来访者了解自己，还能通过正式或非正式评估拓展或确认这些认知。上述两种方式在与梅丽莎打交道时都很有价值。在使用非正式评估时，咨询师要求来访者使用清单、进行卡片分类或想象，这对在面谈中难以畅所欲言的来访者来说格外奏效。如果使用正式评估，咨询师就选择与兴趣、技能、能力、价值观 / 人格特征有关的量表或测验。

第三步：确认职业备选项

在这一步，咨询师和来访者共同确定那些可以让来访者实现其职业自我概念的职业 / 工作（Super, Starishevsky, Matlin, & Jordaan, 1963）。当评估以书面形式进行时，通常会附手册以将测试结果与相关职业联系起来。如果评估在计算机上进行，作为评估结果报告的一部分，可以提供一份定制的、可能的职业列表。

第四步：获取已确认的备选项的相关信息

咨询师在生涯规划过程中鼓励来访者阅读书面材料、使用计算机数据库（网站）、实习，并访谈该职业从业人员，广泛收集可能的职业信息。这一步通常不使用评估。

第五步：从备选项中做出初步选择

在这一步中，来访者在咨询师的帮助下，比较各种备选项，尝试放弃某些选择，同时将其他选择按优先顺序进行排列。在这一步，可能用到与工作价值观相关的正式/非正式评估。人们可以根据兴趣、能力或人格类型来选择职业，但价值观就像过滤器一样，能决定哪些选项具有最高优先性。在这一步中，咨询师可能会用到价值观卡片、清单等，例如，舒伯的工作价值观量表（修订版）（Super & Zytowski, 2006）。后续工作包括调查来访者，确定其所考虑的每种职业被选择的可能性，以满足所选择的核心工作价值观。在梅丽莎的案例中，这样的活动可以帮她树立对工作的价值观，并比较这些价值观与其父母的价值观是否一致。

第六步：做出教育选择

教育选择（如高中要学习的课程、大学要学习的专业、大学的类型和地点）应取决于高优先级的职业选择。在这一步中，像大学理事会网这类网站可以用来帮助来访者确定要学的专业或要培养的特长。此外，美国大学入学考试（ACT, 2019a）、大学入学学术能力测试（SAT）（College Entrance Examination Board, 2019）等工具可用于分配（在接受美国大学入学考试的情况下）或确定进入特定学校的资格。

第七步：选择职业

在这一步，来访者会进入就业市场。许多组织都有自己的筛选求职者的工具，有些组织还会使用《职位分类目录》（Holland & Gottfredson, 1991）之类的工具，《职位分类目录》为每个特定职位都确定了一个霍兰德代码（可以与个人的霍兰德代码相匹配）；或使用工作键（ACT, 2015）先列出来访者在 11 个领域中具有的技能，再将其与组织内的特定工作在这些领域中所需的技能水平进行对比。

如图 4.1 中各步骤间的箭头所示，生涯规划过程具有周期性和迭代性。例如，个人可能会在一段时间内从事某份工作（第七步），对工作不满或被雇主裁员时会再次进入第一步。此外，请注意，生涯决策者可能会处理某个步骤的任务——例如确认职业备选项（第三步）——然后返回，进行深入反省（第二步）。

让我们更深入地看看生涯规划过程是如何体现在梅丽莎身上的。请记住，梅丽莎是一名大二学生，父母坚持要她选择一个毕业时就能找到"好工作"的专业。梅丽莎的父亲认为，银行或金融领域的工作是"好工作"，而母亲则认为，那些助人的工作（如教学或社会工作）是"好工作"。最后，梅丽莎预约了大学就业中心的学校咨询师

（以下简称咨询师）。鉴于梅丽莎在面谈中表现出的困惑，咨询师决定用生涯因素量表（Chartrand, Robbins，& Morrill, 1997）给她做个简要评估。该量表有 4 个因素（信息需求、自我认知需求、生涯选择焦虑和泛化的优柔寡断）。梅丽莎在"信息需求"和"自我认知需求"两项上得分很高，这表明是这两个因素使她难以意识到（生涯规划过程的第一步）自己需要做出生涯选择。

由于梅丽莎在"自我认知需求"一项上得分很高，咨询师要她接受生涯决策系统（O'Shea & Feller, 2000）第 2 级的评估，即对其兴趣、价值观和能力进行评估。该评估是在线上进行的。咨询师收到了梅丽莎的线上评估报告，并和她一起解读。该报告明确了梅丽莎的能力和最感兴趣的领域，并给出了职业探索建议（生涯规划过程的第二步和第三步）。

从与梅丽莎的讨论，以及她在"信息需求"（Need for Information）一项上的高分来看，咨询师意识到自己要帮助梅丽莎了解职场中的职业是如何构成的，尤其是要让梅丽莎深入了解评估报告建议探索的职业。咨询师给梅丽莎布置了一个任务，让梅丽莎通过"生涯一站式服务"网（CareerOneStop）了解她列出的所有职业；该网站不仅提供了有关工作职责、教育和培训方面的信息，还提供了美国各地职业的年薪和工作需求（生涯规划过程的第四步）。咨询师还利用价值观评估（生涯决策系统的一部分）和卡片分类结果，帮助梅丽莎建立标准，淘汰一些职业和优先考虑一些职业。此外，咨询师还向梅丽莎解释了信息访谈，并根据梅丽莎最喜欢的 3 个职业至少各找到一名从事过相关工作的人，以供她了解该职业。通过这个过程，梅丽莎完成了生涯规划过程的第五步，找到了首选职业。

现在梅丽莎对自我认知和职业知识更具信心，她能运用教育机会查找器（Educational Opportunities Finder）（Psychological Assessment Resources，2015）来选择专业。当她把兴趣评估作为生涯决策系统的一部分时，梅丽莎了解了霍兰德代码及其含义，教育机会查找器正是用霍兰德代码对职业进行编码的。随后，她完成了生涯规划过程的第六步，确定自己要学习的专业为工商管理。她准备在几年后，找一份有趣且富有挑战性的工作（第七步）。梅丽莎父母的巨大经济投资即将得到回报，所以他们非常满意。

评估目的

学习目标 5.1 界定正式评估和非正式评估，并阐释对来访者使用评估工具的目的。

来访者和咨询师都明白，使用评估工具必基于一定原因。通常情况下，通过正式或非正式评估获得的发现可以通过访谈（一种非正式评估）来了解。是否使用访谈来替代更为正式的评估，取决于咨询师是否拥有足够全面的知识来对评估所涵盖的领域（如生涯成熟度、兴趣、技能和价值观领域）进行抽样调查，以及能否在访谈中投入足够的时间。考虑到许多领域都需要时间和知识，咨询师通常依靠评估来收集数据，这样既能减少对时间和知识的需求，又能利用科学的严谨性为评估带来相当大的好处。

为什么咨询师要求来访者花费时间甚至金钱来进行评估？原因可概括为三大类：深入了解来访者的需求，详细了解来访者的个人特征并帮助其更好地了解自己，确定来访者的变化。

深入了解来访者的需求

学校咨询师负责在职业生涯意识（小学）、职业生涯探索（中学）、职业生涯准备和决策（高中和高中后）等各生涯阶段帮助学生进行生涯规划。尽管各群体的需求有很大差异，但在完成工作时，咨询师通常会向所有人提供一套系统的服务。

在其他情况下，一对一的咨询可以为来访者提供更多的关注。咨询师通常会要求来访者陈述寻求咨询的原因。许多来访者可以准确地陈述自身需求；也有一些来访者虽然能够陈述自己正在经历的情况，但不理解导致这些情况出现的可能原因（例如，"我似乎无法决定专业"或者"我的老板和我性格迥异，我好像学不会如何与他相处"）；还有一些来访者完全描述不出自己要处理的具体问题。

为了更准确地定义来访者的需求，咨询师可能会进行一些必要的评估，本章后面会给出详细的介绍。梅丽莎就进行了评估，以进一步探索她的需求是否合理。下面还有两个例子。

一位高中咨询师负责辅导 500 名学生，想设计一套生涯规划服务方案，以最大限度地满足所有 11 年级学生的不同需求。他选用了生涯决策量表（Career Decision Scale）（Osipow, Carney, Winer, Yanico, & Koschier, 1997）。该量表包含

19 个项目，用来衡量个人在做生涯选择时的确定性或犹豫程度。在这种情况下，咨询师对学生的个人分数不太感兴趣（实际上也没向学生透露），而把有相似需求的学生编成小组，以最经济有效的方式满足小组的需求。根据生涯决策量表的测试结果，咨询师按学生的生涯决策水平将学生分成 3 组，为每组设计了不同的服务方案。

伊安塔（Iantha）是一名非洲裔 12 年级学生，想找生涯咨询师帮她确定将来可能从事的职业，以便她申报合适的大学专业。咨询师使用了兴趣量表，帮她确定了一些可能从事的职业。花了大量时间研究后，伊安塔仍像前几次咨询时一样犹豫不决。咨询师开始猜想，这种犹豫可能是有原因的，于是使用了生涯观念量表（Sampson, Peterson, Lenz, Reardon, & Saunders, 1996）对她进行测试。该量表包含 48 个项目，旨在测量影响个体生涯决策过程的功能失调性思维。该量表可测量 3 种情况：决策混乱、承诺焦虑和外部冲突。通过考察量表分数、来访者对特定项目的反应，咨询师可以识别并处理来访者思维中的具体障碍，然后再尝试为来访者选择大学专业提供进一步的帮助。

详细了解来访者的个人特征并帮助其更好地了解自己

帕森斯的理论一问世，就获得了舒伯（Super et al., 1963）和霍兰德（Holland, 1997）等杰出理论家的支持，自我认知就一直被当作探索和选择职业、专业和工作的必要条件。理论家经常提到的自我属性包括兴趣、能力、技能、价值观和人格特征。许多工具都可以测量个人特征。本章后面将介绍适用于测量个人特征的代表性工具。

了解个人特征对来访者和咨询师都有帮助，它可以建构出一个自我形象使之与环境相匹配（用霍兰德的术语来描述），或体现在职业中（用舒伯的术语来描述）。咨询师可能要求来访者只用一种工具，或用一种可以测量两三种特征的工具，又或者使用多种工具，这些工具综合使用的结果可提供更全面的信息。这里有两个例子。

罗伯托（Roberto）是一名刚从墨西哥移民来的初中生，他向咨询师求助，希望明确自己将来可能从事的职业。罗伯托表示，高中毕业后自己想立即去工作。咨询师决定使用坎贝尔兴趣与技能问卷（Campbell, 2000）对他进行测试，该问卷测量了 6 个与霍兰德类型相关的兴趣和技能。测试结果显示，他在技术类别中技能较强，对技术（称为生产）和科学（称为分析）类职业较感兴趣。根据这些结果，咨询师可以帮助罗伯托找到他高中一毕业就能立即从事的职业，并对他未来 3 个学期的课程计划做了些调整。他还帮罗伯托了解了许多其他职业，如果罗伯托要上大学，可以考虑选择这些职业。

玛丽·休（Mary Sue）是位35岁的妇女，养育了10年孩子后，准备重返职场。她向咨询师寻求帮助，想确定自己可能从事的职业。休表示，自己没时间参加进一步的培训或教育，所以要找一份能够运用其现有技能的工作。咨询师决定让她用工作键（WorkKeys）（ACT，2015）测量自己在11个领域的现有技能，包括信息阅读、应用数学、听力、商务写作、信息定位、应用技术、团队合作、契合度（兴趣和价值观）、绩效、天赋和职场观察。咨询师建议休向当地3家公司提出工作申请，这些公司都使用相同的工具来描述其职位要求。与这3家公司的人力资源开发人员交谈后，休明确了哪些工作需要用到她现有的技能，如果她愿意接受额外培训，将来还能从事其他工作。

在这两种情况下，咨询师使用正式评估的结果，不仅能帮助来访者获得他们无法完全陈述或组织的信息，还能获得指导来访者进行探索的信息。

确定来访者的变化

有些评估工具是用于衡量学术成就、兴趣或特定条件的，如生涯成熟度或生涯决断力等。随着时间的推移，可以在个体发展的特定阶段给这些因素设置比较基准，通过比较个体在一段时间内的变化或稳定性，从而了解其发展情况。下面是两个例子。

一所中学以《美国生涯发展指南》（the National Career Development Guidelines，NCDG）（见第10章）为框架，将生涯发展概念和活动整合进课程。校长要求相应课程包括评估部分，以将学生现有能力和《美国生涯发展指南》中所描述的能力进行比较。在学生学习课程前使用"库德生涯需求评估"（Kuder，2018a）进行测试，在学生学习课程后再进行复测，学生在特定内容领域的得分明显提升，这表明该课程在培养所需能力方面行之有效。

在一个大型的郊区校区，所有快上大学的学生都参加了美国大学入学前考试（PreACT）（10年级时）和美国大学入学考试（ACT）（12年级时），这些考试的试题是由美国大学入学考试机构（ACT, Inc.）（2019a）开发并发行的。这两种考试用来测量学生在英语、数学、阅读和科学方面的学业成就，并通过由90个项目构成的通用版美国大学入学考试（UNIACT）兴趣量表测量学生的兴趣（ACT，2007）。通过查看学生在不同年级的两次测试结果，大学咨询中心的咨询师能够向学生展示他们在4个学业领域取得的进步，并对社会服务类领域最感兴趣。为保险起见，咨询师可以在这些纵向测试结果的基础上，与学生交流与社会服务领域相关的大学专业。

咨询师的责任和能力

学习目标 5.2　陈述并定义咨询师在使用评估工具时所承担的伦理责任。

如果咨询师没有接受足够的培训就使用评估工具、解释评估结果，有可能伤害到来访者。咨询师应遵守的伦理准则《公平测试守则》（Joint Committee on Testing Practices，2004），有详细说明这是由美国教育研究协会、美国心理协会和美国教育测量委员会共同制定的，相关内容公布在美国心理协会网站上，分为 4 个方面：测试开发和选择、测试实施和评分、测试结果报告和解释、通知考生。《教育和心理测试标准》（National Council on Measurement in Education, 2014）一书包含的责任受众范围更广，包括开发、营销、选择、施测、评分和解释测试的人员，该书已发表在美国教育测量委员会的网站上。

具备一般评估知识

管理咨询师教育项目认证、个人执照的机构要求咨询师参加测试和测量课程学习。2010 年，美国生涯发展协会和咨询与教育评估协会（AACE）通过了《生涯咨询师评估与评价能力》文件，该文件认为咨询师应具备以下知识和能力：

- 选择评估策略；
- 识别、获取和评定最常用的评估工具；
- 运用施测技术和对评估工具进行评分的方法；
- 解释和报告评估结果；
- 在决策中使用评估结果；
- 生成、解释和展示评估结果的统计信息；
- 专业地、负责任地开展评估和评价实践；
- 使用评估结果和其他信息来评价生涯规划和辅导措施。

这些知识和能力在前面提到的文件中有详细描述，可见于美国教育测量委员会网站。

详细了解所使用的评估工具

除了具备一般评估知识外，咨询师还要详尽地了解自己选择的评估工具。咨询师可以通过多种方式获得相关知识。刚开始，咨询师很可能会考虑某种评估工具，这也许是他们通过搜索网站、阅读网站上的相关内容、阅读《咨询师生涯评估工具指南》（Wood & Hays, 2019）等出版物找到的，或参加会议时了解到的。接着，咨询师的首要任务就是确定该评估工具是否具备合格评估工具所需具备的特征，如目的、所需阅读水平、可信度、有效性、性别公平和文化公平。这些特征应在评估工具附带的技术手册中加以说明。技术手册报告的重要事实应该有：利用该评估工具开展的研究类型、该评估工具用来测量什么、用于所测属性的常模群体构成，以及使用该评估工具所需的阅读水平。如果没有技术手册，咨询师必须考虑有多少研究已应用了该评估工具。

阅读他人对该评估工具的评论也有帮助。咨询师可以在《咨询师生涯评估工具指南》《第二十届心理测量年鉴》（Carlson, Geisinger, & Jonson, 2017）以及布罗斯测试中心的网站上找到这些评论。此外，还可以与其他用过该评估工具的咨询师讨论，他们会提供自己对该评估工具优缺点的看法。

评估该评估工具在不同人群中的适用性

这一步旨在确保评估工具（在除了前一小节中提到的目的、可信度和有效性外的方面）适用于评估不同人群。考察评估工具的适用性时面对的多样性很复杂。首先，咨询师在选择评估工具时，必须考虑年龄、阅读水平、种族、民族、性别和残障等相关因素。与年龄有关的是，针对特定年龄区间者所开发且常模化的评估工具，应用于评估该年龄范围的人。类似地，评估工具要在确定的阅读水平上进行开发。例如，霍兰德的《自我导向搜寻量表，E》（1996）是为阅读水平在 4 年级的人开发的。因此，在测量有阅读缺陷的个人或团体时，该版本将成为首选。

其次，文化差异会影响来访者对量表或测验项目的理解，所以种族、宗教和民族是选择评估工具时要考虑的重要因素。例如，在一项以墨西哥裔学生为样本的研究中，弗洛雷斯（Flores）、阿姆斯特朗（Armstrong）和韦莱兹（Velez）（2006）发现，霍兰德类的测量工具并不适合墨西哥裔美国学生，尤其是男性。人们之所以指责某些评估工具存在性别偏见，是因为其结果在某种程度上鼓励女性和男性从事不同的职业。学习风格也是个重要因素。如果测验和量表中的项目常以多项选择的形式呈现，那么它就适合阅读能力强、具有线性思维的人。然而，对于学习风格不同的人来说，其他呈现方法可能要好得多，比如分析以视频短片的形式提供的片段材料、动手任务或作业、形式自由的文章或口头报告。显然，评估特定类型的残障人士时，要用与其残障情况相适应的方式。所以在选择评估工具时，至少要考虑到项目的性质、常模群体的性质以及施测和解释的模式。

因为测量兴趣、技能和价值观的测验或量表项目可能与文化有关，会受到文化的限制，所以我们要检查测验或量表项目，确认它们所代表的活动或概念与学生、来访者的环境是否兼容，这点非常重要。也就是说，提供常模参照结果——将个人分数与有代表性的样本分数进行比较——是十分有用的。此外，为了使活动有意义，样本群体必须包含与你所在群体相似的代表性样本。在考虑某种评估工具时，请阅读其技术手册 / 打电话给其出版商，以便确定常模群体中有多少比例的人具有你计划施测此工具者的特征。

最后，由于评估与测试对象有关，因此我们要考虑评估工具的施测方式。有些人喜欢使用计算机或智能手机，有些人则不喜欢。有些评估工具只能在网上或从本地计算机上找到，无法以纸质形式提供。因此，如果对使用网络评估工具感到不适的人对使用纸质评估工具感到舒适，使用纸质评估工具得到的结果可能更真实。为了给不同人群选择合适的评估工具，《公平测试守则》规定了以下两项原则。

- 对于需要特殊照顾的残障人士，可以适当修改测试形式或施测程序。
- 对于不同亚群体受测者，应当获取并提供其表现证据，努力获取足够数量的样本以进行亚群体分析。评价所获证据，以确保得分差异与评估的技能有关。

如果所选评估工具通过了质量控制审查，咨询师可以亲自使用该评估工具，获取分数报告，与来访者继续探索。这一过程中会产生第一手信息，包括项目类型、分数报告类型以及该评估工具在测量某些特性时的准确性等。接下来，咨询师可能想把这个评估工具用于某个朋友身上，以便对其更加熟悉。

帮助来访者做好充分准备

假设工具已经选好了，咨询师的下一项任务就是要帮助来访者做好充分准备。咨询师需要做的事项包括：解释为什么来访者应该接受测试，换句话说，告诉来访者他们应该期望从测试中得到什么；与来访者达成共识，使来访者认为测试结果将是有益的；解释测试项目是什么样的，以及完成该测试项目所需的时间；告知来访者何时会有结果；解释测评报告是什么样的，也许要展示一份模拟报告；说明评估结果会如何处理——谁能看到评估结果、评估结果将被存储在哪里。

正确使用评估工具

每种正式评估都提供了手册，详细说明了如何使用相应的评估工具。有些评估工具可以拿回家使用，如自助兴趣量表。使用这些评估工具没有时间限制，也不需要监督，没有"正确"或"错误"的答案。其他评估工具，如美国大学入学考试，风险非常高，必须在最严格的条件下进行使用。这些条件包括测试前保证测试试题不泄露，考生身份无误，房间设置、照明效果、安静程度适当，以及时间的准确性。还有许多评估工具的使用条件介于上述两种极端要求之间。通过阅读使用说明，咨询师可以了解使用评估工具的适当条件是什么，然后应设法满足这些条件。

正确解读评估工具

想正确解读评估工具，需要考虑以下 3 个方面：全面了解评估与生涯规划、生涯选择过程的相关性；使用该评估工具的原因；出版商提供的评估工具使用指南 / 技术手册。

本章一开始就讨论了 21 世纪的生涯规划背景和个人经历如何变化。这些讨论表明，随着环境的改变，特质 - 因素取向的旧模式（通常被称为"测试他们 - 告诉他们"的方法）应该被具有以下特征的评估观取代。

- 评估是帮助来访者进行生涯选择的一种方式，其他方式包括面谈、使用网络生涯规划系统和网站、参与小组活动、完成特定任务（如信息面试、实习和课程作业）。在使用这些方式时应该考虑到他人使用这些方式的经验教训。
- 在进行评估时，参与者应完全理解评估的目的，并认可评估能提供一些用于指导生涯探索的信息。
- 咨询师有责任为来访者做好准备，正确地使用评估工具，对评估结果保密，并有效地解释评估结果。咨询师还有责任灵活地解释评估结果；换句话说，评估结果并没有被用以提供高级知识，而是作为数据用以进一步探讨替代方案，或增加、改变、替代、确认已有信息。来访者有责任对评估结果进行评价，确定该评估结果是否恰当地呈现了评估工具应当测量的自我属性，以及如何将评估结果作为指引个人决策的一部分。

咨询师要求来访者进行评估这一行为也对相应的评估工具做出了适当解释。例如，咨询师可能会根据有关斯特朗兴趣量表的某个量表，建议学生接受斯特朗兴趣量表（Strong, 2004）的测试，以便确认其做出的初步职业选择。咨询师还会建议学生参加其他活动，比如参加相关课程学习、对相关从业人员进行信息访谈、参加工作见习或实习，这些活动可能有助于学生确认其职业选择。不过，在这种情况下，咨询师虽然会对量表做出一般解释，但也会关注来访者的分数，因为这些分数会与来访者选择特定职业的常模参照群体情况有关。

咨询师建议来访者采用《迈尔斯－布里格斯人格类型测验》（Myers & Briggs, 2012）是为了帮助来访者理解他们在与主管相处时为什么会遇到困难，咨询师不仅会对该评估工具做出一般性解释，还会让来访者根据该评估工具涵盖的四对人格维度中的每一对，来评估主管。如果评估结果存在差异，咨询师会向来访者解释评估结果，帮助来访者理解为什么主管与自己的风格和期望不同。

咨询师必须根据研究的范围、该评估工具的作者和出版商的意图来解释评估工具。有些出版商会通过全国性的系列研讨会提供——甚至要求咨询师参与——有关其评估工具的全面培训。这些出版商显然很关心自己出版的评估工具能否被正确解读。还有些出版商要求，若有人想购买其评估工具，必须接受相关培训。

然而，在没达到这些要求的情况下，咨询师如果要使用相应评估工具，就有培训自己以获得相关能力的伦理责任，如阅读出版商提供的工具技术手册、参加专业研讨会或工作坊、学习生涯规划工具的研究生课程。

跟进来访者

如果评估结果不用于做决策，那评估就是浪费时间和金钱。出于伦理责任，咨询师除了要解释评估结果，还要帮助来访者使用评估结果，让其澄清自我概念 / 做出明智的生涯选择。这是最为困难的一步，因为它涉及从呈现客观数据跨越到推断数据的含义。咨询师必须对来访者的背景有所了解，才能做出这种推断，不能仅依靠测试数据。因此，这一步该如何操作没有标准答案，以下建议可供参考。

- 思考评估工具测量出的特征（例如，喜欢与他人面对面地工作、喜欢使用语言技能），然后帮助来访者从整体上思考这些特征的组合如何与各种职业产生关联，而不仅仅是出版商在材料中给出的特定名称。
- 帮助来访者思考评估所提供的职业选择建议对教育、培训或认证的影响，并对其进行讨论。
- 确保来访者已经获得了他所考虑的职业未来就业前景的数据，且要确保这些数据如美国劳工部预测的那样。

- 帮助来访者思考根据评估结果确定的职业选择对生活方式的影响，包括工作时间、与家人在一起的时间、旅行需求、收入和融合两种工作的能力。
- 一旦确定了职业选择，咨询师就要为来访者提供接近现实的途径，帮助来访者探索职业选择。这些途径包括学习相关课程、实习、兼职、信息面试和指导。
- 在对来访者采用一种或多种方法进行评估后，通过访谈，咨询师需要帮助来访者评估所了解到的信息，并做出选择：是将通过评估得到的特定的职业选择保留下来，还是放弃它们。

非正式评估

评估工具和评估技术通常分为两大类：非正式的和正式的。清单、游戏、生涯幻想、强迫选择活动、卡片分类和结构化访谈都属于非正式评估。一些研究（Miller, 2007）表明，针对特定任务进行非正式评估和正式评估，得到的结果可能非常相似，如确定一个人的霍兰德代码。

清单包括一系列项目，这些项目可能与个人喜欢的工作环境、工作特点、工作任务、工作价值观或技能有关。咨询师可以制订清单，或者在得到许可的情况下借用他人制订的清单，也可以购买清单。举个例子，假设你的工作对象是一群男士和女士，他们在抚养孩子几年后计划重返职场，其中女性通常认为自己几乎没有掌握雇主看重的工作技能。为了帮助她们改变这种看法，咨询师可能会提供一张清单，让她们审视自己具备或高度具备的能力，这张清单可能包含以下项目：

_____同时管理多个任务

_____决定竞争性任务的先后顺序

_____管理时间

_____做预算和管理资金

_____教育或培训他人

_____解决人与人之间的冲突

_____创造并保持一个有吸引力的环境

_____管理他人

游戏能让个体意识到有关职业选择和生涯规划的现实性，其适用群体可大可小。作为游戏的一部分，个体可能会被要求在模拟的环境中扮演某个特定角色，或者受到游戏板上各种机会和挫折的影响。这种非正式评估的绝佳例子是"真实游戏"（Real Game, 2015）。该游戏有两种数字版本，分别面向初中生和高中生。印刷版则适用于其他年龄段的人群。有关该游戏的信息可以在真实游戏网上找到。

生涯幻想是一种活动，在这种活动中，咨询师要求单个或多个来访者放松，闭上眼睛，想象理想的一天，包括在职场的时间。咨询师可以通过指令来刺激个人进行幻想，例如：

> 我希望你能放松，如果你愿意，可以闭上眼睛，把你现在的担忧都抛到脑后。我要你想象今天是一个理想的工作日。今天，你可以做任何自己喜欢的工作，你有足够的能力并接受过相关的教育来完成这份工作。
>
> 想象一下，你已经吃完早餐，现在正要离开家去上班。你穿着什么样的衣服——便装还是制服？你怎么去上班——乘坐汽车、走路还是在家工作？上班要多长时间？你工作的地方是什么样的？有多少人和你一起工作？你和这些人是什么关系？
>
> 你今天的工作任务是什么？你在执行这些任务时是否灵活？有人在密切监督你吗？你工作时使用什么工具或设备？你对自己所做的事负有多少责任？你的态度是狂热的、悠闲的，还是介于两者之间？

生涯幻想可以加以修饰和扩展，来访者除了幻想工作活动，还可以将工作与生活联系起来，如幻想家庭、社区和休闲活动。咨询师与来访者一起讨论这一活动，可以帮助他们明确自己想要什么样的工作或生活方式，而这些想法可能会受到工作收入的影响。

强迫选择活动要求一个人在两种完全不同的选项中做出选择，或对 3 种或 3 种以上的活动进行排序。强迫选择活动可应用于对工作价值观、工作特征和工作环境的评估，以下是 3 个示例。

> 工作价值观：你想通过你的工作挣大钱，还是为社会做贡献？
>
> 工作特点：在你理想的工作中，你想要告诉别人该做什么，还是让别人告诉你该做什么？
>
> 工作环境：在你理想的工作中，你喜欢在室外工作还是在室内工作？

对兴趣评估结果具有不确定性的来访者，我们可以使用该活动。它能迫使来访者做出选择，因此不会出现一系列如"无所谓"之类的反应，而是会挖掘出来访者的兴趣。

卡片分类是一种活动，在这种活动中，个人或群体会得到一副卡片。每张卡片都代表了与职业选择相关的内容，如某种工作价值观、某种工作技能、某个工作任务或某个工作环境。通常，卡片上会呈现特征的名称（如多样性、管理人员、物品制造或物品修复）及其定义。

如果一副卡片的数量相对较少（不超过 15 张），咨询师会要求来访者对卡片进行排序，将最重要的卡片放在第一个位置，然后将剩余卡片按优先等级排序。如果一副卡片数量很多，咨询师会要求来访者将卡片分为 3 类：非常重要或必要的、比较重要的、不重要的。这种卡片可以由咨询师制作，也可以从专门开发评估工具的人那里购买。如果是自己制作的，那么很重要的是，卡片要涵盖来访者所有可能涉及的价值观、技能、工作任务或特征——了解这些需要查阅文献。

在结构化访谈中，咨询师会问一些关于理论基础的问题。例如，在入学访谈中，咨询师可能会要求学生提供有关课程作业、过去的工作、课外活动或志愿者活动的信息，并围绕霍兰德或美国大学入学考试所确定的 6 类职业进行回答。充分了解这 6 种工作环境的特征后，咨询师可以巧妙地提出问题并分析来访者的回答，从而准确评估来访者的霍兰德代码（有关霍兰德理论的信息，请参阅第 2 章），获得关于来访者的大量信息。这种方法对那些兴趣不明显的来访者非常有用。同样，如果一位咨询师对荣格类型（Jung，1959）的相关知识十分了解，即便不用这些测量人格类型的工具，也能估计出来访者的荣格类型。

职业档案属于非正式评估，印刷版或电子版均可。职业档案是证明个人能力和技能的事项集，可能会包含标准化考试成绩、推荐信、与特定职业 / 工作相关的工作样本、一张专业照片（如果需要）和一份简历。其内容和格式并不是标准化的，因此可以用富有创意的形式进行呈现。目前，电子版职业档案非常流行。

非正式评估的特征与正式评估截然不同。关于正式评估我们将在后面讨论，非正式评估的一些特点如下。

- 非正式评估没有经过严格的科学检验，也没有信度和效度等属性。
- 非正式评估没有任何数据支持，人们无法将自己的评估结果与他人的评估结果进行比较。
- 虽然来访者和咨询师可以做出推断，但没有明确的证据便于来访者在所做的选择与特定职业之间建立起联系。

- 没有标准的方法来解释评估结果，如何解释完全取决于咨询师的能力。

非正式评估的优点：成本低或免费，可能无须提前订购材料，所需时间比正式评估少，可能不会给来访者带来太多焦虑。

正式评估

所谓正式评估，可以是使用定时的标准化测验或使用不定时的标准化量表。通常情况下，如果评估项目没有正、误答案，则将该评估工具称为量表；如果评估项目有正、误答案，则称该评估工具为测验。因此衡量一个人兴趣的工具是量表，而衡量一个人数学成绩的工具则是测验。

正式评估的标志是，它们必须经过严格的科学检验，也就是说，作者和出版商前期投入了专业知识、时间和金钱来开发高质量的产品。他们要对评估工具进行研究，以确保评估工具质量，以及了解评估工具所具有的特性。在选择评估工具时，咨询师需要了解的重要特性如下。

- 效度。效度分为几种类型，对它们进行定义超出了本书范围。如果一种评估工具测量了它应该测量的东西，那么它就是有效的评估工具。例如，如果一种评估工具声称测量兴趣，那么它真的测量了兴趣吗（而不是测量技能或工作价值观）？有伦理责任感的咨询师需要阅读出版商提供的技术手册，以便了解要采取哪些程序，才能确保它测量了它声称要测量的东西。
- 信度，经常称为重测信度。信度是指一种评估工具能否随着时间的推移，可靠地测量它声称要测量的东西。换句话说，如果来访者今天做了一个兴趣量表，在 3 周后再做一次，两次测量结果是完全相同还是大致相同？用于检验信度的时间间隔通常为 2 周到几个月不等。显然，一些与职业选择相关的因素，如兴趣、技能和工作价值观，会随着时间发生改变。因此，要想衡量信度，就要在两次测试之间留有足够的时间，这样来访者就记不起这些项目或自己以前对这些项目的反应。但是，如果时间间隔太长，正常的发展可能至少已在某种程度上改变了来访者的反应方式。
- 信度用相关系数来衡量，其定义是：用相同方式获得的两次评估结果间的相关性。对于评估工具来说，相关系数为 0.8 就被认为是良好且可接受的。技术手册中应提供有关信度的数据，并说明信度是如何建立的，包括用于信度检验的小组规模和小组特征。

● 与多样性相关的公平性。21世纪，咨询师会接触越来越多的来访者，他们往往具备广泛的多样性——不同的性别、性取向、民族背景、种族、年龄、宗教和残障情况。了解用于测试和工具常模的受众人群十分重要。被测群体的数量需要足够多，这样被测群体才能具备广泛的多样性；或者作者和出版商需要声明，该评估工具只用于特定人群的测试。前者允许我们假设来访者的特征与用于测试的人群的总体特征相似。对于不同群体的成员，要使用不同的评估工具，这一观念影响深远。

● 比较。这个属性指来访者是否将收到的结果与其他人进行比较，或仅对有关自己的特征进行排序。比如，有些兴趣量表是常模参照量表；个体的分数要与一个或多个常模群体的分数进行比较。再比如，有些测试的分数报告表明，受测者的回答与同龄的常模群体相比处于85百分位。这一群体或常模群体可大可小，可在人口统计学的各种方面代表一般人群，也可仅代表一个人群子集；可以是全国范围的，也可是相对地方性的；可由两种性别组成，也可由一种性别组成。相反，与常模参照不同的量表可能会提供原始分数——与某种类别（正确或错误，或分配到某个测量尺度）相关的反应总数。这种数据不能为被试群体提供与其他人比较的机会，但确实可以让他们对自己的兴趣、价值观、能力或任何被衡量的特征进行排序。此外，如果使用常模，与常模相关的个人位次可以有多种表达方式，包括百分位分数、标准差和标准分，这些将在本章后面进行解释。

正式评估的类型

学习目标5.3 根据兴趣评估、技能评估、价值观评估，以及这些评估类型的组合，至少列出3种评估工具。

本章前面描述了评估的3个目的：深入了解来访者的需求、详细了解来访者的个人特征并帮助其更好地了解自己，以及确定来访者的变化。这一部分将更具体地描述评估工具的类型，并提供一份最常见的评估工具列表。这些评估工具可以分为以下3类。

识别来访者的需求

这类评估工具可用于单个来访者，也可用于目标来访者群体。面对单个来访者时，咨询师要确定来访者的需求，因此会将测试结果解释给来访者听，这是生涯咨询过程的一部分。例如，如果咨询师发现，评估兴趣、确定职业并了解职业的常用技能似乎不能帮助来访者应对职业问题，咨询师就要确认来访者是否存在某些障碍，比如非理性的信念阻碍了来访者的发展。在这种情况下，咨询师可能会选择并建议来访者接受生涯信念量表（Krumboltz, 1991）的测试。如果测试结果表明，来访者存在一些影响职业选择的非理性信念，咨询师就会建议来访者进行职业研究，以消除或肯定这些信念。

面对目标来访者群体时，咨询师可能会试图确定他们对生涯服务的不同需求水平。咨询师可能会对整个目标来访者群体测试"我的职业状况"（Holland, Daiger, & Power，1980），然后根据得分列出排在前 25%、中间 50% 和后 25% 的人，对其需求做出合理假设。在这种情况下，咨询师不太可能为群体成员解释其个人分数，因为这与评估的指定目的不符。

下面将讨论使用这类评估工具的例子，并提供简要说明和出版商的信息。不过随着评估工具的推陈出新，其中有些已经不再使用了。咨询师在选择评估工具时应该查阅最新版本的参考书，这些参考书总结了目前可用的评估工具，并提供了主要出版商的网站。

生涯态度与策略量表（CASI）（Holland and Gottfredson，1994）是一种自我评分工具，用来鉴别影响成人职业生涯的态度、情感和障碍。量表包括工作稳定性、家庭承诺、冒险风格、地理障碍、工作满意度、工作投入、技能发展、主导风格、生涯担忧和人际虐待等方面。该量表由佛罗里达州卢茨市心理评估资源公司（Psychological Assessment Resources, Inc., Lutz, Florida）出版。

生涯信念量表（CBI）（Krumboltz, 1991）针对 13 岁以上人群，旨在识别可能阻碍他们实现职业生涯目标的生涯信念。该量表共有 25 个分量表，分为 5 个维度：我目前的生涯状况、我的幸福来源、影响我做出决定的因素、我愿意做出的改变，以及我愿意付出的努力。该量表由加利福尼亚州门洛帕克市心灵花园出版公司（Mind Garden, Inc., Menlo Park, California）出版。

生涯因素量表（CFI）（Chartrand et al，1997）针对 13 岁以上人群，旨在确定个人在生涯规划和生涯决策过程中遇到的困难。量表内容包括信息需求、自我认知需求、生涯选择焦虑和泛化的优柔寡断等方面。该量表由加利福尼亚州芒廷维尤市咨询心理学家出版社（Consulting Psychologists Press, Mountain View, California）出版。

生涯成熟度量表（CMI）（Crites & Savickas, 1995）。该量表旨在测量学生做出生涯决策的准备程度，适用于 6 ~ 12 年级的学生，可见于生涯合作实验室网。

生涯思维量表（CTI）（Sampson et al., 1996）。该量表旨在明确来访者可能存在的、影响其生涯决策过程的非理性思维，适用于从高中到成年阶段的来访者。有印刷版和电子版。该量表由佛罗里达州卢茨市心理评估资源公司出版。

生涯决策量表（CDS）（Osipow et al., 1997）。该量表旨在测量生涯决策犹豫和无法做出职业选择的原因，适用于高中生和大学生。该量表由佛罗里达州卢茨市心理评估资源公司出版。

生涯决策调查表（CDP）（Jones, 1986）。该调查表旨在调查来访者做出生涯选择的决断力水平、自我认知，以及对职业和培训的了解程度。该量表由生涯键公司（Career Key, Inc）出版。

我的生涯处境（MVS）（Holland et al., 1980）。该量表旨在测量各种阻碍因素可能影响个体生涯选择能力的程度，这些障碍因素包括缺乏职业认同、缺乏信息或培训，以及各种障碍等，适用于 9 年级至成年学生。该量表可从各个网站免费获取，并用于非商业途径。

上面列出的评估工具大多数都是为高中生和成人设计的，由于它们测量的各种构想（如生涯成熟度、生涯信念和决策技能）本质上是发展性的，所以只有在受测者进入预期的人生发展阶段之后才可以使用它们。

深入了解来访者

这一类别中包含一系列丰富的，用于测量兴趣、技能、能力、工作价值观、人格类型，以及这些特征的组合的评估工具。在每一种情况下，使用这些评估工具的目的都是让来访者和咨询师探索可能有助于确定职业的特征。按照霍兰德和舒伯的理论以及一般意义上的特质－因素理论，使用这些评估工具的目的是识别可能与职业相关的个人特征，以便人们专注于探索各种选择。

测试兴趣的评估工具

生涯评估量表（CAI）增强版（Johannson, 2003）。该量表旨在测量人们对霍兰德类型的兴趣，内含 23 种基本兴趣量表和 111 种职业。该量表适用于高中生、大学生和工作人士。该量表分为印刷版、电子版和网络版，常见的是西班牙语版本。该量表由明尼苏达州布卢明顿市培生评估公司（Pearson Assessments, Bloomington, Minnesota）出版。

生涯及职业偏好问卷（COPS）（Knapp & Knapp, 1995）。该问卷包含 168 个项

目，对 14 个职业类别的相关工作活动兴趣进行评分。该问卷适用于 7 ～ 12 年级的学生、大学生和工作人士。该问卷分为印刷版、电子版和网络版，常见的是西班牙语版本。该问卷由加利福尼亚州圣地亚哥市编辑公司（EdITS, Inc., San Diego, California）出版。

生涯决策系统（修订版）（CDM-R）（O'Shea & Feller, 2000）。该系统旨在测量人们对霍兰德类型的兴趣，不过名称已经发生改变。从 7 年级到成人应使用不同的版本。该系统有印刷版和在线版，可提供西班牙语版本。该系统由明尼苏达州布卢明顿市培生评估公司出版。

兴趣测定、探索和评估系统（IDEAS）（Johansson，1993）。该系统包含两个自评量表——一个针对初中生和高中生，另一个针对成年人——测量了 16 个方面的兴趣。该系统可自我评分，也可计算机评分。该系统由明尼苏达州布卢明顿市培生评估公司发布。

杰克逊职业兴趣问卷（JVIS）（Jackson，2000）。该问卷用 34 个基本兴趣量表来衡量个人兴趣，适用于高中生、大学生和工作人士，有印刷版和在线版，可提供英语、法语和西班牙语版本。该问卷由密歇根州休伦港市西格玛评估系统公司（Sigma Assessment Systems, Port Huron, Michigan）出版。

库德生涯兴趣评估（KCIA）（Kuder，2019）。该量表旨在了解个人对 6 种霍兰德工作环境或 16 个美国职业生涯群和路径的兴趣，可适用于高中生、大学生和工作人士。该量表只是作为库德职业生涯规划系统的一部分，可在网上找到英语和西班牙语版本。该量表由艾奥瓦州埃德尔市库德出版公司（Kuder, Inc., Adel, Iowa）出版。

O*NET 兴趣探查表（U.S. Department of Labor, Employment and Training Administration, 1999）。该表是根据霍兰德提出的从中学到成年的 6 种人格类型设计的，通过自我评分或互联网评分来测量人们的兴趣。该表可打印、复制，可从 O*NET 中心网下载说明书，获得分数报告。在该网站还可以下载可执行代码。该表的在线版本可在"我的下一步网"上获得。

标准的自我导向搜寻量表（The Self-Directed Search）（Holland & Messer，2017）。该量表旨在测量 6 种霍兰德职业集群的人格类型和兴趣，可向不同年龄、使用不同语言和阅读水平不同的人提供多种形式的测试。该量表已被翻译成 35 种语言，可用于高中生、大学生、军人和工作人士。根据测试结果，咨询师可在 O*NET 数据库中找到相应职业，并可据此为来访者的大学专业和其他学习计划选择给出建议。该量表有书面的、自我评分的形式，咨询师也可在自我指导的探索网上获得网页版。该量表由佛罗里达州卢茨市心理评估资源公司出版。

斯特朗兴趣量表（Strong, 2004）。该量表衡量了8个不同领域的兴趣——职业、学校科目、活动、休闲活动、喜欢的同事类型、两种活动之间的偏好、个人特征以及工作倾向。该量表会提供一个霍兰德代码、30个基本兴趣量表的得分、5个个人风格主题，以及受测者的个人资料与260个相关职业从业者的相似性。该量表有英语、法语和意大利语版本，适用于高中生、大学生和工作人士。该量表经常搭配迈尔斯－布里格斯人格类型测验（MBTI）使用，并用其结果来解释。该量表会提供不同的分数报告，包括针对高中生的报告、针对大学生的报告，以及与迈尔斯－布里格斯类型指标、技能信心量表测试结果相结合的报告。该量表由加利福尼亚州芒廷维尤市迈尔斯－布里格斯公司（Myers Briggs Company, Mountain View, California）出版。

通用版美国大学入学考试（UNIACT）兴趣量表（ACT, 2007）。该量表测量了人们对霍兰德类型的兴趣，并用霍兰德代码来指代工作世界地图（World-of-Work Map）上的职业生涯领域（职业和大学专业），以便人们进行探索。也就是说，该量表将重点放在6种霍兰德工作环境中的工作任务上，而不是人格类型上。为了反映这一重点，6种人格类型被修改为6个职业集群：技术（R）、科学和技术（I）、艺术（A）、社会服务（S）、行政与销售（E）、商业运营（C）。该量表针对高中生、大学生和工作人士有不同的项目和常模。该量表测试结果被纳入美国大学入学考试档案（一个基于网络的系统）中，成为美国大学入学考试的一部分。该量表由艾奥瓦州艾奥瓦市美国大学入学考试公司（ACT, Inc., Iowa City, Iowa）出版。

测试技能的评估工具

技能扫描高级包（SkillScan Advance Pack）（2017）、技能扫描驱动在线（SkillScan Drive Online）（2018）和技能扫描快递（SkillScan Express）（2014）。技能扫描高级包使用户能根据能力、偏好和发展需要对大量卡片进行手动分类（展示可迁移技能），同时识别出与高能力和偏好相结合的技能。这些技能可以用来确定职业、大学专业和培训项目。网页版和移动版评估工具——技能扫描驱动在线和技能扫描快递均可在技能扫描网上找到，适合高中生、大学生和工作人士使用。这些量表由加利福尼亚州马丁内斯市技能扫描公司（SkillScan, Martinez, California）出版。

工作键（Work Keys）（ACT, 2015）。该量表用于测量8个方面的技能：应用数学、图形素养、工作文件、应用技术、商务写作、工作观察、适应（兴趣和价值观）和天赋（与工作相关的态度和行为）。用户可以参加前3项测试，从而获取ACT国家职业准备证书，雇主可根据是否获取该证书筛选求职者。对于需要提升相关技能的学生和工作人士，ACT为他们提供了与量表直接相关的在线课程。子测验的分数按1级到7级水平来划分报告。测试有英语和西班牙语版本，也有在线版和印刷版。通过工作键，我们可以将个人的分数与从事 2 万个特定工作和职业所需要的分数进行比较，这些工作和职业均涉及上述 8 个方面的技能。该量表对中学生和工作人士均适用，由艾奥瓦州艾奥瓦市美国大学入学考试公司出版。

- 库德技能信心评估（KSCA）（Kuder, 2018b）。该量表测量自我评估的技能，可能与霍兰德 6 个职业集群或 16 个国家职业生涯集群有关。该量表将技能强度分为 7 个连续等级，并建议用户按照分数报告规划相关职业和学习计划。该量表仅作为库德网络职业生涯规划系统、库德导航和库德之旅的一部分提供给用户。该量表由艾奥瓦州埃德尔市库德出版公司（Kuder, Inc., Adel, Iowa）出版。

测试兴趣、能力和技能的组合的工具

坎贝尔兴趣与技能问卷（Campbell，1992）。该问卷将兴趣、能力和技能测试结合起来，有英语和西班牙语版本，测试 7 个领域的兴趣和自我报告技能，这些领域与霍兰德类型大致对应。该问卷包括 25 个基本量表和 60 个职业量表。基本量表是霍兰德类型的子量表，分别表示为影响、组织、帮助、创造、分析、生产和冒险。每个兴趣量表都有对应的技能量表。该问卷可在书刊和互联网上找到，可用于即将上大学的高中生、大学生和工作人士。该问卷由明尼苏达州布卢明顿市培生评估公司出版。

军队职业能力倾向测验（ASVAB）（U.S. Department of Defense，2005）。该测验主要测试 10 个领域的能力，包括用霍兰德类型和个人偏好（价值观）测试的兴趣。该测验专为高中高年级学生、大学生和工作人士设计，用于评估报考军队各专业的人员。兴趣评估是在线职业生涯探索计划的一部分，可见于军队职业能力倾向测试项目网。该项目免费提供能力倾向测试、兴趣评估和探索性生涯规划活动。该测验由美国国防部出版。

生涯及职业偏好问卷调查系统，3C（COPSystem 3C）（Knapp & Knapp, 1995）。这是针对高中生和成年人的在线或书面生涯指导评估系统。该系统由 3 个方面的评估构成：生涯及职业偏好问卷调查（COPS）——兴趣量表、职业能力倾向测验 B 类（CAPS）——一般能力倾向成套测验（测量 8 个能力领域）和生涯定位与评价调查（COPES）——工作价值观调查。该系统提供综合报告，给出建议探索的职业，并提供生涯规划课程。它由加利福尼亚州圣地亚哥市编辑公司出版。

测试能力的工具

O*NET 能力探查表（U.S. Department of Labor, Employment and Training Administration,

2001a）。O*NET 能力探查表使用纸质形式，可选用部分仪器设备和计算机评分。个人可以使用 O*NET 能力探查表的评估结果来明确自己的优势，寻找接下来接受培训和教育的领域，或者确定适合自己优势的职业。该探查表测试了 9 种与工作相关的能力——语言能力、算术推理能力、计算能力、空间能力、形状知觉、书写知觉、运动协调能力、手指灵巧度、手腕灵巧度，可从 O*NET 中心网免费下载。

测试人格类型的工具

人格类型探查表（Golden，2004）。该探查表主要被雇主用来评估求职者或员工的天赋，以建立有凝聚力、富有成效的团队。人格类型探查表可鉴别荣格的 4 个字母人格类型和第 5 个压力因素，此外，为了描述每个人的独特人格，人格类型探查表还对用于描述每个人人格的 18 个特征（方面）进行评测，其分数报告可以提供给个人或团队。该探查表由得克萨斯州圣安东尼奥市培生出版公司（Pearson Publishing, San Antonio, Texas）出版。

迈尔斯 – 布里格斯类型指标（MBTI）（Myers & Briggs, 2012）。MBTI 测量荣格所描述的心理类型，根据从事特定职业的人群的典型特征，得到一个由 4 个字母组成的代码，也可以用于发展团队或理解团队成员之间的互动。评估结果用量表上连续的个人偏好来表达，名为外向 – 内向、感觉 – 直觉、思考 – 感觉和判断 – 感知。MBTI 和斯特朗兴趣量表的分数报告可以结合使用。MBTI 有西班牙语、德语、法语、荷兰语、加拿大法语、意大利语、韩语、葡萄牙语、丹麦语、挪威语、汉语、瑞典语和俄语版本，适用于高中生、大学生和工作人士，可以通过印刷或 MBTI 测试网获取。测试后，受测者可能会收到经过认证的 MBTI 专业人员提供的 1 小时电话说明。MBTI 由加利福尼亚州芒廷维尤市迈尔斯 – 布里格斯公司（Myers-Briggs Company, Mountain View, California）出版。

请注意，与上组评估工具一样，这些评估工具主要针对高中、大学时期和成年期[①]的个体。因为人们到成年期兴趣才会稳定下来，而高中和大学时期通常只是兴趣、能力和技能的发展时期。

测试工作价值观的工具

工作重要性探查表（U.S. Department of Labor, Employment and Training Administration, 2001b）。该探查表测试了 6 种工作价值观的重要性，这 6 种工作价值观分别是成就、独立性、认可、人际关系、支持和工作条件。使用者先将 21 种工作需求排序，再将

---

① 指个体从达到生理成熟年龄及心理、社会化发展水平到死亡的时间跨度。对比的年龄设定标准不一，有 20 岁、25 岁两说。——编者注

其相互比较。测试结果与职业名称有关。该探查表可从 O*NET 中心网免费下载。

舒伯的工作价值观量表（修订版）（Super & Zytowski, 2006）。用户可以通过该量表对舒伯的 12 个工作价值观的重要性进行排序。该量表提供 7 分制的排名分数，主要供高中生和成年人使用。作为库德职业生涯规划系统、库德导航和库德之旅的一部分，该量表仅以网络形式提供。该量表由艾奥瓦州埃德尔市库德出版公司出版。

衡量来访者的变化

使用评估工具的第三个原因：衡量来访者的变化。例如，咨询师通常使用前测、后测来度量使用某种辅导措施（如职业指导课程、一系列研讨会或网络系统）带来的变化。在这种情况下，评估目的在于注意个人或群体在被辅导前、辅导后的得分差异。适用于识别来访者需求的评估工具，同样可以用来衡量来访者的变化。

评估工具可能的使用方式

传统的评估工具多为印刷版，要么由有执照或经过认证的专业咨询师使用，要么由训练有素的职业生涯规划师使用。在这种模式下，评估由专业人员朗读说明，受测者对活页上或光学扫描表上的评估项目做出反应。评估结果可以由受测者、施测者或事先准备好的计算机软件计算。不同的评分选项还决定了要多长时间才能向来访者解释评估结果。

计算机的广泛普及、互联网的使用，为评估工具的使用和解释提供了新方式。从 20 世纪 60 年代末开始，以计算机为基础的生涯规划系统不断出现，许多工具，如测试兴趣、技能、能力和价值观的量表，都成了这些系统的一部分。为了符合伦理标准，计算机系统开发人员进行了研究，以确保对于同样的评估工具，用计算机施测的结果与以印刷版施测的结果相同。在这种模式下，咨询师可以立即对测验进行评分，并由计算机为每个来访者提供定制的标准报告，该报告可以在计算机上查看，也可以打印出来阅读。现在，平板电脑和智能手机也能用于进行一些评估，并显示对评估结果的解释。平板电脑或智能手机提供的报告也可以通过电子方式提供给咨询师或规划师，让他们为来访者提供更深入的解释，并将评估结果应用于满足来访者的特定需求。

许多评估工具被纳入以计算机为基础的生涯规划系统后，它们的出版商会提供这些评估工具的软件形式。在这种模式下，在相应网站上可以购买计算机磁盘或下载文档，这些磁盘或文档中包含有施测和解释所需的评估工具和计算机代码。这些软件可以安装在用户网站的机器上，其使用通常受限于已支付的费用或已授权网站的个体使用或用户数量。

如今，互联网已成为使用和解释评估的主要工具。这也增加了确定现有评估工具质量的难度，特别是一些网站既不收费，也不提供说明来详细介绍相应评估工具的研发过程，这些网站提供的评估结果更是如此。随着互联网领域的不断发展，人们观察到了3种结果：许多评估工具及评估结果被免费提供给大众，但大众无法了解这些评估工具的质量；通过互联网收取费用，提供知名且经过研究的评估工具，评估结果可立即提供给来访者；通过互联网提供知名且经过研究的评估工具，评估结果以电子方式发送给来访者指定的咨询师，咨询师通过面对面沟通或电子方式向来访者解释评估结果。

21世纪的另一个趋势是，除了传统的纸笔测验外，要施测多种测试（例如大学、研究生院的入学考试，或特定职业的执照或资格考试），还要有安全的场地。由于这种性质的测试是用于做决策，会对人们的生活造成明显影响，因此这些测试题目必须得到妥善保管，保证其安全，且必须确保考生不使用作弊工具帮助其作答。测试必须在安全的环境中进行（即考生必须前往特定指定地点）。这些地方有电脑设备，提供良好的服务和作答时间。监考人员要确保参加测试的考生都经过了报名注册流程，并确保测试题目是从中央计算机发送到有安全保护的工作点。这种施测方法提供即时的测试分数，将结果以电子方式发送给得到授权的个人或组织，并使用自适应测试。这种测试包含大量用于测量特定内容字段的题目。这些题目按难度等级进行排列。计算机软件使用严谨的科学公式，先展示一些简单的题目。如果考生答对了，软件就会显示难度更大的题目。这种模式一直持续到考生的总体知识水平得到评定为止。然后，呈现更多此类题目。这类测试的特点是：（1）测试时间较短，（2）每个考生的测试时间可变，（3）即时评分并反馈给授权人员，（4）对考生的特定潜在能力进行更彻底的测试。

报告类型

来访者通常会收到纸质的评估结果。如果是通过计算机进行评估的，那么报告也可以在计算机上显示或打印出来。咨询师可以接受打印的报告或可以打印出报告的电脑磁盘，或通过互联网传输的电子报告。

报告中的结果可能是个性化的——也就是说，只与报告针对的个人有关——也可能将个人与一个或多个常模群体进行比较。如果报告是个性化的，那么评估结果通常以原始分数形式提供或以某种图形呈现。百分位分数表示正态分布上的一个点或范围，即与常模群体的分数相比，受测者分数下降的位置。百分位分数指的是得分低于受测者的常模群体的百分比，用 100% 减去该百分比，就是得分高于受测者的常模群体的百分比。常模群体可以大不相同，有些评估工具会显示考生在多个常模群体中的位置。评估工具不同，常模群体不同，评估工具适合的测试对象也就包括不同性别、年龄、种族 / 民族和教育水平的人。其他常模群体的例子包括：某种性别；具体年级；当地学区、州或全国代表。一些兴趣和能力评估将受测者的成绩与从事特定职业的常模群体进行比较。

原始分数报告的是，在给定类别中选择出来的或回答正确的项目数量。例如，霍兰德的自我导向搜寻量表的原始分数表示，受测者在 6 个霍兰德类型（R、I、A、S、E 和 C）中表示"喜欢"的项目数量。另外，在成就测评中，数学部分的原始分数表示考生在该部分回答正确的项目数量。

此外，有些评估工具的分数是作为一个连续过程或一个范围中的单点得分报告的，通常称为置信区间。对于出版商来说，报告置信区间表明受测者的分数位于这个区间的某个位置，但是不确定具体分数。评估工具有一种特性，被称为标准测量误差，置信区间显示了标准测量误差可能的范围。

百分位分数总在 1 到 99 的范围内。另一种具有类似作用，但不那么精确的方法是报告"标准九分数"。这是一个规定的百分位分数范围，对所有评估工具和所有使用人群来说，都是相同的。9 个标准如下。

> 标准 1：分数分布的 4% 以下
>
> 标准 2：接下来的 7%，百分位值为 4 ~ 10
>
> 标准 3：接下来的 12%，百分位值为 11 ~ 22
>
> 标准 4：接下来的 17%，百分位值为 23 ~ 39
>
> 标准 5：接下来的 20%，百分位值为 40 ~ 59
>
> 标准 6：接下来的 17%，百分位值为 60 ~ 76
>
> 标准 7：接下来的 12%，百分位值为 77 ~ 88
>
> 标准 8：接下来的 7%，百分位值为 89 ~ 95
>
> 标准 9：前 4%，百分位值高于 95

总之，标准 1 到标准 3 代表所有分数分布中最低的 1/4（称为四分位数）；标准 4

到标准 6 代表中间的 50%，标准 7 至标准 9 代表分数分布中的前 1/4（四分位）。

还有一种描述个人分数与常模群体分数之间的关系的方法，是报告标准分数（也称 T 分数）。这一术语与标准差有关，标准差是用来衡量个人分数距离分数分布的中间值（即 50 百分位数）有多远。标准分数的范围为 20 ~ 80，平均值为 50（50%），每个标准差计为 10 个百分点。因此，一个人的分数可以说是高于平均值两个标准差（即在 70 百分位），或低于平均值 2.5 个标准差（即在 25 百分位）。

评估工具的选择

学习目标 5.4　在给定的案例中，明确应该使用哪些评估工具（如果需要使用评估工具的话）。

总之，评估的类型和目的各异，评估结果的呈现形式也各不相同。评估工具反映了与心理测量特性相关的各种品质，可能基于常见的理论，也可能根本没有理论支撑。除此之外，评估工具可以以多种方式对个人或团体施测。

咨询师可以选择使用一种评估工具、多种不同的评估工具或集成多种评估工具的"工具包"，以便测量出来访者不同但互补的属性。将上述做法与本章引用的伦理准则相结合，会使评估工具的选择变得复杂。在选择评估工具时，咨询师必须留意以下几点。

- 确定评估的具体目的，然后着手于寻找适合该目的的评估工具。
- 考虑受测者的个人或群体特点，要特别注意受测者的性别、种族 / 民族背景、阅读水平、智力水平或是否残疾。
- 审查用于评估工具测试和常模制订的有关人群的数据，确定该人群是否代表了评估工具将施测的人群，或者它至少应有与待测人群相似的合理人数。
- 搜索评估工具的技术手册，获得信度（0.80 或以上）和效度证据。
- 阅读参考书 / 网站上对评估工具的评论，与至少 3 位使用过该评估工具的咨询师交谈。
- 购买一份复制的工具样本。研究分数报告，并考虑评估结果是否恰当。阅读手册，了解出版商对该评估工具的使用建议。
- 在大范围使用该评估工具之前，应先将其用于少数人，通过练习为大范围使用做好准备，并提供解释。

- 如果经过研究，评估工具是符合要求的，那么咨询师要查明该评估工具的施测成本、施测和评分模式，最后使用该评估工具。

总结

评估形式多样，咨询师对来访者进行评估的目的有三：深入了解来访者的需求，详细了解来访者的个人特征并帮助其更好地了解自己，确定来访者的变化。本章还提到了咨询师的职责。有人呼吁，将评估与其他工具和技术结合起来使用，并与来访者的生涯发展阶段保持协同。咨询师需要注意的是：不要过度解释分数的意义；用生涯规划工具提供的数据进行探索、指导和确认，而非预测。在此过程中，我们建议来访者作为积极参与者，不要将咨询师置于知识优越的位置。

咨询师要审查评估工具及其报告的类型、目的和特点。书中简要介绍了一些常见的评估工具，我们鼓励咨询师探索其他内容。最后，我们列出了为个人或群体来访者挑选评估工具时的注意事项。

学生练习

1. 卡特琳娜（Catalina）是一位 45 岁的单身母亲，有两个十几岁的孩子。在过去的 20 年里，她一直在一家小公司做会计。在这个岗位上，她主要负责做预算、进行成本分析和写报告。

    最近这家公司被收购了，她所在部门的人都被收购公司的员工所取代。她在拿到 3 个月的遣散费后失业了，之后卡特琳娜来到你位于社区咨询中心的办公室寻求帮助，想知道下一步该怎么做。

    在第一次面谈中，卡特琳娜要你给她做一个"告诉你该怎么做的测试"。你暂时绕过这个要求，让她描述一下自己过去 20 年的工作，说说她做了什么，不喜欢什么。你了解到，她在过去的工作中，最不满意的就是很少有机会与人交流。之后，你问她是否有兴趣接受额外的教育或培训，以便进入一个全新的职业领域。卡特琳娜意志坚定地表示，为了家庭，自己不能在这个时候进行额外的培训。然后你们回到对她的要求的讨论，她表示想做一些评估。你决定跟她说什么？如果你决定让她接受某种类型的评估，你会选择哪一种，为什么？

用一到两页纸总结你对卡特琳娜的咨询步骤。

2. 詹妮弗是一名大二学生，其父母和学术导师鼓励她选择某个专业，她向生涯规划和就业指导中心寻求帮助，希望咨询师帮助她选择职业和相关专业。咨询师首先施测了兴趣量表，总结了詹妮弗与六类 ACT-霍兰德职业集群相关的兴趣。测试结果显示，詹妮弗的兴趣水平很低，在 6 个职业集群上的分数几乎没有差异，与普通大学生组相比，她的分数都低于 25 百分位。咨询师得出詹妮弗也许还没准备好选择职业或专业的结论，所以咨询师做了下一步的安排，在达成原来的咨询目标前，对詹妮弗进行额外的评估和咨询。

针对以下关于詹妮弗案例的问题，写一到两页的回答。

a. 考虑到詹妮弗的兴趣调查结果（所有 6 个霍兰德职业集群得分均低于 25 百分位），你是否建议进行额外的评估？为什么？

b. 如果你回答"是"，你会选择本章介绍的哪一种评估工具？说出理由。

c. 除了评估之外，你还会对詹妮弗采用哪些方法？

6

职业信息和资源

案例研究

　　职业信息可能是一个枯燥的话题，但也是咨询师在教学中需要掌握的。对于正在受训的咨询师来说，劳动力市场信息（Labor Market Information，LMI））可能显得冷漠和"缺乏魅力"。咨询师教育者[①]的日常责任可能就是让受训的咨询师学会了解不断变化的学校和职场，为来访者提供其所需要的职业信息和资源。尽管大部分咨询师可能已经参加了不少培训，提高了帮助来访者做出生涯决策的能力，但有些咨询师还是很少关注来访者在职业生涯转型过程中所面临的系统性问题。他们在咨询一开始就立即进入"特质－因素"匹配模式，以便为来访者提供恰到好处的职业或教育信息，从而赢得来访者的尊重，这是一个常见陷阱。了解如何将劳动力市场信息融入生涯发展辅导过程，是帮助他人在生涯发展中不断进步的一项基本技能。

——里奇·费勒（Rich Felle）

博士

科罗拉多州立大学名誉教授

克拉丽斯（Clarice）是一位 21 岁的欧洲裔单亲妈妈。她有两个孩子，住在普通公寓，接受着政府补助。她在 11 年级就辍学了。她的父母基本上与她断绝了关系，几乎不为她提供任何形式的支持。在过去的

【学习目标】

6.1　说明数据（信息）在职业选择中的作用。

6.2　描述 4 种与职业选择和发展相关的决策模型。

6.3　确定职业信息来源并评估其质量。

6.4　根据案例研究，确定应进行哪些评估（如果需要的话）。

　　[①] 咨询师教育者（counselor educator）：是指运用有关辅导与咨询理论、原理和方法等，开发、实施和监督咨询教育与培训项目，将学生（咨询师）培养（培训）为个人、社会、教育和职业生涯发展领域合格的专业咨询者的教育专业人士。——译者注。

几年里，当克拉丽斯能够找到人帮忙照看孩子时，她就去各种快餐店兼职。现在，随着克拉丽斯逐渐成熟，她意识到需要采取一些行动来改善她的生活状况。她去了免费的社区机构，以咨询她是否有资格获得职业培训和教育资助。

学习目标 6.1 说明数据（信息）在职业选择中的作用。

第 5 章将评估作为咨询师可以用来帮助个人做出明智的生涯规划的工具。通常所说的职业信息可用于实现同样的目标。与评估一样，咨询师经常错误地将职业信息视为目的本身。实际上，职业信息是咨询师可以用来帮助来访者做出明智选择的另一种工具。

职业信息也可以称为职业数据，这是我们在本章中使用的术语。职业数据是关于职业和教育机会的事实的集合。借用蒂德曼（Tiedeman）和奥哈拉（O'Hara）（1963）的观点，我们赞同来访者通常是在咨询师和技术的帮助下收集数据的观点。只有当这些数据被来访者理解并用于决策时，这些数据才会成为信息——也就是说，帮助来访者选择某个备选方案。

图 6.1 说明了数据与个人生涯规划过程之间的联系。注意标有"资源"的椭圆形，这是一个数据池，应该可供需要做生涯规划的人使用。请注意，生涯规划过程的每一步都是可逆的。

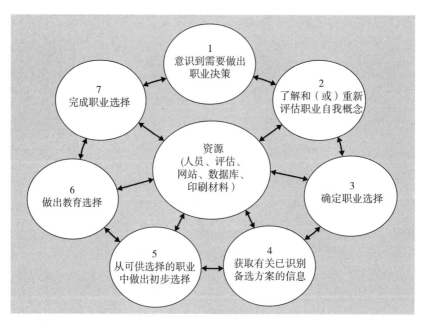

图 6.1　生涯规划过程

资料来源：来自 *The Internet: A Tool for Career Planning*, 2nd edition, by JoAnn Harris-Bowlsbey, Margaret Riley Dikel, and James Sampson, p. 2, published by the National Career Development Association（2002）. 经许可使用。

在第二步到第七步中，做职业选择的人都需要使用数据。这些数据可能包含在评估结果中，也可能包含在印刷材料、课程或计算机数据库中。在第二步，通过测试兴趣、技能、能力、人格类型和（或）价值观的工具获得的数据可能非常有用。

在生涯规划的每个步骤中，所需数据的类型、数量和深度可能不同。这种差异与经历这一过程的人的年龄有关。中学生可以通过非正式评估了解自己，他们可能只了解职业集群（而不是个别职业）和获得培训的可能方式，以及获得和保持令人满意的工作的重要性。而成年人可能会参加正式评估，寻求专业咨询师的帮助，以获得对自我的深入了解，还可能会阅读非常具体的职业和教育材料，并且可能进一步需要有关公司和特定工作的详细数据。换句话说，生涯规划过程是通用的，但每个步骤所需数据的特异性水平随年龄和人群而变化。

在第三步，搜索策略是最有用的，它可以帮助来访者找到具有他们所选择的职业特征或与他们所选择的职业特征相关的职业名称。在第四步，来访者需要访问包含已确定职业的详细说明——工作任务、培训要求、就业前景、福利和局限性、常见的工资范围以及其他更多信息——的数据库或阅读相应的印刷材料。在第五步，删除一些已甄别过的职业并保留其他职业，因此来访者需要每种职业更详细的信息。来访者可以通过与有相应职业经历的个人交谈，或直接联系有关工作场所，来了解这些职业更详细的信息。

在第六步，来访者需要不同方面（如学徒制、2 年制大学、4 年制大学、职业技术学校、兵役等）的信息，以帮助他们获得关于初步选择的职业培训信息，以及他们所选择的职业类型中的某些职业培训。在第七步，来访者需要具体的职位信息。

咨询师在提供数据方面的职责

咨询师在提供数据方面负有 3 项具体职责。咨询师的第一个职责是他们有责任选择符合专业协会指导方针的高质量印刷材料、计算机辅助职业指导系统和网站——这些都是常见的职业数据来源。职业数据的作者和出版商指南由美国生涯发展协会提供，这些指南可在美国生涯发展协会网站的"标准"选项卡下和"生涯和职业信息文献的准备和评估指南"菜单项下找到。咨询师应该熟悉整个文档，它涉及以下主题：一般指南、年代和修订版本、学分、信息的准确性、格式、词汇、信息的使用、偏见和刻板印象以及图表。

咨询师的第二个职责是让来访者了解这些高质量资源的可用性，并尽可能使它们易于使用。本章后面的部分将描述职业生涯服务中心，即这些资源的常用存储库，以及组织职业生涯服务中心的方法。咨询师有责任让来访者熟悉这些资源，说明如何访问这些资源，更重要的是，向他们推荐可能在其特定决策时间点上最有帮助的具体资源。咨询师必须详细了解这些资源，以便将它们推荐给来访者并能够讨论这些资源的内容。例如，如果咨询师只是简单地将来访者引导至相应系统或网站，而不是提供带有标记的流程图或网站地图，并附有如下声明——"我希望你使用一站式生涯服务网，在打开的屏幕上选择'探索职业'选项，然后在菜单中选择'职业档案'"——那么来访者使用该系统或网站的效果将大打折扣。

咨询师的第三个也是难度较大的职责是协助来访者处理或有意义地使用所获得的数据。这样做的目的是将数据转化为信息，换句话说，让来访者收集和理解数据，以便他们可以优先考虑一些备选方案，同时放弃其他备选方案。这是咨询师最重要的职责。咨询师还应注意以下问题。

- 来访者准备好接收数据并有效处理了吗？
- 来访者有效使用数据的潜在障碍是什么？
- 什么样的数据以及多少数据最有用？
- 什么样的数据接收方法（如印刷材料、网站、个人联系方式）最有效？
- 来访者的决策风格是什么？这将如何影响他有效使用数据的能力？

在有关克拉丽斯的开篇讨论中，咨询师可能会得出这样的结论，即她现在已经准备好用一种有计划的方式去认真考虑职业数据，不过孩子的托管问题会是最大的障碍，她需要有关州和联邦支持的教育与培训机会的数据，而对获得这些数据最有帮助的是智能手机和个人交往。

决策模型

学习目标 6.2 描述 4 种与职业选择和发展相关的决策模型。

人们如何做出决定一直是职业发展领域不同理论家探讨的主题。让我们简要回顾一下涵盖职业指导运动初期至今的 4 种模型。

帕森斯模型

职业指导运动始于 1907 年弗兰克·帕森斯的工作，本书第 10 章对此进行了回顾。简单地说，咨询师将通过面谈和正式评估尽可能多地了解来访者，包括他们的兴趣、技能 / 能力、工作价值观和人格类型。然后，咨询师使用职业数据，将个人的兴趣、能力、工作价值观和人格类型与职业相匹配。约翰·霍兰德所做的工作就是这种"匹配方法"的一个非常重要的例子，我们在第 2 章做过充分阐述。如你所知道的，个人特性可以用霍兰德代码来描述，然后咨询师可将该代码与美国劳工部 O*NET 数据库中描述的所有职业相匹配。

如果有有效、可靠的评估来衡量个人的兴趣、技能 / 能力和（或）工作价值观，并且如果职业描述包含同一分类法中每个职业所需的工作任务、技能和报酬（如从霍兰德代码到霍兰德代码），那么职业生涯决策的匹配方法就可以很容易实施，并且可以通过计算机技术有效完成。但是，请注意，该模型没有考虑个人障碍，例如，非理性信念、自我概念不佳或无效的决策风格等。该模型可以帮助克拉丽斯确定她要深入探索的职业选择；之后，她可能需要采用其他方法来帮助自己做出决策。

基于价值观的模型

在 20 世纪 60 年代后期，教育考试服务中心的高级研究员马丁·卡茨（Martin Katz）开发了一种决策模型（Katz，1963），该模型是交互指导信息系统（SIGI）（一种网络指导系统）的基础。交互指导信息系统的作用是帮助个人完成两项与职业选择相关的任务：阐明他们的工作价值观，评估实现反映这些价值观的职业目标的可能性。

首先，卡茨进行了一项研究，明确了人们在选择职业或事业时最重要的 10 种价值观：帮助他人、收入、休闲、安全、独立、多样性、兴趣领域、领导力、声望和尽早入职。SIGI 用户在了解了这些价值观之后，接着评估其工作中每个价值观的重要性。其次，卡茨设计了一种方法，即用学生的标准化考试成绩预测学生能够完成每个职业所需的教育或培训的可能性，而需要接受教育或培训的职业由学生评估的工作价值观来确定。因此，对于数据库中列出的每种职业，其选择公式都是通过算法来确定特定职业的可取性，该算法将当前评分值的重要性乘以能够成功完成每种职业所需教育或培训的概率，使用 SIGI 系统的学生可以根据该算法得出的分数对职业进行排序，从而可以获得一份按重要性排序的职业表，按照这个表，学生可做进一步的职业探索。

该模型的有效性取决于数据库中的职业是否已被专家按照 10 种工作价值观进行了正确的"编码"，这些专家是通过分析职业描述来进行编码的。该模型的效能还依赖于对个人价值观以及获得所需教育或培训的可能性的准确评估。遗憾的是，该模型是一个理性的数学公式，无法改变其与个人动机或成熟度水平相关的输出。克拉丽斯已经足够成熟，她的价值观现在也许已经形成。由于成绩不佳和高中辍学，对她来说，使用标准化考试成绩来预测她在课程作业中取得成功的可能性也许并不准确。所以，这个模型可能只能帮助她识别一些对她现在而言很重要的价值观，比如尽早入职和安全，以及某些可能反映这些价值观的职业。

认知信息加工模型

认知信息加工（CIP）方法（Peterson et al., 1996; Sampson et al., 2002, 2004）植根于帕森斯模型。帕森斯模型表明，生涯决策是由 3 个因素决定的。首先，个人必须了解自己。其次，个人必须拥有并了解职业数据。最后，个人必须能将前两个因素整合到可以做出明智选择的水平。图 6.2 显示了认知信息加工的步骤。

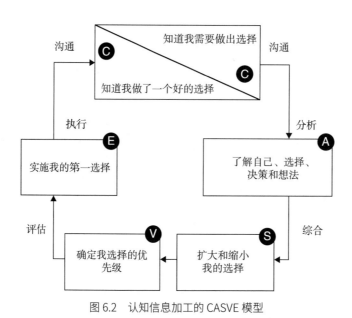

图 6.2　认知信息加工的 CASVE 模型

资料来源：Sampson, J. P., Jr., Peterson, G. W., Lenz, J. G., & Reardon, R. C. (1992). A cognitive approach to career services: Translating concepts into practice. *Career Development Quarterly, 41*, 67–74.

该理论基于 4 个假设，这在第 3 章中有详细解释。第一，生涯决策涉及认知和情感过程。第二，做出选择的能力取决于是否拥有关于职业、教育和生涯的数据。第三，生涯发展不是单一的选择点，而是一个连续的流程。第四，发展和提高信息加工技能是生涯咨询的目标（Peterson et al., 2002）。这个模型被称为 CASVE 模型，涉及沟通、分析、综合、评估和执行，这在一个人的职业生涯中可能会重复多次。如果咨询师可以在综合、评估和执行等步骤中为克拉丽斯提供帮助，则该模型可能适用于她。

以希望为中心的模型

奈尔斯和他的同事（Niles, Amundson, & Neault, 2011）提出了一种生涯决策模型。与其他模型一样，他们的模型包括自我分析（兴趣、能力、价值观）和认知加工，但与其他模型不同的是，该模型强调了希望在促进和维持决策过程中的作用。图 6.3 显示了以希望为中心的模型。

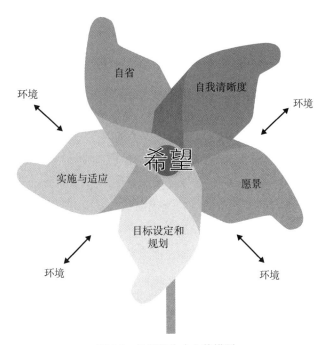

图 6.3　以希望为中心的模型

资料来源：Niles, et al., 2011。

请注意，希望在此模型中处于中心地位，来自环境的压力影响模型中的每个步骤。今天的环境充满不确定性，这些不确定性与我们社会的分裂、地方和全球暴力的威胁、移民挑战的影响、全球流行病以及许多其他来源有关。

决策障碍

来访者在搜索和使用数据时可能会遇到各种障碍。其中，有些障碍可能是身体障碍，例如视力或听力障碍。其他障碍可能来自智力方面，例如阅读能力差、理解能力差或学习能力有限。还有可能是认知方面的障碍，例如有非理性信念（Krumboltz, 1991）或消极想法（Sampson et al., 2004）。还有些障碍可能是缺乏清晰坚定的自我概念或职业认同（有些人称之为自我效能感）。

从上述 4 种决策模 型来看，我们可以很容易地推断出其他可能存在的重大决策障碍。

就帕森斯模型来说，如果评估工具很差或不存在，或者职业数据库不含有能够将自我数据和职业数据进行匹配的特征，则来访者无法做出选择。如果一个人的价值观没有充分形成，或者如果过去的教育成绩不能预示一个人未来的能力（能力通常会随着个人的成熟而增强），那么基于价值观的模型就无法有效地甄别职业。桑普森（Sampson）和他的同事则描述了一种无法理解或不适用认知信息加工模型的认知状态。他们还强调了这样一个前提，即如果来访者没有做好接收数据的认知和情感准备，那么他们就无法最大限度地利用数据。以希望为中心的模型强调缺乏希望可能是实现职业生涯目标的重大障碍。

除了这些可能的障碍之外，丁拉基（Dinklage）（1968）还研究了不同个体面对决策过程的方式。人们是如何形成特定的决策风格的，这一点我们还知之甚少，但从丁拉基确定的 8 种决策者的定义中，我们可以清楚地看出，数据的作用以及咨询师的工作在每种决策风格中都是不同的。丁拉基确定的 8 种类型的决策者如下。

- 计划型的决策者，即以系统的、循序渐进的方式进行决策的人。其决策步骤包括设定目标、确定有助于实现目标的备选方案、收集有关这些备选方案的信息、确定最有可能实现目标的备选方案，以及采取行动步骤实施该备选方案。具有这种决策风格的人很可能能够在最少的帮助下有效地使用数据，并且可能适合使用认知信息加工模型或基于价值观的模型。
- 苦恼型的决策者，即试图以系统的、循序渐进的方式参与决策的人。这种人痴迷于寻找替代方案、收集有关它们的数据，并试图在其中选择一个，以至于他永远无法做出决定。对于这种决策者来说，可用的数据越多，决策就越困难。自我效能感低下、感到希望渺茫或缺乏认知技能的人可能会是这种决策者。
- 冲动型的决策者，即不知道如何遵循系统流程或不重视它的人。这种类型的决策者会快速选择一个备选方案，而不会花时间来甄别备选方案或收集有关它们的数据。这种决策者不承认数据或有计划的决策模型有必要性或有价值。

- 直觉型的决策者，即似乎不经过有计划性的步骤就能够选择一个备选方案（结果良好）。这种类型的决策者似乎能够很快确定他的个人目标是什么，然后用经验和良好的判断代替广泛的数据收集。这种决策者似乎只需要很少的数据。

- 顺从型的决策者，即由于个人风格或社会规范的原因，允许他人为自己做决定的人。这种决策者依赖于其他人收集的数据。他们可能会发现，帕森斯模型实施起来简单又快捷。

- 拖延型的决策者，即认识到需要及时做出决定，但由于害怕做决定、缺乏数据或缺乏动力而继续推迟做出决定的人。这种决策者还没有准备好收集或使用数据，可能缺乏自我效能感和希望并持有非理性的信念。

- 宿命型的决策者，即认为自己无法控制生活中的事件，且认为事件在很大程度上由外力决定的人。这种决策者不准备收集或使用数据。就像拖延型的决策者一样，他们可能缺乏自我效能感和希望。

- 麻痹型的决策者，即认识到需要做出决定，但认为过程或可能的结果非常可怕而无法前进的人。与拖延型和宿命型的决策者一样，这种类型的决策者还没有准备好收集或使用数据。事实上，拥有大量数据可能会使他更加麻痹。咨询师需要帮助他们获得自我效能感、希望和使用理性方法前进的能力。

来访者可能会呈现出各种障碍、各种不同的决策风格，以及呈现出不同的关于自我价值、自我效能感和对未来的希望的信念水平。许多家庭教导他们的孩子遵循循序渐进、有计划的决策过程，以增加做出明智决策的可能性，为个人带来有益的结果。另外，其他许多文化高度重视的是，将家庭或其他协作团体的福祉置于个人利益和目标之上。因此，咨询师应该认识到，文化对如何做出决定以及为什么做出决定有影响，所以必须尊重文化差异。

职业信息和多样性

一些寻求职业数据的来访者需要帮助，其中可能包括一对一的帮助、使用特殊软件或硬件和（或）语言翻译。有严重阅读障碍的来访者可能需要阅读评估项目或职业描述，这可以通过网络系统，以补充性音频文件的形式提供。有视力障碍的来访者需要屏幕阅读器和相关软件等特殊设备的支持。他们使用的网站需要符合"网页内容可访问性指南 1.0"的规定。还有一些来访者，如果用他们的第一语言来呈现或描述，将使他们能够更好地理解数据。

案例研究

　　27 岁的多明戈（Domingo）是一名来自危地马拉的移民。他已经在美国待了大约一年，他希望在接下来的几个月内获得批准，将他的妻子和孩子带到美国。他想提高自己的英语水平，找到一份稳定的工作，并在家人与他相聚之前找到一个合适的住处。他在危地马拉城完成了高中学业，此后一直在一家草坪护理和景观美化公司工作。他的梦想是接受一些培训，找到一份更好的工作，买一套普通的房子，并能为女儿上大学存够钱。

　　根据多明戈（以及其他许多有类似故事的人）的案例，思考以下问题。

- 他在努力实现目标时面临的障碍是什么？
- 如果你是社区学院的咨询师，他来找你寻求帮助，你会如何与他打交道？你会指导他使用哪些资源，帮助他做出决策？

来访者在数据收集过程中的责任

　　尽管咨询师在数据收集过程中起着重要作用，但来访者也有责任：完成咨询师布置的作业或提出的建议；与咨询师一起加工数据，也就是说，运用这些数据帮助自己做出决策；为自己的决策承担责任。

　　来访者通常会忽视其首要责任，即完成咨询师交给他们的数据收集任务。遗憾的是，许多来访者希望快速、轻松地回答有关职业选择或改行的问题。有些人期望网络职业生涯规划系统、网站或测试来为这些问题提供答案。其他人则希望咨询师建议他们做什么，并将决策责任交给他们。然而，职业选择和生涯发展的过程是艰难且耗时的，它需要一个人投入时间和精力来培养数据加工技能。在咨询早期，咨询师就应告知来访者，他们需要花费大量时间来完成数据收集任务。

　　来访者的第二个主要责任是与咨询师一起参与信息加工活动，即分析和应用收集到的数据。例如，来访者可能会阅读并打印出兴趣量表确定的 20 种职业的描述。如果咨询师和来访者仅局限于对职业的描述，而不回答"那么，这些数据意味着什么？"这类问题，那么他们完成该工作所花的时间可能会过多。兴趣、能力和人格类型是非常有用的概念，可以帮助来访者确定其可能适合的职业。它们的使用通常会导致来访者确定的可能的职业选项远远超过他们可以进一步跟踪考察的选项。然后，当咨询师帮助来访者确定并应用标准，对备选方案进行排序时，就需要用到数据处理功能。

指导决策的标准通常被称为价值观或特征。因此，咨询师可能会使用面谈、价值观量表或卡片分类来帮助来访者选择几种价值观和特征，来访者可以根据这些价值观和特征对备选方案进行筛选和排序。价值观比特征更广泛、更深刻。价值观有独立、利他主义、高收入、声望和权威等。职业的特征包括外出工作、能避免加班和上夜班、拥有比平均时间更长的假期，以及不要求具有大学学历。一旦明确了偏好的价值观和特征，就可以使用收集到的数据，考察每个已确定的备选方案，以确定其满足这些偏好的潜力。这样做将提供一个思考框架，用于排除某些备选方案，并对其余的备选方案进行排序，以获得一个好的备选方案简表。

来访者的第三个责任是为他们的决策承担责任。某些类型的决策者——如顺从型、麻痹型和苦恼型的决策者——可能会试图将其做决定的权利和责任让给咨询师。在职业生涯规划过程的早期，通过介绍咨询师和来访者各自的作用和责任来构建来访者的期望是明智的。有时，咨询师不得不让来访者面对这样的事实，即他们没有履行其在专业关系中的责任。

来访者需要的数据类型

学习目标 6.3　确定职业信息来源并评估其质量。

职业生涯规划被定义为根据拥有的关于自我和环境的知识做出教育和职业选择的连续过程。运用这一定义可以得出这样的结论，即除了获取关于自我的信息外，来访者还需要了解培养方案、职业、学校和其他类型的培训、经济援助机会、兵役和提供工作的组织。

培养方案

培养方案一词用于描述高中的课程安排、职业技术学校的专业安排、实习项目以及大学专业的安排。尽管个体非常希望拥有广泛的文科知识基础和一套工作技能，如像《获得必要技能秘书委员会报告》(*SCANS Report*)(U.S. Department of Labor, 1992)中描述的那样，但也非常希望学习一些专门课程，以及参与针对他们选择的职业的特定技能培训。因此，将高中课程、在职培训的专业课程、大学的专业采用同一组织体系进行整合是非常有益的。例如，如果你所在学校的就业指导中心将职业信息按霍兰德代码分类，那么学校的课程和专业也应按霍兰德代码进行组织；如果将职业信息按工作世界地图组织，那么课程和专业也应该以同样的方式组织。此外，用于鉴别兴趣、能力和（或）价值观的评估也最好与同一组织体系相关联。

霍兰德的理论（见第 2 章）已通过一些评估工具得到广泛应用，如自我指导的探索（第 5 版）（Nilrd，2015）、生涯评估量表（Johansson，1984）、生涯决策系统（O'Shea & Feller，2000）、UNIACT 兴趣量表（ACT，1989b）、工作相关能力量表（ACT，1989a）、库德生涯兴趣评估（Kuder，2018a）、库德技能信心评估（Kuder，2013）、坎贝尔兴趣与技能问卷（Campbell，2000）。同样的体系也已应用于职业查找器（Psychological Assessment Resources，2015b）、《霍兰德职业代码词典》（Gottfredson & Holland，1996）和 O*NET（U.S. Department of Labor，2018）数据库中的职业。该体系还应用于职业技术学校和大学专业的自我指导的探索在线版本（Psychological Assessment Resources，2015）、网络职业生涯规划系统，如库德生涯规划系统（Kuder, 2019b）和生涯键等。

霍兰德代码也可用于描述职位空缺和公司职位。鉴于这一事实，帮助来访者处理他们收集的关于自己、职业、工作和教育机会的数据的方法之一，就是在同一结构框架内组织这些数据（与处理学校课程设置、职业体验日和职业生涯服务中心的数据一样）。因此，按照霍兰德理论组织的高中阶段的课程或高等教育阶段的专业将对决策非常有用。

本章稍后描述的另一个体系是 ACT 工作世界地图（Prediger，1981），它以霍兰德理论为基础，可用于组织所有这些部分。在此组织计划中，将使用 ACT 的评估工具，以及 ACT 网上的 ACT 交互式在线工作世界地图。

至于高等教育专业和学习计划的一般信息，最全面的来源是教学计划分类（U.S. Department of Education，2010）。正如建议的那样，高中和大学可以很容易地按霍兰德或工作世界地图的分类，提供课程与专业列表及其描述，从而创建一个本地的、有组织的专业描述数据库。在生涯规划过程的第六步，有关学习计划及其与职业有怎样的关系的数据最有意义。

对于大学生来说，实习计划提供了一个宝贵的机会，他们可以通过体验来了解职业。勤工助学计划允许大学生在监督下从事特定职业，并因此获得报酬，且通常同时获得学分。有关实习的数据与生涯规划过程第六步的联系最密切。

职业

美国生涯发展协会（1991）提供的职业信息指南指出，职业描述应提供以下 11 个方面的内容：工作职责和性质、工作环境和条件、所需准备、特殊要求或注意事项、入职方法、收入和其他福利、通常的晋升可能性、就业前景、经验和探索机会、相关职业以及其他信息来源。最重要的职业数据来源是美国劳工部。除了提供工作任务、工作设置、进入方法和要求、相关职业和额外信息来源的描述外，美国劳工部还对劳动力市场的总体情况及其需求进行调查。劳动力市场一词一方面指的是想要并有能力工作的个体的供给，另一方面指的是公共和私营雇主对劳动力的需求。在州和联邦层面进行的调查得出了数百种职业的入门级、中级和高级经验者的薪水。美国劳工局还提供了联邦和州一级数百种职业所需工人数量的增长或下降的预期数据。这些数据在美国劳工部网站一站式生涯服务"职业简介"菜单项下有报告。这些数据是根据一个职业群体中将退休的人数、准备从事该职业的学生人数，以及预期的职位空缺数量估计的。美国劳工部按以下标准分类提供不同职业的劳动力市场预测数据。

报告内容	就业预计
增长速度远高于平均水平	增长 27% 或更多（前景光明，很有可能找到工作）
增长速度略高于平均水平	增长 18% ~ 26%（前景高于平均水平，有可能找到工作）
增长速度与平均水平一样	增长 9% ~ 17%（平均前景，可能找到工作）
增长速度低于平均水平	增长 0 ~ 8%（低于平均水平，较小可能找到工作）
衰退	减少的数量不定（前景越来越差，不太可能找到工作）

咨询师需要记住，美国劳工部预测的数百种职业中的人数存在很大差异。因此，增长百分比只有与职业人数结合起来才有意义。例如，拥有 130 000 名在职者的职业增长 14%，与拥有 39 000 名在职者的职业增长 20% 相比，意味着更多的职位空缺可能性。特定职业对劳动力的需求情况对个人的职业选择有着很大的影响。在撰写本书时，美国正在经历过去 69 年来工作岗位数量显著增加和失业率（3.7%）最低的时期。6 个月后，由于新冠疫情的影响，失业率上升至 13.3%。

另一个全面而权威的职业信息来源是 O*NET 数据库，这是一个由美国劳工部开发和维护的数据库。该数据库可在著名的网络职业信息系统（如库德导航和库德之旅）以及一站式中心网和一站式在线网上找到。该数据库描述了 900 多种职业的数百个特征，并提供英语和西班牙语版本。这个数据库的组织机构允许用户以多种不同的方式将有关自己的信息联系起来，重点放在单一特征或组合特征上。它还提供技能量表，用户完成此量表的测试后可鉴别出数据库中与个人技能相关的职业。该数据库允许以打印或可执行代码的形式下载 3 种评估工具——O*NET 兴趣探查表（O*NET Interest Profiler）、O*NET 能力探查表（O*NET Ability Profiler）和 O*NET 工作重要性探查表（O*NET Work Importance Profiler）。它的最新发展是增加了一个名为 "我的下一步"（My Next Move）的配套网站。用户可以从此网站获取 O*NET 兴趣探查表，其结果以霍兰德代码的形式提供。选择已达到或计划的教育水平后，用户会收到一份职业建议表，并可收到关于这些职业的描述。

美国劳工部提供的另一个资源是《职业展望手册》（OOH），其有英语和西班牙语印刷版，也可在美国劳工统计局网站上找到。该资源的图书形式每两年更新一次，提供有关常见职业的大量数据，详尽的描述包括 NCDA 所给指南中包含的所有主题。在该资源的在线版本中，用户可以通过几个特征搜索职业。这本书的内容每季度都在《职业展望》中更新。

美国劳工部的一站式生涯服务网是一个内容非常丰富的职业信息来源。该网站提供了近千种职业的关键字搜索功能（与 O*NET 数据库中的标题相同）以及对这些职业的详细描述，包括全国和每个州的就业前景和薪资范围的详细数据，还有大多数职业的相关工作视频。该网站还提供了增长速度最快的职业、就业人数最多的职业、增长速度正在下降的职业、工资最高的职业，以及与美国绿化有关职业的列表和数据。该网站还提供了与其他各种网站的链接，这些链接到的网站提供评估、职业信息、简历撰写指导、求职指导和一般职业生涯规划支持。该网站还提供军民职业的翻译服务。

除了联邦政府提供的出版物、网站和数据库，许多私人出版商也提供了高质量的资料。在生涯规划过程模型的第三步、第四步、第五步中，搜索相关的职业名称及其详细描述最为有用。

学校

在寻求有关个别学校的数据之前，学生和来访者需要了解各种类型的学校、培训以及学位或证书，具体如下。

1. **私立职业技术学校**。这些是营利性学校，通常在 3 个月到 2 年的时间内为特定职业领域提供培训。虽然有些学校提供副学士学位，但大多数学校仅提供证明学生已成功完成学习计划的证书。这些学校的质量差异很大。

2. **公立社区学院**。这些学校提供两类专业课程学习：转学计划和职业相关计划。进入转学计划的学生在社区学院学习 2 年后继续在 4 年制院校学习，他们通常会在这里获得副学士学位。进入职业相关课程学习计划的学生希望在完成电子、信息科学、汽车维修、X 射线技术等领域的职业技术课程后结束正规教育。这些学生会获得证书（完成少于 2 年的课程学习计划）或副学士学位。公立社区学院提供与私立职业技术学校相同领域的培训，但通常学费低得多，教学质量也更高。

代表性印刷资源包括：

- 2018 年彼得森两年制学院（Peterson's Publishing，2017）。

3. 四年制大学。这些机构有多种规模和类型。它们可能由私人或公共基金资助，可能是文理学院或大学，且可能有广泛的录取标准。它们的专业也很广泛，不同的学校提供特定领域的优秀课程。

代表性印刷资源包括：

- 《改变人生的大学：40 所学校将改变你对大学的看法》（Pope & Oswald，2012）。
- 《2019 年菲斯克院校指南》，资源库股份有限公司出版（Sourcebooks, inc.）（Fiske, 2018）。
- 《2019 年美国院校概况》（Barron's Educational Publications, 2018）。
- 《2019 年彼得森四年制大学》（Peterson's Publishing，2018b）。
- 《2019 年院校完全指南》（Princeton Review，2018）。

本章"职业"部分列出的代表性职业生涯规划系统也提供了有关 4 年制大学的搜索和信息。

4. 研究生院，其中包括提供硕士学位、进修证书和博士学位的大学以及医学院、牙医学院、兽医学院和药学院。

代表性印刷资源包括：

- 《美国律师协会认证的法学院：美国律师协会－法学院招生委员会（ABA-LSAC）官方指南，2013 版》（Margolis，2013）。
- 《巴伦医学院和牙科学校指南，第 13 版》（Wischnitzer & Wischnitzer，2012）。
- 《2018 年最佳研究生院》（U.S. News and World Report，2017）。
- 《2018—2019 年临床和咨询心理学研究生课程内部指南》（Norcross & Sayette，2018）。

- 《168 所最佳医学院，2013 版》（Princeton Review，2013）。
- 《2019 年彼得森工程与应用科学研究生项目》（Peterson's Publishing, 2018）。
- 《2017 年医学院招生官方指南：如何准备和申请医学院》（Association of American Medical Colleges，2018）。

5. 提供在线学位的学校

代表性印刷资源包括：

- 大学捷径：不需要学生贷款的快速大学学位（Subramanian, 2018）。
- 在线大学：穿着睡衣回到学校（Jones，2016）。

美国劳工部预测，在 21 世纪初，大约 35% 的工作将需要学士或高级学位；30% 的工作需要大学或副学士学位；剩下的 35% 可以由高中毕业生或辍学者填补（Carnevale，Smith & Strohl，2013）。这些信息可以帮助学生和他们的父母就中学后教育的层次做出明智的决定。

经济资助

许多学生需要经济资助才能完成他们想要的教育。大多数学校使用联邦制订的公式来确定家庭或独立学生是否需要经济资助。该公式在联邦学生资助免费申请表（FAFSA）中有，该表由学生和家长填写并提交。其纸质形式可以从高中咨询师或大学经济资助官员那里获得，也可以从互联网上获得。学生和家长填写完表格后会得到一个数字，它被称为家庭预期贡献，揭示了一个家庭（或不受家庭支持的独立学生）在一年内有能力为大学做出贡献的美元数值。FAFSA 中使用的公式可以总结如下：

大学 1 年的总费用 − 家庭预期贡献 = 未满足的需求	
使用这个通用公式时请注意以下两个范例：	
40 000 美元（收费较高的大学 1 年的总费用）	22 000 美元（收费较低的大学 1 年的总费用）
14 600 美元（家庭预期贡献）	14 600 美元（家庭预期贡献）
25 400 美元（未满足的需求）	7400 美元（未满足的需求）

在收费较高的大学里，大学经济资助官员会尽力向提交申请的学生提供经济资助，资助金额为未满足的需求部分，即 25 400 美元。这笔款项可能有 3 个来源：私人、州或联邦拨款基金，联邦贷款基金和（或）校园兼职工作。第一个来源划拨的钱

不必偿还，但是贷款必须偿还，学生一般在毕业就业后开始还款，利率合理。

高中咨询师和大学经济资助官员了解许多隐秘的经济资助来源。这些来源可能是为此目的设立信托基金的社区组织、专业协会、公司和个人。此外，还有许多类型的经济资助由州和联邦政府提供。另外，咨询师发现以下资源也很有价值。

代表性印刷资源包括：

- 《2018 年美国大学理事会奖学金手册》（College Board, 2017）。
- 《2018 年在不破产的情况下支付大学费用》（Princeton Review，2017）。
- 《2019 年终极奖学金篇：数十亿美元的奖学金、助学金和奖品》（Tanabe & Tanabe，2018）。

有关经济资助的信息与生涯规划过程的第六步联系最密切。

职位

在许多情况下，咨询师协助学生和来访者撰写简历、学习求职面试技巧和确定空缺的职位，所有这些都与生涯规划过程的第七步有关。成年人可以从他们所在州的就业服务办公室（通常称为生涯服务中心或一站式服务中心）寻求此类服务。这些办公室的位置和提供的服务可在服务定位网上找到。此外，许多好的职业生涯资源网站都可以帮助人们完成这一步。

特别是在经济不景气时期，咨询师需要做好准备，帮助来访者应对失去工作的悲伤，学会如何在失业时生存下来，以及学会如何找到工作。许多发现自己失业的成年人已经很多年没有面对就业市场了。他们不知道如何准备或更新他们的简历，如何将他们的技能应用到其他职业中，或者如何在求职面试中展示自己。一些成年人不知道如何在求职时明智地使用社交网络，事实上，许多人因为他们在脸书（Facebook）等网站上发布了各种公开的帖子，从未被邀请过参加面试。第 7 章提供了更多关于网络力量的信息，它可以创建并维持一个能对求职产生积极影响的社交网络。

关于这些主题的书很多，但对工作和求职而言，网络信息丰富且更新快速。莱利（Riley）指南和求职圣经这两个网站提供了大量关于这些工作和求职的信息，同时还有发布简历和查看雇主职位表的功能。

其他收集数据的方法

前述部分主要侧重于通过阅读图书、访问网站和使用计算机数据库来收集数据，为决策过程提供信息。本章列出的资源对生涯规划过程的第三步（确认职业各选项）、第四步（获取已确认的备选项的相关信息）、第五步（从备选项中做出初步选择）、第六步（做出教育选择）和第七步（选择职业）帮助非常大。其中，这些资源对第五步特别有用，将帮助来访者和咨询师从其他来源收集数据，包括职业体验日、工作见习、兼职工作和实习。

职业体验日通常出现在高中，通过与从事相关职业的人直接接触，学生可了解各种各样的职业。演讲者可能会被请入学校，或者学生可能会被带到工作场所。在任何一种情况下，如果以某种有意义的方式对职业进行分类，并且已经有一些前导活动表明学生需要探索特定的职业，那么职业体验日将具有更大的意义。招聘会上出现的职业可能由 6 种霍兰德类型、ACT 职业集群或 16 个国家职业集群组成。对学生的评估可能已经进行，以便确定他们喜欢的职业集群。然后，可以安排学生听演讲或访问代表相应职业集群的网站。

学生了解职业的常见方式包括职业指导（可能是电子职业指导）和工作见习。在工作见习中，安排学生与他们正在考虑从事的职业的从业者共度一天。这种第一手的体验让学生能够观察到职业的日常活动，体验典型的工作场所，并向从业者提出问题。精心挑选的兼职工作可以在更长的时间内为学生提供相同的体验。在大学阶段，学生可以申请自己选择的职业实习。实习允许学生同时学习课程和做兼职工作。学生在获得工作报酬的同时，还可获得学分。

如果能得到很好的支持，这些提供职业现场探索的方法可能非常有价值。首先，它们必须经过精心的计划和组织，以便将具有特定兴趣的学生与代表这些兴趣的人和地点相匹配。其次，学生要提前做好体验准备。此类准备工作包括了解体验的目的，学习工作表或指南。学生通过体验活动发现自己对特定职业并不是真正感兴趣与发现对该职业感兴趣一样有价值。最后，与所有类型的数据收集一样，应该有一个后续活动，它可以是个人的，也可以是小组的，以帮助学生分析他们所学到的知识，以及这些知识对个人决策或进一步探索的意义。

组织职业

以前的《职业名称词典》（DOT）（U.S. Department of Labor，1991）描述了近 13 000 种职业，名为 O*NET 的新词典则详细描述了近 1000 个职业集群。数量的巨大差异之所以存在，是因为《职业名称词典》将职业划分为更细的类别，例如，《职业名称词典》描述了多种类型的厨师（快餐厨师、糕点厨师、比萨厨师等），而 O*NET 只是提供了对厨师的一般描述。

即使 O*NET 中包含的职业数量较少，但也有必要以有组织的方式向职业生涯规划人员展示这些职业。单独了解所有职业是不可能的，但提供职业集群的信息可以让学生和来访者在深入了解细节之前将搜索范围缩小到特定的职业集群。学校和机构常用的组织系统有 4 种：霍兰德系统（Holland，1997）、ACT 的工作世界地图（Prediger，1981）、美国劳工部的 O*NET 系统（2018）和国家职业集群框架（Advance CTE，2020）。接下来对这 4 种组织系统进行简要描述。

霍兰德系统

霍兰德的理论（1997）提出，工作环境可以描述为 6 种不同类型的组合：现实的、研究的、艺术的、社会的、企业的和传统的。这 6 种类型的定义在第 2 章中已提供。在多年的研究基础上，霍兰德和他的合作者为大多数职业都提供了由 3 个字母组成的霍兰德代码。职业查找器（Psychological Assessment Resources, 2015b）提供了 1309 种职业的代码，《霍兰德职业代码词典》（Gottfredson & Holland，1996）提供了 12 860 种职业的代码。O*NET 数据库为每个职业提供由 2 个字母组成的霍兰德代码。正如第四章所述，从测量兴趣和（或）技能的量表中选择一个，来访者就能通过测量获得个人的霍兰德代码。通过此类评估，咨询师可以更容易地推荐，或让来访者选择他们最感兴趣的演讲者或网站。

工作世界地图

根据霍兰德在 ACT 工作期间所做的研究，原来的六边形模型被扩展为一个圆形模型，被称为工作世界地图（见图 6.4）。除了将六边形更改为圆形外，描述人的特征的 6 种霍兰德人格类型也被改为 6 个职业集群名称，这些职业集群为某种霍兰德类型的人提供他们可能喜欢的工作任务和环境。此外，主要工作任务的概念——即与人、数据、事物和（或）观念打交道——是在进一步研究的基础上增加的（Prediger，1981）。因此，霍兰德类型与工作世界地图具有以下对应关系。

霍兰德类型	工作世界地图	主要工作任务
社会型	社会服务	与人打交道
企业型	行政与销售	与人和数据打交道
传统型	商业运营	与数据和事物打交道
现实型	技术	与事物打交道
研究型	科学和技术	与事物和观念打交道
艺术型	艺术	与观念和人打交道

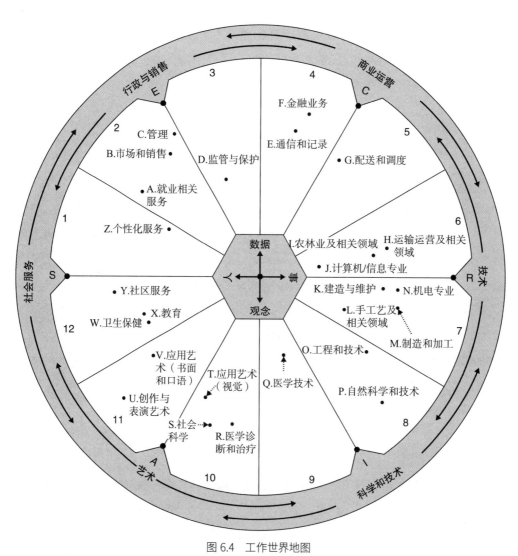

图 6.4　工作世界地图

最后，ACT 通过研究确定了 26 个职业系列，这些职业系列被称为职业领域，即基于工作任务的同质职业集群。这 26 个职业领域被绘制在工作世界地图上，其依据是团队中的职业在多大程度上需要与数据、人员、事物和（或）观念打交道。在地图的水平连续体上，那些需要与人有更多接触的职业领域位于地图左侧，而那些需要更多地与事物（设备）打交道的职业领域则位于地图右侧。在地图的垂直连续体上，那些相对需要更多地与数据打交道的职业集群被绘制在地图的上方，而那些相对需要更多地与观念打交道的职业集群被绘制在地图的下方。

使用 ACT 的免费移动资源（名为 ACT 档案）可以在地图上找出数百种职业和专业的位置。使用 ACT 档案中含有的 ACT 职业生涯规划评估，可以根据个人的兴趣和（或）自我评估的能力在地图上标出个人的位置。高中、职业技术学校和大学可以将他们的课程和专业分配到 26 个职业领域，由此确定具体的职业。ACT 档案提供了基于工作世界地图的、免费的、系统化的职业指导体系。

O*NET 分类系统

O*NET 已成为职业信息的基本来源，可在 O*NET 中心网获取。如前所述，它提供了近 1000 个职业集群的详细描述，这些描述包含职业的 300 多个特征，如员工要求、所需的知识类型、所需的基本和跨职业技能、工作价值观、霍兰德代码、工作任务、教育要求、经验和培训。技能搜索允许个人评估自己的技能并将其与数据库中的职业相关联。O*NET 兴趣探查器、能力探查器和工作重要性探查器的结果将个人与数据库中的职业联系起来。我的下一步行动网提供了 O*NET 兴趣探查器的在线版本，它给出的结果是一个与用户兴趣和计划的受教育水平相关的职业表。表中的所有职业都有简短的描述，并且该表提供在线 O*NET 的链接，以便使用者获得更详细的信息。

国家职业集群框架

美国教育部与生涯技术教育组织合作，建立了 16 个广泛的职业集群。这些职业集群遍及各行业，由入门级到专业级的职业组成。每个职业集群还包括从事相关职业以及接受继续教育所需要的学术能力、技术技能和能力。每个职业集群所属职业又进一步被分为亚群或专业，称之为职业生涯路径。有关这些职业集群的说明，请访问生涯技术网的职业生涯群。来访者可通过库德职业生涯规划系统的库德导航（Kuder, Inc., 2013）、库德生涯兴趣评估（Kuder, Inc., 2018a）和库德技能信心评估（Kuder, Inc., 2013）将个人与这些职业集群中的职业名称和高等教育专业联系起来（Kuder, Inc., 2018c）。

职业生涯服务中心

本章中引用的资源和许多其他资源，包括期刊、书籍、评估工具和各种软件程序，必须存放在某个实体场所，这个实体场所通常被称为职业生涯服务中心。职业生涯服务中心应该有足够大的规模来处理这些资源，必须是对阅读和使用计算机有吸引力的地方，并位于较大设施内的中心位置，而且组织良好。除装备计算机外，职业生涯服务中心还应包含用于观看视频和使用评估工具的设备。

职业生涯服务中心有多种组织材料的方法：按类型（如印刷品、视频、本地使用的软件、互联网访问）、按内容（如自我信息、职业信息、学校信息、助学信息等）、按职业生涯规划过程、按角色（如学生、职场人士、家长、休闲人士、公民等）。

职业生涯服务中心应配备一名或多名受过培训的人员，他们具有运用所有资源所需的、广泛的学科知识。由于认识到，在职业生涯服务中心中，训练有素的工作人员是咨询师和来访者所需要的，美国职业信息协调委员会（National Occupational Information Coordinating Committee，NOICC）在20世纪90年代初期资助开发了一门培训辅助专业人员的课程。这个新职业被命名为职业生涯规划师（CDF）。该课程涉及这些辅助专业人员需要的12项基本技能，包括基本的帮助技能、获取劳动力市场和职业信息的技能、求职技能，以及浏览计算机系统和网站的技能。成功完成本课程的学习，并向认证与教育中心（CCE）提出申请后，个人即可获得认证。训练有素的CDF可以帮助来访者获取数据，协助他们做职业生涯规划。咨询师则需要承担起责任，协助来访者处理和有效利用这些数据，进行个人决策。

互联网上越来越多地开发出各种虚拟职业生涯服务中心。通常，这些虚拟职业生涯服务中心包含在线评估、本地开发的数据库（例如，特定机构提供的专业描述）、链接到选定的网站，以及通过互联网提供咨询服务。这种咨询服务可以是同步的（两个人同时在线）或异步的（两个人不是同时在线），并且可能使用电子邮件、音视频软件等，如网络电话（Skype）、视频通信（FaceTime）或视频会议（Zoom）等。

帮助来访者将数据变成信息

学习目标 6.4 根据案例研究，确定应进行哪些评估（如果需要的话）。

对咨询师来说，最难执行也是最重要的职能，是帮助来访者厘清有关职业、学校和其他培训机会、经济资助等的大量数据。其目的是利用这些数据，明确各种备选方案［关于职业选择、培训或学校类型、可申请的奖学金和（或）工作］中，哪些应该进一步探索，哪些应该排除。下面的讨论说明了咨询师应该如何执行这项基本职能。

克里斯（Chris）是一名欧洲裔学生，就读于郊区高中三年级。他感受到了咨询师和父母的压力，他们要求他明确职业目标并制订教育计划。作为咨询师在英语课上进行的一些特殊职业生涯指导活动的一部分，他在学校的职业生涯服务中心度过了两个小时。在那里他接受了网络职业生涯规划系统的兴趣量表测试，这个系统提供了 48 种职业。在辅助专业人员的指导下，他通过阅读参考书、使用系统的数据库、链接到互联网上的网站，找到了关于其中 12 种职业的大量信息。最终他打印出了 34 页材料，但与进入职业生涯服务中心前相比，他对自己要选择什么职业感到更困惑了。幸运的是，他将与他的咨询师面谈。他希望咨询师能帮助他摆脱困惑。

在这种典型情况下，咨询师可以做些什么来帮助来访者精简材料，确定职业生涯规划的下一步骤？这里有一些建议。

- 如果来访者仅在网络职业生涯规划系统中接受兴趣量表测试，那么咨询师应考虑其他类型的评估（如果有），这可能会有所帮助。既然克里斯是一名 12 年级学生，那么对其进行价值观评估可能为时过早。利用一份简单的职业特征清单，让克里斯从中选择最重要的 5 ~ 10 个项目，将是一种很好的方法。
- 咨询师可能会要求克里斯讲述他遇到过的最有趣的课程、休闲活动，并询问他为什么觉得这些有趣。咨询师可以将相应原因与职业特征联系起来。
- 让克里斯回顾高中经历，可以帮助咨询师确定克里斯有明显优势的课程和能力。咨询师还可以向克里斯询问他高中毕业后的教育计划或愿望。
- 咨询师可能会要求克里斯列出他过去梦想的职业，并说出这些职业对他有什么吸引力，尽管他可能不知道这些职业所涉及的工作任务或培训的细节。从这次活动和之前的活动中，克里斯可以列出对他来说很重要的特征（例如，有很强的独立性、高于平均水平的薪水、工作不要求长期出差、不需要与数字和数据打交道）。
- 克里斯可以与咨询师分享他根据兴趣量表测试确定的职业表，并说明哪些职业（如果有的话）对他有吸引力，以及为什么有吸引力。他可以说明哪些职业（如果有的话）是他不会考虑的以及为什么，并将量表列出的职业特征与他刚列出的个人偏好的职业特征进行比较。
- 咨询师可以要求克里斯根据职业名称，将网络职业生涯规划系统列出的职业以及在访谈中可能增加的任何其他职业分为 3 列：他绝对不会追求的、他有可能追求的、他最喜欢的。

- 咨询师应该给克里斯布置作业，帮助他更多地了解他喜欢的职业。这可能首先包括在职业生涯服务中心做进一步研究——利用书籍、软件或互联网网站——这取决于克里斯是否已经以这种方式充分研究了自己青睐的职业。其他活动可能旨在使克里斯直接与从事这些职业的工作者保持联系。这可能是一项职业实习任务，也可能是对一个或多个从事这些职业的人进行信息访谈。作为作业的一部分，咨询师应为克里斯提供一个问题单，以确保他收集的数据是他所需要的。该问题单应包括咨询师建议了解的问题和一些常见问题，例如，工作福利和工作局限性、所需培训、晋升机会、独立性程度，以及入职前需要知道的信息。

- 在这次作业之后，咨询师应为克里斯再安排一次面谈，这样咨询师就可以与克里斯讨论他从这些作业中学到了什么。克里斯可以利用之前在面谈中制订的重要特征表，按照优先顺序写下他当前喜欢的职业，并进一步分析他所研究过的每一种职业。他应该意识到，在他的一生中，他会有很多次的职业改变，他应该考虑并准备好从事不止一种职业。

- 有了一份简短的职业清单后，克里斯和他的咨询师应审查从事这些职业所需的教育程度和类型，并确定它们是否需要相同的教育水平，例如，完成社区学院或 4 年制大学的学习，或者有些是否通过学徒制学习即可。基于这样的审查，克里斯也许能够选择一个高等教育目标。这可能是让克里斯的父母参与讨论其目标的理想时机。

- 根据克里斯制订的中学后的计划，咨询师可以将克里斯引导至其他资源（计算机搜索、网站、书籍），这将有助于他选择能满足其培训需求的学校。咨询师可以提供一份问题单，列出克里斯和他的父母可以考虑的特征（如地理位置、学校规模、入学水平、学校类型、费用范围、学生活动等）。在咨询师的帮助下，克里斯还需要明确各种选择（如学校的大小或离家的远近）将对他和他的父母有何影响。

- 咨询师可以帮助克里斯，为他的毕业选择最相关的课程，并制订一份时间表，以便他回到学校讨论职业选择、参加入学考试，以及提交入学和经济资助的申请。

这种建议的方法将获取数据的技术与咨询师支持下的数据处理相结合，能帮助克里斯和他的父母做出明智的决定。

正如本章开头所述，克拉丽斯是一位 21 岁有两个孩子的单亲妈妈，住在普通的公寓，接受着政府援助。然而，最近的立法已要求她在一年内必须上班，并为她提供了一些培训资金。她 11 年级就辍学了。从那时起，克拉丽斯就在各种快餐店兼职。克拉丽斯去了一家社区机构，寻求免费的帮助，以确定她可以做些什么来满足最近的立法的要求。

咨询师可以做些什么？ 这里有一些建议。

- 收纳面谈是不可避免的第一步。在这次面谈中，咨询师可以了解克拉丽斯所学的高中课程、表达的兴趣、动机水平、技能、兼职工作的详细信息、家庭情况、支持系统（朋友和家人网络）、障碍（如身体残疾、需要照顾孩子、缺乏交通工具）和目标等信息。

- 咨询师可能会决定进行某种类型的评估，例如兴趣量表测试（以扩大来访者可能的选择）。根据收纳面谈和评估的结果，咨询师和克拉丽斯可以制订出一份合理（根据所需培训量）的选择表。克拉丽斯和咨询师可以列出选择职业时最重要的 5 个特征：高中毕业后不要求有超过 2 年的培训；不要求晚上或周末工作；提供直接与人、设备打交道的机会；提供职业发展机会，当孩子长大后可以获得额外的教育；提供至少每年 30 000 美元的起薪。

- 咨询师要求克拉丽斯去当地图书馆，浏览《职业展望手册》和一站式生涯服务网，以了解她已确定的职业的详细信息。克拉丽斯以前没有使用过互联网，因此咨询师为她提供了一份问题指导清单，其中包含如何访问这些网站以及如何查找指定信息的步骤说明。此外，咨询师还告诉克拉丽斯去找图书馆负责设备使用的人，接受一些如何使用设备的指导，以及完成作业可能需要的帮助。咨询师要求克拉丽斯在下次会谈时将打印的材料带来（如果图书馆对打印收费，且克拉丽斯的预算有限，那么做详细的笔记也不错）。

- 一周后，克拉丽斯带着完成的作业回来了，她打印了一些关于需要高中毕业和接受过更高层次培训的职业的材料。咨询师根据收纳面谈时确定的 5 个特征，帮助克拉丽斯评估每个职业，最后确定了 3 个职业：放射技术员、牙科助理和牙科保健员。根据一站式生涯服务网的观点，在克拉丽斯居住的州，这 3 个职业对人员的需求量都很大，而且起薪都在年 30 000 美元以上。

- 咨询师建议克拉丽斯在下次面谈前完成两项家庭作业：对从事这 3 种职业的人进行一次信息访谈；调查如何通过普通高中同等学历证书（GED）考试，

获得高中文凭。咨询师解释了什么是信息访谈，并给了克拉丽斯一张建议了解的问题清单，她也可以向其中添加其他问题。咨询师打了几个电话，将这3次面谈安排在克拉丽斯的母亲照顾其最小的孩子的时候进行。咨询师还向克拉丽斯提供了她所在州的劳工部门网站的网址。该网站提供了一个完成 GED 考试的机会表。

- 克拉丽斯在完成这些作业后回到学校，满怀热情地准备通过学习当地社区学院提供的课程，参加 GED 考试。她的母亲同意每周照顾孩子们一晚，这样她就可以参加这门课程的学习。此外，她表示，根据她进行的访谈，她希望通过培训成为一名 X 射线技术员（放射技术员）。

- 咨询师与克拉丽斯合作，利用特定表格制订了行动计划和时间表，旨在实现两个主要目标：通过 GED 考试，获得高中文凭；寻求加入社区学院的 X 射线技师项目。行动计划包括对机构资助的 GED 考试课程和社区学院的 X 射线技师项目课程的学习。该行动计划还包括上课期间的孩子托管和前往社区学院的交通费用问题。咨询师请克拉丽斯随时给她打电话，并建议她每个月打一次电话预约面谈，这样他们可以检查行动计划的完成进度。

总结

在回顾了一些生涯决策模型和风格之后，本章描述了各种类型的资源，这些资源是个人进行生涯规划的关键数据来源。本章还介绍了咨询师在明智地选择和使用这些资源时的责任。同样，本章也介绍了学生和来访者花费时间和精力获取数据的责任。我们非常重视这样的事实，即向学生和来访者提供良好的数据本身并不足以确保生涯决策的明智性。本章强调，咨询师的责任和作用是帮助学生和来访者对大量的数据进行分类，并将其转化为有意义的信息。最后，本章通过案例为咨询师如何处理具体的问题提供了建议。

案例研究

罗埃尔（Roel）是一名来自菲律宾的大二留学生，他面临着做申报主修专业的决定。他的父母为了他上大学做出了许多牺牲，他们说如果他没有做出让他们满意的决定，他们将不会继续这样做。他到大学咨询中心来寻求你的帮助。你问他，他是如何做出其他人生重大决定的，比如接受哪些兼职工作、买什么样的车，或上哪所大学。

当罗埃尔讲述他是如何做出这些决定时，你发现，如果任由他自己决定，他是一个典型的冲动型决策者。他通常选择一个目前听起来不错的方案，而不寻找其他替代方案或深入了解信息。在重大决策问题上，其父母施加了强大的影响力，他通常又是一个顺从型决策者。

鉴于他的经历，你将如何帮助罗埃尔从他所在大学的 100 多个专业中选择一个主修专业呢？

学生练习

本章为克拉丽斯提供的建议是传统型的，反映的是一种认知决策方法。这种方法很好地服务于许多来访者，但也许对一些人没有帮助。思考并回答下面两个问题。

- 这种方法对什么样的来访者可能没有帮助？为什么？
- 咨询师可以使用哪些替代方法来帮助克拉丽斯重建其生活？

7

利用信息通信技术来支持生涯咨询及生涯规划

技术是一把双刃剑，对人们生活的改变有好有坏。在很多方面，生涯咨询师一直处于社会和心理健康领域变革的前沿。他们是最早在工作中使用新型工具、技术的人群之一。这一点在技术的使用上体现得最为明显。计算机以及近些年发展起来的互联网改变了生涯咨询师帮助来访者的方式。虽说生涯咨询师首先是咨询师，但与此同时，他们也是信息的提供者。通过使用互联网，生涯咨询师在帮助来访者撰写简历、指导面试、建立网络，以及选择教育和培训场所时，能更好、更快、更全面地提供信息。如今，生涯咨询师能够投入更多的时间为来访者提供咨询和指导，同时能够快速、轻松地找到支持其工作的信息。尽管流行的网站来了又去，但在网络成为主流后的几年里，互联网确实改变了生涯咨询师的工作方式。如今，我们别无选择，必须学会使用新的技术，以便有效地为客户提供他们所需要和期望的服务。

——大卫·M. 赖尔
博士
美国认证生涯咨询师
生涯发展联盟

【学习目标】

7.1 定义并描述计算机辅助的生涯规划系统帮助学生和来访者进行生涯探索和规划的方式。

7.2 定义 21 世纪计算机辅助的生涯规划系统之所以行之有效的特征。

7.3 定义各种以技术为媒介的生涯指导、生涯援助及相关材料的不同传播方式。

7.4 描述现阶段及未来用于生涯指导的信息通信技术（ICT）的现状，定义使用 ICT 工具咨询的责任、技术及道德规范。

7.5 定义并列举生涯指导网站及综合生涯规划系统的准则。

7.6 了解道德相关问题。

在第 2 章中，我们了解到胡安娜，一名 17 岁的 12 年级拉丁裔学生，她正在自我概念不佳、低动机、低职业成熟度，以及缺乏榜样等与理性职业选择相关的因素中挣扎。胡安娜的咨询师使用前文所介绍的理论模型，通过一对一辅导和团体辅导来处理这些问题。

在胡安娜的自我概念、动机和职业成熟度等方面有了积极变化后，咨询师认为，胡安娜已经做好了思考今后的学业及工作类型的准备。咨询师给胡安娜布置作业，其中一些作业需要使用学校内部基于网络的生涯规划系统来完成，还有一些作业需要使用多个网站来完成。在你阅读本章时，我们会提到这些作业。

本章的主要目的在于，定义并描述对 21 世纪生涯规划服务产生影响的各种技术，明确咨询师在使用这些技术时所扮演的角色，并指出如何才能更好地利用这些技术来优化生涯规划服务。显然，目前人们对技术的认知更多局限于计算机和互联网。但事实上，除计算机之外，生涯规划领域在很大程度上还受到考试记分机、摄像机和智能手机等技术的影响。然而，由于计算机具有管理、评价和解释测验及量表、传授技能和概念、促进交流对话、存储、搜索和关联大型数据库、存储用户交流记录并提示和监管用户对系统的使用等诸多功能，计算机在生涯规划领域的影响最为深远。自 20 世纪 60 年代末以来，计算机的各项功能已逐步发展起来，并应用于生涯规划领域。计算机技术的进步可以从两个方面来看：一方面，计算机的功能日益强大。从早期的独立主机，到联网微型个人计算机，再到计算机万维网，再到智能手机和平板电脑服务的扩展，直至今日对社交媒体的惊人影响，计算机的每一步发展，都增加了其服务于更多个体的潜力。但与此同时，越来越多的伦理问题也随之而来。随着计算机的扩展，过去被称为计算机辅助的生涯信息指导更名为信息通信技术（ICT）生涯指导。

另一方面，不断累积的知识和研究，使得咨询师认识到计算机为不同人群及不同目的提供服务的有效性。评估、生涯信息、教育信息以及与生涯规划相关的多种其他应用程序，目前几乎都可以从网上获取，其中大多数内容在本书第 5 章、第 6 章有所涉及。

有效性证据

学习目标 7.1 定义并描述计算机辅助的生涯规划系统帮助学生和来访者进行生涯探索和规划的方式。

大量研究结果证明，计算机辅助的生涯规划系统的使用带来了令人满意的成果。以下是其中的一些成果。

- 一直以来，计算机辅助的生涯规划系统的用户对其体验都表示满意（Fowkes & McWhirter，2007）。

- 计算机辅助的生涯规划系统与从业者辅导等其他生涯发展辅导共同使用时，最为有效（Fowkes & McWhirter，2007；Gore & Leuwerke，2008）。

- 利用数小时深入且专注地使用计算机辅助的生涯规划系统，比仅用几分钟时间快速浏览其目录，更为有效（Gore，Bobek，Robbins，& Shayne，2006）。

- 计算机辅助的生涯规划系统的用户具有更高的职业决策自我效能感（Betz & Borgen，2010；Maples & Luzzo，2005）、更高的职业决策控制感（Maples & Luzzo，2005），并且对职业决策更有信心（Bobek et al.，2005）。

- 选择计算机辅助的生涯规划系统推荐的职业的学生，比没有遵循该系统建议的学生在多年后获得的工作满意度更高。在以色列的一项纵向研究中，加蒂（Gati）、罗伊曼（Reuma）和谢梅什（Shemesh）（2006）测试了"做出更好的职业决策"（Making Better Career Decisions，MBCD）的预测效度——"做出更好的职业决策"是一个计算机辅助的生涯规划系统。在该研究中，被试被分为两组：一组被试所选的职业在 MBCD 推荐的职业名单中，另一组被试所选的职业不在 MBCD 推荐的职业名单中。研究结果表明，前一组中，84% 的被试对其所选职业高度满意，16% 的被试对其所选职业中等满意；而后一组中只有 38% 的被试对其所选职业高度满意，44% 的被试对其所选职业中等满意，18% 的被试对其所选职业不满意。

- 使用计算机辅助的生涯规划系统可以显著地增加中学生继续进行高等教育的可能性（D'Achiardi-Ressler，2008）。

- 使用计算机辅助的生涯规划系统进行兴趣评估、接受评估解释、选择与兴趣一致的大学专业的学生，这大大增加了学生留在该专业并获得学位的可能性（D'Achiardi-Ressler，2008）。

- 成年来访者认为，为期 5 年的、有效的生涯指导所带来的好处包括：增强自信、动机和自我效能感，并且提供了一个"安全空间"，以探索各种选择和愿景（Bimrose，Barnes，& Hughes，2008）。

- 使用计算机辅助的生涯规划系统进行兴趣评估、接受评估解释并选择与兴趣一致的大学专业后，这些学生的平均绩点高于未使用该系统的学生（Trusty，2014）。

- 学生们认为，包含信息通信技术的生涯指导项目比传统的以课程为基础的项目要有效得多（Leahy et al.，2017）。

- 在沙特阿拉伯某大学进行的一项研究显示（Wael Sh. Basri，Alandejani，& Almadani，2018），信息通信技术的采用与提高学习成绩之间存在相关性，且在女性群体中表现尤为显著。

信息通信技术：21 世纪的发展趋势

学习目标 7.2　定义 21 世纪计算机辅助的生涯规划系统之所以行之有效的特征。

　　21 世纪的生涯指导和信息网络系统焕发出新的生机，展现出前所未有的综合性功能。其中的一些功能如下。

- 几乎所有的系统及应用程序都基于互联网，而不是安装于独立的计算机。
- 动态图形、音频和流媒体视频的使用不断增多，增加了该系统的信息量。
- 该系统有很多可以前往其他网站的链接，同时使得用户能够从其他网站回到该系统，这样做的目的是成倍地扩大用户可以获得的信息量，同时保证用户仍在一个综合系统的范围内被"引导"。
- 随着系统不断完善，一种很常见的功能是在用户首次登录时启用电子档案，并在用户使用该系统期间维护并更新电子档案。
- 随着系统不断完善，系统内容面向越来越丰富的用户群体（其中包括 5 ~ 6 年级的学生、7 ~ 8 年级的学生、高中生、大学生、成年工作者、家长、管理员以及咨询师等），并且能够根据用户登录时的信息，指导用户获取其适配的资料。
- 系统还有一项新增功能，即在电子档案中存储文档（如扫描下来的证书、成绩单、简历、求职信和工作案例等），并依需求将文档发送给学校或雇主。
- 在教育、劳务、经济发展及商业部门的合作开发和资助下，某些州（如亚拉巴马州、内布拉斯加州、密苏里州、堪萨斯州、南卡罗来纳州和阿肯色州）的用户可以免费使用某些综合网站。这一趋势目前正扩展到包括阿联酋、卡塔尔和卢旺达在内的一些国家，这些国家在此之前从未提供过生涯指导服务。
- 越来越多的用户将生涯规划系统产生的信息（如评估结果）在社交媒体上进行分享，以促进彼此间的交流。
- 越来越多的用户使用社交媒体网站，为求职和了解有关公司及职位创建电子网络。
- 生涯规划工具以前只能在电脑端使用，而现在，在平板电脑和智能手机端使用的趋势不断显现。

互联网：生涯指导的传播工具

与以往独立或网络计算机相比，互联网作为一种传播工具具有以下优势。

- 可以在家、图书馆、咖啡店等诸多地方全天候使用，同时可以在智能手机上使用。
- 具有服务于广泛受众的潜力。
- 可供用户在网站上建立和维护电子档案，该档案可供用户终身访问，用户可从中获取文件（如简历、证书、成绩单等），并通过电子设备将这些文件发送给雇主或学校。
- 互联网的数据库可以更频繁地更新，因为该数据库是由一个连接着所有终端用户站的中心源进行开发和更新的。
- 互联网资源和电子邮件通信的链接可以更加无缝地包含于该系统中。
- 当系统用户在线时，咨询师也可以通过互联网与其进行交流。

值得注意的是，通过互联网和智能手机使用基于网络的服务，在世界范围内是普遍情况。例如一些发展中国家，似乎正在跨过计算机时代，开发基于手机的应用程序。因为发展中国家的大部分人口是通过手机而非计算机上网的。

独立网站

学习目标 7.3　定义各种以技术为媒介的生涯指导、生涯援助及相关材料的不同传播方式。

能够解决生涯规划过程中部分问题的单一用途网站有成百上千之多。其中许多已经在本书第 5 章和第 6 章中列出了。这些网站提供以下一种或多种工具或指南等。

- 具有解释功能的正式或非正式的评估工具。
- 根据不同特征对职业技术学校、学院或大学进行搜索的工具，搜索结果列表，并深入了解各个机构的信息。
- 根据各类特征搜索关于助学金和奖学金的信息的工具，提供关于申请助学金、奖学金的方法及时间的信息。

- 按头衔或行业搜索职位的工具，提供广泛相关信息的列表。
- 基于职位、工作类型和其他特征对职位空缺信息进行搜索的工具，提供对空缺职位进行介绍的列表，以及关于如何申请该职位的信息。
- 创建简历或电子档案的工具和模板。
- 寻找空缺职位、关于准备适当文件并有效进行工作面试的指南。

其中一些网站已经由可靠的专业机构建立并维护。胡安娜的咨询师指导她使用职业驿站网站上的评估工具和职业选择方案，该网站是一个由美国劳工部开发和维护的网站。但当胡安娜准备考虑在高等学校进行额外培训时，咨询师则建议她使用综合高等教育数据系统（IPEDS），这是一个由国家教育统计中心（美国）开发和维护的网站。

综合生涯规划系统

与刚才描述的网站类型不同，综合生涯规划系统是一个包含工具和数据库的网站。该网站是通过一个包括生涯规划过程中多个步骤的连续过程来帮助用户的。该过程通常是为特定人群设计的，如小学生、初中生、高中生、大专生、失业的成年人、退伍军人、无技能的老年人或需要工作技能的无技能青年等。换句话说，开发人员对以上任一人群，都经历了一次确定该特定人群的需求，并创建旨在满足这些需求的内容的过程。例如，对于小学生来说，这些需求可能包括获得自我意识、获得对工作世界广度的认识，以及意识到这两者之间存在关系的事实。而对于那些年龄大、收入低、无技能的成年人来说，他们需要的可能是评估当前的兴趣和工作技能，为其提供提高技能的培训，协助其开发简历，教授其工作面试的技能，并提供一个可供其搜索的工作数据库，等等。胡安娜的咨询师向她介绍了库德（Kuder）系统，名为旅程（Journey）（Kuder, Inc., 2019），当时她需要一些关于求职技能和求职资料方面的指导。综合生涯规划系统提供为满足特定人群的需求而专门设计的活动或资源。通常，该系统会为每个用户创建一份电子档案，作为用户在使用系统、简历、求职信、推荐文献、评估结果，以及成就证书或职业准备情况等文件时的"已选数据库"。

综合生涯规划系统通常是作为一个整体来开发的，有许多不同的主题，每个主题都可以独立使用。但所有的这些主题都有助于整个系统的联动。具体来说，这类系统可能包含在线兴趣评估、可供搜索的职业数据库、可供搜索的国家高等学校数据库、简历撰写者和职位空缺数据库等主题。有的用户可能只进行在线兴趣评估，使用可供搜索的职业数据库，并获得职业描述。而有的用户则是直接访问"简历撰写者"，然后进入可供搜索的职业数据库。有些系统足够"智能"，可以识别用户需求，并将用户引导至系统的特定部分，以便其确定当前决策要点的位置。查看和存储结果的电子档案则可作为该系统的整合部分。

因为这些系统也提供评估、教育和职位信息，所以美国可用的大多数综合生涯规划系统已经在本书第 5 章或第 6 章中提到过。有的开发公司只为所有群体提供一个版本，而有的开发公司则为不同年龄段的人群提供不同版本。其中有的开发公司只提供一个标准系统，而有的开发公司则提供广泛的定制选项，包括为特定的州、机构或国家的用户开发完全定制的系统。同时，这些系统的开发人员经常需要应对竞争请求建议（competitive requests for proposals，RFPs），这些竞争请求建议所需要的功能超出了他们日常开发的产品，这驱使他们所在的公司与其他公司合作，以提供额外的服务，如电子成绩单传输、在线大学申请、大学入学考试准备等。

虚拟职业中心

综合生涯规划系统的另一种形式是虚拟职业中心。虚拟职业中心是一类精心策划的网站，为用户创设了现存免费网站的主菜单，以提供综合生涯规划系统的某些部分。例如，有的网站可以提供生成霍兰德代码的兴趣清单，有的网站则可以按霍兰德代码搜索职业和高等教育专业，有的网站可能支持搜索高等学校，而另一些网站则可能提供优质的求职指导和求职工具。因此，了解综合生涯规划系统组成要素的用户可以制订一份完整的网站列表，并将它们全部放在一个菜单下，这样该菜单就可以提供许多甚至大部分综合生涯规划系统的组成要素。为此，使用谷歌搜索来找到这样的网站将大有裨益。使用由玛格丽特·迪克尔（Margaret Dikel）维护并展示在美国生涯发展协会网站（资源标签下的生涯规划网站）上的筛选列表，将是一种更好的为使用虚拟职业中心而识别网站的方式。

与综合生涯规划系统相比，虚拟职业中心的优势是成本较低，并且能够在菜单中添加本地资源（如一部分大学内部的网站或地方州机构的网站）。其缺点是无法引导用户从一个活动转到下一个活动；无法将评估、信息、选择、笔记以及重要资料收集并存储于一份电子档案，供用户在整个使用期间访问和编辑。此外，其无法收集用户及其进展的相关数据。因此我们无法对其使用情况进行报告，也无法对其结果进行纵向研究。与综合生涯规划系统不同，咨询师也无法通过电子邮件、手机或发布在电子档案的笔记来与虚拟职业中心的用户进行沟通。以下网站代表了虚拟职业中心的主题和外观：马里兰大学职业中心、佛罗里达州立大学职业中心和美国劳工部的职业发展中心。

智能手机应用程序

提供生涯规划信息和支持的最新技术工具是智能手机。由于手机的屏幕尺寸小，并且手机用户的移动性强，生涯指导服务必须以小组块的形式来提供——这与之前提到的综合生涯规划系统所提供的内容则完全相反。例如，某人可以用手机获取他的电子档案，并将简历下载到无线打印机上；某人去面试的路上可以用手机复习面试技巧以及可能会被问到的问题；某人可以通过手机完成某个短期的兴趣评估，并收到一份职业建议清单；某人还可以用手机检索到他正准备访问的大学的简介。人们可能将这些功能看作一种"及时"检索生涯规划和求职过程中所需信息的方法。在某些地区，如英国，已经建立了呼叫中心，并配备了有资质的人员，与那些对手机应用程序所提供信息存疑的用户进行沟通。

许多与生涯规划程序的特定组成部分相关的智能手机应用程序已经被开发出来。尽管这些程序中的大多数都与求职过程相关（Osborn, Kronholz, Finklea, & Cantonis, 2014），但 ACT 公司已经将之前的"发现者"（DISCOVER）综合生涯规划系统的一部分——现被称为"我的档案"（My Profile）或"我的 ACT"（MyACT）——放在包含其 UNI ACT 兴趣量表的智能手机应用程序上。求职应用程序的示例如下。

- 访谈 Pro（InterviewPro）——可指导用户解决面试的相关问题。
- 工作 Mo（JobMo）——可根据用户选择的多个变量，从多个求职网站中收集职位空缺信息。
- 链接上（LinkUp）——可供用户通过关键词对职位进行搜索。
- 可视化的我（VisualizeMe）——可将文本简历转换为信息图示（图表、图形、时间线等）。
- 踌躇不前的求职者（Jibber Jobber）——提供了一种模板，用于帮助用户组织和追踪个人求职过程中各个方面的信息。

这些应用程序中的大多数都可以在苹果 iTunes 商店和谷歌 Play（安卓手机的应用程序商店）中购买。然而，在这些应用商店中，几乎没有任何关于开发人员证书的信息。鉴于智能手机的全球接受度越来越高，这一应用列表极有可能会继续迅速增加。随着这次更新的完成，完整的综合生涯规划系统，如库德的导航与旅程（Navigator and Journey），已经可以在智能手机上使用了。

社交网络

网络，而非电子设备，长期以来一直被认为是寻找职位空缺信息最有效的途径。截至 2019 年，脸书称其活跃用户为 24.5 亿，推特（Twitter）注册用户为 3.2 亿，YouTube 用户为 19 亿，领英（LinkedIn）用户为 6.1 亿。雇主在评估和招聘求职者的过程中对于社交媒体的使用，能反映出人们对社交媒体的使用程度在不断提高。

在像领英这样的社交网站上，用户可以创建个人资料，并提供尽可能多的个人和专业信息。他们还可以上传照片、视频和链接。在线社交网络的成员可以邀请他人加入他们的网络并与他们"成为好友"，将彼此联系起来。这类网站还有一个优势是，允许新加入的成员查看彼此网络中的其他"好友"。领英会检查会员接受好友的情况，并要求会员之间彼此了解，或通过一个共同联系人互相介绍认识。同时，这种社交网站也可以用来创建工作网络。以下是一些使用这类社交网站的示例。

- 推特是一个非正式的招聘板，因此，在推特上，用户可以了解自己感兴趣的公司及工作机会，并可以与其他用户进行"推特聊天"。
- 领英可以为用户提供一个页面，该页面包含对公司和其空缺职位的介绍。通过成立职业兴趣团体，成员们几乎每天都可以获得关于行业动态、企业文化以及更优工作实践等方面的信息。用户可以根据职位名称、关键字、公司名称和位置来搜索职位空缺信息。通过领英，用户可以找到自己学院或大学的校友，并寻求与他们建立联系，以作为获取职位空缺信息的一种手段。
- 脸书提供了向好友进行网络广播的功能，即人们在特定的地点寻找特定类型的工作，并邀请好友提供他们可能拥有的关于这方面的各类信息。脸书上会有广告宣传空缺职位，并且用户还可能在脸书上找到与特定公司有联系的人员。脸书在 2019 年进行的优化，使得组建各种特殊兴趣团体或社区并在其中进行交流变得更为容易。

遗憾的是，如今许多年轻人在他们的"空间"中发布的信息和视频，营造出的却是一个糟糕的形象。两名研究人员（Kolek & Saunders，2008）在查看一家大型公立大学学生的脸书个人资料时发现，大多数学生都填写了个人资料，其中许多人还展示了大量的个人信息，包括他们饮酒的照片等。众所周知，雇主在决定是否邀请求职者参加面试之前，会对其进行社交网络搜索。因此，任何可能会求职的人员在发布与其自身相关的信息和帖子时都应相当小心。

两种类型的社交网站

有的社交网站，如脸书的主要功能还是社交。而有的社交网站，如领英等专业社交网站的功能则在于，将具有社交目的及商业目的的专业人士联系起来。领英上的会员可以为其他会员写代言作为推荐信，并被雇主看到。会员可以使用高级搜索功能来查找与特定公司相关的联系人，或浏览公司简介。领英还可以让公司发布工作信息，并允许用户将其博客链接到个人资料中。

求职者需要学习如何使用这两种类型的社交网站，因为这些社交网站对于求职来说越来越重要。比较推荐的是，求职者应谨慎使用脸书这类社交网站，同时使用领英这样的专业社交网站。利用社交网站找工作的推荐步骤如下。

- 在谷歌上搜索自己，查看与你的姓名相关的链接。如果有些信息是你不想展示的，请尝试删除它们，然后上传其他信息（幻灯片演示文稿、文章、书籍章节等）。这将打造你的互联网形象（即所谓的"品牌"）。
- 建立两份个人专业简介／简历——一份是文本形式，另一份是视频形式。
- 确保发帖内容的一致性——工作、技能以及所需提供的材料。
- 在领英上获得尽可能多的联系与技能推荐。在推特、脸书等社交网站上保持活跃，以便让你在互联网上出名，并确保你品牌的一致性。
- 关注特定的雇主和职位，并通过与目标公司的工作人员的沟通和信息访谈来获取尽可能多的相关信息。
- 尝试与目标公司的招聘经理进行直接的线上联系，并培养良好关系。

个人创建网络日志也相当容易，个人网络日志也被称为博客，在博客中，用户可以在一个开放的论坛上写日志，也可以创建特定的主题来进行讨论，并邀请他人参与讨论。包括微软、百事和塔吉特在内的雇主目前也在通过博客发布职位。通过谷歌搜索，求职者可以使用关键词、公司网站或像"Indeed"这样的招聘板访问博客。

信息通信技术的未来可能性

学习目标 7.4　描述现阶段及未来用于生涯指导的信息通信技术（ICT）的现状，定义使用 ICT 工具咨询的责任、技术及道德规范。

自 20 世纪 60 年代末计算机生涯规划系统诞生以来，我就有幸影响了该系统的发展。也许，正因如此，我可以预测其未来 10 年或 20 年的发展，包括内容、交付方式以及地理范围等。以下是该系统的一些发展可能。

- **标准化与定制化**。鉴于信息通信技术在全球的发展，以及其不断增强的定制功能（通过语言翻译、访问不同的数据库，以及修改针对不同文化的高质量评估工具等方法），它将有可能为全世界的青少年及成人提供服务。这甚至可以只通过一个专注于此目标的中心组织来实现。这样的举措将使服务标准化，并实现以更低的成本交付。

- **虚拟现实**。随着这项技术成本的降低，视频和图形的使用及最终的虚拟现实的功能将继续增强系统及站点交付的吸引力。想象一下，通过虚拟现实来探索不同的工作环境和学习环境，或者在这种模式下参加工作面试是多么有趣的一件事。

- **游戏**。当前综合生涯规划系统和网站面临的一个重大挑战是，在整个职业指导过程中保持学生的兴趣。为了应对这一挑战，一些项目正对游戏作为一种有效方法的可行性进行评估。其中一个名为"跨国青年"的项目，已经开发了该类系统，并进行试运行。对游戏玩家和非游戏玩家（通过纸质材料接触相关内容）的前后结果比较表明，游戏玩家对职业适应性、职业意识和职业学习能力的相关知识了解更多（Hummel et al., 2018）。

- **终身个人资料**。系统用户的个人职业档案，如健康记录，将被存储在云端或植入系统用户的个人存储单元中，这类似于目前将识别装置植入狗体内的方式。这些记录将汇集其拥有者的整个职业生涯的信息。该系统能够将这些记录的相关部分发送至军事招募站、职业技术学校、大学及雇主等。

- **系统内容**。系统内容将被扩展到当前的职业信息和指导系统之外，可能包括更多类型的评估和更多的教学内容主题，如社会学习、财务规划和养育子女等。

- **人工智能**。维基百科将人工智能定义为"计算机系统的理论和发展，能够执行通常需要人类智能的任务，如视觉感知、语音识别、决策和翻译"。在使用苹果的 Siri、亚马逊的 Alexa 以及特斯拉的新功能等过程中，我们正在经历人工智能的早期阶段。据 Saheed 所示，6 个最好的人工智能应用程序包括 Nudge AI（客户服务应用程序）、法律机器人（解释法律语言合同）、Hubspot Content Strategy（为博客内容出谋划策）、Tetra（进行电话记录），以及 Crystal（帮助用户分析其个人特点并将其分配至最好的工作团队）。

远程咨询

远程咨询是由合格的专业人员通过互联网向来访者提供咨询支持的服务，这种服务的提供离不开硬件和软件的支持，如计算机或智能手机。一些网站也提供远程指导服务，但其更适合指导而不是咨询。目前的经验和研究还不足以对远程咨询的有效性进行完整的评估。在远程咨询的过程中，咨询师和来访者可以位于任何有互联网连接的地方，他们可以同步通过交互式电子邮件或视频会议（他们能够看到彼此，因为他们都配备了数码相机及与他们的机器适配的软件）进行交流。虽然交互可能会异步发生（即两者不一定同时在线），但咨询师和来访者可以讨论任何话题，因为互联网是一个足够安全的平台。咨询师也可能被分配到不适合讨论某些话题的网站。尽管技术在促进远程咨询发展方面十分有效，并且远程咨询的伦理指导方针也已经出台，但大多数保险公司仍然不会为这种类型的咨询支付费用。

与信息通信技术支持的生涯指导和咨询相关的咨询师的责任

自 20 世纪 60 年代末以来，随着信息通信技术支持的生涯指导和咨询工具的功能不断扩展，支持使用这些工具的咨询师的角色发生了变化。一开始，在有信息通信技术支持之前，咨询师所扮演的角色是一个对生涯规划过程进行指导及为来访者提供选择的有卓越知识的人。随着综合生涯规划系统的出现，咨询师的角色转变为拥有这些系统的知识，并为它们的使用提供支持的人。随着社交媒体的出现及其被来访者和雇主广泛接受，咨询师再次转变为扮演对来访者有益的信息的共同生产者的角色，并在其职业发展过程中发挥积极作用（Hooley，2012；Spivack，2007）。

许多研究都集中于咨询师在监督来访者使用信息通信技术进行生涯规划辅导方面的责任。在芬兰进行的一项研究中（Kettunena，Vuorinena，& Sampson，2014），研究人员探究了咨询师在他们的工作中对使用信息通信技术的态度。他们发现了一系列的态度转变——从完全缺乏接受度和热情到高度热情地将信息通信技术纳入日常工作。如果一位咨询师确实希望在工作中采用信息通信技术，则需参与以下各项任务。

了解和遵守指导方针

已有 4 个专业组织制订了在生涯咨询和指导中使用信息通信技术的指导方针。

- 美国咨询协会（ACA）。
- 国际教育和生涯指导协会（IAEVG）。
- 国家注册咨询师委员会（NBCC）。
- 美国生涯发展协会（NCDA）。

欲使用互联网作为咨询工具或提供远程咨询的咨询师应该完全熟悉这些指导方针。

选择网站和综合生涯规划系统

学习目标 7.5　定义并列举生涯指导网站及综合生涯规划系统的准则。

咨询师通常作为团队的一部分，决定应该选择哪些综合生涯规划系统并在咨询现场使用，或者目前使用的系统是否应该被另一个取代。在这种情况下，咨询师有必要深入了解每个系统。虽然系统的市场营销代表的演示对于咨询师而言很有帮助，但要真正深入了解系统，最好的方法还是获取和阅读该系统的专业手册，然后，模拟来访者使用该系统。以下是在进行评估时应作为基准的关键主题。

- **该系统的理论基础**。有些系统，比如那些主要用于文件搜索和数据展示的系统，是一种非理论性的系统。也就是说，它们无法提供任何职业决策的过程，也无法提供任何与特定理论学者的研究成果相关的内容。另外一些系统兼具前述两种功能：它们提供职业决策的具体过程，并使用本文中讨论过的一个或多个理论学者的成果作为其提供该过程和（或）其他内容的基础。来访者需要遵循探索性的过程。咨询师需要决定是将计算机作为该过程的演示者和监查者，还是由咨询师扮演更积极的角色，并在该过程中使用计算机作为支持系统。

- **拥有在线存储和输入纸质版评估结果的功能**。对于大多数来访者来说，评估兴趣、技能（能力）或者工作价值观是非常重要的。在这种情况下，咨询师需要确定如何进行这种评估。此处有两种可能的方式，每一种方式都可以单独使用或与另一种方式结合使用。第一，评估可以通过基于网络的综合生涯规划系统、互联网网站或由量表出版商和当地计算机用户许可的软件进行在线管理、评分和解释。第二，评估可以以纸质形式进行自我评分（可能是某些类型的问卷）或发往其他地方进行评分。在后一种情况下，通过基于网络的综合生涯规划系统，用户可以自己输入评估分数，也可以通过文职人员同时输入多个个人结果来寻找工作。

- **数据库的质量和全面性**。数据库是基于网络的综合生涯规划系统的重要组成部分，它们的质量对整个系统的质量至关重要，包括对数据库中项目（职业、学校、经济援助来源等）的描述、数据来源、货币来源等的准确性。有些系统只包含两个数据库，通常是职业数据库和学校数据库。学校数据库可能只包括 4 年制大学数据库，也可能包括职业技术学校、2 年制大学以及研究生学院数据库。这些数据库可能提供某个特定的州、某个地区或整个国家的信息。某些系统提供 200 ~ 300 个职业的数据，而另一些系统则包括超过 1000 个职业的数据。除了职业和学校之外，一些系统还提供了许多其他数据库，包括经济援助、学徒制、实习、军事职业和专业等数据库。有的供应商最大限度地利用了由可靠的政府来源开发的数据库，如美国劳工部、教育部和国防部的数据库，有的则没有。有的系统供应商每年更新一次文件，有的则每季度或每两年更新一次。另一个需要考虑的因素是系统使用的写作风格。有些系统使用的是真实的、纪录片式的写作风格，而另一些系统则以一种非正式的如"我每天做什么工作"的形式来描述一种职业。注意，这些描述所要求的阅读水平也很重要。

- **易于搜索**。能够根据特定关键词搜索数据库是网络系统的核心功能。该搜索功能可能是方便的、对用户友好的，也可能是不方便的。当你检查一个系统是否易于搜索时，删除或添加一个已选择的搜索特征，或返回到上次搜索的结果中，并只更改一个或两个变量即可。

- **系统内容**。清单中的第一项涉及理论基础问题，第二项涉及评估问题，这两项都是系统内容的要素。然而，不同系统在内容上还可能存在其他巨大差异。有些系统包含教学材料，比如如何规划职业、如何撰写简历、如何参加面试，以及如何通过网络找到职位空缺信息。在一个系统中所期望的内容显然既与被服务者的需求有关，也与通过课程、团体指导和其他模式提供的内容性质有关。

- **用户友好性和吸引力**。网络系统的外观取决于其图标及其配色方案、多媒体（视频、静态图像、音频等）的可用性、屏幕布局的简洁性和吸引力，以及用于文本的字体的易读性和吸引力。与用户友好性相关的内容包括整个系统拥有一致的导航方式，用户易于从系统的一个部分到达另一个部分，并且系统内部就包含了用户所需的所有材料，用户不必依赖外部媒体。

- **多媒体功能**。网络系统的用户发现，如果一个系统能提供多媒体资产，如动态图形、流媒体视频和音频，那么它将更具有吸引力，用户使用它的积极性也会更高。网络系统多媒体的优势在于它的动机吸引力和提供信息的能力，例如，该系统可以向用户提供更多关于职业或学校的信息，而非单纯的文字。多媒体的挑战是对软件和硬件的要求，用户的设备上可能需要安装特定软件，以及连接带宽很大的高速通信线路。

- **供应商的质量和上架记录**。有些生涯规划系统是由在职业发展领域不知名的人员在低预算的条件下开发的。此外，它们所提供的与培训和技术支持有关的支持性功能也很少。另一些系统则是由拥有长期高质量支持和产品开发历史的大型组织开发和维护的。这些组织能够将很大一部分收入用于升级系统、提供培训，并且能紧跟下一个技术趋势。

上述几个方面可以用来评估咨询师可能分配给来访者并纳入其虚拟职业中心的个人网站。

美国生涯发展协会出版的《审查指南》可在其网站上找到。该网站列出了 67 个需要被审查的项目。上面有一个评分表，系统审查员可以以 1 ~ 5 分对每个项目进行评价，1 分为不满意，5 分为非常满意。

网络系统的功能列表令人印象深刻。乍一看，这样的系统似乎在没有咨询师支持的情况下就能为用户提供生涯规划服务。但事实上并非如此，原因至少有三。首先，当来访者叙述他们在生涯规划方面需要的帮助时，其陈述很可能会掩盖他们的其他需求及担忧。当咨询师与来访者交谈时，这些需求及担忧就会显现出来，计算机还不具备这种辨别能力。其次，并不是所有有生涯规划需求的用户都能以通过计算机接受服务的方式获得最佳收益，因为每个人的学习风格和性格类型都不相同。此外，一些来访者并没有准备好有效地处理这些信息，因此，他们也无法很好地接受信息。最后，一项旨在确定提供生涯规划服务最佳方式的研究（Taber & Luzzo，1999；Whiston，

Brecheisen，& Stephens，2003）的结果表明，能为来访者提供最佳帮助的服务是专家支持服务和计算机服务的结合。在一项针对生涯希望（Career HOPES，一个互联网咨询辅导团体，旨在促进生涯探索和职业决策）的研究中（Herman, 2010），在职业选择问卷（Occupational Alternatives Questionnaire）所测量的生涯决策、职业相关自我认知、生涯探索行为等方面，实验组的被试的收益显著高于对照组的被试。在实验组中，在线团体讨论由一名有生涯咨询经验的心理学专家主持；在对照组中，讨论没有主持者。专家的调节作用使得几个变量结果更为显著；在专家的辅导下，用户总体满意度也更高。

咨询师在将尖端技术运用于密切接触的咨询时的一些重要责任如下。

- 确定来访者是否做好使用计算机接收并有效应用信息的准备。对此，咨询师可以使用第 5 章中所列举的评估或通过专业访谈来进行。对于那些未做好准备的来访者，应在使用信息通信技术工具之前为其提供个人咨询。
- 完善对测试和量表的解释以更好地反映来访者的决策。
- 协助来访者识别个人价值，以减少来访者对计算机提供选择的依赖。
- 为来访者与生涯规划相关的持续性工作提供动机和情感支持。
- 为来访者提供计算机所"不知道"的创造性选择。

咨询师的能力和支持类型

如上文所述，研究表明，向来访者提供生涯规划援助最有效的手段是信息通信技术和咨询师相结合。同样，有研究表明，接受计算机系统提供的帮助比不接受任何帮助的结果更为理想，而当咨询师能将特定的能力融入职业规划的全过程中时，来访者将会获得更大的收益。派尔（2001）确定了以下一些咨询师的必备能力。

- **计算机辅助软件及网站的相关知识**。了解有效且可靠的互联网指导系统及网站的相关知识。
- **诊断能力**。能够有效诊断来访者的需求，以确定使用技术辅助辅导是否合适。
- **激励能力**。能够解释基于网络的系统或网站的价值，从而激励来访者投入时间使用它们。
- **帮助来访者加工数据的能力**。能够帮助来访者将数据转化为有个人意义的信息。

- **帮助来访者制订并推进行动计划的能力。**能够帮助来访者制订并持续推进行动计划。

这些能力可以运用于各类技术支持与咨询师支持相结合的服务模式，这至少包含4类：一对一咨询加使用技术、团体指导加使用技术、团体咨询加使用技术、以互联网为媒介使用网站进行的咨询师支持。

在一对一咨询加使用技术这一模式中，咨询师给来访者布置需要使用网络系统或网站的特定作业。重要的是，该作业是具体的，咨询师并非仅仅介绍来访者到某个综合生涯规划系统或网站，还要指导其使用具体的部分。例如，胡安娜的咨询师认为她将从"自我导向搜寻量表"（Holland & Messer，2015）中获益，于是要求胡安娜在网站中使用这个工具，打印并阅读该工具给出的详尽报告，然后下周将其带回到咨询室。在第二次咨询中，咨询师对该工具给出的报告做了进一步的解释，并帮助胡安娜制订了一些指导方针，以确定其要探索该工具所建议的众多职业中的哪一种。他们一起列出了一份简短的清单。咨询师要求胡安娜通过使用《职业展望手册》（U. S. Department of Labor，2020）和职业驿站网站来收集关于该职业的信息。在第三次咨询中，咨询师和胡安娜讨论了胡安娜所收集到的信息，最终胡安娜决定了解更多关于网页设计师的培训机会。咨询师建议她通过使用国家教育统计中心网站来寻找这样的机会，并将每个能够提供这种机会的学校的信息打印出来，在下次咨询时带上。这个例子说明了咨询师如何通过一个综合生涯规划系统或一个网站获取有价值的资源来帮助来访者识别选项并获得有关这些选项的信息。

团体指导加使用技术模式和课堂加使用技术模式非常相似，尽管后者可能同时为 15 ~ 30 人提供服务。例如，某个社区学院可能会提供一门 2 学分的生涯规划课程，其注册人数可能多达 30 人。教师可能通过"掌握你的未来"（*Take Hold of Your Future*）（Harris-Bowlsbey，2015）等课程来教授生涯规划的基本概念，并领导团队开展旨在将这些概念应用于个人决策的活动。此外，教师可能会给出特定的任务以帮助学生运用"旅程"（*Journey*）（Kuder，Inc.，2019）的相关部分，例如，学生需要在每节课之间进行在线盘点、确定职业、获取职业描述、选择专业、识别学校并学习求职技能等。这种方法巧妙地使用了技术，并节省出课堂时间来提供额外的活动。

团体咨询加使用技术模式是类似的，但它每次服务不超过 8 名学生，并以咨询而非指导为特色。派尔（2001）开发了一个模型，使用者需要开展 3 次持续 1.5 小时的团体会议，并在第一次和第二次以及第二次和第三次会议之间使用一个网络系统或网站。

与使用信息通信技术有关的问题

学习目标 7.6 了解道德相关问题。

　　尽管相比咨询师能通过一对一或者小群体提供服务，使用互联网为更多受众提供优质咨询服务的前景很光明，但也有一些问题需要研究和解决。其中最关键的问题包括咨询环境、内容主题、来访者特征、安全性和保密性、内容质量、访问权限的平等性、咨询师资质以及支持服务的可用性等。下面依次简要介绍每个问题。

　　传统上，咨询师接受的训练是，为来访者创造一个无压力、易接纳的环境，并使用特定的建立关系的技巧，包括眼神交流、专注、即时反馈和情感提问等。然而，在互联网媒介中创设一个温暖的环境，以及使用良好的远程咨询促进技术仍然是具有挑战的。带宽的限制或通信中缺乏同步性等因素可能会严重影响反馈的效果。

　　第二个问题涉及对于通过互联网呈现的所需关注问题的选择。一般情况下，来访者会通过讨论他们认为可被接纳的话题来开始一段咨询关系，比如职业选择或压力应对。然而，随着咨询关系的建立，其他问题通常会浮出水面。但目前的指导准则表明，远程咨询师只应在他们的网站上针对他们认为适合远程咨询的主题进行工作。而这引发了一个问题，即互联网是否应该用于咨询，还是应该仅用于提供指导和信息。这同时引发了另一个问题，即是否有可能累计按等级顺序呈现的问题，并将它们以"适合"和"不适合"远程咨询进行分类。

　　第三个问题是，确定哪些来访者可以通过远程咨询、综合生涯规划系统、指定网站或社交媒体等服务中获益。指导准则指出，咨询师有责任判断特定来访者是否有能力通过互联网维持关系并从指定网站中获益。然而，生涯咨询行业没有明确能够强化来访者在这种模式下从服务中获益的能力的特征，或者咨询师如何识别这些特征，特别是在非面对面访谈的情况下。

　　第四个问题与互联网的安全性和保密性有关。咨询行业一直高度重视保证来访者的沟通记录的安全性和保密性。采用加密和其他方法可最大限度地减少让咨询师的案例记录、来访者的沟通记录被未经授权的人员访问的风险。然而，这些方法并不成熟。目前的指导准则表明，咨询师有责任告知来访者互联网是一个不安全的环境，但这可能不足以免除咨询师在维护安全性和保密性方面的责任。

　　第五个问题是内容质量（Sampson & Makala，2014）。互联网中有许多正式和非正式的评估，可用于测量兴趣、价值观和性格特征等。其中一些由具备资质的专业人员开发，并且其信度和效度经过检验，同时由提供其使用及解读培训的有责任心的出版商进行营销。然而，这些特点并不适用于互联网上所有的评估报告。那些接受这些评估的人员因为自身缺乏相关专业知识，或鲜有网站注明这些评估的开发者和开发过程而无法判断这些评估的质量。同样的问题也出现在众多互联网数据库上。有的数据库是由可靠的政府机构发布和维护的，如美国劳工部、教育部和国防部等。然而有的数据库则是由不太可靠的来源开发的，它们缺乏足够的资金对数据库进行定期更新。

第六个问题是获得信息通信技术的不平等性（Sampson & Makala，2014）。在经济上，贫富之间的差距越来越大，这一现象同样适用于描述对技术的获取。然而许多无法获取技术的人，即便不是大多数，同样无法获得个人生涯咨询师的帮助。

第七个问题是，缺乏训练有素的生涯辅助专业人员来帮助来访者使用本章所述的信息通信技术工具。出现这一问题的部分原因在于学院、大学和机构缺乏员工和时间，而这些地方正是需要生涯辅助专业人员的地方。目前，从任何地方获取本章所述的信息通信技术工具都是相当容易的，但却很难找到与之匹配的支持人员。

第八个问题是，如何识别和培训咨询师在信息通信技术咨询模式下工作。通过互联网和信息通信技术提供服务的咨询师，很可能与那些喜欢通过直接、面对面服务模式工作的咨询师具备不同的特点。因此，为了获得信息通信技术工具的有效支持，信息通信技术咨询师与传统咨询师需要接受的培训很可能有所不同。因此还需进一步研究，以确定和理解信息通信技术咨询师所需的特质和技能。

信息通信技术的承诺

在国际教育和生涯指导协会（IAEVG）的一次研讨会上，有人报告了在其国家使用信息通信技术的情况。从这些报告中可以清楚地看出，智能手机和互联网已成为越来越多的生涯规划信息、指导和支持的来源。这一事实对人们来说大有裨益。该研讨会重点所指出的趋势突出表明了使用信息通信技术进行生涯指导将持续快速发展，世界上的大多数人口将能够通过互联网、智能手机、普通固定电话或这些形式的组合获得生涯指导援助。自 2000 年以来，新西兰每年通过电话并由受过培训的人员提供了约 45 000 人次的生涯服务。通过电话提供的服务包括协助进行职业选择和高等教育选择，这既有大学层面的，也有社会层面的。被评估为需要一对一服务的人员则被转介到当地生涯中心进行面对面的咨询。互联网访问广泛存在，生涯信息也以这种模式通过政府支持的网站为学生、家长和教育工作者提供诸如教育选择、职业选择，以及离开学校后为生活考虑的其他选择等相关主题的大量信息。通过该服务，来访者还能以打电话、发电子邮件或在线聊天等方式进一步获取信息或与他人分享信息。

在澳大利亚，有许多基于网络的信息来源帮助人们进行生涯规划，其中最主要的是政府资助的国家生涯信息系统。这是联邦政府和州政府之间通力合作的结果，为所有澳大利亚人提供了全面的生涯探索和信息系统。生涯信息和指导服务还可以通过各种电话服务和职业中心来提供。

在加拿大这样一个长期使用技术手段支持生涯规划的国家，在课堂环境中使用网络活动加人工提供课程的做法十分普遍。现实游戏的网络版本已经被开发出来，这些似乎有望成为生涯服务的一种模式。这一系列的游戏，与只能让用户简单地阅读工作描述的传统模式相比，为用户提供了一个更加现实的体验职业生活的机会。用户可以在游戏中扮演职业角色，并根据该职业的预期收入设定和修改预算（包括购买房屋、车辆以及开展休闲活动的预算），并决定他们需要如何根据他们所期望的生活方式调整他们的职业选择。"培训创新"（Training Innovations）是一项由政府资助的提议，旨在满足人们的不同需求，使人们通过网络学习完成生涯管理任务，并对其进行求职培训。这通常是根据雇主的需求定制的。"选择"（Choices）是一个著名的生涯信息指导系统。这一系统一直很有效，并且在业界广泛使用。该系统为用户提供电子档案、广泛的职业信息、高等教育专业选择的协助服务，以及高中和大学的规划指南等。

在意大利的佛罗伦萨大学，一个针对大学生的基于网络的系统正在开发，该系统结合远程咨询，试图发展评估及信息提供以外的功能。该系统试图帮助学生们认识到"创造他们的职业生涯就是创造他们的生活"，旨在激励学生积极参与生涯规划，发展职业所需的技能，并使学生认识到这一探索过程是终身的。该系统还将社交网络作为生涯探索过程的一部分。

英国在开发和传播基于计算机以及基于网络和电话的系统方面有着悠久的历史。CASCAiD、"展望"（Prospect）等系统通过网络为学生和成人提供全面的教育和生涯指导，具有网络聊天及其他社交媒体功能。这个由政府资助的全面且直接的网络学习系统为那些需要获得新技能才可入职的个体提供了数以百计的在线课程。与澳大利亚和新西兰一样，通过电话提供的生涯服务也被广泛使用。

包括埃及和印度在内的许多其他国家正意识到，需要为其国民提供生涯规划服务，目前它们主要围绕专业选择和高等教育选择等主题展开活动。埃及已经开始培训第一批生涯发展促进者。在印度，生涯发展服务的需求和市场刚刚被意识到。接受网络服务的家庭数量正与日俱增，互联网移动电话的使用也是如此。通过印度各地建立的小型学习中心也越来越多地连接到网络。作为一个国家，印度逐渐认识到，学生、其父母以及其他成年人在生涯规划的各个方面都需要帮助，如通过复杂的教育系统寻找出路，寻找其他国家可能满足其需求的大学，做出相比过去受父母影响较小的现实的职业选择。鉴于印度目前的发展趋势，智能手机似乎可能成为信息和指导的主要来源。

从以上介绍能够看出，通过网络为更多人提供生涯服务的世界范围内的运动是多么惊人。现在提供此类服务的其他国家还包括芬兰、尼日利亚、卢旺达、新加坡、阿联酋和卡塔尔。此类服务范围广泛，包括评估、游戏、职业信息、求职文件和指导以及生涯咨询。它们通过传统的电话、可以上网的智能手机和计算机进行传输。

以合理的成本为无限多的人口提供生涯规划支持服务成为可能。这些服务的内容包括教育和职业的选择、简历写作指导审查以及技能培训等。服务的内容有时还伴随着鼓励、指导和建议。在一些系统中，自我评估可以作为职业选择和相关信息的前提。根据需要，系统还可以通过电话交谈、在线聊天、博客和视频会议等方式为人们提供个人支持。

过去，大多数技术驱动的服务要么基于内容本身足以影响决策的理论，要么基于更广泛的帕森斯模型（Parsons，1909），包括了解自己（通常通过正式评估）和了解职业，然后在两者之间进行理性匹配。最近，一些技术应用结合了新的生涯咨询方法，如萨维科斯（Savickas，2005）的"职业成为故事"（career as story）的方法。来访者被要求选择一个或多个对他们有特定意义的视频，然后，这些被选定的视频将被用来识别吸引他们的主题。

这些发展的前景是什么？首先，随着网络特别是移动电话服务的接入，相关技术能够惠及越来越多的人群。

即使在发展中国家，技术的获得也越来越容易，并且技术的成本也越来越低。因此，技术进步创造出低成本且高效率的渠道，并且可以通过该渠道为用户提供生涯指导。

其次，这些服务可以在各个地域全天候提供。时间、空间和个体残疾等方面的障碍被消除，这为偏远地区的个体、行动不便的残疾人以及不适应面对面交流的个体提供帮助。尽管许多家庭仍然无法访问网络，但在图书馆、社区中心和咖啡店等公共场所，访问网络的人越来越多。

最后，基于技术的服务是少数人开发出来提供给多数人使用的，因此确定和控制其质量成为可能。鉴于服务的内容及方法是由有资质的专业人员设计的，并且提供支持性服务的人员都经过了严格的筛选和培训，以标准化的方式向大量个体提供高质量的服务成为可能。这是信息通信技术的承诺。

总结

自20世纪60年代末诞生以来，计算机系统一直被用作提供生涯规划信息和服务的强大工具。最早的计算机是巨大的、独立的大型机，但经过长期发展，计算机已经从台式电脑发展到笔记本电脑，后又发展到智能手机。伴随计算机飞速发展的是互联网和万维网，数以百万计的各种规模的计算机访问和共享信息应运而生。通过信息通信技术提供的生涯发展服务比没有采用这一技术的服务要有效得多。而且通过一对一咨询、团体指导、团体咨询或远程咨询的支持，其功能还在不断增强。社交媒体的出现和快速发展，给人们带来了机遇，同时也带来了伦理挑战。信息通信技术在世界上许多国家和地区得到了广泛应用，并有望通过计算机和智能手机等为人们提供职业信息和生涯指导。

学生练习

活动1：案例研究

卡西欧（Casio）是一名32岁的西班牙裔男性，拥有计算机副学士学位，由于州政府裁员，他最近失去了数据分析师的工作。他和妻子有3个孩子，还有一大笔抵押贷款。他需要尽快找到一份工作，至少可以赚得和之前一样多。

卡西欧在第一次访问你的一站式生涯服务中心时表示，他非常乐意将互联网作为一种求职渠道。你会向卡西欧推荐哪些网站？你向他推荐这些网站是出于什么目的？请你提供每个网站的统一资源定位（URL）系统和简要介绍，并说明其内容如何与卡西欧的需求相关。

活动2：应用你对"导航"（Navigator）的了解

a. 你所在的高中正在寻找达成新生生涯指导目标的方法，如提供旨在向学生展示大量职业选择并激励他们探索这些职业选择的活动。假设你已经被批准将学生分配到一个实验室环境，为每个学生提供联网的计算机，那么"库德导航"的哪个特定部分最符合这一目标，为什么？

b. 你是一名高中咨询师，负责为新生提供咨询服务。一位家长打电话给你，请你帮助她的儿子探究职业选择，并制订高中学习计划，以支持这一选择。你会选用"导航"的哪些部分对该学生进行帮助，为什么？

c. 你所在高中的另一位咨询师正对即将上大学的 12 年级学生开展工作。你建议
该咨询师与学生一起使用"导航"的哪些部分，为什么？

活动 3：评估综合生涯规划系统

你是一名高中咨询师，被要求参加一个委员会，该委员会将审查 3 个基于网络的
综合生涯规划系统，以便你所在的学校从中进行选择。你被要求审查名为"导航"的
"库德"生涯规划系统。你的任务是登录"导航"，然后根据本章规定的标准为委员会
编写一到两页的摘要，其应包含的内容如下。

- 理论基础。
- 在线量表储存与评估分数输入功能。
- 数据库的质量和全面性。
- 搜索的便利性。
- 系统内容。
- 用户友好性和吸引力。
- 多媒体功能。
- 供应商的质量和跟踪记录。

生涯咨询的技术与策略

由于咨询师也是人，因此我们难免会从自己的角度去倾听和理解来访者的故事。在与来访者打交道的过程中，如果我们能够在深思熟虑后运用一系列理论，那么我们就能在理解各种重要问题和考虑各种辅导措施时超越自身的视角。咨询师需要不断地挑战自己，从不同的理论角度去思考来访者所做出的职业选择和其他人生抉择，这就好比我们用不同的视角观察来访者的世界，每一个视角都会为我们带来不同的关注点。有时，当我仔细回顾与来访者的第一次会面，并尝试通过来访者在咨询中呈现的信息进行推理时，我会问自己："舒伯，或者霍兰德、克朗伯兹、施洛斯伯格会怎样看待这位来访者的处境？在帮助这位来访者时，他们每个人的关注点又会是什么？"对我来说，这种理论应用是一种强有力的工具，需要经常磨砺才能不断改进。我们可以借助理论考虑到多种可能性，这样既能够保持工作的新鲜感，也能够尊重每一位来访者的独特性。

——芭芭拉·希尔顿·萨达特（Barbara Hilton Suddarth）

哲学博士

美国认证生涯咨询师

玛吉（Maggie）今年 28 岁，是一名单身的欧洲裔女性，前来接受生涯咨询。玛吉目前担任销售助理，认为这一职业不适合自己，因此迫切地想要摆脱当下的处境。然而，玛吉又不知道自己该选择什么样的职业，对如何规划、发展自己的职业生涯也一无所知。在第一次咨询中，玛吉显得苦闷而焦虑，她不知道自己的未来是否还有希望，并且想尽快转行。这是她第一次接受生涯咨询。

生涯发展辅导为咨询专业的发展奠定了历史基础（Dorn, 1992）。赫尔、克拉梅尔和奈尔斯（2004）指出，咨询专业是经过 3 次不同的实践运动才得以逐渐形成的：职业 / 生涯指导、心理测量、人格发展。尽管生涯发展辅导对咨询领域有重大影响，生涯发展理论也于近期有进一步的发展，但我们对生涯咨询过程知之甚少 [1]（Anderson & Niles, 2000; Spokane & Nguyen, 2016; Swanson, 1995; Whiston, 2003; Whiston & Cinamon, 2015）。生涯咨询师几乎不会探究生涯咨询是如何发挥作用的（Swanson, 1995），甚至众多生涯发展领域的研究者们也仅关注生涯咨询的效果（例如，研究生涯咨询辅导能否减少来访者在做生涯决策时犹豫不决的情况）。斯波坎和阮使用元分析法，综述了生涯发展辅导研究。他们发现，生涯辅导对来访者生涯困扰的改善程度为 60%~67%。他们还提到，目前几乎没有标准化的辅导操作手册，因此多数测量结果在很大程度上都依赖主观报告的数据。生涯咨询效果研究固然重要，并且我们在该领域还有很多的工作要做，但我们同样需要深入了解生涯咨询过程。

生涯咨询有效吗

我们对生涯咨询过程的认识大多来自少数实证研究结果。值得一提的是，随着对生涯咨询的研究愈发深入，我们意识到生涯咨询和一般咨询有许多共同点，但这并不是什么新发现。例如，霍兰德、马贡和斯波坎（1981）曾指出，生涯咨询的效果与以下技术和策略的应用相关：帮助来访者明确生涯志向的认知演练、为来访者提供职业资讯和社会支持、解决导致来访者生涯观念功能失调的认知结构问题。赫普纳、马尔顿、吉斯伯斯、埃利斯和祖克（1998）发现，生涯咨询师对于建立咨访关系的信心与来访者对于发生生涯转变的信心呈正相关。赫普纳和亨德里克斯（1995）发现，生涯迷茫的来访者和生涯未决的来访者都认为，同生涯咨询师建立咨访关系非常重要。安德森和奈尔斯（1995）发现，来访者十分关注非生涯议题，并且经常和生涯咨询师讨论原生家庭议题和人际关系议题。安德森和奈尔斯（2000）还发现，生涯咨询的参与者（即咨询师和来访者）都认为自我探索、外部支持和生涯教育是生涯咨询中最重要且最有效的辅导措施。我们能够从上述发现中得到的一个结论，即心理治疗过程和生涯咨询过程之间存在着密切联系。显然，良好的工作联盟对提升生涯咨询的效果至关

---

[1] 这里不是指我们对如何实施生涯咨询知之甚少，而是指我们对生涯咨询过程中发生了什么、生涯咨询是如何发挥作用的知之甚少，因此，作者强调，我们不仅要关注生涯咨询的效果或结果，还要关注并深入研究生涯咨询过程。——译者注

重要（Multon, Heppner, Gysbers, Zook, & Ellis-Kalton, 2001）。因此，一些有助于建立融洽咨访关系的技术（如反映性倾听、解释、表现积极关注）也适用于生涯咨询，并使其有效开展。

许多研究者运用元分析法探究生涯咨询的效果（如，Spokane & Nguyen, 2016）。多数元分析研究的结果都表明，生涯咨询在增强生涯决策信心、减轻生涯未决程度、加强中学生生涯参与度，以及提高工作满意度方面卓有成效（Whiston & Blustein, 2013）。这些效果的连锁效应有着重要的社会影响（例如，教育水平的提高通常与就业的增加相关）。

关于生涯咨询效果的研究表明，生涯咨询对于解决来访者的生涯困扰有中度到高度的作用（Oliver & Spokane, 1988）。惠斯顿（Whiston）（2002）也指出，有可靠证据表明，不包含咨询的生涯发展辅导不如包含咨询的生涯发展辅导有效。这一发现对于那些没有接受过咨询训练的生涯发展从业者而言尤为重要，能提醒他们重视咨询训练。但在很多时候，生涯发展领域却忽略了这一关键点。

布朗、瑞安和克兰（2000）指出，当生涯咨询包含个性化的解释和反馈、职业信息、模拟职业的机会、书面练习，并且为来访者的决策提供人际关系支持时，生涯咨询才是最有效的。巴克利（Barclay）（2019）主张，在生涯辅导中，生涯咨询师要更有创造力。虽然还有更多的证据证明生涯咨询的有效性（Spokane & Nguyen, 2016），但我们对特定的生涯咨询模式效果的了解尚且不足（Whiston, 2003），尤其是当我们需要思考"哪一种生涯咨询模式在何种情况下适用于哪位来访者"这个问题时，这也更凸显了我们对特定生涯咨询模式的了解不充分。这些问题揭示了生涯咨询研究与实践之间存在的鸿沟。因此，我们赞同惠斯顿（2003）所呼吁的"大力开展关于生涯咨询过程和效果的研究"（p. 40）。

拓展狭隘的生涯咨询观

学习目标 8.1　学习如何拓展狭隘的生涯咨询观。

一方面，我们还需要开展更多关于生涯咨询过程和效果的研究；另一方面，现阶段的生涯咨询实践需要做出以下改变。比如，在过去的 30 多年间，研究者们一致认为心理治疗过程和生涯咨询过程联系紧密（Subich, 1993）。但仍有很多人认为生涯咨询过程仅限于评估个人特质，以及将其与潜在的职业环境进行匹配。这种观点会一直存在不足为奇，因为 20 世纪初期涌现了大量兴趣问卷和能力倾向测验，这些工具被广泛地用于年轻人和退伍军人的职业偏好探索，一代又一代的人们都习惯了使用这一方式。大家会先入为主地认为，这就是生涯咨询唯一的方式，而且这种观点长期普遍存在。尽管对于生涯发展辅导的演变而言，强调最佳职业契合度至关重要，这也是当下诸多生涯咨询策略的关键组成部分，但它并不能够涵盖生涯咨询辅导的全部内容。

显然，大量研究为聚焦于人 - 环境匹配的生涯咨询策略提供了实证支持。然而，树立这种狭隘的生涯咨询观所获得的结果往往不尽如人意。比如，由于标准化测验在生涯咨询中的广泛使用，来访者有时会提出："我希望能有测验告诉我应该从事什么工作。"虽然并不存在这样的测验，但很多从业者试图满足来访者的此类需求，通常还会借此收取高额费用。

"生涯咨询就只是一种开展测验和解释测验结果的过程"，这样一种观念也让部分接受咨询项目培训的学生对生涯咨询失去热情（Heppner, O'Brien, Hinkelman, & Flores, 1996）。学生们常说，生涯咨询是一个相对机械化的过程，其过程大致如下。

第一步，来访者前来进行生涯咨询。

第二步，咨询师收集来访者的信息并开展测验。

第三步，咨询师解释测验结果，并识别出适合来访者的职业选择。

在这一过程中，咨询师掌控全局，具有指导性和权威性，而来访者只是被动地接受测验、听取结果。上述生涯咨询过程被描述为"做测验、讲结果""三步咨询，一头雾水"。有些咨询师不管来访者的背景如何、情况如何，反复使用相同的测验。这就把生涯咨询变成了"咨询师对来访者做的事情"，而非"来访者和咨询师合作完成的事情"。

许多心理健康从业者对生涯咨询实践也缺乏热情（Spokane, 1991），这或许是因为这些从业者也将生涯咨询理解为一系列开展测验和提供职业信息的过程。这样的观点使得生涯咨询在 20 世纪中期停滞不前，同时，持有这些观点的人也不承认生涯咨询领域出现了越来越多具有创造性的咨询策略（Amundson, Harris-Bowlsbey, & Niles, 2013; Barclay, 2019; Niles & Gutierrez, 2019）。

咨询师逐渐将一般咨询策略应用于生涯咨询（Fouad et al., 2007; Multon et al., 2001; Niles & Gutierrez, 2019; Savickas, 2012; Whiston & Blustein, 2013）。咨询师和来访者也愈发认识到，生涯咨询和个体咨询并不是截然二分、界限分明的，而且二分的观点不能反映大多数人的实际情况。他们意识到，工作与心理健康相互交织。这一观点最初由弗洛伊德（1930）提出，也是奈尔斯和佩特（1989）几十年来的一贯主张。奈尔斯和佩特（1989）观察到：

工作和心理健康之间本就存在联系，但令人困惑的是，许多来访者和咨询师人为地制造了生涯咨询和心理咨询之间的区别。人们提起生涯咨询和个体咨询时，将二者当作完全不同的两件事。实际上，没有什么事情比职业选择更具有个体性了。（p. 64）

而且，来访者几乎在各种咨询设置下都会提出与生涯相关的议题。因此，奈尔斯和佩特（1989）主张，咨询师应同时接受生涯咨询辅导和非生涯咨询辅导的系统培训。布卢斯坦和斯彭格勒（1995）都认为，应该对生涯领域和非生涯领域的培训经验进行系统、全面的整合，这对于培养咨询师的胜任力十分有必要。

我们不是说所有的专业咨询师都能够或应该成为娴熟的生涯咨询师，但是专业咨询师至少应该具备这一能力，即识别需要进行生涯咨询转介的恰当时机。有时转介不具备可行性，因此我们制订了有效的生涯咨询策略，并为生涯咨询师提供了一个将生涯咨询过程概念化的基本框架。

21 世纪的生涯咨询

生涯咨询已经发展成一个咨询专业，同时也是一般咨询实践的核心要素。咨询和相关教育项目认证委员会于 2016 年推出的标准继续将生涯发展咨询的能力认定为核心咨询能力之一（见附录 D）。因此，生涯咨询师是在提供生涯发展辅导方面受过专门训练的专业咨询师或心理学家。生涯咨询师既具有多元文化胜任力，又能够提供一般的个体咨询和团体咨询辅导，他们还具备生涯领域的知识、技能和意识（例如，生涯发展理论，生涯咨询理论和技术，职业信息资源，关注不同人群的生涯议题，生涯测评、生涯咨询、生涯项目管理，以及与提供生涯服务有关的伦理议题）。

由于一般咨询和生涯咨询所使用的咨询技术基本一致，因此生涯咨询可以归入一般咨询的类别中（Sampson, Vacc, & Loesch, 1998）。在一本经典著作中，克赖茨（1981）认为"生涯咨询通常包含个体咨询，即进一步探索并反映了来访者在其生活中最主要的领域——工作世界——之中的角色"（p. 11）。克赖茨还强调，人们对于生涯咨询的需求大于对一般咨询的需求：对于来访者而言，生涯咨询本身就具有治疗性，并且相比于一般咨询，生涯咨询更有效也更困难。

布朗和布鲁克斯（1991）认为，来访者必须具备一定的认知清晰度，才能够从生涯咨询中受益。他们对认知清晰度的界定比较宽泛，即将其定义为"客观地评估自己的优势和劣势，并将评估结果与情境因素联系起来的能力"（p. 5）。布朗和布鲁克斯建议，如果咨询师判断来访者不具备认知清晰度，那么应暂时搁置来访者的生涯议题，直至来访者发展出足够的认知清晰度再做处理。虽然从表面上看这一点说得通，并且对于有严重心理障碍的来访者也适用，但几乎没有实证证据表明这一观点同样适用于面临一般发展性议题的来访者。实际上，生涯咨询中交织着生涯议题和一般咨询议题，因此对于大多数来访者而言，将二者区分开来不太现实（Kirschner, Hoffman, & Hill, 1994; Savickas, 2012; Subich, 1993）。比如，奈尔斯和安德森（1995）回顾了他们250余次生涯咨询的内容，并研究了来访者在生涯咨询中讨论的生涯议题和非生涯议题，他们发现二者在生涯咨询中的表现不遵从固定模式。因此，也许将生涯咨询视为一种心理辅导更合适，因为有时咨访双方对非生涯议题的关注可能会贯穿整个生涯咨询过程。这凸显了避免在生涯咨询中来访者"一致性神话"[①]的重要性（Verbruggen, Dries, & Van Laer, 2017）。来访者在生涯咨询中的目标和他们在临床心理咨询中的目标类似，都是十分微妙的，生涯发展从业者应该如是理解。

朗兹和廷斯利（Tinsley）（1984）相信，如果人们能够将生涯辅导视作心理辅导（将生涯咨询视作心理治疗），那么这一概念上的转变将有助于理解人们的职业行为变化及其过程（p. 139）。在一些情况下，来访者可能只需要少量的与自我和（或）职业有关的信息，就能够解决他们的生涯议题；在另一些情况下，生涯咨询师需要使用更多治疗性辅导来促进来访者的生涯发展。

制订生涯咨询策略

学习目标 8.2 了解如何制订生涯咨询策略。

人们普遍认为生涯议题具有时代性，21世纪的时代背景与20世纪初的时代背景不同。萨维科斯（1993）主张生涯咨询师要回应新世纪的社会变化，并表示："生涯发展咨询必须与社会的后现代运动保持同步。因此，生涯咨询师必须不断更新其生涯辅导方法以适应新的时代精神。"（p. 205）

同样，生涯咨询师和心理学家必须理解新的时代精神如何影响学生和工作者的生涯发展任务，并据此采取相应的生涯咨询辅导措施。正如我们曾在第1章中提到的，生涯咨询师必须认识到，在组织结构呈等级性金字塔形时，人们曾经认为，职业生涯

[①] 一致性神话（uniformity myth），是指一种认为来访者都是同质的，同一生涯咨询措施对所有的来访者都有效的观点。——译者注

的成功就是沿着公司的职位阶梯不断往上攀升，到达顶端；而如今公司的组织架构已经变得扁平化。现在的职业生涯发展更像是坐过山车，而不是持续上升的，这就要求工作者重新定义职业生涯成功的含义。很多成年人没能较好地适应这些变化，因此来寻求生涯咨询的帮助。当青少年看着父母遇到职业生涯发展中的困境时，他们也会担心自己在职业生涯发展中将经历同样问题。当然，2020 年的新冠疫情大流行也加剧了人们对近期和遥远的未来工作状况的担忧。这种不确定性无疑会影响我们对生涯发展的理解和对职业机会的预期，其偶然性对二者都有一定作用。新冠疫情带来了迅疾而巨大的影响，短短几周内，美国的失业人数从 281 000 增加到数千万。无论现在或未来，对于所有的工作者及其家庭，以及那些尝试进入或重新进入劳动力市场的人及其家庭，这种经历都是创伤性的。它使得人们对工作的本质和生活的脆弱性感到不安，如果这种不安一直存在，则会引起精神疾病或躯体疾病。我们在生涯辅导中不能忽视大流行病的影响。

为了有效地应对这些问题，我们认为咨询师和心理学家必须为来访者提供基于咨询的生涯支持和援助（虽然乍一看，这些建议似乎是理所当然的，但我们常常发现，咨询师在与来访者打交道时似乎公然无视这些建议）。我们认为，遵循这些建议对开展生涯咨询至关重要，咨询师需要敏感地关注到 21 世纪的年轻人和成年人的生涯议题。

提供基于咨询的生涯援助

当咨询师提供基于咨询的生涯援助时，他们不会将来访者视为问题，也不会将自己视作解决方案。相反，他们给来访者赋权，让来访者讲述自己的经历、澄清自我概念，并建构自己的生活。因此，咨询师在这一过程中扮演合作者的角色，他们会格外重视咨询关系 ① 的辅导作用（Whiston, Rossier, & Barón, 2016）。提供基于咨询的生涯援助要求咨询师具备多元文化能力，这一技能在生涯咨询中必不可少，并且几乎每一段咨询关系都是跨文化的（Leong, 1993）。因此，咨询师需要理解性别、种族 / 民族、残疾情况等背景因素是如何影响每一个来访者的世界观、身份认同和生涯目标的。未来一段时期，我们将会在上述因素的基础上，了解新冠疫情大流行对来访者的生活、生活态度和工作态度已经造成和正在造成的影响。

为了帮助咨询师在生涯咨询中考虑到上述因素，沃德和宾厄姆设计了一个多元文

---

① 咨询关系，有时也称咨访关系，是指在咨询师与来访者之间建立起的相互信任、相互合作的工作关系或工作联盟。——译者注

化生涯咨询清单，这份清单可以帮助咨询师识别生涯咨询中可能需要处理的种族或民族议题。必要时，咨询师可以帮助来访者制订策略，以应对来访者在应聘和就业培训实践中可能会遇到的偏见和歧视。在这方面，认知行为咨询中的技术、指导和建议等非常有用（Herr & Niles, 1998）。

下列技能也常在基于咨询的生涯援助中使用：总结来访者的陈述、反映来访者的感受、复述、使用间接性和（或）开放性问题、表达对来访者的积极关注以及共情式回应等。无论咨询师采用哪种理论视角，这些技能都有助于咨访双方建立有效的工作联盟。此外，生涯咨询中日益重要的是，咨询师对创伤有所了解并能够提供相应的辅导措施，如强调咨询中的安全、协作、赋权、信任和自由选择。

为了实现这些目标，有效生涯辅导的基础是建立一个信任、无条件积极关注和共情的工作联盟。当来访者渴望积极参与生涯咨询时，他们就有动力做出改变，那么建立一个有效的工作联盟就相当容易。然而，并非所有前来进行生涯咨询的来访者都很主动。例如，有些中学生来参加生涯咨询是因为父母逼迫他们做出生涯规划，而他们自己并没有意识到生涯规划对生活的重要性。学校期望所有学生在教育过程中的特殊节点做出课程选择，因为这些是重要的职业前选择。有些学生既没有准备好做出选择，也不打算为此做准备；而另一些学生可能不愿意违背父母为他们制订的生涯计划。失业的人可能会怨恨前雇主，并为自己无法掌控职业生涯而感到痛苦，进而认为生涯咨询没有用。还有些来访者更愿意想象而非践行自己的生涯选择，他们担心自己可能会失败，或者这个新选择无法达到他们的预期，这些担忧也会让来访者陷入困境。对大多数人来说，表达改变的意愿比付诸实际行动要容易得多。我们称上述情况中的来访者为"阻抗型来访者"，他们虽然在一定程度上认识到自己需要妥善应对生涯议题，但他们害怕生活真的发生变化。

在一般咨询中，阻抗是一个非常有趣的悖论，在生涯咨询中也是如此。人们出于想要改变职业现状的意愿进行生涯咨询，但由于害怕变化，他们拒绝做出职业转变。在某种程度上，所有来访者都有阻抗，因此生涯咨询师必须能够识别和处理生涯咨询中呈现的阻抗。如果想有效地处理阻抗，就需要先了解来访者表达阻抗的形式。雄谷（Otani）（1989）提供了一种分类方式，将来访者的阻抗分为4个类别：回应数量型阻抗，如沉默、交谈甚少、话语冗长；回应内容型阻抗，如理智化、过分关注症状、闲聊、过分关注未来 / 过去；回应风格型阻抗，如讨价还价、谴责性思维、事后猜测、最后一刻才说、外化、遗忘、言而无信；违反设置型阻抗，如缺席咨询、询问（咨询师）个人喜好。雄谷指出，当来访者的某些行为在几次咨询中反复出现时，才可以将其视作阻抗。因此，来访者偶尔沉默可能只是因为在思考，而非对职业改变的阻抗。

保持对阻抗的警觉可以帮助生涯咨询师识别来访者的担忧，这些担忧是生涯咨询师在生涯咨询中需要探索的重要问题。当理解了来访者会用不同方式表达其对职业改变的恐惧时，生涯咨询师就能在遇到来访者的阻抗时更好地管理自己的反移情。显然，理解来访者阻抗的动机（即来访者希望避免的情感体验）对于有效地与来访者开展咨询十分重要。

斯波坎（1991）建议生涯咨询师可以依据指南［斯波坎将梅琴鲍姆和特克（1987）提出的用于促进治疗依从性的建议改编为适用于生涯咨询的指南］来处理来访者的阻抗。斯波坎特别提及，生涯咨询师应该预见到来访者的阻抗（特别是当需要将计划付诸实践时）。他还强调生涯咨询师需要采取合作性的、以来访者为中心的方式推进生涯辅导过程。最后，他鼓励生涯咨询师在和来访者制订生涯咨询方案时要利用好社区资源（招聘单位、求职库、生涯团体、职业规划课程等）。

吉斯伯斯、赫普纳和约翰斯顿（2014）也提供了处理生涯咨询中来访者阻抗的策略。具体而言，他们强调了建立有效的工作联盟的重要性。人们常说，"直到来访者知道你有多在乎（他们）之后，他们才在乎你知道多少"，这句话说明，有效的工作联盟在处理阻抗时能起到关键作用。吉斯伯斯和他的同事们还指出，当生涯咨询师与来访者"同在"（一种抱持和共情的能力，这一能力要求生涯咨询师准确地理解来访者在生活中的挣扎）时，生涯咨询师就可以说自己既在和来访者一同工作，也在为来访者工作。生涯咨询师还可以使用隐喻来帮助来访者从不同视角看待他们的处境，从而激发来访者的创造力、行动力和希望（Amundson，2019）。显然，这些策略都要求生涯咨询师在咨询过程中应用常见的咨询技术。基于咨询的生涯援助能够促进来访者参与生涯探索，帮助他们有效地应对生涯转变的过程。

在生涯咨询中提供支持

如今，人们在生涯发展中会遇到诸多挑战，咨询师们意识到为来访者提供支持对有效开展生涯咨询至关重要（Brehm，1987; Holland et al.，1981; Kirschner，1988）。惠斯顿、李、古德里奇、米茨和赖特（2017）对 57 项研究进行了元分析，他们发现支持是生涯决策咨询中的关键组成部分，这一结论具有跨时间的一致性。咨询师的支持行为能够激发来访者的希望感、自信心和目标感（Highlen & Hill，1984; Kalton，2001）。正如布拉默（1993）所说，支持有助于对抗崩溃、懈怠、纠结、矛盾等感受（pp. 105-106）。当来访者承认自己不确定当下和（或）未来的目标时，他们往往会感到无望、焦虑、困惑或抑郁。咨询师的支持能够帮助来访者开始行动，以更有效的方式应对生涯困境。

如上所述，咨询师会通过多种方式为来访者提供支持。诚然，咨询师与来访者建立有效的工作联盟是生涯咨询过程中不可或缺的第一步，但来访者所需要的支持类型还取决于生涯咨询所处的阶段和正在解决的具体生涯问题。例如，阿蒙森（1995）曾论述过支持对于帮助来访者解决失业问题的重要性。具体而言，他主张关注来访者的过去（如对失业的常态化反应、回忆成就经历、识别可迁移的技能）、现在（如肯定来访者的应对能力、将问题外化、限制消极思维）和未来（例如，找到新的行为循环、聚焦于对目标的叙述），将认知重构技术与来访者的时间观念相结合。

自我意识较为明确但难以做出生涯决策的来访者，也能够从咨询师的支持中获得帮助（Leong & Chervinko, 1996; Whiston, Li, Goodrich, Mitts, & Wright, 2017）。青少年几乎没有工作经验，对自我的了解也相对有限，因此他们在进行生涯规划和决策时往往会不安地试探。梁和切尔温科发现，有两类人更可能在生涯决策中遇到困难：担心做出承诺的人和内化了父母或重要之人的高标准（例如，符合社会规则的完美主义）的人。咨询师会鼓励这些来访者检验那些阻碍他们做出承诺的信念，并推动他们进行生涯决策，从而帮助到这些来访者。在这种情况下，让来访者先确定其生涯发展中的障碍，然后关注他们既往遇到类似阻碍时所做的努力，可能是有益的（Luzzo, 1996）。如果来访者缺乏与处理当前障碍相关的经验，那么咨询师需要更多地发挥教育作用（Krumboltz, 1996）。

当来访者试图更有效地应对生涯发展中的挑战时，咨询师会通过提供支持来帮助他们。生涯咨询中的支持性行为包括所有由咨询师发起的、包含下列一种或多种关键要素的互动：情感、肯定和援助（Kahn & Antonucci, 1980）。支持性行为可以用于向来访者传递情感支持、信息支持和评价支持。

奈尔斯（1996）指出，咨询师提供3种类型的支持，即情感支持、信息支持、评价支持，并强调了支持在生涯咨询中的重要性。情感支持包括向来访者表达关心、信任和共情。信息支持是指为来访者提供信息，使他们可以在解决生涯问题时使用这些信息。评价支持是指向来访者提供有助于其进行准确自我评价的信息（例如，兴趣清单、分类卡片、与生涯想法或生涯观念相关的测量工具）。相比于情感支持包含的感情元素，信息支持和评价支持更侧重于传递信息。尽管我们可以区分咨询师给来访者提供支持的不同类型，但这3种支持不是互斥的（例如，为来访者提供评价支持时，相应行为在情感上可能也具有支持性）。

生涯咨询中的情感支持

为来访者提供情感支持是各类生涯咨询的基本前提（Amundson, 2019; Crites,

1976; Kenny, Blustein, & Meerkins, 2018; Salomone, 1982; Super, 1957）。在向来访者传递情感支持时，关怀和共情是两类重要的支持性行为。这些情感支持行为在生涯咨询全程中都十分重要，而且在生涯咨询早期，即正在建立有效的工作联盟时，它们尤其关键（Amundson, 2019; Kirschner, 1988）。

生涯咨询师需要理解来访者所具有的多元视角和他们各自的主观经验，这样才能够为其提供情感支持。因此，情感支持建立在生涯咨询师的多元文化胜任力之上（Pope-Davis & Dings, 1995; Sue et al., 1982）。表面上看，这种说法浅显易懂，但是生涯咨询师做起来就是另外一回事了。有些生涯咨询师对来访者的多元化观点理解得不充分，具体表现为测评工具使用不当（Fouad, 1993）、应用不适合来访者文化背景的生涯咨询过程（Leong, 1993），以及缺乏对生涯发展探索阶段以外的生涯问题的关注（Niles & Anderson, 1995）。

为了提供具有文化适宜性的生涯咨询援助，萨维科斯（1993）建议生涯咨询师要将自己的角色从"专家"转变为"文化工作者"，从关注职业选择转为关注人生规划，从关注测验分数转为关注来访者的故事（pp. 210-214）。如果生涯咨询师忽视来访者的观点和主观经验，则很难为其提供有效的情感支持；而缺乏情感支持的关系可能会增加目标澄清不足或生涯辅导措施使用不当的风险（Leong, 1993）。

在生涯咨询中为来访者提供情感支持会让来访者感觉到自己很重要。施洛斯伯格、林奇和奇克林（1989）认为，这种"重要"是人们的一种信念，这种信念无所谓对错，即他们对于别人是重要的，他们是别人关注的对象，别人关心并欣赏他们（p. 7）。阿蒙森等人（2013）指出，要让来访者感到他们是重要的，生涯咨询师不仅需要有娴熟的技能，还需要良善的初心。阿蒙森和他的同事们建议生涯咨询师使用"PLEASE"所代表的 6 个方面，让来访者知道自己很重要。

P——protecting，保护：为探索性的努力创设一个安全的避风港，确保来访者的所有权益得到保障。

L——listening，倾听：花时间认真倾听来访者故事的各个方面，留意其在讲述故事时的潜在感受。

E——enquiring，询问：通过提问和澄清来表达对故事的兴趣，对来访者生命中的事件呈现出自然的好奇。

A——acknowledging，认可：留意对方，并通过言语和非言语两种形式表达关切。

S——supporting，支持：表达鼓励和赞美，识别出积极的态度和行为，并提供细致的反馈。

E——exchanging，交换：分享与自己有关的信息，在合适的时机真诚地表露自我。（p. 40）。

我们需要在咨询中让来访者感到他们很重要，这一点能够有效加强情感支持并为生涯咨询辅导奠定坚实的基础（Whiston, Rossier, & Barón, 2016）。虽然情感支持是生涯咨询有效的必要条件，但仅有情感支持并不足以支持来访者的生涯发展。

生涯咨询中的信息支持

信息支持是支持来访者生涯发展的另一种形式。信息支持本质上是在赋权给来访者，"助其自助"。生涯咨询师可以通过多种多样的方式为来访者提供信息支持，包括教授来访者求职策略和决策策略、为来访者提供职位空缺清单、检验来访者功能失调的生涯观念，并为来访者提供与其生涯议题相关的阅读材料。

生涯咨询师也可以在生涯咨询的早期阶段为来访者提供信息支持，如让来访者了解生涯咨询的结构。由于很多来访者都期待生涯咨询师给自己做测验，因此生涯咨询师有必要和来访者一同讨论生涯发展的过程和生涯咨询的进程。比如，生涯咨询师可以告诉来访者，生涯咨询是一个合作性的过程，来访者可以表达自己的需求并塑造自己的生活；与此同时，生涯咨询师会提供反馈、认可和支持。来访者可能希望通过测验了解自己适合哪些职业，上述信息能够帮助来访者调整预期。通过澄清生涯咨询中的角色和责任，来访者能够更好地理解，生涯咨询是一个共享、共建的过程，需要咨访双方的积极参与。生涯咨询师需要告知来访者，多数人一生中会多次变更职业，并且对于个人变化和工作世界变化而言，职业变化更是非常具有适应性的表现。这一信息支持会帮助来访者认识到，他所面临的生涯议题是正常现象。

因此，在生涯咨询的早期阶段提供信息支持可以让来访者更充分地利用生涯咨询。在生涯咨询的早期阶段为来访者提供情感支持和信息支持有助于建立有效的工作联盟，也能够为后续引入评价支持奠定基础。

生涯咨询中的评价支持

评价支持提供的信息能够帮助来访者进行准确的自我评价。评价支持可以在生涯咨询的早期阶段使用，以帮助来访者澄清他们的生涯议题，并明确生涯咨询目标。此时，探索来访者所持有的多元化观点，是提供具有文化敏感性的评价支持的重要一步（Ibrahim, Ohnishi, & Wilson, 1994），因为来访者面临的生涯议题类型会受到各种个人或环境因素的影响，这些因素塑造了他们关于生活角色的自我概念（Super, 1980）。有些人将工作视作生活的中心，但另一些人可能把工作置于较边缘的位置。有些人认为，职业选择是个人成就的表现；而另一些人则认为，职业选择是在实现家庭的期待

（Hirschi, 2020）。因此，理解来访者的世界观、文化认同、性别认同、性取向以及残障情况是提供有效评价的前提。

如今的职业路径存在诸多不确定性，因此客观、标准化的测评能够提供关于来访者自身及工作世界的信息，但通常并不足以为来访者赋权，使其进行有效的生涯管理。可以肯定的是，了解自己的兴趣有助于来访者做出可行的职业选择，但过度依赖客观评价则会让人忽略"对个人而言，存在即目的，而非正态曲线上的点"（Savickas, 1993, p. 213）。因此，即便能力倾向测试和兴趣测验结果相似的两个人，也可能会因为其他因素影响他们的决策和自我认识，从而选择不同的职业。我们每个人独特的人生经历塑造了我们各自的职业选择。为了帮助人们从人生经历中找到意义，生涯咨询师需要关注每一位来访者主观经验中的生涯（Carlsen, 1988）。而最引人注意的经历很有可能是那些最痛苦的经历［阿德勒主义者称之为"主动掌控我们曾经被动遭遇的痛苦"（Watkins & Savickas, 1990, p. 104）］。生涯咨询师可以帮助来访者将主观经验转化为有目的的生涯行为，这一辅导措施是对传统的标准化评估策略的强化和补充，从而帮助来访者筛选其人生经历。

例如，萨维科斯（2013）在生涯建构理论中提出了生涯建构评估模型，并用这一模型帮助来访者识别出指引其生涯发展的主观性人生主题[①]。在这种方法中，萨维科斯询问了来访者早年的榜样人物，早期记忆，最喜欢的书、电影，以及人生座右铭。这些问题的答案中蕴藏着来访者的人生主题，他们可以依据这一人生主题做出决策，将问题转化为机遇。例如，一位生涯咨询来访者韦尔内达（Verneda）曾提到，她早年的榜样人物是她高中时期的校长，因为校长"帮助他人克服了生活中的障碍"。韦尔内达是一位非洲裔女性，她早年生活悲惨，患有严重的慢性疾病，并数次遭遇歧视。通过使用生涯建构问卷进行测评，韦尔内达知道了她的人生主题——克服障碍，并且决定成为一名生涯咨询师，帮助他人"克服障碍"。她积极地看待自己早年的痛苦经历，将长久以来的信念（克服障碍）转化为所从事的职业（帮助他人克服障碍），成了一名生涯咨询师。运用萨维科斯这一方法的关键在于和来访者合作，将他们的人生主题转变为生涯目标。使用投射技术、爬梯技术、分类卡片和写自传也是将人生经历纳入生涯咨询过程的有效且具有主观导向的策略（Amundson, 2019; Hartung & Vess, 2016）。

萨维科斯的人生规划辅导（Hartung, 2019）的结构如下：通过小故事建构生涯；解构这些故事，再将其重构为身份认同叙事或人生画像；共同构建真实世界中下一步

---

① 是指来访者心中所想的、用其语言讲述出来的人生主题，而不是客观呈现的人生主题。——译者注

行动的意图。人生规划辅导在很大程度上依靠叙事，并且从来访者对以下两个方面的描述开始：导致他们与生涯故事当前章节脱节的事件，他们想要与生涯咨询师共建的新篇章要实现的目标。人生规划辅导之所以聚焦于叙事，是因为故事能够帮助来访者从繁杂的社交互动中建构自己的身份认同与职业生涯。正如萨维科斯（2012）所说，"来访者通过讲故事塑造自我，并明确对自身的看法。来访者越是讲述自己的故事，就越能够从中发展身份认同与职业生涯"（p. 19）。故事能够帮助人们把生活事件组织成一个描述其生涯发展的序列。

解构的过程能够帮助来访者识别出那些他们一贯坚持却也限制了其发展的想法和观念、他们可能经历的文化阻碍，以及狭隘的生活角色。通过解构，这些因素得以呈现并被生涯咨询师引入到生涯咨询中，这么做的目的是要找到新的策略，帮助来访者转变狭隘的观念、解决文化阻碍、重新定义狭隘的生活角色——所有这些都是为了帮助来访者确定生涯发展路径，从而推进他们的生涯故事。

如此一来，对来访者生涯故事的解构也推动了重构过程。在重构的过程中，生涯咨询师会主动收集、整理来访者生涯故事中的线索，将其绘制为能够体现来访者个性的叙事（Savickas, 2013）。这样，一个更加宏大的生涯故事就被建构出来了。这一生涯故事能够反映来访者的身份认同，包含个人意义感，并揭示来访者用以理解自身经历的人生主题。当生涯咨询师和来访者共同构建人生画像时，对自身经历的理解能够促进和指导来访者的未来发展，从而让这幅画像尽可能准确地描绘来访者的故事及相关的人生主题、生活模式和个人意义。"有了新的言语、新的视角和更广阔的视野，来访者可能会重构意义系统，并澄清他们生涯故事下一阶段的重点"（Savickas）。从本质上讲，这个过程让来访者的生涯故事变得明晰，来访者也澄清了过去、现在和未来的目标。从而，来访者可以有意识地采取行动，将生涯故事与生涯中的可能性联系起来。

沃特金斯和萨维科斯（1990）指出，有4种来访者从生涯咨询的主观评估策略中获益最多：犹豫不决的来访者；有疑难问题的来访者或接受了生涯咨询但还没有解决其生涯问题的来访者；职业生涯中期转行的来访者；具有多元文化背景的来访者。对他们而言，仅有客观的辅导方法是不够的。萨维科斯（1993）认为，为了使来访者的福祉最大化，生涯咨询师应该通过主观评估来增强而非替代客观评估。后者的评估重点是一致性、发展任务、职业认同和职业适应性。因此，生涯咨询师必须理解主观评估和客观评估的目的、优势和局限性。具体而言，主观评估可以帮助来访者回答下列问题。

1. 怎样将我的人生经历与生涯发展联系起来？

2. 什么赋予我意义？

3. 我想要过怎样的生活？

4. 我希望通过工作传达什么？

5. 哪些工作可以让我最接近我想要表达的自己？

客观评估可以帮助来访者回答以下问题。

1. 我的兴趣和其他人的兴趣相比如何？

2. 我在某一领域的资质如何？

3. 某种价值观对我的重要性如何（例如，经济回报、审美体验、能力发挥度）？

4. 我对于生涯决策的准备情况如何？

诚然，每一种方式都有其优势和局限性，生涯咨询师可以据此决定哪种方式对来访者的帮助更大。主观评估的优势如下。

1. 帮助来访者深入了解自己。

2. 帮助来访者思考他们的人生经历与生涯发展之间的联系。

3. 帮助来访者在各类行为和活动中找到目标感。

4. 通常使用起来经济实惠。

5. 使来访者积极参与到生涯咨询的过程中。

6. 评估结果与来访者对评估问题的回答明确相关。

主观评估的局限性如下。

1. 缺乏与评估相关的心理测量学依据。

2. 需要生涯咨询师在生涯咨询过程中花费大量时间来开展。

3. 通常没有可供生涯咨询师遵循的明确解释准则。

4. 相比于客观评估，通常需要来访者花费更多精力。

客观评估的优势如下。

1. 来访者可以获得与其他人的比较信息。

2. 结果导向。

3. 不像主观评估那样需要生涯咨询师在咨询中花费大量时间。

4. 通常有助于做出后续的职业选择。

客观评估的局限性如下。

1. 评估结果与具体回答之间难以建立联系。

2. 由生涯咨询师掌控和主导。

3. 价格比较高昂。

4. 来访者通常对使用客观评估所能达到的目的抱有不恰当的期待。

5. 测量方法有时不适用于来访者的实际情况。

生涯咨询师需要根据来访者的生涯议题来选择评估策略。生涯咨询师需要在生涯咨询中熟练地综合运用主观评估和客观评估，从而更有效地为来访者提供服务。

生涯咨询的框架

学习目标 8.3 确立生涯咨询的框架。

生涯咨询中存在着诸多框架。例如，吉斯伯斯等人（2014）将典型的生涯咨询过程划分为如下几个阶段：开始阶段，建立工作联盟；信息收集阶段，了解来访者的生涯处境；工作阶段，咨访双方使用收集的信息来确定生涯目标和行动计划；结束阶段，咨询师与来访者结束生涯咨询。

斯波坎（1991）提出，生涯咨询由 3 个重叠且连续的阶段构成，分别是开始阶段、活动阶段和完成阶段。在开始阶段，咨询师会帮助来访者了解生涯咨询的进程，有机会对自己或在其他人面前阐明生涯志向，有机会发现或识别来访者的生涯志向所引发的冲突。在活动阶段，咨询师会在来访者处理自我评价信息、根据新信息验证自己的生涯志向，以及形成对特定职业选择的承诺时予以支持。在完成阶段，咨询师帮助来访者实现和维持其对特定职业选择的承诺，同时使来访者关注到生涯咨询过程即将结束。

无论使用哪种框架实现生涯咨询过程的概念化，多数专家认为，生涯咨询通常会包括初始阶段、工作阶段，以及结束阶段。

生涯咨询的初始阶段

在生涯咨询的初始阶段，咨询师会与来访者建立有效的咨访关系，收集来访者的信息，并与来访者初步确定生涯咨询的目标。很多咨询师都会在咨询开始时询问来访者"我可以怎样帮到你"。为了澄清来访者的生涯议题，咨询师会鼓励来访者找出导致生涯困境的个人因素和情境因素，也会请来访者讨论他们为摆脱生涯困境所尝试过的策略。咨询师还将初步收集来访者的价值观、兴趣和技能等相关信息。其中最重要的大概是咨询师与来访者之间的咨访关系（Anderson & Niles, 2000; Fouad et al., 2007; Whiston, Rossier, & Barón, 2016）。

在生涯咨询的初始阶段，咨询师会帮助来访者了解生涯咨询过程的框架。咨询师将帮助来访者澄清其对生涯咨询的偏好和期待。相比于对生涯咨询的期待，来访者可能更了解自己的偏好，因此咨询师有必要和来访者讨论在生涯咨询中可能会发生什么，以及来访者可能会经历什么（Galassi, Crace, Martin, James, & Wallace, 1992; Swanson, 1995）。例如，斯波坎（1991）建议咨询师给来访者发一份手册，手册中应包含对生涯咨询过程中可能发生的事情的描述，这样，来访者就知道他们可以对生涯咨询抱有怎样的期待，也能知道哪些问题是适合在生涯咨询过程中讨论的。生涯咨询的框架还包括咨询的收费、每一次咨询的时长、保密设置、咨访双方的角色与责任，以及咨询师的理论框架。

理论框架可以帮助咨询师组织来访者提供的信息。比如，如果一位咨询师运用霍兰德的理论，那么他可能会着重收集和霍兰德提出的人格类型或职业类型有关的信息。这些信息有助于咨询师对来访者的契合度（来访者的个性特征与其对当前或近期职业环境的拟合程度如何？）、一致性（来访者的兴趣和能力是多元的还是单一的？）和职业志向（来访者期望怎样的职业环境？）进行初步评估。

如果一位咨询师依照舒伯（1990）的生命广度与生活空间理论开展咨询，那么他需要关注来访者所面临的一系列发展任务（例如，来访者面临的是探索阶段的任务还是既要回顾探索阶段的任务又要处理其他生涯发展阶段的任务？）和来访者各个人生角色的重要程度（例如，来访者希望在扮演每一个人生角色的过程中实现什么？来访者可以在多大限度上通过扮演重要的人生角色来表达其价值观？）。在生涯咨询的初始阶段收集这些信息有助于咨询师理解来访者的人生角色和自我概念。

如果一位咨询师依照克朗伯兹（1996）的生涯咨询学习理论来开展咨询，他可能会了解来访者的自我观（来访者是如何描述他自己的？）、生涯观念（来访者怎样看待生涯发展的过程？来访者的这些生涯观念的功能如何？），以及对来访者生涯发展影响重大的学习经历。

通过上述方式，咨询师可以用理论框架来组织、理解来访者所呈现的信息。理论有助于塑造生涯咨询的内容，也为来访者生涯问题的概念化提供了结构框架，还为咨访双方提供了一套用于讨论来访者经历的语言体系。

无论采取何种理论，在生涯咨询的初始阶段，我们都将讨论以下主题。

1. 来访者的自我观，个性特征，世界观，种族 / 民族身份，未来观；来访者的身体状况；来访者既往的咨询经历（如有）；来访者当前咨询的生涯议题和要达到的目标。

2. 来访者的家庭情况（例如，家里有哪些人？他们分别给来访者造成了什么影响？来访者和家庭成员之间的关系如何？家庭成员对来访者寄予了怎样的期望？来访者对家庭成员的态度如何？）、教育背景（例如，来访者的受教育类别和程度如何？来访者是否愿意继续接受教育？如果有需要，来访者继续接受教育的可能性有多大？）、文化影响（例如，哪些文化因素影响了来访者的态度、行为和目标？）。

3.来访者重要的工作经历和生活经历（例如，这些经历如何影响了来访者的态度、行为和目标？来访者以往是如何应对困难的？）；来访者生活中的重要之人（例如，来访者有哪些榜样？来访者的榜样怎样影响了他的态度、行为和目标？来访者有哪些支持资源？）。

在任何生涯咨询关系建立之初，咨询师都应该进行一次需求评估，以确定来访者进行生涯咨询的议题、期望和目标。生涯咨询的目标必须满足几个条件：具体、可观测、有明确时间节点、可实现。来访者会带着一些问题来做生涯咨询，有时咨询师可以帮助来访者澄清这些问题，从而确定生涯咨询的目标。例如，玛吉（本章开头处介绍的来访者）前来进行生涯咨询，她在第一次咨询的前 10 分钟里表示，自己的目标是"摆脱痛苦的工作处境"（她在当地的一家百货公司担任销售助理）。咨询师给予了支持性的回应，反馈玛吉感觉到的挫败和愤怒，并且鼓励她多讲讲工作细节。当咨询师问玛吉打算换什么工作时，她表现得很困惑，但表示"随便什么都比我现在的工作好"。这让咨询师明确地感受到，玛吉希望事情有所改变，她从事现在的工作并不开心；但是，玛吉对自己的职业生涯要走向何处仍感到茫然。因此咨询师和玛吉进一步澄清，她已经明确了自己想辞职，但不知道接下来要做什么。咨询师解释了生涯发展过程和生涯咨询的进程，借此为玛吉提供信息支持。咨询师谨慎地强调，在做出生涯决策之前，必须先充分地了解自我，再尝试获取相关的职业信息。为了帮助玛吉澄清关键的自我概念，咨询师与玛吉有以下进一步的对话。

> 咨询师："玛吉，你可以多跟我说说这份工作的哪些方面让你不喜欢吗？"
> 玛　吉："我给一个有性别歧视的讨厌鬼工作，他负责我的工作考核，对我的工作从没有过任何正面评价。我没有晋升机会，工资也很低。"

在讨论了玛吉当前工作中的具体问题和她对下一份工作的期待之后，玛吉逐渐开始在生涯咨询中确定了更加具体、可观测、有明确时间节点并且可实现的目标。通过澄清与职业状况有关的问题，玛吉能够确定自己首要的咨询目标是确定职业选择，希望从事自己喜欢的工作，在工作中发挥自己最引以为傲的技能，并通过工作表达自己重要的价值观。玛吉还感到自己目前被"大材小用"，希望能够找到一个与自己工商管理学士学位相称的工作。因此，玛吉很快意识到，"随便什么都比现在的工作好"的说法并不准确，也没有反映出她职业生涯的问题。她发现自己希望从事的工作具有某些特征，也希望某些事情不要在自己从事的工作中发生。

接下来，为了找到自己喜欢的工作，玛吉认为需要表明自己的兴趣和价值观。在详细讨论了玛吉的兴趣、价值观和技能之后，她表示，"我希望在接下来的几次咨询中进一步探讨我的兴趣和价值观，之后，我想明确一些对我来说有意义的工作"。通过描述和澄清目标，咨询师和来访者可以初步制订生涯咨询的行动计划。

在生涯咨询的初始阶段，最重要的就是建立有效的咨访关系，这一关系包含了咨访双方对生涯咨询结构（例如，角色、责任和限制），以及对来访者呈现的议题和生涯咨询初始目标的一致理解。在生涯咨询中提供情感支持和信息支持也有助于建立有效的工作联盟。

生涯咨询的工作阶段

在生涯咨询的工作阶段，双方会深入探讨来访者的议题和目标，还将更充分地制订并实施生涯咨询的行动计划。我们经常会在生涯咨询的工作阶段调整生涯咨询的目标。例如，为了澄清兴趣和价值观，玛吉和咨询师决定使用一份兴趣问卷并进行价值观分类卡片练习。因此，评价支持成了玛吉的生涯咨询工作阶段的重要内容。随着玛吉不断澄清对自己而言重要的个人信息，她能够逐渐明确行动计划，"我希望在 6 个月内找到一份能发挥我的语言表达能力和计算机能力的工作。我想要更加独立地开展工作，并且希望对自己的工作成就有更强的掌控力。我还想要一份收入前景更好的工作，并希望自己有机会晋升到管理层"。

随后，玛吉和咨询师开始查找与她的兴趣、价值观和技能相契合的潜在职业选择，并初步确定了计算机销售工作，因为这一工作能让她发挥对她而言最重要的特质。为了进一步了解计算机销售这一职位，玛吉和咨询师决定进行信息访谈。然而，玛吉以前从来没有接触过信息访谈，所以第一步是学习如何进行信息访谈。在了解信息访谈步骤的过程中，咨询师发现玛吉缺乏决断技能。决断技能对有效推进信息访谈非常重要（对工作面试也很重要）。于是，咨询师和玛吉决定通过决断训练来重点培养玛吉的决断技能。

很快，玛吉准备好进行信息访谈了。玛吉的一位朋友刚好从事的是计算机销售工作，玛吉认为他会是一个不错的访谈起点。访谈共进行了 30 分钟，在此期间，玛吉对计算机销售工作的很多疑问都得到了解答。访谈最后，玛吉请朋友介绍了其他可以接受访谈的计算机销售人员。就在玛吉安排第二次访谈前，她朋友所在的公司有一个职位空缺，他推荐玛吉来应聘这一职位。玛吉前去参加了面试，并最终受雇成为一名计算机销售人员。

生涯咨询理论是生涯咨询过程的指南。例如，上述对玛吉的辅导聚焦于她在信息和技能方面的不足，这种辅导对应了生涯咨询中的行为理论或社会学习理论。如果是一位持发展理念的咨询师为玛吉提供咨询，那么他可能会鼓励玛吉通过绘制当前状态和理想状态的生涯彩虹图，来澄清自己各个人生角色的重要性（Super, Savickas, & Super, 1996）。这可以帮助玛吉对不同的职业选择进行归类（例如，不同的职业选择可以为扮演重要的人生角色提供不同的机会，她可以由此评估每一种职业选择）。

运用霍兰德理论的咨询师可能会把霍兰德类型教给玛吉。通过学习霍兰德类型，玛吉会习得一套知识结构和语言体系，以此提升自我理解，并对潜在的职业选择进行归类。运用克朗伯兹（1996）的生涯咨询学习理论的咨询师可能会鼓励玛吉识别出自己的生涯信念，还可能在咨询中使用生涯观念问卷（Krumboltz, 1988）。问卷结果可能会指出具体是哪些生涯观念导致玛吉遇到了生涯困境，也能够帮助玛吉形成有利于其生涯发展的生涯观念。

当然，咨询师如何实施辅导不仅取决于理论框架，还取决于来访者当前面临的决策困境类型。如果来访者在决策制订过程一开始出现决策困难，可能是由于自我认知不足、职业信息不充分、生涯观念的功能失调、缺乏动机，以及优柔寡断（Gati, Krausz, & Osipow, 1996）。在决策制订过程之中出现的决策困难可能是由于信息不充分、个人特点与职业选择之间的冲突（例如，技能水平不满足职业要求），以及因重要之人的影响而产生的冲突（Gati et al., 1996）。在执行决策后出现的困难可能是由于职业选择不当、就职环境问题、来访者难以适应特定的工作或教育情境。

如果来访者做的职业选择不合适，那么就需要重新梳理舒伯（1990）所提出的探索阶段的任务。通过重新梳理探索阶段的任务，玛吉成了一个更明智的职业探索者，她利用自己在上一个销售岗位中得到的信息做出了更适合自己的职业选择。

来访者如果在职业环境中遇到困难，那么可以考虑选择同一职业的其他工作，或者制订一些改变当前工作环境的策略（例如，向主管询问自己的角色和责任、与同事交流）。玛吉在这方面的选择就非常有限，因为她老板的态度和行为很难发生改变。

来访者如果在适应工作环境方面存在困难，则需要发展一些重要、有效的工作技能，比如人际交往技能、决断技能和可靠性。例如，一个不自信的人遇到了工作责任模糊不清的情况时，可以通过决断训练，找主管明确自己的工作任务。玛吉认为，与其找老板讨论性别歧视问题，不如学习开展信息访谈所需的决断技能，这种技能对她了解新职位并最终成功找到新工作至关重要。

有趣的是，有关生涯咨询的研究往往关注如何帮来访者做出并实施生涯选择。然而，正如前文所述，做出生涯选择并不代表解决了生涯议题（Carson, Carson, Phillips, & Roe, 1996）。事实上，有许多人在选定了工作之后还会面临适应新的工作环境的困难。赫申森（Hershenson）（1996）提出了一个系统模型，咨询师可以使用这一模型来处理工作适应相关的问题。赫申森的工作调节模型强调下述各个子系统之间的关系：个人子系统（工作风格、工作能力和工作目标），工作环境子系统的各个要素（行为期待、技能要求、奖酬和晋升机会），以及工作调节子系统的各个组成部分（工作角色行为、任务绩效、员工满意度）。赫申森的工作调节模型还考虑了文化、家庭、学校和同辈群体的影响。因此，在咨询中处理工作适应问题时可以着重关注工作者和工作环境之间的关系。

有关工作调整的生涯咨询一般会从问题评估开始，即了解来访者当前的困扰是否与工作角色行为、任务绩效、员工满意度这 3 个因素中的一个或多个有关。如果当前的困扰与工作角色行为相关，那么辅导就会聚焦于工作风格；与任务绩效相关，则需要提高工作能力；与员工满意度相关，则需要解决工作目标方面存在的问题。无论哪种情况都要考虑背景因素（如家庭、文化和经济）。

因此，生涯咨询辅导既是基于理论的，也是源自实践的，即从生涯咨询的初始阶段和工作阶段所收集的信息中逐渐形成辅导措施。当选择辅导方式时，咨询师会向来访者解释所选择的辅导方式与来访者所面临的生涯议题之间的关联，以及采取这一辅导方式将会怎样帮助到来访者。咨访双方会一同讨论这一辅导方式是否合适，如果合适，双方就知道接下来的生涯咨询如何开展。如果来访者不理解这种辅导方式，那么咨询师就需要向来访者澄清自己对于其生涯议题的理解。也许咨询师会遗漏来访者处境中的重要因素。例如，一位来访者对自己现在的工作不满意，但他同时有高昂的经济开支，很难承受长时间离职，因此他就不太愿意为了找到潜在的更满意的工作而在生涯咨询中进行广泛的生涯探索。尽管在咨询师看来，这样做的理想情况是来访者可以找到一个更满意的工作，但从来访者的角度看，这一做法并不现实。

当咨询师和来访者讨论自己对其生涯议题的理解并提出辅导措施时，可能会从来访者处得到重要的反馈。有效的工作联盟使得来访者能够自在地表达自己对生涯咨询进程的感受。在这种合作方式下，来访者积极参与了整个生涯咨询过程，同时会感到自己能主导生涯咨询的过程和结果。

此外，随着生涯咨询工作阶段的推进，来访者逐渐意识到自己生涯议题中的一些因素，这些可能是咨访双方在生涯咨询的初始阶段没有充分觉察到的。这些新的信息可能会影响来访者的生涯咨询目标，而针对来访者调整后的目标也会有更合适的辅导措施。实际上，奈尔斯、安德森和科弗（2000）提出，来访者一般都会在生涯咨询的过程中对生涯议题和生涯咨询目标做出调整，咨询师需要留意这一现象。因此，当生涯咨询中出现这种情况时，咨询师应灵活地应对；必要时，咨询师还应请来访者思考是否要调整生涯咨询目标。

玛吉和她的咨询师一开始将工作重点放在帮助她澄清职业议题上，咨询师还鼓励玛吉探索核心的自我特质。当玛吉越来越多地了解自己，特别是了解了自己的兴趣和价值观后，她开始明确自己的职业偏好。随着生涯咨询不断推进，玛吉显然需要学习新的技能来推动自己的生涯发展。因此，咨询师和玛吉对生涯咨询目标做出了调整，纳入了信息访谈训练和决断训练。

生涯咨询的结束阶段

在生涯咨询的结束阶段，咨询师会评估和比较来访者的现状，以及现状与生涯咨询目标之间的关系，并由此决定是否延续生涯咨询的初始阶段和工作阶段的工作。如果来访者的生涯咨询目标已经达成了，那么工作重点就是结束咨询。结束咨询要经过一系列步骤，咨访双方会一同回顾来访者在生涯咨询中取得的进步，也会一起讨论生涯咨询给来访者带来的收获及其在未来的应用，还会探讨来访者之后如果遇到了困难可以怎样应对。

在比较来访者之前和现在在生涯发展中所处的位置时，重点应放在认知、情感和行为3个方面的差异上。例如，玛吉当初来做生涯咨询时感到非常困惑、愤怒，并且打算辞职后随便找一份工作。随着生涯咨询的进行，她开始聚焦在具体的议题上，比如需要做哪些事情来推动生涯发展。玛吉系统地学习了应对生涯议题所需的知识和技能，渐渐明确了与核心自我特质关联密切的职业选择，也开始积极地做生涯规划。随着玛吉的主动性不断提高（如参与信息访谈），她习得了有助于找到新工作的重要技能。最终，玛吉找到了一份更加满意的工作。玛吉和她的咨询师需要一同回顾这个重要的过程，咨询师也可以通过回顾玛吉的进步来强化她在生涯咨询中的收获。

> 玛　　吉："回想我第一次来见你时，我记得自己感觉很焦虑、挫败，甚至有些无望。"
>
> 咨询师："那你现在感觉怎么样？"
>
> 玛　　吉："我经历了180度的转变，我现在有掌控感、非常自信，也很满足。"
>
> 咨询师："那是什么让你现在感觉如此良好呢？"
>
> 玛　　吉："显然是我的新工作啦！还有一点是，我觉得我学会了系统地梳理我的职业生涯。我之前从来没有这么仔细地思考过自己的兴趣和价值观，生涯咨询帮助我梳理了这些信息，并且将它们与职业选择联系起来。我现在对自己的职业生涯更有掌控感了。我还知道了该怎么做出一个好的生涯决策，我觉得我之前并没有真正地理解这件事。"

玛吉和咨询师继续讨论她在生涯咨询中的收获。咨询师温和地讲述了玛吉在生涯咨询中展现出的优势（例如，她清楚自己的处境，愿意学习新技能，并且能够有效地运用新技能，还能够与咨询师和其他人进行清晰地交流，有效完成了咨询师布置的任务）。他们还讨论了玛吉未来可以如何运用这些新学到的知识和技能。咨询师告诉玛吉，如果她之后有需要，也可以再来接受生涯咨询。最后，玛吉和咨询师讨论了生涯咨询最有帮助的部分和不那么有帮助的部分。来访者的反馈是非常重要的评估来源，这些信息可以帮助咨询师提升生涯咨询技术。为了更好地梳理玛吉提供的反馈，咨询师让她填写了一份评估表（见图 8.1）。在咨询结束前，咨询师也鼓励玛吉，如果有什么想对咨询师说的话可以一并表达。最终，玛吉不仅对自己的新工作感到更满意了，也更有信心处理未来可能会遇到的生涯困扰。

然而，并不是所有来访者都能像玛吉一样带着积极满意的体验结束生涯咨询。生涯咨询的结束也有可能是由于咨询师判断当下不适合采取行动，而这样的判断可能基于多种原因。比如，来访者已经决定去读大学，但由于经济条件限制，现阶段还不能入学；来访者认为目前的情况尚可，因此他可能缺乏改变的动力。在上述情况下，咨询师可以与来访者讨论如果他们未来需要做出改变，可能需要采取哪些步骤。

还有一种情况是生涯咨询提早结束，即咨询师认为来访者还没有做好准备，来访者就单方面中止生涯咨询了。布朗和布鲁克斯（1991）提出了 4 种可能导致生涯咨询提早结束的原因：来访者坚信自己已经达到了生涯咨询目标，生涯咨询的体验和来访者的期待不符，来访者担心生涯咨询中可能会揭露的内容，来访者对生涯咨询的承诺不足。当发生生涯咨询提早结束的情况时，咨询师必须找出背后的原因，在这种情况下咨询师可以和督导人员或其他同事讨论。例如，如果来访者因为生涯咨询的体验和自己的预期不符而提早结束生涯咨询，那么咨询师可以和督导人员探讨，来访者是基于什么得出了这个结论？咨询师是否足够敏锐，关注到了来访者的需要？咨询师是否和来访者建立了有效的工作联盟？咨询师在理解来访者的背景和问题时是否存在一些困惑，因而难以和来访者共同有效开展工作？

吉斯伯斯等人（2014）指出，当生涯咨询因为来访者的意外退出而提早结束时，咨询师必须对此做出恰当的处理。在这种情况下，咨询师的处理方式取决于他认为自己应该为来访者重返生涯咨询负有多大责任。吉斯伯斯和同事们建议对提早结束生涯咨询的来访者进行电话随访。电话随访的优点如下：首先，咨询师可以借电话随访来表达自己对来访者福祉的关心；其次，咨询师有机会了解来访者选择结束生涯咨询的原因，并且在适当的情况下将来访者转介给可以提供专业帮助的人员；最后，以这种方式接触来访者宛如为其"留一道门"，以便来访者之后能够重新回到生涯咨询中来。

虽然生涯咨询提早结束给咨询师带来的体验不好，但这却是一个让咨询师更了解自己也更了解生涯咨询进程的好机会。咨询师应该充分利用这些机会向其他专业人士请教，并且如果有机会也应该与来访者进行进一步沟通。

生涯咨询服务评估表

完成本咨询中心的生涯咨询服务评估可以帮助我们提升对学生的援助质量。

请根据下列评价标准对各项打分，请在横线上写下对应的数字。

0	1	2	3	4
不适用	非常不同意	不同意	同意	非常同意

_____ 1. 咨询师理解我的非生涯问题。

_____ 2. 咨询师理解我的生涯问题。

_____ 3. 咨询师帮助我找到了有效应对我的非生涯问题的方法。

_____ 4. 咨询师帮助我找到了有效应对我的生涯问题的方法。

_____ 5. 在生涯咨询中了解我的兴趣、技能和价值观对我有所帮助。

_____ 6. 在生涯咨询中了解我的不同种类的职业选择和教育选择对我有所帮助。

_____ 7. 在生涯咨询中花时间了解生涯计划和生涯决策的制订过程对我有所帮助。

_____ 8. 生涯咨询帮助我实现了个人目标和生涯目标。

_____ 9. 生涯咨询帮助我成为一个更有效率的学生、工作者，以及一个完整的人。

_____ 10. 整体而言，生涯咨询经历对我有所帮助。

请简述生涯咨询中对你最有帮助的事情和时刻。

请简述生涯咨询中最无益于你的事情和时刻。

你的社保号码将使我们能够把你的回答与人口统计学特征联系起来，并有助于了解我们的服务对不同人群的有效性。社保号码也可以向你的咨询师确认你的身份，帮助他更好地理解你的评估内容，从而提高他的工作效能。你的上述回答及其他提供给本咨询中心的信息都将被严格保密。如果你更希望匿名回答，则无须在下方填写社保号码。

社保号码：_____ 日期：_____

咨询师姓名：_____

咨询次数：_____

感谢你的帮助！

图 8.1 生涯咨询服务评估样例

　　显然，结束阶段是生涯咨询中的重要阶段。它为咨访双方提供了一个机会，咨询师和来访者可以共同回顾在咨询中付出的努力和取得的进步。结束阶段既为咨询师提供了重要的反馈，也帮助来访者思考他可以如何应对未来的生涯议题。鉴于结束阶段的重要性，咨询师必须提前告知来访者生涯咨询即将结束，并通过鼓励来访者思考所取得的收获，表达对结束阶段的感受，来帮助来访者为结束生涯咨询做好准备。咨询师还需要觉察自己对于结束阶段的感受。因为生涯咨询是一个互动性的经历，每一段咨访关系都能够让咨询师收获良多。因此咨询师回顾自己在生涯咨询中的收获同样很重要。

　　吉斯伯斯、赫普纳和约翰斯顿（2014）编制了下述由 7 个问题构成的清单，咨询师可以用这份清单评估结束阶段的工作做得是否充分。[①]

　　1. 我回顾了生涯咨询内容吗？

　　2. 我回顾了生涯咨询进程吗？

　　3. 我再次强调了来访者在生涯咨询中展现出的优势吗？

　　4. 我评估了生涯咨询中哪些做得好、哪些做得不好吗？

　　5. 我是否探讨了生涯咨询中未提及的问题？

　　6. 我讨论了咨访关系结束带来的感受吗？

　　7. 我对来访者的下一步行动给予了清晰而直接的指导吗？（p. 309）

　　咨询师如果能够有条不紊地结束生涯咨询，则可以给来访者带来良好的生涯咨询体验，并且能让咨访双方都充分利用生涯咨询的过程。

团体咨询

学习目标 8.4　了解如何开展团体咨询。

　　团体咨询是一种可以补充或替代个体咨询的服务模式。派尔（2007）、派尔和海登（2015）指出，团体咨询是面向 5 ~ 15 人开展的，以服务 5 ~ 8 人为最佳。结构化团体咨询旨在解决团体成员的共同问题（如找工作、选专业、制订生涯决策）。结

[①] From Gysbers, N., Heppner, M., and Johnston, J. *Career counseling: Holism, diversity and strengths* (4th ed.). Alexandria, VA: American Counseling Association. Copyright © 2014 by American Counseling Association. Reprinted/adapted by permission of the publisher.

构化团体咨询中开展的活动往往类似于团体生涯指导活动。由于结构化团体会聚焦于特定的生涯发展问题（Barclay & Stolz, 2016），通常有团体领导者的教学环节。因此，相比于结构化程度较低的团体，结构化团体更偏信息导向，同时也更有说教性。结构化团体咨询一般有 3 ~ 7 次会面。

结构化团体辅导样例

结构化团体辅导的一个经典主题是向来访者传授求职策略。例如，在第一次咨询中，咨询师可以通过自我介绍和破冰环节（如询问对方的职业梦想是什么？）来开始团体咨询。随后，咨询师可以概述求职策略，还可以带领团体成员了解积极和消极的求职方式、不同的简历风格、工作面试技巧，以及求职日程管理策略等。

在第二次咨询中，咨询师可以深入讲解积极和消极的求职方式。例如，咨询师可以告诉成员积极参与求职活动的重要性，同时指出，很多人都只依赖消极被动的方式找工作——将一份通用简历发给招聘特定职位的雇主。这种做法很难奏效，原因如下。首先，这一做法很常见，因此会有大量求职者投递同一个职位。其次，雇主更喜欢"知根知底的人"，也就是说，他们更愿意雇用一个之前打过交道的人，或者由靠谱的同事推荐的人。当雇主收到针对某一个职位的多份申请时，他更倾向于考虑那些自己认识并且印象还不错的人，而不是自己没接触过的人。最后，如果求职者对于空缺职位的了解仅限于招聘公告上的内容，那就很难准备一份契合职位的简历。发送通用简历几乎是最糟糕的做法。雇主在阅读简历时，往往会着重关注求职者是否具备胜任空缺职位的技能，而通用简历可能无法向雇主呈现这一信息。那些使用针对性的（而非通用的）简历的求职者最有可能进入面试环节，针对性的简历需要清晰地呈现求职者具备的与空缺职位相关的技能。因此，撰写一份成功的简历的关键在于用行动导向的术语（例如，"成功地做到 / 带领 / 组织 / 发展 / 统筹……"）描述相关成就。

积极的求职者不会等着招聘者发布空缺职位，相反，他们会积极地找机会同目标工作的雇主会面。积极的求职者勤于建立和拓展符合上述特征的人际网络。他们会和朋友、亲戚进行专业会谈并寻求就职机会，比如，打听认识的人里有没有从事自己的目标工作的，或者认识的人里有没有打算就自己的目标工作开展招聘的。积极的求职者会通过信息访谈收集关于特定工作和特定工作环境的信息，同时拓展自己在目标领域的人际网络。如此，他们就建立了一个联络网，并最终通过人际关系找到潜在雇主。在讨论了社交网络的重要性之后，咨询师可以讲解有效的信息访谈技术，并让团体成员用这些技术进行角色扮演（例如，问以下问题：人们喜欢其工作的哪些方面，需要哪些培训经历，工作中有什么挑战，工作中典型的一天是怎样的，是否愿意介绍另一个人参加信息访谈）来总结第二次咨询的内容。

在第三次咨询中，咨询师会带领团体成员讨论不同的简历风格及其优缺点。例如，很多人使用的是时序型简历（招聘者一般也比较喜欢）。时序型简历一般按照时间顺序列出求职者的教育经历、工作经验等重要信息。撰写时序型简历的策略是详细列举目标工作所需的重要技能，据此组织和描述自己的经历，并且尽量将这些技能描述为成就，最后将它们按照时间顺序写入简历。某个信息是否要纳入简历取决于它是否与目标工作相关。尽管招聘者更青睐单页简历，但从业经验丰富的工作者也可以考虑将简历扩展至两页。无论如何，简历必须做到简洁、专业、无误。许多求职者发现，在选择模板时多看一些简历样例很有帮助。

如果求职者没有和目标工作直接相关的经历，则通常会选择功能型简历，这种简历的内容主要根据与工作相关的技能类别（例如，管理技能、组织技能、沟通技能、计算机技能）来排布。求职者可以先明确哪些技能对目标工作比较重要，然后在每个技能类别下列出自己的成就或经历。相关性最高且最为重要的技能应排在简历靠前的位置。功能型简历适用于那些通过参加志愿活动或自主学习来培养相关技能的求职者。

最后一种类型是混合型简历或时序–功能型简历，这种简历对于既有些许相关就职经验，同时也通过一些非常规方式培养了相关技能的来访者比较适用。

无论如何，简历要能够说服潜在的雇主，让其相信求职者能够胜任这份工作。如果简历和来访者的目标工作没什么联系，那么这份简历的质量就不高，来访者也因此难以得到面试资格。在第三次咨询的最后，咨询师应该给来访者布置作业，即撰写一份简历。咨询师后续可以对团体成员进行个别指导，对他们撰写的简历给予反馈。

在和团体成员一起回顾简历之后，咨询师可以在第四次咨询中讲解工作面试技巧。例如，所有工作面试几乎都需要求职者回答 3 个问题，即你是否有能力胜任这份工作？你是否愿意做这份工作？你能否适应和融入工作？求职者的目标应该是解答这些问题（无论面试者是否会询问）。如果求职者进行过详尽且清晰的自我评估，并且决定了自己要从事什么工作，那么这 3 个问题的答案应该是很清楚的，即求职者应该了解胜任这份工作需要哪些相关的兴趣、技能、价值观和性格特质。此外，求职者在撰写简历时已经确定了工作所需的技能，至此，准备工作面试的重要一步已经完成。

在面试时，求职者需要说明自己取得了哪些与目标工作相关的成就，这些能够为雇主提供重要的信息（过去曾在类似的任务中取得过成功是未来能够取得成功的最佳预测因素）。例如，咨询师可以告诉团体成员，比起单纯地表达自己具备组织能力，能够举出曾经展现出组织能力的具体事例更好。

面试过程中的另一个关键问题是，求职者能否适应或融入工作。比起其他方面，招聘者更想知道求职者能否做出对工作氛围有积极影响的行为。具备与他人和谐相处的技能、具备有效沟通的技能、可信、可靠、行事稳健、坚持完成任务等，这些都是招聘者希望在自己的雇员身上看到的特质。求职者一定要传达自己拥有这些特质。传达的方式可以有很多种，例如，在面试中呈现有效的人际交往技能，参加面试时穿着打扮得体，结合实例描述自己具备的技能——"我是那种比较容易相处的人，并且我工作十分努力，能够为我所在的工作环境做出积极的贡献，举例来说……"。最后，咨询师可以分别展示有效的和无效的工作面试技巧，让团体成员讨论其展示的内容，然后再进行工作面试的角色扮演练习。

在最后一次咨询（第五次咨询）中一般会进行求职进程管理活动，例如，追踪各个求职进程，制订每周投递简历的数量目标，进行良好的自我照顾和积极的自我对话，与其他能够提供支持的人保持联系，参加求职团体。此外很重要的一点是，咨询师应在最后一次咨询中设置评估环节，日后，咨询师可以利用相应的评估数据改善团体咨询体验。

通常情况下，结构化团体咨询中会融入一些说教性信息与体验性信息，咨询师力图帮助来访者形成团体目标意识，掌握与团体目标相关的知识和技能。咨询师应该确定每次咨询的具体目标和结果。

结构化程度较低的团体辅导

团体咨询也可以是偏过程导向、结构化程度较低的。结构化程度较低的团体咨询一般聚焦于团体成员生涯发展中的个人内部问题和人际关系问题。这类团体咨询一般比结构化团体咨询更偏情感导向。斯波坎（1991）认为，随着生涯发展辅导和一般性咨询辅导相互融合，结构化程度较低的团体咨询将越来越受欢迎。结构化程度较低的团体咨询通常比结构化团体咨询所需的工作时间更长。派尔（2000，2007）提出，结构化程度较低的团体咨询通常对于在生涯决策或生涯发展方向有困难的来访者更有帮助。求职者如果已经积极充分地参与了求职过程（指学习了结构化团体咨询中所介绍的技能），也就能够从过程导向的团体咨询中获得帮助。赖尔登（Riordan）和坎魏勒（Kahnweiler）（1996）很好地说明了求职者可以怎样从求职支持团体中受益。

生涯咨询团体所需要的技能和其他团体咨询一样，然而，咨询师还需要具备和生涯发展理论与实践相关的知识。派尔（2000，pp. 122-127）提出了团体咨询的4个阶段。

1. **开始阶段**：团体成员见面，咨询师概述团体咨询的内容，确立团体目标。在这一阶段，咨询师会运用基础咨询技能，如倾听、具体化、真诚。

2. **调研阶段**：团体成员讨论与团体目标相关的话题。比如，他们可以进行自我探索（如探索兴趣、技能、价值观），探讨生涯发展中的障碍或者对工作世界的理解。咨询师会运用启发式回应、自我表露、个性化等技能来促进团体讨论。

3. **工作阶段**：团体成员经过思考、归纳总结，确定可以采取哪些举措促进生涯发展。在这一阶段，咨询师会运用精准共情、面质、提供反馈和信息处理等技能来帮助来访者。

4. **决策/操作阶段**：团体成员会在这一阶段采取行动，彼此之间也会就行动步骤提供支持。咨询师在这一阶段会进行适当总结，帮助团体成员完善行动计划，并结束团体咨询。

关于团体咨询有效性的研究有很多，但基本都将结构化团体作为研究对象。多数专家一致认为团体咨询具备一定优势。例如，团体咨询是一种有效的服务模式，能够最大限度地利用咨询师的时间，这一点在学校环境中尤为重要，因为学校的咨询师的个案量较大，咨询师无法为每一个学生提供个体咨询。派尔（2007）指出，相比于个体咨询，团体咨询具备以下优势。团体咨询使得来访者有机会尝试新的人际互动，也使个人能够给予其他团体成员帮助或获得来自其他团体成员的帮助。当以团体形式开展生涯咨询时，咨询师可以更深入地观察来访者的人际行为，而这些行为是来访者很难在个体咨询中呈现的。团体咨询的人际属性可以帮助青少年学习面试所必需的社交技能，同时也可以指导青少年学习新的人际沟通方式，这有助于他们建立人际网络和处理职场人际关系。

团体咨询还能够为团体成员提供机会来更多地了解自我和他人，从其他团体成员处获得社会支持和情感支持，以及向处在类似境遇中的同辈学习（Barclay & Stolz, 2016）。团体咨询还为团体成员提供了彼此分享资源和观点的机会，因此团体成员能够充分学习处理各自生涯问题的策略。例如，沙利文（Sullivan）和马哈利科（Mahalik）（2000）发现，鼓励团体成员关注主观成就、情绪唤醒、替代性经验和言语劝说能够帮助其提高自我效能感。莫森（Mawson）和卡恩（1993）发现团体咨询过程中的信息交互能够帮助团体成员确立稳定的生涯目标。

如果团体咨询师能够创设一种合作且包容的团体氛围，让团体成员关注共同的目标，则会带来更加良好的团体咨询体验。汉森（Hansen）和克拉梅尔（1971）提出了5 条有助于团体咨询的准则。

1. 团体成员之间坦诚交流。

2. 团体成员拥有一致的目标。

3. 团体成员设定的准则能够指导团体活动和互动。

4. 团体成员在团体中设置了角色扮演环节。

5. 团体工作致力于满足团体成员的个性化需求。

生涯咨询的专业认证及相关服务提供者

学习目标 8.5 了解生涯发展辅导领域的专业认证。

无论咨询师提供的是个体形式还是团体形式的生涯援助，我们都建议咨询师提供一份专业声明，内容包括培训经历、执业经验、提供服务的内容和方式。提供这样一份声明十分重要，原因如下：正如我们前面讲到的，许多来访者都对生涯咨询抱有清晰而具体的期待（即来访者希望通过测验知道哪种职业适合自己），而这些期待通常与实际的生涯咨询方式有出入。此外，生涯服务提供者具有不同的培训背景和擅长领域，因此来访者很难选择合适的生涯服务提供者。例如，生涯领域如今流行的援助方式是生涯教练（career coaching）[①]（Chung & Gfroerer，2003）。从事生涯教练的人员鱼龙混杂，可以是咨询专业出身的生涯发展辅导专家，也可以是几乎没有过专业受训经历的辅助人员。一般来说，生涯教练（career coaches）致力于帮助人们挖掘自身技能、做出更好的生涯选择，并成为更有生产力和满意度更高的员工。生涯教练力图帮助来访者制订完成工作目标的策略。我们认为（因为生涯决策是一件非常个体化的事），一个人如果没有接受过咨询师或心理学学者的专业培训，没有在培训中深入研究过相关问题，则很难胜任生涯教练。我们认同美国生涯发展协会所说的，生涯教练是生涯咨询师的一个重要角色，且该协会将从事生涯教练的能力确定为生涯咨询师的核心能力之一也可以说明这一点（NCDA，2009）。

美国的很多州都规定，生涯咨询师必须取得专业咨询师执照才能开展生涯咨询。咨询和相关教育项目认证委员会开设了生涯咨询专业的硕士项目（CACREP，2016），这一培训代表了硕士阶段生涯咨询培训的黄金标准，CACREP认证的生涯咨询硕士项目比同类硕士项目更加全面。博士阶段的咨询心理学家和生涯咨询师也会接受生涯

[①] 生涯教练（career coaching）是一种生涯援助方式，是指具有相关领域丰富经验的专家，为学生、来访者、成人、雇员等提供深入的、长期的、个性化的专业成长、生涯发展等多方面的辅导。从事这一工作的人称为生涯教练，他们使用的技术主要是生涯教练技术。——译者注

咨询的相关培训。近期，NCDA 为接受过生涯咨询培训的个人颁发了生涯咨询认证证书。

如果没有接受过 CACREP 认证的生涯咨询硕士项目的培训，也可以考虑考取全球生涯发展规划师（Global Career Development Facilitator, GCDF）认证，或者 NCDA 近期颁发的生涯服务工作者（Certified Career Services Provider, CCSP）认证；需要完成生涯发展促进培训项目，才能拥有相应认证资格。这一项目包括 120 个课时，涵盖 12 个不同领域，包括助人技术、劳动力市场信息、评估、多元人群问题、伦理和法律问题、生涯发展模型、求职技术、给来访者和同辈提供培训、项目管理、公共关系、技术和咨商。在获得 GCDF 或 CCSP 认证后，从业者在与学生、成人、来访者、雇员或公众打交道时，可以将生涯发展知识或技能融入其中。但他们没有接受过生涯咨询培训，因此不能向来访者提供生涯咨询服务。

无论专业背景如何，从业者都需要让来访者知道他们在接受生涯咨询服务时享有的权利和应承担的义务。为了实现这一目标，国家认证咨询师委员会和 Chi Sigma Iota（一个在咨询领域兼具学术性和专业性的国际荣誉协会）共同发布了下述声明。

作为消费者，你的权利如下。

- 了解咨询师的资质：教育背景、从业经历、咨询专业认证情况、执业执照。
- 在接受服务之前，获取关于你所接受的服务内容、咨询时间、收费标准、收费政策的解释说明。
- 了解咨询师在工作领域（生涯发展、少数族群等）和工作对象年龄范围（青少年、老年人等）方面的局限性。
- 你所说的所有内容都将被严格保密，了解各个州的法律中关于咨询关系保密的内容。
- 询问关于咨询技术和策略的问题，并了解你在咨询中的进展。
- 练习设定目标，并评估实现目标的进度。
- 了解如何在紧急情况下与咨询师取得联系。
- 随时有权要求转介，以获得基于其他视角的帮助。
- 要求将咨询记录和咨询记录副本给其他咨询专业人员使用。
- 收取一份你的咨询师所遵循的伦理准则的副本。
- 如果你对咨询师的行为操守产生了疑虑，可以联系专业组织进行投诉。
- 随时有权结束咨询。

作为来访者，你的义务如下。

- 和你的咨询师预约并遵守约定，如果你不能赴约应及时告知咨询师。
- 根据你与咨询师预先设立的时间表交费。
- 参与制订你的目标。
- 遵循制订好的目标。
- 让咨询师及时了解你在达到目标方面取得的进展。
- 在结束当前的咨访关系后再与其他咨询师建立联系。

如果你不满意咨询师提供的服务

记住，满足某一部分来访者需求的咨询师可能不适合另一些来访者。如果你对咨询师提供的服务不满意，可以采取以下措施。

- 尽可能直接向咨询师表达你的担忧。
- 如果咨询师在督导下执业，尝试寻求督导人员的建议。
- 如果情况仍难以改善，可以结束咨询关系。
- 如果你认为咨询师的行为操守违反了伦理守则，可以尝试联系所在州的许可委员会、国家认证机构或专业协会。

总结

生涯发展辅导是咨询行业的基石（Dorn, 1992）。然而，我们对于生涯咨询过程知之甚少。许多人仍然以传统视角看待生涯咨询。朗兹和廷斯利（1984）提议将生涯咨询定义为"能够促进对职业行为变化和过程的理解"的心理治疗（p. 139）。这些与生涯咨询相关的概念反映了人们普遍认可生涯问题的时代性，即 21 世纪的时代背景与 20 世纪初期的时代背景不同。萨维科斯（1993）鼓励生涯咨询师积极响应新世纪发生的社会变化，他表示"咨询师必须创新生涯辅导方法以适应新的时代精神"（p. 205）。

专业的咨询师和心理学家必须理解，当下的时代精神对学生和工作者的生涯发展任务产生了怎样的影响，从而选择使用何种生涯咨询辅导方法。为了帮助来访者应对当今社会背景下的生涯发展任务，生涯发展从业者应该为来访者提供基于咨询的生涯援助和支持。咨询师可以通过上述方式扩展生涯辅导，有针对性地为 21 世纪的来访者面临的生涯问题提供帮助。

案例研究

金亨（Hyung Kim）是一位 40 岁的亚裔美国男性，他在出席第一次咨询时打扮得干净整洁，穿着休闲商务装。他在 27 岁时遭遇了一场车祸，并截瘫了。他住在加利福尼亚州的一个大城市。在过去的大约 13 年里，他一直是一名家庭主夫，但他也会做些兼职工作，主要是做旅游代理。他还在 10 年前获得了商务管理副学士学位。

金亨说他来求助是希望找到一份工作，可以发挥自己在商务管理方面的技能。他强烈表示，自己不希望余生一直做旅游代理。他还表示自己想接受商务管理领域的继续教育。他做家庭主夫很开心，但现在感觉自己需要找到一份工作来增加工作经验，并且希望在生活和工作中有更多脑力活动。

除了渴望在工作中尝试更多脑力活动，金亨没有表达任何对自己家庭生活的不满。他说妻子和家人都支持他追求事业。金亨看起来对自己获得的副学士学位感到开心，但他感觉这可能"不够"。

在自己感兴趣的事情上，金亨似乎能够积极主动地获取支持和资源，但他不太了解自己可以获得哪些就职机会。他表达了想要增加工作经验和发展技能的愿望。金亨说他喜欢丰富多样的工作任务，不喜欢那些重复性的单一任务。

你会根据哪种理论来与金亨开展工作？你如何概念化他的生涯境况？他的身体残疾可能给生涯发展过程带来哪些影响？在他生活的现阶段，文化背景对他的生涯发展有什么影响？你在为他提供生涯咨询的过程中可能会使用哪些生涯辅导方法？

学生练习

1. 如果你从来没有接受过生涯咨询，试着找一个有过生涯咨询经历的人（你的导师或许能帮助你寻找），问问他是否愿意和你交流生涯咨询经历，其中哪些对他有帮助，哪些对他帮助不大。如果你曾经接受过生涯咨询，试着列出生涯咨询中对你有帮助和没有帮助的事情。通过回顾生涯咨询中对你有帮助和没有帮助的事情，想一想这些对你开展生涯咨询实践有什么启发？

2. 思考"开展测评－告知结果"的方式对生涯咨询有哪些帮助？并将你的想法和这种方式的局限性列出来。

3. 思考本章中所介绍的更广义的生涯咨询有哪些好处？并将它们给来访者提供的帮助和它们的局限性列出来。

4. 开展团体咨询的优势和劣势各有哪些？你认为哪些生涯发展问题适合或不适合通过团体咨询来解决？

5. 如何评估生涯咨询的有效性？

生涯发展项目与服务的设计、实施及评估

显而易见,生涯咨询包括对职业 / 人生规划的关注。而不那么明显的是,提供生涯服务需要遵循商业准则。

遵循这些商业准则能解决战略规划、项目设计、财务和市场营销,以及评估和审查过程等方面的问题。了解提供有效服务的成功项目的开发流程可以巩固我们在研究生课程中所学的基础内容。

——玛莎·罗素(Martha Russell)
理学硕士
国家认证咨询师
罗素生涯服务

如今大多数有意购买新车的美国人都会寻求咨询服务,以评估众多可供选购的车的质量。咨询服务之所以受欢迎,是因为购车者经常认为,购买新车是一项非常重要的决定,不能以制造商未经评估的说法为依据。

如果对于新车的选择重要到人们需要一个能对汽车进行可靠评估的信息源,那么生涯规划服务更应该被严谨负责地评估,因为从这些服务中获得的生涯建议和资讯可能会潜在地提升或降低我们的人生质量。

仔细阅读本章,你将能够构思和计划对自己的评估。此外,你还能够判断其他服务机构出具的评估是否充分,以便向他人推荐高质量的项目和服务。具体来说,你将能够分辨评估是形成性的(有助于改进正在进行的项目),还是总结性的(有助于判断项目的整体价值),还是二者兼而有之。难道这不是一项有用的技能吗?

——盖瑞·R. 瓦尔兹(Garry R. Walz)
哲学博士
国家认证咨询师
户外用品公司咨询首席执行官
密歇根大学名誉教授
(美国咨询协会和国家职业发展学会前任主席)

案例研究

不幸的是，当学校预算紧张时，为了节约资金，学校管理层和董事会仔细审查学校的一些特定领域，以决定能否减少或取消这些领域。学校的生涯指导项目常常榜上有名，在美国某大城市的城市高中就出现了这种情况。校长要求对生涯指导项目进行评估，以决定是否减少专业教职人员（取消一些全职职位将省下一大笔预算）。在本章的学习中，我们将运用本章的概念来解决这个问题。

此前的章节，特别是第 4 章到第 8 章，已经提供了大量关于生涯规划服务内容的信息。本章着重于讲解生涯规划项目的设计以及将它们交付给服务的学生或来访者的流程，还描述了设计、开发、交付和评估的流程，并给出了 6 个示范项目。

学习目标 9.1　了解精心设计生涯指导项目的重要性。

精心设计项目有重要的原因。首先，除私人执业外，咨询师不可能一对一地为他们所服务的学生或来访者提供所有需要的帮助。学校咨询师与学生的比例通常在 1 ∶ 300 到 1 ∶ 1000 之间，学校咨询师提供的各种服务对生涯问题的关注度较低。因此，如果不能为学生群体提供系统化的生涯规划服务，那么只有极少数的学生能从中获益。即使可以做到一对一提供服务，这也会是一种高成本、低效能的服务。生涯指导服务的目标应该是以最低的人均成本为学生和来访者提供最大的利益。显然，考虑到学校和其他场所中咨询师的工作负荷和时间限制，我们的目标应该是为那些需要专门服务的人节省下一对一的时间，同时通过课堂教学、团体指导、团体咨询和基于网络的生涯规划系统和网站等为大多数学生提供服务。

其次，精心设计项目还是为了确保所提供的生涯服务在实施前经过了深思熟虑。按照本章随后介绍的详细流程，这样的思路会大大提高项目的质量。它还为确定项目内容、交付方法、评估提供了基础，并为管理者、家长和项目接受者提供了清晰的项目描述。

在工作中，咨询师可以在有关生涯发展项目和服务的设计与实施方面发挥很多作用，其中包括倡导、协调、参与、设计、管理和评估，接下来让我们分别了解这些作用。

在倡导方面，为了能更好地提供生涯规划服务，咨询师运用其能力和影响力与各种利益相关者合作，这些利益相关者可能包括教师、行政和管理人员、雇主，有时还包括家长。咨询师发挥倡导作用的方式包括在咨询委员会或委员会任职、发表演讲，或以其他各种方式施加影响。

在协调方面，咨询师能与内部员工（如其他咨询师、教师和管理人员）和外部单位（如雇主、咨询委员会成员、机构、社区组织和家长）合作，提供部分服务项目。他们可能与教师合作开发生涯规划课程，与管理人员合作开发工作坊，与社区组织合作指导学生，与家长合作为项目筹措资金，或是与雇主合作为来访者提供实习机会。

在参与方面，咨询师亲自提供全部或部分服务，他们可能通过小组合作、一对一咨询、指导、评估以及支持网络系统和网站的使用来实现这一点。

咨询师可能是学校或其他机构中唯一接受过生涯发展理论和实践培训的人，所以他们很可能成为学生或来访者服务的设计人员、开发人员和管理人员。他们也可能被要求为这些服务的有效性提供证据，并在计划和执行评估方面发挥作用。例如，一名咨询师可能受雇于一所希望为所有学生提供生涯发展服务的初中、高中或大学。或者，咨询师也可能在某家公司从事人力资源工作，为了满足公司的重组、合并、裁员或其他变化所引起的即时需要而开发服务。正在经历这种转变的公司可能会要求咨询师想出一些办法，以更小的员工压力和更好的公司形象完成这些会带来扰动的转变。

如果学校或公司有成百上千的学生或员工需要从生涯规划服务中受益，那么提供一对一的生涯咨询来满足他们的需求是不切实际的。因此非常重要的是设计一个生涯指导项目，能让尽可能多的人从该项目中受益，并且尽可能降低成本。下面介绍了实现这一目标的 10 个步骤，每个步骤都附有详细的说明。

生涯发展项目的设计与实施步骤

学习目标 9.2　阐述设计与实施生涯指导项目的 10 个步骤。

第一步：确定目标人群及其特征

这一步的目的是对项目所服务的人群有一个清晰的了解。如接下来的例子中所表明的，我们有必要对目标人群进行清晰地描述。这种描述可能包含人口学数据，如种族或民族背景、学业或能力测试的平均分和分数段、性别、年龄段等。这意味着，负责评估指导方案的人员需要使用当地学校的数据、当地教育部门的数据、人口普查数据，并可能收集新数据，以编制一份描述家长、雇主、儿童、社会经济水平、特殊需求和社区收入基础的文件。该文件将包含以下样例中的信息，且会更加详细。

小学

莫里斯小学（Morris Elementary School）位于美国中西部某大城市的郊区，从幼儿园到5年级共有750名学生。由于社区中的大多数家长都有专职工作，一些家庭还是双职工家庭，大多数家庭年收入超过15万美元。87%的学生是欧洲裔，其余是亚裔。家长们期待很高，期望学生接受的教育能够帮助他们进入知名大学。家长在家校合作组织中的参与度很高，并愿意为对孩子们有用的服务付费。

高中

中城高中（Midtown High School）有673名学生，平均分配在4个年级中。他们来自小城市或距离城市10英里^①的地区。学生中61%是男生，39%是女生；70%是非西班牙裔欧洲裔，14%是非洲裔，16%是西班牙裔。大多数学生来自中等收入家庭，家长们在当地的旅游业工作，或是做零售商，或是在当地工厂做装配工。此前，没有人关注孩子们如何规划未来职业这一问题。

学院 / 大学

北州大学（Upstate University）有大约14 000名全日制本科生、900名全日制研究生、1700名非全日制本科生和2500名非全日制研究生。它吸引了来自全州各地的学生，其学生中，有12%来自其他州，5%来自其他国家。本科生平均年龄为19.4岁，研究生平均年龄为29.4岁。本科生中有20%的人继续读研究生，其余的人毕业后直接找工作，且大多数都在本州就业。完成本科和研究生学业的毕业生的就业率通常很高，毕业3个月内就业率接近95%。然而，在过去3年内，这一数据下降到大约90%，可能是因为该州的大公司正在减少新聘员工的数量，以尽可能多地留住现有员工。此前，学校没有为学生提供任何帮助他们求职或规划职业生涯的服务。

公司

皇家公司（The Royal Corporation）位于某大城市以南约40英里处，拥有近12 000名员工，年龄从18岁到65岁不等。该公司生产计算机用的声卡和显卡，提供管理、销售、广告和轻工厂组装工作，在这些工作中，手工操作的灵巧性和准确性对其产品的质量至关重要。该公司每年的员工流动率为26%，该公司从来没有为员工如何转换职业、如何成功求职、如何分析自己的技能以另寻职位等问题提供过帮助。

就业服务办公室

该办公室主要为其所在城市的东北地区服务。典型的来访者包括35～65岁的

---

① 英制中的长度单位。1英里 =1.609千米。——编者注

被解雇者，或流离失所的家庭主妇、退伍军人、当地监狱的释放人员以及接受公共救济的人。大多数来访者在阅读、数学、语言等方面的技能十分匮乏，并且缺乏甚至完全没有工作经验。此外，他们的平均教育水平为小学 6 年级，没有能拿得出手的工作技能。

至少有两种方法可用于收集目标人群的详细信息：第一种方法是查看学校、机构或公司已有的记录；第二种方法是编制一份调查问卷，调查所有潜在的学生或来访者，或至少调查其中一部分人以获取随机样本。随机样本是使用计算机程序或在随机数字簿中抽取特定数字（可能是学生或员工的识别号码）的方法从总体中抽取的一部分个体组成的样本。在使用第二种方法前，应咨询掌握调查与抽样技术的人，或者阅读相关图书。

在开始设计生涯规划项目之前，了解目标人群的特征是很重要的。这些信息提供了生涯规划项目中所需材料的主题、阅读水平、方法、工具、可用的时间和复杂程度的参考。

第二步：确定目标人群的需求

显然，如果咨询师不清楚目标人群的需求是什么，他们就无法设计能够满足其需求的生涯规划项目。

如果目标人群是高中生，可以根据他们的年龄和所处的生涯规划阶段推断出他们的特定需求，如决定是上职业技术学校、上大学，还是直接工作。同样可以确定的是，他们在选择要进入的领域时需要帮助。但是，可能还有其他需求无法仅通过年龄或所处生涯规划阶段确定，如他们可能想了解更多关于该地区社区学院的情况，如果不以更正式的方式评估，我们可能就无法知道这一需求。在这个充满变化的时代，所有的学生都需要安全感来远离各种动荡。

如果目标人群正在社区学院或大学就读，根据他们的年龄和所处的生涯规划阶段，可以推测他们需要：了解专业和特定职业之间的关系，选择一种或多种职业，学习如何有效地收集职位空缺信息并得到工作。然而如果没有需求评估，我们就无法知道，是否很大一部分学生不清楚就业市场的变化会对他们的生涯规划产生重大影响，或者不知道大学的前两年可以在当地的社区学院就读。

如果目标人群是公司的员工，那么就很难从理论上推知他们的需求。人们可能会认为，那些即将被解雇的人需要学习如何写简历和参加工作面试，但除非咨询师开展问卷调查或焦点小组调查，否则他们可能不会发现有相当一部分人会因为对工作不满意而自愿离开公司。

至少有 4 种方法可以确定目标人群的需求。第一，可以从以往开展过的问卷调查中获得有用的信息，以确定一些需求。第二，可以通过组织内部网络或几个小型的焦点小组，制作一份简短的问卷并以书面形式向目标人群中的个人发放。焦点小组是一个由 10 ~ 15 人组成的小组，是为特定目的（在当前情况下，是为了帮助确定需求）而建立的，被认为能够代表总体。使用焦点小组不仅可以完成问卷调查，而且可以就小组成员给出的答案进行讨论，从而获得更深入的信息。第三，可以聘请顾问，根据他们对正常发展需求或类似环境中其他人需求的了解提出建议。第四，学校（如高辍学率的）或公司（如员工缺乏动力的）常常存在与糟糕或不充分的生涯规划有关的问题。因此，在这些情况下，让管理人员确定需要解决的问题是明智且有效的。可以为解决这些特定问题设计服务。如果找到解决办法，管理人员很可能会支持提供生涯规划服务。回到本章开头的案例，评估生涯指导项目的委员会需要收集有关学生需求的信息。这些信息可以通过查阅相关研究、学校记录、雇主反馈、高等教育机构反馈以及来自家长、教师、管理人员和学生的意见来收集。以下是不同场景中确定的目标人群需求的示例。

小学

根据舒伯（1980）的理论，小学是发展自我概念、内在控制点、决策技能、时间洞察力和提前规划意识的阶段。

初中

根据舒伯的理论，初中是学生对职业进行广泛探索，并通过熟悉职业集群来了解工作世界的阶段。初中也是启发学生意识到未来必须要做出生涯选择以及当前的学业会影响未来规划的阶段。

高中

几乎没有学生意识到在过去的几年里发生了许多变化，这些变化使他们的生涯规划路径与他们父母的截然不同。大多数学生不知道职业是如何组织的，也不知道他们的工作任务是如何变化的。很少有学生能描述出自己的兴趣和特长，而那些能描述出自己的兴趣和特长的人往往也不清楚这与他们未来可能从事的工作会有什么关系。许多学生不了解不同的工作需要不同的受教育水平，他们不知道通向不同职业生涯的教育途径（即职业技术学校、两年制学院、大学、当学徒、军队服役等）。

学院 / 大学

与高中生一样，很少有大学生意识到过去几年里发生了许多变化，这些变化使得他们的生涯规划路径与父母的不同。此外，他们没有意识到自己可能会在一生中数次改行并且这将成为普遍现象。总体来说，大学生们不了解工作世界是如何组织起来的，也不知道具体的学科专业、组织与将要寻找的工作有何关联。许多大学生说不出他们的个人兴趣、特长或能力、他们希望通过工作实现的个人价值。许多大学生不知道自己喜欢什么类型的工作、如何获取职位空缺信息、如何成功进行面试、如何有效利用社交网络，或如何根据个人喜好来比较一份工作是否比另一份更加理想，他们在这些方面几乎没有得到任何指导。

公司

一些员工仍然认为公司应该为他们的生涯规划或发展负责。许多人不知道如何计划职业转换——跳槽到另一家公司或者自己创业。还有一些人没有意识到他们拥有的可迁移技能，也不知道哪些工作能够用到这些技能。那些多年未曾换过工作的人不知道怎么写电子简历，不知道如何使用面对面的沟通和社交网络来发现空缺职位，也不知道如何从容应对一场线下或线上面试。

第三步：制订可衡量的目标以满足需求

最终目标应是可衡量的、表述明确的，且应说明如何判定目标已实现。制订生涯规划服务的目标至少有两个原因：第一，咨询师需要详细思考他想要达成的目标，以及需要知道目标是否达成；第二，目标是确定服务内容和评估服务的依据。众所周知，管理层不会在精神或财务上支持一个没有充分解释且缺乏有效性证据的项目。因此，为了获得管理层对生涯规划服务的支持，有必要（通过目标）明确定义这些服务，并（通过评估）衡量提供这些服务的结果。

确定目标人群的需求是制订可衡量的目标的基础。许多（即便不是大多数）地方没有资源进行需求分析。在这种情况下，谨慎的做法是将本地项目建立在经过充分研究和漫长开发的州或国家的标准之上。此类标准的例子包括由美国教育部（2003）、职业与成人教育办公室（Office of Vocational and Adult Education）资助，并与多个专业组织合作制订的《国家生涯发展指南》（*National Career Development Guidelines*），以及美国学校咨询师协会（American School Counselor Association）（2014）模式。大多数州和较小的单位都从这两套标准中择一作为制订本地项目目标的基础，如《宾夕法尼亚州职业教育和工作标准》。

可衡量的目标应该都以这样的表述开头："在这个（工作坊、服务项目、学年、课程）结束时，学生（员工、来访者）将能够……"

这一步实施起来比较困难，因为许多管理人员和咨询师无法表述出可衡量的目标，只能说出下面这样的话。

- 我们在学生需要时帮助他们。
- 我们让每个人注册明年的课程，并根据学生的要求更改课程安排。
- 我们与关心学生表现的家长面谈。
- 我们为每个想要预约面谈的学生提供咨询。

然而，许多学校咨询师执行的是"随机指导"。这些指导虽有一定作用，但没有围绕一个明确而可衡量的目标，因此评估委员会无法系统地对其进行评估。在这种情况下，评估委员会成员必须与每一位咨询师交谈，并询问他们在与学生工作时的目标是什么。以下是关于在各种不同场景中制订的可衡量的目标的例子。

小学

到 5 年级结束时，学生们将能够：

1. 描述自己的优势领域。

2. 列出在重要事情上做出正确决策的步骤。

3. 至少说出一个他们想在明年实现的目标，以及至少两个能帮助他们实现这个目标的步骤。

高中

到 11 年级结束时，学生们将能够：

1. 描述美国职场中会影响个人生涯规划的变化。

2. 根据霍兰德（1997）职业集群或工作世界地图（ACT，2000）中的职业领域，说出至少两个感兴趣的领域。

3. 描述高中能够帮助他们为从事这些领域的工作做好准备的课程。

4. 描述他们在高中毕业后可能选择的与这些领域相关的教育或培训路径。

到 12 年级结束时，学生们将能够：

1. 说出一个或多个暂定职业选择。

2. 列出他们在高中毕业后可以获得的从事这些职业所需培训的具体学校或方式。

3. 完成一份行动计划，列出从做出选择到从事职业所需的教育步骤。

4. 展示求职技能，如完成求职申请和有效地参加模拟面试（适用于那些不打算继续深造的人）。

学院 / 大学

到大一结束时，学生们将能够：

1. 根据霍兰德（1997）职业集群或工作世界地图（ACT，2000）中的工作集群，说出至少两个最感兴趣的领域。

2.通过网络调查、基于网络的生涯规划系统或信息访谈，详细描述这两个领域中至少各 3 种职业。

3.暂定一个或一类职业作为目标。

4.选择一个与该（类）职业相关的专业。

到大三结束时，学生们将能够：

1.列出地理区位内至少 3 家提供心仪职位的公司。

2.描述每家公司的产品、员工人数、近期的裁员情况或重组史，以及员工进一步发展或培训的空间。

3.至少以两种格式（如时序型、功能型或混合型）撰写高质量简历。

4.通过参加模拟面试，在模拟面试中展示工作技能。

5.说出 5 个选择工作或比较工作优劣的个人标准。

公司

在一系列研讨会结束时，员工们将能够：

1.说出美国职场上最近的变化是如何影响他们的职业生涯的。

2.描述自愿转行或公司需要他们做出调整时可能需要的生涯规划服务。

3.列出转行需要的十大可迁移技能。

4.写一份高质量的简历，包含他们的教育背景、工作技能和工作经历。

5.说出能扩展或更新他们工作技能的培训种类和时长。

为低收入成年人提供服务的机构

完成 3 门课程后，学员们将能够：

1.明晰在家庭管理中学到的技能，并说明如何在简历中描述它们。

2.找出可以运用这些技能的工作。

3.利用这些技能写一份有吸引力的简历。

如前所述，这些目标可成为确定生涯规划服务内容以及评价这些服务的基础。

第四步：确定提供生涯规划服务的方式

这一步的目标是以最经济有效的方式为尽可能多的人提供尽可能丰富的服务。通过一对一咨询提供服务是最昂贵和最耗时的方式。因此，最好通过其他有效且更省时的方式尽可能多地开展服务。除了一对一咨询之外，还有以下几种方法（当然，这些方法可以与一对一咨询结合使用）：

- 在现有课程中，以面对面教学或网络教学的方式提供关于生涯规划主题（初中、高中，可能还有学院 / 大学）的特别课程或教学单元。
- 提供 8 ～ 15 人（大学和公司）的研讨会。
- 创建一个虚拟职业中心，组建包含生涯规划内容的高质量网站。
- 使用第 7 章中列出的综合生涯规划系统。
- 提供包括评估清单和配套工作手册的自助材料。

生涯规划服务所选择的方式与服务对象的需求、实现目标的可用时间、工作人员、预算和资源（如评估问卷或自助书籍）有关，与服务对象在学校或工作场所花费在生涯规划上的时间、可用的技术资源（综合生涯规划系统或网站）也有关。

根据对咨询师的访谈和他们的工作日志，评估委员会发现，咨询师将 90% 的时间用于个人面谈，面谈一般围绕学校表现、成绩、毕业要求、下一年的计划、计划变化和大学选择等展开；剩下 10% 的时间用于小组讨论，如讨论如何准备高考、如何选择大学，以及如何参与职业生涯日。他们计算出，咨询师负责的学生中，只有约 35% 的人在一年里以个人或以小组方式见过咨询师，而且除了职业生涯日之外，学生在职业探索或有意识的职业准备方面没有得到任何帮助。每次个人面谈的费用约为 60 美元，这是由咨询师的平均工资除以一学年中个人面谈的平均次数得到的。作为对照，请看下面的组织是如何提供服务的。

小学

在许多小学，生涯规划课程被纳入常规学科课程。在有咨询师的小学里，生涯规划课程将由咨询师通过专门的咨询时间或课堂教学时间来教授。

初中和高中

大部分内容可以在课堂上提供，培训教师将一些主题纳入他们的课程，或者通过一个设计周密、人员配备齐全的职业中心来提供相应服务。生涯规划课程也可以在指定的课程期或指导期提供给学生。这门课程可以由学校自主开发，也可以使用课程包，如《指导你的未来》（Harris-Bowlsbey，2015）。咨询师可以为需要个性化帮助的学生进行一对一咨询。

学院 / 大学

可以由职业咨询师或经过认证的职业发展促进者通过一系列工作坊提供，作为设置完善的实体职业中心服务的一部分；也可以通过虚拟职业中心（即网站）提供；或与有需要的学生进行一对一咨询。另一种可行的方法是提供持续一学期的计学分的

生涯规划课程，该课程可以自主开发，也可以使用现有的课程，如《把握你的未来》
（Harris-Bowlsbey，2010）。

公司

职业咨询师或经认证的职业发展促进者可以通过一系列工作坊教授相关内容，受
过培训的管理人员也可以通过工作坊和个人面谈，或通过公司内部网络或者网站提供
相关服务。许多公司都有生涯管理中心，其中提供丰富的纸质资料、网站，并有经认
证的专业咨询师提供一对一咨询服务。

社区机构

社区机构可以通过一系列工作坊或个人面谈提供生涯规划服务，也可以提供网站
来进行测评、求职、搜索职业信息，还可以提供一对一咨询服务。

第五步：确定项目内容

项目内容是由项目目标决定的，因此有必要审视项目目标，并设想不同的解决方
法。生涯规划项目提供给学生的内容并不是事先计划好的。咨询师应对预约者和管理
需求做出回应，如安排课程、调整日程变化、解决行为问题，以及帮助学生选择和申
请大学等。在这个过程中，分配给某个咨询师的学生中约有 35% 得到了关注。以下
是一些向更多学生提供其所需帮助的例子。

小学

目标：学生至少说出一个他们想在明年实现的目标，以及至少两个能帮助他们实
现该目标的步骤。

实现目标的方法：在学生简短地学习了什么是目标，以及知道目标可以分为长期
目标和短期目标之后，要求学生思考他们在生活的任何领域中想要完成的事情，然后
要求他们写下一个目标，表达他们想完成的事，再将其实现过程划分为几个步骤，并
为每个步骤都附上日期；咨询师会评阅他们所写的活动，并在必要时提出改进建议。

高中

目标：学生描述美国职场中会影响个人生涯规划的变化。

实现目标的方法：邀请公司或政府机构的代表在会议上介绍这些变化；学生阅
读相关图书、访问相关网站，或阅读此主题的文章，在了解基本信息之后，进行小组
讨论。

学院 / 大学

目标：学生根据霍兰德职业集群或工作世界地图中的职业领域，至少说出两个最感兴趣的领域。

实现目标的方法：向学生提供一个或一系列测量霍兰德职业兴趣类型的量表，在学生完成量表测试后向学生提供分数报告，并向学生解释结果。

公司

目标：员工描述自愿转行或公司需要他们做出调整时可能需要的生涯规划服务。

实现目标的方法：提供描述生涯规划过程的工作坊；为所有员工准备一本小册子；在此过程中培训管理人员，并要求他们在与员工的会面中提供这些信息和指导；在公司内部网或网站上发布这些信息。

第六步：确定项目成本

在成本未知的情况下，鲜有项目能获得批准。要准确地计算成本，就必须明确目标，详细说明实现每一个目标的方法，并明确为实现目标而设计的内容。这样基本就可以计算出下列项目成本了。

- 员工设计、开发和评估产品与服务的时间。
- 员工交付项目或培训其他人来交付项目所需要的时间。
- 基于网络的生涯规划系统（如有）。
- 所需设备及材料，如计算机、参考书或评估工具副本。
- 印刷费用（如有）。
- 技术成本（如要开发一个虚拟职业中心）。
- 设施使用费用（如有）。
- 参与者的茶歇费用（如有）。

管理人员会想知道总成本中有多少是需要额外支出的，有多少是可以使用现有员工、设备和材料的。在这一步中，还需要预测交付服务项目后的预期收益，例如，如果面向大学生提供服务，期望这种服务能减少在校生的流失，那么将为一名在校生提供服务的成本与招收、指导一名新学生的成本相比较可能是有效的方法。如果面向公司提供服务，目的是提高员工的满意度，进而提高员工的生产效率，那么将为一名员工提供服务的成本与该员工提高生产效率的价值相比较，可以证明预算是否合理。在本章开头的案例研究中，已知的项目成本包括人员成本、他们的收益和提供服务所用的资源，一名学生上一节课的费用也是已知的。这些成本要与生涯指导项目的已知收益进行比较。

由于管理人员通常很忙，因此新项目的预算应该以简洁的方式呈现，概括服务内容、预期收益，以及交付服务的总成本或每个来访者的成本。

第七步：开始推广并解释项目

在任何环境中，总会有一些人愿意支持生涯规划项目，而另一些人会否定它。为新项目的引进建立一个理解和支持的环境很重要。有以下几种方法可以达成这一点。

- 在设计早期，邀请或聘请权威人士来帮助设计项目，或至少提供对初期项目的反馈。选择有声望和有影响力的人很重要，当其他人看到这些权威人士参与设计项目时，就更可能支持这个项目。
- 一旦形成初步想法，就要向管理人员解释这些想法，通过私人会议或分发文件等方式征求他们的意见。
- 从小型的试点开始。试着让一些受人尊敬的学生或员工参与试点测验。试点测验不仅有助于推广、完善想法和流程，而且还能通过口碑宣传项目。基于对这点的考虑，可以让参与者在学校或公司简报上发表一些短文，介绍该项目及其好处。
- 如果学校、公司正面临的问题可以通过生涯规划项目的某一部分来缓解，那么就从这部分开始。理想的情况是，生涯规划项目有助于解决这些问题，因此项目在被推广时会得到积极的对待。

回到本章开头的案例研究，咨询师很可能并没有向行政部门、教师和家长很好地推广生涯规划服务。如果推广得好，也许行政部门会选择另一个项目来削减学校的总预算。如果生涯规划项目真的在裁减后幸存下来，咨询师就需要更好地明确目标、评估成果，并经常与行政部门、教师和家长交流他们的成果。

第八步：开始推广并全面交付项目

需要注意的是，在交付设计并规划好的项目之前，已经执行了7个颇为耗时的步骤。虽然这看起来很乏味，但在漫长的规划中花费的时间和精力将带来高质量的最终产品。

无论一个产品有多好，如果人们不使用它，就无法实现它的目标。在设计内容的同时，计划如何推广项目非常重要。因此，推广计划应该在实施服务之前就制订好。正如求职面试中的第一印象极其重要一样，第一次提供服务时留下的印象也至关重要。在项目开始前，确保一切准备就绪，以最高的质量提供第一次服务，从而确保项目从一开始就被认为是高质量并有用的。

在本章开头的案例研究中，如果生涯规划项目能被保留下来，咨询师需要制订可衡量的目标，找到服务目标人群的方法，出色地完成工作，并评估目标人群能够达成既定目标的程度。

第九步：评估项目

学习目标 9.3 描述如何评估生涯规划项目的有效性以及怎样使用评估结果。

评估是一个耗时又费力的过程，让我们看看评估之所以重要的 4 个原因。

第一，评估能够确定项目是否能够帮助目标人群实现既定的目标，满足目标人群的需求。如果项目不能帮助目标人群实现这些目标，它就满足不了目标人群的需求。

第二，对项目进行评估是为了改进项目。无论设计和开发阶段多么成功，实施一个新项目后总会有额外的需求和改进的好主意。项目开发和交付是一个循环的过程，在随后的每次交付中，都应该在项目中加入新的想法。

第三，评估能够为上级领导和其他利益相关者提供项目成果的持续性信息，从而满足问责制的要求。管理层通常想知道有多少人在使用这个项目，以及项目是否有效地满足了既定需求。

第四，有时进行评估是为了确定项目结果是否值得投入资金和其他资源。此类评估的重点是决定保留、扩大还是终止项目。

评估通常分为形成性评估、总结性评估或两者兼而有之。根据教育评估标准联合委员会（2011）下的定义，形成性评估的目的是改进正在进行的项目，而总结性评估的目的是总结项目价值，以决定是否保留该项目。在本章开头的案例研究中，由于没有对项目进行持续的形成性评估，评估委员会只能进行总结性评估。刚刚提到的评估之所以重要的原因中的前 3 个属于形成性的，而第 4 个原因属于总结性的。当然，评估可以基于这 4 个原因进行设计。

规划评估

在规划评估时，有必要遵循几个标准步骤，为执行评估提供框架。

第一步是确定评估是形成性的、总结性的，还是兼而有之。这个问题的答案将决定需要收集的数据类型。例如，在形成性评估中，会有关于如何改进项目内容以及参与者如何评价项目内容的问题。而总结性评估很可能会对成果和成本进行衡量，进而得出成果是否与成本相匹配的结论。这一步可能还用于决定谁将接收数据。

第二步是确定要评估的具体知识、技能、态度或行为。这可能包括一般性的结构，如职业成熟度、自我概念的变化、技能（如面试技能、决策技能）、知识（如怎样研究职业）、长期行为（如始终按时上班或长时间保持工作），这些都可能被测量。测量的内容应该与项目的目标直接相关。

第三步是确定评估数据的来源。在形成性评估中，很可能会从来访者、项目参与者或训练有素的观察员那里收集数据。在总结性评估中，可以从记录、预算和追踪研究中收集数据。例如，如果一个惩教系统正在对一项针对罪犯提供职业培训和咨询服务的新项目进行总结性评估，罪犯自己可能永远不会对该项目进行评估，数据收集将侧重于计算为每名罪犯提供服务的成本，并将成本与就业安置率的变化以及项目对罪犯再次犯罪的影响进行比较。

第四步是确定如何收集数据。有许多正式和非正式的方法可供选择。正式方法包括使用标准化量表、结构化观察和追踪研究。非正式方法包括小组反馈、问卷调查和访谈。这一步包括检查和选择测评量表（如需使用）、编制问卷或观察员清单，或设计追踪研究。这一步还应包括决定谁将管理这些数据收集工具，以及如何收集、统计或录入数据，并为分析做好准备。

与这一步相关的问题是何时收集数据。对于形成性评估，发放问卷或进行离场访谈可能足以提供项目改进所需的反馈。更高层次的评估可能需要通过量表、观察或行为改变来评估是否获得了特定的知识或技能。此类评估一般在项目或辅导交付后立即进行。如果评估的重点是确定技能、态度或知识是如何因项目而改变的，则可以在辅导前后分别收集数据。

第五步是确定如何分析数据。这一步包括确定是简单地统计数据（如提供被试的人数及其答卷的细节），还是对数据进行特定的统计检验。进行统计检验大多是为了比较实验组和对照组的结果之间的差异，或辅导前后的结果差异，并确定差异的显著程度。

利益相关者

根据评估目的，除了接受服务的人员外，还可以从其他来源获取数据。例如，评估为小学生提供的服务时，咨询师可以询问家长、学校管理人员的意见。在初中层次，可以从家长、教师和学校管理人员那里寻求评估数据。在高中层次，还可以通过接收高中毕业生的大学和雇主来补充评估。在大学层次，可能会从学校管理人员和雇主那里寻求评估意见。对于社区机构，雇主和资助项目的组织可以对项目进行评估。

因此，在设计评估之前，有必要考虑谁是利益相关者，即谁正在接受服务、谁关心服务、谁从中受益、谁需要被告知，以及谁将继续为项目提供支持。理想情况下，所有这些利益相关者的代表都应该加入起草评估方案的委员会。

收集的数据类型

"评估"一词意味着收集数据。这些数据可以是定量的，也可以是定性的。定量数据提供数字，而这些数字将回答如下管理者关心的问题。

- 有多少小学生通过咨询师教授的内容获得了职业意识方面的帮助？
- 有多少6年级学生参加了职业展？
- 在参加职业展的7年级学生中，有多少人初步选择了职业集群？
- 有多少8年级学生带他们的父母一起来面谈，以制订一个与所选职业集群相关的4年计划？
- 有多少10年级学生参加了生涯规划专题系列讲座？
- 在毕业后全职工作的学生中，有多少人从事了他们职业组合中列出的职业或与之高度相关的职业？
- 有多少大学新生选择了他们当初做生涯规划时选择的专业？他们当中有多少人在大二时还在学习这个专业？
- 高中每个年级有多少学生与咨询师进行过生涯规划面谈？
- 参加求职工作坊的学生在毕业后60天内找到心仪工作的比例是多少？
- 学生的咨询师进行咨询时每小时的费用是多少？
- 在这一年中，一站式生涯服务中心为多少来访者提供了服务？
- 按表现出的问题划分，来访者可分为哪几类？
- 在求职者中，接受服务后60天内找到工作的比例是多少？

定性数据提供了有关服务所实现的价值，以及预定目标实现程度的信息。衡量质量的指标可能因不同的利益相关者而异。让我们想象一下，一个成熟的生涯规划项目被批准并被资助服务于一所大型城市高中。不同的利益相关者可能对辅导的不同结果感兴趣，他们期望的不同结果可能如下。

- 学生——自己能够选择专业（继续接受高等教育的学生）和职业。
- 咨询师——学生的职业成熟度和决策技能提高。
- 校长——学生能意识到学业和工作之间的关系，从而降低了辍学率。
- 家长——学生被引导到对他们来说"好"的职业和高等教育上，以避免在后续的教育中浪费钱。
- 雇主——学生能掌握有助于他们胜任工作的软技能。
- 教师——这个项目值得牺牲一些原本用于教授其他内容的时间。

以上内容说明了为什么所有利益相关者的代表最好都参与评估方案的设计。

评估的参照点

"评估"一词意味着将结果与期望的标准进行比较。因此，只有为期望的结果设定标准，才能进行评估。因为生涯规划服务有不同的类型，每一种都有不同的预期结果和利益相关者，因此用于评估的标准可能各不相同。

提供生涯规划服务的一种主要模式是一对一、面对面的咨询。在这种模式下，来访者通常需要在咨询师的协助下设立咨询目标。此类目标的示例如下。

- 识别并排除阻碍来访者制订和实现目标的非理性信念。
- 发展出更清晰、更积极的自我概念。
- 明晰从过去的工作经验中习得的技能，明确如何将其迁移到至少 3 个不同以往的职业中去。
- 学习如何在求职面试中推销自己。

第一种评估标准，就一对一咨询而言，对咨询师和来访者的评估标准是，咨询关系是否或在多大限度上促成了来访者目标的实现。这样的成果也许只能由两个人来衡量——来访者和咨询师。对这种服务模式的成果进行定性评估，可以简单地分为以下 3 个步骤。

- 在咨询关系早期，来访者和咨询师制订具体的目标，并以书面形式记录下来。
- 在咨询关系结束时，来访者和咨询师分别对每个目标的完成程度进行评分，评分标准为 1 到 5 分。
- 来访者和咨询师分享和讨论评分结果。

在这种情况下，项目管理者可能想知道咨询师一年内服务的个体来访者的数量、每个来访者的平均面谈次数以及咨询服务每小时的费用。为回答这些问题，可以要求咨询师保存纸质版或电子版的记录表，或建立一个系统，由文员为咨询或生涯规划中心的每个人记录这些数据。

在团体咨询、团体指导或生涯规划课程中，目标通常是主持人或指导者为参与者设定的。如前文所述，这些目标应以可衡量的形式表述，以"在一系列……结束后，参与者将能够……"这样的语句开头，这是项目评估的第二种标准。此类目标的达成情况通常可以通过咨询师或项目管理者编写的问卷来测量，问卷可以提供定量和定性数据。以下陈述就包含定量和定性数据。

在项目结束后，

- 87% 参与项目的小学生能够将工作任务与工作世界地图的 4 个维度——人、数据、事物、观念匹配起来。
- 92% 的中学生能够将 30 种职业归类到正确的霍兰德类型中。
- 96% 的高中生能够列出自己感兴趣的 2 ~ 3 个职业领域的名称，以及这些职业领域中具体职业的名称。

项目管理者可能会重视其他数据，包括以下数据。

- 该项目服务的学生或员工的数量（定量数据）。
- 提供服务的人均成本（定量数据）。
- 由测量问卷得到的参与者对项目的满意度，要求参与者对项目的质量或价值进行评分（定性数据）。
- 家长对项目的反馈（定性数据）。

家长评估可以通过给每个家庭发送问卷来进行，该问卷可能包括如下问题。

- 你的孩子在家里谈论过生涯探索计划吗？如果有的话，他说了些什么？
- 这个项目在家里是否引起了有关你和孩子生涯规划的对话？如果有的话，你们谈论的主题是什么？
- 你认为这个项目在多大程度上帮助了你的孩子确定他想做或不想做的工作？

评估个人生涯规划进展的第三种标准是已经广泛采用的国家或地方指南。由美国教育部制订的《美国生涯发展指南》（2003）以 3 个领域、11 个目标和多个指标阐述了其期望的能力和行为。美国的许多学区都采用了这些标准。以下是高中版指南中的一些指标，并附有评估方法示例。

指标	评估方法示例
确定你的兴趣、喜欢和不喜欢的事物	在适当的辅导后，让学生列出 3 个他们最感兴趣的职业领域或集群
了解你的能力、优势、技能和天赋	在技能轰炸活动中，让小组的所有成员说说每个人的主要优势是什么，让同学们谈谈从活动中学到了什么，以及他们对自己的看法发生了怎样的改变
确定你积极的个人特质（如诚实、可靠、负责、正直和忠诚）	请学生们写一篇短文，介绍他们认为自己具有的积极的个人特质，他们是如何获得这些特质的，以及他们认为自己是如何展现这些特质的
确定你的工作价值观 / 需求	运用最近的工作价值观调查结果，让学生在小组中与他人分享自认为最重要的工作价值观，并指出他们认为自己如何在工作中践行这些工作价值观
描述你的自我概念的各个方面	让学生们带 3 张体现他们自我概念的图片到课堂上，在小组中相互展示图片，并据此描述对自己的评价

发展任务（舒伯，1957）	可能的评估方法
结晶化：将职业清单精简至几个最有可能实现自我概念的职业	协助学生列出心仪的职业清单后，让他们圈出最向往的 3 ~ 5 个职业，并写下或说说他们做出取舍的原因
具体化：从精简后的职业清单中选择一个职业	让学生们说出他们打算从事的职业，他们在高中和之后需要完成的培训，这个职业的典型职责是什么，就业前景怎样，起薪范围如何，有哪些密切相关的职业（使用相同或类似的工作技能），他们将如何更多地了解该职业并在进一步投入之前进行实际体验
实施：修读从事该职业所需完成的课程	让学生制订一个 4 年计划，列出他们高中可选的能为未来从事该职业做最佳准备的课程。也请他们描述高中之后所需的培训、培训地点，以及他们打算如何利用这些培训

当地学区或州教育系统通常根据这套指南或最近的美国学校咨询师协会（2014）模式为模板，制订自己的生涯辅导指南。当学校采纳或制订指南时，这些指南应成为课程内容和评估的基础。

第四种评估标准是理论。如舒伯（1957）提出的5项发展任务中的前3项，这些可以作为中学阶段项目开发和评估的依据。

评估方法

如本章开头所述，评估的主要目的是确定项目是否达到了既定的目标，改进服务，向项目管理者和其他利益相关者提供数据，并根据成本效益决定是否继续提供服务。只有通过收集和组织数据才能进行评估。所收集的数据必须与回答的评估问题直接相关，只有在确定了明确的项目目标后，才可能提出评估问题。因此，评估的流程如下。

- 确定项目的具体的、可衡量的目标（预期的结果）。
- 确定能够说明目标达成的指标或行为。
- 确定观察或衡量这些指标或行为的最佳方法。
- 使用以上方法收集数据。
- 以能回答不同的利益相关者提出的具体评估问题的方式组织数据。
- 向利益相关者提供数据。
- 将相关数据用于各种评估目的：确定项目是否达到目标、改进未来的服务、服务于公共关系、做出是否保留项目的决定等。

有几种收集评估所需数据的常用方法。第一种是通过精心设计的问卷或访谈，以书面或面对面的形式提出相同的标准化问题。本章提供了此类问卷题目的示例，以下是编写题目的一般原则（题目可以是疑问句也可以是陈述句，比如"列出3个有关职位空缺的最佳信息来源"）。

- 确保这些题目与要评估的指标、行为或结果直接相关。
- 避免使用以"是"或"否"回答的题目。
- 确保题目意思清晰，没有歧义。
- 确保这些题目能被调查对象读懂。
- 确保题目涵盖了评估需要的所有指标或主题。

- 根据不同利益相关者的需要修改题目。

- 在不影响获取核心数据的前提下使问卷或访谈尽可能简洁。

　　大多数情况下，问卷会在服务完成时立即或在之后的较短时间内（1 周至 1 个月）发放给所有接受服务的人。有时为了记录变化，在提供服务（辅导）前后会发放同样的问卷，这种类型的评估可以比较提供服务前后的数据，得出类似这样的评估性陈述："在向大二学生讲授生涯规划单元之前，85% 的学生表示不知道未来选择什么职业。在讲完该单元后，只有 24% 的学生表示不知道。"

　　第二种收集数据的方法是使用由测验出版商开发的正式的测评量表，其中一些已在第 5 章中介绍过。这些测评量表测量的是一般性概念（职业成熟度、决策技能、职业决策、生涯关注和职业信念），而不是具体目标的实现。如果提供特定服务的目的是提升或改善这些一般性概念，那么使用这类测评量表可能会有所帮助。美国生涯发展协会发布并定期更新的《职业评估的咨询师指南》第 7 版（Wood & Hays，2019）中详细列出并描述了这些测评量表。

　　和调查问卷一样，这些测评量表可以在提供生涯规划服务之前和之后，或仅在之后，向同一个群体或个体发放。通常情况下，前后对照用于非科学性研究，即没有对照组（在评估的同一时段没有接受服务的人）与实验组进行比较。在研究中通常需要随机分组，但在评估性调研中通常不使用这种方式，因为在日常环境中很难开展严谨的科学性研究。

　　第三种常见的数据收集方法是追踪调研。项目结束后通过电话、电子邮件、信件或见面等方式来联系那些接受过辅导的人，可以确定预定的辅导目标是否已经达成或正在达成。举个例子，假设为不打算接受高等教育的高中高年级学生提供了广泛的求职技能指导教学，主要目标描述如下："完成对本课程的学习，至少 85% 的学生将在高中毕业后一个月内找到工作。"在这种情况下，为了了解毕业生的就业状态，咨询师可以通过向毕业生发送问卷、电子邮件或打电话进行追踪调研。因此，很容易就能确定该目标是否达成。

使用评估结果

　　进行评估的原因决定了评估结果如何被使用。假设向中学生提供生涯规划服务时，收集了定量和定性的评估数据。结果简单陈述如下：

　　来自项目管理者（基于其针对项目内容的反馈）：该项目看起来非常好，它的内容满足了所有学生的需要；但要注意不要占用太多课堂时间，尤其是讲授核心科目的时间。

来自家长（基于附在学生成绩单上的一份简短问卷）：

- 99% 的家长表示，他们的孩子需要这样的指导。
- 76% 的家长表示，他们的孩子在家谈论过这个项目。
- 32% 的家长表示，他们的孩子在学习后形成了初步的职业目标。
- 45% 的家长表示，他们的孩子会利用学到的知识来制订 4 年的计划。
- 90% 的家长认为学校应该继续推进这个项目。

来自学生（基于项目结束问卷）：

- 88% 的学生能将 30 个带有简短描述的职业的名称正确地归类到霍兰德职业集群中。
- 95% 的学生选择了 6 个霍兰德职业集群中的一个作为首选的职业集群。
- 95% 的学生起草了一份模拟的 4 年计划，以选择与他们的首选职业集群相关的高中课程。

当被问及他们在课堂上学到了什么时：

- 81% 的学生表示他们了解了职业的组织形式。
- 92% 的学生表示他们对自己的兴趣有了更多的了解。
- 73% 的学生表示他们了解了学校科目和工作之间的关系。

当被问及他们最喜欢（列出 5 个最喜欢的）的项目内容时：

- 97% 的学生选择了实地考察。
- 94% 的学生选择了访问解释 6 类职业并给出职业名称和描述的网站。
- 85% 的学生选择了特邀嘉宾演讲。
- 76% 的学生选择了观看关于 6 类职业的视频。
- 74% 的学生选择了使用提供职业集群名称和描述的网络系统。

当被问及他们最不喜欢的项目内容时：

- 94% 的学生选择了关于最喜欢的职业集群的小论文写作。
- 90% 的学生选择了与在最喜欢的职业集群中工作的人进行访谈。
- 85% 的学生选择了围绕所选职业集群制订 4 年高中计划。
- 61% 的人选择必须记住 6 个职业集群的每一个的定义。
- 25% 的学生选择生涯规划项目挤占了 3 天的英语课。

来自为生涯规划项目让出教室和课堂时间的老师（基于对每个人的简短访谈）：

- 咨询师应在 9 月 15 日之前做好教学安排，以便更早调整英语课与作业。
- 在提供生涯规划服务时，学生似乎比平时拥有更多的自由，教室显得比平时更乱。
- 学生们去实地考察时乘坐的校车很晚才返回学校，导致老师要在下一节课前给每个学生发一张迟到许可证。
- 在随意的交谈中，学生们对这个项目表现出了极大的热情。
- 学生们需要了解这些内容，但如果能少占用一些英语课的时间就更好了。

咨询师将如何利用这种评估反馈来改进下一次教学？结论可以从这些数据中得出：

- 呈现内容的方式（实地考察、演讲、视频、网站）受到学生欢迎。
- 虽然学生不喜欢某些作业，但鉴于其价值，应该予以保留。
- 根据项目管理者、教师和学生的反馈，应在不影响项目成果的情况下缩短项目的时间。
- 在学期初，甚至上个学期末，就应注意与英语老师沟通，以便他们把教学计划调整得既有利于提供生涯规划服务，又能弥补英语课被挤占所造成的损失。
- 实地考察的时间必须严格把控，避免学生们太晚回校。

咨询师如何使用这些结果来确定项目目标是否实现？尽管这里没有提到，但让我们想象一下：咨询师为这个项目制订了几个明确的、可衡量的目标，前文清单中开头列出的数据表明，实际情况已经超过了预期的目标。这些数据将证实项目目标已经达成。

咨询师如何利用这些结果来提升和解释这个项目，并确保它继续实施下去？以下是一些建议。

- 可以给项目管理者提供一份结果的执行纪要，以及一份备忘录，感谢他一直以来对该项目的支持，并表明现在时长 6 小时的项目将在明年缩短至 4 小时，从而避免过分占用英语课的时间。报告不但可以使用基本数据，还可以引述家长、教师或学生的好评。封面备忘录上也可以附上下一学期或学年的计划概要。
- 可以在学校发给家长的新闻通信中简要介绍项目结果，并附上一些学生的评价。更多细节可在 PTA 会议上展示。
- 可以写一篇有关该项目的文章并投稿至当地报社，同时附信说明该项目再次开展的时间并邀请记者届时前来报道主要活动（例如针对 6 类职业集群中不同工作任务的实地考察）。
- 可以向为项目让出课堂时间的英语老师和学科主任发送该项目成功的报告，同时附上一封感谢信，信中要说明已尽力缩减项目时间以减少对英语课的挤占，并且今后会更加注意教室的状况和实地考察后的返回时间。

项目管理者如何根据数据来确定是保留还是终止项目？一项对咨询师用时和学生数量的分析显示，平均每个学生接受服务的成本为 2.45 美元。尽管一些老师因课堂时间被占用而反对该项目，但基于家长和学生的强烈建议，校长还是决定保留该项目。

评估的障碍

找到时间或动机来评估生涯咨询和生涯规划服务并不容易。在大多数咨询师的工作中，他们的时间和优先事项之间有许多冲突。危机状况——如处理暴力、毒品、过度缺勤和各种行为问题——需要优先考虑。在高中，计划和调整课程安排往往排在第二位，抽出时间提供生涯规划服务最多只能排在第三位，设计或评估这些服务基本被排在优先级列表的最后。帕特里克和奈尔斯（1988）指出了以下 3 个障碍。

- 由于评估是为了揭示服务对象所感知到的服务质量，因此可能的负面评价是会危及项目的。如果评估结果是负面的，那么资金、人员和项目批准可能都会受到威胁。
- 如果项目或学生工作处的工作没有按照本章描述的方式设计，其提供的服务可能会缺乏系统性——即没有明确的目标——因此人们很难或无法对其进行评估。

- 许多咨询师认为他们所做的工作是无法被客观评估的，因为它无法被量化或定义。因此，他们拒绝任何方式的评估。

除了这些障碍之外，咨询师也可能没有资金来购买帮助评估或开展追踪研究的测评量表。此外，他们可能没有时间或专业知识来设计调查问卷、观察清单或进行离场面谈。如果有实验组-对照组的设计，就可以获得更好的数据，但工作环境的现实条件可能不允许这样的设计。

第十步：根据需要改进项目

在这一步骤中，开发人员使用前一次项目的评估结果、项目管理者的反馈和新的创造性想法来改进项目，以为下一次项目的开展做准备。改进是这个过程中很正常的一部分，因为在对目标人群进行测试之前，永远不可能预测目标人群对于辅导的反应。改进可能包括对内容、活动分配时间、设施、人员和评估方法的修改。随着项目交付次数的增加，需要做出的改进将会减少。

项目样例

学习目标 9.4　能以提供的样例为模板，设计和实施自己的生涯指导项目。

本书涵盖了有关生涯发展理论和实践的丰富信息，以使咨询师能够通过课堂、小组和一对一的方法，在各种场景中创建面向不同类型来访者的服务项目，所有这些都能通过基于网络的生涯规划系统和网站来增强。这一节将提供来自 6 种场景的项目设计流程样例，提供这些样例仅仅是为了进一步阐明开发设计项目的流程。

样例 1：小学

你刚刚被一所小学聘为咨询师，而这所小学以前没有咨询师。校长要求你为 3 年级的学生设计一些生涯发展活动。你决定参考美国学校咨询师协会（2004）推出的生涯发展标准。你在该组织的网站上查到以下信息。

标准 A：学生将获得与自我认知相关的工作世界的调查技能，以做出明智的职业决策。

C:A1 发展职业意识

C:A1.1 发展定位、评估和解释职业信息的技能

C:A1.2 了解各种传统和非传统职业

C:A1.3 发展对个人能力、技能、兴趣和动机的认知

C:A1.4 学会在团队中互动和协作

C:A1.5 学会做决定

C:A1.6 学会设定目标

C:A1.7 了解计划的重要性

你决定围绕标准 A 下的前 7 个目标来设计你的项目。

执行概要

美国学校咨询师协会（ASCA）汇集了许多指导和咨询领域的顾问，他们帮助 ASCA 为 K-12 年级的学生制订了一系列生活和生涯发展目标。这些目标分为 3 类：学术发展、个人或社会性发展，以及生涯发展。此外，ASCA 建议，在小学阶段，最好由咨询师和教师开发并提供课程来实现这些目标。

本文件提供了 ASCA 模式为小学生生涯发展提出的 7 个总体目标，并解释了如何为实现这 7 个目标而开发和提供课程。

需求

学生的发展需求在 ASCA 国家模式中得到了很好的阐述，因此标准 A 中的前 7 个目标将作为开发课程内容的基础，咨询师和 3 年级教师可以使用这些内容来帮助学生实现目标。这门课程的主要目的是唤起意识，而不是促使这个年龄段的人做出职业决策。这种意识将成为中学期间指导学生探索的基础，并最终为学生选择课业和确立职业目标奠定基础。

具体目标

到 3 年级结束时，学生将能够：

1. 说出霍兰德 6 个职业集群的名称，并描述每个职业集群中的工作类型。

2. 说出各职业集群中所包含的至少 3 个职业名称，并简要描述这些职业的具体工作内容。

3. 说出最感兴趣的两个职业集群，并说明原因。

4. 使用提供的图表，描述做出第一个职业选择的步骤。

拟订的计划

为了实现上述目标，咨询师将与 3 位 3 年级教师一起制订课程计划，包括课堂活动、课后作业以及实地考察。为实现上述目标而进行的课堂活动包括：

- 在教室为霍兰德 6 个职业集群创建 6 个公告栏区域（社会服务、行政与销售、商业运营、技术、科学和技术、艺术），并附上每个职业集群工作者的照片。
- 列出学校内的各种职业（校长、主管、教师、咨询师、校医、厨师、校车司机、维修师、场地管理员等），让学生把每个职业放到相应的职业集群中。
- 开展霍兰德派对游戏。在这个游戏中，工作世界中的 6 个职业集群将被描述出来，让学生先移动到房间里最吸引他们的那个职业集群所在的公告栏前，接着让他们移动到他们第二喜欢的职业集群所在的公告栏前。
- 使用提供的工作表，让学生描述所选的两个职业集群的各两个职业（通过浏览互联网、阅读图书馆的图书或与相关从业者交谈来获取信息）。
- 使用提供的工作表，让学生列出从目前到完成从事这个职业所需的教育与培训的步骤。

所需资源

为了开发和提供拟订的课程，需要以下资源。

1. 3 名 3 年级教师和咨询师会面的时间，以规划和进一步制订课程计划和相关活动。

2. 为 3 年级教室配备的公告栏。

3. 开展课堂活动需要的工作表。

预期成果

以下是项目的预期成果。

1. 学生了解有一种方法可以组织（并在以后探索）目前在美国可从事的 1000 多种职业。

2. 学生为学习职业分类打下基础，以便在未来进行更细致的职业探索，并认识不同职业之间的相似性和差异性。

3. 学生为将个人兴趣、能力与 6 个职业集群中的每个集群相关联打下基础。

4. 学生为制订 4 年高中课程计划打下基础，且这个计划是贯穿初高中的。

评估方法

在每节课或每项活动结束后做一个小测验，示例如下。

a. 让学生将 12 种职业名称和简介与 6 个霍兰德职业集群相匹配。

b. 提供 6 个简短的案例，描述年轻人是如何做出生涯选择的（仅有一部分人选择遵循了所学的内容）。请学生指出案例中的年轻人是否遵循了建议，如果没有，指出其不足之处。

样例 2：初中

你在一所大约有 400 名学生的初中任教。你最近获得了咨询硕士学位，校长要求你与几名教师合作，研究如何将生涯指导的目标和内容纳入课程。你的团队将初中阶段的《美国生涯发展指南》（参见第 11 章）作为开展这项工作的基础。虽然一些教师提供了一些与职业选择相关的内容和活动，但没有为学生提供职业探索的综合计划。因此，你首先要领导工作组制作一份文件来向校长简要描述你的提案。

执行概要

生涯发展是一个终身的过程。因此，应鼓励初中生进行生涯探索，即了解自己的个性特征（自我意识）、职业及其异同（职业探索）和生涯准备（课程选择）。美国教育部（2003）与相关专业组织合作，制订了详细的指南。委员会基于初中指南，为学校制订了自身的具体目标。

需求

《美国生涯发展指南》明确了初中生的需求。所包括的具体目标不仅来自相关理论（尤其是唐纳德·舒伯的理论），也来自从初中到高中过渡的需求。因此，需要在这几年中建立起强大的自我知识，以职业知识为基础，以实现这些具体目标。

具体目标

升入高中时，学生将能够：

1. 将工作世界描述为 6 个职业集群，并区分每个职业集群特有的工作任务、工作环境、所需技能和受教育水平。

2. 选择一个或两个最感兴趣的职业集群。

3. 初步制订 4 年高中计划，以为从事所选职业集群中的工作或继续接受教育做准备。

4. 认同工作角色是组成个人生涯的重要角色之一。

拟订的计划

为了帮助学生实现上述目标，建议采取以下步骤。

1. 建议在 6 年级的社会研究课程中教授工作世界地图（ACT，2000），以帮助学生理解职业是如何组织的、工作者如何在社会中扮演不同角色，从而为社会提供充足的商品和服务以保障其正常运行。另外，舒伯（1980）将职业定义为生活中任何时刻所扮演的角色的组合，其中每一个角色都会被使用和解释。

2. 在 7 年级，提供关于 6 个霍兰德职业集群中每一个的工作任务、工作环境和所需的学术准备。作为协助，学校科目将被归入一个职业集群，教授这些科目的教师将得到一份对应的职业清单（在不同的学段）。教师要尽可能多地将所教科目与对应职业集群的工作任务联系起来。教师可以邀请一些演讲者进入课堂，让他们谈谈与该科目相关的职业，以及该科目如何与他们的工作相关。此外，咨询师将组织 6 个职业集群的职业日，邀请多个职业的代表到学校与学生交流。咨询师还将增加职业中心的资源，并按 6 个职业集群来组织所有的职业信息。

3. 咨询师将与高中合作，按照同样的 6 个职业集群来组织高中课程。在 8 年级期间，咨询师将与学生和家长一起，起草一份与学生所选职业集群和未来教育计划有关的 4 年高中计划。

所需资源

为了实施拟订的计划，需要以下资源。

1. 学生使用互联网上工作世界地图的时间；

2. 在系或教师会议上有 1 ~ 2 个小时的时间，用于让咨询师向教师解释项目材料，并建议如何将其作为课程的一部分。

3. 用于计划、宣传和赞助职业日的 500 美元预算。

4. 给咨询师用于组织和举办职业日的时间。

5. 给咨询师用于与高中指导部门成员会面的时间，双方计划并完成用工作世界地图系统组织高中课程的工作。

预期成果

以下是项目的预期成果。

1. 学生能够在学业和未来工作之间建立有意义的联系。

2. 学生广泛认识到生涯的意义以及工作世界的组织方式。

3. 学生能做出明智的职业选择，并参加为之做准备的高中课程。

评估方法

为了达到评估的目的，建议采用以下方法。

1.关于工作世界地图的教学结束后，给学生做一个小测验，让他们将职业名称（含简介）归入6个职业集群中。

2.让学生选择1～2个偏好的职业集群，并在每个职业集群中至少列出5个他们可能感兴趣的职业。

3.让学生制订与他们所选职业集群相关的4年高中计划。

样例3：高中

假设你刚刚被当地一所大约有1500名学生的高中聘为咨询师。你做的第一件事就是申请场地和资金，以建立一个配备计算机和网络的生涯中心，这样学生们就可以使用第6章中描述的资源。这一请求得到了批准，设备也已订购。

这里以前没有任何帮助学生规划未来职业选择的服务。由于11年级学生能腾出时间，所以你决定先从这个年级开始。另外，你决定开发一个项目，以一种高效益的方式为所有11年级学生提供服务，当然你也很愿意单独约见那些需要个性化帮助的学生。校长要求你提交一份简短的文件来描述你的想法和需求，这份文件类似以下执行概要。

执行概要

这份简短的文件描述了为所有11年级学生提供生涯指导项目的需求、具体目标、拟定的计划、所需资源、预期成果、评估方法。所列需求可以从我们对生涯发展理论和美国年轻人所处环境的了解中推断出来。根据这些需求，列出了该项目的几个具体目标，并提出了内容和活动。最后，该文件总结了预期结果、所需资源和评估方法。

需求

考虑到这些学生的年龄和美国正在发生的环境变化，11年级学生有以下需求。

1.了解工作场所的变化，以及这些变化如何影响他们的生涯规划。

2.学习他们可以在现在和以后不断用到的生涯规划流程。

3.确定他们的兴趣和能力。

4.将这些兴趣、能力与可能的职业联系起来。

5.了解这些职业。

6.选择高中课程，为继续接受教育和从事这些职业奠定学术基础。

具体目标

在项目结束时，至少 80% 完成该项目的学生将能够：

1. 描述美国正在改变雇主和工作的 3 个重要趋势，以及这些趋势对个人生涯规划的影响。

2. 描述制订生涯决策的步骤。

3. 说出与个人兴趣和能力相关的 3 ~ 5 个职业集群。

4. 列出这些职业集群中的职业名称清单。

5. 详细描述该清单中的至少 5 种职业。

6. 选择至少 3 种最感兴趣的职业。

7. 说明为这 3 种职业做准备的教育意义。

拟订的计划

建议为 11 年级学生提供如下课程。

第一节：了解工作场所正在发生的变化。

从 3 家不同的公司邀请 3 位演讲者。每位演讲者分享过去 5 年和未来将会发生的变化，以及这些变化对年轻人进入就业市场的影响。

所有高中二年级的学生在礼堂集合，发给每个学生一张工作表，学生可以在上面记录演讲者的主要观点和撰写听后总结，其中至少包括演讲者对个人生涯规划的 3 点建议。

预计时间：1.5 小时。

第二节：学习个人生涯决策的流程。

咨询师将使用 PowerPoint 演示文稿，以 40 名学生为一组，向高中二年级学生描述生涯规划过程，同时向学生分发简短的讲义，讲义内容包括个人生涯决策流程图以及对每个步骤的解释。

向每组 40 名学生发放兴趣量表（附有副本供参考），使用量表许可的计算机程序对答卷进行评分并打印结果。

建议时间：1 ~ 2 小时用于介绍生涯规划模型（包括答疑），1 小时用于介绍兴趣量表的作用并施测。由于高中二年级有 400 名学生，预计需要约 20 小时的辅导时间，另外还需要 3 小时准备视频材料和讲义。

第三节：以 40 名学生为一组，向学生解释兴趣测量的结果。

给每个学生一份分数报告，在屏幕上投影出样本报告（来自虚构的学生）并解释其每个部分，之后让学生分析自己的分数报告。在小组讨论中尽可能解答学生的问题。如果学生有其他问题，请他们预约面谈。让学生圈出分数报告上他们感兴趣的 3 个职业集群的名称。

预计时间：为每组学生讲解 1 小时，10 组学生需要 10 小时的讲解时间；2 小时用于准备；10 小时用于学生要求参与或咨询师邀请学生参与的个人面谈。

第四节：帮助学生确认他们选择的 3 个职业集群中的职业，并获取关于这些职业的信息。

学生以 20 人为一组来生涯中心。生涯中心提供包含职业描述材料的简要说明，以及两个特定的网站。咨询师向学生解释什么是人物访谈，以及学生如何找到愿意被他们访谈的人；给学生提供一份指导他们使用相关材料的工作表，以便记录职业名称和获得的信息；让学生为 3 种职业分别安排一次人物访谈，并提供一张工作表供学生们总结了解到的信息。

预计时间：每组学生需要 2 小时的辅导时间，20 组学生共需要 40 小时的辅导时间。

第五节：为学生提供机会让他们讨论从生涯中心和人物访谈中学到的东西，并给学生时间来完成个人生涯行动计划。

学生将以 20 人为一组来到生涯中心。请他们与小组同学分享在做研究和访谈的过程中从感兴趣的职业人物身上学到的东西。学生完成一页纸的生涯行动计划，列出目前最感兴趣的 3 个职业、从事其中每个职业所需的教育水平和类型、下一步要怎么做。接下来的行动步骤可能包括在高中修读职业所需的课程，进一步研究相关职业以及申请与咨询师面谈。

预计时间：40 小时用于小组讨论，另外约 10 小时用于个人面谈。

所需资源

预计需要以下资源来实施项目。

1. 上第一节课需要的报告厅和多媒体设备。

2. 400 份兴趣量表。

3. 印给学生的讲义，每份讲义大约有 20 页。

预期成果

以下是项目的预期成果。

1. 因为学校对学生未来规划的关心，学生的积极性将得到很大提升。

2. 改善学生的高中选课情况。

3. 学生掌握令其受益一生的决策和研究技能知识。

4. 父母的支持和参与。

评估方法

建议采用以下评估方法。

1. 评阅学生完成的作业表，确认他们已经完成了指定任务。

2. 在 5 次课程结束后进行问卷调查。

3. 随机采访 20 名学生，询问他们对项目有效性的评价，并了解他们对项目改进的建议。

也可以在项目开始前与家长召开一次晚间会议。如果这不可行，那么可以让校长给每个家庭发送电子邮件或信件。采用两种方式中的任何一种都可以阐明与学生会面的目的，描述大致内容，并为有疑问的家长提供与咨询师交谈的机会。

样例 4：大学

想象一下，你刚被一所重点大学聘为咨询师。除了院系导师可能给学生提供的帮助外，以前没有专门的工作人员或项目来帮助学生选择专业、职业。你在考虑这份工作时提出的一个请求是，学校要建立一个生涯中心。这一请求得到了批准，你正在为生涯中心绘制布局图，订购相关材料。你急于获得学生服务项目的许可，但因为这是一个新想法，院长要求你提交一份简短提案。

执行概要

该提案描述一项为大四学生提供的志愿服务项目，该项目将帮助大四学生准备求职所需的文件，并教给他们如何发现空缺职位、获得面试机会、顺利进行面试和选择良好工作环境的技能。

需求

通过参考生涯发展文献和对去年毕业校友的随机调查来确认该项目的需求。基于这些信息，这所大学的大四学生有以下需求。

1. 了解他们即将进入的工作场所发生了怎样的变化。

2. 学习他们可以持续使用的生涯决策流程。

3. 写一份适用于当今就业市场的高质量简历。

4. 知道如何找到或创造工作机会。

5. 知道如何识别个人技能并将其与空缺职位联系起来。

6. 知道如何顺利地通过面试。

具体目标

基于上述需求，参与项目的学生将能够：

1. 描述当前至少 3 种影响个人职业生涯的趋势，以及他们对未来雇主的期望。

2. 描述生涯规划流程。

3. 以至少两种格式撰写个人求职简历（如按时序型简历或功能型简历）。

4. 在模拟面试中展示有效面试的能力，包括将个人技能与空缺职位联系起来。

拟定的计划

接下来介绍的内容将在 3 个系列工作坊中呈现，整个学年讲授 4 次。

工作坊 1（1 小时）：咨询师使用多媒体设备介绍工作场所的系统变化，这些变化如何影响个人的职业生涯，个人怎样为自己的生涯负责，以及什么是生涯决策模型（附讲义）。

工作坊 2（1 小时）：介绍简历的作用，以及简历的不同格式；通过讲义展示优秀的简历样例，并提供工作表，每个学生都可以在上面用两种格式撰写自己的简历；让学生在下节课之前准备好简历；邀请有意愿的学生参加个人面试；对他们的简历提出评价和建议；展示基于网络的电子档案的范本，说明简历在这类档案中的核心地位。

工作坊 3（2 小时）：介绍有效面试的特点和步骤（附带讲义），之后对一名学生进行模拟面试，然后分发关于空缺职位和应聘者的描述材料；让学生 3 人一组，分别扮演雇主、应聘者和旁观者，观察该过程是否呈现出有效面试的特点；把模拟面试录制下来，以此作为讨论某些面试行为是否有效的基础。

预期成果

以下是项目的预期成果。

1. 学生了解就业市场中影响他们职业生涯的变化，以及他们对未来雇主的期望。

2. 学生学习一个生涯决策模型，做出对自己负责的生涯决策。

3. 学生能够准备一份有效的简历，供雇主评阅。

4. 学生们在求职面试中更自在、更高效。

所需资源

项目的实施将需要以下资源。

1. 能够在大学的所有媒体上宣传这些工作坊。

2. 复印工作坊所需讲义的许可。

3. 如果想参加的学生人数超过生涯中心的容量，需要使用更大规模的场所。

4. 用于追踪研究的邮费和时间。

评估方法

项目将通过以下方法进行评估。

1. 让参加了 3 个工作坊的学生填写一份问卷。

2. 统计参加每个工作坊的学生人数以及参加 3 个工作坊的人数。

3. 在工作坊开展一年后，通过邮件对 100 名学生的就业率、工作满意度，以及他们认为工作坊对其就业的帮助进行跟踪调查。

样例 5：公司

想象一下，你刚刚被一家需要裁员的公司聘请为咨询师。该公司通过向年长的员工提供提前退休的一揽子财务计划和解雇 456 名中层管理人员来缩减规模。被聘用时，你被告知需要重点帮助这两类特定人群。你申请场地和资金来建立一个生涯中心，并得到了批准。你需要尽快为其中一类人群提供服务方案。你决定首先为 456 名中层管理人员启动一个项目，因为他们的需求比那些提前退休的人更紧迫，他们距离被解雇只剩 6 个月。你的提案如下。

执行概要

本提案描述的项目服务于 6 个月内将被解雇的 456 名中层管理人员。该项目着重帮助他们学习和练习求职技巧，以便他们能够快速找到新工作。

需求

不难理解，这些员工处于震惊、愤怒和否认的情绪之中。他们需要交谈以厘清目前的情况，顺利度过愤怒和否认的阶段，并尽快制订一个再就业的行动计划。此外，由于这些员工的年龄在 42 岁到 50 岁之间，而且大都已在这家公司任职多年，因此他们需要学习并练习最新的求职技巧，直到熟练掌握。

具体目标

在参加了一系列工作坊之后，面临解雇的员工将能够：

1. 明白裁员是经济状况和由此产生的公司决策的结果，与自己的工作绩效无关。

2. 接受现实，了解尽管这种遭遇是不幸而且令人焦虑的，但它不是毁灭性的，他们可以找到成功过渡的方法。

3. 用多种格式写出一份有效的简历，充分展现他们的工作技能和经验。

4. 成功有效地参加模拟面试。

5. 描述 3 种寻找空缺职位的有效方法。

6. 使用施洛斯伯格模型，为成功应对这次变动制订计划。

拟订的计划

员工将被允许利用正常的工作时间参加一系列工作坊，与咨询师单独面谈，并使用生涯中心。这些员工将被鼓励参加 4 个 2 小时的工作坊。因为每个工作坊每次最多允许 30 人参加，所以会开展多次工作坊。

工作坊 1（2 小时）。本工作坊将比其他 3 个更加非结构化，因为在员工充分表达他们对失业的愤怒和悲伤情绪之前，他们不太可能专注于拟订行动计划。在本工作坊中，每个人需要谈谈他们的感受。高层管理人员将受邀出席，在适当的时候，他们会答疑并提供导致公司做出裁员决定的信息。

工作坊 2（2 小时）。本工作坊将重点讲授如何以至少两种格式撰写一份优质的简历，以展现自己的工作技能和经验（讲义中将提供范例）。每个人将用剩余的时间准备自己的简历初稿。如果愿意，他们将受邀与咨询师单独面谈，并将他们的简历留在咨询师办公室，以供咨询师评阅和反馈。

工作坊 3（2 小时）。本工作坊将着重介绍优秀的面试技巧，以及求职面试的各个阶段，教授大家如何通过网络和其他方式研究目标公司，以便在面试时能将自己的工作技能、经验与申请的工作联系起来。在分小组进行角色扮演的过程中，提供一份列有有效面试特点的清单。之后员工 3 人一组，分别扮演雇主、应聘者和旁观者，旁观者使用该清单来评估面试。

工作坊 4（2 小时）。本工作坊将重点讲授如何寻找公开的空缺职位（包括使用职业中介机构、网络搜索），学习如何与他人建立联系以了解一些未公开的空缺职位。本工作坊还将讲授施洛斯伯格应对过渡的模型，并提供一份工作表，员工可以在上面列出具体的行动计划，并在小组中分享这些计划。

预期成果

以下是项目的预期成果。

1. 被解雇的员工能够摆脱一些愤怒和沮丧情绪，并以更积极的心态离开公司。

2. 由于接受了关于求职技能的指导，被解雇的员工更有机会在相对短的时间内找到另一份工作。

所需资源

为了有效地实施项目，需要以下资源。

1. 允许员工在工作时间参加工作坊。

2. 各部门负责人合作，通过各种方式宣传和推广工作坊。

3. 提供茶点的预算。

4. 可以使用多媒体及印刷设备。

5. 允许咨询师使用问卷星进行追踪研究。

评估方法

项目拟采用以下评估方法。

1. 在员工参加 4 个工作坊后为其发放一份问卷。

2. 在项目结束 90 天后，随机抽取参与者进行随访，以确定他们是否找到了工作，以及工作坊的内容是否对其求职有帮助。

样例 6：社区机构

想象一下，你是一个一站式生涯服务中心的咨询师。主管要求你设计一项服务，以帮助社区里出于各种原因希望改行的成年人。

执行概要

你提供的文件描述了一个为成年人提供生涯服务的计划。他们来到中心寻求帮助，想要做出新的职业选择。考虑到时间有限，他们将参加 3 次小组课程。咨询师被要求在第一次课之前与他们进行一次收纳面谈，并在 3 次课程结束后与个别人进行单独面谈。课程内容由咨询师根据以往针对类似人群开展工作的经验以及通过对目标人群中的焦点小组进行的调查来确定。文件中介绍了收纳面谈、小组课程和单独面谈可能涉及的内容；此外，还给出了所需资源和评估方法。

需求

来访者确定的需求如下。

1. 了解职业改变可能带来的影响。

2. 评估做出改变需要的资源和可能面临的障碍。

3. 考虑可能的选择并从中确定一个。

4. 为做出职业改变起草一份切实可行的行动计划。

具体目标

在系列活动结束时，来访者将能够：

1. 切实地描述他们选择的转行方向。

2. 识别做出改变的阻力和助力。

3. 明确职业目标，以及实现目标的计划。

拟定的计划

每一位表达了转行意愿（即选择并追求另一种职业）的来访者都被要求参加收纳面谈。所有收纳面谈的形式都是一样的，收纳面谈将涉及以下主题。

- 过往的工作经历。
- 来访者对其最佳技能和最突出工作成就的看法。
- 来访者希望转行的原因。
- 来访者对可能产生的变化的想法。
- 来访者对想要进入的职业或领域的了解程度。
- 支持来访者转行的资源（如财务状况、身边人的支持、子女已经长大且独立等）。
- 来访者需要克服的障碍（如缺乏重要之人的支持、需要再培训等）。
- 承诺参加 3 次小组课程以及后续咨询的意愿。

3 次小组课程将连续 3 周被安排在同一个晚上进行，每次 2 小时，其内容如下。

第 1 次小组课程：来访者在小组内分享他们想要做出的职业改变，以及他们在转行过程中面临的障碍和得到的支持。接下来，每个人完成 3 张测评量表：兴趣量表、技能量表和价值观量表。他们将立即得到测评结果，并可以将测评报告打印出来。

第 2 次小组课程：咨询师使用一个虚拟的综合测评报告在小组中对 3 份测评报告进行解读。小组成员可以就一般情况或自己的测评报告提出问题。然后，小组成员将分享他们具体的职业目标或梦想，并指出测评结果是否支持这些想法。咨询师将促进讨论。如果小组成员在选择职业方面需要个性化帮助，他们可以在下节课之前与咨询师预约单独面谈。

第 3 次小组课程：来访者将使用基于施洛斯伯格过渡模型的工作表，起草一份计划以追求他们为自己设定的目标。在此过程中，他们将确定需要采取的具体步骤（如接受一些培训或进行人物访谈），为每个步骤制订可行的时间表，并识别障碍和应对方法。

3 次小组课程结束后，每位来访者都将与咨询师进行单独面谈并一起审查行动计划，以便咨询师能够提供进一步的信息或关于执行计划的建议。

预期成果

以下是项目的预期成果。

1. 来访者有具体的转行计划。

2. 来访者有一个切合实际且适合自己的职业目标。

3. 来访者感受到咨询师和团队对推进该计划的支持。

所需资源

实施项目需要以下资源。

1. 第一次小组课程需要一间配备计算机和网络且可容纳 15 人的会议室，之后两次小组课程需要没有配备计算机的会议室。

2. 用于展示幻灯片的设备。

3. 15 份基于施洛斯伯格过渡模型的工作表。

4. 可调用生涯发展中心工作人员进行收纳面谈。

5. 用于准备幻灯片、开展 3 次小组课程、进行单独咨询的时间。

评估方法

项目将使用以下评估方法。

1. 在项目结束时请每位来访者填写一份问卷，这可以是纸质问卷，也可以是网络问卷。

2. 项目结束 3 个月后，通过电话或电子邮件联系曾经的来访者，评估他们的行动计划的执行程度。

总结

在了解了项目开发的基本原理并明确了咨询师可能在其中扮演的角色之后，本章描述了为目标人群开发生涯规划项目的 10 个步骤。这一过程始于确定目标人群及其特征，评估其需求，并制订明确、可衡量的目标，以满足这些需求；接着要开发项目内容，确定项目交付方式的组合，并确定如何推广和评估项目。本章在这一部分着重说明了评估的目的和方法，以及评估结果的使用方式。

为了使这个过程更实用，本章详细介绍了针对不同目标人群的 6 个样例。这些样例只是提供生涯规划服务的不同方式的示范。

案例研究

你所在的高中辍学率为 19%，远远超出教职员工和学校董事会成员的期望。在过去的 3 年里，辍学率以每年 3% 的速度增长。虽然还不完全了解辍学率增长的原因，但可以推测出其中一个重要的因素是社区流动工人及相关家庭数量的显著增加。作为生涯规划项目的负责人，校长要求你制订一项计划来找到有辍学风险的学生，为其提供专门服务以降低这种风险，并在一年后评估服务的成果。

应用本章中描述的 10 个步骤，写一份 3 ~ 4 页的方案来满足校长的要求。

小学生涯发展辅导

作为一名小学咨询师，我发现对于从幼儿园到小学 5 年级的学生来说，以生涯为主题的指导课程极具吸引力。在最基本的层面上，生涯课程可以让学生了解到他们所处的周遭世界。在所有年龄段，探讨生涯都有助于人们更深入地了解自我，而在儿童发展的自我中心阶段，这更是一个受欢迎且有价值的议题。孩子们喜欢讨论自己，尤其喜欢讨论"想象一下，你未来能做什么工作？"等问题，他们会通过游戏和想象来探索生涯。对于小学高年级的学生而言，我发现有关生涯的讨论有助于他们将当前的教育与未来的成功联系起来。他们学会将学校的事务视为他们的重要工作，而不是无关紧要的琐事。他们开始将他们的行为和选择与"未来从事的工作"联系起来。我向 5 年级的学生解释，当他们到 6 年级选择选修课时，他们便开始积极参与到教育发展以及接下来的生涯发展中。讨论生涯这一主题有助于提升学生的信心、自我效能感和动机，而这些正是 21 世纪成功公民发展的必要条件。

——詹妮弗·K. 奈尔斯（Jennifer K. Niles）
文学硕士
国家认证咨询师
注册瑜伽教练（MA，NCC，RYT-200）
维克森林大学（Wake Forest University）

【学习目标】

10.1 明确在学校实施生涯发展辅导需要考虑的重要因素。

10.2 了解学校生涯发展项目的系统和协调规划策略。

10.3 明确小学生涯发展辅导的目标。

10.4 明确小学生涯发展辅导的具体措施。

10.5 了解父母参与的作用。

虽然罗西塔（Rosita）只有 5 岁，但是她已经经历了很多苦难。她的父亲斯蒂芬（Stephen）在她出生前就离开了家，她的母亲罗莎（Rosa）努力支撑着整个家庭。罗莎在教育上的欠缺（未完成高中学业）严重限制了她的就业机会。她偶尔能在某家餐馆找到一份服务员的工作；然而，餐饮从业人员就业很困难，一般也没有医疗福利。罗莎在失业期间常感到绝望，但她依旧在努力寻找工作。罗莎很爱罗西塔，但她确实不知道如何找到一份更有保障的工作。幸运的是，罗莎的母亲就住在她们附近，并为罗莎和罗西塔提供了很多必需的情感支持。尽管有这样的支持，罗西塔还是因父亲的缺席而彷徨失措。新冠疫情大流行期间，餐饮业受到严重打击，罗莎不清楚何时能够再找到工作。今天是罗西塔开学的第一天，她一直想着"学校会是什么样子的"，这使她感到害怕和焦虑。令她感到欣慰的是，她和最好的朋友梅丽莎（Melissa）将成为同班同学，一起开始学习。

在本章中（以及第 12 章和第 13 章），我们提供了一些建议，以帮助像罗西塔这样的学生，让其获得适合其成长的生涯发展技能。我们还为阐述学校如何进行生涯发展辅导设置了框架：探讨重要的生涯发展标准，探讨制订学校生涯发展辅导措施时需考虑的重要事项，探讨创建系统协调的生涯发展项目的具体步骤，探讨为构建学校生涯发展辅导提供有用的理论和模型的相关研究文献。

学校生涯辅导中的生涯发展标准

纵观历史，专业学校咨询师（professional school counselors）一直致力于帮助像罗西塔这样的学生，促使他们在生涯和教育规划上取得进步。在 3 年级的第一天，罗西塔可能并不担心她未来的工作选择，但她在学校的全部经历，即使在这么小的年纪，也将对罗西塔确定最终的生涯目标产生重大影响。为指导专业学校咨询师开展学生生涯辅导工作，美国学校咨询师协会专门制订了标准。这一标准指出，专业学校咨询师对学生使用现有的和新兴的循证咨询理论和技术，可以在学校环境中有效地促进学生学业、生涯和社会 / 情感的发展。

ASCA 标准被称为《为了学生的成功：ASCA 的心智与行为标准》（*the ASCA Mindsets and Behaviors for Student Success*）（ASCA，2019）。该标准包含以下内容。

- 每个学生都能学习，每个学生都能成功。
- 每个学生都应该有机会接受高质量的教育。
- 每个学生都应该从高中毕业，为抓住毕业后的各种机会做好准备。
- 每个学生都应该有参与综合性的学校咨询项目的机会。
- 有效的学校咨询是一个协作过程，涉及学校咨询师、学生、家庭、教师、行政人员、其他学校工作人员和教育利益相关者。

- 学校咨询师在学校、地区、州和国家中都是引领者。
- 综合性的学校咨询项目要能促进和提高学生的学业、生涯和社会 / 情感成就。

（ASCA，2019）

关于行为，ASCA 标准在学校咨询项目的设计和实施中强调了 3 个方面：专业基础、直接和间接的学生服务、规划和评估。专业基础包括 9 个标准，例如，应用发展性的学习、咨询和教育理论，理解伦理和法律原则，应用学校咨询专业的标准和能力（ASCA，2019）。直接和间接的学生服务包含 6 个标准，例如，设计和实施与 ASCA 一致的大团体、课堂、小团体和个人辅导，提供评估和建议，提供短期咨询，在适当的时候进行转介。规划和评估共有 9 个标准，包括创建与地区目标一致的学校咨询项目，分析成绩、学生参与度、机会和资源方面的差距，根据学生数据制订并实施行动计划，评估项目结果并向学校共同体报告（ASCA，2019）。在《心智与行为标准》出名之前，我们可参考《学校咨询项目的国家标准》（*the National Standards for School Counseling Programs*）（Campbell & Dahir，1997）和《学校咨询的 ASCA 国家模式》（*ASCA National Model for School Counseling*）（ASCA，2003，2012，2014）。早期的标准也更明确地强调了生涯发展的重要性，将其作为有效的学校咨询项目的一个基本要素（Dimmitt & Carey，2007）。有人可能会提出质疑，对于学校生涯发展辅导而言，这种标准的演变是否就是最好的。

不幸的是，小学阶段的生涯发展辅导充其量只是一段拼凑的实践史。尽管孩子们对工作、生涯以及他们可能看到的东西都有了概念，但许多学校领导根本不理解这种发展是如何影响学生参与的，尤其是在小学阶段。麦克法登（McFadden）和库里（Curry）（2018）在研究州教育领导人和学校咨询师在小学阶段生涯发展中的作用时也验证了这一事实。具体来说，他们在研究中发现，只有 4% 的州教育领导人认为生涯发展的作用在小学、初中和高中阶段是一致的。换句话说，生涯发展显然没有受到许多州教育领导人的重视。充其量，他们可能会声称这很重要，只是没有小学里讨论的其他事那么重要。幸运的是，学校咨询师与州教育领导人的观点不同。84% 的学校咨询师声称生涯发展是其学校咨询项目的重要组成部分。显然，在这一点上，两者之间的观点有所不同。

小学阶段生涯发展的关键主题是培养他们的生涯意识。由于小学生获得的关于工作的许多信息可能是刻板和有限的（例如，女性担任护士，男性担任木匠，仅有机会了解当地常见的职业），因此帮助小学生培养生涯意识的重点之一便是，提供非刻板信息。小学生需要接触非传统的工作者，以突破对于性别、种族、民族等的刻板认识，从而能够逐渐理解他们自己在未来可能有更广泛的选择。他们还需要接触其现有居住区内并不常见的各种职业。

从历史上看，国家标准代表了对生涯发展的全面和整体的观点。然而，就其本身而言，这些标准似乎往往难以落实。尤其是对于专业学校咨询师新手来说，他们更希望这些标准能够作为一个发展的心理框架，帮助他们设计和实施具体的生涯发展项目。庆幸的是，《美国生涯发展指南》（NOICC，1992）等其他国家标准，为许多学校咨询师在构建生涯发展辅导措施时提供了指南。2003 年，美国教育部职业与成人教育办公室（the U.S. Department of Education's Office of Vocational and Adult Education，OVAE）着手修订了《美国生涯发展指南》。修订的具体目标是更新与修订能力和指标框架，使其符合《不让一个孩子掉队》（*No Child Left Behind*）（2001）的要求，主要内容有：扩大目标受众，包括 K-12 学生和家长、教师、咨询师和行政人员、K-12 毕业后继续就读的学生、其他成年人和商界人士；向目标人群提供可获取的生涯发展信息、学习活动和策略，从而使其做出明智的生涯决策；创建生涯发展网站，提供生涯发展信息、学习活动和策略。（想要获取可能有助于专业学校咨询师的更多资源，请访问帕金斯合作资源网）

《美国生涯发展指南》在修订后形成了一个分为三大领域的框架，它包含的 3 个领域为：个人社会性发展（PS）、教育成就和终身学习（ED），以及生涯管理（CM）。有趣的是，这 3 个领域形成了一个与《美国学校咨询模式》类似的模式。每个领域都含有目标，这些目标界定了生涯发展能力的广泛领域。每个目标下都有掌握性指标，突出了实现该目标所需的知识和技能。根据布鲁姆的目标分类法（the Bloom's Taxonomy）（Bloom，Engelhart，Furst，Hill & Krathwohl，1956），每个指标涉及 3 个学习阶段：知识习得、应用和反思。与之前的《美国生涯发展指南》不同，当前的《美国生涯发展指南》与个人的年龄或教育水平无关。这一变化承认了生涯发展中的差异性，以及人们循环执行生涯发展任务的事实。

NCDG 框架编码系统（PS——个人社会性发展，ED——教育成就和终身学习，CM——生涯管理）可用于识别领域、目标、指标和学习阶段。该编码系统旨在便于使用《美国生涯发展指南》进行项目开发，并按目标、指标和学习阶段跟踪整个活动过程。因此，目标被编码为 PS、ED 或 CM，然后在各个领域以数字形式列出。例如，对于个人社会性发展领域，目标可编码如下。

目标 *PS1*：形成自我理解，建立并保持积极的自我概念。

目标 *PS2*：培养积极的人际交往能力，包括尊重多样性。

在指标和学习阶段（K——知识习得，A——应用，R——反思），按领域、目标和学习阶段进行数字编码。例如，个人社会性发展领域是第一级目标，其下面的第二级指标如下。

PS1.K2：确定你的能力、优势、技能和天赋。

PS1.A2：展示你对能力、优势、技能和才能。

PS1.R2：评估你的能力、优势、技能和天赋对你生涯发展的影响。

《美国生涯发展指南》可以以各种方式用于定义生涯辅导计划的创建、实施和评估。

青年和成年人可以将目标和指标用作非正式检查表，以确定需要注意的能力领域和差距。

父母、监护人、配偶或其他家庭成员可以使用该指南更好地理解如何帮助有生涯发展问题的人。

教师可以使用该指南审查其课程设计和实际的课堂教学效果，以建立生涯发展间的联系；编写新课程，通过融入生涯发展概念来增强学术严谨性。

咨询师、生涯发展从业者和管理者可以使用该指南来审查现有的学生或成年人的生涯发展规划，以了解涵盖了哪些能力以及存在哪些差距；为青年和成年人制订需求评估和新的、基于能力的生涯发展规划；制订项目评估和问责计划。

咨询师、生涯发展从业者和媒体专家可以使用该指南来审查当前拥有或正在考虑购买的材料和资源。

该指南可以作为在当地、全州或地区举办的员工发展研讨会的基础（例如，美国学校咨询师协会研讨会）。

该指南可以为国家和各州制定专业标准、认证、法律和政策提供信息。

产品开发人员可以使用该指南对他们的材料进行升级，以满足潜在客户的特定生涯发展需求（U.S. Department of Education, 2007）。

《美国生涯发展指南》代表了一种模式，提供了一个优秀的框架，可以供专业学校咨询师构建生涯发展辅导措施。在构建生涯发展辅导措施时，我们认为，对于专业学校咨询师来说，尤其重要的是要认识到环境限制对学生生涯发展的消极影响。显然，生涯发展辅导必须针对这些因素进行设计（Holcomb-McCoy, 2007；Jackson & Grant, 2004）。

在学校实施生涯发展辅导需要考虑的重要因素

学习目标 10.1　明确在学校实施生涯发展辅导需要考虑的重要因素。

诸多研究者（例如，Antoellou & Kounenou, 2016; Edwin & Prescod, 2018; Gysbers & Henderson, 2001; Lapan, 2004; Mariani, Berger, Koerner, & Sandlin, 2018; Porfeli & Lee, 2012; Pulliam & Bartek, 2018; Schmidt, 2003; Welde, Bernes, Gunn, & Ross, 2016）主张将生涯发展项目作为学校课程的组成部分之一，而不仅仅是辅助服务。奈尔斯、特拉斯蒂（Trusty）和米切尔（Mitchell）（2004）从系统视角来设计生涯发展辅导措施，并强调专业学校咨询师必须与重要的子系统（学生、教师、管理员、家长和家庭）就生涯发展项目的目标进行有效沟通。与学生的有效沟通包括进行需求评估，这有利于指导专业学校咨询师构建生涯发展项目，并可作为评估项目有效性的基础。与家长和家庭的有效沟通，包括帮助家长了解他们如何对孩子的生涯发展产生积极影响。

教师需要尽可能将学术内容与生涯和教育规划联系起来（Welde, Bernes, Gunn, & Ross, 2016）。提供和（或）开展课堂生涯指导活动有助于教师建立这种联系。专业学校咨询师还可以帮助教师了解那些反映生涯规划与学校成功之间呈正相关的研究数据（Herr, Cramer, & Niles, 2004）。就这些数据对管理人员进行教育也有助于提升生涯发展项目成为学校课程组成部分的可能性。需要注意的是，专业学校咨询师所在的政治环境并不总是理解和支持生涯服务的需求（Carvalho, Pocinho, & Fernandes, 2018）。因此，专业学校咨询师必须作为生涯发展的倡导者，为学生提供系统和协调的生涯服务（Perusse & Goodnough, 2004）。

那些质疑生涯发展辅导有用性的人认为，与生涯相关的活动占用了学生专注于核心学术科目的时间。他们没有意识到对未来可能性的感知是如何与学生的参与度联系在一起的，而学生的参与度反过来又会与学业成绩相关联。此外，生涯教育的批评者天真地认为，生涯教育项目迫使学生过早地确定具体的生涯目标，或在高中毕业后立即从事工作，而不是继续接受大学教育。许多不熟悉生涯发展作用的人不理解为什么生涯发展辅导在中小学阶段很重要。而事实是生涯教育倡议的资金往往来自学区之外。在许多情况下，生涯教育支持者并没有为生涯教育争取到地方支持，这也是导致人们对生涯教育持消极态度的原因（Herr et al., 2004）。因此，生涯教育倡议往往与当今教育中常见的政治问题（例如，"恢复基础"运动[①]、只提倡核心课程、推动消除教育中的价值观教学以及误认为生涯教育等同于职业教育）关联在一起。

那些质疑学校生涯发展辅导有用性的人通常认为，生涯发展辅导对小学生来说没有必要，生涯决策往往会在中学教育过程中的特定时间点（例如，当学生必须选择学习课程时、当他们离开高中时）自然发生。显然，这种观点反映了他们对有效生涯决策的前提认识不足。将生涯发展视为一个事件而不是一个过程会导致学生的生涯发展失败，因为许多学生不具备有效接受教育和进行生涯规划所需的前提条件。期望这些学生在没有准备的情况下做出明智的生涯决策，与要求学生在缺乏必要技能和知识的情况下解决数学问题是相同的。

与实施生涯教育项目相关的另一个问题是，许多学区没有以系统和协调的方式提供生涯发展项目（Edwin & Prescod, 2018; McFadden & Curry, 2018）。生涯发展辅导措施的零散实施显然降低了其对学生产生的积极影响。这也经常会使那些没有直接参与生涯发展项目创建和实施的人对生涯发展项目的意义和目的的理解产生混淆。因此，小学和中学的学校咨询师在实施生涯发展项目之前进行系统和协调的规划是至关重要的（Gysbers & Henderson, 1998; Myrick, 1993）。

为学校生涯发展项目做系统和协调的规划

学习目标 10.2　了解学校生涯发展项目的系统和协调规划策略。

赫尔（Herr）等人（2004）建议使用五阶段规划模型来促进系统性生涯发展项目的实施。

第 1 阶段：确定项目的基本原理和理念。

第 2 阶段：确定州立项目的目标和行为目的。

第 3 阶段：选择项目流程。

第 4 阶段：进行评估设计。

---

① "恢复基础"运动是在 20 世纪 70 年代初的美国形成的教育运动，旨在消除进步主义教育造成的学生知识水平下降、基本技能不足的后果，纠正 20 世纪 60 年代的教育改革提高教材难度、忽视基础知识与基本技能的倾向。该运动强调读、写、算等基础知识与基本技能，实施严格的纪律，开展学习上的竞争，采用标准化测验，实行能力分组，增加家庭作业，加强爱国主义与道德品质教育，在 20 世纪 70 年代中期达到高峰。——译者注

第 5 阶段：确定项目里程碑。

第 1 阶段的重要组成部分之一是进行需求评估，以确定恰当的项目缘由、目标和辅导措施（Niles et al., 2004）。正如我们所指出的，需求评估提供了评估项目结果的参照点。赫尔等人（2004）强调了将教师、学生、家长和社区参与者纳入需求评估的重要性，以提高其对生涯发展项目的理解和参与程度。显然，以适当方式进行的需求评估为制订有效的生涯发展辅导措施提供了坚实的基础。沃尔兹（Walz）和本杰明（Benjamin）（1984）提出了适用于制订系统性生涯发展辅导措施的人的建议。

1. 在项目规划的各个阶段，让一个由知识渊博的专业人士、家长和社区代表组成的团队参与进来。

2. 使用适合发展的辅导措施。

3. 确保项目目标被明确传达给所有参与项目的人。

4. 确保项目以学生的需求为基础。

5. 纳入评估环节，以确定项目目标的实现程度。

6. 确保参与项目交付的人员高度胜任其岗位。

这些建议中隐含的主题是，专业学校咨询师需要对他们所处的政治环境保持敏感。此外，他们应具备研究和实践的基础，为项目开发提供指导。对项目及其目标进行清晰和广泛的沟通对于项目的成功和利益相关者的参与至关重要。当我们专门根据学生的需求创建课程时，我们提供的内容将更容易被接受，并得到更多重视。明确定义行为目标，满足项目参与者的特定需求，有助于营销项目，并提供证明项目益处的结果数据。最后，评估是持续改进的关键，也是生成向决策者展示价值所需的数据的关键。未能恰当传达成功的项目成果将导致项目陷入资金被削减的危机。如果学校工作人员将该项目视为他们本已繁重的工作之外的额外负担，那么该项目获得成功的可能性就很小。因此，向所有利益相关者"营销"项目成为项目开发和实施的一个重要方面。

与奈尔斯等人（2004）倡导的系统方法类似，这些建议强调了采用团队或"全校"方法提供服务的重要性。虽然对于如何分配提供生涯发展辅导措施的角色和责任没有统一的规定，但在制订和实施生涯发展辅导措施方面，咨询师应该发挥带头作用，而不是唯一的作用。咨询师通常是学校中唯一受过生涯发展培训的专业人员。因此，咨询师具备制订适当的生涯发展辅导措施所需的生涯发展理论和实践知识。此外，项目中包含的过程一般与咨询师的主要专业领域有关。这些过程包括咨询、评估、生涯信息服务、安置服务、咨询程序和转介。专业学校咨询师可以利用其与生涯发展相关的知识和技能，授权教师和家长／监护人在提供生涯服务方面发挥协作者的作用。

为 K-12 的学生制订一个系统和协调的生涯发展计划需要了解学生在学校学习过程中面临的生涯发展任务。意识到学生在各阶段所面临的任务，能够使学校人员在项目开发和实施中协同工作。对生涯发展过程的全面理解也为制订有序、连贯的生涯发展辅导措施奠定了基础。因此，接下来（以及以下章节的主要主题）分别介绍小学、初中和高中学生的生涯发展任务、计划目标和辅导措施等方面的建议。

小学阶段的生涯发展

生涯在整个人生中展开和发展。忽视童年时期的生涯发展过程类似于园丁忽视花园中土壤的质量。对于儿童来说，上学和做游戏就是他们的工作。这些活动为他们提供了重要的学习经验，使他们形成了对世界（包括工作世界）的自我认知和理解。它们形成了一个"苗圃"，儿童从中识别自己的偏好，并将自己与作为工作者的未来联系起来，这种联系首先是通过幻想，然后是通过生活体验和环境反馈建立的。

阐明儿童生涯发展的一种模型是霍华德（Howard）和沃尔什（Walsh）（2010，2011）提出的儿童生涯选择和成就概念模型（the Children's Conceptions of Career choice and Attainment model，CCCA）。这一模型的重要创新在于它是基于认知发展原则形成的，并强调了儿童与其所处环境之间的动态互动。该模型包括 6 个推理层次，每一层次都包含越来越复杂的生涯选择和成就的模拟。更具体地说，CCCA 关注的内容包括生涯外部的、可观察的对象或活动，选择和从事一个职业所采取的步骤，以及生涯发展涉及的多种因素（Howard & Walsh, 2011）。CCCA 围绕儿童用来推理生涯相关过程的 3 种方法（关联、序列和互动）推动了儿童形成生涯选择和成就的概念。

在 CCCA 的第一个推理层次中，关联主要指的是孩子使用与工作相关的外部对象、活动和（或）经验。例如，8 岁的罗西塔可能会对消防员的工作着迷。她可能会穿上消防员的工作服，并渴望去消防局，以实现她的生涯幻想。这个阶段的孩子无法区分如何选择工作和如何获得工作。关联的第一个层次是纯粹的关联，其中工作或生涯对孩子来说只是存在的。关联的第二个层次则是指儿童可以描述生涯选择和成就的方法，但无法解释他们与工作或生涯相关的方法导致工作 / 生涯的实际选择或获得工作 / 生涯的过程（Howard & Walsh, 2011）。

随着儿童认知的不断发展，他们会进入 CCCA 模型中的序列水平。序列水平指的是儿童从幻想或想象转向他们感兴趣的活动和任务类型（Howard & Walsh, 2011），这不包括与兴趣无关的生涯内容。利用兴趣概念化生涯选择和成就，让儿童考虑到自己相对于职业要求的优势和劣势（例如，我喜欢数学，且在该学科取得了好成绩，而这是成为一名工程师的要求）。这种更投入但仍有限的自我反思很大程度上受到诸如感知到的性别适当性、声望和社会阶级等因素的影响。序列方法的特点是，儿童能够识别导致选择和实现工作或生涯的活动、事件、情况和（或）条件。儿童将选择和获取理解为两个独立的过程，并可以解释两者之间的关系（Howard & Walsh, 2010）。第三个层次是外部活动，包括儿童能够描述学习的过程，然后选择他们喜欢的工作。处于第三层次的儿童还可以描述外部的、可观察和可学习的技能，这些技能能够确保他们获得工作（Howard & Walsh, 2010）。例如，当罗西塔达到这个水平时，她可能会解释说她喜欢科学并擅长科学，并指出这些特征是成为科学家的必要条件，因此她可能会宣布成为科学家是她想要做的事情。更进一步说，为了成为一名科学家，罗西塔可能会说她必须完成高中学业，然后去上大学，学习科学，直至大学毕业，成为科学家。在这个例子中，罗西塔还体现了第四个层次的内容，即内部流程和能力，处在这一层次的她可以将自己与一份工作相匹配。

当儿童能够将选择工作或生涯的行为定义为一个涉及自我知识、个人属性与环境机会动态互动的过程时，CCCA 模型中的互动方法就会出现。在第五个层次（互动）中，青少年描述了个人、关系和直接环境层面上多种原因的动态互动（Howard & Walsh, 2011）。第六个层次，即最后一个层次，是系统性互动。这一层次确定了个人、关系和直接环境层面以及系统层面上多种原因的动态互动。处在这一层次时，罗西塔不仅会说她喜欢科学和擅长科学，而且也会说她选修了高中提供的科学课程，并都表现得非常好。由此，她从她的老师和学校咨询师那里获得了鼓励，甚至得知她有资格在当地大学主修医学预科并有奖学金。

通过考虑儿童或青少年的认知发展与环境因素相互作用的机理，CCCA 模型为理解生涯发展过程受到的影响提供了有用的信息。同时，它还提供了一种与经典发展模型并驾齐驱的更为现代的解释，如埃里克森（Erikson）的模型（1963）。

在进入小学之前，孩子们经历了埃里克森（1963）提出的 8 个发展阶段中的前两个阶段。那些成功应对这些阶段的人已经形成了信任感和自主感。因此，在理想的状态下，孩子们进入学校时会信任他们世界中的成年人，并相信他们能够成功地应对即将遇到的挑战。从信任和自主性的角度来看，孩子们很可能以积极和热情的态度对待学校任务。相反，在培养信任和自主性方面没有取得成功的孩子们将以不同的态度行事。这些孩子们更有可能质疑他们是否可以信任他人，还可能对自己是否能成功应对所面临的任务缺乏信心。埃里克森指出，当没有实现信任和自主时，孩子们会经历不信任、怀疑和羞耻的情绪后果。孩子们克服这些负面后果的关键便是获得成功和支持。

哈维格斯特（Havighurst）（1972）指出，在婴儿期和幼儿期（0 到 5 岁），孩子们会遇到一系列关键的发展任务。例如，在这个发展阶段，孩子们要：

1. 学会走路。

2. 学会吃固体食物。

3. 学会说话。

4. 学会控制排泄物的排出。

5. 了解性别差异和学会谦逊。

6. 学会与家庭成员建立情感联系。

7. 准备阅读。

8. 学会辨别是非。

哈维格斯特指出，要进入后续发展阶段，孩子们必须成功地完成这些任务。未能成功地完成这些任务"会导致个人的不快乐、社会的不认可以及以后工作的困难"（p. 2）。

作为一个年幼的女孩，罗西塔在她的生活中经历的一些事件导致她并没有获得哈维格斯特（1972）所说的许多技能。父亲的缺席和母亲因药物引起的情感缺失也让罗西塔很难相信自己身边的成年人。她还想知道自己的价值和能力。虽然她希望自己在学校能做得很好，但在内心深处，她担心自己做不到。当她进入学校时，她最需要的是遇到那些始终如一地支持她的成年人，以及她可以信赖的关心她的成年人。她还需要提升她的人际交往和学术技能，尤其是在阅读方面。

在小学期间，孩子们开始通过与其直系亲属以外的世界进行更多的互动来形成身份感知。与同龄人、教师、家长和社区成员的互动塑造了孩子的自我认知。通过在学校、社区活动、家庭和媒体中的观察来接触成年人的生活模式，孩子们获得了对他们生活的结论。孩子们得出的结论包括对他们现在和未来在世界中所处位置的假设。

波尔费利（Porfeli）、哈通（Hartung）和冯德拉切克（Vondracek）（2008, p. 28）总结了他们对儿童生涯发展相关文献的回顾后指出：儿童对工作世界的了解比许多人认为的要多；儿童的生涯抱负受到基于性别的刻板印象的影响，并在整个小学阶段趋于稳定；生涯抱负受到生涯刻板印象的影响，这些刻板印象使女孩远离与科学、技术、工程和数学相关的职业，男孩则远离女性主导的职业；来自经济困难环境的儿童以及拉丁裔和非洲裔儿童，相较于比他们更富裕的欧洲裔同龄人，往往更不认同有声望的生涯抱负；随着小学阶段的进步，儿童往往会放弃更迷人的愿望，转而追求更现实且符合他们的技能和兴趣的愿望。

埃里克森（1963）提出，儿童会遇到与发展主动性（4~6 岁）和勤奋（6~12 岁）

相关的发展阶段。这些品质对生涯发展过程至关重要。如果缺乏这些品质，儿童就会感到内疚和自卑，这些负面影响无法促进儿童进行积极和广泛的探索，而这种探索是儿童在生涯发展中取得进步所必需的。当儿童获得主动性和勤奋感时，他们就会利用好奇心来刺激自己探索和收集关于自己和世界的信息。此外，当儿童开始独立做事并获得与自主性相关的积极结果时，他们会体验到自我效能感。

哈维格斯特（1972）认为，在儿童中期（6~11 岁），儿童会遇到一系列与运动协调、情绪发展以及与自我和他人相关的有关态度观点的生涯发展任务。他特别指出，这一阶段的儿童必须：

1. 培养参与游戏的身体技能。

2. 培养对自己的积极态度。

3. 培养人际交往技能。

4. 变得更宽容。

5. 认识适当的性别社会角色。

6. 培养阅读、写作和数学方面的学术技能。

7. 增强独立意识。

8. 培养对团体和机构的态度。

将这些任务应用到罗西塔身上，她若想在生涯发展中取得进步，就需要获得持续的支持和帮助。积极巩固她的成就、鼓励她参与感兴趣的新活动、指导她找出能够培养勤奋感的任务，这些都是针对罗西塔的重要辅导措施。虽然一些辅导措施需要罗西塔独立工作，但对她来说，参与一些以团体为导向的活动也很重要。这些活动将为罗西塔提供发展人际交往技能的机会，同时拓宽她的朋友圈。因此，罗西塔是一个很好的例子，说明了将普适性的生涯发展任务应用于个体时必须因材施教。

小学阶段的生涯发展辅导目标

学习目标 10.3　明确小学生涯发展辅导的目标。

显然，儿童所接触到的生活模式的质量有很大的差异。例如，电视经常为儿童提供刻板化性别角色和职业的例子（例如，只有女性担任护士，只有男性担任汽车修理工，女性承担主要或唯一的家务和育儿责任）。儿童利用这些信息得出适合他们生活模式的结论。随着儿童越来越多地接触到刻板化的行为和预期，他们开始将非传

统的生活模式从进一步的职业考虑中剔除。戈特弗雷德森（Gottfredson）（2002）认
为，这种基于性别的消除过程早在儿童 6 岁时就开始了。戈特弗雷德森还建议，9~13
岁的儿童开始在进一步的考虑中排除那些他们认为对其所处社会阶层来说不那么有
声望的职业。性别和声望排名等变量与对能力和兴趣的自我认知以及家庭和社区期
望相互作用，决定了年轻人对潜在职业的选择。地理因素也会影响这一模式，因为
农村地区的儿童往往会面临与城市地区的儿童不同（通常更少）的职业选择（Lee,
1984）。由于小学生尚未有机会充分探索自己的选择和潜力，所以小学阶段的生涯
发展辅导的一个重要目标是打破迫使学生过早进行教育与职业选择的环境要素的制
约（Marcia, 1966）。小学期间鼓励使用非传统榜样（如男护士、男秘书、女医生、
女工程师）和探索广泛的职业环境等生涯辅导手段。在这个层面上使用的任何评估
也是如此。特蕾西（Tracey）和凯伦姆（Caulum）（2015）报告了他们在开发儿童
活动量表（一种用于评估儿童的霍兰德类型的工具）时，在成功减少性别偏见方面
所做的努力。

　　罗西塔可以通过接触在各种职业环境中工作的女性而受益。由于她的直系和旁
系亲属中的女性都在从事传统职业，所以了解从事非传统职业的女性对罗西塔很有帮
助。有机会在自己感兴趣的职业领域中接受女性的指导，也可能有助于罗西塔培养信
任感、自主性、主动性和勤奋感。

　　小学阶段的生涯发展辅导的另一个目标是提供一个培养好奇心的环境（Super,
1990）。好奇心是"燃料"和促进探索的基础。儿童通过幻想和游戏自然地表达好奇
心。例如，儿童经常积极参加与医生、消防员、教师、专业运动员和护士等职业相关
的基于幻想的游戏。好奇心可以引导儿童获取关于自己和环境的准确信息。例如，实
地考察与儿童基于幻想的职业兴趣相关的职业环境，可以增强儿童的好奇心，刺激儿
童进一步探索并逐步明晰自己的兴趣（Super，1957）。

　　显然，如果罗西塔的咨询师鼓励她识别和探索她感兴趣的活动，然后帮助她通过
参与这些探索活动而认知自我，这对罗西塔将是有益的。培养对自我和对工作世界的
好奇心将有助于提高罗西塔对可能发生的事情的认知水平，并打破其可能正在遭受的
环境限制。换句话说，这是开始对罗西塔赋权的一种方式。

　　鼓励儿童参与与其兴趣相关的活动，可以培养儿童的自主意识、对未来探索机
会的预期，以及开始有计划的行为（Watts, Super & Kidd, 1981）。当儿童的兴趣、技
术和能力联系在一起时，儿童就会产生积极的自我概念，这为儿童应对青春期的生涯
发展任务提供了基础（Super，1994）。随着儿童进入青春期，他们必须完成 4 项主要
的生涯发展任务。具体来说，他们必须开始关注未来、加强个人对生活的管理、说

服自己在学校和工作中取得成就、培养合格的工作习惯和态度（Super，Savickas，& Super，1996，p. 131）。

不幸的是，当将这 4 项任务与美国教育进步评价中的生涯和职业发展项目（一项对大约 28 000 名 9 岁儿童的调查）的数据进行比较时，人们可能会得出小学生在完成这些任务方面只取得了微小的成功的结论。调查结果表明，儿童的自我认知和职业信息获取能力有限，对其行为和未来生涯决策的责任感有限。显然，这些结果令人担忧。因为那些不能完成小学阶段生涯发展任务的儿童，在中学阶段遇到生涯发展任务时，有可能遇到更大的困难。因此，有必要考虑如何以更系统和有效的方式向小学生提供生涯发展辅导。

基于咨询和发展的文献，小学阶段的儿童的生涯发展目标应着眼于帮助儿童在以下方面发展基本技能和增强意识。

自我认知；

与他人互动的技能；

教育和职业探索的基本技能；

教育成就的价值意识；

工作和学习之间的关系意识；

了解和使用生涯信息的基本技能；

个人责任感和良好工作习惯的重要性的意识；

工作与社会的需求和功能之间的关系的意识；

决策技能；

生活中角色的相互关系的意识；

不同职业和不断变化的男性 / 女性角色的意识；

生涯规划过程意识。

小学生涯发展辅导

学习目标 10.4 明确小学生涯发展辅导的具体措施。

《美国生涯发展指南》（见附录 E）为制订生涯发展目标和辅导措施提供了一个框架。由于自我意识为处理生涯信息提供了基础，所以小学阶段的生涯发展辅导首先可以聚焦于帮助学生发展更全面的自我认知。例如，在幼儿园和一年级的时候，学生可以通过画画来描述自己，也可以写句子描述他们喜欢的事情和对他们来说重要的事情，并把一些他们最喜欢的东西带到学校展示给同学，从而提高他们的自我认知水平。这些活动还能够强调认可学生在课堂中所存在的差异的重要性。学生之间的差异可以说是对学习过程的宝贵贡献，因为我们从与我们不同的学生身上学到的东西往往比从那些在兴趣、技能或背景上与我们相似的学生身上学到的东西更多。鼓励学生专注于澄清其自我概念的活动可以得到重视，并且应该很容易地渗透到学校第一年的课程中。学生之间在文化传统方面的差异理应得到重视和赞美。

在罗西塔澄清自我概念时，她很可能会从理解她的家庭状况不是她造成的这一点中受益，此外，强调她与祖母的积极关系也可能有用。在处理学生之间的背景差异时，罗西塔的老师讨论家庭的不同定义方式也是很重要的。这可能有助于罗西塔专注于她所拥有的东西，而不是在家庭中失去的东西。

随着学生在小学和中学阶段的进步，在帮助学生更多了解自己时可以辅助开展注重教育和职业探索的活动。例如，小学阶段的学生可以确定其家庭成员（例如父母、祖父母、阿姨和叔叔）的职业以及每个家庭成员的受教育水平和类型。当学生分享这些信息时，可以强调教育和工作之间的关系（例如，从事一些工作需要接受过大学教育，而从事其他工作可能需要接受不同类型的培训，如职业学校或关于学徒制的培训）。家庭成员职业的差异可以作为优势来讨论（例如，有从事各种职业的人，社会才能有效运作）。为了抵制职业性别歧视，可以邀请从事非传统职业的男性和女性到学校讨论他们的工作。（为了加深罗西塔对职业选择的认识，让罗西塔接触从事专门职业的拉丁裔人将是有益的。）

比尔（Beale）和威廉姆斯（Williams）（2000）讨论了小学环境中的"职业生涯体验日剖析"（p. 205）。具体来说，他们认为充分的规划有助于职业生涯体验日的成功开展。此外，成功开展的职业生涯体验日提供了打破职业刻板印象的机会，让父母/监护人以及社区和企业代表参与到学校的咨询课程中，有助于学生开始在自己和未来之间建立积极的联系。

为了准备职业生涯体验日，比尔和威廉姆斯（2000）建议成立一个规划委员会（成员包括咨询师、教师、行政人员、社区代表和家长）。规划委员会的首要任务是制订职业生涯体验日的目标（例如，扩大学生对学校－工作联系的认识，增加学生对社区工作人员的了解，增加学生与工作者相互关系的理解，增加学生对传统和非传统职业的认识）。

接下来，规划委员会应确定完成具体任务的时间表（例如，通过写邮件和邮寄信件通知家长和教师职业生涯体验日的时间、地点、目标）。关于职业生涯体验日的时间安排，咨询师可能希望将职业生涯体验日与美国生涯发展协会的生涯发展月（通常在 11 月）联系起来。美国生涯发展协会在全国生涯发展月期间赞助了一场诗歌和绘画比赛，并为咨询师提供了资源，以便为学校范围内的职业生涯体验日等活动的开展做准备。显然，规划委员会必须系统地为职业生涯体验日挑选演讲者。使用霍兰德类型（即现实型、研究型、艺术型、社会型、企业型和传统型）作为识别代表性职业的指南可能会很有用。调查教师和家长、联系当地商会、征求规划委员会成员的建议等都是确定职业生涯体验日潜在演讲者的方法。在邀请潜在的演讲者时，确定活动的时间和地点、职业生涯体验日的目标、要讨论的具体话题以及讨论话题的形式（例如，"展示和讲述"与讲座）都是有帮助的。一旦有人同意参与演讲，比尔和威廉姆斯（2000）建议向对方发送一封确认信，其中包含他们参与演讲需知晓的重要信息。随着职业生涯体验日的临近，学校应发布公告，提醒学生和学校工作人员注意该活动。

规划委员会要解决的其他问题包括决定职业生涯体验日的形式（例如，是否使用一个固定位置，学生是否会在不同教室轮流与演讲者会面，或者演讲者是否会在不同教室演讲）。一旦职业生涯体验日的计划最终确定，咨询师应制订一份详细的时间表分发给所有参与者。

学生为职业生涯体验日所做的准备包括为学校所有工作者制作一幅海报，让学生采访他们的父母 / 监护人以获取有关他们工作的信息，让学生使用杂志和报纸上的图片制作关于工作者的海报，并让学生列出在职业生涯体验日可能用到的采访问题的清单。

在职业生涯体验日当天，应该指派志愿者在演讲者到达时与他们见面，帮助他们熟悉环境；还应要求演讲者完成对其经历的评价，并在当天结束时反馈。获取对当天效果的评价对改善未来的职业生涯体验日非常重要。应向所有相关人员发送感谢信。职业生涯体验日结束后，咨询师可以在课堂上开展指导活动，帮助学生吸收他们所学到的信息，引导他们讨论他们对所接触工作的看法，并确定下一步要采取的措施，以便更多地了解工作世界。

幼儿园和 1 年级的学生在学习工作的过程中，可以把重点放在与他们有最直接关系的职业上（例如，家庭成员的职业、学校环境中的职业、学校附近存在的职业）。然后，到了 2~5 年级，学生可以逐渐了解更多的职业（例如，社区范围内的职业、州范围内的职业、国家范围内的职业和全世界范围内的职业）。使用近距离规划指导学生获取职业信息，有助于学生理解工作在他们生活中的重要性，以及各种工作者对社会的贡献。在水平相近的学生中，也可以强调工作与从事特定职业的教育要求之间的关系。学生们还可以讨论成功从事职业所需的条件。工作内容技能（每个职业的具体技能要求）、功能技能（可跨职业转换的技能）和自我管理技能（例如，可靠、与同事友好相处、值得信赖、按时完成任务）也可以被纳入这些讨论。

比尔（2000）提供了一个很好的例子，说明了一次精心策划的实地考察如何能提升小学生的生涯意识。比尔以医院考察为例指出，必须要精心策划和实施才能使这种活动发挥作用。例如，在计划一项关于生涯意识的实地考察时，咨询师需要让教师、学生、工作场所人员和家长参与进来。除了确定考察的具体目标和获得工作场所人员、家长和教师的同意外，咨询师还应在考察前对工作场所进行一次模拟考察。在初次访问工作场所期间，咨询师应与工作场所的代表（例如，将与学生互动的管理人员和工作者）会面，交代清楚考察的目的和持续时间，以及需要向学生提供哪些机会。咨询师应向所有相关工作者提供列有学生将提出的所有访谈问题的清单，以减少访问期间的意外情况并帮助工作者做好准备，这将有助于最大限度地提高考察的效率。

然而，需要注意的是，学生也需要为实地考察做好准备。提升学生参观前的兴趣和动机将增加考察成功的可能性。实现这一目标的方法包括让学生参与出行前的课堂生涯活动。例如，在准备与实地考察有关的布告栏时，学生可以带来关于工作者和工作场提供服务的图片。学生可以在课堂上讨论实地考察中应该注意什么，准备一些可以向工作者提出的基本问题（例如，你做这类工作多久了？你最喜欢/最不喜欢的工作是什么？要上多久的学才能做你的工作？），这有助于学生在实地考察中更有效地学习。（同样重要的是要让学生知道，诸如"你赚多少钱？"这样的问题是不合适的。）让工作者到教室来（穿着他们的工作服）也可以提升学生对实地考察的兴趣和积极性。在这里，咨询师应该记住提供非传统工作者（例如，一名女医生、一名男护士、一名非洲裔女性 CEO）作为例子的重要性。其他准备活动还可以包括绘制工作场所的图片、查看黄页①或上网以确定该地区相关工作场所的数量，以及引导学生讨论是否曾参观过类似的工作场所。

比尔（2000）还建议咨询师利用前往工作场所的时间为学生做准备。例如，给每个学生一份要在工作场所寻找的具体职业的清单，这是在前往工作场所途中激活学生思维的一种方式。咨询师也可以给学生提供拼写的工作表、隐藏的字谜，或使用与他们在参观时将看到的不同职业、工作材料和设备有关的字谜。

参观结束后，比尔（2000）建议开展一些活动来加强学生的学习和生涯意识。例

---

① 黄页是国际通用的按企业性质和产品类别编排的工商企业电话号码簿，以刊登企业名称、地址、电话号码为主体内容，相当于一个城市或地区的工商企业的户口本，国际惯例是用黄色纸张印制，故称黄页。黄页，起源于北美洲，1880 年世界上第一本黄页电话号码簿在美国问世。——译者注

如，通过课堂讨论收集学生对实施考察的反馈，重点是让学生列出观察到的职业、确定与观察到的职业有关的学校科目，并讨论各种职业的相互关系（例如，"如果没有护士、保管员、接待员、勤务员等，会发生什么？"），这些都是有用的后续活动。让学生准备一本包含实地考察相关信息的剪贴簿和（或）制作参观幻灯片（由学生撰写并讲述脚本），也是可以与课程联系起来的重要活动。对活动进行评估（例如，要求学生确定他们是否在所参观的工作场所学到了更多关于工作的知识，以及他们是否在参观之前、期间和之后喜欢这些活动）是这个过程中重要的一步，也是最后一步。

教育和职业探索活动可以通过其他多种方式融入课程。例如，突出不同地理位置所需的各种工作类型的作业可以纳入社会研究课程，也可以设计文学作业（例如，短篇小说写作），帮助学生了解更多关于不同职业的工作者的工作，并表达他们重要的自我特征（例如，写自传可实现这一点）。在艺术课程中，可以让学生画、拍摄从事各种职业的工作者。

帮助学生了解生涯规划和决策过程的活动包括让学生阅读传记，然后引导他们讨论传记中的主人公做出的重要生涯决策。在讨论他们所读的传记时，可以鼓励学生思考什么是"好的"生涯决策，而不是"坏的"生涯决策。此外，学生还可以使用时间轴来记录影响他们所阅读的传记中的人物在生活中所做决定的重要事件。

鼓励学生阅读有关从事非传统职业的人的故事，有助于抵消职业性别刻板印象对他们的影响。还可以引导学生讨论文化、性别和社会阶层可能对故事中的人物的生涯发展产生的影响。

在小学阶段提供生涯发展辅导的另一个重点是提高学生的认知水平，包括增强学生的自我意识、生涯意识，加深学生对工作和教育之间关系的认识，以及对如何做出职业决定的认识。应鼓励学生参与能够促使其进行广泛的自我和职业探索的活动，以激发其对未来的兴趣。内部控制感（例如，"我可以控制我的发展方向"）、对未来的关注（例如，"发生在我身上的事情对我很重要"），以及个人能力或自我效能的态度（例如，"我有能力做我应该做的事情"），也应该是小学阶段生涯发展辅导的成果（Super et al., 1996）。取得这些成果，学生就能准备好应对他们在初中阶段所面临的生涯发展任务。

马格努森（Magnuson）和斯塔尔（Starr）（2000）提出了以下想法，以指导生涯发展辅导措施的规划。

1. 成为孩子的持续观察者

注意孩子如何处理任务；

注意孩子选择参加的活动；

观察并鼓励孩子培养主动性；

注意孩子在活动中呈现的主题模式。

2. 认为活动的过程与活动本身一样重要

为了帮助孩子培养勤奋感而不是自卑感，将反馈意见集中在孩子努力的具体细节上；

在进行生涯认知和职业探索的同时，为孩子提供表达自己对各种职业的信念的机会。（p. 100）

然而，这些建议都必须在现实的背景下看待。一个实际情况是，小学咨询师在为学生提供生涯服务方面得到的支持很少。例如，帕金斯（Perkins）（2012）调查了学校咨询师对小学咨询师的看法，受访者包括 124 名小学咨询师和 65 名小学教师，他们完成了学校咨询师调查，表达了他们对学校咨询师重要性的认知。该调查有两个主要问题："利益相关者对小学咨询师的重视程度如何？"和"利益相关者对小学咨询师的价值的看法是否不同？"。结果显示，生涯发展的总体平均分最低，小学咨询师和小学教师基本上对小学咨询师为学生提供生涯服务的价值持中立态度。受访者还表示，他们认为小学咨询师的职业角色不如个人／社会和学术角色重要。这是令人沮丧的，而且也忽视了另一个重要的现实：小学生已经对他们未来的可能性形成了信念。当学生被鼓励将学习视为他们的重要工作，而不是无关紧要的杂务，并开始将他们的行动和选择与"未来从事的工作"联系起来时（正如本章开头所述），他们学习的动机就会增强，对学习的参与程度也会提高。不幸的是，当学校咨询师不参与生涯发展时，情况恰恰相反，而且更有可能发生这种情况。我们同意普利亚姆（Pulliam）和巴尔泰克（Bartek）等人（2018）的观点——呼吁学校咨询师更多地参与小学阶段的生涯发展。

父母参与

学习目标 10.5 了解父母参与的作用。

父母对其子女的生涯发展有很大的影响。父母为其子女的工作表达了大量间接和直接的意见。大多数成年人都能回忆起他们的父母对他们的工作经历进行正面和负面表达的许多事例。当孩子对他们尚未直接接触到的生活领域形成自己的理解时，这些表达会对他们产生间接影响。因此，孩子依靠成年人和同龄人获取信息。如前所述，孩子利用他们收到的信息，对他们的职业选择做出初步决定。

杨（Young）（1994）认为，父母对生涯发展过程的影响在有计划、有目标的情况下最为有效。然而，许多父母对生涯发展理论以及环境因素如何影响孩子的生涯发展过程的知识掌握得很少。因此，咨询师必须帮助父母学习如何为孩子的生涯发展做出积极贡献。咨询师可以首先向父母提供有关生涯发展过程的信息（例如，在小学期间，鼓励父母加深他们对自我和工作世界的认识）。咨询师还可以向父母解释环境因素如何影响父母愿意考虑的选择。例如，咨询师可以与父母讨论媒体中的职业和性别角色刻板印象的影响。最后，咨询师可以帮助父母确定具体策略，以促进孩子的生涯发展。在对话中，父母需提供准确的职业信息，挑战职业刻板印象，这是父母帮助孩子实现积极的生涯发展的一个明显而重要的方式。关于生涯发展的亲子职业对话应该培养一种好奇心、对各种可能性持开放态度、对选择的认识以及对工作世界的积极态度。

赫尔等人（2004）确定了父母可以帮助孩子在生涯中取得进步的 8 种方式，具体如下。

1. 父母可以鼓励孩子分析重要的自我特征（例如，兴趣、能力和价值观）。

2. 当父母熟悉工作的具体要求时，他们可以将其告知孩子。

3. 父母可以讨论工作价值观在工作中的重要性。

4. 家长可以解释工作、薪酬和家庭经济状况之间的联系。

5. 父母可以联结孩子与信息资源（例如其他工人、书籍、电影），以帮助孩子获取准确的职业信息。

6. 父母可以留意避免对职业选择和工作者产生刻板印象。

7. 父母可以为孩子提供在家庭和社区中工作的机会。

8. 父母可以为孩子提供学习和实践决策技能的机会。（p. 364）

帮助父母了解其对工作和职业的态度，让孩子在家庭和社区中获得工作机会，并在孩子进行生涯决策时为他们提供支持，这些都是帮助孩子有效应对生涯发展问题的方法。通过向父母提供知识和信息，帮助他们的孩子有效地处理生涯发展任务，咨询师为他们所服务的学生的生涯发展做出了重要贡献。

罗西塔和她的母亲都可以从学习更多关于生涯发展过程的内容中受益。帮助罗莎了解生涯发展的过程将为她提供信息，使她能够更有效地管理自己的生涯。指导罗莎如何帮助罗西塔进行生涯发展，不仅有助于罗西塔，而且也有助于罗莎感受到自己作为家长的价值。加强罗莎和罗西塔之间的联系，将有助于罗西塔发展她所需要的信任和自主性，以促进她的生涯发展。

总结

新手父母总是想知道他们的孩子以后会选择什么样的生涯。许多人没有意识到的是，孩子在生命早期就开始为特定的生涯规划路线。生涯选择受遗传因素和环境因素的综合影响。像所有的生涯发展任务一样，生涯发展过程可以是系统性的和有意识的，也可以是随意的和被动的。大多数父母都希望自己的孩子能得到系统的生涯发展帮助，具备有效管理自己的生涯的能力。对于小学生来说，他们的任务是更多地了解自己和可供选择的教育 / 职业。通过提供支持，消除职业认知中的偏见，帮助儿童获得关于他们自己和工作世界的准确信息，咨询师为儿童提供了进行有效的生涯规划和决策的基础。

案例研究

罗伯特（Robert）是一名 9 岁的欧洲裔男孩，在当地一所城市小学读 5 年级。虽然他的科学成绩在班上名列前茅，但他的阅读和写作能力却低于年级平均水平。他的老师说他是一个讨人喜欢、性格外向的孩子，他总是渴望学习更多知识，并在课堂上帮助其他人。

罗伯特的校外生活充满挑战，他的父亲在他 6 岁时与他的母亲离婚并搬走了。如今，罗伯特与父亲的关系并不密切。母亲露西（Lucy）没有再婚，在当地一所大学担任招生老师，工作时间很长。罗伯特与他的母亲和祖父母住在一起，罗伯特的祖父是一名退休警官，他非常支持罗伯特。罗伯特的祖母主要负责照料家里，她和露西希望与你这个学校咨询师见面，讨论罗伯特在阅读和写作方面表现较差的问题。

当被问及兴趣时，罗伯特认为体育是他除学习以外的主要兴趣，尤其是足球。在闲聊中，罗伯特谈到了他想成为一名宇航员，但很快又说他"可能不够聪明"，并表示不知道如何成为宇航员。

作为学校咨询师，你将如何应对罗伯特的生涯发展需求？你会让谁参与你对罗伯特的生涯咨询工作？你认为哪些理论会对你了解罗伯特的情况有帮助？你如何帮助罗伯特建立更强的自尊心和积极性？

学生练习

1. 你认为帮助小学阶段的儿童处理哪些生涯发展任务是最重要的？

2. 你认为哪些因素会对儿童的生涯发展产生消极影响？

3. 你可以使用哪 3 种策略来促进儿童实现积极的生涯发展？

4. 你为什么认为对小学生进行生涯发展辅导会有阻力？

5. 你如何协助父母 / 监护人帮助他们的孩子体验积极的生涯发展？

6. 采访一名小学生，了解他的生涯发展。问这个小学生他认为哪些职业对他来说是可能的，他是否认为从事某种职业是不可能的，他为什么认为从事某种职业是不可能的，以及如果他可以任意选择职业，他会选择什么职业。然后，与他一起探讨他认为该职业具有哪些吸引力。

小学生生涯发展活动示例

有趣的活动

美国职业信息协调委员会（NOICC）制订的《美国生涯发展指南》： 自我认知。

目的： 讨论各种活动相关的兴趣。

目标： 学生学会将兴趣与活动联系起来。

材料： 杂志和剪刀。

介绍： 讨论参与我们认为愉快的活动的重要性。当我们参与自己喜欢的活动时，活动就会变得有趣。相反，当我们参与自己不喜欢的活动时，我们会有不同的反应。学生需要讨论他们参与自己喜欢的活动和不喜欢的活动时的感受。

活动： 让每个学生从杂志上剪下照片，展示人们参与学生喜欢的活动的场景。让学生与同学分享自己剪下的部分，并使用以下句式告诉同学自己为什么喜欢这项活动："我觉得这项活动的有趣之处在于……"。

讨论： 讨论不同的活动和兴趣。询问学生是否喜欢同学分享的活动，具体喜欢哪些活动，并说明原因；有没有不喜欢的活动，具体不喜欢哪些活动，并说明原因。

结束语：强调学生表达的好恶并没有"对与错"。真正重要的是，学生清楚他们感兴趣的是什么。讨论如何将学生的兴趣与职业和非职业活动联系起来。强调这两种类型的活动对于提供表达兴趣的渠道的重要性。

时间：45 分钟。

评估 / 作业：让学生列出他们感兴趣的活动和他们不感兴趣的活动。

我所拥有的技能

美国职业信息协调委员会（NOICC）的生涯发展指南：自我认知。

目的：讨论学生已经发展的技能。

目标：学生能够识别他们所拥有的技能。

材料：技能清单、纸张和铅笔。

介绍：讨论所有人都有许多技能这一事实。有些技能是在学校学习的，有些技能是在家里或在游戏中学习的，还有一些似乎是"天生"的技能。向学生分发一份技能清单。审核该清单，确保学生理解其中所列的技能。

活动：让学生列出 3 项他们喜欢的活动，将学生分成 4 人一组，为每位学生分配以下角色之一：采访者（两名）、受访者和记录者。受访者必须确定一项他喜欢的活动。采访者必须尽可能多地确定受访者在参与活动时使用的技能。受访者必须对采访者确定的技能回答"是"或"否"。记录者列出受访者在活动中使用的技能。10 分钟后，停止活动，学生轮换角色。每次采访结束后，将记录者名单交给受访者。

讨论：讨论了解我们所拥有的技能的重要性，指出在参加我们喜欢的活动时，识别我们使用的技能是有用的原因，回顾识别这些技能在生涯规划中的作用。

结束语：重复进行这个活动，直到学生有了所有 3 项活动的技能清单（建议这个活动分多次进行，例如，3 次 30 分钟的活动）。让学生回顾他们的技能清单，要求他们圈出在技能清单中重复出现的技能，并讨论在生涯探索中关注这些技能的重要性。

时间：60~90 分钟。

评估 / 作业：要求学生找出与在技能清单中重复出现的技能有关的职业。

感受

美国职业信息协调委员会（NOICC）的生涯发展指南：自我认知。

目的：讨论理解他人感受的重要性。

目标：学生能从非语言线索中辨别他人感受，并确定回应他人感受的方法。

材料：表达各种感受的人的照片、黑板和粉笔。

介绍：解释对他人感受敏感的重要性。与学生讨论当其他人对他们的感受不敏感时他们的感受，以及当其他人对他们的感受敏感的情况，并将两者进行对比。引导学生用头脑风暴的方式表达感受，在黑板上列出学生的感受。

活动：引导学生开展头脑风暴，在黑板上列出学生的感受，向学生展示表达各种感受的人的照片。让学生猜测不同照片中的人表达的感受，在黑板上列出这些感受。

讨论：与学生讨论他们如何回应列出的每种感受，让学生试着表达各种不同的感受（无效的感受和有效的感受）。让学生对每种感受做出反应，并确定如果有人以这种方式回应他们，他们会有什么感受。

结束语：强调能够认识和回应他人的感受对进行有效的人际沟通是非常重要的。

时间：45分钟。

评估/作业：列出3种状态，让学生针对每种状态表达相应的感受（快乐、伤心、愤怒等）。例如，"当老师因为我没有做的事情而对我大喊大叫时，我很伤心"。指导学生思考如果是由他们的朋友表达相应的感受，他们会如何回应（例如，"你听起来很伤心，因为老师对你大喊大叫"）。

什么是朋友？

美国职业信息协调委员会（NOICC）的生涯发展指南：自我认知。

目的：确定与他人建立友谊的价值。

目标：提升自我意识和对他人的认知水平，确定朋友身上有价值的属性。

材料：纸张、铅笔、海报板或黑板和粉笔。

介绍：问学生："什么是朋友？"

活动：学生将单独回答或分成小组回答。引导学生在海报板或黑板上写下描述朋友的词语。然后，学生可以画一幅关于"朋友是什么"的插图。

讨论：讨论学生对朋友的定义，要求学生对这些定义进行优先级排序（例如，从 1 到 10 进行编号）；询问学生其是否符合其对"朋友"的定义，并请学生说明原因；问学生"朋友重要吗？为什么？"关注朋友如何提供支持以帮助一个人实现目标，或者朋友如何以不利于实现目标的方式影响一个人。

结束语：讨论真正的朋友如何相互帮助以实现他们的目标。

时间：30~45 分钟。

评估 / 作业：让学生列出他们想要结交的朋友的 5 个特征。

"问题桶"

美国职业信息协调委员会（NOICC）的生涯发展指南：自我认知。

目的：讨论个人遇到的一系列问题和可能的解决方案。

目标：学生能互相帮助，思考各自遇到的问题和可能的解决方案。

材料：铅笔、容器（桶）和便笺卡。

介绍：向学生解释"问题桶"是什么。学生以匿名的方式将他们面临的问题写下来并放到桶中，然后对这些问题进行讨论并探讨解决方案。

活动：让学生在便笺卡上写下他们遇到的问题并把这些便笺卡放进桶里。让学生分成小组讨论问题和可能的解决方案。要求学生认真、保密地处理信息，并尊重志愿者的匿名性。

讨论：允许小组将他们讨论的问题，以及他们制订的解决方案提交给大组。鼓励其他小组也提供解决方案。

结束语：讨论有多少学生有类似的问题。重点补充讨论与他人讨论问题时的感受，强调几乎所有问题都有解决办法。

时间：30~45 分钟。

评估 / 作业：让学生写下对以下问题的回答："通过这项活动，你从'问题'中学到了什么以及如何解决它们？"答案应集中在活动中讨论的主题上，尤其是活动的结束部分。

连环漫画

美国职业信息协调委员会（NOICC）的生涯发展指南：自我认知；教育和职业探索。

目的：探索连环漫画如何反映人的行为、个性、生活方式等。

目标：学生能够识别和讨论连环漫画如何反映人和社会等。

材料：报纸上的连环漫画、连环漫画书等，铅笔、纸、粉笔和黑板。

介绍：要求学生通过报纸上的连环漫画或连环漫画书等，找出连环漫画反映生活真相的方式。

活动：要求学生列出漫画人物反映人的行为和个性的方式，在连环漫画中找到关于家庭危机、冲突、价值观、社会问题、偏见、定型观念（特别是与工作有关的）和工作问题的例子。然后请学生画连环漫画，展示他们生活的某个方面的情况，如学校生活、他们参与的某项运动，或他们选择的职业。

讨论：询问学生这些连环漫画如何反映或未能反映真实生活。讨论连环漫画中是如何展示幽默的，以及为什么学生认为别人会因为连环漫画中的情节而笑。要求学生选择一个他们想成为的漫画人物，并说明原因。问学生他们是否觉得连环漫画是有目的的，或者连环漫画的影响是否是消极的（例如，连环漫画中的暴力行为可能被认为对儿童有消极影响）。

结束语：连环漫画告诉我们，在我们的文化中的共同经历和我们遇到的特定文化问题，往往揭示了文化如何影响我们对遇到的问题的反应。明确连环漫画的主题，例如，在处理问题时保持多元视角和保持幽默感的重要性。强调通过制订有效的应对策略，一个人可以更有效地管理所有问题，并且减少压力。

时间：1小时，但这项活动也可以用于多次会议，特别是如果学生被要求绘制自己的连环漫画。

评估 / 作业：学生可以回答以下问题："幽默如何帮助你处理遇到的问题？"

我认识的工作者

美国职业信息协调委员会（NOICC）的生涯发展指南：教育和职业探索。

目的：向学生介绍他们每天遇到的职业。

目标：学生能识别他们每天在生活中看到的工作者。

材料：黑板、粉笔。

介绍：讨论学生每天遇到的各种类型的工作者及其职业，强调这些工作者中的每一个都在维持社会运转方面发挥着重要作用。

活动：列出学生每天看到的工作者及其职业，识别每个工作者在帮助社会运转方面所扮演的角色。

讨论：讨论所列举的每种职业的重要性、从事每种职业所需的培训，以及与之相关的益处。一定要解决每个职业选择中的性别定型问题（例如，对那些认为只有一种性别的人可以从事某种特定职业的学生进行挑战）。

结束语：强调了解更多职业的重要性；鼓励学生在未来两天列出他们观察到的职业。

时间：30~45 分钟。

评估 / 作业：要求学生列出未来两天在学校和社区观察到的工作者和他们的职业。

工作中的女性和男性

美国职业信息协调委员会（NOICC）的生涯发展指南：自我认知；教育和职业探索。

目的：讨论工作中的性别角色刻板印象。

目标：学生能认识到职业选择不一定是基于性别的。

材料：挂图、记号笔。

介绍：要求学生思考他们每天看到的工作者。

活动：要求学生在课桌前的一张纸上列出他们每天看到的工作者，以及他们是男性还是女性（例如，校长——女性，保管员——男性，公交车司机——女性）。然后，使用两张挂图，在其中一张挂图上标明"女性"，在另一张挂图上标明"男性"。让学生说出他们注意到的职业。根据学生注意到的职业中的工作者的性别，将该职业列在"女性"或"男性"挂图之下。

讨论：讨论"女性"和"男性"挂图中职业的重复情况，询问学生能得出什么结论。对于只列在一张挂图上的职业，请学生讨论他们是否认为异性可以从事这些职业。对学生表达的基于性别的假设提出质疑。

结束语：强调不要因为某一特定职业中某一性别的人比另一性别的人多，就认为该职业只适合某一性别。

时间：30~45 分钟。

评估 / 作业：要求学生找出两个与他们最初列出的工作者性别相反的人。例如，如果学生原来在名单上指出一位校长是女性，则指示他们找出一位担任校长的男性。如果他们无法识别周围环境中的人，他们可以询问家庭成员是否认识从事某种职业且与原始名单上的工作者性别相反的人。

未来技能

美国职业信息协调委员会（NOICC）的生涯发展指南：自我认知；教育和职业探索；生涯规划。

目的：讨论未来以及技术对我们日常生活的影响。

目标：学生能意识到技术对他们未来生活的影响。

材料：黑板和粉笔。

介绍：讨论我们今天做的事情有多少受到技术的影响。例如，电子邮件通信、卫星电视、微波炉、车载计算机、传真机和车载电话都使我们以与我们的孩子不同的方式做事。讨论现在因技术而存在的工作，并将今天的工作方式与 100 年前的工作方式进行比较。

活动：将学生分成小组，让每个小组合作创作海报，在海报中画出"未来的生活"。

讨论：让学生分享他们的画，并讨论他们所画的内容，以及这些内容对他们未来工作的启示；讨论由于技术原因，哪些工作在未来可能不存在。

结束语：强调设想未来生活对生涯规划的影响。例如，学生可以讨论未来工作所需的技能。

时间：45 分钟。

评估 / 作业：让学生写一份简短报告，以确定他们认为未来工作中的哪些部分有趣、哪些部分可怕。

想象一下吧！

美国职业信息协调委员会（NOICC）的生涯发展指南：自我认知；教育和职业探索；生涯规划。

目的：讨论学生基于种族／民族和性别对工作者的假设。

目标：学生能认识到种族／民族和性别不是职业要求。

材料：杂志和剪刀。

介绍：向学生解释，许多人基于错误的假设和与工作任务无关的因素得出关于职业要求的结论。

活动：向学生展示从事不同职业的人的照片，让学生猜测每个人的职业。

讨论：讨论学生在猜测每个人的职业时所做的假设，为什么将人口统计信息与职业联系起来是不合适的，学生所做的假设在他们自己的生涯发展中可能起反作用的方式（例如，学生所做的假设可能导致他们剔除适合自己的职业）。

结束语：鼓励学生找出他们可能在生涯规划中排除非传统职业的原因，并讨论这些原因是否是做出生涯决策的良好基础。

时间：45 分钟。

评估／作业：让学生采访一个从事非传统职业的人，并要求该人回答以下问题。

1. 你喜欢你的职业吗？

2. 选择非传统职业困难吗？

3. 你在从事非传统职业时遇到过哪些挑战？

4. 你会鼓励其他人考虑从事非传统职业吗？

ABC 职业清单

美国职业信息协调委员会（NOICC）的生涯发展指南：教育和职业探索。

目的：让学生按 A~Z 的字母顺序尽可能多地列出他们能想到的职业，并确定哪些职业需要工作者做的工作最多。

目标：学生能确定职业，并清楚地认识到哪些职业最耗费精力。

材料：黑板、粉笔、铅笔、纸张。

介绍：要求学生建立一个 ABC 职业清单，以便每个字母都有一个工作清单。问学生他们认为需要工作者做最多工作的 3 种职业，以及为什么（一定要让他们讨论他们对"做最多工作"的定义——劳动量、每天的工作时间等）。

这个活动的一个变种是将学生分成两组，让每组学生在预先规定的时间内（如 2 分钟）按字母顺序列出职业清单，看哪组列得多。组长可以只负责计时。

活动：学生将在黑板或纸上列出职业。

讨论：讨论学生如何理解工作的定义以及从事特定职业所需的精力。讨论对学生来说，精力需求最少或最多的工作是最不理想的还是最理想的，以及为什么。询问学生他们觉得哪些工作挣钱最多、他们是否觉得花费更多精力总是能带来更高的报酬。

结束语：讨论了解工作和工作要求的重要性。强调我们的个人偏好如何影响我们对工作的看法，这是这项活动的一个重要部分。强调没有一种方法可以列出首选工作。每个人都会有自己的职业清单，以及喜欢某些工作和特定职业的原因。

时间：30~45 分钟。

评估 / 作业：让每个学生写下对以下问题的回答："我更喜欢什么类型的工作？"接下来，让学生说："在参与这个活动之后，我想我对工作了解很多（或对工作了解一般，或对工作了解很少）。"然后，让学生在这个活动的基础上确定 3 种他们想进一步了解的工作。

学校和工作

美国职业信息协调委员会（NOICC）的生涯发展指南：生涯规划；自我认知；教育和职业探索。

目的：讨论学校与工作之间的关系。

目标：学生能确定与特定学科相关的职业。

材料：黑板、粉笔、铅笔、纸张。

介绍：讨论学校和工作的关系。

活动：在黑板上列出学科（例如，数学、科学、语言艺术、音乐、体育）。将学生分成小组，要求学生在每个学科下列出需要使用该学科知识的职业（例如，数学——会计、银行出纳员、收银员）。让每个小组将其清单写在黑板上。

讨论：回顾每个小组的清单，让学生确定他们认为某学科的知识是如何在相应职业中应用的。讨论如果从事某种职业的人没有相关学科的背景，会发生什么。

结束语：强调学科和工作之间的联系。

时间：30~45 分钟。

评估 / 作业：让学生采访他们的家庭成员，以确定对从事他们的职业来讲很重要的学科。

领导者和追随者

美国职业信息协调委员会（NOICC）的生涯发展指南：自我认知；教育和职业探索。

目的：讨论被视为领导者的人的个人属性。

目标：学生能够识别领导者的特征，并将其与"英雄"的特征进行比较。

材料：黑板、粉笔、铅笔、纸张。

介绍：开展头脑风暴，让学生把想到的关于领导者和追随者的词在黑板上写下来。

活动：让学生列出他们认为是伟大领导者的名单，包括艺术家、运动员、政治家、科学家、作家、商人和艺人。让学生写下这些人的主要成就和他们共同拥有的5 个特征（例如，勤奋工作、天赋异禀等）。让学生说出他们认识的具有这些特征的人（可能来自家庭、学校等）。讨论领导者和追随者之间的区别、两者的积极特征是什么。

讨论：回顾领导者的特征。询问学生作为一个领导者是否总是一件好事，以及为什么是或为什么不是。要求学生讨论他们是喜欢做领导者还是追随者，并说出原因。注意，学生在某些情况下可能更喜欢做领导者。当后一种情况发生时，要求学生讨论为什么他们在某些情况下喜欢做领导者，而在其他情况下不喜欢。他们应该集中讨论他们所从事的活动，以及他们对自己完成这些特定活动的感觉，等等。讨论人们如何成为领导者（例如，是只有"天生的领导者"还是可以通过后天培养成为领导者？），对追随者进行类似的讨论。

结束语：讨论应该针对工作场所中的领导者和追随者。强调两者的重要性。讨论如果每个人都想成为领导者，会发生什么？如果每人都想成为追随者，会发生什么？

时间：30~45 分钟。

评估 / 作业：让学生写下他们需要发展哪些技能以成为更好的领导者或更好的追随者。

学校：好与坏

美国职业信息协调委员会（NOICC）的生涯发展指南：自我认知；教育和职业探索。

目的：让学生探讨他们对学校的总体感受。

目标：学生会思考他们喜欢学校的地方以及他们对学校不满的地方。

材料：黑板和粉笔。

介绍：在黑板上写出"好"和"坏"两个字。

活动：要求学生轮流写下关于学校的"好"事情或"坏"事情。如果前一个学生在"坏"字下写了内容，后一个学生必须在"好"字下写，以此类推。例如，"我可以看到我的朋友"或"我讨厌学校的午餐"。

讨论：让学生讨论黑板上列出的内容，鼓励他们想一想学校是如何提高他们的生活水平的。然后，学生进行头脑风暴，把"坏"事情变成"好"事情。例如，如果一件"坏"事情是"要做家庭作业"，那么，学生可以讨论关于家庭作业的哪些方面可能是"好"的，也可以分享他们使做家庭作业成为更愉快的事的策略，还可以谈论他们如何做家庭作业，以及何时做家庭作业。同样的方法也可用于其他"坏"事情。请注意，所有的"坏"事情不一定都能转化为"好"事情，选择在这个活动中重点关注哪些事情很重要。

结束语：重点讨论生活中的任何事情是否都是好的，强调将"坏"变成"好"的重要性。

时间：30~45分钟。

评估/作业：让学生找出3件可以变为"好"事情的"坏"事情，并确定使这些事情从"坏"变"好"的策略。

变化

美国职业信息协调委员会（NOICC）的生涯发展指南：自我认知；教育和职业探索；生涯规划。

目的：探索人的变化方式。

目标：学生能够讨论他们作为个体所经历变化的方式以及未来可能发生的变化。

材料：铅笔、纸张。

介绍：要求学生列出或说出自己的一些变化。

活动：请学生说出自己的一些变化，包括在过去 24 小时内的变化（如衣服的变化）、在过去一周内的变化（如在学校学到的新东西）、在过去一年内的变化（如今年加入了运动队）、自出生以来的变化。然后请学生预测未来可能发生的变化（如明年、5 年后、10 年后的变化）。

讨论：讨论每个学生经历的变化，以及他们认为这些变化是积极的还是消极的。讨论学生认为哪些变化对他们今天的身份影响最大。讨论学生对未来可能发生的变化的担忧，以及个体如何成功应对生活中的变化。询问学生希望改变自己或环境的哪些方面，以及是什么阻碍了这种改变。

结束语：回顾讨论情况，要求学生写下他们注意到的自己在未来一周或一个月内发生的变化。要求学生们列出他们想在未来几周内改变的事情，并在未来几周记录关于这一变化的进展（例如，按时完成家庭作业，提前 10 分钟起床，帮助做家务，以某种方式改变外观，等等）。

时间：45 分钟至 1 小时。

评估 / 作业：让学生分享记录。

生涯调查员

《美国生涯发展指南》：教育和职业探索。

目的：知道在哪里以及如何获得有关工作和中学后培训 / 教育的信息。

目标：学生能够确定个人在工作世界中的角色和责任。

材料：大的放大镜（纸做的或实物）、工具箱（工作者使用的工具的集合）。

介绍：告诉学生，你正在调查人们所做的工作，请学生帮助你进行调查。

活动：

1. 在教室里走动，用放大镜仔细观察房间里的各种人和事——像个侦探一样，不要直接和学生交谈。

- 做出"嗯""这很有趣""我可以用这个作为证据"等评论。
- 当你四处走动时，收集教师工作角色和责任的"证据"。

2. 告诉学生，他们将帮助你调查人们在工作时做什么。请 3 或 4 个学生告诉全班学生他们对调查、工作和工作者的定义。

3. 揭开工具箱的面纱。拿出一两种工具，请个别学生拿着工具来帮助你。

4. 使用问题来促使学生讨论 / 参与，例如：

● "嗯……我想知道谁会在工作中使用这个工具？"

● "谁来演示工作者如何使用此工具？"

● "在工作中使用此工具需要哪些技能？"

● "谁的家庭成员在工作中使用这种工具？"

按照同样的程序，再用三四种工具进行提问（使用工具的数量取决于学生的注意力能集中多久）。

讨论：请学生讲述他们发现的关于工作者的一件事。

结束语：请学生帮助你通过观察家中或任何地方的工作者，进一步了解人们在工作中的情况。

● "当你回家时，看看你的父母、祖父母、姐姐或哥哥，或者其他可能和你住在一起的人。试着注意他们为工作做的事情，也许你甚至想问他们在工作中做了什么，或者他们可以使用什么工具。"

● "在下一节课中，我们将讨论你们的观察结果，你们将看到工具箱中的更多工具。"

时间：30 分钟。

评估 / 作业：学生将用他们的眼睛来证明他们的参与，并将通过帮助调查员识别职业来促进讨论。学生也可以自愿提出调查、工作和工作者的定义。

词汇：

● 工具

● 职位名称

● 角色

● 责任

● 调查

● 工作者

● 工作

可能的工具和相应的职业

工具	职位名称	工作内容	职责
锤子	木匠	建造 / 修缮房屋	按照房主的计划 / 指示施工
扳手	机械师	修理车辆	按照车主的要求修理
画笔	粉刷匠（也可能是一个艺术家）	粉刷房间 / 房屋	满足房主改变墙色的要求
笔	写作者	写书	满足最后期限
吹风机	美容师	打理人们的头发	与人交谈，了解他们对发型的要求
锅和铲子	厨师	制作美食	遵照食谱制作美食
听诊器	医生	帮助生病的人	倾听病人说话
尺子	建筑师	设计建筑图	确保建筑物的设计规范安全
图书	图书馆员	提供信息与资源	帮助人们寻找图书
电话	接待员	回答问题	提供准确信息
计算机	银行员工 / 出纳员	管理账户	准确计算金额
针和线	裁缝	设计 / 修补衣服	设计和修补衣服以满足人们的需要
拖拉机	农民	种植 / 栽种农作物	照料农作物 / 土地

我最喜欢的和不太喜欢的几件事情

《美国生涯发展指南》：自我认知。

目的：培养对自我、工作和工作者的认知。

目标：学生能够在家里和学校识别好恶。

材料：木偶和活动表。

介绍：木偶和咨询师将促进与学生的讨论，包括以下问题：

- "拥有喜欢做的事情对你而言重要吗？为什么？"
- "如果我不喜欢我所做的一切呢？这样可以吗？"
- "你在家里喜欢做什么？在学校喜欢做什么？"
- "你在家里不喜欢做什么？在学校不喜欢做什么？"

活动：

1. 你扮演自己和木偶，用前面的问题让学生讨论在学校和家里最喜欢和不喜欢做的事情。作为木偶，你可以表现得很有活力。因为学生们会很兴奋地与木偶分享他们的想法，所以有必要鼓励学生安静地举手，轮流发言，并集中回答问题（你可能需要帮助学生解决后者）。

2. 作为木偶，你可以问三四名学生他们在学校最喜欢的科目是什么。你也可以向学生分享自己最喜欢的科目。

3. 作为木偶，你可以询问学生在家时喜欢和不喜欢什么活动；再请三四名学生分享他们在家里最不喜欢做的事情。要确保所有学生都参与进来，使用诸如"还有谁有这种感觉？"或"还有谁喜欢 / 不喜欢做这个？"这样的问题。鼓励安静而不鼓励呼喊。

4. 你作为咨询师和木偶，向学生分发"我最喜欢 / 最不喜欢的事情活动表"。在第一栏中，学生将画出他们在学校喜欢做的一件事和在家里喜欢做的一件事。在第二栏中，学生将画出他们不喜欢在学校做的一件事和不喜欢在家里做的一件事。

5. 一旦学生在活动表上完成了他们的画，你要鼓励他们分享他们的画。在大班里，你可能想把学生分成两类，一类分享他们喜欢做的事情，另一类分享他们不喜欢做的事情。

6. 作为咨询师，你要问学生："你怎么知道自己不喜欢什么？""你怎么知道自己喜欢什么？"学生的回答将表明他们很早就意识到生活中的影响因素——例如"我不喜欢弄脏自己"或"我哥哥喜欢画画，但我喜欢在外面玩"。

讨论：你作为木偶和咨询师，进行总结。

1. 每个人都有很棒的想法！

2. 大家有这么多不同的想法。

3. 每个人都有不同或相似的想法，她最喜欢和不太喜欢做的事情——这是好的，因为这就是你的魅力所在。

4. 我们最喜欢和不太喜欢的一些东西会随着我们的成长而保持不变，其中一些也会随着我们的成长而改变。

5. 我们根据自己喜欢什么和不喜欢什么来做出选择。

学生对这些总结进行回应和讨论，以表明他们理解每个人都有其最喜欢和不喜欢的事情，例如"杰登（Jayden）喜欢数学，而我喜欢音乐！"

结束语：作为咨询师，告诉木偶是时候离开了。木偶起初很难过，但后来想起他和学生一起参与活动有多开心也就释怀了，他还赞扬了学生们的努力。然后，木偶感谢学生让他来到他们的教室，并承诺很快会再来。

评估 / 作业：学生的画与他们的喜好有关。学生能够区分他们在做自己喜欢的事情时的感受和在做自己不喜欢的事情时的感受。学生将参与讨论并听取同龄人的意见。

时间：30 分钟。

词汇：

- 最喜欢的
- 最不喜欢的 / 不太喜欢的

练习题

我最喜欢的东西……	我最不喜欢的东西……
画一幅或更多幅关于你最喜欢的东西的画	画一幅或更多幅关于你最不喜欢的东西的画
在学校……	在学校……
在家里……	在家里……

让我们来玩装扮游戏

《**美国生涯发展指南**》：教育和职业探索。

目的：了解工作世界中存在的各种情况，探索特定职业及其任务和责任。

目标：学生能确定他们在日常生活中经常看到或接触到的工作者。然后，学生能穿得像那个特定的工作者，并在班上进行角色扮演。学生能对该工作者的任务和责任进行简要总结。

材料：在这个活动中，学生将从家里带来自己要用的主要的材料。在这种情况下学生可用的材料有限，请确保为每个学生所要扮演的角色准备额外的帽子、夹克和道具。

介绍：让学生思考他们每天看到的工作者，提醒他们在一天中可能会与哪些人打交道。这可以包括他们的父母 / 监护人、兄弟姐妹、邻居、公共汽车司机、警卫、教师、管理员等。让学生进行头脑风暴，并写下所有他们想到的工作者。

活动：

1. 在学生列出工作者名单后，向学生解释，下一次他们需要穿得像他们每天看到的工作者一样来上课。这可以包括教师、家务操持者、商人、艺术家、公共汽车司机等——选择是极其丰富的！接着，每个学生将确定要扮演的工作者。如果有两三个（但不超过 3 个）学生选择扮演同一职业的工作者，也没有关系，因为该职业中的不同工作者可能存在一些差异（例如，一个学生可能选择扮演幼儿园教师，另一个可能选择扮演小学教师；同一企业的员工也可能有类似但不同的任务和责任）。

2. 学生使用互联网研究该工作者的任务和责任。

3. 学生向全班分享他们学到的关于他们扮演的工作者的知识。你可以邀请家长来听他们孩子的分享！

4. 分享结束后，举行一个聚会，学生可以在聚会上相互交流。可以根据预算或可用时间，确定是否准备零食。

讨论：在活动快结束时，询问学生当一天别人的感觉如何。鼓励学生告诉你，他们喜欢或不喜欢他们所扮演的工作者的原因。

结束语：在下次上课时，花一节指导课与学生进行后续讨论，询问他们对他们模仿的工作者进行访谈或研究这些工作者的职业是什么感觉。

- "关于这位工作者和他的工作，有哪些事情让你感到惊讶？"
- "你喜欢你所从事的工作的哪些方面？你不喜欢这一工作的哪些方面？"
- "你认为当你长大后，你会想做你现在选择的工作吗？"
- "告诉我一些你从同学那里学到的新东西。"（通过头脑风暴列出一份清单）。

在全班讨论之后，为学生提供纸张、蜡笔、记号笔或彩色铅笔。让学生把自己画成他们所介绍的工作者的样子，然后把画贴在墙上或公告板上，并起一个以职业为主题的标题。这将是一个有趣的结束活动的方式，学生可以自豪地展示他们所学到的东西！

时间：30~45分钟。

评估/作业：学生将研究他们所选择的职业（允许有成年人的帮助）。研究的方式（采访、通过互联网搜索或通过图书馆查阅）取决于学生的年级、能力和可用性。在进行研究之后，学生将能够通过角色扮演将他们所学到的关于他们选择的职业的知识"传授"给他们的同伴。

词汇：

- 探索
- 采访
- 工作者
- 职业
- 角色扮演

职业拼贴连环画

《**美国生涯发展指南**》：生涯规划。

目的：学生能够描绘未来的生涯目标，确定实现该目标的步骤，并通过连环画展示目标和步骤。

目标：学生能确定一个他们感兴趣的职业，或者一个他们觉得自己可能从事的职业。学生以此为目标，确定具体的实现步骤。对于每个步骤和目标，学生都将以连环画的形式展示。

材料：报纸和杂志、海报板（切成两半）、水彩画、蜡笔、记号笔、彩色铅笔、胶水棒和剪刀。

介绍：让学生分享他们长大后可能想做的一些事情。在教室里转一圈，让几个学生告诉大家他们的想法。你甚至可以分享一些当你还是个孩子时想做的事情。问学生："一个人要想做他梦想的工作，需要什么？"在黑板上，把学生告诉你的内容列出来（答案可以是努力工作、上大学、认识更多人等）。强调我们不是有一天醒来就能神奇地成为我们梦想中的样子，而是需要科学计划、努力实践；要达到我们的目标，需要完成许多小的和大的步骤。

活动：

1. 分享后，让学生闭上眼睛，想象自己成功从事了自己梦想的职业。（如果一些学生有不止一个梦想的职业，告诉他们挑选一个作为他们当下梦想的职业，如果以后改变也没关系）。提示语如下。

a. "想象一下你在工作中会做什么。"

b. "想想你会和谁一起工作，和你一起工作的人多大年龄？"

c. "你在你的工作中会得到多少钱？"

d. "你穿什么衣服去工作？"

如果有帮助，学生可以写下他们在想象自己从事梦想的工作时的其他想法。

2. 在学生巩固了对梦想的工作的想法后，告诉他们这将是他们的目标。然后，与他们讨论一些可能帮助他们实现目标的步骤。随着步骤变得越来越清晰，学生可以在纸上写下这些步骤，并为步骤编号。每个学生应该写下 5 个或 6 个步骤（最多不超过10 个）。

3. 一旦学生确定了他们的目标和步骤，就把海报板发给每个学生，告诉学生在他们的海报板上分出足够的区域，以便他们的目标和每个步骤都可以有一个独立的区域

（你可能想在黑板或自己的海报板上演示一下）。然后，让学生按步骤对所在区域进行编号，并在目标所在的区域写上"我的目标"。制作好的海报板应该看起来像下面这样。

步骤1：	步骤2：	步骤3：	步骤4：	我的目标：

4. 如果有时间，学生可以为他们的步骤命名（如"步骤1：大量练习""步骤2：做所有的家庭作业"等）。学生绘制完海报后，把材料分发给他们，让他们寻找描述他们的目标和步骤的图片。学生如果找不到合适的图片，可以用画来代替。学生可以使用文字，但要鼓励他们尽可能多地通过图片进行展示。

5. 在第1天结束时，收集学生已经展示出的内容，并鼓励他们继续思考。在第2天，学生们可以继续他们的工作，完成他们的海报。完成后，以关于目标和步骤的讨论结束第2天的活动。

讨论：让学生解释长期目标和短期目标之间的差异，并谈谈实现长期目标需要什么。询问学生在规划长期目标时会想到什么样的事情。问学生："你喜欢你的每一个步骤吗？如果我们只喜欢其中一些步骤但不喜欢其他步骤，可以吗？"

结束语：提醒学生，他们现在所做的事情将影响他们的未来，这就是为什么他们现在努力学习如此重要。鼓励学生认识到他们制订的某个步骤是成功的，而且他们每天都在离目标越来越近。学生们可以把他们的连环画带回家，如果有空间，也可以把连环画挂在公告板上、走廊上或房间周围。

时间：两节45分钟的课程（共90分钟）。

评估/作业：学生将通过连环画可视化他们的目标和步骤。学生将向咨询师和全班展示，他们可以确定并解释自己的目标和实现目标的步骤。学生的连环画将展示他们对生涯规划以及短期和长期目标的理解。

他的工作还是她的工作？

《美国生涯发展指南》：生涯规划；对不同职业和男女角色变化的认识。

目的：描述传统职业和非传统职业，以及它们与职业选择的关系。

目标：学生能了解追求非传统职业所带来的挑战和好处。

材料：白板、纸和着色材料。

介绍：告诉学生他们将做一些与职业相关的绘图活动。

活动：

1. 让学生将纸折成 3 个部分（像小册子），告诉学生这是 3 个独立的部分。为了帮助他们直观地了解这些部分，他们可以在每个折痕上画一条线。

2. 在每个部分，学生将画一个从事特定职业的人的形象——不能说话或看其他学生的画。每个学生有 3 到 5 分钟的时间画画。

3. 让学生画以下 3 类人。

a. 护士

b. 飞行员

c. 音乐表演者

4. 在房间里来回走动，确保学生独立绘画，并有足够的时间完成 3 幅详细的画。指示学生在完成第三幅画后，将画具放下。

5. 在黑板上绘制一个图表，记录有多少学生画的是男护士，然后有多少人画的是女护士。接着记录有多少人画了女飞行员，然后有多少人画了男飞行员。就音乐表演者而言，提问的性别顺序并不重要——因为该职业男女性别分布应该不相上下。

讨论：让学生讨论为什么他们印象中的护士主要是女性，而飞行员主要是男性。提供统计数据，说明有多少男性是护士（5.7%），有多少女性是飞行员（3.4%）。让学生想一想只有一种性别可以从事的职业。（准备好证明他们是错的！）然后带领学生进行一次头脑风暴，了解从事非传统职业的好处和面临的挑战。

结束语：提醒学生从他们的兴趣而不是性别传统的角度考虑生涯。

评估 / 作业：学生将挑战职业中的性别传统。在讨论中，学生将确定从事非传统职业的原因。如果时间允许，让学生进行 5 分钟的思考。

工作者喜欢什么学科？

《**美国生涯发展指南**》：教育和职业探索；认识工作和学习之间的关系。

目的：讨论学校中学科与工作世界之间的关系。

目标：学生能确定与特定学科相关的职业。学科包括核心学科和特殊学科，如音乐、美术、体育等。

材料：黑板、粉笔、纸、铅笔。

介绍：与学生讨论学校和工作之间的联系。让学生分享一些学校和工作之间的相似之处及差异。你可以问学生"你在学校做的哪些事情是你在工作中需要的？"（答案可以包括阅读、写作、数学知识、音乐知识、科学知识等。）

活动：请学生举一些工作中运用学科知识的例子（例如，银行家运用数学知识，而记者运用语言艺术）。你可以让学生记录他们的想法，然后，将学生分成小组，让他们在小组内讨论他们的想法。你在整个房间内走动，确保学生理解。10~15分钟后，让每个小组在黑板上写下他们的想法。

讨论：回顾每个小组写下的内容。让学生举例说明学校的科目如何应用于每种工作。一定要指出学生一开始可能猜不到的某项工作可能运用的科目（例如，音乐家运用计数和数字，这就是数学在音乐家的工作中的应用）。与学生讨论，为什么从事某种职业的工作者有特定的学科背景是很重要的。

结束语：提醒学生我们为什么认为学校和工作是相似的，并且是密切相关的。

时间：45分钟。

评估/作业：让学生与他们日常见到的工作者交谈，以了解更多关于拥有哪些学科背景对这些工作者完成工作是重要的。

猜猜我是谁：职业

《美国生涯发展指南》：教育和职业探索。

目的：学生能够描述特定职业的要素、职责和任务，增加与职业相关的词汇量。

目标：学生能够使用线索向同学描述职业，还可以根据同学给出的线索猜测具体的职业。

材料：纸条（每人一张）、记号笔、遮蔽胶带。

介绍：

a. 在访问班级之前，建立一个包括各种职业类型的职业清单。该清单上应包括学生熟悉的职业，但也要包括一些学生不熟悉且具挑战性的职业。清单定稿后，用记号笔在每一张纸条上写下一种职业。学生们应该能够从房间的另一边读懂纸条。

b. 把纸条和遮蔽胶带带到教室。在开始之前，让学生用课桌围成一个圈，或坐在地板上围成一个圈。

c. 向学生解释说："我想看看你们每个人对不同的职业了解多少。在这个活动中，你们要向同学提供有关特定职业的线索，如果你不知道该提供什么职业的线索，请问我或其他人，大家可以互相帮助。"

活动：

1. 将不同的纸条贴在不同的学生的额头上。学生不应该看到或不能够看到自己额头上的纸条上写的内容。"不要看你自己的纸条。你们要根据同学给你的线索来猜测上面写的是什么！"

2. 每个学生都有一张纸条后，把剩下的纸条贴在你的额头上，以便和学生一起参与活动。你可以直接指定第一个猜测者，也可以看看是否有学生自愿成为第一个猜测者。活动开始时，请 3 个或 4 个学生每人提供一条关于猜测者额头上的纸条上所写内容的线索。帮助学生在提供线索时保持针对性。例如，学生提供的线索可以如下。

a. 你在学校工作。

b. 你用双手工作。

c. 你用工具来修理东西。

d. 你喜欢人 / 动物。

学生不得在他们的线索中使用纸条上所示职业的字（例如，如果纸条上所示职业是教师，学生不能说"教"）。鼓励学生使用与背景、环境、任务、工具等有关的线索。

3. 在房间里转一圈，直到每个学生都猜出他的纸条上的内容。鼓励所有学生提供线索。

讨论：问学生："给同学提供线索是什么感觉？收到别人提供的线索是什么感觉？"与学生讨论他们不熟悉的词汇。帮助学生理解同一种职业有许多不同的名称，以及一种职业有许多不同的工作内容。例如，学校咨询师必须知道如何进行课堂指导，也需要知道如何与人一对一地交谈。

结束语：告诉学生你注意到的关于他们相互提供线索时的积极的方面，以鼓励学生。重申一个职业有许多不同的工作内容。

时间：30 分钟。

评估 / 作业：学生将参与活动并提供适当的相关线索。然后，学生们将回家询问父母 / 监护人、兄弟姐妹或他们看到的其他工作者，了解他们工作的许多不同方面。

我怎样才能从这里到达那里？

《**美国生涯发展指南**》：生涯规划。

目的：让学生获取知识以实现生涯目标。

目标：学生能了解教育成就与生涯成功之间的关系。

材料：计算机、工作表、大海报、记号笔和草稿纸。

介绍：讨论学科与职业和职业选择的关系。介绍该活动，解释劳工统计局儿童网站上每个学科领域下只列出少量职业的原因（"你想要从事的工作可能没有被列出来。如果是这样，试着找一份不同的工作来了解"）。鼓励学生去找一份他们还不太了解的工作。

活动：协助每位学生访问劳工统计局儿童网站，并监控他们的浏览情况。当每个学生完成工作表的填写后，将全班的数据记录在一张大的图表上，以便比较调查结果。注意哪些职业需要最多/最少的培训、需求在增长/减少、薪水最高/最低。

结束语：强调学生在学校的表现对他们参与培训项目、教育项目或在职业准备方面有重大影响。帮助学生理解，他们现在不需要知道长大后想做什么，相反，尝试不同的课程并尽最大努力去完成这些课程可以帮助他们更多地了解自己喜欢或不喜欢什么。强调努力学习的重要性，鼓励学生关注并庆祝他们获得的成功。

时间：30分钟。

评估/作业：学生在完成图表后上交工作表。对学生的参与和完成情况进行评估。然后，学生向全班分享他们的发现（每个学生分享至少一个发现并将其放在图表上）。

工作表

选择一个你感兴趣的领域，然后从所列的职业中选择一个职业。对于该工作，阅读"这份工作是什么样的？"和"你如何准备？"然后从"这份工作的工资是多少？""有多少这样的工作？"和"未来前景如何？"这些问题中找到你需要的信息，完成下面的表格。

小学生涯发展辅导

工作职位名称＿＿＿＿＿＿				
工作数量	可用职位	准备工作	未来	工资

第11章

初中生涯发展辅导

青春期早期的核心生涯发展任务是探索和发展同一性。初中生往往是第一次自主做出决策，早期的生涯决策往往是关于学校选修课、课外活动、同龄人群体等的，这为他们的兴趣、能力和志向的意识形成和培养奠定了基础。初中生工作习惯（例如，在自我领导的小型同伴团体中的工作习惯）的养成比小学时期更为显著，并且在很大程度上取决于学生在初中时期的经历。初中本就是为了帮助学生探索、建立关系和确定成人模式而设计的，所有这些都为学生的生涯发展创造了一个最佳环境。咨询师可以采用多种方法进行生涯发展辅导，包括兴趣和能力评估、教育和职业组合、职业招聘会等。除了婴儿期之外，没有其他时期比初中时期更能让学生体验到如此巨大的成长、对不同步性的理解，并有机会决定最终的人生－职业道路。

——帕特里克·阿科斯（Patrick Akos）

博士

咨询师教育专业教授

北卡罗来纳大学教堂山分校

【学习目标】

11.1 了解初中生的生涯发展过程。

11.2 明确初中生的生涯发展目标。

11.3 明确初中生涯发展辅导的具体措施。

安东尼奥（Antonio）是学校的新成员。他和父母最近从洛杉矶搬到了父亲小时候居住的宾夕法尼亚州的一个农村——贝尔托纳。正读 7 年级的安东尼奥在洛杉矶有很多朋友，他认识大多数老师，而且是校足球队的明星球员之一。然而在宾夕法尼亚州的贝尔托纳，安东尼奥是个新人，这使得他迷失了方向，对自己没有信心。他对搬家感到愤怒，并感到孤独和沮丧。安东尼奥的父母注意到，安东尼奥变得有些冷漠，对许多曾经给他带来满足感和自豪感的活动都不感兴趣。

初中

学习目标 11.1　了解初中生的生涯发展过程。

初中生需要进行广泛的探索，以便能够继续澄清他们的自我概念并了解教育和生涯道路。因此，学校咨询师必须帮助初中生发展出更为复杂的自我和生涯意识，以此鼓励他们探索未来的可能性。

安东尼奥的情况代表了许多初中生的经历。初中阶段的学生面临着比小学阶段更高级的生涯发展任务。埃里克森（1963）指出，12~18 岁的青少年必须认清自己的身份。如果无法明确身份，那么青少年在试图处理提交给他们的任务时往往会感到困惑。具体来说，哈维格斯特（1972）建议青少年必须完成以下生涯发展任务。

1. 与同龄人建立新的、更复杂的关系。

2. 从父母和其他成年人那里获得更强的情感独立性。

3. 确定初步的职业目标。

4. 培养与公民能力相关的技能。

5. 阐明价值观并发展出一套伦理体系作为行为指南。

6. 制订现实的目标并制订实现这些目标的计划。

当年轻人从童年进入青春期和成年早期时，完成这些任务对他们来说是一个艰巨的挑战。个体从童年到青春期往往会历经风风雨雨，这除了对个体而言是一个挑战，对个体主要的人际关系成员而言也是一个挑战。社会发展的期望鼓励青春期前的孩子大步走向独立。然而，他们迈向独立的步伐往往伴随着不安全感、冲突、恐惧和焦虑。正如弗农（Vernon）（1993）所说，"认知的剧烈变化和情感的强化导致了自我意识的波动"（p. 10）。比雷利（Bireley）和金沙夫特（Genshaft）（1991）将青春期早期描述为"挣扎着走向成熟"的过程（p. 1）。这些描述至今仍然适用。

由于发展快速，初中生专注于获得归属感，并受到同辈压力的显著影响。因此，为初中生提供生涯发展辅导的咨询师需要成为他们生涯发展过程中的积极参与者，同时为他们获得额外的自我和生涯信息提供支持和帮助（American School Counselor Association, 2019）。

安东尼奥的父母邀请学校的咨询师与安东尼奥会面，以期能够帮助安东尼奥与学校建立更多的联系，并使安东尼奥开始结交新朋友。在他们的会面中，安东尼奥的咨询师说服他参加了一项学校的活动。同时，他们一起探索了学校的其他活动。咨询师还鼓励安东尼奥与父母探讨各种选择。经过这些讨论，安东尼奥勉强同意加入学校的社区服务小组。咨询师还请初中足球队的队长来"指导"安东尼奥，帮助他熟悉学校和认识其他学生。在上半学年，安东尼奥会定期与他的咨询师会面。显然，他与学校的关系越来越密切，他还结交了新朋友。安东尼奥和他的咨询师讨论了各种各样的话题，包括安东尼奥在社区服务小组的经历，也包括安东尼奥感兴趣的其他领域。加之安东尼奥看似是个天生的领导者，因此他的咨询师鼓励他在社区服务小组中扮演领导者的角色。安东尼奥喜欢"掌权"，并在随之而来的小组选举中被选为组长。由于安东尼奥对高中毕业后的生活没有什么想法，因此他的咨询师建议他们花一些时间来讨论他的职业生涯规划。他们很快就开始探讨他的兴趣与各种职业选择的关系。

对于安东尼奥的生涯发展，还要在更广阔的背景上去理解。需要特别指出的是，93% 的初中生都表示他们未来的目标是上大学，然而最终仅有 44% 的人上了大学，而这些人中仅有 26% 的人在入学后 6 年内获得大学文凭（Conley，2012）。这种抱负和现实的差距凸显了从初中开始给予学生在大学和职业选择方面的支持的必要性（Berardi-Demo，2012）。作为一名 7 年级学生，安东尼奥正处于一个关键的生涯转型期。他的父母应该觉察到了这一点，这可能也是促使他们为安东尼奥寻求帮助的原因。

了解初中生的生涯发展状况对于制订生涯发展辅导目标至关重要。正如在小学时期一样，初中咨询师应将为学生提供生涯援助视为其工作的核心内容（American School Counselor Association, 2019）。向初中生提供的生涯援助必须对其所经历的环境、生理和情感的转变保持敏感。阿科斯（Akos）（2004）指出，学生在初中时期相较于小学时期会遇到"更多的老师，更大的校舍、街区、储物柜，以及新的和不同的同龄人"（p. 881）。在青春期，这些环境变化与显著的生理和情感转变同时发生。研究人员发现，升入初中的学生通常会面临自尊下降、心理痛苦增加和学术成就下降等问题（Akos，2004）。

阿科斯、科诺德（Konold）和奈尔斯（2004）发现，初中生在为生涯决策做好准备的过程中表现出不同的需求状态。一些学生在生涯发展中表现出一定程度的生涯决策犹豫不决或停滞；一些学生表示需要更集中、更密集的个人和生涯咨询辅导；而另一些学生可能会过早地丧失生涯身份，并脱离生涯决策过程。了解学生的生涯决策需求有助于咨询师明确可能对促进学生生涯发展最有用的生涯发展辅导的具体措施。美国教育进步评估（National Assessment of Educational Progress, 1976）的生涯和职业发展项目的数据从历史角度为理解初中生的生涯发展状况提供了有用的信息。例如，对美国 38 000 名 13 岁学生的抽样调查结果表明，这个年龄段的学生在明确自我概念方面取得了进展，他们往往能够识别自己的长处和短处。他们对工作世界的理解也在不断加深。这种进步通常是学生参与学校活动、业余爱好活动和（或）兼职工作的结果。13 岁的学生往往对明显可见的职业有同样的了解，并且可以将至少一个学科与一份工作联系起来。这个年龄段的大多数学生表示，他们至少已经开始考虑未来的工作。有趣的是，他们选择的未来的工作往往是需要大学学位或高中毕业后有长期培训经历的工作，而不是现在大多数劳动力所从事的工作（例如，那些不需要大学学位的工作）。美国教育进步评估的生涯和职业发展项目提供的数据中最令人关切的是，少数民族学生和经济贫困学生在生涯发展方面往往落后于其他学生。因此，目前为初中生提供的生涯发展辅导措施的有效性是具有差异性的。

这种差异性显示出明确社会对初中生的期望的重要性。当这些学生在舒伯所说的成长和探索阶段之间过渡时，他们会遇到明确生涯偏好的任务。教师、咨询师和学校课程设计者期望他们发展更现实的自我概念，并有更多机会去获取额外信息（Super，1984）。具体来说，初中生被要求了解他们自己和工作世界，然后把这种学习转化为他们在初中教育中剩余时间的教育计划。舒伯、萨维科斯（Savickas）和舒伯（1996）在提到具象过程时指出，"当勤奋、成就和远见的习惯凝聚在一起时，个人会开始幻想他们可能构建的自我。这些幻想最终会具象为公众认可的职业身份，并在特定的能力水平上对一组职业产生相应的偏好"（p. 132）。因此，要想为高中及未来制订适当的行动方案，初中阶段的生涯发展辅导必须以帮助学生成功应对职业偏好的具体化和明确化为目标（Super et al.，1996）。

在与咨询师的会谈中，安东尼奥讨论了社区服务小组的工作如何帮助他减少孤独感，并使他在总体上对自己有了更好的认识。安东尼奥很喜欢策划和组织该小组的服务活动，并很快成了这个小组的领导者，他也很喜欢这个角色。安东尼奥向他的咨询师透露，他经常梦想成为一家帮助他人的公司的首席执行官。他说"负责"和"帮助他人"是两件对他来说既有趣又重要的事情。安东尼奥的咨询师仔细聆听了安东尼奥这一重要的自我陈述，并对他强调了如何利用这种自我认知来指导自己进一步探索职业选择。具体来说，安东尼奥的咨询师建议他使用学校的计算机，找出哪些职业可以为他提供"负责"和"帮助他人"的机会。在计算机上生成一个清单后，安东尼奥与他的咨询师会面，讨论清单上的选择，并确定他在哪里可以得到更多关于他最感兴趣的职业选择的信息。

初中生的生涯发展目标

学习目标 11.2 明确初中生的生涯发展目标。

根据生涯发展领域的已有文献和《美国生涯发展指南》，可以为初中生确定以下生涯发展目标：增强自我意识，培养积极的自我概念，提高对从学校到工作转变过程的理解，提升人际交往技能，学习如何获取教育和职业信息，了解人们扮演的不同生活角色，了解生涯规划过程。通过使用《美国学校咨询师协会标准》和《美国生涯发展指南》，咨询师可以系统地构建各种生涯发展辅导措施。然而，在讨论可能的辅导措施之前，检查赫尔、克拉梅尔（Cramer）和奈尔斯（2004）提出的生涯规划注意事项是有益的。

第一，由于初中是一个过渡性教育阶段，即从小学的结构化普通教育到中学的结构化较低但更专业的教育过渡，必须为学生提供广泛的机会来探索他们的个人特点以及必须选择的教育方案的特点。将课程选择与随后可能的教育和职业结果联系起来应该是比较可取的。

第二，由于初中生在职业发展、兴趣、价值观和能力方面有很大的差异，因此需要有各种方法来适应个体差异。父母受过良好教育的学生往往比父母的学历在高中以下的学生享有更多的发展经验或职业知识。

第三，虽然初中生能理解口头传达和抽象的内容，但如果也能给他们提供具体的、动手的、直接的经验，他们探索的效果会更好。

第四，对个人身份的探索是学生在初中时期经历快速变化的根本原因。因此，生涯规划项目必须鼓励学生探索情感、需求和不确定性，作为评估教育和职业选择的基础，明确价值和其他类似过程是有帮助的（p. 392）。

除了这些重要的因素外，专业学校咨询师还需要认识到，与职业选择有关的性别和种族刻板印象 / 思维定式可能会人为地限制学生的选择范围。显然，咨询师必须提供生涯发展辅导措施，积极应对这些负面因素造成的影响。此外，张（Zhang）、袁（Yuen）和陈（Chen）（2018）在他们的研究中发现，学生表示需要更多的职业相关支持。因此，张及其同事建议将社会认知生涯理论、舒伯的生命广度与生活空间理论和生涯混沌理论融入教师培训项目，以便教师能够帮助填补这一空白。

初中的生涯发展辅导

学习目标 11.3 　明确初中生涯发展辅导的具体措施。

　　对初中阶段的学生的生涯发展能力的专题研究表明，学生获得必要的知识、技能和理解力对于促进其生涯发展极具重要性。将心理教育活动和体验性任务相结合的辅导措施可以帮助学生应对他们面临的生涯发展任务。这样的例子包括向学生讲授教育和工作之间的关系（例如，通过采访他们选择的工作者，询问工作者所学的学科如何与他们的工作任务相联系），以及生活角色的重要性和相互作用（例如，询问学生他们平时如何安排一周的时间，然后确定他们在如何花费时间方面所表达出的价值观）。帮助学生了解与职业选择中的公平和机会有关的问题也很重要（例如，赞助一个由代表各种职业的非传统工作者组成的职业展，如女木匠、非洲裔女工程师等）。最后，帮助学生认识到他们现在和将来要面对的生涯发展任务（例如，让学生构建他们理想的未来生活，然后讨论他们为未来承担这些任务的准备程度，从现在到那时他们可以做哪些准备来更好地完成这些任务，等等）及获取和评估生涯信息的方法（例如，教育学生如何识别职业信息中的偏见）是初中有效教育和生涯规划的核心。这些辅导措施可以很容易地在小组和（或）课堂指导活动中实施。《ASCA 的美国模式》（ASCA，2020）为确定与学生心理教育活动相结合的主题提供了指南。体验性任务的例子包括工作见习、参加职业展、进行职业信息访谈，以及参与旨在明确兴趣、价值观和技能的活动。心理教育活动和体验式任务都有助于学生获得必要的知识、技能和理解力，为教育和生涯决策做好心态和技能准备（Super, 1990）。

　　在咨询师的帮助下，安东尼奥决定与当地医院的行政人员和当地社会服务机构的执行董事进行交谈，这对他是有帮助的。会谈的目的是使安东尼奥更深入地了解这些职业（例如，每个人喜欢和不喜欢其职业的地方，每个职业需要的培训，以及对做好工作很重要的学科）。在进行了这些职业信息访谈后，安东尼奥表示有兴趣与当地医院的行政人员一起进行工作探索。他还表示，在他完成高中学业后，上大学对他来说是很重要的。在这个发展阶段，生涯发展辅导继续激发学生的好奇心也很重要。对正在形成的自我概念（例如，他们的业余爱好、职业兴趣、技能和价值观）感到好奇的学生更有可能参与探索，以获取明晰自我概念所需的信息（Super, 1981）。帮助学生识别榜样并与之建立联系，还可以促进其增强内部控制感和未来的时间观念，这反过来可以产生有计划的行为和促进有效的问题解决技能的发展（Super, 1990）。斯托特

（Stott）和杰克逊（Jackson）（2005）发现初中生的服务性学习[①]方法非常有用，这可以帮助他们在学业和职业可能性之间建立更紧密的联系。

为了引导学生进行探索，咨询师可以对其进行生涯评估。在选择生涯评估方法时，重要的是要考虑被评估人群的阅读水平、语言、文化背景等。兴趣量表的评估结果可以促使学生对喜欢参与的活动进行更系统的思考。能力倾向测试也可以帮助学生获得对其能力的准确估计。兴趣和能力评估通常在初中阶段进行。兴趣量表和能力倾向测试的结合为学生进行探索提供了有用的基础。学生们会发现，探索他们感兴趣和与能力相匹配的生涯领域很有用。当兴趣量表的评估结果表明学生没有感兴趣的领域时，学生可能需要接触几个兴趣领域的活动后，才能确定感兴趣的内容。因此，学生具备经验基础是使评估（尤其是兴趣清单）有用的关键，这样学生才能更好地对评估做出反应。对各种活动接触有限的学生，在回答要求他们确定自己喜欢和不喜欢的问题时，会被迫猜测适当的答案。（一位咨询师告诉我们，他试图在女儿上 6 年级时对她进行兴趣调查。当时她的阅读水平远远超过了完成兴趣量表所需的阅读水平，但她的经验基础不足，这使她无法理解兴趣量表中呈现的许多项目。这位咨询师很快就发现，该兴趣量表的评估结果并不能促进他女儿的生涯发展。）当学校为所有年级制订系统的生涯发展辅导计划时，更妥当的前提是初中生已经接触到消除职业选择偏见的活动，因为这些活动培养了他们的自我和职业探索。如果没有这样的项目，咨询师必须认识到，在进行生涯评估之前，许多学生可能需要更多的补救性生涯发展辅导措施。

为初中生提供工作机会有助于他们获得《美国生涯发展指南》中与生涯发展领域相关的知识、技能和意识。教学生如何根据技能要求、兴趣和（或）培训等因素对各种职业进行分类，有助于学生组织工作世界，并将其特征与职业选择联系起来。例如，霍兰德的分类系统将第 2 章中描述的 6 种人格类型与职业集群联系起来。现实型职业包括技术性行业和技术型职业。研究型职业包括科学和技术职业。艺术型职业包括表现艺术的创造性职业。社会型职业包括帮助性职业。企业型职业包括管理和销售职业。传统型职业包括办公室和文员职业。职业的分类是根据职业活动特点并借鉴霍兰德的职业类型来进行的，反映在职业中最主要的 3 种类型被用于对每个职业进行分类［第 10 章中描述的儿童活动量表（ICA-3）在以最小化性别偏见的方式评估霍兰德类型时非常有用。］

[①] 服务性学习是一种教育方法，它将社区服务与学术学习相结合，以实践经验促进学生的个人成长和公民责任感的发展。——译者注

宋（Sung）、郑（Cheng）和薛（Hsueh）（2017）使用霍兰德的兴趣量表调查了
13 853 名中国台湾中学生的职业兴趣。他们在调查中发现，近45%的中学生可以被
归类为具有低差异化特征（即他们对所有类型的职业活动的反应都表示喜欢或不喜
欢），25%的学生可以被归类为具有艺术-社会特征（如艺术和社会活动类型）。此外，
女性和男性的比例在不同维度上存在显著差异，男性在现实型、研究型和企业型上的
得分显著高于女性，而女性在艺术型和社会型上的得分高于男性。

安东尼奥接受了 ICA-3 测验，并获得企业型、社会型和艺术型的霍兰德代码。他
与其他学生和咨询师讨论了这一结果，他们谈到了他们的霍兰德代码以及他们是否认
为这些代码是准确的。在咨询师的帮助下，他们还集思广益，列出了每种霍兰德类型
的职业清单。安东尼奥认为，继续探索医院行政人员和社会服务总监这两个职业对他
来说是有意义的。

美国生涯技术教育联盟协会（2015）根据职业是生产商品或提供服务来组织职
业，然后将这两大类细分为 16 个职业集群：

1. 农业、食品和自然资源。

2. 建筑和施工。

3. 艺术、技术和通信。

4. 企业管理和行政。

5. 教育和培训。

6. 金融。

7. 政府和公共管理。

8. 健康科学。

9. 酒店和旅游。

10. 人文服务。

11. 信息技术。

12. 法律，公共安全、矫正和安保。

13. 制造。

14. 市场营销。

15. 科学、技术、工程和数学（STEM）。

16. 运输、配送和物流。

美国职业生涯群框架根据相似的技能、兴趣、能力和活动对职业进行分组
（National Association of State Directors of Career Technical Education Consortium，
2015）。这些职业集群包含若干被称为职业生涯路径的亚群。这些路径确定了特定职

业领域所需的知识和技能，将学术与职业领域联系起来。职业生涯路径可以帮助学生了解他们在高中所学的课程与他们感兴趣的特定职业领域之间的重要联系。学生可以根据自己的兴趣探索职业集群，然后研究各种中学毕业后的选择——接受高等教育、培训或学徒制选项，这将帮助他们在这些职业领域取得成功。

聚类系统（如职业生涯群和霍兰德系统）可用于指导探索，方法是使用这些类型来组织职业信息资源、职业展、课程经验（例如，可以让学生写一篇在霍兰德类型中自己占优势的职业的文章）、实习体验，参与课外活动、业余爱好活动、大学探索和兼职体验。可以为特定的职业生涯路径制订特定的教育计划。

在一项有趣的研究中，阿里（Ali）、布朗（Brown）和洛（Loh）（2017）发现，针对初中生的特定领域的生涯发展辅导措施，侧重于关注与当地经济相关的工作，这可能是吸引学生参与职业探索的有用方法。具体来说，他们发现，当初中生接触到将健康科学职业与在数学和科学方面表现良好的活动联系起来时，学生对健康科学职业的兴趣和职业自我效能感都会增加。在另一项调查职业探索辅导的研究中，格莱斯纳（Glessner）、罗克森－绍普基夫（Rockinson-Szapkiw）和洛佩斯（Lopez）（2017）发现，与未接受辅导的学生相比，初中生（99 名女孩，74 名男孩）的虚拟体验和当地大学访问相结合的辅导措施导致了更高水平的大学和职业自我效能感。

为了发展与工作环境有关的有效人际关系技能，可以让学生参与棘手的人际关系互动（例如，一位无缘无故生气的同事，一名怒气冲冲对工人提出不合理要求的老板），学生可以集思广益讨论应对这些情况的方法。然后，学生可以通过角色扮演来解决工作中的人际交往问题。

团体辅导也是帮助学生开发生涯发展能力的有效方法。例如，哈钦森（Hutchinson）（2013）建议使用专注于 STEM（科学、技术、工程和数学）的职业小组，尤其是那些通常不考虑这些职业生涯路径的学生。特别是可以鼓励初中女生考虑如何将自己的兴趣和优势与 STEM 生涯联系起来（《美国生涯发展指南》中的目标 CM3）。州学校负责人委员会（2014）建议让学生在初中期间接触真实世界的工作经验，并指出，进行这种接触的学生更有可能从高中毕业，然后坚持并完成中学后教育。采取每月定期开展小组会议等策略可以让学生接触不同职业领域的工作者。注意，让学生接触非传统工作者（如男护士、女木匠、女工程师）是很重要的。

为了增加学生对不同生活角色之间的相互关系的思考（NCDG 的个人社会发展领域），咨询师可以使用小组辅导的形式，使学生通过回答以下问题来分析他们当前的生活角色突显度："你平时是如何安排一周的时间的？""生活中的不同角色对你来说有多重要？""你喜欢参与每种生活角色的哪一点？""你认为哪些生活角色在未来是重要的？""对于每种生活角色，在未来完成什么对你来说是重要的？""你的家庭成员扮演什么生活角色？""你的家庭成员希望你在每个生活角色中完成什么？"

显然，生活角色突显模式受到当前（例如家庭、文化遗产和文化适应水平）和长远（例如经济、生活角色参与环境的机会）背景因素的显著影响。因此，背景因素有助于形成生活角色突显的模式。然而，许多初中生缺乏对背景因素（如主导文化和学生文化）如何与身份发展相互作用以形成生活角色突显的认识。关于这些话题的小组讨论可以帮助初中生认识到哪些生活角色对他们来说是重要的，以及生活角色如何相互作用进而影响生活满意度。

教育和生涯规划组合是帮助初中生进行有目的地规划、探索、收集信息、决策和现实测试（reality testing）的有效工具，这种测试与两个突出的人生角色（即学生和工作者）相关。教育和生涯规划档案通常用于帮助学生制订学业和生涯决策。这个规划过程可以从初中开始，一直持续到学生高中毕业。通过档案中的记录，学生和咨询师可以跟踪学生的生涯发展进度。他们还可以在学生不断增长的自我和生涯知识基础上制订系统的教育和生涯规划。本质上，档案袋为学生和咨询师提供了一个讨论学生已经做了什么，以及学生下一步将做什么的工具，以促进学生的生涯发展。现在已有很多可利用的档案模式（例如，美国学校咨询师协会开发的"获得生活"），且在当地相当容易开发（见附录 B 中奈尔斯最初为弗吉尼亚州教育部开发的档案）。

通过定期完成教育和生涯规划组合，学生、家长和学校咨询师可以追踪学生的学业、课间、课外和职业探索活动。当档案至少每年完成一次时，它们将为目标识别和进一步有意识地进行教育和生涯规划提供重点。我们鼓励你查阅附录 B 中的档案，以及通过访问生涯导航系统（*Navigator*）（Kuder，2015）获得的档案。生涯导航系统是一个面向初中生和高中生的生涯规划系统。使用最近完成的档案，学生、他的咨询师和父母可以回顾学生过去的生涯目标，并确定这些目标是否仍然有意义，以及是否有方法且需要根据学生的新经历对这些目标进行修改。特别是后者可以用来为下一年设定目标。以这种方式使用生涯和教育规划档案有助于学生学习如何系统地做出生涯决策。

为了帮助学生关注不同生活角色之间的相互关系，并参与和他们突显的生活角色相关的规划，咨询师可以将教育和生涯规划组合扩展为生活角色组合，以帮助学生为扮演学生和工作者之外的生活角色做好准备。咨询师可以鼓励学生为每个主要的生活角色进行规划、探索和收集信息。例如，预计将来会成为父母的学生可以通过考虑养育子女及与其他角色的互动来为扮演这个角色做计划。学生可以通过采访父母，了解他们的育儿方法和理念来探索不同的育儿方式。学生还可以收集有关有效养育子女所需技能的信息（也许是通过上课）。通过这些活动，学生可以了解在做出养育子女的决定时需要考虑的重要事项。最后，学生可以通过参加育儿活动来测试他们的兴趣。因此，生活角色组合可以刺激咨询师和学生进行商讨，重点是规划、探索、收集信息、决策和针对主要生活角色的现实进行尝试。当连续几年使用这种生活角色组合的形式时，它也为与主要生活角色相关的活动和决定提供了发展性文本。

这个扩大使用的规划组合是一个咨询活动的例子，旨在帮助学生在发展生活角色准备的文本中解决身份形成的发展任务。它还提供了额外的机会来讨论背景对生活角色突显的影响。不管学生在生活中扮演什么角色，重要的是，咨询师要敏感地认识到学生的出身文化如何影响他们对未来可能性的看法。

总结

初中是一个过渡期，学生在这个节点上必须积极地为进入高中后要做的重大教育选择做准备。因此，初中阶段的专业学校咨询师通过促进自我认知、增加生涯知识、提升决策技能和对不同生活角色之间的相互关系有更深刻的理解，使学生成为生涯发展过程中的积极参与者。同时，学校咨询师必须提供支持性帮助，以帮助初中生应对他们所经历的无数学术、职业、社会和情感挑战。当初中生发展出比他们在小学时更先进的自我意识和生涯意识时，他们将会利用他们的先进意识来考虑未来的可能性，并为进入高中做好准备。

案例研究

詹姆斯（James）是一个 13 岁的 8 年级男孩。在他读 1 年级时他父母离婚了。从那以后，詹姆斯和他的父亲偶尔有过联系（尽管他的父亲真心关心他）。离婚后，詹姆斯的母亲搬到了新泽西州郊区的一个小镇。詹姆斯与母亲和姐姐（18 岁）住在一起。詹姆斯的父亲住在詹姆斯出生的小镇上，两个地方的距离有 2 小时的车程。詹姆斯的另一个姐姐（16 岁）与他父亲的再婚家庭生活在一起。尽管父母的离婚造成了很多困难，但家里没有人接受过与此事件有关的任何咨询。

詹姆斯的父母都是大学毕业生。詹姆斯的父亲拥有教育领导学硕士学位，曾担任中学教师。然而，他目前是国民警卫队人事部门负责人。他为了提高收入而换了工作

（"你用他们付给你的教师工资不足以支付账单。"）。詹姆斯的母亲是一名高中西班牙语教师。詹姆斯的一个姐姐是一名机票代理商。另一个姐姐是一名成功的运动员，也是 11 年级的优秀学生。

到目前为止，詹姆斯很少关注他的职业生涯。他的主要兴趣是运动。他平时会打棒球、篮球，踢足球。他关注当地的运动队以及所在地区的职业运动队。他的偶像都是职业运动员，詹姆斯梦想有一天成为职业运动员。

在人际关系上，詹姆斯是一个友好但害羞的男孩。最近，他开始与附近的一群男孩交往，这些男孩往往在学校里惹麻烦，一些人甚至遇到了法律方面的小问题（例如破坏公物）。但詹姆斯并没有被牵扯进这些问题中。

在学校里，詹姆斯一直是一个成绩中等偏上的学生。他觉得历史和英语很有趣，但在数学方面很吃力。体育课显然是他最喜欢的课。詹姆斯对自己的学习能力总是缺乏信心。他喜欢学校，因为在那里他可以和朋友们一起运动。他妈妈希望你帮他确定一些目标。在理想的情况下，詹姆斯的母亲希望他成为一名律师，因为律师"收入很高，是一个很有声望的职业"。但詹姆斯认为当一名教练会很"有趣"。詹姆斯的母亲不认为这是一个合适的职业，她告诉詹姆斯，他"当教练永远赚不到钱"，总有一天他会因为"太老"而不能从事体育运动。詹姆斯从未和他父亲讨论过"长大后"会做什么。他的母亲曾与校长讨论过让学校咨询师给詹姆斯做一些测试，以确定适合他的职业。校长请你（学校咨询师）帮忙。

詹姆斯的职业发展需求是什么？詹姆斯还提出了哪些其他问题？他必须完成哪些生涯任务才能开始进行有效的教育和生涯规划？你将如何与詹姆斯合作，帮助他向前迈进？

学生练习

1. 你认为帮助初中生完成哪些生涯发展任务最重要？

2. 你认为哪些因素会对初中生的生涯发展产生负面影响？

3. 你可以使用哪 3 种策略来使初中生实现积极的生涯发展？

4. 你认为向初中生提供的最常见的生涯援助类型是什么？你认为这种援助有帮助吗？如果有，为什么？如果没有，为什么？

5. 你如何帮助父母 / 监护人协助初中生体验积极的生涯发展？

6. 采访一位初中生，了解她的生涯发展情况。问她认为从事哪些职业是可能的。问她是否有职业是不可能从事的。请她讨论为什么某些职业是她不可能从事的。问问她，如果她可以选择任何职业，她会选择什么职业。然后，与她探讨她所认为的该职业的吸引力。

7. 对一组初中生进行访谈（如果没有一组学生，则询问一名学生），询问其在成年后希望扮演什么样的生活角色（你需要提供生活角色的例子）。然后，询问他们是否认为自己能够在扮演每个生活角色时表现良好，他们将如何学习所需的技能。

注意：这些活动中的大多数都可以随时改编，以用于高中生。

一本有趣的日记

《美国生涯发展指南》[①]：个人社会性发展领域——PS1.K1、PS1.A1、PS1.R1。

目的：鼓励学生确定自己的兴趣，并考虑他们的兴趣如何影响他们的生涯决策。

目标：学生能确定他们的兴趣，并将他们的兴趣与生涯可能性联系起来。

材料：笔记本或日记本。

介绍：讨论兴趣应该如何用于引领生涯规划："做你喜欢的事，你就不会感觉一辈子每天都在工作。"通过专注于做我们觉得最愉快的事情，我们可以提炼出应该纳入生涯规划的活动。

活动：指导学生记录他们在一周内如何度过课外时间。当他们在日记中记录活动时，他们应该给活动打分，分值范围为 1（讨厌）到 5（喜欢）。学生可以延长记录的时间，以便更好地了解自己喜欢和不喜欢的活动。

讨论：学生可以讨论他们喜欢和不喜欢的活动，还可以明确自己对活动做出反应的原因。

结束语：帮助学生了解如何利用他们的兴趣引领他们进行职业探索。例如，如果一个学生喜欢与动物打交道，他们所在的小组可以集体讨论出更多的活动，为该学生提供更多与动物打交道的机会。小组还可以集思广益，探寻可以满足这种兴趣的职业

---

① 有关《美国生涯发展指南》涉及的领域、目标、指标及编码系统的介绍，请见本书附录 E《美国生涯发展指南》（NCDG）框架。——译者注

机会。当每个学生讨论自己的喜好时，小组都可以以类似的方式进行头脑风暴。

时间：45 ~ 60 分钟。

评估 / 作业：在活动结束时，学生应确定他们感兴趣的两项活动，以及他们可以做的两件事，以获得更多满足其兴趣的机会。

价值排序

《美国生涯发展指南》：个人社会性发展领域——PS1.K4、PS1.A4、PS1.R4。生涯管理领域——CM2.K5、CM2.A5、CM2.R5。

目的：良好的生涯决策是基于价值观的。然而，很少有生涯选择为个人提供表达其所有重要价值观的机会。因此，我们必须对价值观进行优先排序，确定那些对我们最重要的价值观。我们必须清楚地知道，如果有必要，我们愿意放弃哪些价值观。我们做出的每个决定都需要我们对自己的价值观进行分类，并做出相应的选择。为能做出为我们提供最大的价值表达机会的生涯选择，我们需要主观地界定我们的重要价值。例如，尽管许多人重视"经济回报"，但不同的人对其价值的定义是不同的。了解我们如何定义我们生活中最重要的价值，有助于我们确定哪些选择最合适。最后，了解价值观与我们所扮演的生活角色的关系是很重要的。

目标：通过参与本活动，学生能懂得价值观澄清的重要性，意识到对自己而言最重要的价值观，以及了解在生涯决策和生涯规划中考虑价值观的重要性。

材料：价值观清单、纸条。

介绍：介绍这个活动，说明这个活动是帮助参与者识别和定义他们生活中的重要价值观的活动。

活动：要启动此活动，需要给参与者一份价值观清单，价值观清单如下。

价值观清单

_____财务保障

_____工作保障

_____良好的家庭关系

_____一个没有歧视的世界

_____创造力

_____有固定的日常安排

_____自己的时间

_____社区活动

_____体育活动

_____有吸引力的外表

_____多样性

_____权力

_____认可

_____威望

_____没有压力

_____与我喜欢的人交往

_____成功

_____在我选择的地方自由生活

_____闲暇时间

_____名声

_____坚定的信仰

_____冒险

_____世界和平

_____帮助他人

_____有孩子

_____身体健康

_____一个漂亮的房子

_____自主性

_____其他

　　指导学生从这份清单中找出他们认为最重要的 10 种价值观，并在旁边打上 X（此时不对价值观进行排名）。然后，向参与者提供 5 张纸条，要求他们从这 10 种价值观中找出自己认为最重要的 5 种价值观，并在每张纸条上写上一种价值观（此时仍不对这些价值观进行排名）。告诉学生，你将从他们那里拿走纸条，一次拿走一张。因此，学生现在必须决定在他们选择的 5 种价值观中，哪一种是他们愿意首先放弃的。具体实施时，你可以在房间里转一圈，从每个学生那里拿走一张纸条。

　　在从学生那里拿走一张纸条之后，立即指示学生记录并定义该纸条上的价值观对他们意味着什么（例如，"经济奖励：年收入超过 45 000 美元，身体健康，有退休福利"）。对余下的每种价值观进行相同的操作。在活动结束时，学生将列出他们认为最重要的 5 种价值观，并按降序列出定义，如下所示。

1. 经济保障：年收入超过 45 000 美元，身体健康，有退休福利。

2. 自主性：能够对如何最好地履行工作职责做出自己的决定，但有一个同事可以在我需要时给我提供建议。

3. 与我喜欢的人交往：与同事成为朋友，在工作之外一起做事情。

4. 身体健康：正确饮食，每周锻炼 3 次。

5. 坚定的信仰：定期做志愿者。

讨论：解释该活动与生涯决策的关系。解释一下，在每一次做决策时都会有风险（否则，你可以在每一个实例中简单地选择"完美"选项）。当根据个人的关键价值观选择选项时，决策中的风险就会降低。

结束语：鼓励学生思考他们在一周中是如何度过的，以及他们是否花时间参加反映其最重视的价值观的活动。如果答案是否定的，那么鼓励学生确定增加参与反映其最重视的价值观的活动的策略（如同意适度锻炼计划、确定志愿服务的机会）。

时间：大约 30 分钟。

评估 / 作业：学生列出他们最重视的 5 种价值观，并确定他们认为可以表达这些价值观的 3 份工作。

生命之饼

《**美国生涯发展指南**》：个人社会性发展领域——PS1.K4、PS1.A4、PS1.R4。生涯管理领域——CM2.K5、CM2.A5、CM2.R5。

目的：让学生关注自己现在是如何利用时间的，以及他们希望在未来如何利用时间。

目标：学生能提高关于价值观和生活角色参与的自我意识。

材料：纸张、铅笔。

介绍：鼓励学生思考他们生活中的典型一周，问他们如何利用时间。向学生强调花时间参加反映他们兴趣和价值观的活动的重要性。

活动：让每个学生在一张纸上画一个圈，鼓励学生将这个圈视为"生命之饼"。指导他们思考如何度过典型的一周（每天 24 小时，每周 7 天）。告诉他们根据一周中每项活动花费的时间，将"生命之饼"分成小块，然后请学生写下以下问题的答案："你喜欢做什么和你重视什么？别人能从你的'生命之饼'中得出什么结论？"

讨论：将学生分成小组，鼓励他们彼此分享自己的"生命之饼"。然后鼓励学生与全班分享他们对将"生命之饼"切块的所有反应，以及他们对听到同龄人如何分割"生命之饼"的所有反应。

结束语：强调拥有一个尽可能反映自己的兴趣和价值观的"生命之饼"的重要性。如果学生没有反映他们的兴趣和价值观的"生命之饼"，那么鼓励他们思考他们可以做什么改变来提高他们的"生命之饼"对他们的兴趣和价值观的反映程度。

时间：45 分钟。

评估 / 作业：让学生画第二个圈，以反映他们作为成年人的生活（选择一个特定的年龄，例如 35 岁）。指导他们根据他们希望在未来如何利用时间，将他们的"生命之饼"分成几块。让他们确定自己的利益与价值观之间的关系，在未来生活中反映的生活角色。最后，让学生确定从现在到 35 岁他们可以做的 5 件事，以增加他们未来"生命之饼"实现的机会。

时间胶囊

《美国生涯发展指南》：个人社会性发展领域——PS1.K4、PS1.A4、PS1.R4。生涯管理领域——CM2.K5、CM2.A5、CM2.R5。

目的：探索哪些财产对学生有价值以及为什么。

目标：学生能通过研究有价值的财产来了解自己和他人，能探讨他们希望未来几代人了解自己的哪些方面，还能讨论他们所珍视的财产是如何受到他们所处文化的影响的。

材料：来自家里的有价值的物品。

介绍：要求学生从家里带来一件物品并向其他学生展示。学生应准备好解释该物品是什么以及为什么它对他们很重要。

活动：每个学生将描述自己带来的物品，解释为什么它对自己很重要，它如何反映自己的某些特点，以及他们希望通过将这个物品放置在一个虚构的时间胶囊中来与未来的初中生交流什么。

讨论：学生可以讨论这些物品、任何共同关心的问题 / 给未来的初中生留下的信息、他们希望别人了解他们的情况、什么是有价值的以及为什么等。学生还将讨论他们选择的有价值的物品的相似性和差异性。学生也可以讨论，如果他们生活在另一个国家，这些物品可能会有什么不同。

结束语：学生可以讨论这样一个事实——我们重视的事物反映在对我们有价值的

物品中。在本质上，这些物品是对我们来说很重要的事物的象征性表达，原因有很多（例如，物品所代表的内容，因为对我们很重要的人给了我们这个物品）。我们所述物品的独特性能告诉我们关于自己的一些重要信息。

时间：45 分钟到 1 小时。

评估 / 作业：学生将完成以下句子："对我来说重要的 3 件事是……"和"这些物品对我来说重要是因为……"

成为另一种文化的一员：一种幻想

《**美国生涯发展指南**》：生涯管理领域——CM2.A5。个人社会性发展领域——PS2.K9、PS2.A9、PS2.R9。

目的：让学生了解突然发现自己是另一种文化的成员会是什么样子的。

目标：

1. 让学生思考身处某些文化会带来哪些特权。

2. 让学生认识到他们是如何看待自己所处的文化和其他文化的。

材料：无。

介绍：对学生说："我需要每个人都放松，闭上眼睛。我们将在这个活动中运用我们的想象力来思考自己成为另一种文化的成员会是什么样子的。"

活动：（大声说）"你现在感觉很放松、很平静。现在是一周的中间时间，就在睡觉之前，你发现自己坐在舒适的椅子上，非常放松。你的眼睛闭着……你累了，非常累，决定上床睡觉。你进入了一种非常安稳、非常平静的睡眠状态。（暂停 10 秒）现在，想象自己在第二天早上醒来的样子。你看到自己进入浴室，仔细照着镜子。你发现自己发生了相当惊人的变化：你醒来时是另一种文化的成员，具有该文化成员典型的身体特征。你睡觉时是一种文化的成员，醒来时却是另一种文化的成员！（停顿）感觉如何？（停顿）现在你设想一下你去见你最好的朋友，你的朋友会做何反应？（停顿）现在，想象一下你穿过校园，人们对你有什么反应？你遇到了你最喜欢的老师，然后发生了什么？你感觉怎么样？人们对你的总体反应是什么？（停顿）好的。现在睁开眼睛。"

讨论：将学生分成小组，让他们在小组内轮流分享他们想象的内容。让小组成员就他们分享的内容（什么、如何、何时、何地）相互提问。要求他们不要"解释"他人想象的内容。

结束语：讨论学生想象的内容中所呈现的一些主题，以及他们对不同文化的具体反应。

时间：20~30 分钟。

评估/作业：要求学生写两段话，描述作为另一种文化的成员的感受。

我是谁？

《**美国生涯发展指南**》：生涯管理领域——CM2.A5。个人社会性发展领域——PS2.K9、PS2.A9、PS2.R9。

目的：帮助学生更多地了解他们自己和团体中的其他人。

目标：学生能提高对每个人的独特之处和不同的人的相似之处的理解水平。

材料：别针、卡片。

介绍：告诉学生："我们将学习很多关于我们是谁的知识。了解自己以及什么影响了今天的自己是很重要的。我们将开始的活动可以很好地提醒我们哪些特点是我们独有的，并帮助我们认识自己与其他人的不同之处。"

活动：给每个学生发一张 4×6 的卡片，大声朗读以下说明。

1. 在卡片的中央写上你的名字，要写得足够大，以便其他人可以阅读。

2. 在卡片的左上角，通过符号或文字描述以下内容。

a. 你出生的地方。

b. 你最喜欢去度假的地方。

3. 在卡片的右上角，通过符号或文字来描述你喜欢做的事情。

4. 在卡片的左下角，写下如果你不在场，你最好的朋友可能会用来形容你的 3 个词。

5. 在卡片的右下角，描述你所属的特定文化中你重视和欣赏的一个特点。

6. 最后，在你的卡片上的某个地方通过符号表示你真正期待在未来做的事情。在完成"我是谁"卡片的制作后，将你的卡片固定在衬衫或上衣的正面，然后找到一个你不太熟悉的人，最好是属于不同文化或性别的人，与之结对，就卡片上的信息相互访谈 10 分钟。

讨论：同一组学生站在一起，形成一个大圆圈。每一对学生轮流走到前面，向大家介绍彼此。之后，让学生分享他们从其他学生身上学到的东西，以及他们想了解得更多的东西。

结束语：要求学生在随后的交流中佩戴他们的卡片，直到每个人都认识其他人。

时间：1 小时。

评估 / 作业：通过指导学生更多地了解小组中的一个人，让他们继续开展这项活动。

对标签的回应

《**美国生涯发展指南**》：生涯管理领域——CM1.K1、CM1.R1。个人社会性发展领域——PS2.K9、PS2.A9、PS2.R9。

目的：让学生知道社会给人贴标签的一些方式，以及当他们觉得自己可能被贴标签时，该如何使用冲突解决技巧。

目标：

1. 让学生体验社会给某些人贴标签时的感觉。

2. 帮助学生决定如何处理标签。

材料：纸张、胶带和记号笔。

介绍：将标签贴在某些人的背上。房间里的其他人将根据这些人背上的标签对他做出反应。被贴标签的人不知道自己的标签内容，应该密切注意房间里其他人是如何对待他们的。在做这个活动的时候，引导学生想想社会给人们贴的其他标签，例如，学生可能会在学校里被贴的标签。

活动：在不同的纸上写下以下内容，并将其贴在一些学生的背上。让没有被贴标签的学生走来走去，对被贴标签的学生做出反应，就好像被贴标签的学生就是这些标签所代表的人一样。

- 知名人物
- 精神病人
- 听障人士
- 罪犯

讨论：

1. 让被贴标签的学生谈谈感受，猜猜他们认为自己被贴的标签可能是什么。

2. 让没有被贴标签的学生谈谈根据标签对待人的感受。

询问学生是否认为这会在美国社会中发生，以及人们通常给别人贴的标签还有哪些？让学生讨论这些标签对被贴标签的人而言有多大的伤害。

询问学生可以做什么来处理标签问题，让他们回顾在冲突解决活动中学习的一些技能，并列出他们的答案。

结束语：让学生思考从这项活动中获得的知识，例如如何使我们更了解社会中的标签以及如何处理某人被贴标签的情况。

时间：30 分钟。

评估 / 作业：要求学生列出他们每天了解标签的方式（例如，看电视、听音乐、看报纸等）。

火箭小子的故事

《美国生涯发展指南》：生涯管理领域——CM2.R4、CM3.K2、CM3.A2、CM3.R2、CM3.K4、CM3.A4、CM3.R4、CM3.K5、CM3.A5、CM3.R5、CM3.K6、CM3.A6、CM4.A5、CM4.R5、CM4.A6、CM4.R6。

目的：了解一个真正的科学家的生活，并探讨一个男孩如何克服无数障碍以实现其生涯目标。

目标：学生能够识别他们即将观看的电影中的电影人物的生涯目标，明确电影人物为实现这些目标所承担的风险以及团队合作在实现目标中的作用。

材料：电影《十月的天空》、纸、铅笔、黑板和粉笔、"火箭"建造工具包（如果需要）。

介绍：为学生准备一份问题清单，让学生回答。问题包括"你认识像电影人物那样的人吗？""团队合作在'火箭小子'的成功中发挥了怎样的作用？""父亲对大学的态度和儿子的职业兴趣是什么？""家庭对体育的态度是什么""体育在年轻人的生活中发挥了什么作用？""小霍默（Homer）最初的命运是什么，以及如何和为什么会改变？""为了实现自己的生涯目标，小霍默承担了哪些风险？"。

活动：

1. 要求学生观看电影《十月的天空》，或者，如果愿意的话，可以阅读小霍默·希卡姆（Homer Hickam）的《火箭小子》一书。（注意：可能需要得到家长的批准才能让学生观看这部电影，因为它的等级是 PG-13，而且其中一些台词可能会冒犯到某些人）。看完电影后，学生将回答问题清单中的问题或你提出的其他问题。在这之后，实际建造和（或）引爆"火箭"（如果情况允许，可以在玩具和工艺品商店购买"火箭"建造工具包）。

2. 学生可以列出他们的理想工作或职业幻想。

3. 为了提供克服障碍和实现目标的例子，邀请过去的活动参与者参加活动。过去的活动参与者可以分享他们的故事，讨论他们克服了哪些障碍来实现他们的目标。如果不能邀请过去的活动参与者来现场参加活动，可以考虑对过去的活动参与者进行采访和录像。同样，在采访中，过去的活动参与者可以分享他们的故事，并指出他们为实现目标所克服的障碍。

讨论：讨论问题清单中的问题以及学生在观看电影时发现的其他问题。强调电影人物所承担的风险以及团队合作在创造事业成功中的作用。学生应列出电影角色为实现目标而克服的障碍。情感也可能会被讨论，比如"你是否觉得与电影人物类似的成功是你可以达到的？"。分享过去的活动参与者实现其目标的故事（例如，被大学录取、从大学毕业、获得需要大学学位的工作）。

结束语：讨论人们必须克服障碍才能实现人生目标的事实。障碍可以被视为机会，而不是不追求目标的理由。

时间：2~3 小时。

评估 / 作业：要求学生列出他们在生活中已经克服的障碍。

高中生涯发展辅导

将生涯发展辅导纳入我作为高中咨询师的工作中是很重要的，因为高中咨询师要帮助学生为进入工作领域做好准备。在高中阶段，生涯发展涉及教学生如何规划和准备进入劳动力市场。许多青少年不知道自己想朝什么方向发展，咨询师需要帮助他们梳理自己的兴趣和能力。不管是对学生选择日后要接受的高等教育而言，还是对他们寻找工作而言，这一点都很重要，因为自我信息可以影响一切。因此，他们需要知道如何制作简历、填写申请表和准备面试。咨询师还必须教授学生生活管理技能，以及如何通过生涯选择养成支持自己和他人的能力。咨询师生涯拓展的另一个方面可以是工作安置，这在高中阶段来说更显独特。各层级学生都在寻找各种类型的工作。一些学生需要他人的帮助来找到兼职工作，以支付费用或为上大学存钱。其他学生需要接受培训和掌握基本技能，以便在毕业后立即开始全职工作。高中咨询师必须联系社区和企业资源，了解学生可以获得哪些职位，有时还要监测学生的在职表现。这些联系可能会有助于学生被雇用，还可以助力学生获得学徒或实习以及参加校园演讲或应聘的机会。生涯发展辅导是连接学生当前经验和未来可能性的桥梁。

——梅根·马丁（Megan Martin）

教育硕士

高中咨询师

【学习目标】

12.1 了解高中生的生涯发展过程。

12.2 明确高中生的生涯发展目标。

12.3 明确高中生涯发展辅导的具体措施。

高中阶段的生涯发展

学习目标 12.1 了解高中生的生涯发展过程。

艾莉（Elly）是一名 16 岁的 12 年级学生，她来找你寻求生涯选择方面的帮助。艾莉是家里 3 个孩子中最大的一个，虽害羞但很友善。她是个"B"级学生，她目前的计划是高中毕业后上大学。艾莉将是家里第一个上大学的人。她暂定的计划是主修社会学或心理学，因为这些专业的学习涉及人。在过去的两个夏天，她在一个儿童夏令营做志愿者，现在，在星期日的上午，艾莉在一所托儿所当志愿者。她说她感到担心，因为她认为自己在知道自己想从事什么职业方面落后于她的朋友。"他们与我相比，有更好的成绩和更多的工作经验。我甚至不确定我是否能进入大学。"艾莉分享道。她还表示，当她与这些朋友交谈时，她感到自己很愚蠢，并失去了自信。艾莉希望得到帮助，以决定自己想做什么，这样她就能对自己和未来更有信心。如果你是她的咨询师，你会如何帮助她？

　　虽然初中和高中之间的发展转变和背景变化不如小学和初中之间那样剧烈，但相对于每个学生未来学业和生涯成功的长期影响而言，教育风险却在增加。随着学生从初中升入高中，他们所遇到的学业期望的强度也会增加。艾莉的故事就体现了这种强度。艾莉感到了压力。此外，她还表现出了相当典型的青春期行为，即将自己与他人进行比较。事实上，这种比较过程会让她感觉"自己不如别人"，这是她和她的咨询师将要解决的问题。建立良好的自我概念和发展生涯准备是青少年的两项重要的生涯发展任务。

　　同样，在高中阶段，高中生系统地参与教育和生涯规划的需求也在增加。"学生经常选择学术方向，这不仅影响到他们未来4年的高中生活[①]，也影响到他们高中毕业后的教育和工作选择"（Akos，2004，p. 883）。与所有的发展转型一样，向高中的过渡为学生提供了积极参与生涯发展辅导的机会，这些辅导可以增强他们的学术动机和自尊心，并帮助他们在学校经历与未来的学术和职业机会之间建立联系。艾莉希望通过这些方式获得力量。

　　更具体地说，随着学生升入高中，他们更直接地关注确定职业偏好和明确职业／生活方式选择的任务。根据舒伯（1957）的说法，明确、具象和实施初步生涯选择的任务发生在青少年早期（12~15岁）、中期（16~18岁）和晚期（18~24岁）。最终，明确和实施这种任务成为高中生的关键目标。舒伯、萨维科斯和舒伯（1996）对具象的描述如下："通过对职业的广泛探索，将个人经历的职业自我概念融入教育／生涯选择，最终完成了明确职业选择的任务"（p. 132）。简单地说，实施包括采取行动以实现特定目标。

　　事实上，在许多方面，艾莉的担忧与发展预期是一致的。艾莉通过在夏令营和托

---

① 美国高中的学制是4年。——译者注

儿所做志愿者获得了经验。这些都是重要的经验，艾莉在描述她对未来可能性的焦虑时，似乎弱化了这些经验。这样的活动为更好的自我理解（具体化）提供了基础，而这反过来又为具象提供了重要信息。毫无疑问，这些经历增加了艾莉的自我和生涯信息。也许她现在可以从中受益的一件事是与她的咨询师进行对话，谈谈迄今为止她从这些活动中学到了什么。例如，她的咨询师可以帮助强化她从这些活动中获得的重要知识。在许多方面，艾莉积累了大量重要的自我和生涯信息，这些信息将很好地帮助她制订高中毕业后的计划。

在这方面，值得注意的是，尽管大多数学生在高中毕业后进入大学，但 2018 年有 1630 万人，即有 43% 的 16~24 岁的学生没有入学（Bureau of Labor Statistics，2019）。2018 年，在 16~24 岁的应届高中毕业生中，女性和男性的大学入学率分别为 71.3% 和 66.9%。相比之下，2013 年的女性高中毕业生的大学入学率为 68.4%，男性高中毕业生的大学入学率为 63.5%（Casselman，2014）。在 2018 年即将上大学的高中毕业生中，67% 的人上了 4 年制大学。

然而，这一比例在所有人口群体中并不均衡。2017 年，只有不到 40% 的非洲裔和西班牙裔年轻人上了大学（U.S. Department of Education，2019）。此外，年轻的非洲裔和拉美裔美国人的失业率也高于欧洲裔，这表明他们并不是因为有很好的工作机会而选择放弃上大学。没有进入大学的高中毕业生面临着充满挑战的就业前景，这种情况对高中辍学者来说尤其严峻。2018 年，不仅近 14% 的高中辍学者失业，而且在职高中辍学者的平均收入低于任何其他教育水平的人。2017 年，未从高中毕业的个人的平均年收入约为 26 469 美元，而高中毕业生的平均年收入为 38 145 美元，拥有学士学位的人的平均年收入为 67 763 美元。

尽管新冠疫情对疫后就业统计的影响仍有待观察，但 2018 年，受教育程度较高者仍保有较高的就业率（National Center for Education Statistics，2019）。例如，拥有学士学位或更高学位的年轻人（25~34 岁的人）的就业率最高（82%）。一些大学毕业者的就业率（79%）高于高中毕业者的就业率（72%），而高中毕业者的就业率又高于高中未毕业者的就业率（59%）。在年轻成年男性和年轻成年女性中观察到相同的态势。尽管高等教育入学率很高，但 2018 年拥有学士或更高学位的人的百分比为 37%（U.S. Department of Education，2019）。这种愿望与成就之间的差距在美国已经存在了一段时间。

费勒（Feller）（2003）的报告称，超过 70% 的高中生希望大学毕业后从事专业工作（即需要大学学位的工作）。许多学校咨询师不愿意面对想获得大学学位的"无声梦想"。也许这种不愿意与美国普遍存在的"全民大学"（college for all）偏见有关。这种偏见导致许多学生对上大学感到有压力，即使他们的生涯抱负与不需要大学学位的工作有更直接的联系。学生在中学阶段得到的生涯援助很少，当他们制订中学后的计划时，很容易就会默认大学的偏见。安提尔（Anctil）、史密斯（Smith）、申克（Schenck）和达希尔（Dahir）（2012）的报告称，与学业发展和个人社会发展相比，学校咨询师对学生生涯发展服务的重视程度和提供程度往往较低。相对于高中生涯发展的关键特性来讲，这是一个令人困惑的现象。学校咨询师必须更好地参与生涯服务的提供，并利用相关研究的信息来支持这种参与。例如，拉潘（Lapan）、惠特科姆（Whitcomb）和阿莱曼（Aleman）（2012）发现，纳入大学生涯咨询服务和降低咨询师与学生的比例，可以降低高中生辍学率和减少纪律事件。安提尔、史密斯、申克和达希尔（2012）恳求学校咨询师代表学生对生涯发展进行倡导。正如下一章的证据所表明的那样，放弃承担这一责任并不是一种良性的行为。

许多学生在没有明确目标的情况下默认上大学，而且往往缺乏取得成功的学业准备。这是有各种缺陷的危险组合。"全民大学"的愿望来自三大革命性的变化（Rosenbaum & Person，2003，p. 252）。首先，劳动力市场大幅增加了其对技能的要求，从而增加了大学毕业生的收入优势。其次，近几十年来，上大学变得更加容易。最后，社区学院实行开放招生政策。尽管人们普遍担心学校咨询师过于严格，因为他们鼓励一些学生不要上大学，但现在情况可能恰恰相反。这里的重点是，学校咨询师需要更好地告知学生、家长和学校工作人员，能带来有回报的职业存在于各种领域，包括技术专长、金融服务、建筑和贸易领域。

不幸的是，人们对这些领域的工作知之甚少。此外，由于31%的大学新生（其中52%是高中成绩等级为C或更低的学生）实际上没有获得大学学分（Rosenbaum，2001），这些学生实际上是在工作，他们不能从"全民大学"的方法中受益。因此，我们认为专业学校咨询师应该帮助学生从各种选择中做出选择，包括那些不需要大学学位的职业。罗森鲍姆和皮尔逊建议专业学校咨询师也帮助其他人了解以下有关劳动力市场和大学的新规则。

- 所有学生都可以上大学，但成绩较差的学生应注意，一旦进入大学，就需要参加补习课程。
- 即使高中生有上大学的计划，他们也必须为工作做好准备。
- 大学计划的实现需要在高中阶段充分努力和做好良好的学业规划。
- 许多好工作不需要大学学位。
- 高中生通过取得更好的学业成就、参加生涯课程、获得教师的就业帮助以及培养人际交往能力和良好的工作习惯等"软技能"，可以增加他们获得好工作的机会。

这些要点强调了让劳动力做好准备以成功应对从学校到工作的过渡的重要性。劳动力准备度的定义随着时代的变化而变化。直到最近，这一术语可能只关注帮助青少年获得特定工作的培训，但现在雇主更关心的是"寻找能够读写、态度良好、有动力、可靠、遵循指示并且可以成为优秀团队成员的年轻人"（Krumboltz & Worthington，1999，p. 316）。学业技能、人际交往技能、自我意识和终身学习已成为年轻人成为成功工作者需要掌握的重要技能。在这方面，汉森（Hansen）（1999）主张扩大从学校到工作的生涯发展辅导，除了更传统的强调劳动力发展外，还包括学生发展。汉森指出，密苏里州人生职业发展系统、明尼苏达州生涯发展课程，以及佛罗里达州教育部开发的名为"一个从学校到工作系统的发展型综合指导和咨询方案框架"等，都是帮助青少年为从中学到工作的过渡做好准备的综合生涯发展辅导措施的优秀范例。

贝克（Baker）和格勒（Gerler）（2008）强调了学校咨询师在中学生继续教育、培训或就业过程中为他们提供"转型增强"援助的重要性。由于这种过渡是高中生发展的一个常规部分，贝克和格勒建议咨询师将过渡视为一个过程，而不是一个事件或一系列事件。学生应对这种过渡的基本需求可分为支持、意识和技能 3 类。

学生需要情感支持，以减轻他们在考虑即将遇到的过渡时可能经历的预期焦虑。从熟悉的地方到未知的地方，所有人都会产生焦虑感。然而，对于那些主要生活在家庭和学校领域的青少年来说，这种焦虑是合理的。中学后的工作、培训和教育带来了新的挑战和经验。虽然这些挑战看起来有些吓人，但咨询师可以提醒学生，他们在生活中已经形成的习惯也会对他们改善在中学后的过渡经历有所帮助。在许多方面，学校咨询师是学校的人类发展专家。对利益相关者进行教育，让他们了解学生在上学过程中会经历的发展过程，有助于学生、教师、管理人员和家长培养意识，主动思考学生将遇到的任务。因此，在学业和学校咨询课程中注入发展概念，有助于学生获得意识，培养其有计划地应对生涯发展任务。

当概念化为一个过程时，应对中学后从学校到工作以及从学校到学校的过渡所需的技能与之前讨论的小学和中学的生涯发展能力有关，也就是说，过渡技能建立在学生通过整个教育经历所培养的自我意识、职业意识和决策技能之上（Baker，2000）。例如，撰写简历和求职信需要写作技能，在工作或大学面试中有效地表现需要沟通技能，获取有关工作、大学和培训项目的信息需要研究、技术和阅读技能。过渡技能也可以扩展为与压力和焦虑管理相关的技能。美国学校咨询师协会（2003、2012）认为，学校咨询师必须承担培养学生这些技能的主要（但不是唯一）责任，并指出生涯指导是学校咨询师能够做出的最重要贡献之一。同样，学校咨询师必须有能力帮助那些在完成生涯发展任务方面遇到困难的学生。

在某种程度上，这要求学校咨询师能够识别早期预警信号，即学生早期的教育和生涯规划进展已经"偏离轨道"，并采取纠正措施。学院和生涯准备成功中心（2017）确定了早期预警信号，提醒学校咨询师注意那些可能正在努力并需要辅导的学生，以帮助其回到正轨，并走完重要的生涯和教育历程，如按时毕业。例如，9年级学生的早期预警信号包括：新记分周期前30天出勤率低、总出勤率低、课程失败（任何学科）、平均学分绩点低（在4.0的分制标准下，平均学分绩点为2.0）等。出现早期预警信号的学生应成为辅导的重点，为学生重返正轨提供具体帮助。一些州教育机构要求学校，特别是表现不佳的高中，按每个预警信号报告学生面临风险的百分比。

了解青少年的生涯发展过程也为学校咨询师提供了有关学生生涯和学业发展状态的信息。舒伯的大部分研究集中在了解青少年如何做好准备以应对他们面临的各种生涯发展任务。舒伯（1955）最初用于描述青少年生涯准备状态的术语是生涯成熟度。由于青少年面临的生涯发展任务来自学术课程和社会（如家庭、教师）固有的期望，因此这一人生阶段的生涯发展过程比成年阶段更具有同质性。

学校规程要求学生在课程推进的特定点做出生涯决策（例如，8年级学生选择他们将在高中学习的课程）。由于这些生涯发展任务出现的时间可以预测，生涯发展从业者可以提供一套系统的辅导措施来促进青少年的生涯发展。舒伯等人（1996）指出，青少年生涯发展可以"部分依托促进能力、兴趣和匹配资源的成熟，部分依托促进现实检验和自我概念的发展"加以引导（p. 125）。

其他有影响力的研究者，如马西娅（Marcia）（1966）已经确定了影响青少年生涯发展的重要变量。具体来说，马西娅关注两个变量——危机/探索和承诺，这是青春期生涯发展过程的核心。危机/探索是指对身份问题进行分类的过程；质疑父母定义的目标、价值观和信念，并就职业行动、目标、价值观和信念确定适合个人的选择。承诺是指个人对自我选择的愿望、目标、价值观、信念和生涯选择的亲自参与和忠诚程度（Muuss，1998）。青少年完成危机/探索和承诺相关任务的程度为马西娅的青少年身份分类提供了概念结构（Marcia，1980）。采用这种分类法可得到4种身份状态：身份扩散（或身份混淆）、早闭、停滞和认同实现。

1. 身份扩散的人还没有经历过身份危机或身份探索，没有对某种职业做出任何个人承诺，更没有对一套目标、价值观和信仰做出承诺。

2. 早闭的人尚未经历身份危机或身份探索，但已对一项职业和一系列目标、价值观和信仰做出了承诺（通常由于父母和 / 或重要之人的观念灌输或社会压力）。这种类型的封闭是不成熟的，因为它是在没有经过探索和努力解决一些基本存在问题的情况下发生的，这些基本存在问题包括确定一个人的价值观、信仰和目标等。

3. 处于停滞期的人正在进行积极的斗争，以明确对自己而言有意义的价值观、目标和信仰，致力于把自己既有的一套特定的价值观、目标和信仰"悬置"起来，直到身份认同的过程更加完整。

4. 获得身份认同的人已通过身份认同的过程进行分类，并以一种对个人有意义的方式解决这些问题。此外，作为探索和解决身份问题的结果，获得身份认同的人致力于职业和个人价值体系。

身份形成不是一个探索和致力于一套价值观、目标和信仰的单一过程，而是跨多个领域（例如职业、信仰和政治）发生的。在许多方面，这些领域与舒伯（1980）的生活角色自我概念（例如，工作者、休闲者、学生和操持家务者等）类似，并强化了汉森（1999）对学校整体生涯发展辅导的呼吁。

此外，个人在每个领域内的身份状态不是静止的，而是持续变化的，包括跨阶段的来回运动（Muuss，1998）。马西娅（1980）指出，尽管任何身份状态都可能成为终结者，但早闭的人经历了封闭发展的最大风险。

因此，针对青春期前和青少年的生涯发展辅导措施（根据定义，他们在步入这些人生阶段时身份相对分散）应该被精心设计，以促进与生涯领域相关的探索和身份发展。例如，科洛丁斯基（Kolodinsky）等人（2006）描述了组织一个旨在让学生接触非传统工作者的职业招聘会的方式，该招聘会让学生对潜在的职业选择有更多的探索和更广泛的理解。具体来说，研究人员设计了一个为期一天的招聘会，11 名女性受雇于非传统职业，如边境巡逻员、紧急医疗技术员、计算机维修技术员、电缆技术员、消防员、军官和水处理技术员，4 名男性的职业分别为发型师、护士、呼吸治疗师和接待员。每个人都讨论并展示了他在非传统职业方面的经验。在听完演讲者的演讲并与之互动后，学生表现出更强的职业自我效能感，并放弃了关于什么是"女性工作"和什么是"男性工作"的刻板观念。

埃德温（Edwin）、普雷斯科德（Prescod）和布莱恩（Bryan）（2019）在他们对高中生的 STEM 抱负的测试中提出了类似的建议和策略。埃德温和他的同事使用了一个有全国代表性的 20 000 多名高中生的样本进行研究，发现非洲裔学生对 STEM 职业的渴望比例高居第二（仅次于亚洲裔学生）。鉴于欧洲裔学生是 STEM 职业中最大的参与者群体，这项研究证实了非洲裔学生存在的"管道问题"[①]。这些研究人员建议学校咨询师采取行动，通过以下方式积极支持学生的 STEM 愿望：组织以 STEM 为中心的职业日，依靠 STEM 生涯中雇用的非欧洲裔工作者，并提供能够支持学生实现其 STEM 愿望的导师。理想情况下，这些导师在种族和性别方面与他们指导的学生相似。吉本斯（Gibbons）、博德斯（Borders）、怀尔斯（Wiles）、斯蒂芬（Stephan）和戴维斯（Davis）（2006）的调查结果显示，9 年级学生希望获得更多与推进生涯发展和教育计划有关的信息，并希望接受辅导，例如由非传统工作者组成的职业招聘会，这可以作为一种重要的辅导措施，为学生提供有关潜在职业选择的准确信息。

高中生的生涯发展目标

学习目标 12.2 明确高中生的生涯发展目标。

大量与青少年生涯发展相关的文献有助于咨询师为高中生确定合适的生涯发展目标和辅导措施。被确定为适合高中生的具体生涯发展能力如下。

1. 发展更高级的自我认知：

 a. 培养与他人积极互动的技能；

 b. 理解持续成长和发展对生涯规划的影响。

2. 培养从事教育和职业探索的技能：

 a. 理解教育成就与生涯规划之间的关系；

 b. 理解对工作和学习持积极态度的必要性；

 c. 培养定位、评估和解释生涯信息的技能；

 d. 培养更复杂的求职技能；

 e. 理解社会需求和功能如何影响工作的性质和结构。

3. 加强决策技能：

 a. 理解不同生活角色之间的关系；

 b. 理解男性 / 女性角色的持续变化；

 c. 发展生涯规划技能。

---

① "管道问题"是一个隐喻，它的含义是一个人的人生一旦进入某条"管道"，就意味着开启了已经计划好了的未来旅程。

在构建辅导措施以促进这些能力的发展时，赫尔、克拉梅尔和奈尔斯（2004）建议关注高中生面临的几个潜在问题。例如，学生必须构建并知道如何实施生涯规划。学校咨询师还必须处理这样一个事实，即学生在处理生涯和教育规划任务方面的准备程度存在差异。因此，生涯发展辅导需要足够灵活，以适应这些学生在生涯决策准备方面存在的差异。最后，学生必须培养与中学后选择相关的意识，特别是考虑每个选择的利弊（如参军、进入社区学院和上 4 年制大学）。

高中生涯发展辅导

学习目标 12.3　明确高中生涯发展辅导的具体措施。

高中能力的培养继续强调了初中能力中出现的知识、技能和理解。然而，高中能力要求学生通过将自我信息和生涯信息转化为生涯目标，从而更加专注于制订生涯规划。萨维科斯（Savickas）（1999）提出了生涯发展辅导措施，以培养高中能力中描述的那种自我认知、教育和职业探索以及生涯规划。具体而言，这些辅导措施侧重于引导学生对生涯的理解，培养学生的规划和探索能力，指导学生开发有效的生涯管理技术，以及引导学生在行为演练中做好应对工作问题的准备。

为了引导 9 年级学生了解他们在高中阶段将遇到的规划任务，萨维科斯（1999）建议使用小组指导的形式来讨论生涯发展清单上的项目，例如生涯成熟度清单（Crites，1978）或成人生涯关注清单（Super，Thompson，Lindeman，Jordaan & Myers，1988）。使用这些项目来引导学生完成他们面临的任务，以有效地管理他们的生涯发展，这有助于为计划和探索行为提供激励（Savickas，1990）。例如，成人生涯关注量表（Super et al.，1988）测量了探索、建立、维持和衰退等生涯阶段的发展任务关注。回顾成人生涯关注量表中的生涯阶段和任务，可以让高中生了解生涯发展的一般过程。使用成人生涯关注量表，青少年可以识别他们在不久的将来可能遇到的生涯发展任务，并确定应对当前和未来生涯发展任务的策略。采用这种方式，可以增强高中生对时间视角或"计划性"的理解（Savickas，Stilling & Schwartz，1984）。

艾莉的咨询师采用小组指导的形式讨论学生在霍兰德的自主探索量表中的分数。他们集体讨论了每种类型的职业选择，然后讨论了从事每种职业需要接受什么样的教育。他们还讨论了他们认为对每种职业最重要的学科。

与家长分享这些信息有助于培养家长对其子女面临的生涯发展任务的认识。凯勒

（Keller）和惠斯顿（Whiston）（2008）发现家长的行为与中学生生涯决策自我效能感之间存在显著关系。为了促进家长对生涯发展过程的认识和参与，学校面向家长提供的晚间信息发布会和新闻简报，为家长了解高中生可能遇到的生涯发展任务提供了渠道。这也为家长了解如何帮助高中生更有效地管理生涯发展任务提供了渠道（Turner & Lapan，2002）。

安东尼奥的咨询师把描述霍兰德类型和自我导向搜索的材料寄到学生家里。然后，咨询师邀请家长参加一个在晚上举办的会议，在会议上，家长对自己的霍兰德类型进行了非正式评估。咨询师以类似于其对学生所采取的方式，鼓励家长集体讨论每种类型的职业，确定每种职业的教育要求，然后列出他们认为对每种职业最重要的学科。在这项活动之后，咨询师确定了家长可以帮助孩子在生涯规划中使用他们获得的信息的方式。让家长了解评估以及如何将其纳入生涯规划，有助于家长更有信心地帮助自己的孩子考虑与霍兰德代码相关的可能性。

为了让学生提高自我认知，鼓励其进行教育和职业探索，咨询师可以帮助学生参与信息访谈。为了准备这些经验，咨询师和教师应指导学生撰写与高中阶段生涯发展能力相关的访谈问题。例如，为了了解人际沟通及积极的工作态度的重要性，以及教育成就与生涯规划之间的关系，学生可以提出一些具体的问题，例如，你最喜欢的工作是什么？你工作中最重要的技能是什么？你的典型工作日是什么样的？当我考虑自己的工作时，你对我有什么建议？做你的工作需要什么培训？

在初中结束或高中开始时实施的兴趣和能力评估的结果为哪些生涯环境最有可能进行富有成效的探索提供了方向。如上所述，可以系统地用于青年的生涯评估范围很大。为了测量兴趣，咨询师可以使用提供与学生霍兰德类型相关信息的工具，如自我导向搜索（Holland，1985）和生涯评估量表（Johansson，1986）。能力测量包括差异能力倾向测试（Bennett，Seashore & Wesman，1992）、能力探索者（Harrington，1996），以及根据学校成绩单或教育和生涯规划档案评估功能性技能。兴趣和能力较高的领域可以与职业集群相匹配，学生可以确定具体的职业并进行深入探索。

尽管兴趣和能力评估结果提供了与生涯选择内容相关的重要数据（即将学生的能力和兴趣与生涯选择相关联），但这些数据无法用于解决学生是否已做好生涯决策准备的问题（Super，1983）。生涯评估方法必须兼顾内容和过程变量，以充分满足青年的需求。具体来说，兴趣和能力可以被视为生涯选择的内容数据，必须结合生涯选择过程数据进行查看，例如生涯决策准备度、生活角色突显度和可标记为调节变量的价值观（Super，Osborne，Walsh，Brown & Niles，1992）。"为了准备好有效地选择和适应某种职业，应将自己看作是在应对某个人生阶段特定的发展任务，并期望自己做出某些决定和获得某些能力"（Super，1983，p. 559）。在关注生涯决策之前，未成功完成之前教育阶段生涯发展任务的学生需要接受补救性的辅导（例如，额外的自我概念明确机会、关于如何获取生涯信息的培训）。

从这个角度来看，解决生涯选择准备问题（Super，1990）成为有效使用兴趣和能力评估数据的必要前提。根据舒伯的理论，生涯选择准备包括 5 个维度："有计划地应对生涯阶段和任务、收集有关教育和职业机会的信息、探索工作世界、知道如何做出良好的生涯决策，以及能够对潜在职业做出现实的判断。"（p. 231）。这些维度很重要，因为如果青少年对工作世界知之甚少，那么他们的兴趣调查表使用的职业名称或活动可能会产生误导性的分数，他们进而可能会做出错误的选择（Super et al.，1996）。同样，当青少年没有进行适当的生涯规划时，他们往往会遇到他们没有准备好应对的生涯发展任务（Herr et al.，2004）。因此，评估高中生选择和适应生涯的资源需要对生涯选择内容（如能力、兴趣、价值观）和过程（如生活角色突显度、生涯选择准备度）变量进行评估。当学生缺乏构成生涯选择准备的 5 个维度中的任何一个时，咨询师应在关注生涯选择内容之前，采取辅导措施，以帮助学生在该特定领域取得进展。

需要注意的是，传统的评估方法只关注生涯选择内容变量，假设所有人都高度重视工作，并且所有人将工作视为实现价值的主要手段。可以说，这是一种西方中产阶级男性的职业发展观，因此，这是一种文化上概括的人生角色突显观。不同模式的生活角色是突出存在的，在帮助高中生明确和阐明他们的生涯目标时，他们必须考虑到这些模式。例如，当工作角色的突显度较高时，青少年认为工作提供了有意义的自我表达的机会。在这种情况下，高中生往往有动力发展必要的生涯成熟度（例如，要有计划性、探索机会、收集信息），以做出良好的职业决定。然而，当工作角色的突显度较低时，青少年往往缺乏动机和生涯决策的准备。在后一种情况下，咨询师需要通过唤起个人对工作者角色的重要性的感受来开展生涯发展辅导（Super，1990）。质疑非理性信念、让年轻人接触有效的榜样以及提供导师都是促进生涯觉醒的活动（Krumboltz & Worthington，1999；Miller，Osborn，Sampson，Peterson & Reardon，2018）。

为了帮助高中生进一步明确他们的人生角色自我概念，咨询师可以鼓励高中生重新审视初中时期提出的生活角色突显度（例如，在典型的一星期里，我是如何打发时间的？我想在利用时间方面做出什么改变？每个生活角色对我来说有多重要？每个生活角色对我的家庭有多重要？我为什么喜欢参与每个生活角色？我希望在扮演每个生活角色时完成什么？我的家人希望我在扮演每个生活角色时完成什么？我认为哪些生活角色在未来对我来说是重要的？我必须做什么来为将来扮演对我重要的生活角色做更多准备？）。讨论这些问题有助于高中生明确和表达他们的生活角色自我概念。具体来说，通过在高中开始时讨论这些问题，高中生可以更清楚地了解他们在扮演每个生活角色时寻求表达的价值观。这些信息不仅对指导高中生做出适当的教育和职业选择至关重要，而且对高中生在扮演生活角色时发展出适当的价值满足感也至关重要。也就是说，这些信息可以用来促进高中生全面理解如何构建生活角色，以提供最大的生活和生涯满意度。

讨论这些问题也为探索个人的文化适应程度、文化认同程度和世界观提供了机会。例如，高中生可以讨论家庭期望和其他影响他们扮演生活角色的文化因素。最后，讨论这些问题有助于咨询师意识到高中生在临近从学校到工作或从学校到学校的过渡时，进行谈判所具有的潜在障碍以及支持来源。这些讨论也促进了高中生的生涯发展能力的获得，这些能力与理解不同生活角色之间的相互关系和理解男性 / 女性角色的变化性质有关。通过明确有关生活角色突显度的信息（以及影响生活角色突显度的文化因素），高中生为做出准确的自我评价和发展生涯选择的准备奠定了基础。

为进行有效的教育和职业探索获得足够的自我认识的一项重要任务是明确价值观。明确价值观很重要，因为价值观是人们在"他们从事的活动、生活的环境以及他们制造或获得的物品"中渴望和追求的品质的标志（Super，1970，p. 4）。因为价值观反映了个人的目标，它们在生涯规划过程中提供了目标和方向。然而，尽管许多人认为明确价值观对生涯选择至关重要，但相对而言，很少有人努力以系统的方式审视他们的价值观。价值观卡片分类法（例如，工作价值观卡片分类工具包、无性别歧视的职业卡片分类法）和职业定向安置和评估调查（COPES）等工具，都有助于明确价值观。兴趣清单的结果也可以用来确定与工作有关的活动，这些活动为价值观的表达提供了机会。

关于家长参与生涯辅导过程，阿蒙森和彭纳（Penner）（1998）建议专业学校咨询师考虑让家长直接参与生涯咨询。为此，阿蒙森和彭纳设计了一个创新的、家长参与的职业探索（PICE）活动，其包括 5 个步骤。在第一步（引言）中，邀请两名学生和每名学生的至少一名家长参加创新职业探索活动，同时解释参与者的角色（这是学生的生涯咨询课程，家长为观察员），并介绍参与者。下一步被标记为模式识别练习（PIE）活动，学生各自确定一项休闲活动，并找出积极参与活动、不积极参与活动的案例。咨询师与每名学生一起详细阐述这两个案例中涉及的人以及学生的感受、想法、遇到的挑战、成功的地方和动机，从而阐明每名学生的优缺点。一旦完成了完整的描述，每名学生需要考虑所提供信息中建议的模式类型。具体来说，学生应考虑所提供信息中反映的各种目标、价值观、能力、个性特征和兴趣。PIE 活动的下一步是将确定的模式与学生面临的生涯选择联系起来。然后，咨询师邀请学生家长提出意见。家长可以确认讨论内容并添加他们的观点。PICE 活动的下一步是检查学术经验。具体来说，学生讨论他们正在学习什么课程、他们在每门课程中的表现，以及他们对每门课程的感受。和以前一样，家长被要求提供他们对学生分享的信息的看法。接下来，学生根据当前的劳动力市场形势（例如，当前的劳动力市场趋势、灵活性需求、信息面试、对未来的焦虑、高等教育入学机会等）讨论其正在考虑的选择。家长也被要求参与此次讨论，并提供他们对劳动力市场形势的看法以及应对当前工作的策略。PICE 的最后一步涉及行动规划，咨询师向学生和家长提供有关学校和社区生涯资源的信息，要求学生确定他们在生涯规划中下一步将采取什么行动。

诺塔（Nota）、桑蒂利（Santilli）和索雷西（Soresi）（2016）根据人生设计理论，为中学生开发了一个创新的在线生涯辅导项目，名为"1、2、3……未来！"大多数在线生涯辅导系统都是基于人与环境的匹配模型的，因此，诺塔、桑蒂利和索雷西提出的模型在这方面是独一无二的。与被分配到传统的面对面辅导组的学生相比，在线辅导组的学生表现出更高程度的关注、控制、更强的好奇心和更高的生活满意度。在线生涯辅导系统为学校咨询师提供了一个有效的选择，是对更传统的辅导措施的补充。

总体而言，这些辅导措施代表了中学咨询师可以帮助学生为中学后从学校到工作或从学校到学校的成功过渡做准备的方式。当各个年级的咨询师合作制订系统的生涯发展辅导措施时，高中生就有可能为他们在中学阶段遇到的生涯发展任务做好准备。

下面两本出版物提供了更多促进学生职业发展的有效策略。具体来说，赫福德（Erford）（2019）和多拉海德（Dollarhide）与莱姆伯格 – 褚乐（Lemberger-Truelove）（2018）的出版物是适合专业学校咨询师参考的优秀资源。

虽然我们认识到，团体和课堂生涯辅导是学校咨询师（美国学生与咨询师的平均比例为 476∶1）向学生提供生涯援助的最合理的方式，但过度依赖团体方法可能会形成"一刀切"的心态。显然，这种心态不适合解决生涯发展过程中的个人和群体差异。正如我们在前几章中所指出的那样，来自集体主义文化的学生对待生涯发展过程的方式不同于那些更坚持个人主义世界观的学生。由于偏见，少数民族 / 种族学生、残障学生、性少数群体的学生、经济困难的学生等必须应对因歧视而面临的生涯发展挑战。学校咨询师必须授权学生建设性地应对这些挑战。因此，学校咨询师必须了解歧视的过程和潜在影响，并帮助学生发展必要的知识、技能和意识，以便在一个充斥着其他人的限制的世界里管理他们的职业生涯。当然，个人生涯援助和有针对性的小组辅导是必要的，讨论主题如提供和接受情感与信息支持的重要性，挑战职业思维定式观念，使学生获得对抗歧视所必需的技能 / 态度。但学校咨询师也需要积极与雇主、其他学校工作人员和社区成员一起努力消除工作场所、学校、社区和家庭环境中的歧视现象。

危机学生的生涯发展辅导

高中辍学者可以定义为 16~24 岁的个人，他们目前没有入学，没有完成高中学业或获得 GED。2016 年，美国的整体高中毕业率为 84.1%，残疾学生的高中毕业率为 65.5%。2018 年，残疾青年（20~24 岁）的就业率约为非残疾同龄人的一半（U.S. Department of Labor，2019）。虽然高中毕业率有所提高，但仍有相当数量的学生面临未来挑战的风险。

成功完成高中学业对每个学生获得未来的经济成功至关重要。教育程度与收入密切相关。例如，高中学历以下的美国人一生的收入远远落后于大学毕业生。事实上，大学毕业生与其他人之间的收入差距已达到有记录以来的最大值。根据经济政策研究所（2017）汇编的数据，2015 年，大学毕业生的平均收入比高中毕业生高出 56%。这比 1999 年的 51% 要高，是经济政策研究所已有的这类数据中的最大值，这些数据可以追溯到 1973 年。根据社会安全局 2015 年的统计数据，拥有硕士学位的男性比仅有高中文凭的男性一生多获得的收入超过 150 万美元，而拥有硕士学位的女性一生则比仅拥有高中文凭的女性多赚 110 万美元（Longley，2019）。

尽管自 20 世纪 70 年代以来，总体的高中辍学率已大幅下降，但仍有令人担忧的方面。2016 年，非洲裔青年（包括西班牙裔非洲裔青年）的辍学率达到 6% 的历史低点，而西班牙裔青年的辍学率也达到 9% 的历史低点。然而，这些数据不包括被收容的人，自 20 世纪 80 年代以来，这一人口数量已大幅增长，特别是在年轻的非洲裔和西班牙裔男性中。未从高中毕业的年轻成年人被监禁的比例高于受教育程度更高的人。如果将被收容的人纳入对辍学率的统计，那么辍学率，特别是过去几十年的辍学率可能会略高。

虽然获得高中学位的好处显而易见，但我们的教育系统在帮助高危学生和残疾学生接受高等教育并取得成功方面表现不佳（Bounds，2017；Chen & Keats，2016）。杰拉尔德（Jerald）（2006）指出，中学后学校成功的 3 个要求是：对所有学生有高期望和严格指导、使学生平等获得严谨的课程，以及对学生成功的充分支持。因此，在一个民主社会中，我们有理由期望所有学生都能满足这些要求。然而，美国教育部的数据显示，非洲裔和西班牙裔学生占公立学校学生的 40%，但仅占天才项目学生的 26%（U.S. Department of Education，2018）。同时，非洲裔学生接受特殊教育的可能性是欧洲裔学生的 3 倍。虽然 65% 的高收入学生和近一半的中等收入学生正在参加大学预科课程，但只有 28% 的低收入学生参加了类似的课程（Pathways to College Network，2004）。此外，社会经济地位低的学生完成大学教育的可能性较小（U.S. Department of Education，2019）。在高中毕业后，只有 14% 的低社会经济地位的学生在 8 年内获得学士学位或更高的学位，而获得这样的学位的中等收入的学生有 29%。

这种差异反映了美国教育体系的严重缺陷（Garriott、Raque-Bogdan、Zoma、Mackie-Hernandez & Lavin 2017；Gerlach，2018；Shin & Oh，2016）。此外，应确保平等获得杰拉尔德（2006）所确定的 3 个要求，帮助学生将他们的学业经验与未来的教育和生涯机会联系起来，培养学业动机和成就。例如，麦克劳克林（McLaughlin）、萨姆（Sum）和福格（Fogg）（2006）的报告称，在高中积累工作经验与在今后的工作和中学后教育中取得更大的成功有关。然而，鉴于目前年轻人缺乏工作机会，学校咨询师需要积极为学生进行宣传，以帮助他们在高中期间获得工作经验。提供做志愿者的机会、实习机会等都是学校咨询师帮助学生在学校和工作之间建立联系的方法。欧洲裔和非欧洲裔青少年在从事暑期工作方面也存在差异，在 2006 年有更多的欧洲裔青少年——有时是非欧洲裔青少年的两倍之多——从事暑期工作；此外，家庭年收入较高的青少年比来自低收入家庭的青少年获得了更多的暑期雇用机会（Lapan，Poynton，Marcotte，Marland，& Milam，2017；Sum，McLaughlin & Khatiwada，2006）。学校咨询师为来自低收入家庭的学生创造工作机会，有助于解决来自低收入家庭的学生（最低的 20%）比来自高收入家庭的学生更有可能辍学的问题。卓越教育联盟（Alliance for Excellent Education）（2006）估计，在未来 10 年内，将有超过 1200 万名学生辍学，这将使美国损失 3 万亿美元。因此，当学校咨询师制订和提供有效的生涯指导项目以解决辍学问题时，他们也提供了重要的数据，可以用来告知政策制订者生涯发展服务在教育过程中的基本性质。

康克尔－齐贝尔（Conkel-Ziebell）、特纳（Turner）和谷舒（Gushue）（2018）研究了来自高度贫困地区的 220 名青年的生涯发展经历。研究结果表明，高度贫困地区的青年可能需要帮助，以了解他们的努力成果如何能够为他们的生涯选择和发展做出积极贡献。研究结果还表明，在城市青少年中，职业探索、目标设定、社会 / 亲社会 / 工作准备和自主学习的组合是独特的，并与积极的生涯成果相关联，如主动性、职业认同、自我效能感和学业成就。

弗勒施勒（Froeschle）（2009）提供了一个很好的生涯发展项目的例子，该项目旨在降低危机学生的辍学率。该项目由 4 个不同的部分组成：辅导、以解决方案为重点的小组咨询会议、由咨询师和导师开展的心理教育生涯课程，以及在课堂上实施的以解决问题为重点的技能训练。

导师应该是致力于参加培训课程的人，他们愿意每周与学生见面，并且应该通过背景调查（根据当地或州的政策）。导师要倾听学生的关注点，提供同情、支持和倡导，同时树立良好的行为和决策模式（Froeschle，2009）。与学生保持一致是项目成功的关键。我们还鼓励导师在每次与学生见面后向学校咨询师咨询，以提供最新情况并征求有关导师与学生合作的建议。学校咨询师还应在小组咨询会议之前、期间或之后为学生提供讨论指导课程的机会。

小组咨询会议采用聚焦于解决方案的咨询策略，鼓励学生分享积极的成就，并将想法重新集中在促使过去取得成功的积极的个人特质、问题的例外情况和领导技能上（Froeschle，2009；Maree，2019）。小组咨询会议还采用焦点问题（如奇迹问题、例外问题、赞美问题、与学校表现和生涯发展有关的刻度化问题）解决技术，旨在帮助有风险的学生培养技能，解决阻碍其生涯适应和获得学业成功的问题。

为了在课堂上提供聚焦于解决问题的策略，学校咨询师会培训教师关注学生的积极属性，从而创造一个充满鼓励的课堂氛围。例如，教师接受培训，注意并记录学生表现良好或有进步的时刻。这些成功清单提供给学校咨询师，以便在小组辅导课程中与学生分享，教师也可以与学生私下分享这些清单（Froeschle，2009）。

心理教育生涯课程侧重于教授社会技能，提供生涯信息以促进目标设定，并为学生提供社会支持（Froeschle，2009）。社交技能培训与积极的课堂行为有关，制订生涯目标是与积极的青年发展相关的保护因素，而社会支持为在充满挑战的时期的坚持提供了应对资源。这些小组每月举行一次会议，交替开展以资源为重点（例如，邀请嘉宾提供与参与者兴趣相关的职业信息）和以趣味活动为重点的活动（到教育和工作场所实地考察，参加体育活动、戏剧、电影等活动，这些活动为小组讨论诸如团队合作、纪律、克服挑战等重要话题提供了基础）。

弗勒施勒（2009）总结说，像这样以优势为基础、以解决方案为重点的项目，"形成了一个以学校为基础的生涯咨询项目，有可能降低少数民族学生的辍学率。倡导政策变化，同时实施这一计划，将使少数民族学生受到更好的教育，具有更大的学业和职业潜力、更高的成熟度和更多的选择"（p. 18）。

麦克沃特（McWhirter）、罗哈斯－阿劳兹（Rojas-Araúz）、奥尔特加（Ortega）、库姆斯（Combs）、岑德哈斯（Cendejas）和麦克沃特（McWhirter）（2019）为拉丁裔移民高中生创建了一个试点生涯辅导项目：倡导拉丁裔高中生在学校取得成就。该项目旨在通过提供一系列学术支持和增强批判意识的活动来提高学校保留率、学业成功可能性、大学和职业决策准备度，这些活动包括建立社区、增强文化自豪感、增加批判性反思和提高倡导性技能等。虽然在这项试点生涯辅导项目中，为评估目的而收集数据的工作很有挑战性，但该项目为学校咨询师提供了为这一高危人群制订保留辅导措施时需要考虑的因素。

同样，茅（Mau）和李（Li）（2018）研究了代表性不足学生的 STEM 管道，并强调需要更有针对性和积极性的生涯路径辅导，以满足女性和少数族裔学生探索STEM 职业的渴望。茅和李指出，许多学生可以规划，但很少有学生知道如何制订生涯规划来帮助他们实现生涯目标，尤其是当他们在所向往的生涯中代表性不足时。

总结

今天，也许比以往任何时候都更需要系统的生涯发展辅导来帮助年轻人在生涯发展中取得进步。工作的性质正在发生巨大变化，如需要新的技能组合（如过渡技能、压力管理技能、终身学习技能、计算机技能等的组合），这表明一成不变不是常态，变化才是。21 世纪的员工将经历多重生涯变化，由这些变化所带来的压力应该被有效管理。许多家长都在努力有效地管理自己的职业生涯，期望他们为孩子提供生涯发展所需的能力是不现实的。生涯发展辅导帮助学生为应对他们成年后将遇到的生涯发展任务做准备。此外，生涯发展辅导有助于学生将当前的学校活动与未来的工作与生活联系起来。建立这种联系是提高学生在学校的参与度及促使学生取得学业成功的关键。显然，"当专业学校咨询师向学生提供生涯和教育指导时，他们往往通过帮助学生明确持续一生的发展决策来影响其未来"（Erford，2003，p. 153）。

案例研究

在娜塔莎（Natasha）9 岁时，她的母亲在一场车祸中丧生。在此之前，她的父亲因持械抢劫而入狱。因此，娜塔莎从那时起就一直被寄养。娜塔莎现在是 11 年级的学生，她的计划是在高中毕业后找一份工作，或者在社区学院就读。在此期间，从一个又一个寄养家庭搬来搬去，对她造成了伤害。从一个家庭到另一个家庭、从一个学校到另一个学校的转换，总是让她在学业上"失去平衡"。娜塔莎一直觉得自己不合群，落后于她的同龄人。然而，她是一个认真对待学习的学生。事实上，她通常是一个"B"级学生。她似乎知道，在学业上做得好对她的未来真的是有益的，她希望自己有更好的未来。

娜塔莎与她现在的养父母一起生活了3年（考虑到她在其他寄养家庭的时间更短，这个时间已经很长了）。她的养父母专注于以任何方式支持和鼓励她。最近，他们一直在鼓励她考虑在高中毕业后上大学。这对娜塔莎来说是一个新的考虑，她对此很感兴趣。

娜塔莎对音乐和科学感兴趣。就后者而言，她在科学课程上表现很好，但没有参加过作为大学预科学习项目一部分的更为严格的课程。娜塔莎是一个谦虚和温和的人。她的养父母鼓励她与你（学校咨询师）见面，以探讨她在高中毕业后上大学的想法。

娜塔莎的生涯发展需求是什么？娜塔莎还提出了哪些问题？为了开始进行有效的教育和生涯规划，她必须完成哪些生涯发展任务？你将如何与娜塔莎合作，帮助她向前迈进？

学生练习

1. 你认为帮助高中生完成哪些生涯发展任务最重要？

2. 你认为哪些因素会对高中生的生涯发展产生负面影响？

3. 你可以使用哪3种策略来帮助高中生实现积极的生涯发展？

4. 你认为向高中生提供的最常见的生涯援助类型是什么？你认为这种生涯援助有帮助吗？如果有，为什么？如果没有，为什么？

5. 你如何帮助父母/监护人帮助他们的作为高中生的孩子实现积极的生涯发展？

6. 采访一名高中生，了解他的生涯发展经历。问他认为哪些职业适合他，他是否认为有不适合他的职业，他为什么认为某些职业可能不适合他，以及如果他可以选择任何职业，他会选择什么职业。然后，与你的受访者探讨他认为该职业有什么吸引力。最后，询问受访者认为在进入生涯和教育规划的下一步时需要哪些补充信息。

高中生涯发展活动示例

一本有趣的日记

《**美国生涯发展指南**》：个人社会性发展领域——PS1.K1、PS1.A1、PS1.R1。

目的：鼓励学生确定自己的兴趣，并考虑他们的兴趣如何影响他们的生涯决策。

目标：学生能确定他们的兴趣，并将他们的兴趣与生涯可能性联系起来。

材料：笔记本或日记本。

介绍：讨论兴趣应该如何用于引领生涯规划："做你喜欢的事，你就不会感觉一辈子每天都在工作。"通过专注于做我们觉得最愉快的事情，我们可以提炼出应该纳入生涯规划的活动。

活动：指导学生记录他们在一周内如何度过课外时间。当他们在日记中记录活动时，他们应该给活动打分，分值范围为 1（讨厌）到 5（喜欢）。学生可以延长记录的时间，以便更好地了解自己喜欢和不喜欢的活动。

讨论：学生可以讨论他们喜欢和不喜欢的活动，还可以明确自己对活动做出反应的原因。

结束语：帮助学生了解如何利用他们的兴趣引领他们进行职业探索。例如，如果一个学生喜欢与动物打交道，他们所在的小组可以集体讨论出更多的活动，为该学生提供更多与动物打交道的机会。小组还可以集思广益，探寻可以满足这种兴趣的职业机会。当每个学生讨论自己的喜好时，小组都可以以类似的方式进行头脑风暴。

时间：45 ~ 60 分钟。

评估 / 作业：在活动结束时，学生应确定他们感兴趣的两项活动，以及他们可以做的两件事，以获得更多满足其兴趣的机会。

价值排序

《**美国生涯发展指南**》：个人社会性发展领域——PS1.K4、PS1.A4、PS1.R4。生涯管理领域——CM2.K5、CM2.A5、CM2.R5。

目的：良好的生涯决策是基于价值观的。然而，很少有生涯选择为个人提供表达其所有重要价值观的机会。因此，我们必须对价值观进行优先排序，确定那些对我们最重要的价值观。我们必须清楚地知道，如果有必要，我们愿意放弃哪些价值观。我们做出的每个决定都需要我们对自己的价值观进行分类，并做出相应的选择。为能做出为我们提供最大的价值表达机会的生涯选择，我们需要主观地界定我们的重要价值。例如，尽管许多人重视"经济回报"，但不同的人对其价值的定义是不同的。了解我们如何定义我们生活中最重要的价值，有助于我们确定哪些选择最合适。最后，了解价值观与我们所扮演的生活角色的关系是很重要的。

目标： 通过参与本活动，学生能懂得价值观澄清的重要性，意识到对自己而言最重要的价值观，以及了解在生涯决策和生涯规划中考虑价值观的重要性。

材料： 价值观清单、纸条。

介绍： 介绍这个活动，说明这个活动是帮助参与者识别和定义他们生活中的重要价值观的活动。

活动： 要启动此活动，需要给参与者一份价值观清单，价值观清单如下。

价值观清单

_____财务保障

_____工作保障

_____良好的家庭关系

_____一个没有歧视的世界

_____创造力

_____有固定的日常安排

_____自己的时间

_____社区活动

_____体育活动

_____有吸引力的外表

_____多样性

_____权力

_____认可

_____威望

_____没有压力

_____与我喜欢的人交往

_____成功

_____在我选择的地方自由生活

_____闲暇时间

_____名声

_____坚定的信仰

_____冒险

_____世界和平

_____帮助他人

_____有孩子

_____身体健康

_____一个漂亮的房子

_____自主性

_____其他

指导学生从这份清单中找出他们认为最重要的 10 种价值观，并在旁边打上 X（此时不对价值观进行排名）。然后，向参与者提供 5 张纸条，要求他们从这 10 种价值观中找出自己认为最重要的 5 种价值观，并在每张纸条上写上一种价值观（此时仍不对这些价值观进行排名）。告诉学生，你将从他们那里拿走纸条，一次拿走一张。因此，学生现在必须决定在他们选择的 5 种价值观中，哪一种是他们愿意首先放弃的。具体实施时，你可以在房间里转一圈，从每个学生那里拿走一张纸条。

在从学生那里拿走一张纸条之后，立即指示学生记录并定义该纸条上的价值观对他们意味着什么（例如，"经济奖励：年收入超过 45 000 美元，身体健康，有退休福利"）。对余下的每种价值观进行相同的操作。在活动结束时，学生将列出他们认为最重要的 5 种价值观，并按降序列出定义，如下所示。

1. 经济保障：年收入超过 45 000 美元，身体健康，有退休福利。

2. 自主性：能够对如何最好地履行工作职责做出自己的决定，但有一个同事可以在我需要时给我提供建议。

3. 与我喜欢的人交往：与同事成为朋友，在工作之外一起做事情。

4. 身体健康：正确饮食，每周锻炼 3 次。

5. 坚定的信仰：定期做志愿者。

讨论：解释该活动与生涯决策的关系。解释一下，在每一次做决策时都会有风险（否则，你可以在每一个实例中简单地选择"完美"选项）。当根据个人的关键价值观选择选项时，决策中的风险就会降低。

结束语：鼓励学生思考他们在一周中是如何度过的，以及他们是否花时间参加反映其最重视的价值观的活动。如果答案是否定的，那么鼓励学生确定增加参与反映其最重视的价值观的活动的策略（如同意适度锻炼计划、确定志愿服务的机会）。

时间：大约 30 分钟。

评估 / 作业：学生列出他们最重视的 5 种价值观，并确定他们认为可以表达这些价值观的 3 份工作。

生命之饼

《美国生涯发展指南》：个人社会性发展领域——PS1.K4、PS1.A4、PS1.R4。生涯管理领域——CM2.K5、CM2.A5、CM2.R5。

目的：让学生关注自己现在是如何利用时间的，以及他们希望在未来如何利用时间。

目标：学生能提高关于价值观和生活角色参与的自我意识。

材料：纸张、铅笔。

介绍：鼓励学生思考他们生活中的典型一周，问他们如何利用时间。向学生强调花时间参加反映他们兴趣和价值观的活动的重要性。

活动：让每个学生在一张纸上画一个圈，鼓励学生将这个圈视为"生命之饼"。指导他们思考如何度过典型的一周（每天 24 小时，每周 7 天）。告诉他们根据一周中每项活动花费的时间，将"生命之饼"分成小块，然后请学生写下以下问题的答案："你喜欢做什么和你重视什么？别人能从你的'生命之饼'中得出什么结论？"

讨论：将学生分成小组，鼓励他们彼此分享自己的"生命之饼"。然后鼓励学生与全班分享他们对将"生命之饼"切块的所有反应，以及他们对听到同龄人如何分割"生命之饼"的所有反应。

结束语：强调拥有一个尽可能反映自己的兴趣和价值观的"生命之饼"的重要性。如果学生没有反映他们的兴趣和价值观的"生命之饼"，那么鼓励他们思考他们可以做什么改变来提高他们的"生命之饼"对他们的兴趣和价值观的反映程度。

时间：45 分钟。

评估 / 作业：让学生画第二个圈，以反映他们作为成年人的生活（选择一个特定的年龄，例如 35 岁）。指导他们根据他们希望在未来如何利用时间，将他们的"生命之饼"分成几块。让他们确定自己的利益与价值观之间的关系，在未来生活中反映的生活角色。最后，让学生确定从现在到 35 岁他们可以做的 5 件事，以增加他们未来"生命之饼"实现的机会。

时间胶囊

《**美国生涯发展指南**》：个人社会性发展领域——PS1.K4、PS1.A4、PS1.R4。生涯管理领域——CM2.K5、CM2.A5、CM2.R5。

目的：探索哪些财产对学生有价值以及为什么。

目标：学生能通过研究有价值的财产来了解自己和他人，能探讨他们希望未来几代人了解自己的哪些方面，还能讨论他们所珍视的财产是如何受到他们所处文化的影响的。

材料：来自家里的有价值的物品。

介绍：要求学生从家里带来一件物品并向其他学生展示。学生应准备好解释该物品是什么以及为什么它对他们很重要。

活动：每个学生将描述自己带来的物品，解释为什么它对自己很重要，它如何反映自己的某些特点，以及他们希望通过将这个物品放置在一个虚构的时间胶囊中来与未来的初中生交流什么。

讨论：学生可以讨论这些物品、任何共同关心的问题／给未来的初中生留下的信息、他们希望别人了解他们的情况、什么是有价值的以及为什么等。学生还将讨论他们选择的有价值的物品的相似性和差异性。学生也可以讨论，如果他们生活在另一个国家，这些物品可能会有什么不同。

结束语：学生可以讨论这样一个事实——我们重视的事物反映在对我们有价值的物品中。在本质上，这些物品是对我们来说很重要的事物的象征性表达，原因有很多（例如，物品所代表的内容，因为对我们很重要的人给了我们这个物品）。我们所述物品的独特性能告诉我们关于自己的一些重要信息。

时间：45 分钟到 1 小时。

评估／作业：学生将完成以下句子："对我来说重要的 3 件事是……"和"这些物品对我来说重要是因为……"

成为另一种文化的一员：一种幻想

《**美国生涯发展指南**》：生涯管理领域——CM2.A5。个人社会性发展领域——PS2.K9、PS2.A9、PS2.R9。

目的：让学生了解突然发现自己是另一种文化的成员会是什么样子的。

目标：

1. 让学生思考身处某些文化会带来哪些特权。

2. 让学生认识到他们是如何看待自己所处的文化和其他文化的。

材料：无。

介绍：对学生说："我需要每个人都放松，闭上眼睛。我们将在这个活动中运用我们的想象力来思考自己成为另一种文化的成员会是什么样子的。"

活动：（大声说）"你现在感觉很放松、很平静。现在是一周的中间时间，就在睡觉之前，你发现自己坐在舒适的椅子上，非常放松。你的眼睛闭着……你累了，非常累，决定上床睡觉。你进入了一种非常安稳、非常平静的睡眠状态。（暂停10秒）现在，想象自己在第二天早上醒来的样子。你看到自己进入浴室，仔细照着镜子。你发现自己发生了相当惊人的变化：你醒来时是另一种文化的成员，具有该文化成员典型的身体特征。你睡觉时是一种文化的成员，醒来时却是另一种文化的成员！（停顿）感觉如何？（停顿）现在你设想一下你去见你最好的朋友，你的朋友会做何反应？（停顿）现在，想象一下你穿过校园，人们对你有什么反应？你遇到了你最喜欢的老师，然后发生了什么？你感觉怎么样？人们对你的总体反应是什么？（停顿）好的。现在睁开眼睛。"

讨论：将学生分成小组，让他们在小组内轮流分享他们想象的内容。让小组成员就他们分享的内容（什么、如何、何时、何地）相互提问。要求他们不要"解释"他人想象的内容。

结束语：讨论学生想象的内容中所呈现的一些主题，以及他们对不同文化的具体反应。

时间：20~30分钟。

评估/作业：要求学生写两段话，描述作为另一种文化的成员的感受。

我是谁？

《美国生涯发展指南》：生涯管理领域——CM2.A5。个人社会性发展领域——PS2.K9、PS2.A9、PS2.R9。

目的：帮助学生更多地了解他们自己和团体中的其他人。

目标：学生能提高对每个人的独特之处和不同的人的相似之处的理解水平。

材料：别针、卡片。

介绍：告诉学生："我们将学习很多关于我们是谁的知识。了解自己以及什么影响了今天的自己是很重要的。我们将开始的活动可以很好地提醒我们哪些特点是我们独有的，并帮助我们认识自己与其他人的不同之处。"

活动：给每个学生发一张 4×6 的卡片，大声朗读以下说明。

1. 在卡片的中央写上你的名字，要写得足够大，以便其他人可以阅读。

2. 在卡片的左上角，通过符号或文字描述以下内容。

a. 你出生的地方。

b. 你最喜欢去度假的地方。

3. 在卡片的右上角，通过符号或文字来描述你喜欢做的事情。

4. 在卡片的左下角，写下如果你不在场，你最好的朋友可能会用来形容你的 3 个词。

5. 在卡片的右下角，描述你所属的特定文化中你重视和欣赏的一个特点。

6. 最后，在你的卡片上的某个地方通过符号表示你真正期待在未来做的事情。在完成"我是谁"卡片的制作后，将你的卡片固定在衬衫或上衣的正面，然后找到一个你不太熟悉的人，最好是属于不同文化或性别的人，与之结对，就卡片上的信息相互访谈 10 分钟。

讨论：同一组学生站在一起，形成一个大圆圈。每一对学生轮流走到前面，向大家介绍彼此。之后，让学生分享他们从其他学生身上学到的东西，以及他们想了解得更多的东西。

结束语：要求学生在随后的交流中佩戴他们的卡片，直到每个人都认识其他人。

时间：1 小时。

评估 / 作业：通过指导学生更多地了解小组中的一个人，让他们继续开展这项活动。

对标签的回应

《美国生涯发展指南》：生涯管理领域——CM1.K1、CM1.R1。个人社会性发展领域——PS2.K9、PS2.A9、PS2.R9。

目的：让学生知道社会给人贴标签的一些方式，以及当他们觉得自己可能被贴标签时，该如何使用冲突解决技巧。

目标：

1. 让学生体验社会给某些人贴标签时的感觉。

2. 帮助学生决定如何处理标签。

材料： 纸张、胶带和记号笔。

介绍： 将标签贴在某些人的背上。房间里的其他人将根据这些人背上的标签对他做出反应。被贴标签的人不知道自己的标签内容，应该密切注意房间里其他人是如何对待他们的。在做这个活动的时候，引导学生想想社会给人们贴的其他标签，例如，学生可能会在学校里被贴的标签。

活动： 在不同的纸上写下以下内容，并将其贴在一些学生的背上。让没有被贴标签的学生走来走去，对被贴标签的学生做出反应，就好像被贴标签的学生就是这些标签所代表的人一样。

- 知名人物
- 精神病人
- 听障人士
- 罪犯

讨论：

1. 让被贴标签的学生谈谈感受，猜猜他们认为自己被贴的标签可能是什么。

2. 让没有被贴标签的学生谈谈根据标签对待人的感受。

询问学生是否认为这会在美国社会中发生，以及人们通常给别人贴的标签还有哪些？让学生讨论这些标签对被贴标签的人而言有多大的伤害。

询问学生可以做什么来处理标签问题，让他们回顾在冲突解决活动中学习的一些技能，并列出他们的答案。

结束语： 让学生思考从这项活动中获得的知识，例如如何使我们更了解社会中的标签以及如何处理某人被贴标签的情况。

时间： 30 分钟。

评估 / 作业： 要求学生列出他们每天了解标签的方式（例如，看电视、听音乐、看报纸等）。

教育和职业探索信息面试

《美国生涯发展指南》：个人社交性发展领域——PS2.K9、PS2.A9、PS2.R9。生涯管理领域——CM2、CM3.K2、CM3.A2、CM3.R2、CM3.K4、CM3.A4、CM3.R4、CM3.K5、CM3.A5、CM3.R5、CM3.K6、CM3.A6、CM4.A5、CM4.R5、CM4.A6、CM4.R6。

目的：为学生提供与他们可能的职业目标有关的信息。

目标：学生能了解具体的职业，收集有关他们感兴趣的职业的学业要求、培训要求、职业条件等方面的信息。

材料：写作材料和访谈指南。

介绍：告诉学生："为了获得关于工作的真实信息，采访从事你感兴趣的工作的人是很有用的。他们可以提供关于他们喜欢该工作的哪些方面和不喜欢该工作的哪些方面的重要信息。他们还可以告诉你该工作涉及的培训要求。"

活动：学生采访那些喜欢做他们所做的工作并擅长这些工作的人。换句话说，受访者将需要经过筛选以确保他们满足这两个要求（满足第一个要求比满足第二个要求更重要）。学生对受访者进行结构化访谈，并提出以下问题。

1. 你最喜欢你工作的哪些方面？

2. 你是如何决定这份工作对你来说是个好选择的？

3. 从事这份工作需要什么样的培训？

4. 这样的工作有哪些福利？

5. 你通常每周工作多少小时？

6. 你每年有多少假期？

7. 做好这份工作最重要的是什么？

8. 你不喜欢你工作中的哪些方面？

9. 对于有兴趣做这份工作的人，你最重要的建议是什么？

10. 还有什么是你认为我应该知道的？

讨论：让学生复习受访者对这些问题的回答，并与小组成员分享。让学生（书面和／或口头）回答以下问题："这份工作适合／不适合（选择一项）我，因为……。"

结束语：鼓励学生将他们所了解的工作信息与他们所了解的有关自己的信息（例如，他们的兴趣、价值观、技能等）进行比较。学生在进一步考虑后，可以排除那些看起来不适合他们的工作。学生可以确定如何进一步探索那些看起来很适合他们的工作，例如参加工作见习和参与额外的研究，以了解更多关于工作的信息。

时间：取决于访谈的数量，每次访谈需要 20~30 分钟。

评估 / 作业：学生回答"讨论"部分列出的问题。

工作课程

《美国生涯发展指南》：生涯管理领域——CM2.R4、CM3.K2、CM3.A2、CM3.R2、CM3.K4、CM3.A4、CM3.R4、CM3.K5、CM3.A5、CM3.R5、CM3.K6、CM3.A6、CM4.A5、CM4.R5、CM4.A6、CM4.R6。

目的：为学生提供有关其家庭成员从事的工作的信息。

目标：学生能将家庭历史与工作联系起来。

材料：访谈指南。

介绍：提醒学生，我们可以从家庭成员那里学到很多关于工作的知识。通常情况下，家庭成员会将他们从工作经历中获得的经验传给他们的后辈。

活动：学生采访家庭成员，了解他们的工作经历。具体来讲，学生将对他们的家庭成员进行结构化访谈，主要可询问以下问题。

1. 你在生活中从事过哪些工作？

2. 你是如何选择这些工作的？

3. 你最喜欢哪份工作，为什么？

4. 做你最喜欢的工作需要什么样的培训？

5. 做好这项工作最重要的技能和兴趣是什么？

6. 你从这份你最喜欢的工作中学到了什么？

7. 你会向我推荐这份工作吗？为什么推荐或为什么不推荐？

8. 你最不喜欢什么工作？为什么？

9. 你从这份你最不喜欢的工作中学到了什么？

10. 关于职业选择，你能给我的最重要的建议是什么？

讨论：学生可以回顾家庭成员对这些问题的回答，并与小组成员分享。学生还可以（以书面和 / 或口头形式）分享以下内容："我的一位家庭成员所做的最令我感兴趣的工作是……。这份工作之所以令我感兴趣，是因为……。"

结束语：鼓励学生讨论他们通过采访家庭成员所学到的关于工作的知识。鼓励学生谈论他们喜欢或不喜欢的内容。最后，鼓励学生讨论如何将所学知识用于自己的生涯规划。

时间：取决于访谈的数量，每次访谈需要 20~30 分钟。

评估 / 作业：

1. 学生回答"讨论"部分列出的问题。

2. 学生收集他们关于最喜欢的工作的信息。

家庭会议角色扮演

《**美国生涯发展指南**》：生涯管理领域——CM2.R4、CM3.K2、CM3.A2、CM3.R2、CM3.K4、CM3.A4、CM3.R4、CM3.K5、CM3.A5、CM3.R5、CM3.K6、CM3.A6、CM4.A5、CM4.R5、CM4.A6、CM4.R6。

目的：让学生从一系列家庭成员的角度探讨上大学的利弊和担忧。

目标：学生能阐明价值观并确定上大学的障碍（真实的、想象的都可以）。

材料：学生可以扮演家庭成员和（或）引入家庭成员参加这项活动；如果需要进行角色扮演，戴上家庭成员的帽子或穿上他们的衣服。

介绍：向学生解释角色扮演的任务，每个学生必须扮演除自己以外的一个家庭成员。然后学生扮演其他家庭成员，以尽可能表现所有家庭成员的不同观点。鼓励真正的家庭成员在可能的情况下参与其中。学生需要确定活动中需要思考的问题，如"上大学的钱从哪里来？""当大学生离家后，父母 / 兄弟姐妹会没事吗？""家里有工作可以做，为什么还要上大学？"

活动：让学生进行角色扮演和讨论相关问题。监督小组讨论，各小组确定一名记录者，列出关于上大学的障碍、担忧和一般态度。

讨论：回顾关于上大学的障碍、担忧和一般态度，讨论解决方案，并确定出现的感受以及这些感受对做上大学的决定的影响。

结束语：集中精力整理出哪些是真实的问题，哪些是想象出来的问题。通过头脑风暴，找出解决真实问题的方法。鼓励学生放弃想象中的担忧。

时间：30 分钟 ~1 小时。

评估 / 作业：让学生填写一张表格，表格有两栏，在其中一栏中列出他们在上大学方面的真实的问题，在另一栏中列出他们在上大学方面的想象的问题。

我能买什么？比较收入：上大学还是不上大学

《美国生涯发展指南》：教育成就和终身学习领域——ED1.R2、ED1.R3、ED1.K5、ED1.A5、ED1.R5。生涯管理领域——CM1.A1、CM1.A2、CM1.K5、CM1.A5、CM1.R5。

目的：将大学毕业生的平均收入与高中毕业生的平均收入进行比较，并举例说明在一定时期内额外收入可能用于哪些方面。

目标：学生能够直观地比较大学毕业生的收入与高中毕业生的收入。

材料：带有图片的商品目录、汽车宣传册、报纸照片（例如，出售的房屋）等。

介绍：问学生，他们在生活中是愿意赚更多的钱还是更少的钱。然后告诉学生，有一种方法可以大大增加一些学生实现赚取更多钱的目标的概率。使用下面的图表向学生解释拥有大学学历的人的收入可能比拥有高中学历的人多82%~96%。在黑板上展示这两类人的年收入差异、5年的收入差异和10年的收入差异。

活动：让学生画出、剪下图片或口头描述上述两类人的收入差异可以为拥有大学学位的人购买什么（例如，第一年——几双运动鞋、篮球、一辆小汽车；第五年——两辆中型汽车；第十年——一栋房子）。要求学生在高中学历与大学学历的基础上构建每周预算。

讨论：回顾两类人群的收入差异和大学毕业生可拥有的额外购买力的例子。问学生："这重要吗？""为什么？"

结束语：讨论额外的努力（例如，在学校多待4年）如何能使一个人的生活发生重大变化。强调我们所做的决定，特别是关于教育的决定，会对我们的生活产生真实而长期的影响。

时间：30~40分钟。

评估/作业：让学生回答以下问题："学得越多，赚得越多"这句话是什么意思？

工作的价值

《美国生涯发展指南》：教育成就和终身学习领域——ED1.R2、ED1.R3、ED1.K5、ED1.A5、ED1.R5。生涯管理领域——CM1.A1、CM1.A2、CM1.K5、CM1.A5、CM1.R5、CM3.K1、CM3.A1、CM3.R1、CM3.R3、CM3.K4、CM5.K1。

目的： 让学生了解工作报酬并不总是等于工作者提供的特定服务的价值。

目标： 学生能够说出他们认为哪些职业最有价值和（或）他们认为哪些工作值得更高的报酬。

材料： 铅笔、纸张、黑板和粉笔。

介绍： 给学生一份工作者清单，包括教师、警察、垃圾收集者、专业运动员、消防员、秘书、计算机程序员、医生、作家、公共汽车或出租车司机、摇滚乐手。

活动： 让学生根据他们认为应该得到的工资数额对工作者进行排名（从低到高）。

讨论： 让学生比较他们的名单，并讨论他们这样排名的原因。

结束语： 与学生讨论工作的经济价值（即由供求的经济原则决定的工作薪酬）和工作的社会价值（即工作对社会和其他方面的贡献程度）之间的区别。

时间： 30 分钟

评估 / 作业： 让每位学生列出 3 种具有高经济价值的工作（即那些报酬高但不一定对社会有贡献的工作，如诈骗犯和投机者）。每个参与者都列出 3 种具有高社会价值的工作（即那些有助于改善社会的工作）。

	高中毕业生	大学毕业生	差异
近 1 年的收入	$10 000	$19 000（超过 90%）	$9000
近 5 年的收入	$50 000	$95 000	$45 000
近 10 年的收入	$100 000	$190 000	$90 000

人与物

《**美国生涯发展指南**》：教育成就与终身学习领域——ED1.R2、ED1.R3、ED1.K5、ED1.A5、ED1.R5。生涯管理领域——CM1.A1、CM1.A2、CM1.K5、CM1.A5。

ASCA 标准： 标准 A——学生将获得调查工作世界与自我知识关系的技能，并做出明智的职业决定。标准 B——学生将采用战略来实现未来的职业目标，并获得成功和满意。标准 C——学生将了解个人素质、教育、培训和工作世界之间的关系。

目的： 让学生探索需要人际技能的活动和不需要人际技能的活动。

目标： 学生能够识别需要或不需要人际技能的活动。

材料： 黑板、粉笔、纸张、铅笔、活动清单（内容包括宠物护理、运动、俱乐部、上学等）。

介绍： 让学生列出他们或其他人在任何一天可能做的活动。

活动： 要求学生区分需要人际交往技能的活动和不需要人际交往技能的活动，并将这些活动写在黑板上。

讨论： 回顾并比较活动清单。要求学生确定这些活动中哪些是他们最喜欢的，哪些是他们想避免参与的，哪些是由于需要与他人妥协而感到参与起来特别困难的，等等。

结束语： 强调在职业规划中关注学生似乎最感兴趣的活动类别（那些非常依赖人际交往技能的活动，而不是那些不依赖人际交往技能的活动）的重要性，鼓励学生针对每个类别确定一个想从事的职业。

时间： 30~45 分钟。

评估 / 作业： 要求学生列出严重依赖人际交往技能的情况和不怎么依赖人际交往技能的情况。

生涯规划：我的人生地图

《美国生涯发展指南》： 个人社会性发展领域——PS1.K4、PS1.A4、PS1.R4。生涯管理领域——CM1.A1、CM1.A2、CM1.K5、CM1.A5、CM1.R5、CM3.K1、CM3.A1、CM3.R1、CM3.R3、CM3.K4、CM5.K1。

目的： 使学生认识到不同的事件和人物是如何改变他们的生活的。

目标： 学生能构建一张自己的人生地图，其内容涉及日期和出生地、家庭、学校、朋友、重要影响、成就、挫折、兴趣以及短期和长期目标等。

材料： 大张美术纸和彩色记号笔。

介绍： 告诉学生："为了让你们更多地了解自己以及影响你们今天生活的事件和人物，你们将制作一张人生地图。"

活动： 让学生用文字和插图制作他们的人生地图，然后两人一组进行讨论。

讨论： 请全班讨论这些问题："是否有人对自己有了新的认识？""思考未来的目标困难吗？""有些人是否对他们的人生地图包含过多内容而感到惊讶？"

结束语： 告诉学生："我希望这项活动能帮助你们理解一些影响你们的事情。在做决定之前进行自我理解很重要。你们将在以后的一些活动中审视你们的目标。"

时间： 35 分钟。

评估 / 作业： 让学生确定一个长期目标和为实现该目标他们可以做的 3 件事。

我在生活中的角色

《美国生涯发展指南》：个人社会性发展领域——PS4.K1、PS4.A1、PS4.R1、PS4.K2、PS4.A2、PS4.R2、PS4.K3、PS4.A3、PS4.R3、PS4.K4、PS4.A4、PS4.R4。

目的：为学生提供机会，以考虑现在和将来对他们重要的生活角色。

目标：学生能合理地进行生活角色规划。

材料：书写材料、黑板和粉笔。

介绍：告诉学生：“在忙于谋生的同时，人们也在忙于生活。我们所做的一切都有助于提高我们的生活满意度。我们可以用‘生活角色’来描述我们的生活活动。例如，大多数成年人扮演的一个生活角色是‘工作者’，许多成年人也是父母，大多数年轻人都扮演着‘学生’这一生活角色。”让学生讨论年轻人和成年人扮演其他生活角色的可能性。根据最合适的类别，把它们写在黑板上的“年轻人”和（或）“成年人”标题下。强调扮演好生活角色（例如，成为一名好工作者、好父母、好学生）与提高生活满意度有很大关系，我们需要认真考虑想要扮演什么样的生活角色，以及想要如何扮演它们。

活动：让学生回答以下问题。

1. 现在哪些生活角色对我来说很重要？

2. 当我成年后，什么样的生活角色对我来说是重要的？

3. 我能做些什么来为未来扮演对我来说很重要的生活角色做准备？

讨论：将学生分成小组，鼓励学生分享他们对“活动”部分列出的前两个问题的回答，然后让学生集体讨论“活动”部分列出的第三个问题。

结束语：讨论规划未来生活角色参与的重要性。让每位学生列出他成年后计划扮演的生活角色，并列出从现在到那时要做的两件事，以为扮演该生活角色做准备。

时间：45~60 分钟。

评估 / 作业：让学生与父母 / 监护人讨论以下问题。

1. 你在生活中扮演什么生活角色？

2. 你喜欢你在生活中扮演的每一个生活角色吗？

3. 当我成年后，你希望我扮演什么样的生活角色？

4. 你希望我在成年后扮演的生活角色中取得什么成就？

让学生在小组中讨论与父母 / 监护人的讨论结果，鼓励他们思考讨论的结果如何影响他们的职业规划。

- -

我的生活就像一本书

《美国生涯发展指南》：教育成就和终身学习领域——ED1.R2、ED1.R3、ED1.K5、ED1.A5、ED1.R5。生涯管理领域——CM1.A1、CM1.A2、CM1.K5、CM1.A5、CM1.R5、CM3.K1、CM3.A1、CM3.R1、CM3.R3、CM3.K4、CM5.K1。

目的：帮助学生看到他们生活中的主题或模式，并鼓励学生思考他们未来的"故事"。

目标：学生能确定他们认为有意义的活动，讨论如何获得更多接触这些活动的机会，并确定他们希望努力实现的目标。

材料：写作材料。

介绍：向学生解释："一个人的职业生涯就像一个故事。每个故事都有开头、中间和结尾。每个人都可以在写自己的故事时发挥积极作用。我们应该把自己的生活当成一本书。就像书中有快乐的故事和悲伤的故事一样，我们可以努力写下我们喜欢的生活故事。通过了解到目前为止的我们的故事，我们每个人都可以决定是否要继续朝着同一个方向前进或做出改变。通过思考我们希望生活的方向，我们可以为未来设定目标。"

活动：要求学生把自己的生活看作是一本书。他们应该给自己的"书"或迄今为止的生活命名（例如，"棒球运动员""舞蹈家""下一个比尔·盖茨"）。然后要求学生将他们的生活分为几个章节，这些章节可能反映了发展阶段（如婴儿期、学前期、小学期、中级期）和（或）重要的生活事件（从家里搬走、父母离婚、有了新的兄弟姐妹）。鼓励学生给这些章节起标题。接下来，让学生考虑他们的未来。他们希望这些章节是什么样的？他们在未来的章节中可以确定哪些目标？

讨论：学生可以分小组讨论他们到目前为止的生活，并分享他们的"书名"。他们还可以讨论他们想在未来的哪些章节中生活。在讨论未来的章节时，学生可以确定他们想要实现的目标，小组成员可以集思广益，帮助每位学生实现他们的目标。

结束语：告诉学生："我们每个人都可以在书写自己的命运方面发挥积极作用。我们的过去可以帮助我们决定在未来想要实现的目标。通过确定我们希望自己的未来是什么样子的，我们可以确定需要为之努力的目标。然后，我们也可以开始制订一个帮助实现目标的计划。"

时间：60~90分钟。

评估/作业：在活动结束时，学生应该能够确定他们希望在生活中实现的2个或

3 个目标，以及可以用来帮助他们实现目标的策略。

火箭小子的故事

《美国生涯发展指南》：生涯管理领域——CM2.R4、CM3.K2、CM3.A2、CM3.
R2、CM3.K4、CM3.A4、CM3.R4、CM3.K5、CM3.A5、CM3.R5、CM3.K6、CM3.
A6、CM4.A5、CM4.R5、CM4.A6、CM4.R6。

目的：了解一个真正的科学家的生活，并探讨一个男孩如何克服无数障碍以实现其生涯目标。

目标：学生能够识别他们即将观看的电影中的电影人物的生涯目标，明确电影人物为实现这些目标所承担的风险以及团队合作在实现目标中的作用。

材料：电影《十月的天空》、纸、铅笔、黑板和粉笔、"火箭"建造工具包（如果需要）。

介绍：为学生准备一份问题清单，让学生回答。问题包括"你认识像电影人物那样的人吗？""团队合作在'火箭小子'的成功中发挥了怎样的作用？""父亲对大学的态度和儿子的职业兴趣是什么？""家庭对体育的态度是什么""体育在年轻人的生活中发挥了什么作用？""小霍默（Homer）最初的命运是什么，以及如何和为什么会改变？""为了实现自己的生涯目标，小霍默承担了哪些风险？"。

活动：

1.要求学生观看电影《十月的天空》，或者，如果愿意的话，可以阅读小霍默·希卡姆（Homer Hickam）的《火箭小子》一书。（注意：可能需要得到家长的批准才能让学生观看这部电影，因为它的等级是 PG-13，而且其中一些台词可能会冒犯到某些人）。看完电影后，学生将回答问题清单中的问题或你提出的其他问题。在这之后，实际建造和（或）引爆"火箭"（如果情况允许，可以在玩具和工艺品商店购买"火箭"建造工具包）。

2.学生可以列出他们的理想工作或职业幻想。

3.为了提供克服障碍和实现目标的例子，邀请过去的活动参与者参加活动。过去的活动参与者可以分享他们的故事，讨论他们克服了哪些障碍来实现他们的目标。如果不能邀请过去的活动参与者来现场参加活动，可以考虑对过去的活动参与者进行采访和录像。同样，在采访中，过去的活动参与者可以分享他们的故事，并指出他们为实现目标所克服的障碍。

讨论：讨论问题清单中的问题以及学生在观看电影时发现的其他问题。强调电影人物所承担的风险以及团队合作在创造事业成功中的作用。学生应列出电影角色为实现目标而克服的障碍。情感也可能会被讨论，比如"你是否觉得与电影人物类似的成功是你可以达到的？"。分享过去的活动参与者实现其目标的故事（例如，被大学录取、从大学毕业、获得需要大学学位的工作）。

结束语：讨论人们必须克服障碍才能实现人生目标的事实。障碍可以被视为机会，而不是不追求目标的理由。

时间：2~3 小时。

评估 / 作业：要求学生列出他们在生活中已经克服的障碍。

大学信息资源

《美国生涯发展指南》：个人社会性发展领域——PS1.K4、PS1.A4、PS1.R4。生涯管理领域——CM1.A1、CM1.A2、CM1.K5、CM1.A5、CM1.R5、CM3.K1、CM3.A1、CM3.R1、CM3.R3、CM3.K4、CM5.K1。

目的：为学生提供有关大学的信息。

介绍：告诉学生："你有很多资源可以利用。在选择大学的过程中，你的咨询师应该是你最宝贵的资源。你的咨询师可以为你提供测试、获悉大学要求、申请大学、选择学术课程和财政援助等方面的帮助。你应该尽快拜访你的咨询师，与他讨论你高中毕业后的计划。"

高等教育中的生涯发展辅导

　　几乎所有高校都为学生提供生涯服务。生涯服务起源于 20 世纪早期，当时为了帮助大学生明确生涯目标而建立了咨询和测评中心。同时，大学也常规性地设立了就业办公室以帮助毕业生找到工作。在 20 世纪后期，许多高等教育机构将生涯指导和就业两大任务进行了合并，成立了职业生涯发展和就业办公室。到了 21 世纪，这些办公室发展为生涯中心，承担着大学范围内的与生涯服务、体验教育和与雇主联系有关的使命。如今，综合性的生涯中心通常提供各种各样的服务，包括生涯咨询、评估、课程和就业招聘服务。

　　近年来，生涯服务的技术创新有了迅猛发展，包括许多基于网络的应用程序。如今的生涯中心除了提供技术方面的服务外，还继续提供面向个人和团体的生涯发展辅导。生涯服务已得到高等教育管理者的高度重视，并被认为对招聘、留任和筹资工作有重要帮助，能促进毕业生做好生涯准备。因此，生涯中心通常位于校园里较为中心、显眼的位置。生涯发展辅导是生涯服务的核心。如今，综合性的生涯中心每年为成千上万的来访者提供服务，这些来访者包括大学新生、低年级学生、高年级学生、研究生，以及文科、商业和工程等各个职业领域的校友。本章反映了 21 世纪高等教育生涯发展辅导动态的、令人振奋的特点及其重要意义。

——杰夫・W. 加里斯（Jeff W. Garis）

博士

生涯服务高级主任（已退休）

佛罗里达州立大学

罗伯特（Robert）从当地社区学院取得商科副学士学位后，取得了职业生涯的巨大成功。在过去的 15 年里，他在一家中型制造企业一步步晋升到了中层管理职位。然而，他的成功是有代价的：他总是长时间地工作，连周末都加班。他对自己花这么长的时间在工作上感到越来越不安。他的两个孩子都已上中学，他意识到自己因为工作而错过了孩子们生命中的许多重要时刻。此外，他开始觉得自己的工作对世界没有什么积极的贡献。他所在的公司因新冠疫情导致的裁员令他更加意识到是时候做出改变了——或者至少要有一个改变的计划。不稳定的就业状况，加上想花更多时间陪伴家人，想要从事有意义的工作，这些因素使他决定重新探索自己的职业和教育选择。在与社区的生涯咨询师进行了几次会谈后，罗伯特决定回到大学攻读一个 4 年制的学位。然而，他对重返学校感到焦虑。他想知道自己是否足够聪明以能完成学业，是否有能力支付学费，家人是否支持他的决定，以及 35 岁的他是否会成为班里的"老人"。但比起这些疑虑，他还是更渴望改变，因此他决定去见当地大学的生涯咨询师。他希望生涯咨询师能帮助他厘清自己的教育和职业选择，帮他把渴望改变的愿望转化为具体的行动计划。

像罗伯特一样，相当一部分美国人认为高等教育（即 4 年制大学、社区学院、职业技术教育）对他们的职业生涯发展至关重要（Duffunm，2020）。截至 2019 年，在美国 4298 所具有授予学位资质的高等教育机构中，有 1990 万名学生（约占美国总人口的 6%）注册入学（National Center for Education Statistics，2019）。其中 1210 万人（约 61%）是全日制学生，1690 万人（约 85%）是本科生，600 万人（30%）就读于两年制学校。根据美国国家教育统计中心的数据，2019 年大学入学人数包括 1130 万名女性、1050 万名欧洲裔学生、360 万名西班牙裔学生、260 万名非洲裔学生、130 万名亚洲裔和太平洋岛民学生、700 万名来自两个及以上种族家庭的学生，以及 100 万名美国印第安人或阿拉斯加原住民学生。有趣的是，美国的大学毕业率排在全球第 19 位（Educationdata，2020）。

高等教育环境的变化

学习目标 13.1 了解高等教育环境的变化。

2019 年，美国共有 941 所公立社区学院。与罗伯特一样，2019 年约有 530 万人选择进入社区学院（Stevens，2019），其中许多人计划继续攻读 4 年制学位。长期以来，社区学院的入学人数一直被认为是逆周期的——即随着经济状况恶化，入学人数往往会上升。其中一个原因是读社区学院比读 4 年制大学便宜——全日制学生平均每年的学杂费为 3730 美元，而 2019 年州公立大学学生平均每年的学杂费为 10 400 美元（Educationdata 网站）。社区学院提供大学转学课程、技术课程、职业培训课程、基础技能课程和特殊兴趣学习课程，因而吸引了越来越多的学生。此外，美国总统巴拉克·奥巴马（Barack Obama）在 2015 年 1 月的国情咨文中提出，社区学院应该"像高中一样在美国免费普及"，并指出 2014 年美国有 40% 的大学生选择就读社区学院（Stevens，2019）。

2017 年秋季，在公立 4 年制大学招收的全日制本科生中，90% 的学生年龄在 25 岁以下。在 2 年制院校中，78% 的全日制本科生年龄在 25 岁以下。美国国家教育统计中心（2014a）预测，从 2006 年到 2017 年，25 岁以下的入学人数将增长 10%，25 岁及以上的入学人数将增长 19%。根据某网站的数据，2019 年社区学院学生的平均年龄约为 29 岁（显然罗伯特不是唯一一个"年龄较大"的学生）。

许多接受高等教育的学生都是从高中走过来的，而高中时他们获得的生涯发展帮助很少。对于那些没有明确职业认同的学生来说，在选择大学专业和确定可能职业的过程中进行权衡是非常头疼的。统计数据支持这一观点，因为在 4 年制非名牌大学和名牌大学或高水平研究型大学就读的学生中，分别只有 19% 和 36% 的人能够在 4 年内毕业（Complete College America，2014），只有 59% 的人（男生 56%，女生 61%）能够在 6 年内毕业（National Center for Education Statistics，2019）。根据马克莱因（Marklein）（2009）的数据，进入 4 年制大学的学生中只有 63% 能获得学位，这一比例在 10 多年后保持不变（National Center for Education Statistics，2020）。显然，许多学生并没有为他们踏入大学校园后的学习生活做好准备。此外，当获得副学士学位的时间由 2 年变为 3 年，获得学士学位的时间由 4 年变为 6 年时，上大学的成本就更高了。那么，为什么这么多人选择接受高等教育呢？

美国高等教育研究所（HERI）（2012）的调查结果表明，87% 的大一学生认为上大学是为了能够找到更好的工作。这一比例高于 1999 年的 77%（American Council on Education，1999）和 1976 年的 67.8%（HERI，2012）。此外，75% 的人报告说，他们选择上大学是为了赚更多的钱（HERI）。最后，83.4% 进入 4 年制大学的学生希望在 4 年内毕业（HERI）。显然，学生的期望与获得学位实际需要的时间并不一致。这种不一致也许可以在一些方面解释美国高等教育研究所调查报告中的发现：30.4% 的学生（40.5% 的女生和 18.3% 的男生）在高等教育的最后一年常常感到不知所措。同样明显的是，许多学生把高等教育看作是促进他们职业生涯发展的一种手段。帮助学生明确并实现职业认同是高校生涯服务专业人员的关键任务。

然而，值得注意的是，如今接受高等教育的学生具有广泛的文化和种族背景。许多学生像罗伯特一样，是重返校园的成年学生，还有需要特殊关照[①]的学生，有些学生甚至是他们家庭中第一代接受高等教育的人（Gibbons，Rinehart，& Hardin，2019）。最后，一个日益增长的趋势是，美国高等教育毕业生在毕业时背负了大量为支付教育费用而产生的债务。

关于学生债务的项目报告（Kingkade，2014）指出，2013 年从 4 年制大学毕业的学生中，69% 的学生有贷款债务。这一比例保持稳定，2018 年的毕业生中，有70% 的学生有贷款债务。如今，超过 4400 万人总共背负超过 1.5 万亿美元的学生贷款债务，平均每人借款 37 172 美元（Hess，2018）。这反映了一种令人不安的趋势，背负学生贷款的毕业生的平均债务水平已经从 2013 年的 28 400 美元以及 2008 年的23 200 美元上升到目前的水平。2008 年，36% 的在校生 4 年就能从大学毕业，而如今只有 33.3%。这毫不奇怪，因为随着学生债务和毕业时间的增加，来自父母、政府和学生自己的压力也在增加，学生得压缩接受高等教育的时间，以减少贷款债务。在帮助学生实现这一目标上，高等教育中的生涯专业人员可以发挥重要的作用。因此，在本章中，我们将讨论当今高等教育学生的职业生涯需求，高等教育生涯服务的发展，高校学生应对成年后生涯发展所必须培养的能力，生涯服务的模式、内容和标准，以及在管理生涯服务时必须考虑的问题。

尽管许多学生在高中毕业后立即开始接受高等教育，但越来越多的学生不符合人们对美国大学生的传统刻板印象（即 18~22 岁，全日制，住在校园里）。事实上，在接受高等教育的学生中，只有不到 1/6 的人符合这种传统刻板印象（Colozzi，2000）。在高等教育历史上，如今的学生在他们的背景、特征、发展水平和生涯发展需求方面呈现出前所未有的多样性。

关于非传统学生的确切定义，争议不断。年龄（超过 24 岁）是这一群体最常被定义的特征。年龄同时也是一个指标，被用来衡量真正庞大而多样化的学生群体。一些观察家认为，非传统学生的增加是高等教育最显著的趋势（Hess，2011）。例如，在高等教育入学者中，有 38% 的人年龄在 25 岁及以上，有 25% 的人年龄在 30 岁以上。预计到 2026 年，这一比例将再增长 11%。大多数成年人继续接受高等教育主要是为

[①] "特殊关照"的原词是 accommodation，它不仅是针对残疾学生的，而是针对所有患有某些障碍的学生的政策性照顾。比如有阅读障碍的学生可能在考试的时候会被多给 50% 的时间。相关内容在后文中也有涉及。——译者注

了增加自己的职业机会。然而，许多成年学生必须在追求高等教育与养育孩子和扮演其他生活角色之间保持平衡。

此外，许多成年学生对重返校园的决定感到不安，他们不确定自己是否有能力在学业上取得成功，并担心能否将学业经历转化为新的职业机会（Marron & Rayman，2002）。因此，非传统学生往往具有反映其生活境况的更具体的职业或教育需求（如学习专业证书课程、夜校或周末课程、在线课程）。

国际学生在美国接受高等教育的学生中所占的比例相当可观，并且在不断增长。2018—2019 学年，有 1 095 299 名国际学生在美国大学注册入学（Institute of International Education，2019）。国际学生占美国高等教育学生总人数的 5.5%。根据美国商务部的数据，2018 年国际学生为美国经济贡献了 447 亿美元，比前一年增长 5.5%。有趣的是，2017—2018 学年，有 341 751 名美国学生出国留学（Institute of International Education，2019）。因此，人们越来越意识到国际教育对于发展美国和世界各地人民与社会之间的积极关系发挥着重要作用。

然而，从历史上看，国际学生在他们的生涯发展方面没有得到足够的帮助。具体而言，国际学生往往得不到关于本国就业机会的充分信息；他们很少从导师那里得到足够的学业建议，因为这些导师对国际学生的关切或忧虑不够敏感；在陌生的文化环境中，他们难以表达自我。自 2001 年 9 月 11 日以来，许多来自中东地区的学生遭受了不恰当的敌意。这些经历并不能促进生涯发展，这反映了生涯工作者必须关注国际学生的特殊需求，以便为他们提供全面的生涯服务。

在过去 20 年里，高等教育学校中入学的残障学生人数激增。例如，据报告，2015—2016 年，19% 的男性本科生和 20% 的女性本科生患有残疾（National Center for Education Statistics，2019）。根据《美国残疾人法》（1990），残疾被定义为严重限制了 "残疾人" 一项或多项主要生活活动的身体或精神上的障碍。具体而言，残疾学生是指那些报告自己有以下一种或多种情况的学生：失明或视力障碍，无法通过戴眼镜矫正；听力障碍（如听不见）；矫形或行动障碍；言语或语言障碍；学习、智力、情绪或精神问题（如严重的学习障碍、抑郁症、注意障碍或注意缺陷多动障碍）；其他健康障碍或问题（National Center for Education Statistics，2019）。

两部联邦法律为许多美国残障人士打开了接受高等教育的大门。具体而言，1973 年的《康复法》第 504 条和 1990 年的《美国残疾人法》（以及 2008 年的《美国残疾人法修正案》）为残障人士创造了更多接受高等教育的机会。尽管接受高等教育的机会增加了，但残疾人在劳动力市场上的表现并不好（Hitchings & Retish，2000）。美国劳工统计局（2020）的报告显示，2018 年有 28.5% 的残疾大学毕业生就业，而未报告残疾的大学生的就业比例为 75.5%。因此，残疾学生在大学期间需要帮助，以增加他们毕业后在事业上取得成功的机会（Osborn & Belle，2019）。例如，奥勒（Ohler）、莱文森（Levinson）和巴克（Barker）（1996）报告，与其他学生相比，存在学习障碍的学生的职业成熟度较低，需要多方面的适应。尽管需要生涯方面的帮助，但弗里厄（Friehe）、奥纳（Aune）和洛伊恩贝格尔（Leuenberger）（1996）的报告显示，残疾大学生使用生涯服务的比例显著低于非残疾大学生。显然，高等教育的生涯工作者必须更好地满足残疾学生的生涯发展需求。事实上，这个问题已经持续了几十年，应该得到父母、管理者和雇主的关注（Andrewartha & Harvey，2017）。

在前几个世纪，接受高等教育的学生主要是欧洲裔男性；然而，女性学生如今在高等教育中占大多数。接受高等教育的女性的比例在快速增长。从 2001 年到 2011 年，就读 4 年全日制大学的女性比例增加至 56%，而男性则增加至 36%（NCES，2014a）。2019 年，本科生中女性的占比为 56%（约 1130 万人），而男性入学人数略高于 900 万（NCES）。法辛格（Fassinger）和奥布赖恩（O'Brien）（2000）认为，女大学生的生涯发展需求与男大学生有很大的不同。法辛格和奥布赖恩指出男、女大学生生涯发展的差异主要体现在两个方面：女性的能力和才智普遍长期得不到充分利用，导致在职业上被隔离，从事的工作通常比大多数男性从事的工作薪酬低、地位低；女性对于家庭角色的投入多于男性，导致女性在同时肩负职业抱负与家庭责任时常常遇到角色超负荷问题。生涯工作者必须解决这些问题，以促进接受高等教育的女性的职业生涯发展。

如前文所述，近年来接受高等教育的少数族裔学生比例也有所增加。尽管少数族裔美国人在高等教育中的入学率提高了，但与欧洲裔美国人相比，少数族裔美国人上大学、获得大学学位和参加专业培训课程的比率仍然较低。从发展过程看，来自高中老师的职业刻板印象、榜样的缺失、社会种族主义的存在和较少的感知机会导致少数族裔学生的职业选择模式受到限制。少数族裔学生受到的歧视是生涯发展过程中必须解决的问题。

高等教育中生涯发展辅导的演变

学习目标 13.2 了解高等教育中生涯发展辅导的演变。

生涯发展辅导在高等教育中由来已久。从帮助学生选择专业到找到工作，这种综合性的生涯服务在高等教育中相对较为新颖。在当今的生涯服务方式形成之前，有一个服务"系统"，其主要依靠教授的努力，他们为特定的学生提供指导和就业安置。赫尔、赖曼（Rayman）和加里斯（1993）在一篇关于高等教育生涯服务的经典文章中指出：

> "生涯服务"基本上仅限于教授或教师引导或指导天才学生进入某个行业。这是一种男性主导的活动，一个"老男孩的人际网络"。通过这个人际网络，教授可以请潜在雇主这样的重要人物出于帮忙或对教授的尊重而聘用他的学生。（p. 1）

就业安置是这类职业援助的重点，它的成功率取决于教授在该领域的人际关系和地位，以及教授对特定学生的重视程度。也就是说，这个系统可能对一些学生很有效，但对其他学生的帮助有限。

在 19 世纪早期，商业化的就业介绍所为教师培训项目的毕业生提供就业安置服务。到 19 世纪末，美国有近 200 家就业介绍所（Herr et al., 1993）。随着高等教育入学人数的增加和大学学生服务的出现，为所有学生提供就业援助的就业办公室应运而生。例如，耶鲁大学于 1919 年设立了就业办公室，该办公室为学生提供职业指导，并在学年中、暑期和毕业后为他们匹配就业岗位（Herr et al., 1993）。

从耶鲁大学首创示范开始，受到 20 世纪初基于弗兰克·帕森斯（Frank Parsons）的概念开创的新兴职业指导运动的影响，以及学生和雇主对就业援助的兴趣日益增长，全美各地的校园都设立了就业办公室或就业局。通常，这些办公室会与教师、其他院校的学生人力资源负责人以及校友一起努力寻找就业机会，并为学生牵线搭桥。

对就业服务的关注导致就业办公室从其他更专注于学生发展的学生事务职能中分离出来。与咨询和心理学等领域的培训不同，就业办公室的工作人员往往具有各种各样的背景，且往往与商业有关。通过就业安置，学生根据他们在大学中发展出的职业倾向，将自己与商业、工业和专业化的要求匹配起来（Herr et al., 1993）。就业办公室提供的服务重点在于传授求职技能（如如何面试和撰写简历）。随着学生临近毕业，这些服务的需求通常会越来越多。相比之下，咨询中心可能更关注学生的发展（如对情绪或学业困难的救助），并在其大学生活期间随时为其提供服务。

20 世纪 50 年代末和 60 年代初，高等教育提供的职业服务发生了转变。曾经作为咨询中心工作内容的生涯规划被迁移到就业办公室，并与就业安置服务结合起来，"实质上，许多学院和大学中形成了一个组织实体（通常被称为生涯规划与就业安置办公室或生涯发展与就业中心）和相应的服务"（Herr et al.，1993，p. 4）。这一转变反映了职业服务的视野被拓宽了，从单一关注就业转向了关注生涯规划的发展。这包括使用辅导措施来帮助学生进行系统的生涯规划。就业安置现在被视为高等教育学生职业生涯发展的终点活动，而不是唯一的活动。

赫尔等（1993）指出，目前"没有单一的咨询中心或生涯发展与就业中心。每一个都是从不同的机构演变而来。在某些高校，某些咨询中心提供全方位的生涯服务；另一些则基本不提供什么服务"（p. 3）。怀特利（Whiteley）、马哈菲（Mahaffey）和吉尔（Geer）（1987）对 963 所机构进行了调查，调查结果确定了高等教育中提供生涯服务的 5 种主要方法，这些方法被沿用至今。

1. 宏观中心：提供广泛的服务，包括职业和个人咨询、测评，以及某些特殊服务（如培训和建议性咨询）。

2. 咨询导向：类似于宏观中心，但提供的服务类型较少。

3. 一般服务：具有更广泛的职能，包括朋辈辅导；比传统咨询中心提供更多的服务，服务对象也更多。

4. 生涯规划和就业：最少咨询的职业生涯服务和其他职能。

5. 最低限度服务：在所有领域提供最低限度的服务。

然而，一些高等教育机构不愿意或不能为学生提供全方位的生涯服务。例如，如果罗伯特（本章开头提到的返校成年学生）求助于一个仅关注就业的职业服务办公室，他得到的帮助将十分有限。就业安置工作人员可能会向他提供就业统计数据、职位空缺和求职策略方面的信息。显然，罗伯特在他当下所处的生涯发展阶段需要的并不是这类帮助。他需要别人帮助他厘清自己的职业认同，了解可以选择的职业；需要有关经济援助的信息；最后，与了解返校成年学生可能面临的问题的人谈一谈，将对他大有裨益。在许多方面，罗伯特的生涯状况反映了学生在生涯发展中将要面临的来自社会环境和自身的一系列挑战。鉴于这种复杂性，大多数研究高等教育学生需求的调查显示，学生在各种生涯问题上表达了强烈的求助愿望是不足为奇的（Normyle，2014）。例如，诺莫伊尔（Normyle）在 2013 年对美国 338 所大学的 100 727 名大一新生进行了一项调查。受访者以女性（56.1%）为主，平均年龄为 20.1 岁。其中 54% 为欧洲裔，19.7% 为非洲裔，14.5% 为西班牙或拉丁裔，3.8% 为亚洲裔或太平洋岛民，0.8% 为美国印第安人或阿拉斯加原住民，其余身份不明。近一半的受访者表示需要生涯咨询帮助，他们希望在选择符合自己兴趣和能力的职业时得到帮助（Arnoux-Nicolas, et al.，2018）。此外，67.3% 的人希望在选择教育计划时得到帮助，以便为找份好工作做准备，63.7% 的人表示希望向他人了解从事某些职业所需的资格。20% 的新生表示对自己未来的职业选择非常困惑。少数族裔学生也表达了同样的需求。例如，62.6% 的亚洲裔或太平洋岛民学生表示，他们希望在选择适合自己的兴趣和能力的职业时得到帮助，55.4% 的西班牙或拉丁裔、52.9% 的非洲裔学生表示有同样的需求。78.2% 的亚洲裔或太平洋岛民学生、74.5% 的西班牙裔或拉丁裔学生和 75.5% 的非洲裔学生在职业选择方面寻求帮助。在需要与人探讨从事特定职业所需的资格方面，也发现了类似的结果（Lee & Patel，2019）。李（Lee）和帕特尔（Patel）还发现，学生们对"职业社区"这一概念产生了共鸣，"职业社区"可以被定义为一小群有相似兴趣或抱负的人组成的社区，在这里，参与者之间共享与职业可能性相关的资源、想法或专业信息。最后，在 25 岁以上的学生中，有 41% 的学生表示需要生涯咨询帮助。有趣的是，惠斯顿、李、米茨和赖特（2017）基于 32 项研究进行了元分析，发现咨询师的支持是职业选择咨询的关键因素。这一发现近 30 年都没有改变。同样，大学生对于职业援助的需求几十年来都未曾改变。这一情况值得关注，因为越来越多的生涯中心不再提供职业援助，转而提供职业建议，而提供职业建议的往往是那些几乎没有接受过咨询或有效沟通技能培训的人。

学生对生涯服务兴趣的一致性再次得到证明，希利（Healy）和赖利（Reilly）（1989）在对加利福尼亚州 10 所社区学院的 1540 名女性和 1386 名男性的研究中发现，学生希望在更了解自己、确定职业目标、确定自己的生涯规划、探索职业选择、规划未来的教育和学习求职技能方面得到帮助。上述调查结果一致表明，无论背景和个性特点如何，接受高等教育的学生都非常关注自己做出和实施职业选择的能力。在学生试图将他们的生活和学术经验转化为职业选择时，期望高等教育机构为他们提供帮助似乎是合理的。美国教育部高等教育办公室提供了一份项目指南，该指南列出了优质的资源，可帮助高等教育学生管理他们的教育经历。除了了解这类有用资源外，有效地提供职业援助还需要了解学生在接受高等教育时所面临的生涯发展任务，以及他们在接受高等教育之后的生涯发展过程中所面临的任务。

成年后的生涯发展

学习目标 13.3　了解成年后的生涯发展。

《美国生涯发展指南》最初由美国职业信息协调委员会制订（2000 年），并于 2003 年由美国教育部更新和修订。《美国生涯发展指南》对于确定高校学生有效管理其职业生涯所需的能力仍然非常有用，它提出了高等教育中全面而系统的生涯服务必须指向的目标技能。就像为 K-12 学生确定的 NCDG 能力一样，成人水平的能力分为 3 个领域：个人社会性发展、教育成就和终身学习、生涯管理。这 3 个领域为那些在高等教育中设计和提供生涯服务的工作人员设定了目标。

个人社会性发展

个人社会性发展目标如下。

1. 发展对自我的理解，以建立和保持积极的自我概念。

2. 培养积极的人际交往能力，包括尊重多样性。

3. 将成长和改变融入生涯发展中。

4. 平衡私人、闲暇、社会、学习、家庭和工作中的各个角色。

高等学校的学生需要进一步增强自我了解，这样他们才能建立和保持积极的自我概念，包括对自己的优势、兴趣、能力和价值观的准确理解。此外，大学生需要了解这些重要的自我特征是如何影响他们的职业决策的。一个人在生活角色中对自我概念的全面理解为其教育和生涯探索奠定了基础。与人际沟通、压力管理（如参与积极的自我关照活动、识别社会支持资源、战胜自我挫败行为）相关的技能，以及对终身发展的理解，对于帮助成年人管理生涯是必不可少的（National Occupational[①] Coordinating Committee，2000）。

大多数情况下，生涯服务提供者使用自我评估活动帮助高校学生准确了解自己的特点。评估结果可以在个体咨询或小型团体咨询会议中进行回顾。生涯咨询师提供各种标准化的评估，如兴趣测量、性格测量和职业成熟度测量。高校的生涯咨询师也会让学生使用基于互联网的生涯规划系统，为他们提供自我探索的机会。

为了帮助学生增强对终身发展的理解，并提升压力管理技能，生涯服务工作者经常鼓励学生参加生涯规划课程（Reardon，2017）。在这些课程中，学生在大型或小型团体的互动中获得了生涯发展上的帮助。因此，他们的人际沟通技能也得到了提升。学生还学习各种职业决策的方法。里尔登和伦兹（2018）描述了 45 年来基于认知信息加工理论的生涯规划课程的学习历史，他们的生涯规划课程每年为 350 多名学生提供指导。此外，该课程为研究生提供了作为共同讲师来指导教学或获得实习学分的机会，研究生还可以通过帮助其他学生明确教育和就业目标来服务于大学社区。生涯规划课程还可以帮助学生及时毕业，将专业工作和学生事务联系起来，为有待业风险的

---

① 这里原文疑缺：Information（信息）一词——译者注

学生提供职业资源（Reardon & Lenz，2018）。在许多方面，里尔登和伦兹教授的课程为生涯辅导课程制度化提供了范本。

数据表明，这些课程对大学生生涯发展具有积极的影响。例如，奥斯本、霍华德和莱勒（2007）在一个族裔多样的大学新生样本中发现，这些学生学习了基于认知信息加工理论的生涯规划课程。同样，里德、里尔登、伦兹和莱勒（2011）描述了一门以认知信息加工理论为基础的生涯规划课程，该课程为参与的大学生消除了一些负面想法。里德和她的同事将该课程分为 3 个单元：第一单元涵盖职业概念，涉及自我认知、职业知识和决策的应用；第二单元讨论影响生涯发展的社会条件，重点关注当前影响生涯规划过程的社会、经济、家庭和组织变化；第三单元侧重于介绍就业技能以及实施学业和职业规划的策略。为了更全面地了解生涯规划课程通常涵盖的范围，我们建议读者参阅本章末尾的生涯规划课程大纲。

教育成就和终身学习

该领域的目标如下。

1. 达到实现个人和职业生涯目标所需的教育成就与表现水平。

2. 获得持续的、终身的学习体验，以提高应对多样且不断变化的经济环境的能力。

自我概念随着时间的推移而发展，这使得职业选择和调整也成为一个持续不断的过程（Super，1984）。因此，接受高等教育的学生必须知道如何获取和使用他们在教育和职业探索中收集的信息。有效利用自我认知和职业信息需要具有确定短期和长期职业目标的能力。目标来源于对自我认知和准确的职业信息的整合。建立这种关联需要找到相关的职业信息，确定相关的教育机会，了解与工作有关的培训要求，并对多样、不断变化的全球经济环境中的工作性质有全面的理解。

不可避免的是，高等教育学生需要制订策略来克服他们生涯道路上的障碍（例如，找到合适的托儿服务、获得经济支持以支付教育费用）。因为参与终身学习是大多数职业的共同要求，所以学生需要具备获得学业成功的必需技能（如与考试做课堂笔记有关的技能），并在必要时获得学业支持服务。

高等教育中的生涯服务工作者使用各种辅导措施来帮助学生在教育和职业探索中发展知识、技能和意识。生涯规划课程包含帮助学生学习目标设定技能的单元。教师鼓励学生根据他们所收集到的职业和自我信息来确定短期和长期的生涯规划。高等教育中的生涯服务中心收录了与教育和职业信息相关的资源。职业信息库为学生提供描述教育项目、职业选择和潜在雇主的资料。职业信息推送系统为学生提供各州的特定信息，介绍各种教育和职业机会。为了提供在线信息，生涯服务中心为学生提供有用的职业信息网站列表。生涯规划课程、工作坊和小组让学生有机会学习寻找、评估和解释职业信息的过程。校外实习为学生提供了亲身接触具体职业环境的机会。学生被分配去观摩自己感兴趣的职业。这种实习通常持续 3 到 5 天，为学生提供了教育和生涯规划中实用的重要信息。

生涯管理

生涯管理领域的目标如下。

1. 创建并管理符合职业目标的生涯规划。

2. 把决策过程融入生涯发展中。

3. 在生涯规划和管理中使用准确的、最新的、公正的职业信息。

4. 掌握学术、职业和一般就业技能，以获得、创造、维持及促进就业。

5. 将不断变化的就业趋势、社会需求和经济情况纳入生涯规划中。

与前两个领域的目标一样，高等教育学生要实现有效的生涯管理也涉及多种技能。例如，学生需要有充分的自我认知，以制订有效的培训、教育和工作计划。这种认知包括对个人内部特征（如技能、价值观、兴趣、性格）和外部因素（如非工作生活角色的需求、培训机会的可得性、经济资源、家庭支持）的了解。由于选择和调整选择是生涯发展中持续不断的过程，因此掌握从一种环境转变到另一环境的技能对实现有效的生涯管理也是必不可少的。压力管理和人际沟通技能以及积极的自我对话技能都有助于应对转变。因为工作活动是从工作以外其他生活角色的需求中产生的，所以平衡多个生活角色的需求对于缓解生涯转变带来的压力至关重要。因此，生涯管理不仅包括对工作的规划，还包括对理想生活的规划。因为我们生活在一个社会系统中，所以规划通常是一项系统工作，包括规划个人和人际网络中重要之人（如伴侣、孩子和父母）的需求和期望。

生涯服务工作者通过个体和团体咨询、工作坊和生涯规划课程帮助高等教育学生发展生涯规划技能。为了培养决策技能，研究者们建议，学生必须了解可用于决策的多种方法。例如，约翰逊（Johnson）（1978）确定了系统的、自发的、内部的和外部的决策风格。使用系统决策风格的个人以理性和逻辑的方式进行决策，他们积极寻求所有相关信息，并为自己的决策承担责任。自发的决策者会全面而快速地做出决策。内部决策者悄悄地处理信息。外部决策者会把想法说出来，并与他人讨论决策。奈尔斯、赫福德、亨特（Hunt）和沃茨（Watts）（1997）发现，与具有系统－外部决策风格的学生相比，具有系统－内部决策风格的学生在生涯发展方面往往较为落后，对完成生涯发展任务也不那么自信。此外，在奈尔斯等人的研究中，偏好系统－外部决策风格、有明确职业价值观、获得充分职业信息的学生具有最高水平的职业决策自我效能感和最低水平的职业决策困难。倾向于系统－内部决策风格的学生具有最低水平的职业决策自我效能感，不清楚如何进行职业决策。因此，在提供职业帮助时，注意学生收集和分析数据的偏好似乎很重要。例如，偏好从内部分析数据的学生可能会从维持职业决策日志和撰写职业自传中受益。此外，为了有效地分析数据，内部决策者需要关于如何做出职业决策的准确信息。偏好从外部分析数据的学生可能会发现，参加生涯咨询团体和生涯规划课程是一种有用的受助方式。

旨在帮助学生发展生涯管理技能的辅导措施的目标如下。

1. 帮助学生明确职业兴趣并将其转化为行动计划。

2. 帮助学生将兴趣、目标与机会联系起来。

3. 帮助学生将他们的生涯规划与人生目标和机会联系起来。

4. 帮助学生学会如何通过学业准备来评估他们在职业目标上的进展。

生涯规划课程帮助学生理解人生结构，并帮助学生制订计划，为他们扮演对他们而言最重要的生活角色创造机会（Halasz & Kempton，2000）。基于网络的生涯规划系统为学生提供了机会，帮助他们明确主要的生活角色，并考虑哪些生活角色对他们的未来很重要。提供标准化和非标准化的评估可以帮助学生考虑工作对于个人和家庭生活的影响。结合压力管理技能活动，咨询师可帮助学生习得有效应对生涯转变所必需的技能。

显然，成功的生涯管理所需的能力清单令人望而生畏。此外，咨询师可以从微观层面分析《美国生涯发展指南》，使知识、技能和行为的清单呈指数级增长。期望学生在接受高等教育时发展所有技能是不切实际的。然而，高等教育中的生涯服务工作者可以努力帮助学生意识到他们在生涯发展中可能会遇到的挑战，也可以通过提供全面和系统的辅导来培养学生在个人社会性发展、教育成就和终身学习、生涯管理 3 个领域的基本能力，进而促进学生的生涯发展。虽然罗伯特可能在这 3 个领域都需要帮助，但他首先需要在加强个人社会性发展、理解生涯转变过程、增强自信方面得到帮助。

高等教育中生涯发展辅导的模式、服务和标准

学习目标 13.4　了解高等教育中的生涯发展辅导的模式、服务与标准。

高等教育中生涯发展辅导的模式、服务与标准在过去 75 年里发生了巨大变化。

在某种程度上，这种变化源于高校环境中事务优先级的变化。例如，随着学生群体年龄的增长，提供服务的时间（如晚上和周末）、提供服务的方法（线上）以及辅导措施本身都要适应当前高等教育学生的需求。然而，对学生毕业后就业安置问题的重视是未曾改变的主题。也就是说，我们首先要探讨服务的模式。

模式

为了系统而全面地提供生涯服务，生涯服务工作者的服务模式也必须是系统而全面的。有各种各样的生涯服务模式，可用于培养对一个人成年后有效管理生涯而言至关重要的能力（Colozzi，2000；Reardon & Lenz，2018；Reardon，Lenz，Sampson & Peterson，2019）。随着学生在高等教育中的发展，他们需要帮助学生缩小正在考虑的职业选择范围。通常，高等教育中的学生通过以下方式开启生涯发展过程：探索各种各样的选择；明确一些特定选择；承诺于一个特定的选择，并选定一个大学专业；执行做出的选择。生涯服务工作者可以首先评估学生的生涯发展需求，之后根据其需求提供团体和个体生涯发展辅导，用这样的方法帮助学生在这个过程中取得进步（对罗伯特的辅导必须从全面评估他的需求开始；然而，显然他需要从头开始，就是从探索选择开始）。为了进一步评估学生的发展，我们建议定期（如每6个月）重新对学生进行需求评估。后续评估的数据可用于确定进一步的辅导措施，以促进每个学生的生涯发展。

鲍威尔和基尔茨（Kirts）（1980）提出了关于高等教育生涯服务的系统方法。他们的方法主要是为新生提供意识唤醒课程。意识唤醒课程可用于让新生了解生涯服务的概况。在大型团体会议中，生涯服务工作者向高年级学生介绍生涯发展的过程和可以促进生涯发展的服务。在大型团体会议之后，再组织不到30名学生自愿参加的小型团体会议。在小型团体会议中，生涯咨询师和学生朋辈咨询员会更详细地描述可提供的生涯服务，并回应学生的具体问题。此后，需要额外帮助的学生将被转介并获得合适的生涯服务（如个体职业咨询、生涯规划课程）。

鲍威尔和基尔茨（1980）模式的第二阶段涉及自我评估活动。鲍威尔和基尔茨建议成立团体，让学生先观看高年级学生讨论各种有用的生涯服务的视频。学生通过视频提供的信息来识别可能更有助于了解自我的资源（如研讨会、个体咨询和团体咨询）。

鲍威尔和基尔茨模式的下一个阶段侧重于学生积极参与职业探索。提供职业探索活动，帮助学生整合自我评估信息和职业信息。鲍威尔和基尔茨指出，在这一阶段，生涯咨询和传统的就业安置职能融合在了一起。他们建议开设生涯课程，在这些课程中，校友和当地商业领袖可以整合教育和职业信息（他们清楚学科与不同职业的相关性）。校友和当地商业领袖也可以作为资源，为学生创造校外长期和短期实习的机会，让学生接触到就业机会。

鲍威尔和基尔茨（1980）模式的最后一个阶段是培训，即为即将毕业的学生提供求职技能培训。这个阶段涉及一种类似于生涯唤醒阶段使用的方法。具体而言，生涯服务工作者为学生在最后一年提供一个大团体（类似于年级会）的就业服务概览。之后，学生会被邀请参加不同专业的小组会议。这些研讨会使用近期毕业生讨论有效求职所需的技能和态度的视频，聚焦于求职的细节。随后的小组会议专注于撰写简历、模拟面试、获取求职信息等内容。

唤醒课程对罗伯特尤其有用。作为一名返校生，罗伯特需要了解他可以获得的各种服务。教学视频中有关于返校生如何找到有用生涯服务的内容，这对罗伯特来说非常重要。因为罗伯特正经历着许多返校生都有的典型忧虑，他可以通过视频看到其他返校生表达类似的担忧，并研究他们如何应对这些担忧，这对他来说是有益的。在罗伯特进行职业探索和就业活动时，生涯咨询师需要对他的生活状况保持敏感，因为他是一名返校生，有家庭责任，而且很可能在地域流动上受到限制。

里尔登（1996）和里尔登、伦兹、彼得森和桑普森（2019）还描述了佛罗里达州立大学正在使用的综合生涯服务模式，以及它的理论基础（认知信息加工理论）。佛罗里达州立大学模式是一种课程生涯信息服务（CCIS）模式，包含 5 个模块。在 CCIS 模式中，生涯服务的重点是向学生提供服务介绍，引导学生了解职业决策过程，帮助学生进行自我评估，探明职业信息，匹配专业和工作。CCIS 模式的一个独特之处在于它是自助导向的，而且提供专业助手、多个指导模型和多媒体资源。CCIS 模式是一种全面且有效的生涯服务方法，有助于学生找到生涯规划学习的方向，并管理自己的生涯发展。

桑普森（2008）建议高等教育中的生涯规划采用八步模式，首先评估当前的职业资源和服务，然后根据最初的评估，修改并调整职业资源和服务，再把调整后的职业资源和服务整合进现有的生涯服务中，并对工作人员进行适当的培训。桑普森指出了开展试点研究以评估新项目的重要性。试点研究的数据将用来进一步修改和开发项目，之后进行持续的培训和评估。

所讨论的这类服务模式不仅反映了生涯服务和发展视角的扩展，而且反映了服务提供模式的拓展。它们清楚地展示了高等教育生涯服务的各种方式，依靠这些方式，高等教育生涯服务已经超越了最初的重点，即帮助学生增强有效管理生涯所需的知识、技能和意识。

例如，美国大学与雇主协会（NACE）的一项调查结果表明，大约八成的就业中心提供面向群体的生涯工作坊（Collins，1998）。在参与 NACE 调查的机构中，52% 提供生涯规划课程。普利斯考德（Prescod）、吉尔菲兰（Gilfillan）、贝尔瑟（Belser）、奥恩多夫（Orndorff）和艾什勒（Ishler）（2019）采用一个准实验研究设计，考查了两门本科生生涯规划课程的有效性。他们报告，学生在修读两门生涯规划课程前后，在职业确定性和职业犹豫不决方面存在显著差异。具体情况是，在修读两门课程之后，学生在职业确定性方面的得分都显著提高，而在职业犹豫不决方面的得分显著降低。前后测分数存在显著差异，这说明了课程的有效性，但他们没有发现两组之间的后测分数有显著差异。

惠斯顿、塞克斯顿（Sexton）和帕拉索夫（Lasoff）（1998）进行了一项元分析，比较了工作坊、生涯规划课程、计算机程序和个体咨询的效果，发现个体咨询是最有效的。最近，惠斯顿、李、米茨和赖特（2017）进行了一项元分析，发现咨询师的支持是生涯咨询中最重要的因素。然而，考虑到生涯中心必须满足的各种需求以及可用的咨询师数量有限，向所有学生提供个体咨询显然是不可能的。此外，一些学生可能受益于同伴的支持，这种经历通常发生在团体导向的职业生涯辅导中（Reardon & Lenz，2018）。最重要的一点是，综合性生涯中心应该使用多种多样的方法为学生提供服务。

管理服务以及制订标准

学习目标 13.5　了解如何管理高等教育中的生涯服务并制订标准。

前文讨论的模式还反映了一个事实：生涯服务是由不同的人在不同的场所为学生提供的。赫尔等人（2004）确定了为高等教育学生提供生涯服务的 4 种主要方法。

（1）课程、工作坊和研讨会，在职业决策、生涯规划、求职技能等方面提供结构化的群体经验。

（2）针对存在职业犹豫不决、职业决策困难和求职焦虑等问题的学生开展团体咨询。

（3）个体咨询。

（4）就业安置项目，如校内或在线求职面试。

显然，基于网络的生涯规划系统和计算机信息传递系统为各种生涯服务（从职业决策到就业安置）提供了工具。推特、脸书和领英等社交网站以及视频会议平台，为许多大学生（和大学校友）提供了很有吸引力的线上生涯服务。

随着生涯服务专业人员在提供服务时越来越依赖技术，他们还需要解决与技术使用相关的各种伦理问题。例如，研究人员认为，在高科技与高接触之间取得平衡很重要。学生通常需要面对面或通过互联网与人接触。技术不能取代人与人之间的互动。没有人融入的技术服务在提供同理心，满足学生的个人需求，以及回应来访者陈述中微妙的非语言表达方面还不够有效。此外，许多在线评估系统并没有按照生涯服务专业人员所遵循的伦理和专业标准进行构建。

依靠这些方法提供给学生的各种与生涯相关的服务，包括但不限于：通过互联网或印刷资料提供职业信息、求职技能培训、教育信息、标准化和非标准化评估、校园和社区资源、自助材料、决策培训、自信心培训、沟通技能培训、生涯规划课程、外派机会、实习机会、校内外求职面试机会，以及通过视频角色扮演练习进行的求职面试培训。

高等教育生涯服务观察员认为高等教育中的生涯服务至少有 9 类（Davis & Binder，2016；Fickling，Lancaster，& Neal，2018；Wei，Akos，Jiang & Harbour，2016；Yang & McKenzie，2018）。这些类别证明了生涯服务的全面性，具体如下。

1. 系统地将与生涯发展相关的信息融入学科教育。

2. 提供以生涯发展为重点的课程。

3. 利用外部资源（如演讲者、外派和实习）提供与职业信息直接接触的机会。

4. 整合就业安置和生涯转换过程，以支持生涯规划。

5. 提供勤工俭学 / 合作教育的机会。

6. 使用院系部门作为咨询师提供分散咨询的场所，咨询师除履行其他职责外，还负责协调学生的职业生涯和学业建议。

7. 在宿舍楼、学生会等举办有关大学生活、教育和生涯规划的研讨会。

8. 提供以自我意识和生涯规划为重点的团体咨询。

9. 提供交互式、基于网络的生涯规划和信息系统。

从高等教育的生涯服务要实现的广泛目标来看，赫尔等人（2004）认为，提供此类服务是为了实现以下目标。

1. 协助学生选择专业学习领域。

2. 协助学生进行自我评估和自我分析。

3. 协助学生了解工作世界。

4. 协助学生做出决策。

5. 协助满足不同学生群体的特殊需求。

6. 协助学生进入工作世界。

在对即将入学的学生开展工作时，诺莫伊尔（2014）强调了解学生在生涯规划援助方面的全面需求或关注的重要性。为了实现这一点，她建议使用学生需求量表。生涯专业人员应该在新生刚入学时就与他们建立联系，以实施有效的从大学到职业过渡的模式。使用有吸引力的职业评估工具是建立这种联系的方法之一。最后，以分散的方式提供生涯服务（如在宿舍提供生涯服务）有助于提高学生的参与度。

尚（Chan）和德里（Derry）（2013）提出了对高等教育中的生涯服务更为激进的重新构想。在题为"反思成功：21世纪的人文学科到职业生涯"的众包报告中，他们总结了2012年一次会议的主要发现，该会议讨论了大学生从校园到职业经历转变的必要性。在其他调查结果中，他们指出，要创造一个重视生涯发展的环境必须得到顶级机构的支持和领导。这种支持应该包括高层管理人员和董事会，以及学术部门、校友、雇主和家长。大学范围内对生涯发展的重视和优先考虑为与学生建立联系创造了更多的机会。与传统的集中式生涯服务相比，广泛式生涯服务对学生生涯发展的影响可能呈指数级增长。

创新性生涯发展办公室的愿景表达了生涯发展与人的发展相联系的观点，应被当作整体看待。例如，圣路易斯华盛顿大学（n.d.）的生涯服务愿景是："我们通过教授终身生涯发展策略，并通过为不同的学生、校友和雇主建立联系，协助学生和校友将他们的热情、受过的教育和拥有的技能转化为目标明确的生涯道路。"维克森林大学的愿景如下："激励、挑战并培养所有学生，使他们能够找到反映他们价值观的职业，过上有联系和有意义的生活"（Chan & Derry，2013，p. 8）。为了强化这些创新性的愿景，尚和德里认为"生涯服务"这种标题已经不合适了。他们认为，生涯服务与就业服务的联系过于紧密，但就业服务只占学生为生涯发展做好准备所需服务的一小部分。尚和德里认为，这意味着高等教育中的生涯办公室必须优先考虑"教育、参与和培养学生的发展过程，以找到每个学生是谁以及他们在工作世界中合适位置之间的独特交集"（p. 9）。

尚和德里（2013）还强调了生涯专业人员了解攻读大学学位所涉及的价值主张的重要性。证明花费的金钱和时间是值得的，这是家长和学生提出的合理要求，应该提供合理的答案。部分答案是雇主对那些能够批判性地思考、清晰地表达概念、乐于学习、善于应对变化、敏锐地与他人互动的毕业生有强烈的兴趣，这指出了学生在高等教育中应该习得的技能。与校友和雇主的合作，为学生提供了体验工作场所的机会，为学生未来获得就业机会创造了可能。追踪毕业生的就业经历，可以得到与价值主张直接相关的结果数据。这份会议报告的大多数建议并不是特别具有革新性，但是反映了一种对更创新、更广阔的生涯服务愿景的推动，在多个学生生涯发展影响者的利益相关方之间分担责任。这些正是可以帮助罗伯特的生涯服务。

随着罗伯特通过生涯咨询解决了他的生涯发展需求，通过自我评估练习提高了自我和职业意识，他逐渐意识到自己的热情所在，以及如何将这些热情转化为生涯机会。他还参加了一个由成年返校生组成的生涯规划小组，该小组致力于帮助成员在已经有相当长时间的工作经历的情况下明确自己的职业选择。代表大学 - 就业伙伴关系的雇主也在关键时刻参与到小组中，以分享他们对非传统学生给职场带来的附加价值的看法。这些活动帮助罗伯特决定执鞭从教，即成为一名中学社会科学教师。他认为这个职业选择可以让他以有意义的方式帮助他人，同时，相比之前的工作，他也能有更多的时间陪伴家人。

标准

因为高等教育中有各种生涯发展辅导的模式与方法，业界必须确定生涯服务项目的基本组成部分。服务项目标准为高等教育中的生涯发展辅导提供了有效的指导。迄今为止我们讨论的综合性生涯模式和服务与学生服务 / 发展项目标准推进委员会（CAS）所倡导的观点相似（Council for the Advancement of Standards in Higher Education，2015）。该委员会与高等教育专业协会共同制订并发布了《标准与指南》，这是一份为高校提供服务标准的文件，其中一项服务是生涯服务。在该文件中，生涯服务中心的使命被描述为"协助学生和其他指定的客户制订、评估和实施职业、教育和就业计划"（CAS，2010，p. 6）。该文件还规定，高等教育中的生涯服务项目应该是解决职业问题和提高就业率的高校资源。高等教育中的生涯服务专业人员也应与学术单位和外部机构建立积极的联系。生涯服务应旨在帮助每个学生增强自我认知以及加深对职业信息和趋势的了解，确定适合自身兴趣和能力的课程，增强能有效应对生涯发展任务的主人翁意识和责任感，获得与职业相关的经验（结合课程、课外活动和体验），培养求职技能和与校友、潜在雇主以及未来可能的学术项目建立联系的技能，学习如何使用技术来管理生涯发展。

为了实现其目标，高等教育中的生涯服务必须提供以下服务：职业建议、咨询、教育、关于职业生涯和继续深造的信息与资源、通过体验式教育探索职业生涯的机会、求职服务、研究生和专业学校或继续深造规划、雇主关系和招聘服务。

CAS 标准（CAS，2015）还涉及高等教育中生涯服务日常运营中必不可少的主题，包括以下内容。

● 领导（例如，生涯服务项目的领导者必须接受适当的培训，能够清晰地表达生涯服务愿景，设定目标，规定并实践伦理行为，管理、规划、安排、评估服务或雇员）。

- 组织和管理（例如，政策和程序必须是最新且可以操作的，必须对所有员工有书面的绩效期望，必须明确地说明解决投诉的流程）。
- 人力资源（例如，必须有足够的人员，必须建立人事甄选、培训和任用程序，必须遵循平权行动政策，必须鼓励和支持人员的专业发展）。
- 财政资源（例如，必须有足够的提供生涯服务的资金）。
- 技术（例如，基于互联网的资源，提供有关任务、地点、人员、项目和现有服务的最新信息；计算机辅助生涯指导系统；网上招聘和就业系统）。
- 设施和设备（例如，设施和设备必须数量充足且分布得当，设施、技术和设备必须符合联邦、州和地方的准入和安全要求）。
- 法律责任（例如，员工必须了解与生涯服务提供有关的法律法规）。
- 公平和准入（例如，员工和生涯服务不得基于年龄、肤色、残疾、性别、国籍、种族、宗教信仰、性取向或退伍军人身份而有所歧视）。
- 校园和对外关系（例如，生涯服务项目必须建立、维持和促进与相关校园办公部门和外部机构的良好关系）。
- 多样性（例如，生涯服务工作者和项目必须营造一种认可并尊重相似性与差异性的环境）。
- 伦理（例如，在所有生涯服务实践中必须遵守相关的伦理标准）。
- 测评和评估（例如，必须进行定期、系统的定量和定性评估，以确定项目质量）。

CAS（2015）标准反映了高等教育中的生涯服务扩展到整个校园内外的事实。综合性的生涯服务与其他学生服务单位（如咨询、住宿）、学术单位和社区资源彼此互动。该文件也为生涯发展从业者提供了一份在高等教育生涯服务的整体运作中必定涉及的主题和问题清单。因此，该文件可作为评估生涯服务的质量和有效性的基准。

由美国大学与雇主协会（2019）制订的《高校生涯服务专业标准》与《CAS标准与指南》有所重叠（CAS，2015）。根据 NACE 制订的标准，必须明确定义高等教育生涯服务关键项目的组成部分，设计与学生需求一致的服务，并以当代生涯服务实践为基础。人们还期望生涯服务者与学术单位、教职员工和潜在雇主合作。利用大学报纸、网站和其他电子媒体等扩大生涯服务的覆盖范围。具体项目包括：生涯建议/咨询、职业信息、就业服务、研究生院规划、体验式教育。

生涯建议、指导和生涯咨询可以通过个体咨询预约、团体项目、生涯规划课程、外联项目和信息技术进行。提供这些服务的主要目的是让学生能够根据准确的自我、教育和职业信息做出明智的教育和职业选择。职业指导、教练和生涯咨询服务对学生的文化背景以及每个学生在制订职业和教育计划时必须考虑的发展和个人背景都很敏感。将体验活动（如志愿服务、实习、外派、兼职工作）融入职业指导和生涯咨询中，有助于学生制订短期和长期的生涯规划。

职业信息包括帮助学生获得准确的自我评估信息、当前职业和劳动力市场信息、有效的求职策略和准确的雇主信息（NACE，2019）。

就业服务包括帮助学生探索与职业目标相匹配的职业的可能性、发展求职能力、获取雇主信息、与潜在雇主建立联系、发展相关的求职人际网络（NACE，2019）。

研究生院规划活动包括帮助学生明确符合他们兴趣、技能和目标的研究生院，获取有关未来计划的信息，学习如何申请研究生院课程，发展与潜在研究生院项目有效联系的技能（NACE，2019）。

体验式教育包括与雇主和学术单位合作，通过志愿服务、实习、外派、合作教育和学徒等方式，帮助学生体验与职业相关的学习。必要时，生涯服务还应帮助学生了解参与体验式教育的可能资金来源（NACE，2019）。

《高校生涯服务专业标准》（2019）还解决了在高校发展和提供生涯服务方面的其他重要问题。具体而言，该标准涉及以下主题：项目管理、办公组织、生涯服务专业人员的工作描述、生涯服务主管的工作职责、专业职位、专业职前职位、专业学生雇员和志愿者职位、支持人员和技术职位、财政资源、设施和设备、技术考虑、校园内外关系、雇主关系和招聘服务、法律责任、平等机会、准入、平权行动、多样性、伦理道德、项目评估、测评和研究。

管理高等教育生涯服务

NACE（2019）和 CAS（2015）制订的标准强调了高等教育生涯服务管理的重要性。虽然对高等教育生涯服务管理相关主题的全面讨论超出了本章的范围，但有几个主题值得强调。例如，考虑生涯服务运行的组织结构很重要，因为它对生涯服务的规划和提供有重要影响。

影响高等教育生涯服务提供的一个突出问题是它应该是集中的还是分散的。集中式服务是高等教育生涯服务最常见的组织形式（Powell & Kirts，1980）。集中式服务具有明显的优势。因为服务场所集中，所以教师、学生和雇主都很清楚校园内提供生涯服务的地点。赫尔等（1993）指出了集中式服务与分散式服务相比的优势。

1. 集中式服务更有可能适应专业人员服务的临界数量。

2. 在面试室的使用、职业信息资源和支持人员方面，集中式服务效率高且能形成规模效益。

3. 由于集中式服务能吸引非常多样化的学生群体，它为学生和教职员工创造了更有活力、更具挑战性和更有趣的环境。（p. 57）

然而，赫尔等人（1993）很快发现，分散式服务也有优势（例如，该服务可能更个性化、更便利，因为它们距离学生常待的地方更近）。有些机构同时提供集中式和分散式服务。例如，生涯咨询服务可以分散，就业安置服务可以集中。这种方法有一定的逻辑，因为在分散的结构中，生涯咨询师通常与学生能更直接地联系，因此更容易与目标学生建立联系。提供集中就业安置服务可能有利于与雇主合作，因为大家都很清楚提供这些服务的地点。

与高等教育生涯服务管理有关的另一个问题涉及生涯服务在学校结构中的地位。高等教育中的生涯服务单位通常向负责学生服务的行政主管或学术主管报告。通常，生涯服务专业人员向学生服务副主管报告，这有几个好处。例如，在这种行政结构中，生涯服务可能被视为学生服务的一个组成部分。由于在这种结构中，生涯服务专业人员与代表其他学生服务的专业人员（如辅导员、住宿管理员）能够时常碰面，他们之间的沟通可能会得到加强，这有助于他们以各种方式提供服务（例如转介、项目策划、学生服务专业人员之间的合作）。学生服务副主管很有可能对生涯服务单位提供的各种生涯服务有很好的理解和认可。当生涯服务单位由学术主任负责时，他们可以更好地与学校的主业协调。这也为生涯服务提供了好处，例如促进与教职工的关系。

具体机构解决这些行政问题的方式很大可能取决于学生服务运营的整体结构和大学本身。尽管赫尔等人（1993）认为这个问题对生涯服务的提供很重要，但他们谨慎地避免夸大这一情况，指出"显然，生涯服务的结构必须与它所属的机构相适应"。我们的经验是，优秀的生涯服务通常存在，而不是因为特定的组织结构"（pp. 106-107）。

赖曼（1999）为21世纪的高等教育生涯服务确定了10个要求。当高校的生涯发展从业者规划或评估他们提供的生涯援助时，这些要求能为他们提供重要的指南。你会注意到，自1999年以来，我们在某些要求上取得了一些进展（如采纳新技术），但在其他要求上进展不大（如解决生涯服务办公室对校友服务职责的模糊问题）。

- 要求 1：我们必须认识到生涯发展的终身性，并启动项目和服务以使学生有能力并鼓励他们为自己的生涯发展负责。
- 要求 2：我们必须接受并采纳技术，将其作为我们的盟友，并拓展其用途，以腾出员工的时间来完成那些需要人的敏感度的任务。
- 要求 3：我们必须继续完善和加强我们的专业认同和学院内的生涯服务。
- 要求 4：我们必须认同并接受个体咨询是我们专业的核心，努力保持并加强个体咨询在生涯发展中的核心地位。
- 要求 5：我们必须与教师、指导专业人员、其他学生服务专业人员、管理者、家长和学生团体建立合作关系，以利用这种合作关系在促进学生生涯发展方面可能产生的"倍增效应"。
- 要求 6：我们必须加倍努力，以满足日益多样化的学生群体不断变化的生涯发展需求。
- 要求 7：我们必须接受自己作为美国企业界和学术界之间最明显、最持久的纽带的作用，但我们也必须保持对生涯发展的关注，不能被机构筹资所引诱而牺牲生涯服务的质量。
- 要求 8：我们必须承认并接受校园招聘已经有些过时，需要开发其他方式来帮助学生完成从大学到工作的过渡。
- 要求 9：我们必须解决在校友生涯服务中职责模糊的问题，并向校友会寻求提供这些服务所需的资源支持。
- 要求 10：我们必须更有效地争取资源，以维持和加强我们在促进学生生涯发展方面的作用，并且更高效、更创新地使用现有资源。

赖曼的要求揭示了 21 世纪高等教育生涯服务工作者面临的挑战和机遇。显然，在当今学生生涯发展需求日益增长的背景下，资源越来越少成为一项挑战。对生涯服务需求的增长为学生提供了一个极好的机会，使他们具备在新兴的职场中有效管理自己的职业生涯所需的知识、意识和技能。

总结

高等教育生涯服务有相当悠久的历史。这些服务的发展在许多方面反映了该领域的总体发展，服务从以就业安置为主演变为提供全方位的生涯规划，以满足不同学生群体的需求。高等教育中的生涯服务提供者越来越多地利用广泛的资源为学生提供全面的生涯援助。校友、教师、同行、社区和企业代表都参与了高等教育生涯服务的提供。协调和提供全面的服务需要缜密和系统的规划，熟悉服务必须具备的职业能力，了解现行的服务提供标准，了解目前用于确定有效的生涯发展辅导措施的文献，以及对生涯服务进行形成性和总结性评估的技能。我们希望，足够的生涯专业人员提供的综合性生涯服务可以满足不同学生群体的生涯发展需求，将成为高等教育的常态。调查结果显示，学生将生涯规划视为他们最关心的问题，高等教育机构似乎很难证明这一点不重要。

案例研究

艾莉森（Allison）21 岁，是美国中西部一所大型大学的大三学生。她是家里 4 个孩子中最小的一个，由父母抚养长大。他们一家原本住在新奥尔良，直到台风卡特里娜摧毁了他们的家园，他们不得不搬到阿拉巴马州与艾莉森的爷爷奶奶同住。艾莉森在卡特里娜台风造成的破坏中失去了她所有的财产（当时艾莉森正在上大学一年级）。高中时，她就读于新奥尔良的一所城市教区高中。

她来到大学的生涯中心寻求职业选择方面的帮助。在与生涯咨询师的第一次会面中，艾莉森谈到了她考虑过的一些职业。她喜欢写作，曾想过当记者或研究员。她也非常关心环境问题，但她不知道有什么职业可以让她参与到对环境问题的处理中。她还喜欢与儿童和老人一起工作，并想知道如何将这些兴趣与她的职业生涯联系起来。她曾考虑过读法学院，因为这似乎是一件"明智的事情"。她很清楚，台风卡特里娜改变了她，她想要帮助别人，尤其是那些像她一样身处"困境"的人。

她在职业选择上的挣扎也反映在她选择专业时所经历的困难上。在尝试了几种可能性之后，艾莉森决定主修历史和法语。不过这些专业现在对她来说似乎没有什么意义了。她没参加任何课外或社区活动。

在整个咨询过程中，艾莉森表现得很自信。她非常健谈，充满活力，显得很从容。她最关心的是，在经历了这些事情之后，什么样的职业最适合她。在第一次咨询结束时，她问咨询师是如何进入咨询行业的，因为她对这个行业也有兴趣。

艾莉森的生涯发展需求是什么？哪些生涯理论有助于你理解她的情况？在试图理解她的情况时，你会遇到什么挑战？你会采取哪些措施来帮助她？

学生练习

1. 你认为对接受高等教育的学生来说，最重要的生涯发展任务是什么？

2. 你认为哪些因素会对这些学生的生涯发展产生负面影响？

3. 你可以用哪 3 个策略来促进这些学生实现积极的生涯发展？

4. 你认为向接受高等教育的学生提供的最常见的生涯援助是什么？你认为这种帮助有效吗？为什么？

5. 你在高等教育中经历过哪些生涯发展挑战？什么能帮助你有效应对这些挑战？

6. 你认为为什么接受高等教育的学生很少向生涯服务办公室寻求生涯规划帮助？你认为哪些策略可以有效地帮助更多学生积极参与生涯规划？

生涯规划课程大纲

有效的职业决策

2019 年秋季学期

周二和周四，11:15—12:30

202 Rackley

办公室：生涯服务中心

办公时间：周二、周三下午 2:00—3:00，需预约

教材：《职业的选择：成功规划你的人生》（原书第 9 版）以及教师提供的讲义

目的

本课程是为尚未决定专业和职业选择的学生设计的，不适合已经选好专业并有职业目标的学生。本课程不涉及求职策略、简历撰写、求职信撰写和面试技巧等主题，生涯服务中心提供的其他课程可能更适合希望了解这些主题的学生。

课程目标

1. 参与各种活动和体验，这些活动和体验有助于学生建立关于自己、职业、专业和工作世界的认知。

2. 了解基本生涯理论的核心概念及其应用。

3. 识别并整合个人经历、兴趣、价值观、技能和能力。

4. 了解如何根据职业评估（如自我指导探索量表、库德之旅和 MBTI 测验）做出职业决策。

5. 通过大学的学业指导和职业资源获得信息和帮助。

6. 学习如何根据职场趋势来改进当前和未来的职业决策。

需要特别关照的残疾学生应在开课的前两周咨询教师，以完成课程要求所需的调整。根据大学政策，申请特别关照的学生必须提供残疾服务办公室出具的文件。

评分范围标准

A = 279~300

A− = 270~278

B + = 261~269

B = 249~260

B− = 240~248

C + = 231~239

C = 210~230

D = 180~209

F = 180 以下

其他　15%

生命线和短论文　5%

生涯人物访谈论文　20%

生涯自传　20%

考试　20%

小组汇报展示　10%

出勤和参与率　10%

作业迟交政策

作业每晚一节课提交扣 1 分。生涯自传与生涯人物访谈论文每晚一节课提交扣 5 分。

如果在收缴作业的那天不能来上课，那么你应尽可能在上课之前提交作业。

课程安排

日期	课程主题	阅读材料	课时作业
8.22 周二	导论。浏览课程大纲和要求。讨论学生和教师的期待。（介绍入门评估）		
8.24 周四	有效的职业决策。生涯规划问题。生涯服务方向。		入门评估
8.29 周二	介绍生涯发展理论。（介绍生命线作业）		
8.31 周四	继续介绍生涯发展理论。（分发学期材料包）	第 1 章 "盘点"	
9.5 周二	职业评估策略。生涯咨询过程。学科专业方向。（分配库德之旅）（接受小组作业）（报名参观职业信息中心）		
9.7 周四	小组研讨 1——分享并讨论生命线。		
9.12 周二	个人和职业决策策略。（进行 MBTI 测验）	第 8 章 "做出决策"	练习 8.1 和练习 8.15
9.14 周四	职业和人生规划中的价值抉择。价值观和工作满意度。生命线短论文。	第 3 章 "价值观澄清"	生命线和短论文练习 3.1 和练习 3.2
9.19 周二	兴趣。霍兰德人格类型和职业兴趣。（分发自我指导探索量表）	"关注你自己：人格和兴趣"	《工作者特质群兴趣清单》第 65~69 页
9.21 周四	解释自我指导探索量表结果。		《自我指导探索量表》
9.26 周二	性格特征和职场偏好。解释 MBTI 测验结果。		
9.28 周四	能力及其在学业和职业生涯规划中的作用。综合——自我内部信息的整合。（介绍生涯自传）	第 5 章 "技能评估"	《评估你的技能》第 85~86 页以及练习 5.8
10.3 周二	考试 1		
10.5 周四	小组研讨 2——审视评估结果。携带自我指导探索量表、MBTI 测验、价值观和技能练习、专业清单、库德之旅以及自我评估总结的结果。		专业清单以及自我评估总结
10.10 周二	秋假暂停。		
10.12 周四	工作世界的分区；基本工作任务、专业与职业选择的关系。（布置生涯人物访谈任务）	第 7 章 "信息整合"复习第 72~73 页	库德之旅心得论文

（续表）

日期	课程主题	阅读材料	课时作业
10.17 周二或 10.18 周三	生涯服务中心的职业信息资源。下午 5:00 在 Boucke 410 召开班会。		
10.19 周四	小组研讨 3——计划小组汇报展示。决策风格和个人问题对专业或职业决策的影响。		生涯自传
10.24 周二	生涯人物访谈。（介绍生涯人物访谈论文）		
10.26 周四	体验式学习：实习、外派、暑期工作、海外教育、活动和志愿工作。大学和社区的参与及其在生涯发展中的作用。		练习 7.6
10.31 周二	客座嘉宾。		
11.2 周四	讨论学业生涯人物访谈。		总结学业生涯人物访谈
11.7 周二	文化多样性：与性别、种族 / 民族和残疾状况相关的个人和职业问题。	第 6 章 "世界与你"	
11.9 周四	小组研讨 4——文化多样性。讨论多元文化的工作环境对职业决策的影响。		多元文化的我
11.14 周二	小组汇报展示。		
11.16 周四	小组汇报展示。		
11.21 周二	职场趋势和问题。		一篇关于当前职场趋势或问题的热点文章，供小组讨论
11.23 周四	感恩节。		
11.28 周二	讨论生涯人物访谈。		生涯人物访谈论文
11.30 周四	考试 2。继续探讨生涯人物访谈。		
12.5 周二	课程总结和评估。		
12.7 周四	小组研讨 5——将所有内容整合在一起。讨论课程知识在个人职业生涯中的应用。生涯规划的下一步打算。		知识汇总

自我导向搜寻量表作业描述

评估

你需要参加 3 种正式评估：自我导向搜寻量表、MBTI 测验、库德之旅。

MBTI 测验（将于 9 月 12 日在课堂上完成）

截止日期：9 月 21 日

MBTI 测验和自我指导探索量表分别是测量性格和兴趣的评估工具。正如我们将在课堂上讨论的，性格偏好、倾向和个人兴趣是生涯发展过程中的重要因素。这些评估工具将在课堂上发放。你需要来上课并按要求完成评估。

库德之旅

心得论文提交截止日期：10 月 12 日

库德之旅是一个基于网络的免费生涯规划系统。库德之旅的代码将在课堂上提供给你。关于这项作业的更多细节将在 9 月 5 日的课堂上提供。

生命线和短论文

生命线提交截止日期：9 月 7 日

短论文提交截止日期：9 月 14 日

生命线是你个人生命中重要事件的集合。这项作业分为两部分：首先，以你喜欢的形式创建生命线，并展示给小组成员；其次，你要准备一份关于你的生命线的两页纸的书面陈述，即短论文。

1. 生命线可以以任何形式展示，示例如下。

- 以绘画的方式展现一生。
- 一首描述情感或重要事件的诗（如果你选择这种形式，要确保内容是充实的）。
- 代表一个人的生活、态度或所经历的重要事件的实物（包括书面说明）。
- 录制的各种相关的歌曲。
- 剪贴画、雕塑、拼贴画或创意写作。

虽然对篇幅或内容没有正式要求，但你的得分将取决于你的作品体现出的工作量、思想或创造力，以及表达个人所经历的重要事件的能力。

你将在 9 月 7 日的第一次小组研讨中展示你的生命线。请注意，分享时间大约为

10 分钟，所以请做好相应的计划！如果感到意犹未尽，你可以将更多来不及分享的内容写在你的总结中。

请把作业交给组长。

2. 一份两页纸的书面陈述应该包括你对展示分享的心得、被激发的想法、完成这份作业带来的裨益等。请考虑以下问题，为小组研讨和短论文撰写做好准备。

- 谁是你生命中最重要的人？
- 在教育或职业规划方面，谁对你的影响最大？
- 在你的生活中，有哪些波峰和波谷，或者有哪些重要事件？
- 你最引以为傲的成就是什么？
- 你是如何决定上大学的？为什么选择现在上的这所大学？
- 当你决定就读这所大学时，你考虑的专业或职业是什么？
- 你是否完全不确定自己想学的专业或喜欢的职业？
- 不确定是什么感觉？

第一篇论文：生涯自传

截止日期：10 月 19 日

生涯自传旨在帮助你整合和处理在课堂上通过各种评估、练习和讨论获得的关于自我的信息。论文必须打印，5~7 页，应包括以下内容。

- 讨论你的个人背景和重大生活事件，包括家庭背景、你小时候设想过的未来的职业，你是如何以及为什么决定上大学的，等等。
- 回想你迄今为止的经历（包括工作经历和课外活动）是如何影响你过去或现在的教育和职业规划的。
- 回顾你的人生或职业规划与所学课程之间的关系。探讨你的自我指导探索量表和 MBTI 测验结果，你认同这些结果吗？为什么？你从价值观和能力练习中了解到了什么？你的决策风格是什么？它如何影响你的专业选择？哪些生涯理论对你适用？它们是如何适用于你的？一定要从课堂讲授、讨论、作业或课文中引用一些内容。
- 简要审视你的学业和职业规划现状。同时考虑未来可能的发展方向，包括可能选择的专业。

请附上封面。（封面应包括你的姓名、课程名称、论文标题和日期。）

以下标准将用于你的论文评分：

1. 课程概念的融会贯通　　　　　　　　　　　20 分

2. 你的生活经历对教育和职业规划的影响　　15 分

3. 现在和未来的生涯问题　　　　　　　　　　10 分

4. 整体的布局和结构、语法和拼写　　　　　15 分

总计　　　　　　　　　　　　　　　　　　　　60 分

第二篇论文：生涯人物访谈论文

截止日期：11 月 28 日

职业调查对职业决策过程至关重要。

论文必须打印，双倍行距，5~7 页，应包括以下内容。

- **关于与你感兴趣的职业领域的从业人员进行访谈的回顾和讨论。**这个人最好不是你的亲戚，并不从业于 _____（如果访谈对象是亲戚或在 _____ 从业，需要在访谈前得到教师的许可）。写下你选择访谈这个职业领域的从业人员的原因，可以从以下方面考虑。

  - 工作性质（职责）。

  - 必要的资质（教育和经验）。

  - 该领域从业人员的典型发展路线。

  - 此类工作的典型招聘机构。

- **总结从业人员受雇机构的性质，**可以从以下方面考虑。

  - 组织架构。

  - 利润或资金来源。

  - 服务或产品。

  - 工作环境。

  - 面向大学毕业生的初级职位类型。

  - 如果有的话，可以附上资料，例如年度报告或组织手册。这将被列入附录。

  - 回顾你在访谈中的心得。

  - 你所获得的信息与你之前对该职业领域的认识有何异同？

  - 这些信息对你对该职业领域的兴趣和选择该职业领域的决定有何影响？

  - 关于这个职业，你还需要哪些信息？

- 你下一步的行动计划是什么？
- 封面上写明受访者的姓名、单位名称、访谈日期、完整的通信地址和电话号码。

你还需要在截止日期当天做一个简短的汇报展示。汇报展示不参与评分，这么做的目的在于让你与同学分享有关职业的信息。

请查阅资料包中的"生涯人物访谈"讲义，访谈时可以参考其中的问题。

以下标准将用于论文评分：

1. 受访者的信息	15 分
2. 关于组织的信息	10 分
3. 你的心得和想法	20 分
4. 整体的布局和结构、语法和拼写	15 分
总计	60 分

小组研讨以及汇报展示

截止日期：11 月 14 日和 16 日

每个小组将选择一个专业和相关职业进行研究。也许找不到所有小组成员都想了解的专业和职业，所以尽量选择一个大多数小组成员想了解的专业和职业。小组应针对所选专业调查以下信息。

1. 专业的总体特征。

2. 课程和专业要求。

3. 入学要求。

4. 与专业相关的职业类型和范围，以及考上研究生或专业学校的机会。

5. 信息来源和相关学生组织。

与专业相关的职业信息应包括以下内容。

1. 工作特质和典型职责。

2. 适当的学业准备和培训、可能通向该职业的本科专业范围。

3. 从事该职业的单位/环境类型和范围。

4. 工作前景和收入。

5. 信息来源和相关学生组织。

这个汇报展示对你和你的同学来说应该是有趣的、信息丰富的。鼓励以小短剧、电视节目、电影模仿、游戏表演等形式进行展示，也支持采取其他创造性的想法。每个小组将有 15~20 分钟的时间汇报展示。

这项作业的目的是让大家了解做出明智的职业选择所需的各种信息以及研究这些信息的方法。

推荐资源：学业咨询中心、学生组织目录、职业信息中心、学校图书馆、互联网。

每个小组要在汇报展示当天或之前提交一页打印出来的报告摘要或大纲。

作业提交日期及课程评分标准

8.24	入门评估	3 分
9.7	生命线	15 分
9.12	MBTI 测试	2 分
9.12	决策练习 8.1 和练习 8.15	2 分
9.14	价值观练习 3.1 和练习 3.2	2 分
9.14	生命线、短论文	
9.19	兴趣练习，65~69 页	2 分
9.21	自我指导探索量表	3 分
9.28	技能练习，85~86 页，练习 5.8	2 分
10.3	考试 1	30 分
10.5	专业清单 自我评估总结	3 分 3 分
10.12	库德之旅心得论文	5 分
10.19	生涯自传	60 分
10.26	信息收集，练习 7.6	6 分
11.2	学业生涯人物访谈总结	6 分
11.9	多元文化的我	2 分
11.14 11.16	小组汇报展示	30 分
11.21	关于当前职场趋势或问题的文章	2 分
11.28	生涯人物访谈论文	60 分
11.30	考试 2	30 分
12.7	知识汇总	2 分
	课堂考勤以及参与度	30 分
总计		300 分

14

社区环境中的生涯发展辅导

如此高

"在未来 10 年中，为了让生涯咨询继续发挥良好的作用，生涯咨询专业人员必须在新环境中更加努力地为各种各样的来访者提供服务——构建新的、充分利用信息技术潜力的工具——并为全世界力图将生涯咨询专业国际化的咨询师提供助力"（The Career Development Quarterly，2004）。这些崇高的抱负表明，从来没有一个专业对自身有如此高的期待。

如此多

最近，盖洛普公司为美国生涯发展协会进行的一项调查显示，在向生涯咨询专业人员求助的人群中，绝大多数是成年工作者。他们出现的问题越来越多，包括生涯不满、工作与生活失衡、失业之痛，以及缺乏常规求职训练。下个 10 年之初，我们会见到公众对专业的生涯服务需求与日俱增的现象吗？如果会的话，那么很可能会出现这样的情形：大量个人及其家人需要生涯服务，以致这项服务严重供不应求，这是以前从未有过的情况。

如此少

一些雇主和专业机构抱怨训练有素的、能提供预防性（即一级、二级和三级）生涯服务的专业人员太少。对循证式生涯辅导①的需求虽小，却在不断增加。循证式生涯辅导可以以多种形式（个体、夫妻/家庭和团体服务）出现，其效果是明显的、可持续和可复现的。

英国前首相丘吉尔在第二次世界大战中，就不列颠之战说过这样的一句话："在人类战争史上，从来也没有一次像这样，以如此少的兵力，取得如此大的成功，保护如此

① 专业名词，该措施强调以证据为基础。——译者注

【学习目标】

14.1 描述咨询行业的特殊性及其培训与认证要求。

14.2 描述社区咨询师的主要任务及其如何完成这些任务。

14.3 阐明社区咨询与其他咨询的异同。

14.4 描述提供社区咨询的各种环境。

多的众生"①（Churchill，1940）。丘吉尔的这句话是否描绘了 21 世纪劳动力大军的特征？10 年后的回顾可能会给出答案。

——迈克尔·E. 霍尔（Michael E. Hall）

哲学博士

职业生涯管理认证咨询师（LPC，C.M.F.）

北卡罗来纳州夏洛特市个体生涯、婚姻和领导力发展咨询负责人

亚莉克莎（Alexa）是一名 30 岁的西班牙裔女性，拥有会计学学士学位。她从事会计工作已经 7 年。会计是其父亲强烈建议她选择的职业，她对这一职业选择极其不满。她想发展其他职业，却又不知道向谁求助，于是她去了当地的一站式生涯服务中心。那里的咨询师非常专业，教她如何在中心或在智能手机上使用该州的电子招聘信息库（electronic job bank），看看当地有哪些工作机会，以及教她如何使用其他网站获取劳动力市场信息，开展求职工作。然而，这些网站上的信息多如牛毛，让她感到困惑，这也让她意识到，在沉浸于海量的信息和工作机会之前，她需要获得系统的帮助，以确定其兴趣、价值观与工作的关系。于是，她打电话向她以前的高中咨询师求助，后者能将其介绍给当地私人执业场所的认证生涯咨询师。

咨询行业简介

学习目标 14.1 描述咨询行业的特殊性及其培训与认证要求。

尽管生涯咨询行业起源于 1908 年弗兰克·帕森斯创建的波士顿职业指导局——一个以社区为基础的指导机构，但生涯咨询工作却在从业人员付出长期的努力后才获得认可。咨询最早被认为是公立高中的一项必要职能。1958 年出台的《国防教育法》规定，政府为培训高中生涯咨询师提供资助，这对高中生涯咨询师培养的制度化产生了深远的影响。本书的第 10 章、第 11 章和第 12 章描述了小学、初中和高中咨询师的作用和功能。第 13 章描述了高等教育机构所提供的咨询，正如该章所描述的那样，

---

① 作者引用丘吉尔的名言是想说明，在 21 世纪，可能会出现这样的情况，即如此少的、受过专业训练的生涯咨询专业人员为如此多的劳动者提供生涯服务，且效果明显，让他们从中受惠。——译者注

这些咨询已成为 2 年制和 4 年制高校学生服务中公认的重要组成部分。

此外，为成年人提供生涯咨询的需求，已被人们广泛认可。咨询行业的发展需要一个专业组织，因此，1952 年，当时的生涯咨询师协会、美国学校咨询师协会、大学生人事协会，以及咨询师教育和督导协会组成了美国人事和指导协会（APGA），即现在的美国咨询协会（ACA）。

请注意，被 ACA 承认的咨询专业协会的分支机构的名称各不相同。有些侧重于咨询发生的环境（如美国大学咨询协会），有些侧重于咨询对象的人口特点（如成人发展和老龄化协会），有些侧重于咨询的主要关注点（如美国生涯发展协会）。然而，这些机构当中没有一家明确地将社区当作提供咨询和生涯发展服务的场所。此外，尽管美国生涯发展协会成员可能对提供生涯咨询和生涯发展服务最感兴趣，但事实上，在其他分支机构所代表的所有专业和环境中工作的咨询师，也不可避免地与那些非常担心生涯选择和发展问题的来访者打交道。无论是在哪种环境中专门从事生涯规划服务，这些咨询师除了是美国咨询协会的分支机构的成员外，还可能是美国心理协会的分支机构，即由专门从事职业心理学工作者组成的第 17 协会的成员。美国咨询协会的两个前身——美国学校咨询师协会（ASCA）和美国心理健康咨询师协会（AMHCA）——已经从美国咨询协会中分离出来，并成为独立的协会。现在，在私人执业场所和本章所述的其他社区环境中工作的专业咨询师中的大多数人都认为，美国心理健康咨询师协会是其专业家园。

培训、认证与许可

所有专业咨询师的基本培训都是学习咨询方面的硕士学位课程，其中包括 8 个核心领域的培训和有督导的实习。这种培训可以在咨询和相关教育项目认证委员会（CACREP）批准的研究生院进行，也可以在未经该委员会批准的研究生院进行。从 2020 年 7 月起，所有经由咨询和相关教育项目认证委员会批准的项目，都要求受训者先完成该领域 60 个学分时 [①] 的研究生课程和 100 个小时的有导师督导的临床实践，接着要完成 600 个小时的有督导的实习。咨询和相关教育项目认证委员会的标准适用于众多专业领域。美国有 5 所研究生院设有生涯咨询专业，还有 161 所院校符合培训社

[①] 在美国高等教育中，采取学期制度的学校，一般一年分两个学期，按学分计算所需的学习时间，这种按学分计算的学习时间被称作"学分时"（credit hours）或"学期时"（semester hours）。大多数双学期制学校的学分与学分时相等，即 1 学分等于 1 学分时。——译者注

区咨询师或临床心理健康咨询师的要求（现在二者合并为一类）。

上面所提到的那些标准是针对研究生院的项目标准。毫无疑问，在这些标准的作用下，在那些符合标准的研究生院求学的学生会有更好的准备。其他标准，尤其是国家认证咨询师委员会和各州许可委员会的标准，直接适用于个体咨询师的资格申请。国家认证咨询师委员会向符合其要求的咨询师提供认证［完成 48 个学期时的课程，拥有至少 6 个学期时的有督导的现场经验，在获得硕士学位后拥有至少 2 年的咨询经验，以及通过美国咨询师许可与认证考试（NCE）或美国临床心理健康咨询考试（NCMHCE）］。获得认证资格的人可以使用国家认证咨询师（NCC）头衔。除了自愿申请认证和维护认证外，咨询师还必须满足他们各自所在州法律规定的许可要求。除上述所有要求之外，许多生涯咨询师（特别是那些想在高等教育机构或私人执业场所执业的人）还获得了生涯发展理论和实践方面的专业高级进修证书（CAS）或博士学位（通常是教育博士或哲学博士学位）。

能力

学习目标 14.2 描述社区咨询师的主要任务及其如何完成这些任务。

人们很容易把社区咨询视为在教育之外的其他环境中发生的咨询。然而，这种观点是不全面的。1984 年，美国咨询师教育和督导协会（ACES）社区咨询委员会将社区咨询描述为一种偏向于使用综合性方法的过程和服务，它是发展性的和教育性的，强调以预防为主，承认社区对来访者的影响，并试图通过宣传为来访者赋能（Hayes，1984）。赫申森、鲍尔（Power）和沃尔多（Waldo）（1996）将社区咨询定义为"将咨询原理与实务应用于机构、组织或个人诊所等位于社区之中并与社区相互影响的场所"（p. 26）。

社区咨询师不仅需要具备和运用教育机构咨询师所必需的能力，还需要具备和运用其他一些能力。这些能力包括协调、磋商、宣传和案例管理。

协调

协调是指咨询师将来访者的需求与社区资源结合起来的过程。学会协调的第一步是要彻底评估来访者的优势和劣势，调查并了解社区资源。在亚莉克莎的例子中，咨询师首先要做的是，确定其在当前生涯发展方面的优势和劣势。

来访者的优势和劣势通常是通过非正式和正式评估来确定的。最常见的非正式评估是访谈。第一次进行的访谈被称为收纳面谈，是一种结构化的面谈，在这种面谈中，咨询师使用一些预先确定的问题收集所需要的信息，以了解来访者的优势和劣势等。施洛斯伯格的转型理论（transition theory）是用于该过程的模型之一。

施洛斯伯格（1989）将转型（transition）定义为一种引起重大变化的事件或非事件，所引起的变化足以扰乱一个人通常扮演的角色、拥有的关系和（或）日常生活。许多导致来访者去向社区咨询师进行咨询的问题都符合这一定义。

施洛斯伯格提出，对这种转型问题的咨询可以通过以下 4 个步骤进行。

- 清晰地定义情况。这一步骤包括揭示来访者是如何感知情况或问题的，情况出现的时机是什么，来访者需要多长时间去理解它，以及来访者认为他可以施加多少控制来消除或管理这种情况。在这一步中，咨询师会要求亚莉克莎说出她想改变自己工作性质的原因。
- 了解来访者的自我或拥有的内在资源。这一步骤包括了解来访者如何处理过去的转型，他的主要目标、兴趣和技能是什么，以及蕴藏于他内心的情感和精神力量是哪些。由于亚莉克莎发现，信息过多会令其困惑，并且她觉得有必要更多地了解自己，因此，咨询师可能会选择做一些正式评估，包括评估其兴趣、技能和工作价值观。在这种情况下，咨询师也可以用非正式的方式来评估来访者的内在力量和控制点。
- 了解来访者在转型过程中是否有支持。这包括家庭、朋友、机构的支持和其他可以协助来访者转型的物质支持。亚莉克莎的咨询师将要了解她的家庭——她是否结婚、是否有孩子、父母是否在世、是否有人需要她花时间去照顾或提供经济支持。咨询师会评估亚莉克莎身边的人是她做出生涯转型决策的强力支持者，还是以某种方式存在的障碍（劣势）。
- 根据前面获得的信息，咨询师和来访者可以制订出应对当前需求的策略。

施洛斯伯格的理论可以作为一种有价值的非正式评估技术，用以确定所有来访者的优势、劣势和应对机制。咨询师一旦了解了这些，在为亚莉克莎或其他来访者制订行动计划时，就会有很好的信息基础。

在这个技术时代，基于网络的综合生涯指导系统，如库德之旅（Kuder, Inc., 2019），可能还会要求用户确定其面对就业市场时的需求或劣势。在该系统中，用户可以将以下任何一项确定为重大需求或存在的障碍。

需求	障碍
住房	过去工作经验不足
儿童托管	缺乏足够的教育或培训
求职技巧方面的知识	精神或身体健康问题
着装	成瘾
更好的阅读能力	说不好英语
更好的数学能力	
完成高中学业	

该系统还提供了一个按州分列的网站清单，可帮助用户查明哪些社区可以提供援助，以满足其确定的每项需求。此外，该系统还为用户提供个人报告，社区咨询师可以访问这些报告，以便为特定的来访者制订支持计划。

正如前面的例子所示，咨询的另一面是确定社区可以提供的资源，满足来访者已明确的需求或助其消除障碍。在这个过程中，咨询师要花费大量时间去寻找与特定需求有关的社区资源，并对其进行归类，如就业安置、住房、职业培训、着装、法律援助和其他领域。由于这类资源不固定，时有时无，因此咨询师需要不断地寻觅，以找到新的可用资源，并确定哪些资源可能不再能用。

确定服务只是第一步，第二步是了解它们：拜访提供这些服务的组织；建立并保持个人联系；获得其所供服务的详细信息；谁可以获得服务、服务的时长和开销，以及获得服务的最佳方式。

第三步是在来访者和可获得的服务之间建立一种可靠的联系。一种方法是将来访者的需求与社区能够提供的服务用相同的描述词联系在一起。如果有关来访者和服务的资料都已输入数据库，那么通过简单的搜索，咨询师就可以轻松地将两者联系起来。如果缺乏这种能力，那么咨询师可以使用那些已载明社区推荐资源的最新文件或手册。

因此，协调过程包括以下步骤：确定来访者的需求；将来访者的需求与社区提供的服务相匹配；通过个人关系向来访者介绍这些服务；（d）向来访者提供这些服务；（e）对来访者和服务进行追踪，以确定引荐的有效性和下一步应该做什么。

磋商

磋商是社区咨询师应具备的第二项重要能力（Dougherty，1990）。《剑桥词典》将磋商定义为"为了更好地理解某事或做出某个决定而交换信息和意见的行为，或为此目的而召开会议"。心理健康咨询借鉴了杰拉尔德·卡普兰（Gerald Caplan）（他是心理健康咨询实践之父）著作中关于磋商的观点（Gladding & Newsome, 2018）。磋商不应该与督导相混淆，督导意味着一个人有责任指导另一个人的活动，并在其表现不符合预期时采取纠正措施。而磋商则是一个专业人员与另一个专业人员一起合作，试图找到某些方法，用以确定能够满足第三方（来访者）需求的辅导措施。

举个例子，假设一位 45 岁的单身母亲来到社区心理健康中心接受生涯咨询，她的心脏有问题，可能会影响到她所从事的工作。当讨论到她可以负担得起的额外培训方法时，咨询师了解到，这位单身母亲一直有一个上大学的梦想，但考虑到她的年龄和经济状况，他认为，仅依靠她个人的力量是不可能实现这个梦想的。咨询师为其介绍了职业康复部（DVR）的服务，并解释说，她可能有机会得到该机构的资助，上当地的社区学院或州立大学。

在这位单身母亲的热情允许下，咨询师与职业康复部驻当地办公室的工作人员预约面谈。在那次面谈中，咨询师描述了这位单身母亲及其需求。工作人员和咨询师将她的特点与职业康复部的现行政策进行了比较，并一起得出结论，她有资格获得资助，即职业康复部可以为其支付公立高等教育机构的学费。咨询师将这位单身母亲正式转介给职业康复部的联系人，并由该联系人为这位单身母亲提交正式的服务申请。

许多接受社区咨询师服务的来访者缺乏必要的技能，以克服他们面临的障碍并实现他们所追求的目标。这些技能可能是社会、学业或心理方面的。换句话说，他们可能缺乏与他人有效沟通的能力，缺乏完成工作所需的特定技能，或缺乏个人应对技能，如缺乏做出决策或设定目标的技能。咨询师在确定来访者的需求时，可能会通过与社区机构人员磋商，来寻找弥补来访者缺陷的方法。

宣传

赫申森等人（1996）认为，社区咨询师还应具备的第三种能力是宣传。这个词语描述了社区咨询师扮演的一种角色，即社区咨询师为了改善对来访者的资源供给，可能会对社区的某些方面施加压力。托波雷克（1999）将这一角色定义为，咨询师采取行动，以消除妨碍来访者获得福祉的环境因素。宣传可通过以下方式进行：让咨询师担任参事机构董事会成员、推动具体的立法、撰写报纸专栏文章、参加各种抗议活动、给立法者写信、发挥个人影响力或给有影响力的团体做演讲。

假设你在一家康复机构从事生涯咨询工作。当地社区学院提供了一个桌面出版^①方面的优秀课程项目，并且你有 5 个残障来访者都参与了这个课程项目。然而，由于对残障人士的偏见，无论你的来访者在该课程项目中表现得如何优秀，他们都很难找到工作。你列出了 4 家可雇用桌面出版受训人员的主要雇主，并分别与这 4 家机构雇主的人力资源主管做了预约。当你拜访他们时，你带了一份社区学院提供的课程项目成绩。你还带着该课程项目曾经的参与者的一些工作案例及其雇主写的信。最后，你向这些人力资源主管展示了这 5 个来访者的照片，并希望他们为这 5 个来访者提供桌面出版工作的面试机会。你答应他们，你将对受雇来访者进行认真跟踪，以增加他们成为高效员工的可能性。宣传包括本例中所含的所有活动。以亚莉克莎为例，咨询师可以为她写一封推荐信，支持她申请社区学院的教职工作，从而成为她的宣传者。

比起其他咨询专业，社区咨询师必须协调各种人员、资源和服务，以满足来访者的需求。这种策划协调过程被称为案例管理。在大型机构中，参与案例管理的人员可能与提供咨询的人员不是同一个人。然而，更常见的是，社区咨询师扮演着多种角色，包括咨询师和案例管理者角色。这种双重角色要求具备多种技能，从优秀辅导员的促进技能到上述的协调、磋商和宣传技能。

案例管理

案例管理的目标是要确保来访者获得雪中送炭般的系列服务。因此，社区咨询师至关重要的作用之一，就是制订一个全面的案例规划或行动计划，然后持续监督其实施。对有些来访者来说，服务可由咨询师和他所代表的机构来提供。但对其他一些来访者而言，他们的需求复杂，包含了咨询师所代表的机构职能范围以外的需求，如身体问题、住房需要、财务需要和工作需要，因此在这个咨询师及其所属机构之外，可能还需要几个服务提供者。

案例管理者的角色要求咨询师在评估（以确定需求）、协调转介资源、评价服务、为来访者宣传，以及持续跟进来访者和外部服务提供者方面具备一定技巧。案例管理者需要在一开始就制订一项合理的规划，与转介机构内的特定人员建立和维护良好的关系，在沟通和评估方面要有技巧，为来访者以及可能是来访者的家属提供持续指导和情感支持，且在决定何时更换服务提供者或终止服务来访者时要有智慧。当规划服务的来访者的需要发生变化时，案例规划中可能包含的资源类型也要随之变化。

---

① 桌面出版（desktop publishing），又称为桌上出版、桌上排版，是指通过电子技术手段进行纸质媒体（如报纸、图书等）编辑出版的总称。——译者注

　　社区中心通常有不同的人员配置。致力于解决生涯问题的咨询师可能会与心理学家、社会工作者、护士、医生，也许还有职业生涯规划师（CDFs）组成团队。职业生涯规划师是接受过训练的辅助专业人员，在专业咨询师的督导下工作，协助专业咨询师完成多种与职业生涯规划、就业安置有关的工作。

社区环境中的异同

学习目标 14.3　　阐明社区咨询与其他咨询的异同。

　　在社区环境中为个人或团体提供的生涯咨询，与在其他环境中提供的生涯咨询既相似又不同。它与在教育环境中提供的生涯咨询相似，因为它们几乎借鉴了相同的咨询和生涯发展理论，在与来访者合作时需要使用相同的促进技能。此外，它的来访者正在应对的职业选择和生涯发展问题，可能在许多方面与学生的问题相似。

　　而在社区环境中提供的生涯咨询，与在教育环境中提供的生涯咨询在以下方面又有所不同。

- 在社区环境中寻求生涯咨询的来访者通常是成年人，除了扮演工作者角色外，他们还在多种生活角色中担负重要责任，如配偶、父母和公民。他们通常面临以下某种令人担忧的问题：抚养子女或失业后重新进入劳动力市场；应对职业生涯瓶颈（being plateaued），希望通过跳槽、晋升、提高工作质量来获得更高的工作满意度；对职业不满，或职业要求改变，他们需要进行重要的再培训。
- 社区中来访者的职业选择或改变的选择权与社区资源的可获得性和（或）社区阻碍因素的减少密切相关。社区被定义为围绕着个人的一切，即社区可以是家庭、邻居和（或）个人所在的组织。
- 基于这一假设，咨询师与社区打交道、获取可用的资源时，可能会花费与个体来访者打交道时同样多的时间和精力。
- 咨询师与社区合作可以采取以下形式：寻找培训机会，以提升个人现有的技能；主张增加或改善资源；消除获取这些资源的障碍；与有关人士或机构磋商；协调来访者与社区资源之间的关系。
- 协调、磋商、宣传和案例管理等方面的技能——尽管这些对在教育环境中的咨询师也是必要的，但在社区环境中的咨询师可能更需要且更频繁地使用这些技能。

- 咨询师在社区环境中工作，如私人诊所、政府机构、心理健康中心、药物滥用治疗中心，以及公司。此外，他们还可以在国际社区中工作，通过互联网提供服务。

社区咨询师的工作环境

学习目标 14.4 描述提供社区咨询的各种环境。

社区咨询师的工作环境越来越多样化——有些人把全部时间都花在与生涯有关问题的处理上，而另一些人则在更广泛的背景下处理这些问题。下面总结了一些常见的社区环境，以及在其中工作的咨询师的典型任务。

私人执业

私人执业（Private Practice）[①]一词指的是一名专业咨询师（可能已经学习过与生涯发展有关的额外课程）选择成立一家公司，推销其生涯服务，并找到能够支付服务费或有保险的来访者。这种咨询师可能会租用设施或在家工作，并通过报纸广告、网站、黄页和口碑传播等方式获得来访者。这种咨询师可能会加入一个由一群咨询师组成的私人诊所，在该群体中，他作为专家为那些似乎主要关注生涯问题的来访者服务。私人诊所中的咨询师需要具备或获得商业技能，能够制订商业计划、做预算、营销、推广、与保险公司打交道，或许还需要招聘和管理员工。

由于这种专业人员的服务焦点是生涯问题，因此来访者很可能将某种生涯问题作为寻求帮助的理由。来访者可能会将其生涯问题表述为其需要另找一份工作（因为最近失业或对当前工作不满意），并得到新的培训，以便拥有用于从事新工作的技能，或者希望咨询师帮助其分析其为什么没有抓住最近的晋升机会。然而，很少有人会认

---

① "Private Practice" 可译为"私人诊所"或"私人执业"，在本章中，作为一种专业人员的从业方式时，译为"私人执业"；作为这种从业人员开设的公司、工作的环境或其加入的组织机构时，译为"私人诊所"。——译者注

为，当前的问题就是咨询过程中唯一需要解决的问题，因为职业选择或改变很可能会影响到其其他生活角色，如配偶和父母的角色。此外，来访者所提出的生涯问题可能还受到其他问题的影响，如吸毒、酗酒、无法维持人际关系或不良的自我概念等。因此，提及社区环境中的成年人"生涯咨询"，不可能说它纯粹与职业选择有关，来访者所提出的问题几乎都不可避免地与其他许多问题纠缠在一起。

亚莉克莎首次在私人诊所向生涯咨询师进行咨询时说，她对自己的会计工作感到厌烦，希望获得帮助，重找一份工作，从事一份可以与人打交道而不是与一堆数字打交道的工作。随着其故事的展开，她透露，她的父亲是其生活中的重要人物，尽管她对细节缺乏兴趣，但她父亲一直鼓励她当一名会计。他认为，对女性来说，会计是一个高收入职业，而且不会给人造成明显的心理或生理压力。通过访谈和评估，咨询师帮助亚莉克莎认识到，她的兴趣和价值观与以某种方式跟人打交道有关。他还帮助亚莉克莎深入了解了她与父亲的关系，以及她仍然让父亲影响其生活中的重大决策的原因。

亚莉克莎确定，她不想在重新培训上花费太多时间，因为她已经买了房子，形成了一种需要维持当前收入水平的生活方式。此外，她还意识到，对她而言，要违背父亲的职业选择意愿和不接受其建议是非常困难的。因此，咨询师建议亚莉克莎去探索与会计相关的其他职业，这样她就有更多机会从事与人打交道的工作。在利用纸质资源和网站收集相关职业信息后，亚莉克莎还与几个工作环境完全不同的会计人员进行了信息交流——这些会计人员帮助人们进行财务规划，为专业人士提供有关退休计划、退休选择的服务，或在社区学院教授会计课程。这段经历让她明白了怎样以其从未想过的方式利用其会计背景，她最终以一个为期一年的行动计划结束了咨询。

私人诊所中的生涯咨询师通常采取面谈的方式为其来访者提供一对一的服务。如同在其他一对一的环境中一样，咨询师很可能先评估来访者的需求和存在的障碍，然后与来访者一起建立咨询目标，接着与来访者一起努力实现这些目标，当双方一致认为目标已经实现或进一步合作无益时，咨询即终止。

与其他环境中的社区咨询师一样，私人执业者除了精于面谈外，还会运用评估、技术（网络系统和网站）、职业信息、转介和宣传等工具，帮助来访者实现既定目标。他们的服务可能是短期的，例如以下情况：来访者的目标是撰写一份有效的简历、练习求职面试、确定理想的工作机会，以及找到一份工作。反之，服务可能是长期的，如来访者出现以下问题：生涯观念失调、自我概念不佳、药物滥用或角色冲突等。此外，私人执业者的服务可能不是一对一的，而是以小组形式提供的，以便为更多的人服务，并降低人均费用。

作为私人执业者的咨询师至少应该拥有咨询专业的硕士学位，并且学习过生涯发展理论和实践方面的课程。许多拥有博士学位的人，通过对生涯发展理论和实践方面的课程学习，能够获得比拥有硕士学位的咨询师更好的生涯发展理论背景。他们可能而且应该是国家认证咨询师（NCCs），最好是国家认证生涯咨询师（NCCCs）。不幸的是，后者的认证工作已经停止了。然而，美国生涯发展协会已经建立了对消费者有益的会员分类；那些因其教育背景和经验而获得美国生涯发展协会会员资格的高级生涯咨询师，很可能具有私人执业者的理论基础和经验。除了这些学术和经验方面的资格要求外，作为私人执业者的咨询师还需要有商业技能，以便推销其服务，开展必要的财务工作。此外，正如上面所述，他们可能还需要具备协调、磋商、宣传和案例管理方面的技能。

万维网：在线咨询和生涯指导

2000 年，通过互联网提供的咨询服务开始出现。到目前为止，这些服务都是由认证咨询师、职业生涯规划师和职业生涯指导师在家或在办公室提供的。他们的来访者是在互联网上自我选择的，服务是通过网站提供的，网站拥有合适的基础设施，用来支持同步（来访者和咨询师同时在线）文本或视频通信方式及提供预约安排和收费服务。尽管专业协会已经制订了初步的伦理指引（见第 7 章），但目前这种咨询方式仍有许多未知之处。这些未知之处涉及：来访者的类型有哪些，哪些问题可以通过这种方式解决，何时应使来访者进行面对面的咨询，以及咨询师的哪些特征可以预测到这种辅导模式中咨询师的满意度和有效性。此外，目前大多数保险公司不会为网上咨询服务报销费用。尽管如此，在线咨询或指导很可能会成为 21 世纪私人诊所的特色服务。要了解如何提供这样的服务，请访问名为"自我成长"的网站。

心理健康中心

心理健康中心由公共和私营组织提供资金支持，公民无论支付能力如何，都可以获得它的帮助，它可以协助解决可能影响公民生活质量和社区质量的问题，其中包括与生涯相关的问题。心理健康中心的主要目标是早期辅导，其目的是要在问题对个人和社区产生更大影响之前减轻它的影响。心理健康中心为来访者提供的服务包括个体咨询、评估、转介、职业信息提供、技能培养，或许还有就业安置。咨询师使用团体和个体咨询、指导、磋商、转介和宣传等技术。这些服务可获得医疗补助，来访者可免付费用。心理健康中心的咨询师与私人诊所中的生涯咨询师所遇到的问题和使用的方法并没有明显差异。在这种环境中，心理健康中心的咨询师的工作量可能比私人诊所中的生涯咨询师多，但前者可能在每个来访者身上花费的时间更少；在磋商和转介方面，心理健康中心的咨询师可能有更大的网络资源优势，且可能减少促销、营销和管理方面的责任。

药物滥用治疗中心

药物滥用治疗中心的咨询师会与自愿前来或由其他组织（包括法院）转介而来的来访者打交道。这些中心可能设立于医院、心理健康中心、教习所或某个独立设置的组织中。其典型的服务项目有：个体和团体咨询、支持小组、关于药物滥用的教育项目、生涯咨询和评估、向职业技能培训机构转介，以及就业安置。药物滥用治疗中心也可为雇主提供一段时间的追踪服务，以协助药物滥用者学习技能，稳定工作。

康复机构

康复咨询师要应对来访者关注的各种问题，包括生涯咨询和就业安置。由于他们的工作涉及更多的知识和能力，因此他们比一般环境中的咨询师拥有更多的专业化培训经历和资格认证。

职业康复部是一种政府机构，其使命是让残障人士能够从事令人满意和富有成效的工作。任何人，只要存在可能影响其就业能力的生理或心理问题，均有资格获得职业康复部的服务。这些服务包括咨询、职业评估、职业训练、在职培训、工作适应培训、高等教育资助、修改求职网站上的个人信息、购买有助于残障人士履行工作职责和维持就业的设备或技术装备等。大部分康复咨询师都受雇于职业康复部在全国各地的办事处，其他小部分康复咨询师则受雇于私人康复机构。

为残障人士服务的咨询师使用与其他生涯咨询师一样的技术和工具——包括面谈、评估、职业信息和技术——来帮助其来访者。由于来访者是残障人士，因此他们的职业选择可能受限，他们在完成行动计划、在自我概念和自我效能等领域的咨询，以及在生涯咨询方面可能需要高度的支持。此外，为这一群体服务的咨询师需要高水平地使用协调、磋商、宣传和案例管理等方面的技能，以帮助他们做好就业准备和安置工作。

矫正机构

公众对犯罪者和有前科者应该获得哪些服务的看法时常不一致。目前，考虑到犯罪者获释后获得并保持工作与再犯之间存在一定的关系，联邦政府强调，要为犯罪者提供生涯规划和就业安置服务。这些服务旨在帮助犯罪者有能力根据自己的兴趣或技能选择、接受培训和从事与其兴趣或技能相符的工作，并知道如何保住这些工作。

向犯罪者提供的服务范围和提供这些服务的资源是有限的。在矫正机构这种工作环境中，咨询师的工作任务包括开展一对一面谈、提供关于生涯问题的小组指导、评估、提供职业信息，以及进行就业安置。这是一种特别困难的工作环境，因为传统上由咨询师定义的帮助关系的性质在这一工作环境中必须进行实质性改变，而且，咨询师能够感受到来访者的需求与监狱、更大的社会需求之间存在一种持续的拉力。矫正机构所提供的生涯服务的目标也很有限。咨询师专注于帮助来访者获得某种职业培训、学习求职面试和简历撰写技能、获得一份工作，并保住这份工作。

在过去的几年里，美国关注如何培训矫正人员，使其成为职业生涯规划师，他们也被称为罪犯劳动力发展专家（OWDSs）。来自许多州的团队都已接受了培训，为释放前的犯罪者或释放后的有前科者制订服务方案，以帮助他们获得一些工作技能、找到一份工作、学习如何在工作中表现自己，尤其是保住一份工作。研究表明，获得并保住一份工作与减少再犯之间有着高度的相关性。

军事机构

文职咨询师在军事基地很常见，他们为军队人员及其家庭成员提供服务。文职咨询师可以进行评估、提供教育建议、为有生涯和个人问题的个体提供咨询，以及进行转介。近年来，由于军队规模大幅缩减，这种环境下的咨询师侧重于帮助军队人员从军事职业过渡到具有可迁移技能的文职职业，并利用有关经费帮助他们接受新的训练。

如今，当大量军事人员从漫长而紧张的战斗中返回家园时，为退役军人及其配偶提供的服务也随之增加，这些服务旨在帮助他们实现向普通生活的过渡。其中一些服务是由像军事网这样的网站提供的，这一网站提供招聘信息搜索、简历制作帮助、招聘会信息查询，以及与其他退役军人建立联系的机会。该网站还介绍了一些过渡项目在武装部队各部门的实施情况。另一个网站——军队一站式资源网，是美国国防部、劳工部和退役军人事务部的官方网站，该网站的设立旨在为过渡援助项目提供支持。该网站为退役军人及其配偶提供了大量的服务，并为其成功过渡提供了众多资源。过渡援助办公室提供专业咨询师，帮助那些退役人员为接受《退役军人权利法案》（GI Bill of Rights）资助的教育或培训做规划、确定职业选择、为求职做准备，以及找到工作。心理健康服务，如创伤后应激障碍（PTSD）的治疗服务，则以转介给合适的专业人员的方式来提供。

一站式生涯服务中心

到目前为止，在以社区为基础的职业生涯指导和支持中，一站式生涯服务中心（经常被称为美国就业服务中心）所提供的比例最大，在美国有 2500 多家这样的一站式生涯服务中心。这些中心是根据 1998 年的《劳动力投资法案》（Workforce Investment Act）获得经费资助的，并通过 2014 年的《劳动力创新和机会法案》（Workforce Innovation and Opportunities Act）来维持。它们代表了政府的一项举措，即将求职者所需要的各种服务放在一个地方：失业补助、职业康复部的服务，以及以下各项服务（个人可以通过访问服务定位网找到离家最近的一站式生涯服务中心）。

- 协助求职和进行就业安置。
- 免费使用计算机、互联网、传真机和打印机进行求职。
- 访问数以百万计的招聘信息。
- 提供来访者所在州和地区的劳动力市场信息。
- 协助准备简历。
- 综合评估职业技能、能力、资质和需求。
- 提供生涯咨询。
- 开设关于面试技巧等主题的工作坊。
- 案例管理。
- 提供职前支持性服务（如学习英语、提升其他基本技能）。
- 提供关于失业保险的信息。
- 制订个人就业计划。
- 提供识字技能培训。
- 提供康复服务。
- 转介至培训、教育和相关支持性服务（如交通和儿童托管）机构。
- 业务拓展和招聘（职业发展）。

一站式生涯服务中心提供的许多求职和劳动力市场信息服务也可以在一站式生涯服务网上找到。通常情况下，一站式生涯服务中心的工作人员没有受过专业的生涯咨询师培训，但他们中的许多人在应对一站式生涯服务中心所面临的挑战方面有着相当丰富的经验。而且，越来越多的一站式生涯服务中心雇用了获得职业生涯规划师证书的人，他们是该领域的准专业水平人士。

一站式生涯服务中心为各种各样的来访者提供服务，包括从被美国国家航空航天局（NASA）解雇的博士到没有技能的无家可归者。其他类型的来访者包括有前科者、高危青年、失业的成年人、流离失所的家庭主妇、退役军人、老年人和残障人士。在2009—2012年这一经济衰退时期，当失业率接近10%（有一些州甚至更高）时，寻求一站式生涯服务中心免费服务的来访者的数量和类型都大幅增加。在失业率较低时期，如2016年及之后（直到新冠疫情大流行），需要该中心提供服务的人数可能会减少，但那些确实需要这些服务的人可能有更苛刻的要求。指导一站式生涯服务中心的原则包括以下几点。

- 整合多个项目，包括《瓦格纳－佩瑟法》（Wagner-Peyser）和《劳动力创新和机会法案》规定的项目，简化服务。
- 给予个体所需要的信息和资源，以帮助他们实现职业生涯的自我管理。
- 为雇主提供服务，将企业当作来访者，同时也将其视为可以提供有意义的就业机会的来源。
- 为所有求职者提供一套普遍适用的、基础的生涯决策和求职工具。
- 加强交付系统问责制，以及改进技能提升、证书获取、就业安置、收入和稳定就业等方面的工作。
- 给予州和地方以灵活性，确保交付系统能够满足特殊社区的需求。
- 为地方委员会和私营部门提供机会，以改善交付系统的设计和运作。

在经济困难时期，一站式生涯服务中心可能会得到更多资金，正如《美国复苏和再投资法案》（ARA）所说的，该法案为失业的成年劳工提供12.5亿美元的资助（如那些被解雇或提前收到工厂倒闭通知的工人），为失业青年劳工提供12亿美元的援助，为低收入成年人提供5亿美元的州赠款援助，为可持续能源工作岗位的培训提供5亿美元的资助。

除了前面列出的一系列服务之外，在为低技能、低收入成年人减少可能面临的障碍方面，一站式生涯服务中心也是提供援助的渠道。这种援助可能包括美国农业部的食品券[2008年10月，相应计划被重新命名为补充营养援助计划（SNAP）]、为儿童托管和（或）交通运输提供资金支持、为学习英语和其他基本技能提供机会，以及资助旨在提供教育或培训，以培养谋生技能的学习计划。

一站式生涯服务中心还为雇主提供各种服务，以满足其对劳动力的需求。电子招聘信息库将有需要的雇主与合格的求职者联系起来。由于新的商业企业需要工人，一站式生涯服务中心的办公室还为雇主提供失业工人的再就业服务，为规划中的企业扩张提供劳动力市场信息，并为新企业重点招聘其所需要的专业工人。

宗教信仰组织

乔治·W. 布什（George W. Bush）政府时期颁布的法律规定，为宗教信仰组织和其他非营利性组织提供资金，帮助这些组织制订计划，为无技能或低技能者、有前科者、无家可归者提供支持。宗教信仰组织提供的支持性服务通常包括为无家可归者提供住处和食物、职业培训和指导、衣物，以及为招聘会提供赞助。事实上，美国一半以上的招聘会都是由宗教信仰组织筹办的，这些组织在提供资金和志愿者支持方面做出了巨大贡献。

在非营利性组织的工作中，商誉产业^①（Goodwill Industries）是一个杰出的例子。商誉产业能满足所有求职者的需求，包括面向青年人、老年人、退役军人、残障人士、有犯罪背景和其他特殊需求者的项目。2017 年，商誉产业帮助 28.8 万余人接受了银行、IT 和医疗保健等行业的职业培训，并为这些人获得成功提供了他们所需要的支持性服务，如英语语言培训或交通和儿童托管方面的服务。此外，该组织还为 3860 万人提供了服务，其中 210 万人在职业和经济需求方面获得了一对一的帮助。

一站式生涯服务中心和非营利性组织提供的服务，与学校和私人诊所提供的服务有一些明显的区别。第一，一站式生涯服务中心的来访者所拥有的教育、需求和经验的范围要比其他服务机构广泛得多。第二，为这些来访者提供的服务必须是全方位的，远不止帮助他们找到一份工作。第三，要想成功，提供的支持必须从最初的面试开始，并至少在来访者找到工作后再持续提供 6 个月的支持。第四，一系列的服务——可能涉及儿童托管、交通、培训、准备简历等方面，甚至更多——是通过机构合作以及公私资金合并来提供的。

公司和其他组织

许多组织机构——如公司——都会聘请生涯咨询师。他们通常被安置在设施齐全的就业中心。这些中心通常会提供个体咨询、评估、互联网或软件应用，以及团体指导等服务。

在这种环境中工作的生涯咨询师要应对来访者对组织内工作调动的担忧，或者在裁员的情况下，应对来访者的离职谋划问题。他们可能会开设工作坊，就如何更新个

---

① 商誉产业是为那些面临就业障碍的人提供工作机会和技能发展、非营利性的社会企业。——译者注

人简历、如何晋升，或如何从指导中获益等主题，为来访者提供学习机会。他们也可能要应对如何制订提升技能或学习新技能的计划问题，以及如何处理主管与员工或员工与员工之间的冲突等有关问题。他们的工作可能还包括提供与生涯发展无关的咨询服务。

在这些不同的环境中，服务费用有不同的支付方法，如来访者可能无须支付服务费用，可能根据来访者的支付能力按比例分摊，也可能是来访者每次都全额支付。在某些环境中（如心理健康中心和私人诊所），对有些来访者来说，咨询师可能会收第三方支付的费用（该咨询师的服务已被纳入保险计划）。

总结

本章讨论了社区生涯咨询的特点。这种咨询是在各种非教育环境中实施的，不仅其环境大大异于其他咨询，而且来访者的特点、需对来访者辅导的原因、咨询师的角色和功能也可能与其他环境中的不同。社区生涯咨询的来访者通常是成年人，他们面临的职业选择问题是其所面临的众多复杂问题的一部分，因此他们不像学生那样有那么多的选择余地。

咨询师实施的辅导可能是来访者自由选择的结果，也可能是其因裁员、立法、离开军队或监狱，或一些生活事件而被迫选择的。咨询师的职能不仅仅是提供咨询，还包括协调、磋商、宣传和案例管理。此外，咨询师还可以作为团队（该团队的成员包括心理学家、社会工作者、医学专家和职业生涯规划师等）中的一员，为来访者提供生涯援助。

案例研究

弗兰克（Frank）是一名 25 岁的退伍军人，曾两次在伊拉克服役。在那里，他在运送伤员离开战区时失去了右臂。他患有创伤后应激障碍。他的军事专长是火炮维修，他是此领域的专家。现在，他需要获得住房和一份文职工作，以便有足够的收入养活自己、妻子和两个孩子。他不在家的时候，妻子和孩子一直与其岳父母住在一起，但现在弗兰克和他的妻子想拥有自己的家。弗兰克有高中文凭，但没有接受过其他教育。当兵前，他为花店送过货。在弗兰克离家当兵的那段时间里，他的妻子琳达在当地社区学院完成了律师助理副学士学位课程的学习。如果他们能找到好的托儿服务，她愿意去工作。

在制订行动计划时，你会和弗兰克一起研究下一步该怎么做吗？你会将哪些机构和资源推介给弗兰克？这个家庭需要什么样的支持性服务？

学生练习

1. 使用服务定位网，找到你附近的一站式生涯服务中心。参观该中心，了解该中心提供的服务和面向的服务人群。
2. 找到一个你附近的非营利性组织。预约并参观，了解该组织提供的服务及面向的服务人群。
3. 采访一位在社区机构工作的心理健康咨询师，了解该咨询师是如何与社区（学校、雇主、机构）以及来访者打交道的。

成人项目开发指导纲要

社区机构可以通过工作坊、小组研讨的方式向成人提供服务。它们在这样做时，可以将《美国生涯发展指南》（National Occupational Information Coordinating Committee，1989）作为确定这些工作坊或小组研讨内容的依据。这里提供一些与社区工作关联性较强的指导纲要，这些内容可以在美国生涯资源网上找到。

《美国生涯发展指南》的指标

为实现 3 个学习阶段（知识习得、应用和反思）的目标，下面的表格列出了每个阶段的技能掌握指标。

生涯管理
目标：创建并管理符合你生涯目标的生涯规划。

指标		
知识习得	应用	反思
认识到生涯规划助力实现生涯目标是一个终生的过程 [CM1.K1]	举例说明你是如何运用生涯规划策略来实现生涯目标的 [CM1.A1]	评估你的生涯规划策略有助于实现生涯目标的程度 [CM1.R1]
描述如何制订生涯规划（例如，步骤和内容）[CM1.K2]	制订一个生涯规划来实现你的生涯目标 [CM1.A2]	分析你的生涯规划，并根据生涯管理的需要做出调整 [CM1.R2]
明确你的短期和长期生涯目标（例如，教育、就业、生活方式的目标）[CM1.K3]	展示为实现你的短期和长期生涯目标（例如，教育、就业、生活方式的目标）所采取的行动 [CM1.A3]	重新审视你的生涯目标，并根据需要做出调整 [CM1.R3]
确定管理你的生涯所需要的技能和个人特质（例如，韧性、自我效能、识别趋势和变化的能力，以及灵活性）[CM1.K4]	展示你的生涯管理技能和个人特质（例如，韧性、自我效能、识别趋势和变化的能力，以及灵活性）[CM1.A4]	评估你的生涯管理技能和个人特质（例如，韧性、自我效能、识别趋势和变化的能力，以及灵活性）[CM1.R4]
认识到你和工作世界的变化会影响你的生涯规划 [CM1.K5]	举例说明你和工作世界的变化是如何促使你调整生涯规划的 [CM1.A5]	评估你将自己和工作世界的变化融入你生涯规划的能力 [CM1.R5]

《美国生涯发展指南》的指标

为实现 3 个学习阶段（知识习得、应用和反思）的目标，下面的表格列出了每个阶段的技能掌握指标。

个人社会性发展

目标：平衡个人、休闲、社区、学习者、家庭和工作角色。

指标		
知识习得	应用	反思
认识到你有很多生活角色（例如，个人、休闲、社区、学习者、家庭和工作角色）[PS4.K1]	举例说明你的生活角色，包括个人、休闲、社区、学习者、家庭和工作角色 [PS4.A1]	评估你的生活角色对生涯目标的影响 [PS4.R1]
认识到你必须平衡生活角色，并且有很多方法可以做到这一点 [PS4.K2]	展示你是如何平衡你的生活角色的 [PS4.A2]	分析具体生活角色的变化会如何影响你生涯目标的实现 [PS4.R2]
描述生活方式的概念 [PS4.K3]	举例说明影响你目前生活方式的决定、因素和环境 [PS4.A3]	分析具体生活方式的改变会如何影响你生涯目标的实现 [PS4.R3]
认识到你的生活角色和你的生活方式之间是相互联系的 [PS4.K4]	展示你的生活角色和你的生活方式是如何联系在一起的 [PS4.A4]	评估你生活角色的变化会如何影响你的生活方式 [PS4.R4]

《美国生涯发展指南》的指标

为实现 3 个学习阶段（知识习得、应用和反思）的目标，下面的表格列出了每个阶段的技能掌握指标。

生涯管理

目标：将决策过程作为生涯发展的组成部分。

指标		
知识习得	应用	反思
描述你的决策风格（例如，敢于冒险、谨慎）[CM2.K1]	举例说明你过去的决策风格 [CM2.A1]	评估你决策风格的有效性 [CM2.R1]
明确某个决策模式的步骤 [CM2.K2]	展示决策模式的应用 [CM2.A2]	评估哪种决策模式最适合你 [CM2.R2]
描述信息（例如，关于你自己的、经济的和教育项目的信息）是如何提高你的决策能力的 [CM2.K3]	展示你决策时信息（例如，关于你自己的、经济的和教育项目的信息）的运用 [CM2.A3]	评估你利用信息（例如，关于你自己的、经济的、教育项目的信息）做出决策的能力 [CM2.R3]
确定某个具体决策的备选方案和潜在后果 [CM2.K4]	展示选择的探索是如何影响你做决策的 [CM2.A4]	评估你在做决策时探索各种选择的能力 [CM2.R4]
认识到你个人的优先事项、文化、信仰和职业价值观能影响你的决策 [CM2.K5]	展示个人的优先事项、文化、信仰和职业价值观怎样反映在你的决策中 [CM2.A5]	评估个人的优先事项、文化、信仰和职业价值观对你做决策的影响 [CM2.R5]
描述教育、工作和家庭经历如何影响你的决策 [CM2.K6]	举例说明你的教育、工作和家庭经历是如何影响你做决策的 [CM2.A6]	评估你的教育、工作和家庭经历对你做决策的影响 [CM2.R6]
描述偏见和刻板印象是如何限制决策的 [CM2.K7]	举例说明偏见和刻板印象是如何影响你做决策的 [CM2.A7]	分析你做决策时控制偏见和刻板印象的方法 [CM2.R7]
认识到机遇能够影响决策 [CM2.K8]	举例说明机遇在你做决策时的影响 [CM2.A8]	评估机遇对过去决策的影响 [CM2.R8]
认识到做决策经常需要妥协 [CM2.K9]	举例说明你在做生涯决策时可能不得不做出的妥协 [CM2.A9]	分析你做出妥协的方法的有效性 [CM2.R9]

生涯发展辅导中的伦理问题

【学习目标】

15.1 理解伦理困境和道德诱惑之间的区别。

15.2 知道如何依据原则做出伦理决策。

15.3 理解价值观在生涯发展辅导中的作用。

15.4 知道如何应用伦理准则。

15.5 理解美国生涯发展协会的伦理标准。

伦理道德是我们日常生活中的永恒主题。尽管我们的伦理行为经常受潜意识或直觉性的价值观驱动，但显而易见，伦理决策的某些方面不受潜意识或直觉性的价值观驱动，这需要我们加强注意和认真对待。严格遵守伦理要求、伦理标准和伦理原则是所有行业的特征，所有专业人员都负有伦理责任和义务。许多咨询师和咨询教育者可能会惊讶地发现，在包括计算机协会、跨国公司和美国军队等不同行业的伦理标准中，许多伦理原则频频出现，这表明这些伦理原则具有普遍性。就众多行业的伦理标准而言，其共有的伦理原则是以尊重人为中心；尊重隐私，重视责任和真相；勤勉准确地注明个人研究资料的来源。

通常，在咨询师的培养和实践中，伦理要求、伦理标准和伦理原则是与法律原则和实践同时兼顾、并行考虑的。然而，就伦理的哲学起源以及法律远比伦理更清晰、更确定而言，伦理与法律是截然不同的。在法律上，人们密切关注的是判例和司法原则（那些用以指导人们的法律行为，以及指导人们裁定行为违法程度的原则）的细微差别。但在伦理学中，人们关注的则是用以指导伦理实践、伦理审判的更普遍的伦理标准和伦理原则。在心理健康专业发展史上，伦理标准和伦理原则经常有可能被法律法规实践所遗忘。然而，在咨询专业及其他许多专业中，当伦理和法律为了共同的利益而相互交叉、相互作用时，它们可以成为一种改变来访者的生活、咨询师的工作，以及社会长短期利益的积极力量。本章将讨论这些积极的力量，并提供与之相关的例子。

也许，在咨询师的培养过程中，最有道德的做法可能就是让他们在安宁的课堂环境中，密切而审慎地关注和讨论伦理、伦理问题和伦理标准。尽管人们通常可能认为，法律和伦理标准都是一些消极强化物，强调的都是要避免出现某些行为，但更仔细地考察伦理标准和伦理原则，可能有助于人们更全面地理解伦理，即更深入地理解伦理的激励与赋权作用。在《美国咨询协会伦理标准》的序言中，人们也许能感受到伦理的这种催人奋进的作用，因为序言中提到了咨询师对人类价值、尊严和独特性所做出的贡献。也许，人们还可以在《美国心理协会伦理标准》中找到类似的观点。最后，当生涯咨询师和有抱负的心理咨询师认识到，这些标准就是他们的底线——他们必须做到的最低程度时，他们就会开始思考并致力于追求理想的标准，专注于最大限度地且合乎伦理地为来访者提供服务。

本章将介绍这些观点，同时为读者提供专业成长的新视角。请读者阅读、学习、思考并享受其中。

——丹尼斯·恩格斯（Dennis Engels）

哲学博士

咨询师（LPC）

国家认证咨询师（NCC）

国家认证生涯咨询师（NCCC）协会荣休教授

北得克萨斯大学美国生涯发展协会咨询项目主席（1995—1996）

本文作者，与其他从事生涯咨询教学与实践的工作者一样，经常会碰到一些质疑或说法。这些质疑或说法认为，生涯咨询不是"真正的"咨询，并且怀疑像伦理标准这样的专业概念是否适用于那些参与生涯发展辅导的人。我们认为，所有生涯发展从业者（不仅仅是咨询师），都应遵守相应的伦理标准。同样，那些为从事生涯咨询的专业人员服务、受其雇用或受其监督的人，也必须了解这些标准，且在大多数情况下必须遵守这些标准（Habbal & Habbal，2016）。我们已选择遵守《美国生涯发展协会伦理准则》（National Career Development Association，2015），并使用生涯咨询专业人员（career counseling professional）一词来指代该准则所涵盖的所有人员。正如你现在所知的，我们也将生涯咨询视为对个人生活至关重要的"真正的"咨询。本章是我们的一次尝试，我们试图通过重点强调生涯咨询专业人员，并提供与之相关的例子，从而为我们思考咨询专业人员的伦理标准提供一种新视角。由于伦理行为和专业行为都需要遵守相应的法律法规。因此，在某些情况下，对于那些面临困境的人，我们建议他们不仅要向其指导者或受人尊敬的同事咨询伦理问题，还应咨询法律问题，获得法律建议。但是，在我们开始探讨伦理问题之前，我们还是想让你见见一位在接受咨询的人——何塞（José）。

何塞是一名16岁的9年级学生。老师要求他去学校咨询师办公室查阅其兴趣测试结果（学校已对所有9年级学生进行了兴趣测试）。一直以来，何塞在校期间的学习成绩总是时好时差，起伏不定。他在小学时经常不去学校上课，曾两次留级。何塞缺课的主要原因是，每到收获季节，他都要和父亲一起去田里劳动。最近，他对制订生涯规划产生了一些兴趣。何塞经常使用计算机，因此他在当地图书馆登录了网络，探索起计算机领域的职业选择。他找到了一个免费提供"职业能力倾向测试"的网站，并进行了测试。令其兴奋的是，测试结果似乎表明，他具备成为一名计算机程序员所需要的能力。他急切地想获得网站向每个在线测试者发送的关于他们能否成为一名计算机程序员的信息。何塞不清楚计算机程序员的工作到底意味着什么，但他知道自己喜欢玩电脑游戏。

何塞的父亲坚决反对这种类型的工作。他的父亲一辈子都是名蓝领，只接受过初中教育，没有计算机使用经验。他强烈认为，何塞应该接受某种更传统的职业培训，比如木工。何塞的祖父曾是其祖国危地马拉的一名木匠。当他们一家移居美国东南部时，何塞的父亲唯一能找到的就是农业方面的工作。何塞的父亲认为，正因为他是危地马拉人，所以尽管他有资格做很多工作，但从未被人认真对待过。何塞的父亲认为，当一名木匠符合其家族传统，并能获得足以养家糊口的收入（这是何塞内心一直挣扎的原因）。何塞告诉咨询师，他的父亲想与咨询师谈谈他上职业学校的事情。何塞的父亲对何塞在军队中可能有的职业选择也很感兴趣。事实上，当募兵人员参观何塞的学校时，他希望何塞见一见募兵人员。但何塞对当木匠没有兴趣，也不认为服兵役是有前途的。

如果你是何塞的咨询师，你可能会对他的情况有几点担心。例如，你可能会担心何塞所参与的在线测试的准确性。你还可能会担心"戳破何塞的肥皂泡"，使他对制订生涯规划所表现出的兴趣降低。然而，在校进行的兴趣测试结果表明，何塞并没有显示出他对计算机相关职业的浓厚兴趣，他的兴趣更明显地集中在艺术和助人职业上。如果你是他的咨询师，你可能也会想知道，何塞的父亲对何塞的职业和职业路径选择的设想是否坚定而清晰。事实上，咨询师想知道，何塞的父亲遭遇的招聘歧视是否影响了他为儿子确定的生涯目标。最后，咨询师不愿意鼓励何塞去见募兵人员，但他又不知道该怎样向其父亲表达这种不情愿。

你可能记得，当我们介绍何塞的时候，我们用学校咨询师一词而不是用生涯咨询师来描述何塞的咨询师。然而，何塞所提出的问题即便本身不是明显的生涯咨询问题，但也肯定与生涯有关。在这一简单的场景中，显然存在一些伦理问题和伦理关注点。例如，在何塞案例中，存在的一些伦理问题包括：他所接受的在线测试是否准确，甚至咨询师使用的评估工具是否适合何塞；在线服务的行为规则表明，某个具体的职业选择似乎是生涯咨询的结果，而不是某种公开的劳动力市场的活动结果；学校咨询师所遭遇的、与何塞和他的父亲愿望冲突有关的伦理困境；一直存在的伦理问题，即咨询师是否有足够的能力去应对何塞的问题。

这些都是复杂的问题。为了帮助生涯咨询专业人员合乎伦理地开展实践活动，各种有关伦理问题的介绍，如专家专栏、出版刊物、研讨会等，比比皆是。尽管人们对生涯服务中的伦理道德操守越来越重视，但什么是正当的做法，这类对许多生涯领域从业者而言都极难回答的问题，往往没有明确的答案。令人费解的是，考虑到助人行业的诉讼频率，面向生涯咨询从业者的生涯发展教科书，也仅对伦理问题给予了微不足道的关注。《美国生涯发展协会伦理准则》（National Career Development Association，2015）指出，伦理准则"有助于我们界定专业行为，起着保护公众、行业和专业领域从业者的作用"（p. 1）。因此，在本章中，我们希望提升生涯咨询专业人员对伦理问题的认识，并为生涯发展从业者在考虑伦理问题时提供指导。但由于读者有着各种各样的背景，对影响生涯咨询师的伦理概念理解各异，因此我们提供了学习基本伦理原则的入门内容。

在解决生涯发展辅导中的伦理问题时，好的起点是思考以下问题：为什么生涯咨询人员有多种伦理准则可用来指导他们的实践，但违反伦理规定的行为却还是不断出现？确定自己的行为是否是合乎伦理的正当做法是一项复杂的任务，即使从业者是训练有素、认真负责的，这种复杂的情况依然会出现。下表①为考察生涯咨询关系中的各种行为提供了一个有用的框架。这个矩阵将生涯咨询从业者的行为分为4类。

合乎伦理且合法的	不合乎伦理却合法的
合乎伦理却不合法的	不合乎伦理且不合法的

很显然，生涯咨询专业人员的目标是要合乎伦理且合法地发挥作用，避免出现任何被视为不合法或不合伦理的行为。虽然这个目标看起来很简单，但在某些情况下实现该目标并不容易。比如，当一位生涯来访者说："我被解雇的事情让我感到非常沮丧，以至于当我女儿问我一个问题时，我厉声呵斥并打了她。我以前从未做过这样的事情。"她的这些话可能透露出她对求职失败的挫折感。此时，有些生涯咨询师可能会认为，这可能是虐待儿童事件，咨询师应向有关机构报告，这是其伦理（和法律）义务。其他人则可能用没有伤害的证据和首先要为来访者保密等，作为反对报告的理由。有些生涯咨询专业人员会将有关保密范围的咨询师的"米兰达警告"（Miranda

---

① 我们已经看出该表出自不同的作者之手，但我们无法具体说清其来源，因此我们只是告知读者这个 2×2 矩阵的想法不是我们提出的。——译者注

warning）①，以及在咨询初始讨论中要求的公开性原则，作为知情同意的一部分，这在一些人看来会让来访者反感。然而，如果没有这种对保密范围的要求，获得信息的咨询师甚至可能都不愿意考虑报告它。

生涯咨询专业人员会采取一些常见的做法，如果它们超出了助人关系，偏离了伦理正当性，就会产生伦理问题。例如，生涯咨询专业人员和来访者之间的商业关系被认为是不符合伦理要求的，因为它构成了一种可能损害客观性的双重关系。如果生涯咨询专业人员帮助朋友、亲戚或朋友的孩子，那可能会让其难以保持客观性，这也可能发生在任何其他专业人员身上，但对于要求"帮个小忙"的人来说，他们就难以有这么明显的认识。例如，在前面的情形中，如果何塞的父亲与何塞的咨询师是朋友，那么在这种情况下，咨询师应该如何帮助何塞呢？如果何塞的咨询师是何塞所在中学唯一的咨询师，那么情况可能会变得更加复杂。

生涯咨询专业人员也可能会遭遇被称为"职业道德"的困境。比如，当来访者问咨询师一些尴尬的问题时所遇到的困境，如：是否应该告诉雇主他有多少其他工作选择，或者该如何处理他所收到的多份录用通知书。同样，潜在的雇主也会问生涯咨询师一些有关其来访者的问题。那些在有就业安置功能的机构中工作的人，经常要应对其来访者的潜在雇主的询问。生涯咨询专业人员经常会被要求协助来访者处理职场问题，如部分主管的不道德行为、不公平的雇用和晋升行为，这种情况在其他类型的咨询中并不常见。生涯咨询专业人员可能还会接触到一些小道信息，这些信息可能会被不道德地使用。例如，咨询师应该告诉来访者他无意中听到一个招聘人员说该来访者是某个职位的首选人吗？那些可能会给专业人员带来经济利益的信息，如，可能会影响咨询师投资非咨询性项目的商业计划信息，该怎么处理？因此，在处理一些伦理准则没有涉及的伦理情境时，生涯咨询专业人员经常需要指导。

本书的所有部分都承认，无论是在个体，还是团体的发展性生涯辅导中，学校咨询师都发挥着重要作用。但有个伦理领域的问题一直困扰着中学咨询师，即如何处理下面两种角色之间的关系：中学咨询师在帮助学生制订合适的教育或培训计划时的角色和中学咨询师在向学生推介他们中学毕业后可以继续求学的教育机构时的角色。许多大学都有明确的期待，即希望中学咨询师为申请入学的学生提供推荐信。帮助学生确定合适的学校和向学校提供推荐信，这一双重角色可以被认为是一种双重关系。这些问题因父母的角色而变得复杂起来。父母有时期盼咨询师帮助他们实现对子

---

① 又称米兰达权利（Miranda Rights），即犯罪嫌疑人或被告人在被讯问时，有保持沉默和拒绝回答的权利。——译者注

女的教育和生涯进行规划的希望与梦想，除此之外，他们还经常想审阅为大学入学申请而写的推荐信。此类活动涉及复杂的伦理和法律问题，我们建议学校咨询师要深入了解学校教育体系中有关学生档案和推荐的政策，并熟悉《家庭教育权利和隐私法》（Family Educational Rights and Privacy Act）（1974）的规定。美国大学入学咨询协会（National Association for College Admission Counseling，NACAC）已经制订了一份《良好做法的原则声明》（Statement of Principles of Good Practice）（2007）。我们建议为学生提供推荐信的中学咨询师好好研究该声明，并在有疑问和出现问题时咨询主管人员，必要时咨询学校的法律顾问。

对于像生涯咨询师这样的生涯领域从业者来说，虽然学习美国心理咨询协会（2014）的《伦理准则》很重要，也很有效，但还需要做更多。"更多"是指对伦理标准的基础和意图的理解。伦理标准或准则不可能对每个可能的伦理问题都有明确的回答。不可避免地会有这样的情况，即生涯咨询师和其他生涯专业人员需要可信的行业同仁，帮助他们评估其应对伦理困境的行动的正当性。因此，对于生涯咨询专业人员来说，无论何时，当他们不能确定采取什么样的行动应对伦理困境才算正当时，向了解生涯辅导的行业同仁请教都是一种有用的经验之法。

伦理困境与道德诱惑

学习目标 15.1 理解伦理困境和道德诱惑之间的区别。

显然，对于生涯咨询专业人员来说，应对伦理困境是一项复杂的任务。然而，重要的是，要注意到，并不是所有涉及伦理或正当行为的问题都能称得上"困境"。基德尔（Kidder）（1995）认为，只有在出现"权利"选择两难的情况下，或在确定"最不坏"的行动路线时存在矛盾的情况下，才会出现伦理困境。基德尔将判断对与错时存在矛盾的情况称为道德诱惑，而不是困境。遗憾的是，一些咨询专业人员在道德诱惑面前苦苦挣扎，他们可能会采取一些被多数同行视为不合伦理的行动。例如，某个生涯咨询师可能会对来访者的非咨询性事务或与来访者建立个人关系感兴趣，并受此诱惑而提前结束正式的生涯咨询关系，以便开始新的活动，或否认彼此是一种咨询关系。这些生涯咨询师可能不能很好地判断，将生涯咨询关系转变为一种个人关系是否符合伦理标准。因为判断一个人行动正当性的尝试，最终可能是具有对错难分的双重关系性。

有时，可能有益于来访者的行动，对生涯咨询师来说，却有一定的风险，此时，生涯咨询师就面临着行动选择问题。例如，美国咨询协会（2014）、美国生涯发展协会（2015）和美国心理协会（2017）的伦理声明提议，将以物易物（一种支付服务费的手段）这一做法视为一种特殊的双重关系，并且这些组织不鼓励这样做。许多以物易物的关系开始时是纯洁的，甚至可能是出于生涯咨询师的美好愿望（即为来访者提供一种咨询付费方式），是受实践而不是经济、理性驱动的。然而，如果生涯咨询师在咨询关系中，或在以物易物的关系中出现问题，那么就会出现来访者在事后提出伦理问题的可能性。

为了指导生涯咨询专业人员解决伦理困境问题，我们将回顾伦理准则的制订所依据的原则。接着，我们将考察所有伦理准则中包含的基本伦理概念。然而，重要的是，要再次注意，没有任何一种伦理准则，当然也没有任何一本书，能够回答生涯咨询服务中出现的所有问题。以下节选自美国社会工作者协会（NASW）制订的《伦理准则》（2010）的"目的"部分，它有力地阐述并强调"伦理准则不能保证专业人员必然出现合乎伦理的行为。而且，一套伦理准则不能解决所有的伦理问题或争议，也不能反映出一个道德共同体尽职尽责时的差异性和复杂性。但是，伦理准则阐明了专业人员所追寻的价值观，应遵守的伦理原则和伦理标准，并以此来评判他们的行为"。（p. 2）

《美国生涯发展协会伦理准则》（2015）要求，所有认为自己有伦理违规行为的生涯咨询专业人员都应采取行动。我们希望你对该主题的探索能提高你的伦理问题意识，深化你对解决这些问题所涉及的多重因素的认识。

依据原则做出伦理决策

学习目标 15.2　知道如何依据原则做出伦理决策。

范胡斯（VanHoose）（1986）是咨询伦理研究的先驱者，他观察到，"伦理原则比伦理准则或法规提供的决策框架更坚实"（p. 168）。范胡斯建议咨询师利用以下 5 项原则，赫利希（Herlihy）和科里（Corey）（2006，2015）则认为遵循这些原则是开展咨询实践的基础和关键，这些原则也是美国咨询协会伦理标准制订的基础。

1. 自主（Autonomy）是指独立和自我决定。根据这一原则，咨询师应尊重来访者的自由选择权，包括做出自己的选择、选择自己的发展方向、掌控自己的生活。咨询师有伦理责任去降低来访者的依赖性，帮助来访者做出独立决策。咨询师要避免强行给来访者设定目标，避免妄加评论，并且要接受不同的价值观。

2. 不作恶（Nonmaleficence）即不伤害。咨询师必须注意，他们的行为不应有伤害来访者的风险，即使是无意的。咨询师有责任避免做出伤害来访者或有可能伤害来访者的行为。

3. 行善（Beneficence）的意思就是扬善，提升来访者的心理健康水平和幸福感。这一原则要求咨询师应积极推动来访者成长，增加来访者的福祉。

4. 公正（Justice）是在专业关系中保证公平的基础。这一原则要求咨询师考虑服务质量、时间和资源的分配，费用的确定，以及咨询服务的可获得性等因素。这一原则还指出，当某个人的利益需要放在他人权益背景下考虑时，应公平地对待这个人。

5. 忠诚（Fidelity）意味着咨询师应做出诚实的承诺，并信守他们对来访者和受其监督者做出的承诺。这一原则要求，创造一种让人信任和放松的氛围，人们可以在这种氛围中寻找自己的解决方案；小心谨慎，不欺骗或利用来访者。（pp. 9-10）

这些原则类似于比彻姆（Beauchamp）和奇尔德雷斯（Childress）（2001）在其医学伦理学经典著作中提出的原则。他们还确定了以下与医患关系相关的其他原则。

1. 诚实（Veracity）——说实话，不欺骗他人。

2. 隐私（Privacy）——允许个体限制他人对其信息的访问。

3. 保密（Confidentiality）——允许个体控制他人访问其共享的信息。

总体而言，美国咨询协会的原则，以及比彻姆和奇尔德雷斯（2001）提出的原则，包括他们对医患关系提出的建议，为生涯咨询服务中的伦理行为提供了指南。这些原则是强制性伦理标准的基础，也是那些咨询师可以强制执行的行为的基础，而理想性伦理标准是指生涯咨询专业人员可以追求的最高行为标准（Herlihy & Corey，2006，2015）。赫利希和沃森（Watson）（2006）认为，与原则性伦理（principle ethics）相比，美德性伦理（virtue ethics）对于形成一种具有文化敏感性的伦理决策方法是有必要的。赫利希和科里提出了以下美德性伦理要素（是从美德伦理学文献中提取的）：

明辨或谨慎、敬意、正直、自我觉察、承认情感作用、与社区连通。

当与做法是否正当有关的问题出现时，这些原则可以用来帮助生涯咨询专业人员区分出哪些行为是正当的。生涯咨询师应特别熟悉自主和行善的原则，因为它们代表了最佳生涯咨询的特征。最后，值得注意的是，尽管伦理准则和原则的目的、受众各不相同，但几种主要的、以心理为基础的助人专业（咨询专业、心理学专业和临床社会工作）的伦理准则和声明却非常相似。美国学校咨询师协会（2010）的伦理标准规定，当学校咨询师对同事的伦理行为有疑问时，应采取以下步骤：与同事私下商讨；有可能时，当面质疑有行为问题的同事；记录采取的所有行动步骤；利用已有的渠道解决伦理问题（如通过学校、教育机构或学区，以及相关州的伦理委员会解决）；如果问题仍未解决，联系相关州的行业协会（例如州学校咨询师协会）或国家协会（如美国学校咨询师协会、美国生涯发展协会、美国心理协会）。

然而，参照为解决临床治疗问题而制订的伦理准则，无法轻易地解决一些与生涯辅导相关的伦理问题和决策问题。生涯辅导中的一些问题有着它们价值观的基础，而这些价值观往往是志向和美德伦理[①]的基础。

价值观在界定生涯发展辅导中的作用

学习目标 15.3　理解价值观在生涯发展辅导中的作用。

在生涯发展辅导中，价值观假设是所有与伦理行为相关的问题（和答案）的基础。尤其是，价值观假设与生涯咨询师和来访者双方对生涯咨询关系的理解和定义密切相关。伯金（Bergin）（1985）认为，"价值观是关于什么对来访者有益，以及应该如何实现这种益处的信念"（p. 99）。因此，价值观贯穿生涯发展辅导过程之始终。对人们的生活空间或生活方式的任何辅导都带有价值观含义（London, 1964）。生涯咨询专业人员必须清楚地了解自己的价值观，这是提供生涯咨询服务的重要起点，也是生涯咨询服务中的伦理问题之一。因为无价值观的生涯发展辅导并不存在，生涯咨询专业人员必须认识到他们的个人价值观是如何影响他们与来访者打交道的。

谢尔特韦特（Tjeltveit）（1986，pp. 515-537）提出了以下策略，以尽量减少生涯咨询师对来访者价值观不敏感的行为。

1. 了解社会上各种各样的价值观。

2. 了解自己的价值观。

3. 以公正的方式向来访者提供价值选择。

4. 保证来访者的选择自由。

5. 尊重与自己价值观不同的来访者。

---

① 美德伦理学诞生于古希腊，它强调存在而非作为，关心人本身而非人的行为，认为做具有美德的人比做符合道德规范的事更为根本、更为重要、更具有决定意义。——译者注

6. 必要时与他人协商。

7. 当出现重大的伦理、宗教或政治价值差异时，可以考虑将来访者转介给另一位生涯咨询师。

当生涯咨询专业人员将谢尔特韦特的策略融入其日常实践时，这对于确保其辅导合乎伦理要求大有裨益。生涯咨询师必须持之以恒地监控自己的价值观，以及这些价值观是如何影响其生涯发展辅导的。

谢尔特韦特建议向同行请教，在必要时将来访者转介给更合适的服务提供者，当来访者的问题超出了澄清、说明和实施某个生涯选择等传统问题的范围时，这一建议也适用。例如，越来越明显的是，成年人在生涯转型中所产生的自我矛盾情绪，必须在生涯咨询过程中消除（Anderson & Niles，1995；Subich，1993）。当来访者的问题涉及抑郁情绪、低自尊、低自我效能感时，生涯咨询师需要评估他们是否有能力解决这些问题。在这方面，奈尔斯（Niles）和佩特（Pate）（1989）认为，生涯领域从业人员必须至少能够识别来访者的心理健康问题。一旦确定了这些问题，这些人员必须决定，是否应该将来访者转介给心理健康人员（如果生涯领域从业人员觉得自己没有能力处理这些问题，那么转介是合乎伦理的决策），或在生涯咨询过程中解决来访者的心理健康问题。

美国咨询协会的《伦理准则》（ACA，2014）既要求生涯咨询师提供包含生涯发展辅导在内的咨询，又要求生涯咨询师了解来访者的价值观，以及在生涯发展辅导中嵌入的价值观。这些价值集合中的每一个（即生涯咨询师的、来访者的，以及嵌入生涯发展辅导中的价值观）都是相互影响的。个人价值观影响着生涯咨询师在生涯咨询过程中关注来访者什么样的行为，以及选择什么样的辅导策略等。生涯咨询师会通过非语言和语言行为来传达其个人价值观。因此，生涯咨询师的价值观可能会在无意中影响其来访者的行为。例如，如果来访者想要获得生涯咨询师的认可，那么他可能会倾向于选择让生涯咨询师满意的职业，而忽略生涯决策过程中的其他因素。在这种情况下，生涯咨询师可能会不知不觉地用他的价值观来取代来访者的价值观。

关于咨询和心理治疗，赫尔（Herr）和奈尔斯（1988）指出："西方疗法采用一种看待和应对人类行为的特殊方式，东方疗法则以一种不同的方式来界定人类行为和规划辅导措施。其中一种不能替代另一种，因为其价值观、假设和文化产物使得某些形式的咨询和心理治疗难以被其他文化接受，或在其他文化中无效。"（p. 14）

这句话也适用于生涯发展辅导。以欧美价值观为基础的生涯发展辅导模式强调个人主义，这与有些社会的家庭期望或传统不一致，这些社会以集体决策为常态，家庭是某些职业选择是否合适的主要仲裁者。因此，当来访者的价值观反映集体主义取向时，坚持采用欧美的生涯发展辅导模式，专注于个人行动的生涯咨询师的行为有可能与来访者的价值观相悖。健二（Kenji）的生涯咨询案例可以说明这一点。

健二最近搬到了美国。整个高中 4 年，他都在担心糟糕的物理和数学成绩是否会妨碍他在大学主修工程学，因此他带着这个问题来到生涯指导办公室。在与健二见面的过程中，咨询师越来越明显地认识到，尽管健二的关注点是在大学主修工程学，但其兴趣和能力却指向非科学领域的学习项目。事实上，他的物理成绩不及格，几门数学课程的成绩也只是勉强及格。他非常喜欢社会科学，并且在这一领域的相关课程上表现出色。在要求他详细描述其想要在大学攻读工程学专业的初步决定时，他很快就明白了，他的决定是受其父亲为其制订的学习计划的影响。当被问及攻读工程学专业的目标是否合适时，健二想到他以前的学习成绩和兴趣，很明显，他并不打算扩大正在考虑的选择范围。

如果咨询师认为，健二应该坚持这样的观点，即学生需要形成传统的、重视个人行动和内部控制点的欧美生涯发展价值观，那么他可能会决定使用某种咨询策略，挑战健二在做出生涯决策时坚持他人（他的父亲）意愿的倾向。预计的辅导方案可能包括自信心训练，目标是让健二勇于改变父亲为其确定的生涯发展目标。不幸的是，这种类型的生涯咨询策略对健二的出身文化并不敏感。在健二所处的文化中，父亲主导儿子的生涯决策并不罕见。任何试图影响健二的生涯发展方向的尝试，都需要对这种至关重要的文化动力有敏感性。[有趣的是，在综合这些作者的经历，撰写健二的案例后，其中一位作者发现了一部小说，这部小说中的一个情节与健二的案例在许多方面惊人地相似（Lee，1994）。遗憾的是，我们认为，健二的案例就是以很常见的经历为基础创作的。]

本章开头呈现的何塞的案例也说明了咨询师、何塞的家庭和何塞之间潜在的价值观冲突。如果何塞适应了欧美的个人主义价值观，但其父亲对何塞的生涯发展秉持着集体主义观念，那么，与健二的案例一样，咨询师需要对这些来自不同文化的价值观保持敏感。这样的价值观冲突表明，生涯发展从业者必须对他们的个人价值观、来访者珍视的价值观，以及嵌入特定生涯咨询模式中的价值观之间的相互作用保持敏感。后者（嵌入特定生涯咨询模式中的价值观）往往反映了国家层面宣扬的价值观。

由于生涯发展辅导提倡特定的价值观，因此各国政府对生涯发展辅导的支持和期待各不相同。舒伯（1983）指出，相对繁荣且不受外部干涉威胁的国家，倾向于将生涯发展辅导视为培养个人能力、个人价值观和兴趣的工具。相反，经历经济困难或外部干涉威胁的国家，往往将生涯发展辅导视为引导人们去从事被认为对国家生存至关重要的职业的工具。在美国，苏联人造卫星计划就是后一种情况的例子。20 世纪 50

年代末，美国政府觉得苏联的太空技术存在明显优势，对美国是一种威胁，于是它将视野聚焦于筹集资金和开展立法，以引导年轻人从事与科学相关的职业。最近，美国政治气候发生转变，这使得它能在国家层面提供资金支持，以增加科学、技术、工程、数学领域的人才贮备。在通常情况下，生涯发展项目、计划和辅导措施都是"跟着钱走"的，或者是跟着政府为此类举措提供的财政支持走的。

总之，在生涯发展辅导中，要避免出现不合伦理的做法，就需要生涯发展从业者对其个人价值观、来访者的价值观、嵌入特定生涯咨询模式中的价值观，以及国家始终倡导的价值观保持敏感（Herr & Niles，1988）。在生涯发展辅导过程中，符合伦理做法的另一要求是，只在自己接受过的培训和能力范围内从事活动。最后，我们提出向同事请教的建议，因为咨询师可能需要在他人帮助下才能客观地判断他们的能力。当专业的生涯发展从业者拥有价值意识，在生涯决策中应用伦理原则，并遵守相关的伦理准则时，他们在为来访者提供生涯发展辅导时，就更有可能以合乎伦理的方式行事。

应用伦理准则

学习目标 15.4 知道如何应用伦理准则。

许多人认为，伦理准则太多，我们应该为咨询行业制订统一的伦理准则。在阅读本章的读者中，大多数人都遵守美国咨询协会（2014）、美国生涯发展协会（2015）、美国心理协会（2017）、国际教育和职业指导协会（1995）或美国学校咨询师协会（2010）的伦理准则，或者将要遵守这些协会的伦理准则。

我们同意存在过多伦理准则的观点，希望在未来的某个时间，咨询行业能拥有统一的伦理准则，同时针对某些特殊情况和特定的实践领域也能提供补充规定或解释。此外，我们怀疑多重准则本身就是伦理违规的根源。有许多情况是咨询实践领域所特有的，例如生涯咨询。我们对那些负责制订《美国生涯发展协会伦理准则》的人表示赞许，因为他们既制订出了能与美国咨询协会伦理准则相兼容的准则，又为美国生涯发展协会成员制订出了特殊的专业性准则。而且，美国生涯发展协会伦理准则的制订者认识到，许多生涯发展从业者除了与美国咨询协会有联系外，还与其他专业协会有联系。他们做出的这一努力是解决赫利希和雷姆利（Remley）（1995）提出的多重准则问题的重要一步。

在本书的上一版中，我们讨论了 3 个方面的问题。在这些问题中，我们发现，当前的伦理准则不足以为生涯咨询专业人员提供指导。这 3 个方面的问题是：生涯咨询关系的定义，因为事实上并非所有的生涯发展辅导都是治疗手段，都符合咨询关系的定义；为传统的生涯咨询服务人员而非受过专业训练的咨询师制订的、有关其角色适宜性和正当性的伦理标准；合乎伦理地使用互联网来提供或强化服务。这 3 个方面的问题领域需要在专业培训和研讨会中给予更多的关注，它们也成为该行业需要面对的重要挑战。

生涯咨询师面临的伦理挑战的发展

在本书上一版中，我们提出了 3 个挑战，本部分回顾并探讨这 3 个挑战的最新发展。有关的问题是：是否所有的生涯发展辅导都是咨询关系，并符合咨询的伦理标准；那些接受过生涯发展辅导培训和实践训练，但没有接受过专业咨询师必需的培训、教育和实践训练者，其角色是否正当；在生涯发展辅导中，互联网技术如何正当地使用。我们认为，在这些领域，现有的伦理准则对生涯咨询师缺乏足够的指导性。对需要澄清的问题，我们已经很大胆地提出了建议。我们很高兴地报告，在每个领域都取得了进展。我们提供以下进展报告，它表明，伦理准则应该是动态的和反映当前情况的。

所有的个体生涯辅导都接受同样的伦理准则指导吗？

在生涯服务领域，咨询师与来访者之间的个人关系一直是一个备受关注的伦理问题。保密性、咨询关系、专业责任、与其他专业人员的关系，一直是有关人员向美国咨询协会伦理委员会咨询最多的问题（Glosoff & Freeman，2007；Herlihy & Corey，2015）。有些伦理要求是清晰而明确的。例如，生涯咨询师与其来访者之间的性关系是不符合伦理要求的。然而，在某些情况下，预期的伦理行为并没有明确的界定。例如，要过去多长时间，生涯咨询师才能证明他与前来访者之间的亲密关系不是利用性的。对此，心理助人专业人员的看法并不一致。我们认为，生涯咨询师是受过专业教育、有生涯发展辅导经验的专业咨询师（Niles & Pate，1989）。然而，关于助人关系本质的许多疑问都集中在生涯问题上。教育机构内外的生涯咨询专业人员经常提供的服务，通常不被认为是治疗性的。例如，有这样一位大学生涯咨询中心的生涯咨询专业人员，他为一位同龄研究生审核了简历。几周后，他们在一次社会活动中相遇，并开始了一段社交关系。这段关系与他们在大学生涯咨询中心经过多次涉及复杂的生涯问题的咨询后才建立的关系一样，需要接受同样的伦理审查吗？理性的生涯咨询专业人员可能会给出不同的答案。

由于许多法律规定对咨询师行为的具体要求很不明确，而且许多州立法规中所包含的执业标准，与相似的伦理准则也不一致，因此，在确定咨询师行为的正当性时，可能会出现其他复杂的情况。例如，弗吉尼亚州联邦咨询委员会（2007）的条例中含有一个关于执业标准的部分。在那一部分中，有一段关于性关系的陈述："咨询师不得与来访者，或与来访者有旁系关系的人发生任何形式的性关系，也不得为与他们有过性关系的人提供咨询。在终止咨询关系后至少 5 年内，咨询师不得与之前的来访者发生性关系。在终止咨询满 5 年后，与来访者有这种关系的咨询师有责任依据咨询的持续时间、咨询时长、终止情况、来访者的个人历史与精神状态或对来访者的不利影响等因素，彻底检查并记录这种关系是否具有利用性质。来访者对性行为的同意、发起或参与，或与咨询师暧昧交往，并不改变行为的性质，也不会解除监管禁令。"（p. 15）

美国咨询协会的《伦理准则》（2014）同样涉及咨询师和来访者之间的性关系。

A.5 角色以及与来访者的关系

（见 F.3., F.10., G.3.）

A.5.a. 当前来访者

禁止咨询师与当前来访者、来访者的恋人或其家庭成员之间发生性或情爱关系。

A.5.b. 前来访者

在最后一次专业接触后的 5 年内，禁止咨询师与前来访者、前来访者的恋人或其家庭成员发生性或情爱关系。

在与来访者最后一次专业接触后的 5 年之内，在与来访者、来访者的恋人或其家庭成员发生性或情爱关系之前，无论这种关系能否被当成某种方式的利用，或者对前来访者是否仍具有潜在伤害性，咨询师都应当证明其预见性，并提交（书面）记录。在存在利用和（或）伤害可能的情况下，咨询师应避免发生这种关系。

A.5.c. 非专业性互动或关系（除性或情爱关系）

咨询师应当避免与来访者、前来访者、他们的恋人或其家庭成员发生非专业性互动或关系，除非这种互动或关系可能对来访者有益。（见 A.5.d.）

生涯发展从业者以前可能会认为或断言，与前来访者建立亲密的私人关系是允许的，因为，就像前述审核简历的案例那样，这种专业服务不是咨询。然而，同一位生涯咨询师（如果她在弗吉尼亚州私人诊所工作并自称是咨询师，那么她就需要持有执照）可能会被对伦理要求有不同解释的人判定为行为不合伦理。同样，生涯咨询专业人员可能认为，两年时间的标准可以用来证明亲密关系不是利用性的（APA，2017）。

《美国生涯发展协会伦理准则》（2015）的 A.1.b 部分，赞成生涯咨询专业人员提供各种不同类型的服务。所有生涯咨询专业人员都有责任在其能力和资格范围内提供服务。在亲密关系问题上，尽管美国心理协会（2017）的"两年标准"与美国咨询协会、美国生涯发展协会的 5 年标准不一致，甚至有人认为，两年时间就能证明这种亲密关系是非利用性的，但《美国生涯发展协会伦理准则》A.5.b 部分规定的 5 年限制，仍适用于所有生涯咨询专业人员。这个问题已经得到清楚和明确的解决。所有生涯咨询专业人员在其专业活动中都要遵守该准则。

未接受过传统的、专业的生涯咨询培训且没有执照的人应该提供生涯咨询服务吗？

那些提供生涯咨询服务（例如，提供职业信息、职业选择建议），但没有接受过传统的、专业的生涯咨询培训且没有执照的人，其角色正当性问题与健康管理、第三方付费者有关，因为许多专业咨询师都依赖这些谋生。可以理解的是，这些咨询师害怕发生任何会让人们质疑其咨询能力的事情。然而，许多人认为，禁止有才能、有技能的人提供他们有资格提供的服务，这本身就是一种不合伦理和不必要的限制。还有一些人认为，除了完全合格的咨询师外，让任何其他人提供生涯咨询服务，都会威胁到来访者的福祉和咨询行业的声誉。这些都是业内有争议的问题。不管人们的观点如何，现实是，许多人在提供生涯咨询服务时，很少或没有接受过生涯发展理论和实践方面的正式培训。除此之外，在这些人当中，有许多人甚至没有接受过助人专业的培训。有关咨询师和心理学执照方面的法律通常不会禁止无执照人员提供求职技巧、简历写作等方面的培训。

前面提到，《美国生涯发展协会伦理准则》（2015）的 A.1.b 部分赞成生涯咨询专业人员提供不同类型的服务。该部分还规定，生涯咨询专业人员有义务明确说明他们能胜任且有资格提供的服务范围，以及他们能够提供的服务范围。如前所述，有关如何处理与前来访者之间的亲密关系的部分也明确规定，所有生涯咨询专业人员必须遵守《美国生涯发展协会伦理准则》。

同样，A.1.c 部分明确规定，所有生涯咨询专业人员必须且只能与其来访者进行对来访者有益的非专业性互动。

美国生涯发展协会在生涯咨询领域已经取得了巨大的进展。通过为全球生涯发展规划师（GCDF），以及最近的认证生涯服务专业人员（CCSP）提供培训和资格认证，美国生涯发展协会已经认识到，有些人虽然没有接受过生涯咨询培训，但他们可以提供生涯咨询服务。《美国生涯发展协会伦理准则》（2015）已经将生涯咨询专业人员纳入了该准则的约束范围。这一主要问题已经得到了回答，但是，有许多人提供生涯咨询服务，却不受《美国生涯发展协会伦理准则》或其他任何伦理准则约束，他们带来的挑战仍然是所有生涯咨询专业人员关注的问题，对那些不知道不同生涯咨询服务提供者之间有何区别的来访者来说，这也是一种潜在威胁。

应该如何在生涯发展辅导中使用互联网？

互联网咨询引发的争议，在很多方面与支持未经训练或训练不足的咨询师开展生涯发展辅导的问题相似。大多数咨询师承认，互联网可以作为一种信息源，为那些可能无法获得其他信息源的人提供信息（Kettunen & Makela, 2019; Sampson, Osborn, Kettunen, Hou, Miller, & Makela, 2018）。他们也承认，通过互联网获得的信息有其优越性、广泛性、深刻性和即时性。桑普森和他的同事注意到，虽然职业信息有效性的多变性一直是个问题，但在这方面，社交媒体应用的快速增长还是带来了一些独特的挑战。

> 通过社交媒体，职业信息很容易传播，这为虚假信息和偏见的快速、广泛扩散创造了可能性。信息无效可能来源于有意的偏见（有或者没有获益的动机）、无意的偏见、经验有限、信息过时、流行性偏见、相似性偏见和背景缺乏。（p. 121）

他们认为，为了帮助人们区分信息是否有用、是否真实，生涯咨询师需要积极地使用社交媒体，生涯咨询专业人员培训项目需要努力解决这个问题，在生涯咨询服务中，从业人员需要有能力和合乎伦理地使用社交媒体（Kettunen & Makela, 2019）。

评估和版权问题

虽然通过互联网提供信息和评估有某些版权问题，但是，当这些服务被认为是专业咨询时，往往会出现伦理问题。许多生涯咨询师将咨询界定为面对面的接触，这样就没有版权问题。另一些人则赞成通过互联网提供生涯咨询服务（如提供信息），但他们对管理问题感到疑惑。例如，距离受助者千里之外的生涯咨询师如何承担责任？生涯咨询师是否拥有有效证件，让他们既能在自己居住的州，又能在来访者居住的州提供服务？生涯咨询师采取了哪些预防措施来保护来访者的信息安全？类似的问题还可以列举出很多。美国生涯发展协会已制订了指南（NCDA，1997），以指导生涯咨询专业人员如何利用互联网来提供职业信息和生涯规划服务。此外，美国生涯发展协会还发布了一份利用互联网提供生涯规划服务的指南（Sampson，Dikel，& Osborn，2012）。这些指导文件都认为，生涯咨询专业人员可以通过4种方式运用互联网，为来访者提供生涯咨询服务。

1. 传递职业信息。

2. 在线查阅职业岗位数据库，以确定职业选择。

3. 提供交互式生涯咨询和生涯规划服务。

4. 提供在线求职服务。

使用这 4 种方式都要遵循旨在解决各种伦理问题的指导纲要或指南。比如，网站开发者或提供者的资质必须在网站上有明确说明。来访者有权了解生涯咨询专业人员拥有的专业知识和经验。此外，生涯咨询专业人员在与来访者交流时，不得使用虚假的电子邮箱。网站提供者必须明确说明网站的适宜用途（和限制）。生涯咨询专业人员必须对来访者进行适当的筛选，以确定来访者是否能够从其提供的在线服务中受益。生涯咨询专业人员还必须通过定期的电话联系或视频会议为来访者提供足够的支持。

向其他地理位置的来访者提供远程生涯咨询服务，给服务提供者带来了各种挑战。例如，生涯咨询专业人员必须了解当地的条件、文化和事件，因为这些都可能会对使用在线服务的来访者产生影响。当来访者需要其他服务时，生涯咨询专业人员还必须能够将来访者介绍给当地的从业者。互联网生涯咨询服务的提供者还必须确保网站内容是最新的，并且适合以电子形式使用。当咨询服务含有在线求职时，最新的在线信息尤为重要。所有服务的费用必须有明确说明。当咨询服务使用到评估工具时，只有那些有充分的心理测量证据证明其具有可靠性和有效性的评估工具才能使用。来访者数据的保密性和存储问题也必须在网站上有明确说明。

利用互联网提供生涯咨询服务的人在日益增加。随着互联网使用的增加，生涯咨询专业人员在服务中会不断遇到新的伦理问题。遵守《美国生涯发展协会指南》，向他人请教和让外部咨询人员评估其在线服务，是生涯咨询专业人员可以使用的一些策略，这可以确保其在线服务合乎伦理要求。显然，这种互联网服务提供模式将会不断地给生涯咨询专业人员带来各种伦理困境，因为它在未来的使用会越来越多。

美国生涯发展协会的伦理标准 [①]

学习目标15.5　理解美国生涯发展协会的伦理标准。

最后，但肯定不是最不重要的，我们直接聚焦于美国生涯发展协会（2015）提出

---

① 这里的伦理标准主要是指美国生涯发展协会于 2015 年发布的《伦理准则》所确定的伦理标准。——译者注

的伦理标准，并提供我们希望是为生涯咨询专业人员提供的伦理总结。接下来，我们将介绍《美国生涯发展协会伦理准则》的 9 个主要部分，并强烈要求读者仔细阅读附录 A 中完整的准则。

A：专业关系

生涯专业人员推动着来访者的成长和发展，他们培养来访者的兴趣，增进来访者的福祉，助其形成健康的人际关系。信任是建立咨访关系的基石，生涯专业人员有责任尊重和维护来访者的隐私权和保密权。生涯专业人员应积极理解其服务对象的文化背景差异。生涯专业人员还要探索自己的文化认同，以及其文化认同是如何影响他们关于工作关系的价值观和信念的。我们应鼓励生涯专业人员为社会做贡献，鼓励他们将其部分专业活动奉献给那些很少或没有经济回报的服务（公益性公共服务）。

B：保密、特许通信[①]和隐私

生涯专业人员应该认识到，信任是专业关系的基石。他们可以通过建立持续的伙伴关系、建立和维护适当的界限，以及保守来访者的秘密来赢得来访者的信任。生涯专业人员应在理解来访者文化背景的情况下商定保密的界限。

C：专业责任

生涯专业人员在与公众以及其他专业人员打交道时，应进行开放、真诚和准确的沟通。在其专业和个人能力范围内，生涯专业人员应以非歧视性的方式执业，并有责任遵守《美国生涯发展协会伦理准则》（2015）。生涯专业人员应积极参与地方、州和国家的协会活动，促进生涯服务工作的发展和改善。我们鼓励生涯专业人员积极推动个人、团体、机构和社会层面的变革，以提高个人和团体的生活质量，消除提供或获得适当服务的潜在障碍。生涯专业人员有责任推动公众参与伦理实践。他们应采用严格的研究方法，并以此为基础开展专业实践活动。我们鼓励生涯专业人员从事一部分很少或没有经济回报的生涯服务（公益活动），为社会做出贡献。此外，生涯专业人员应做些自我保健活动，以保持和促进其情感、身体、心理和精神健康，以更好地履行其职责。

---

① 是指法律上可拒绝公开的通信。——译者注

D：与其他专业人员的关系

生涯专业人员应认识到，他们与同事的互动质量会影响他们为来访者服务的质量。因此，他们应努力了解本专业内外的同事。生涯专业人员应与同事建立积极的工作关系和沟通体系，以提高服务质量。生涯专业人员可以为个人、团体或组织提供指导和（或）咨询。如果生涯专业人员提供这些服务，那么他们必须且仅提供其专业能力和资格范围内的服务。

E：评价、评估和解释

生涯专业人员应将评估工具的使用作为其生涯服务过程的组成部分，且要考虑来访者的个人和文化背景。生涯专业人员应通过开发和使用合适的生涯、教育和心理评估工具来增进个体来访者或来访者群体的福祉。

F：利用技术和（或）社交媒体提供在线生涯服务

生涯专业人员应积极尝试了解生涯发展的本质，利用技术和（或）社交媒体提供在线生涯服务，以及如何使用这些资源更好地服务来访者。生涯专业人员应努力了解在线服务资源，认识到需要定期参加培训以发展必要的技术和专业能力。生涯专业人员应理解人们对在线生涯服务，以及使用的技术和（或）社交媒体的担忧，并尽一切努力保护机密信息和数据安全，确保来访者信息获取的透明性和待遇的公平性，并满足使用此类资源的任何法律和伦理要求。

G：督导、培训和教学

生涯专业人员应培养有意义和相互尊重的专业关系，并与被督导者、学生保持适当的界限。生涯专业人员应为其工作找到理论和教学法基础，目的是在评估其他生涯专业人员、学生和被督导者时，力求做到公平、准确和诚实。

H：研究和出版

我们鼓励从事研究的生涯专业人员为该专业的知识库做出贡献，并使人们更清楚地了解使社会变得更健康和更公正的条件。生涯专业人员应尽可能地通过充分且自愿的参与来支持研究人员的工作。生涯专业人员在设计和实施研究项目时，应尽量减少偏见并尊重多样性。

I：解决伦理问题

生涯专业人员在从事专业活动时，其行为应符合法律、伦理和道德规定。他们应认识到，来访者的权益保护和来访者对行业的信任依赖于高水平的专业行为。他们应以同样的标准要求其他生涯专业人员，并愿意采取合适的行动来确保这些标准得到维护。生涯专业人员应与相关方进行直接和公开的沟通，并在必要时征求同事和主管的意见，以解决其伦理困境。生涯专业人员应将伦理实践融入日常工作中。对本行业当前的伦理和法律问题，他们应持续学习、不断研究。

如果你尚未阅读《美国生涯发展协会伦理准则》（2015），请你立即停下来，在你继续阅读之前，先去阅读该准则（附录A）。在你阅读该准则时，你会意识到下面的事实很重要，即伦理声明包含强制性标准和自愿性标准。作者对美国生涯发展协会、国际教育和生涯指导协会（IAEVG）、美国心理协会、美国咨询协会、美国学校咨询师协会、全球生涯规划师等组织的伦理声明，以及其他伦理声明的阅读表明，它们主要是在自愿性标准（即反映专业哲学思想且不易强制执行的标准）上存在差异。在我们的理解中，在强制性标准这一点上，所有的伦理准则之间有着更多的一致性。

我们根据自身对多种伦理准则的理解而提出的标准，是伦理标准和伦理实践的核心。我们所提标准的每一条都建立在一个最重要的原则基础之上，即关注来访者的福祉。要保持对来访者福祉的高度关注，就意味着生涯咨询师必须不断地检验他们所采取的所有可能的行动是否符合以下原则：促进来访者的自主性发展、增进来访者的利益、从不采取伤害来访者的行动、提升处境相似者的待遇平等性、根据来访者的需求调整服务，以及信守对来访者的承诺。由于美国咨询协会和美国生涯发展协会的伦理准则更加强调宣传和社会正义，因此，我们为生涯专业人员提供的主要伦理观念如下。

1. 生涯专业人员只提供他们有能力提供的服务。这一能力包括培训经历、有指导的训练，以及这一能力的某些外部效度因素。这包括所有的咨询技术和策略、评估工具，以及辅助咨询技术。

2. 生涯专业人员应尊重并重视来访者与可能的来访者之间的个体差异。为了尊重和重视这些差异，生涯专业人员有必要研究为不同人群提供服务的方法。

3. 生涯专业人员应将从来访者处获得的信息，以及关于来访者的信息，视为来访者所有，并为来访者保管。只有在法律要求下，或为保护来访者或其他人不受伤害，且征得来访者同意的情况下，生涯专业人员才可披露这些信息。因为将生涯专业人员与来访者之间的交流视为机密而受到尊重，是他们之间的关系建立的基础。

4. 生涯专业人员不建立任何可能损害其客观性，以及损害其只为来访者谋福祉的能力的专业关系。这包括但不限于亲密的情感和身体关系。生涯专业人员必须预见到，潜在的非专业性关系可能会导致未来出现伦理冲突，且必须采取行动以避免未来可能出现的问题。

5. 生涯专业人员应为来访者承担专业责任，如果他们无法提供帮助，则要帮助来访者获得替代性服务。对于那些不能或没有按约定支付服务费用的来访者，以及无法获得生涯咨询师服务的来访者，生涯专业人员同样有责任帮助他们获得替代性服务。

6. 生涯专业人员应认识到，对于本行业的其他成员以及社会，他们有义务采取负责任的方式行事，并考虑到其行为对他人的影响。这项要求同样适用于研究和出版、在线服务，以及商务关系，这样生涯专业人员就不会利用其专业获取不正当的经济利益（例如，将来访者从公共服务机构转介给私人诊所）。

生涯专业人员是来访者和社会正义的宣传者。《美国生涯发展协会伦理准则》的最新修订版认为，生涯专业人员有代表其来访者和社会正义进行宣传的责任。本书有关章节明确指出，工作是人们发挥潜能，为社会做贡献的能力的重要构成部分。生涯专业人员的宣传可以是为个体来访者进行适当宣传，也可以是为所有人消除就业障碍、扩大就业机会的改革进行宣传。公正的伦理原则表明，生涯专业人员有一项特殊的义务，即生涯专业人员在做任何选择时，要对同一标准下的所有人一视同仁；对那些怀才不遇者，生涯专业人员应给予其适当的鼓励和帮助。这是一项关于进取的和美德伦理的声明，很难甚至不可能强制执行。然而，我们认为，生涯专业人员不仅拥有独特的专长，能为人们更多地、平等地获得有意义、有回报的工作机会而奔走宣传，而且他们也有这样做的伦理义务。

使用伦理决策模型

到目前为止，我们在本章中提供的知识，为人们理解生涯从业者经常面临的各种困境提供了有用的信息。我们将这些信息整合到伦理决策模型中，也将为你在遇到这些困境、确定具体行动方案时提供指导。福雷斯特－米勒（Forester-Miller）和戴维斯（Davis）（1996）为生涯咨询师提供了一个可用于生涯咨询的伦理决策模型。具体来说，他们确定了以下伦理决策步骤。

1. 找出问题所在。

2. 应用《美国生涯发展协会伦理准则》。

3. 确定论理困境的性质和范围。

4. 生成可能的行动方案。

5. 考虑所有选择的可能后果，选择行动方案。

6. 评估所选择的行动方案。

7. 实施选定的行动方案。

在确定问题时，生涯咨询从业者应该广泛收集信息，澄清伦理问题。对待分析中的问题，要具体、客观、实事求是，这将有助于生涯咨询从业者消除对问题的偏见。福雷斯特－米勒和戴维斯（1996）建议考虑以下问题：这是一个伦理的、法律的、专业的问题，还是一个临床实践问题？这是多个问题的组合吗？问题是否与我以及我正在做或没有做的事情有关？问题是否与来访者和（或）来访者的重要之人有关，以及问题是否与他们在做的或不在做的事有关？问题是否与组织或机构及其政策、程序有关？

澄清问题后，请你参考《美国生涯发展协会伦理准则》（2015），看看问题是否得到解决。如果问题可以得到解决，那就按照《美国生涯发展协会伦理准则》所描述的行动过程进行。"如果问题更复杂，解决方案好像不容易产生，那么你可能真的陷入了伦理困境，需要在伦理决策过程中采取进一步的措施"（Forester-Miller & Davis，1996）。在后一种情况下，你要根据本章前面描述的伦理原则（如自主、不作恶等），确定是否有适用于当前伦理困境的方法。在决定行动方案时，你可以用专业文献来指导自己。

为了确定困境的性质，制订可能的行动路线，向有经验的同行和（或）督导人员请教是有帮助的。他们可能会提供不同的观点，或者他们可能会发现当前伦理困境的其他方面的问题。向有关专业协会（如美国学校咨询师协会、美国咨询协会、美国心理协会）的伦理专家请教，也是一个重要的咨询步骤。

运用在上述过程中收集到的信息，制订几条可能的行动路线。让同事参与这个过程可能也是有益的。你可以召集同事，运用头脑风暴，集思广益，制订尽可能多的行动路线，并考虑每条行动路线的可能结果。你要评估每一条可能的行动路线对你、你的来访者和他人的影响，考虑行动过程是否会产生任何其他伦理问题。你要检讨所选择的行动路线是否公平，在类似的情况下，你是否会向其他人推荐这条行动路线，以及如果公众知道你所采取的行动，你是否会感到安心（Forester-Miller & Davis，1996）。

你一旦确定了合适的行动路线，就应该执行。福雷斯特－米勒和戴维斯（1996）建议，在实施你的行动之后，重要的是，评估你的行动是否获得了预期的效果。

总结

生涯咨询专业人员在提供合乎伦理的辅导措施时，显然需要保持警觉性。不幸的是，伦理实践本身并不总是显而易见的。如果生涯发展从业者能够运用多种策略，指导其做出伦理决策，那么他们，最重要的是，他们的来访者将得到最好的服务。运用伦理原则，拥有价值观意识，并遵守相关伦理准则（例如，由美国生涯发展协会、美国咨询协会、美国心理协会、美国学校咨询师协会、全球生涯规划师和国际教育和生涯指导协会发布的伦理准则）是生涯咨询专业人员可用来提升其做法正当性的策略。我们推荐读者使用本章所讨论的伦理实践策略。只要有可能，我们也鼓励读者与值得信赖、值得尊敬的咨询师讨论他们的问题和顾虑。对这些问题的讨论将为我们提供多种视角，去思考呈现出的每个问题。

面对下列挑战时，你认为生涯咨询师应该怎样做？

1. 一位学校咨询师对让来访者服兵役持保留态度。但来访者的父亲（学校咨询师知道他对孩子是关爱的、担心的）要求学校咨询师为他的孩子提供有关兵役的信息，让孩子进入军队，以帮助孩子变得更成熟，进而发挥其潜力。学校咨询师知道来访者潜力很大，但来访者缺乏自律。学校咨询师倾向于同意来访者的父亲的观点，但又怀疑服兵役能否让来访者变得自律。

2. 一家小型生涯咨询服务办公室的咨询师帮助一名 32 岁的大二学生写了一份简历，然后就再也没有联系过该学生，直到咨询师报名参加了该学生也报名参加的瑜伽班。再次相见时，该学生邀请咨询师课后去喝咖啡。

3. 一位私人诊所的生涯咨询师正在为一位高管提供生涯规划咨询。高管分享了一个令人振奋的信息，即她将接受一家公司的录用，并且她还将这家首次公开募股（IPO）的公司的情况以及她对股票期权职位的期待告诉了咨询师。来访者相信股票期权将会在短期内价值倍增。到这里，咨询随即结束，咨询师开始向来访者打听首次公开募股中的投资情况。咨询师认为此时不存在咨询困境，因为投资盈亏问题不影响咨询关系的终止。

4. 一位小学咨询师正在规划生涯相关活动，并已安排好一次班级行程，即前往附近一家支持学校的大型乳品厂。一位家长不仅反对其孩子参与，而且也反对学校的任何人参与，因为这位家长认为，奶牛养殖是对动物不道德的剥削。尽管这位家长与官员会面时已经获知，在午餐中向学生供应牛奶是符合法律规定的，但他还是给当地媒体写了信，并在电台中反对学校向学生供应牛奶。

案例研究

　　莫莉（Molly）是一名 18 岁的大学新生，由于无法确定专业，她正承受着巨大的压力。她的父亲是一家大型制药公司的首席执行官，他告诉莫莉，她要主修商业，以便为她毕业后能在其公司中工作做好准备。莫莉的母亲是一名画家，她对莫莉的未来一言不发。莫莉觉得其父亲专横跋扈，母亲也不支持她。莫莉的痛苦挣扎使她患上了抑郁症，并对如何摆脱困境有一种紧迫感。她缺乏学习动力，经常整个下午都在精神萎靡地听着音乐。最近，她和她的妹妹苏珊（Susan）一起策划了一个离开学校和家庭去欧洲旅行的计划。她们已经为此存好了钱，打算不通知父母就离开。与此同时，你最近收到了一封来自莫莉父亲的电子邮件，他希望在即将到来的周末家长会与你见面。

　　莫莉的父亲希望讨论莫莉的生涯规划问题，莫莉想听听你对她的欧洲之行的建议，你能预见到哪些潜在的伦理问题？

学生练习

1. 你是一名生涯咨询师，找出下列哪些话题可能给你带来伦理问题。

- 一位学生，他想在军队中找到他想从事的职业。
- 一位来访者，他的宗教信仰使其得出"女人应该待在家里"的结论。
- 一位家长，她希望你说服其孩子从事工程方面的工作，因为这个孩子擅长数学。
- 一位学生，她坚信自己应该选择父母为她确定的职业，尽管事实上她对这一职业没有兴趣。
- 一个熟人，他失业了，要求你为他提供生涯咨询服务，作为交换，他为你家做一些小的维修工作。
- 一位学生的母亲，你是这位学生的学校咨询师，这位母亲要求你告诉她，她的女儿正在考虑哪些教育选择。
- 一位大学生，你曾为他评阅过一份简历，他（在你可能不知道的情况下）受邀加入了你的基督教青年会（YMCA）排球队。

2. 国际教育和生涯指导协会的《伦理准则》（1995）与美国生涯发展协会的《伦理准则》（2015）中的伦理标准有何异同？